IDEA, SENTIMIENTO Y SENSIBILIDAD
DE JOSE MARTI

COLECCION CUBA Y SUS JUECES

EDICIONES UNIVERSAL. Miami, Florida, 1981

HUMBERTO PIÑERA LLERA

IDEA, SENTIMIENTO Y SENSIBILIDAD DE JOSE MARTÍ

P.O. Box 450353 (Shenandoah Station)
Miami, Florida, 33145., U.S.A.

© Copyright 1981 by Humberto Piñera Llera

Silueta de Martí en la portada por Rodríguez Walling

Library of Congress Catalog Card No.: 79-56227

ISBN: 0-89729-242-1

Depósito Legal: B. 3.772-1980

Impreso en España

Impreso en el complejo de Artes Gráficas MEDINACELI, S. A., Pi i Margall, 53, Barcelona-24 (España)

*A Víctor Batista Falla,
compatriota y amigo,
Mecenas de las letras cubanas,
y a Ulises Prieto Riverón,
hermano en ideales.*

PRÓLOGO

Este libro forma parte entrañable de todas esas peripecias en las cuales ha venido consistiendo mi vida durante los últimos veinte años. Etapa de cruel destierro, con las raíces al aire, tratando en vano de darle el asiento y la consistencia que jamás podría tener, pues no se cambia de *Patria* como tampoco de piel. A lo largo de tan penosa continuidad de «pan salobre» y «escalera extraña» (Martí), no he dejado, claro está, de contribuir con mis modestas fuerzas a la causa de la libertad de Cuba, hablando unas veces en público, escribiendo otras, con la mirada puesta siempre en ella y un amor que crece con los años. Mas la vida —como dice agudamente Dilthey— es una curiosa mezcla de *azar*, *carácter* y *destino*, y no creo que pueda describírsele con más sumaria precisión. Pues, en efecto, somos un «modo de ser» (carácter), dirigido a cierta «última finalidad» (destino), en la cual interviene, cuando menos se espera, la «fortuita circunstancia» (azar), capaz, a veces, de darle un violento vuelco a nuestra vida, tal como es, por supuesto, mi propio caso. De esta manera, un mal día me vi abruptamente arrojado de mi país, desolado y desconcertado, ajeno a mi habitual quehacer filosófico (cátedra y libro primordialmente), enseñando otras disciplinas y preguntándome constantemente *por qué* debía ser así. Mas en seguida recordaba, cada vez que me asaltaba tan angustiosa interrogación, esa larga y doliente teoría de compatriotas que en el destierro penaron y hasta murieron. Sobre todo, José Martí, el *Apóstol* de nuestra gloriosa independencia, quien logró ponerle fin a la tribulación de las tribulaciones, o sea, vivir obligadamente lejos de Cuba. A él acudí, a su pensamiento, al continuo y ansioso desvelo que consiguió llevar al mástil donde ondeaba la bandera de una feroz tiranía la enseña ensangrentada pero victoriosa de la *Patria*, libre al fin, tras un siglo de penosa lucha. Él iba a ser constante ayuda, refugio de otra ansiosa meditación, apta cual ninguna otra para guiarme entre las espesas sombras de la fatídica etapa que recorre nuestro pueblo hace ya cuatro lustros. El resultado, más que modesto, es este libro compuesto al hilo, no sólo de su pensamiento, sino, además, de su sentimiento y su sensibilidad; pues harto sabido es que nadie puede dejar de ser simultáneamente esas tres cosas en cualquiera de sus vitales instancias.

Ahora bien, aunque este trabajo mío es, de un modo u otro, algo así como una *biografía*, no lo es, sin embargo, en la forma usual en que se han llevado a cabo las precedentes sobre el *Apóstol*. Éstas, por lo general, se limitan a seguir una cronológica trayectoria de la vida de Martí, insistiendo, sobre todo, en lo que pudiera llamarse *anécdota*; por lo que, en conjunto, se ofrecen cual yuxtaposición de peripecias, más o menos extensa (según el caso). Yo, por el contrario, he preferido ver la *persona* y la *personalidad* de Martí en función de su *obra escrita*, que es el testimonio más *ad-hoc* y, en consecuencia, el más confiable. Para ello, he seguido la técnica, por ejemplo, de Simmel en su admirable estudio sobre Rembrandt; como, igualmente, de Jaspers en Nietzsche. Ello, por dos razones: una, que el caso de semejantes figuras de la Historia sólo puede mostrarse en su plena efectividad *dentro* de la obra realizada por ellas. El resto, por importante que resulte, ya se halla diseñado en lo efectuado en cuanto labor del espíritu, y, por lo mismo, cualquiera adecuada interpretación debe hacerse al hilo de dicha creación. La otra razón es la siguiente: la acción, lo «práctico», en el caso de estos hombres, es traslado desde el plano teórico (como sucede ejemplarmente con Martí) hasta ese otro de la concreta efectuación. En consecuencia, el continuo rastreo en la obra escrita (Nietzsche, nuestro *Apóstol*) es lo que permite configurar la espiritual fisonomía de tales personajes. Alejandro *el Magno* y Napoleón, pongamos por caso, son, por el contrario, casi completamente *puro hecho*, y de ahí el acusado e insistente carácter «anecdótico» de sus respectivas biografías. Pues aunque a veces, claro está, no faltan señales de tal o cual designio o propósito, éste es siempre muy esquemático, propio de quien diluye casi totalmente la teoría en la *praxis*.

Como es de esperar, tratándose del hombre fuertemente teórico que es Martí, ha sido preciso atender cuidadosamente a sus admirables y casi siempre profundas especulaciones. Porque éstas —según creo haber demostrado en mi libro— ciñen tan cabalmente su *persona*, que, para apresar como se debe el perfil de su *personalidad*, se requiere clasificarlas un tanto sistemáticamente a fin de que cada uno de esos conjuntos se *corporice* en las distintas expresiones del «hombre concreto de carne y hueso» que fue el *Apóstol* en vida, sobre todo, claro está, en los últimos quince años de tan preciosa existencia. Así, por ejemplo, al hablar del contraste entre el hombre «individual» y el hombre «colectivo» acudí a lo dicho por él mismo acerca de esto, pues Martí tenía una clarísima conciencia de esa dualidad suya y, por tanto, medita acerca de ella, ofreciéndose a los ojos del investigador con el aire de quien está muy percatado de tal peculiaridad, como asimismo de su qué y su porqué. Y de muy semejante manera nos habla, por ejemplo, de la vida, la muerte, el amor, el deber, etcétera. A este respecto —dada la profunda relación que guarda con ellas—, la vida de nuestro biografiado muestra un interesante aspecto, o sea, el del contraste entre opuestos. Así, por ejemplo, corteja constantemente a la muerte, mas ello no le impide proclamar una y otra vez la importancia de la vida. Como es, asimismo, el hombre necesitado de la compañía de los demás y, no obstante, ansioso de completa soledad. Igualmente se nos presenta cual el soñador impenitente que contrarresta esto último con una clara y vigorosa conciencia de lo práctico. Y ¿qué decir del inacabable conflicto entre la palabra y el silencio? ¿O la disyuntiva en que lo sitúa siempre la vida en ese vaivén, a veces furioso, de las pasiones del amor? Pues casi siempre una vida como la suya es el resultado de un conjunto de antinomias entre las cuales se debate el espíritu, o, tal vez, ellas son ese espíritu.

Esas cuestiones son de las que obligan a desviarse un tanto del pensamiento de Martí para vacar a la historia exegética —aunque sumaria— de lo que dichas capitales cuestiones representan en la cultura de Occidente. He ahí por qué he creído necesario intercalar esas sinopsis que, por un lado, sirven de provechosa orientación al lector promedio (el mayoritario), y, por otro, dejan ver que al *Apóstol* le interesaron siempre las *cuestiones primordiales*, a cuya continua atención debe su pensamiento su peculiar profundidad. Pues nada suyo es desdeñable, ni siquiera susceptible de la más mínima desatención, dado que vivía prendado del «misterio del mundo» que, por no ser jamás desvelable, hace del mismo algo cada vez más incitante. Misterio que él sabía muy bien cuán definitivamente insondable es, y ante el cual jamás exhibe la ingenua esperanza del vulgo, sino, al contrario, la consciente resignación del «saber del no saber» que distingue rigurosamente al hombre inteligente del tonto y el petulante. He ahí, dicho sea de paso, por qué he tenido que dar a veces en este libro una impresión de inoportuna y hasta cargante erudición (en ningún caso, por supuesto, excesiva), a fin de que pueda apreciarse, siquiera sea relativamente, la abismal profundidad de tales cuestiones, así como, también, la actitud entre comedida y resignada de ese genial intérprete de ellas que es José Martí.

Finalmente, debo decir que ha sido mi propósito que quienes me lean sean capaces de efectuar esa morosa meditación (la única eficaz en este caso) que yo mismo, durante siete años, he venido haciendo en torno a la figura, siempre enigmática dado su rareza, del *cubano* entre los cubanos. Creo que he conseguido componer un libro «tranquilo y claro» (tal como, salvando inmensa distancia, dice Ortega y Gasset de la *Historia de la Filosofía* de Emile Bréhier). Además, he procurado atenerme al juicioso criterio de un pensador y escritor tan delicado como Paul Valéry, quien dice lo siguiente: «El rigor de las revisiones, el número de soluciones rechazadas, y las posibilidades denegadas, indican la naturaleza de los escrúpulos, el grado de conciencia, la calidad del orgullo, y hasta las reservas y los diferentes temores experimentados en cuanto al juicio futuro del público [...] *Es entonces cuando la literatura ingresa en el dominio de la ética*; es aquí donde se presenta el conflicto entre Naturaleza e invención, y es aquí donde surgen sus héroes y mártires de la *resistencia* a lo *fácil* [...]»[1]

Sí, en efecto, un temperamento cual es el mío, modestamente meditativo, rehuye lamentables prisas responsables de tanta ligereza en punto a crítica historiográfica como abunda entre nosotros, pobres siervos del «embullo» (ese entusiasmo tan pasajero), pues nos intimida la distancia al ser presa del ansia de la meta. Tal vez mi esfuerzo no sea del todo inútil, y si así fuese, experimentaré la satisfacción de quien disculpa su inevitable pequeñez diluyéndola en la grandeza del hombre extraordinario que es José Martí. Podría, para terminar, acogerme a lo dicho por André Maurois sobre Marcel Proust: «[...] Hemos intentado encontrar la historia de un hombre que, con valor heroico, persiguió la verdad a través del éxtasis; que tropezó con la indiferencia de los hombres, con el misterio de las cosas, y, sobre todo, con sus propias flaquezas [...] Y se puede decir de él lo que él decía de Ruskin: Muerto, continúa iluminándonos, como esas estrellas extintas cuya claridad nos llega aún [...]»[2]

---

1. P. Valéry: *Variétés*, ed. "Gallimard", París, 1927, "Mallarmé".
2. A. Maurois: *En busca de Marcel Proust*, ed. "Espasa-Calpe Argentina, S. A.", B.A., 1958 pág. 281.

INTRODUCCIÓN

Este libro —si así puede llamársele— es fruto de prolongada *meditación* sobre el *Apóstol* José Martí, porque ésta es, por excelencia, la forma de movimiento del alma que conviene con lo esencial del ser del hombre. Pues previo a ella tenemos, como se sabe, la percepción y la reflexión, desprovistas de la profunda interioridad de la meditación, que —como sentencia Aristóteles— supone el despliegue de lo auténticamente humano. «Meditar es un progreso del alma hacia sí misma» (θεωρειν... επίδοσις εἰς αὐτό), concluye diciendo el *Estagirita*,[1] en lo cual tiene completa razón porque la obra *excepcional*, como la suya, sólo surge de un conocimiento tan original como es siempre la meditación. Porque aunque no falta el estímulo exterior, es decir, el objeto al cual ella se refiere, la consecuencia obtenida supera decisivamente el contenido objetivo que la determina. Pues mientras la percepción nos entrega la realidad inmediatamente y la reflexión se limita a hacerla rebotar en el Espíritu (*reflexio*), la meditación aumenta el caudal de dicha realidad, permitiendo verla en una luz diferente a aquélla en que primitivamente aparece. Dicho de otra manera, que el objeto propuesto a la meditación es siempre, de cierto modo, otra cosa, cuyo contenido significativo es ya, de por sí, cabal expresión del meditador, es decir, la autonomía reveladora de hasta donde aquél ha logrado adueñarse legítimamente del motivo de su meditación.

Mas no es fácil comprender ni mucho menos efectuar lo que se acaba de expresar, pues su puesta en práctica exige una rigurosa disposición hacia la *interioridad*, alvéolo que aloja la meditación, porque no se medita sobre cualquier cosa, sino solamente acerca de cuestiones tales como vida, muerte, alma, Dios, amor, dolor, deber, libertad, santidad y otras por el estilo. Todas, desde luego, carentes de «materialización», es decir, ajenas a la típica *posibilidad* del objeto real o ideal. Se trata, pues, de cuestiones sólo «imaginables», mas no, por supuesto, en la forma senso-perceptual propia del espacio y el tiempo, sino, al revés, en esa otra posibilidad consistente en suponerlas cada vez más imposibles de imaginarlas, lo cual equivale a quedar situado en la simple *probabilidad*. Pues no es lo mismo «imaginar» el paisaje campestre cuyo conocimiento se efectuará al día siguiente, que «imaginar» cómo es eso llamado *vida*, o *muerte*, etcétera. Se trata de algo accesible únicamente si se está dispuesto a *sentirlo*, mas no, claro está, en la forma convencional de sentimiento *ad usum delphini*, sino insertos en lo que cabe llamar el *enigma* del mundo, que en esto consiste y, probablemente, consistirá siempre. Dicha dificultad supone la consecuente actitud o disposición al acatamiento por parte del sujeto de la susodicha dificultad,

---

1. Aristóteles: *De Anima*, 11, 5417, b. 5.

quien, de antemano, renuncia a cualquier «solución», pues todo cuanto cabe esperar de tal dificultad (*enigma*) es el estímulo para perseverar en ella, moviéndonos en la atmósfera de misterio que la envuelve y cuyo progreso consiste en ese *portento* (pues no es otra cosa) del hallazgo de nuevas posibilidades del misterio capaces de aumentar la *consistencia ontológica* de dicha cuestión. En consecuencia, a esto se debe que no sepamos hoy mucho más que el griego clásico acerca de la vida, la muerte, el absurdo o lo que sea. Pues si decimos que sí, basados en datos de índole biológica, psicológica o histórica, etcétera, con ello no añadimos ni un adarme a la cuestión como tal, es decir, a la imponente gravedad de la pregunta: «¿Qué es la vida?», «¿Qué es la muerte?» «¿Qué es el absurdo?»

De linaje semejante es la obra escrita de Martí, o sea rigurosamente *meditativa*. No es el filósofo profesional, ese peculiar ente humano que hace del saber principal su ocupación *per se*, aunque ya se sabe que, contemporáneamente, no es posible decir qué es realmente la *Filosofía* y mucho menos el *filósofo*. Mas es indudable que Platón, Aristóteles, Descartes, Bergson, Ortega y Heidegger, pongamos por caso, han consagrado su vida al peculiar quehacer consistente en proponerse cuestiones como las aludidas en estas notas. Martí, en cambio, dista mucho de ser como ellos, pues su obra presenta la cuádruple variedad de la poesía, el ensayo, la narrativa y la oratoria. Mas aunque no es filósofo *stricto sensu*, su obra, sin embargo, muestra el talante filosófico de los *Ensayos* de Montaigne o los *Sermones* de Bossuet. Pues le descubrimos el *temple de ánimo* peculiar del meditador que hace de su obra un dilatado *excursus* por el «misterio del Ser» (como dice Gabriel Marcel). Pues la meditación jamás se puede dar en lo que, de algún modo, roza la finitud, sino, al contrario, en aquello infinito por ser inagotable en sus posibilidades de la intelección más o menos directa e inmediata. La mediatez inherente a lo infinito (Dios, vida, muerte, absurdo, etcétera) se resiste a la percepción y a la reflexión y exige el *diferir* que, de lejos, asedia al objeto de la meditación, siempre, por lo mismo, más presunto que posible; y, no obstante, dicha *mediatez* le imprime un sentido a la realidad humana. En consecuencia, meditar es un ejercicio del Espíritu proyectado al infinito, en una especie de inalcanzable *deber-ser* aplazado indefinidamente debido al presentimiento de una *perfección* cuyo constante anhelo ensancha cada vez más el ámbito del alma; lo cual, en consecuencia, determina el progreso indudable aparejado por la meditación, según asevera Aristóteles. Ésta, pues, jamás trasciende su ámbito, de manera que ella y su *propósito* es una y la misma cosa. Hegel está en lo cierto cuando dice que el hombre se revela como lo «inesencial» delante de la cosa, que es lo «esencial». Por lo mismo, ni la percepción ni la reflexión son capaces de darnos el mundo, sino la «poca cosa» en vez de la «mucha cosa», o sea fracciones del mismo. Mientras la meditación lo abarca en su totalidad al «pre-sentirlo» como aquello que es exactamente y no bajo la especie recortada del objeto.

En consecuencia, meditar es proyectarse sobre un fondo de futuridad que —como ya se ha dicho— es el *sentido* de la perfección. Algo así como una nostalgia vibra siempre en el meditar, al echar de menos el *fondo último* de la realidad, y, por tanto, dicha nostalgia apunta al *más allá* de una trascendencia que es a su vez el contenido de la más pura y nítida aspiración del alma humana. Por lo mismo, no cualquiera es capaz de meditar, sino, al contrario, contados son los casos en que tal cosa sucede, y esto sirve para demostrar la impar importancia de dicha actividad, porque ella mueve al alma a causa de *algo*, pero, eso sí, desde el *Todo*. Tal es la naturaleza del pensamiento clásico, o sea del que jamás se atenúa ni mucho menos desaparece, pues en él vibra la aspiración al conocimiento profundo, que no por inalcanzable es menos real y efectivo. Porque no es de «lo sabido» de donde procede la *idea del mundo*, sino, al contrario, de eso otro radicalmente inaccesible que nos mantiene en continua comunicación con lo real.

Ya se dijo que Martí es del egregio linaje del meditador, lo que explica la perennidad de su obra escrita, transida de un constante afán de eternidad entendido como lo substante y permanente, mas, por lo mismo, en función de una omnitemporalidad que es la única forma posible de lo eterno en el mundo; pues, al ser esencialmente histórico, el hombre jamás alcanza lo eterno en tanto *está siendo*, como hombre, lo que ha de ser: sólo al realizarse íntegramente en la muerte es que empieza a ser eterno. En consecuencia, su vida oscila entre lo temporal (rigurosamente devenible) y lo omnitemporal (aquello que se acerca sensiblemente a lo eterno y, si bien lo roza, jamás lo alcanza efectivamente). Ahora bien, Martí tenía una cabal presciencia de la *omnitemporalidad*, o sea —como dice Scheler— de «lo eterno en el hombre», a lo cual se debe su condición humana. Pues aun cuando lo es virtualmente mientras vive, siente, en cambio, que *puede* y, por lo mismo, debe llegar a serlo esencialmente. Dirección en la cual ha de orientar su vida, dotándola de la aspiración a lo *sub specie aeterni* (como prescribe Spinoza), porque sólo la luz de dicha eternidad da al humano quehacer su real significado. No vivir sólo ni precisamente *aquí* y *ahora* (aunque, claro está, su condición temporal es la de ese inexorable *hic et nunc*), sino, al contrario, desde *aquí*, pero según *allá*, en una suerte de inalcanzable meta basada en el insistente anhelo de perfección. Por eso, toda la obra pensada del *Apóstol* está regida por el sentimiento del *deber*, porque el hombre ha de actuar siempre con vista a un fin de fines, que es el reconocimiento en sí y en los demás de la *persona* como el *fin último* por excelencia, lo cual excluye toda posibilidad de tomarla como medio.

La ética martiana se dibuja sobre un fondo *metafísico*, pues se apoya en el sustrato último y decisivo de esa realidad en la cual, dada su perfección, consiste la empresa del deber-ser, o sea el valor. Puesto que nada carece de este último, desde lo ínfimo hasta lo inconmensurable, el hombre ha de admirar siempre esa maravilla del misterio de la realidad. Pues la *admiración* (el θαυμαξειν platónico) es el punto de partida del reconocimiento de la necesidad de contar siempre con la realidad, mas, sobre todo, para *entenderla* en su sentido rigurosamente ético, es decir, como inesquivable obligación de atender a su valiosidad, que nunca se agota, pues, como sabemos, el valor es inextinguible. Pero este último, aun cuando se realice en algo, no se limita a depositarse allí donde aparece, sino, por el contrario, su avance prosigue en la forma del humano aspirar a la suprema perfección, cuya definitiva conquista jamás tiene lugar en el orden temporal y, por lo mismo, provoca la incesante aspiración a efectuarla, de lo que depende la nobleza del hombre. Esto último permite ver claramente el cometido de la meditación, imposible —según ya se dijo— para el caso de la percepción y la reflexión. Pues una y otra intenden lo susceptible de «objetivarse» espacio-temporalmente como una indisoluble relación de causa a efecto (el objeto real) o de antecedente a consecuente (el objeto ideal). Mas ni uno ni otro pueden estar referidos al hombre (quien siempre es, de alguna manera, *quehacer*) en cuanto el ente susceptible de la *omnitemporalidad* de esa posible (sólo esto) objetividad intuida en la meditación, porque no se efectúa jamás como no sea bajo la especie de lo precisamente deseable, sin lo cual no podría ser la *persona*. De esta manera, mientras el individuo es concreta y limitada actividad (medio para una finalidad), la persona es esa «agilidad», es decir, la *Tathandlung* propuesta por Fichte, consistente en un actuar que no remata en nada finito. Probablemente, eso que, según Aristóteles, es Dios, o sea «el pensamiento que se piensa a sí mismo». Y tal vez ahora se comprenda mejor la expresión del *Estagirita* de que «meditar es un progreso del alma hacia sí misma». Como también eso otro de que, «en cierto modo, el alma lo es todo»,[2] por lo que debe entenderse la persona como tal en su constante referencia al valor. Sí, en efecto, todo está contenido en ella, en el *alma* (como también lo suscribe el *Apóstol*), concebida, como ya dijimos, en calidad de pura «agilidad». Dinamia irreductible a los estrechos límites de un mostrenco quehacer, como lo es la percepción o la reflexión, adheridas a una causalidad mediatizadora de todo cuanto supone el mundo de la *praxis*, el de ese utilitarismo en el cual nos movemos frenéticamente creando utensilios para crear otros a su vez, según la aguda observación bergsonniana.

Y aquí, por consecuencia, topamos con otra de las características de la meditación, o sea su cabal *desinterés*. Por eso mismo, la filosofía (si lo es de veras) «no sirve para nada», según la conocida aseveración de Aristóteles. Que *no sirve para nada* quiere decir que con ella no se consigue ningún efecto de esos que pueblan el orbe del espacio y el tiempo. *Ergo*, filosofar es meditar, o sea dirigir los ojos del alma hacia donde moran los objetos desprovistos de real *especificidad*. Así, mientras el fuego es la causa del calor y la luz de la visibilidad, ignoramos qué es la *causa* en sí misma,[3] como acontece igualmente con la vida, la muerte, el dolor, el absurdo, Dios y tantas otras cosas. Sin embargo, necesitamos de todo esto, o sea que es imprescindible. Aun más, debido a su esencial *indeterminación* es posible todo lo demás. Pues la vida es animal o vegetal, buena o mala, segura o arriesgada, y así sucesivamente, pero ¿cómo podría ser nada de eso si, antes, no fuese? Ahora bien, ¿importa realmente saber qué es, en sí y por sí misma, o, al contrario, debe prescindirse de dicha cuestión? Esto, claro es, depende de quien se lo proponga, porque, o se atiende a lo *accidental* o se va a lo *esencial*, y esto último es privativo de la meditación. Ahora bien, en el orbe espacio-temporal el accidente, por su ostensible *utilidad*, suele prevalecer sobre la esencia, pues el hombre es, ante todo, el *homo faber*, es decir, el fabricante de «soluciones». En consecuencia, la habitual pregunta es: «¿para qué?», típica del hombre vulgar, o sea la mayoría. Mientras que la otra pregunta: «¿por qué?» se reserva a la ciencia y a la filosofía, aunque, eso sí, en concéntricos diámetros, el mayor de los cuales se reserva a la filosofía. Pues mientras el científico opera siempre, de algún modo, en el ámbito espacio temporal y su relación con lo omnitemporal es más bien «tangente», el filósofo opera en el ámbito trascendente a lo espacio-temporal, es decir, en lo omnitemporal, en una relación más bien «secante». Como tal vez se pueda ver ahora, hay una notoria semejanza de la «utilidad» del hombre vulgar con la respectiva del científico. De ahí que su «¿por qué?» tiende a convertirse casi siempre en «¿para qué?» (el paso inevitable de la ciencia a la técnica. Pues no se descuide el detalle de que

---

2. *Ibid.*, 431 b. 8.

3. Cf. Hans Reichenbach: *Atomo y cosmos*, ed. "Fondo de Cultura Económica", México, 1948, pág. 248. Refiriéndose a la imposible "determinación" de la Naturaleza, dice lo siguiente: "No es comparable a la marcha determinada de las máquinas, sino que en lo pequeño reina el azar; y sólo en lo grande se reúnen los numerosos resultados atómicos en un conjunto cuya probabilidad es tan grande que, prácticamente, podemos considerarla como certidumbre".

todos somos, más o menos, «técnicos» (la τεχνη helénica, el *ars* latina, concebidas como *actividad*). La filosofía, en cambio, es pura meditación y, en consecuencia, absoluta ausencia de utilidad e interés inmediato. En fin de cuentas, que el filósofo es el único espectador desinteresado, pues jamás desplaza su quehacer de una primera fase (causa) a otra secundaria (efecto). Por lo mismo, la meditación carece de toda *utilidad*, por no ser aplicable a nada en particular, como causa susceptible de un efecto en algo distinto de ella. Si, incluso, se cree que la meditación debe producir un efecto saludable en la persona, esto no es exactamente así, porque no se medita para mejorar, sino que, por el contrario, sólo quien, como *persona*, es «mejorable», puede, en efecto, meditar. Con dicha meditación no se consigue nada útil en el orbe espacio-temporal: al revés, lo superamos, desplazándonos desde él hasta esa omnitemporalidad que roza la eternidad. Por lo mismo, nos *realizamos* en la meditación del modo y en la medida imposible tanto en la percepción como en la reflexión, pues, se quiera o no, si acaso hay un ser trascendente éste es el hombre, capaz de salir de sí para ingresar en otro ser y, por lo mismo, es el ser para la Eternidad, al subsistir en el mundo donde se aloja durante cierto tiempo mediante la *Historia*. En contraste con él vemos que el resto de los seres arranca de sí mismo y en sí mismo concluye, mientras el hombre trae consigo la Historia al nacer, prosiguiéndola hasta dejarla depositada en otros. De consideraciones como ésta se compone la meditación, y con ella nada práctico es posible hacer, pues esto último es privativo de la vida biológica (soma y psique), en tanto que lo otro, o sea la meditación, corresponde a lo que llamaba el griego βίος θεωρετικος (alma, persona).

Martí vivió siempre en función de la omnitemporalidad cuya linde con la eternidad hemos puesto de relieve. Su vivir era, pues, constante «aplazamiento» en procura de una perfección buscada con febril afán, sin dar de lado por eso a la cotidiana urgencia vital, y, en consecuencia, concebía el deber como la *oportunidad* de un austero compromiso con el mundo. Pero vio siempre, en la difusa claridad de los objetos del orbe espacio-temporal, la obligatoriedad de ese *desideratum* del acabado final vía *perfectionis* en que debe consistir el propósito y la meta humanos. De ahí, por supuesto, la *gravedad* de su pensamiento, encaminado en todo instante hacia lo eterno, con vista a esto, en cuanto finalidad a alcanzar. Su *nostalgia* es la de quien sabe y siente que está *desterrado* del lugar donde toda perfección tiene su asiento, y no halla consuelo sino en aquello capaz de acercarlo a ese sitio. Por esto mismo, su copiosa obra escrita es esencialmente *preocupación* (¡qué bien esta palabra!) consistente en adelantarse a la «ciencia» de tales perfecciones, de semejantes absolutos (vida, muerte, alma, Dios, etcétera), con la «presciencia» del iluminado. Para semejante cometido jamás hay *ocupación*, es decir, acción concreta y finita, sino todo lo contrario, o sea *preocupación*: inquietud, desasosiego ante lo que, por inasible, nos hace movernos con la desesperación del náufrago que agita sus brazos en el agua que amenaza con tragárselo de una vez por todas. He ahí, en breve trazo, la personalidad del *Apóstol*, vaciada en el molde de la inquietud omnicomprensiva, pues toda su existencia es continuo y creciente *temor y temblor*. Como san Pablo ante los cristianos de su tiempo,[4] él también se presenta a sus compatriotas con las mismas palabras reveladoras de la inmensa responsabilidad que desde el comienzo decidió echar sobre sus hombros. «Yo vigilaré y salvaré», dijo en una ocasión, pero esto es lo que

---

4. San Pablo: I *Corintios*, 2.

hizo siempre y sigue haciendo. Pues sabía muy bien que el proceso de la independencia cubana era sólo un aspecto de la *magna quaestio* del vivir y el convivir humanos. Que desposeído de la espiritualidad el hombre es la «débil caña» de que habla Pascal, y solamente esto, es decir, casi nada. Pues *soma y psique* llevan al hombre de tumbo en tumbo, velándole su propio misterio. Es preciso, entonces, avivar el fuego del espíritu dando de lado, en lo posible, a las numerosas y variadas tentaciones carnales. Sin la *nostalgia de lo eterno* no hay ni sombra de persona y, por lo mismo, es preciso vivir en la *agonía* que, junto con el deber, libera al hombre de sus cadenas. Pues sin libertad *interior* no hay libertad posible, porque del mismo modo que la gravedad física atrae el cuerpo hay también otra capaz de atraer el alma hacia lo terrenal (la materia con todas sus manifestaciones directas e indirectas), y la esclaviza, aunque pueda pensarse lo contrario. Por esto mismo, el presente destierro cubano muestra, infortunadamente, el caso repetido de quienes, habiendo escapado del infierno castro-comunista, ensayan diversas «justificaciones» para volver a Cuba, aun cuando la situación allí prevaleciente sea aún mucho más grave que cuando se vieron obligados a abandonar la Patria. Como asimismo para establecer indigno «diálogo» con el tirano. Y es que el *desinterés* no prima en ellos, sino todo lo contrario, o sea esa fea gama de los más bajos apetitos de la codicia, la vanidad y otros por el estilo.

La obra pensada de Martí contiene todas aquellas nobles preocupaciones propias de la *meditación*, o tal vez mejor: puesto que ella es una sola y omnicomprensiva preocupación, ésta se despliega en diferentes manifestaciones, cada una de las cuales absorbe uno de los problemas fundamentales de esa realidad omnitemporal «secante», en cierto modo, a la Eternidad. Temática fácilmente discernible en la copiosa obra escrita del *Apóstol*, pues se presenta con la admirable nitidez característica de su vasta creación mental. Por lo mismo, el contenido del presente libro está formado por comentarios de los más sobresalientes aspectos de la casi inagotable riqueza noética de nuestra impar figura. Y si decimos «casi inagotable» es porque cada cuestión aquí examinada es posible desglosarla en multitud de otras subsidiarias que, a su vez, admiten nueva subdivisión. Pues la sutileza de este pensamiento requiere una constante indagación sin la cual su significado es impenetrable. En consecuencia, tal como sucede con todo meditador, Martí exige una laboriosa hermenéutica, dado que lo propuesto no se revela directamente. Por lo mismo, su obra jamás accede totalmente a ningún análisis, no empece cuán minucioso y exhaustivo llegue a ser. Como la homérica, también la martiana «cuestión» lo es *sine die*, para gloria de Cuba.

Puesto que toda empresa humana depende de la voluntad del que la acomete, ésta de mi libro no podría ser diferente; aunque claro está que las cuestiones aquí tratadas responden perfectamente a la particular impresión que en mi espíritu ha dejado el pensamiento martiano y, en consecuencia, ella es una interpretación efectuada en ese *modi res considerandi* implícito y a la vez inevitable en labor de esta índole. Me ha parecido ver en el *Apóstol* un repertorio de preocupaciones, aunque no únicas, constitutivas de su portentosa personalidad meditadora. La palabra y el silencio, el hombre en sí y en los demás, madurez y edad, humildad y abnegación, entereza y austeridad, amor, dolor, deber, el soñador y el hombre práctico, vida, muerte, alma, Dios, la idea del tiempo, previsión y organización, sentimiento y dolor del destierro, libertad y Patria. Cuestiones de las más graves entre cuantas puedan serlo, que sólo *meditativamente* pueden abordarse con probable éxito. Además, conforme con lo ya dicho, todas despliegan ante la mirada interior del meditador ese aire indudable de presunto «presente» (*hic et nunc*) que, al confirmarse, revela el riguroso carácter «ulterior» (continuo aplazamiento) del *objeto inobjetivable* a que atiende la meditación, haciendo así posible su perennidad.

La primera cuestión fundamental abordada en este libro es la relación de palabra y silencio. No creo necesario insistir en que sin lenguaje no hay pensamiento, lo cual explica la importancia del primero. Pero el lenguaje posee innumerables niveles que van sucesivamente desde el más elemental y precario hasta el más complejo y sutil de todos ellos. Pues siendo propiedad o modo de ser del hombre, está destinado a crear las cosas al mentarlas, por lo cual es algo así como el instrumento para la apropiación de la realidad, que pasa a ser suya en cuanto la nombra, porque lo nombrado (y ¿qué, que *es*, carece de nombre?) ingresa automáticamente en la esfera del que nombra. Mas las cosas —los *objetos*, para expresarnos ahora filosóficamente—, no son todos iguales, y aun cada uno de ellos muestra una diferente composición según quien los enfrenta. Así, el *agua* no es lo mismo para el hombre vulgar que para el científico o el filósofo. El primero la ve como objeto útil o dañino, según sus consecuencias; mientras el segundo ya no se limita simplemente a acogerla o evadirla, sino que la concibe como una estructura que ocupa cierto lugar en la Naturaleza, mientras el filósofo, por su parte, busca en ella su doble condición óntica y ontológica, alfa y omega de toda realidad. Mas el lenguaje tiene carácter *colectivo*, aunque el número de entes que pueblan cada nivel de los mencionados es variable, siendo tanto menor cuanto más elevado es dicho nivel. Lo cual, claro está, no supone que, por ejemplo, el filósofo desconozca el lenguaje vulgar y no se valga de éste. No solamente lo utiliza sino, aún más, es el fundamento lingüístico de donde parte para ascender a la aitltud de su propio nivel. Y aquí está el toque, o sea que, como sucede con Martí, se puede llegar hasta el extremo de crear un modo de expresión singularmente propio, por obra de la condición *meditativa* apta, como lo es, para penetrar en los entresijos de lo omnitemporal, cuya linde —se ha dicho más de una vez— es nada menos que la Eternidad. Pues la lengua martiana no admite paralelos ni siquiera con ésos sus contemporáneos del diecinueve que son Montalvo y Sarmiento, y cuando se le quiere encasillar en el Barroco o el Modernismo, como asimismo descubrirle vigorosas reminiscencias de Quevedo o Gracián, se incurre en una infundada pretensión. Porque su *expresión* es única y, en consecuencia, sólo «se parece» a sí misma. Su lenguaje es el de las alturas, por ser la voz de esa *inobjetivable objetividad* propia de lo metafísico. Por lo mismo, el lector inteligente y sensible a la inalcanzable teoría de objetos cuya *veladísima presencia* obra cual poderoso estímulo espiritual, descubre en la prosa martiana la perentoria necesidad de atinar con la aparente «inutilidad» de aquello que, por ser desinteresado, es de eficacísimo provecho. Lector avisado al cual se le ofrece el lenguaje del *Apóstol* como sempiterno discurrir por las interminables galerías del Espíritu. Así es como se explica la perennidad de un decir que conserva todo el atractivo de su origen, por ser cabal expresión de lo omnitemporal, en contraste con la temporalidad disolvente de la mayoría de lo escrito. Y si, en el caso de Martí, su actualidad no se desvanece débese a que esta última no es jamás puro «aquí» y «ahora» (*hic et nunc*), porque lo inmediato causante de esa prosa es trasunto de lo «inobjetivable» en que consiste la cuasi eternidad de lo omnitemporal. A lo cual se debe que el *Apóstol*, si bien habla y escribe de cuestiones referentes a *aquí*, éstas aparecen diluidas más o menos —según el caso— en la luz de lo que viene de *allí* (lo omnitemporal).

Otra nota destacada del pensamiento martiano es la *gravedad* (del latín *gravis*, o sea lo que pesa y, en consecuencia, atrae hacia abajo). Mas veamos, ¿por qué «peso» y «descenso», cuando, según se ha dicho, es la más alta manifestación del pensamiento? Pues bien, peso el de este último habida cuenta de que oprime con extraordinaria fuerza hasta hacer sentir esa densidad y extensión de la que cada hombre es un Atlas. Porque el mundo «pesa», agobia, tanto más cuanto mayor es nuestra *presciencia* de él. En consecuencia, la multitudinaria significación del cosmos se revela sólo a los escasos escogidos capaces de sostenerlo completamente en sus hombros, sin que ni siquiera un solo adarme deje de gravitar en ellos. Pues si algo abruma es precisamente el mundo, hecho para aplastarnos con su indiferencia, y a esa gravedad que se nos viene encima sólo le es oponible la sutil condición de la «caña pensante» sugerida por Pascal. No es por azar que, contemporáneamente, el tema del *absurdo* posea la boga de que disfruta. Pues éste es una especie de término medio entre el *Ser* y la *Nada*: en otras palabras, la «patencia del ente» y la «potencia del existir» propuestas por Heidegger. El peso de lo mundano supone o bien evadirlo o bien aceptarlo con todas sus consecuencias, aunque la mayoría de los seres humanos lo ve como algo relativo, porque, incrustada en el mundo espacio-temporal, escapa casi completamente a la conciencia de su abrumadora gravedad, y de tenerla es en la forma de esas menudencias y trivialidades del vivir cotidiano. Mas en el caso de un ser extraordinario cual es Martí dicho peso está determinado por la «presciencia» que, de antemano, puede descubrir que el mundo es una carga onerosa, sin más solución que la de absorberlo totalmente, lo cual supone ser el Atlas de los demás. El mundo —como dice Heidegger— «munda», pero esto último o es evasión desde el lado de la frivolidad o es decisivo compromiso bajo la especie de la *preocupación*, puesto que mientras la mayoría de los hombres se *ocupa* del mundo, la egregia minoría del temple de ánimo del *Apóstol* es la llamada a *pre-ocuparse*, y en tan sutil diferencia consisten la meditación y el meditador. Muy bien lo sabía Martí y, por lo mismo, dice en una ocasión que el mundo *marca*, y nadie escapa a esa señal inevitable. Preocuparse es, en consecuencia, prever la multitudinaria disposición de los contenidos mundanos, descubriendo en ellos su inspirador estímulo en la *persona*. Pues la realidad es siempre un Jano: no hay vida sin muerte, alegría carente de dolor, belleza sin fealdad, y así sucesivamente. De ahí —cual lo propone el *Eclesiastés*— que no hay un *tempus ridendi* sin otro *lugendi*, pues ¿cómo conocer la risa sin la contrapartida del llanto? Y el hombre se mueve, indefectiblemente, entre esas polaridades dado que nada es absoluto en este mundo. Todo cuanto vive y actúa requiere cambios, que en esto consiste el vivir. Entonces, ¿debe confiarse en la perfección basada en lo inmutable? Sólo la Eternidad lo es, porque es ahí precisamente donde no hay movimiento (generación, corrupción, traslación). En consecuencia, la indudable *gravedad* de la meditación martiana nos hace sentir que el mundo, la realidad, lejos de ser ingravidez es todo lo contrario, o sea ese estado de ánimo serenamente *pesaroso* (del latín *pensare*, pesar), que produce en el lector ni frívolo ni tonto análoga preocupación a la del *Apóstol*. La *empatía* scheleriana se revela en este caso con total nitidez, pues el lector intuye perfectamente la aplazada «objetividad» en que consiste la meditación. Aplazada, repetimos, por ser siempre camino y nunca meta.

A mi modo de ver, la clave para entender tanto la perdurabilidad como la gravedad del pensamiento martiano es el concepto de *Eternidad*, en cuya dirección se encamina siempre dicho pensamiento. Basta con detenerse ante todo cuanto dejó dicho sobre, por ejemplo, la vida, la muerte y el alma para convenir en que es, efectivamente, así. El ser humano es sólo eterno si deja de ser existente y, en consecuencia, histórico. Pero necesita poseer el sentido de perdurabilidad sin el cual todo lo espacio-temporal está *horro* de posibilidades. Pues si bien sabemos que hemos de morir, vivimos, sin embargo, como si jamás fuese a suceder esto. Spinoza llama a tal actitud el *conatus esse preservandi* (o sea la humana disposición a insistir en su ser). Por eso, existen el museo, la biblioteca, la pinacoteca, que albergan un sentimiento histórico-vital de continuidad. El hombre Platón murió hace ya dos mil quinientos años, pero su obra es hoy tan actual como cuando se escribió y el nombre del autor se menciona constantemente; pues al contemplar la Eternidad desde el lado de acá (de la vida), único modo dable al hombre, sentimos que es un inacabable aplazamiento de lo mismo esencial siempre. La seráfica e inmóvil presencia del *Poverello* ante Dios es, por otra parte, incesante movilidad en el ámbito espacio-temporal: la fe del creyente, la obra pía, la enseñanza, las biografías y otros estudios motivados continuamente por su vida y su obra, las tallas artísticas, etcétera, son la indudable manifestación de una Eternidad espacio-temporal, o sea omnitemporalidad. Ahora bien, ¿qué significa este «aplazamiento» en el orden existencial-histórico? La vida humana —pese a todo lo que se aduce en contra— se orienta a lo valioso y, por lo mismo, su real significado es función de la valiosidad. Por este motivo, la escala cubana del pensamiento otorga los primeros lugares a Martí, Varela, Luz, Saco y Varona, habida cuenta del *valor* depositado en las respectivas contribuciones escritas de estos hombres. Valor que determina la mayor o menor perdurabilidad de todo cuanto acontece en el orden existencial humano. Mas nótese que se trata del valor referido a lo espiritual, es decir, a lo que separa de la materia y, en consecuencia, la reduce cada vez más, al alejarse de ella. Hay, pues, una relación inversa entre materia y valor, con relación a la vida, o sea que según asciende el nivel de lo valioso, en la misma proporción desciende el valor de la materia. Pero, claro está, sin esta última el valor no es aquilatable, pues adviértase que la *vida* está situada entre la *materia* y el *valor* (Espíritu), porque ella (la vida) supone indefectiblemente la materia, cuya pesadez arrastra, mas al mismo tiempo la sublimación de la materia y su consiguiente conversión en valor, y no creo que pueda dudarse de que la vida vale más que la materia. Pero al ser, hasta cierto punto, materia, la vida asciende en sí misma, dejándola atrás, aumentando paulatinamente de valor. Sin que, desde luego, la materia inerte (v. gr., el mármol, el oro, el cristal) sea insusceptible de adquirir valor a veces superior a la materia misma. El famoso *salero* de Cellini (Museo del Louvre) hace olvidar completamente su origen o sea el cristal de roca con que está hecho. Cuánto más ha de ser el caso de la vida, apta, como sabemos, para superar a la materia y en ocasiones «espiritualizarla» hasta hacerla desaparecer por obra de axiológica taumaturgia. Pero, además, téngase en cuenta que mientras la materia ni se crea ni se destruye y sólo es transformable (según Lavoissier), y, por lo mismo, de constante perdurabilidad, la vida es más bien efímera, de manera que su posible perennidad depende del Espíritu (asiento del valor). En consecuencia, si la vida ha de ser perdurable, al extremo de alcanzar una Eternidad existencial-histórica (de la otra, en Dios, no puede dudarse), esto sólo es posible mediante su espiritualización fundada en el *valor* como el único modo de persistir indefinidamente.

Martí creía firmemente en ambas formas de Eternidad, porque ambas justifican el paso del hombre por el mundo, mediante una plausible explicación de por qué el vivir no es ni mero automatismo ni mucho menos un sin-sentido. La vida se dirige incesantemente hacia el punto supremo de su cometido, cualesquiera sean sus manifestaciones, lo cual vemos tanto en el *instinto* como en la *inteligencia*. Ambos, en definitiva, poseen idéntica finalidad, es decir, conseguir que la vida llegue a ser, en cada caso, todo cuanto debe ser. Pero mientras el instinto es señal de limitación, la inteligencia desconoce esto último, y cuando no se basta a sí misma recurre —digamos así— a la *intuición* que, según asevera Bergson, es más o menos una sutil manifestación del instinto. Se diría, pues, que la finalidad de la vida es la *perfección*; mas esta última se presenta o bien como algo que se obtiene casi de inmediato (el caso del instinto) o bien mediata y aplazadamente (el caso de la inteligencia). La abeja, pongamos por caso, alcanza muy pronto su total capacidad y, en consecuencia, la máxima perfección a que puede llegar, y por eso la *apes mellifica* de Ovidio en nada se distingue de su actual congénere. Admira tan completa perfección, cerrada en sí misma, pero dominada por el automatismo y expresada en forma de la más cabal rutina imaginable. En tanto que la inteligencia depende del *azar*, ya sea por el grado disponible de ella en cada caso (el consabido «cociente de inteligencia»), como por lo que ella, en cuanto tal, puede llegar a dar de sí. Es, pues, continuo azar, indeclinable riesgo; mas, gracias a ella, el hombre avanza desde la estolidez de la materia hasta la morbidez del Espíritu, sobrepasando la pesadez de aquélla, o, como dice el *Apóstol*, sobreponiendo el *ala* al *plomo*. Porque la vida humana no es nada dado de una vez por todas, sino algo siempre cambiante, distinto en cada instancia, y, sobre todo, *probable*. Ni el animal ni la planta se preguntan nunca por lo lo que van a ser, sencillamente porque *no pueden ser*, sino que *ya son* de una vez por todas. Lo cual supone una indiscutible comodidad, en tanto que el humano vivir es irremediable riesgo, insoslayable problematicidad. Con el poeta Antonio Machado cada quien puede decirse a sí mismo aquello de: «Caminante, no hay camino, — se hace camino al andar», pues el recorrido es siempre cuestión a resolver en tanto que se vive. Todo hombre está, pues, sometido a esa triple condición agudamente propuesta por Dilthey con respecto a que la vida humana es «azar, carácter y destino».[5] El ser del hombre mira siempre hacia delante, en pos de una meta cada vez más distante, cual si fuese un espejismo. La vida humana, según Martí, lejos de ser *término* es solamente *vía*, o sea que no hay final concebible. Lo cual, desde luego, no supone carecer de un propósito y de un ideal, pues este último dignifica e impulsa el propósito. Cierto es que avanzamos hacia la Eternidad en Dios, pero esto no obsta para que efectuemos ese propósito portador de la otra Eternidad, o sea la existencial-histórica, gracias a la cual nuestra vida adquiere el valor que permite superar la inercia y el disvalor de la materia, al transformarla en el objeto axiológico capaz de abrir las puertas de la susodicha Eternidad existencial-histórica, como el premio definitivo a los afanes de una vida en forma de lucha. Esta, por su parte, no es sino el *sentido* (justificación) de la existencia humana apuntado ya en la dirección del *ideal* o la finalidad del quehacer existencial-histórico.

Otro detalle de excepcional importancia en la obra del *Apóstol* es el de la relación entre la *idea* y el *sentimiento*. En la venerable tradición occidental el conflicto de las *ideas* entre sí —tomado en conjunto— es de impresio-

---

5. W. Dilthey: *Gesammelte Schriften*, vol. VII (1927), pág. 74.

nante dimensión. La idea es siempre fría y opera, en el marco de su estructura lógica, con una impasibilidad que no se detiene ante ningún obstáculo. La historia del Cristianismo ofrece innumerables casos en que el hombre muere debido a ideas ajenas a veces para el Evangelio. Donatistas, pelagianos, arrianos, realistas, nominalistas, protestantes y muchos más acaban en la hoguera o decoran el patíbulo simplemente por defender una idea u oponerse a ella. Sin embargo, todos se acogen al estandarte de Cristo, quien, como sabemos, brinda una mejilla al insulto de la otra. Mas lo que es *amor* en el *Redentor*, puro sentimiento, se convierte en fría especulación por parte de esa laya fanática cuya defensa no es propiamente del contenido del *Sermón de la Montaña*, sino de tal o cual *idea* en la que pretende incrustar al hombre, no importa lo inadecuado de semejante lecho de Procusto. En consecuencia, la sangre derramada en semejantes «defensas» niega de plano el misericordioso espíritu del primitivo Cristianismo. Al leer hoy día las enconadas escaramuzas verbales sostenidas, por ejemplo, entre san Anselmo de Laón y Roscelin de Compiègne en torno a una simple cuestión terminológica, comprendemos perfectamente por qué la última versión histórica de las malandanzas de la *idea*, es decir, el despreciable marxismo, tenga que ser, como resultado de aquélla, algo fríamente despiadado que, al igual de las ideologías precedentes, pretende en vano, por la vía lógica, obligar al hombre a una inevitable «felicidad» ajena totalmente a todo posible *ordre du coeur*.

El drama de la civilización occidental se debe, tal vez, a que se ha querido extender el reino de la idea hasta donde jamás podría operar, es decir, al orbe del *sentimiento* o de la *emoción*, con lo cual se olvida lo dicho por Pascal de que «el corazón tiene sus razones que la razón no conoce».[6] Pues la desmedida aplicación, *nemine discrepante*, de la idea acarrea inevitablemente el empequeñecimiento de la humana personalidad. Como lo ve agudamente Bergson, la inteligencia opera sólo sobre la materia, tendiendo a reemplazar la vida con la inercia y la mecanización. Y, claro está, como la materia se deja penetrar, subdividir y expresar mediante la inteligencia, la idea pretende regirlo todo,[7] buscando —he ahí lo más grave— una perfección sustitutiva de la libertad del Espíritu. Además, al provenir de la inteligencia, o sea de la vida detenida en sí misma, la idea va contra la espontaneidad, fuente de la libertad, porque, en cuanto *idea*, sólo puede poner por adelantado la situación de algo, sea lo que sea, el cual cede siempre a la disposición acordada por la idea. Mas la vida, como antes se dijo, no es sólo materia, sino que, respecto de ésta, es algo así como su antagonista, cuya espontaneidad, o sea su libertad, no tolera que se le maneje del modo como puede hacerse con la materia. De ahí, entre otros fracasos, el del psicologismo mecanicista empeñado en reducir los procesos psíquicos a meras funciones físicas, sin ningún resultado, sino todo lo contrario, según lo han demostrado, entre otros, Maine de Biran, Dilthey y Bergson.

Era necesario decir todo cuanto hemos consignado aquí sobre el peligro de la *idea*, a fin de comprender por qué el *Apóstol* considera el *sentimiento* previo a la inteligencia en el sentido de que aquél se refiere al Espíritu del hombre, la parte más delicada de su ser, puesto que de él depende la persona. El lector tendrá ocasión de corroborar todo lo que venimos diciendo

---

6. B. Pascal: *Pensées*, 277.
7. Expresión que deja completamente fuera la realidad. Así, el agua "pensada" (H^2O) no es el agua que moja, es decir, el cuerpo líquido. Cf. L. de Broglie: *La física nueva y los cuantos*, ed. "Losada", B. A. pág. 218, quien señala que la necesidad o el carácter necesario del conocimiento científico no reside en lo real, sino en los métodos de abstracción con que aquél opera.

a este respecto en la multitud de citas martianas referentes al primordial cometido asignado al sentimiento. La fría inteligencia puede hacer maravillas y, en efecto, las hace, pero, en cambio, jamás conseguirá convertir al hombre en *persona*. Pues al verse obligada a detener la vida ha de subdividirla reduciéndola a esquemas ajenos a lo vital mismo. Esto, lícito en el ámbito de la Naturaleza, es ilícito en el del Espíritu. Pues este último es espontaneidad y, en consecuencia, libertad. He ahí por qué toda *ideología* —sea la que sea— va contra la libertad, al intentar el traslado de la espontaneidad (Espíritu) a la inercia (materia). Porque esta última jamás puede escapar a dicha condición, de donde resulta que el movimiento de la materia es rigurosamente inercial, a base de impulsos mecánicos aplicables por una forma de materia a otra forma. Por lo mismo, el *robot* o la *computadora* son sólo eso, es decir, materia más materia, con un pírrico resultado en sus esfuerzos aparentemente brillantes en sus consecuencias, pues tanto uno como otra requieren al menos de un impulso inicial provisto por el hombre (la vida), aunque después se muevan por sí mismos, y aun esto último relativamente. Además, en fin de cuentas, son pura invención humana, porque la materia carece de la propiedad de crearse a sí misma, mientras que la vida lo hace constantemente.

Martí es, pues, un adalid del sentimiento, pero, entendámoslo bien, de esa preciosa cualidad humana que sirve de fundamento a la persona, porque el hombre adquiere toda su dignidad en el ámbito de la *trascendencia*, sin la cual lo humano es incapaz de traspasar el límite de la materia. Todavía más, aun como *vida*, la humana —tal cual se dijo antes— lo es mucho más que la animal y la vegetal, debido a la condición itinerante del hombre que lo convierte en viajero *ad perpetuam*, enfilado siempre hacia un más allá de incesante aplazamiento. Por lo mismo, el hombre necesita la *libertad*, pues ésta aloja la constante posibilidad de su efectuación como persona. Y la libertad no es idea, ni diseño, ni nada por el estilo, al modo como la inteligencia levanta sus edificaciones. La libertad es puro impulso, liberadora espontaneidad de las limitaciones de la materia, su lucidez. Mas ella sólo se manifiesta en el sentimiento, es decir, en el reino del Espíritu (valor y persona). En consecuencia, cuando se dice que el *Apóstol* es un *pensador* ha de tomarse dicha acepción en una forma especial, dada su infrecuencia, puesto que contiene los tres aspectos fundamentales del ser del hombre, es decir, la *idea*, el *sentimiento* y la *sensibilidad*. Pues Martí ve el mundo a través de la armónica disposición de esas tres componentes, cada una de las cuales penetra en las otras y a su vez es penetrada por ellas. El talento, como lo dice muchas veces, refiriéndose a la inteligencia como puro dispositivo teórico, nada vale ni nada significa si no lo refuerza el sentimiento que une semejante con semejante. La *idea* jamás podría sustituir eficazmente al *sentimiento*, raíz de la humana persona, como lo demuestra el detalle de que los valores más elevados pertenecen a la esfera de lo emotivo o emocional, como, en efecto, sucede con los valores estéticos, éticos y religiosos. Claro es que se puede tener la *idea* del valor (y, en efecto, se tiene), pero esto es sólo un subsidiario aspecto de la emoción, pues la belleza, la justicia y la fe, pongamos por caso, se captan únicamente mediante la correspondiente intuición emocional que nos entrega su contenido. De donde, en consecuencia, la radical *eticidad* del pensamiento martiano, quien, sin lugar a dudas, prefirió siempre la samaritana compasión al fino talento artístico o al más elevado razonamiento matemático. Pues lo primero ha de ser siempre la *persona*, sin la cual no hay, jamás podría haber, «ciencia». El *Apóstol*, a este respecto, está convencido de que, como lo dice el *Eclesiastés*, la ciencia sólo apareja dolor. Lo importante es el hombre en sí mismo, no por ser fuerte, o inteligente, o valiente, o lo que sea, sino por ser *hombre*. Y Martí, pletórico de conocimiento, sabe muy bien que éste, entendido de veras, constituye, ante todo, una vital experiencia, profunda cual ninguna otra, de la congénita debilidad humana a la cual debe atenderse, sobre todo, en su aspecto ético, o sea por donde suele fallar con suma frecuencia.

La *sensibilidad* del *Apóstol* es asimismo merecedora de una particular consideración, pues suele tenerse lo sensible como aquello relacionado directamente con el mundo espacio-temporal, y, claro está, que es así primariamente, pues toda sensación, si hemos de atenernos a lo descubierto recientemente por Merleau-Ponty, se capta sólo en la percepción, pues el mundo se nos da en la resistencia que éste nos opone (Dilthey), dado que, en efecto, son las sensaciones las que informan de los fenómenos exteriores. Mas, como agudamente lo había previsto Maine de Biran, todo el sistema sensorial del hombre está vinculado a un *sentido íntimo* que lo transforma en un ser cognoscente senso-perceptual subordinado al sentimiento de un *yo* captador de algo más que lo puramente mecánico de la sensación, y lo expresa mediante una especie de *simpatía profunda* provista de concomitantes estéticos y éticos (muy parecidamente a la *vivencia* de Dilthey y la *intuición* de Bergson). El hombre es, pues, originariamente, un *sentimiento profundo* revelador del Universo en todas sus manifestaciones, algo así como el ser nostálgico de esa realidad que a él, por ser hombre, le es acordable descubrir paulatinamente a medida que opera el susodicho sentimiento profundo. Con este último se percata el hombre de su radical *menesterosidad*, de su primigenia y constitutiva indigencia, quizás si por su condición de «desterrado» que ansía reconciliarse con el bien perdido. El conocimiento es, entonces, no tanto conquista como sí *reconquista* de la proteica realidad mundana constituida, sobre todo, por los objetos y sus correspondientes valores, ecuación básica desde el punto de vista ontológico. Ahora bien, ese sentimiento profundo ya mencionado es más o menos activo según cada quién, y su gama vibrátil va desde la más atenuada hiperestesia hasta la más enérgica. Aquéllos en quienes dicho sentimiento es más bien somnolente logran saber muy poco del mundo y tienden a considerarlo como un derecho de simple conquista. (El caso, como señala Ortega y Gasset, de quien golpea con la moneda en el mostrador de la farmacia, en procura de una aspirina, sin siquiera imaginar lo que supone la creación de ese milagro analgésico.) Así suele comportarse la mayoría, incapaz, frente al misterio del cosmos, de atinar más que con el puro automatismo de la simple relación sujeto-objeto. Son los que apenas disciernen que están *en* el mundo, pues la escasa dosis de *sentimiento profundo* les impide ir más allá del trasiego de lo objetivo a lo subjetivo. Ahora bien, el extremo opuesto es el del hombre como Martí, depositario de ese sentimiento dotado de la máxima intensidad vibratoria, y, por lo mismo, con la lúcida nostalgia del bien perdido cuya reconquista supone el enternecido *reconocimiento* (adviértase esta palabra) de todo cuanto solamente un dramático anhelo de valoración permite que se le llegue a poseer de veras. Entonces —¡he ahí la cuestión!—, advertimos con cabal lucidez que, en principio, nada tenemos, puesto que somos únicamente el *puro anhelar* esa realidad a la cual debemos restituirnos mediante un acto de *simpatía*, y cuya presencia es tanto nosotros como somos nosotros ella. Este es el *amor intellectualis Dei* señalado por Spinoza, como asimismo el «hermano lobo» y la «hermana agua» del Santo de Asís. También, por supuesto, la inquietud del *Apóstol* por todo cuanto es manifestación del mundo, expresión de sus componentes, visto en el admirable despliegue de una *teofanía* (revelación de Dios).

Tal es, en consecuencia, la peculiarísima *sensibilidad* martiana, con la que atiende a la contemplación del agua, la piedra, el astro, el monte y, en fin, todo. La misma que se revela en su poesía y en su prosa y resalta igualmente en su oratoria y sus cartas. En consecuencia, la lectura de su obra escrita al cabo casi de un siglo de haberse efectuado, es tan incitante como en aquellos momentos en que voz y mano dejaron presente para siempre el portento de un *pensamiento* vinculado a un *sentimiento* y a una *sensibilidad* que, en conjunto, dan a toda su obra el tono meditativo que la recorre íntegramente. He ahí, en suma —a nuestro modesto parecer— la *meditación* del más grande de todos los cubanos, es decir, la cabal personificación de su robusta intimidad. Pues su caso no es el de dos personas, es decir, una que en lo privado habla y escribe de un modo, y otra que se expresa públicamente en forma distinta. Su obra carece de retórica, o sea de alardes más o menos advertibles, de buscada composición estilística y otras cosas parecidas. Es el caso de la *rara avis* cuya expresión es siempre *oracular*, sin pose ni afeite, dada su cabal identificación con la realidad. Y quien desee entenderlo así deberá hacer el esfuerzo consistente en *meditar* sobre el impresionante testimonio de algo ya clásico. Esto es lo que, salvando distancias, he intentado hacer con estas páginas, fruto, eso sí, de largos años de íntima convivencia con el pensamiento, el sentimiento y la sensibilidad del cubano entre los cubanos, el *Apóstol* José Martí.

Capítulo I

LA PALABRA Y EL SILENCIO

> *Me entran como temporales*
> *de* Silencio — *precursor*
> *de aquel* silencio *mayor*
> *donde todos somos iguales.*

Soy de esas cálidas tierras donde el habla fluye interminablemente, a lo cual debemos muchas consecuencias desagradables: la última, Fidel Castro, quien hizo del discurseo inacabable, hueco y estridente una burda técnica para adueñarse de la grosera emoción de las masas. Pero si pudo conseguir esto último es porque sabía perfectamente que estaba frente a un pueblo dominado por la locuacidad hasta la fascinación. Pueblo de raíz hispánica, vive constantemente en una elemental intercomunicación que lo sustrae de todo quehacer eficaz, pues, con mucha frecuencia, las palabras reemplazan la disposición activa que convierte en *hecho* el pensamiento, en vez de reducirlo a estéril logomaquia. Por eso, al escuchar cualquiera de las interminables peroratas del «*leader*» Castro, tediosa y vacía enumeración de lugares comunes, sentí un profundo temor, pues acertaba en su designio —como nadie antes, y eso que tuvimos casos de histérica verborrea—, de establecer la perfecta adecuación entre su egolátrica personalidad y la no menos egolátrica de una multitud que se reflejaba complacida en las palabras del incansable orador. Aquí estaba precisamente el peligro, porque una perorata de horas es sólo vacía sucesión de inútiles momentos. Especie de opio que el pueblo ingenuo absorbía deleitándose en el eco encontrado en quien probaba ser también el primero en ese derroche de locuacidad que es algo así como la esencia de nuestra personalidad.

Es que, sin duda alguna, hablamos para oírnos y no hay momento de mayor satisfacción que aquel en que sentimos la complacencia despertada, no tanto en los demás, como en uno mismo. Con esa intuición que a veces tiene la gente sencilla, un miembro de nuestro teatro vernáculo solía decir jocosamente: «¡Qué falsificación de palabra tiene fulano!», porque esto es lo que realmente hacíamos y aún hacemos, pues semejante achaque forma parte indisoluble de nuestro «genio y figura». En otra ocasión escuché a un cubano, en Washington, acumular sin recato tonterías durante casi seis horas, cuando todo lo que pretendía decir pudo haberse reducido a una mesurada exposición oral de veinte minutos. Como es de suponer, cuando esto ocurre, las *ideas* apenas se insinúan en el torrente verbal, de manera que *el decir* jamás deja que se manifieste lo que debe ser dicho. Defecto de personalidad imputable a esa lamentable herencia de la «retórica» española. Con muy contadas excepciones, el *homo hispanicus*, al describir o explicar algo, repite varias veces lo dicho, en una especie de giro en espiral que confunde y oscurece aquello que se intenta expresar. Fenómeno que se da frecuentemente en letra impresa, pues con frecuencia nos preguntamos que a dónde quiere ir a parar el autor de ese galimatías. Pésima retórica —si acaso hay alguna buena— compuesta de frases o palabras «efectistas», pero jamás *efectivas*, porque al que habla le parece que basta con el efecto instantáneo, desprovisto de trascendencia, motivado por esa retórica.

Semejante hablar revela, ante todo, falta de *cautela*. Es como si las palabras vertidas no llevasen consigo una referencia a lo que puede y debe sustituirlas, pues casi siempre el lenguaje es anuncio de una efectuación destinada a modificar la realidad. (Como dice Aristóteles, sólo en el caso de una exclamación o de una plegaria, no hay modificación alguna.) Porque si el lenguaje se interpone entre las cosas y el hombre es para acercarlas a éste, quien, al apropiárselas, las modifica positiva o negativamente. De ahí la *solemnidad* del hecho del lenguaje (muy distinta, por supuesto, de esa otra «solemnidad» con que suele recargársele), habida cuenta de que es el más trascendental y decisivo de cuantos actos lleva a cabo el ser humano. Así, cada vez que Martí decía que su vida estaba íntegramente dedicada a la causa de Cuba, estas palabras adquirían la consistencia de lo material, porque eran como su condensación en hechos. Pero si falta la conciencia profunda de la responsabilidad implícita en el hablar, lo dicho carece de consecuencia, es puro «aliento de la voz»,[1] y por eso prometemos, afirmamos, negamos: en una palabra, mentimos. Así, por ejemplo, en uno de sus primeros discursos al llegar al Poder, declaraba Fidel Castro que los males de la democracia se curan con más democracia; pero como esas palabras no tenían otro propósito que el de provocar un estallido de emoción en la muchedumbre, que respondió con entusiastas y prolongados aplausos, luego el tirano ha hecho exactamente lo contrario de lo afirmado en sus palabras, o sea que ha eliminado de Cuba hasta el último vestigio de democracia.

Cuando Martí nos previene de que «[...] Hacer es la mejor manera de decir [...]» (A-17), apunta a esa transformación del pensamiento en tangible realidad, pues se trata de la ideación del proyecto que, en sí mismo, es ya realidad a medias, lo cual sólo puede suceder si aquél es articulado conjunto de posibilidades. De ahí que jamás tomase por promesa festinada o peligroso entusiasmo la prédica por la independencia de Cuba. «[...] Las palabras están de más cuando no fundan, cuando no esclarecen, cuando no atraen, cuando no añaden [...]» (A-76), nos dice en otra ocasión. Porque la palabra sirve para algo, desempeña su esencial cometido, sin el cual está de más, si cristaliza en el hecho de donde, en alguna forma, proviene. «[...] En toda palabra [pues] ha de ir envuelto un acto [...]» (A-39) Así, lejos de improvisarse, el pensamiento es la antesala del hecho: en consecuencia, o presenta en el decir una estructura lógica posible, o es nada, como se ve claramente en la diferencia entre la formulación coherente y dotada de sentido del pensamiento que envuelve una acción o un hecho, y el simple «palabreo» que nunca va más allá del puro hálito de la expresión oral, y queda como inútil oquedad en lo escrito. Razón tiene, pues, el *Apóstol* al decir: «Declamar es echar gas al aire. Nada enseña tanto como un caso concreto.» (A-33) En el principio fue el Verbo, de manera que hablar es crear, por lo que la palabra queda si deja su equivalente fáctico; de lo contrario, se anula. Esto explica la milenaria eficacia de los diálogos pla-

---

1. *Flatus vocis*: así llamaban los escolásticos a las expresiones vacías de significado.

tónicos, cuya concreta realidad aún se hace sentir. Del mismo modo, la palabra martiana es esa decisiva realidad de la independencia cubana, como se comprueba de manera fehaciente en el comentario de un español que conoció a Martí en su destierro de la Península:

> Aquel muchacho endeble y oscuro, que, hablando en voz baja, con la mirada intensa y brillante, exclama en los pasillos del Ateneo: «¡Soy separatista!», representa para España un ejército de doscientos mil hombres destrozados, dos escuadras destruidas, dos mil millones arrojados a los cuatro vientos, la pérdida de un imperio colonial, el cruel calvario del Tratado de París; todo lo que hoy nos llega al alma; todo lo que ya lloramos como catástrofe; todo lo que ya gemimos como vergüenza [...] [2]

Tal fue el resultado de su incansable prédica en los quince años de preparación del hecho definitivo que sella con su muerte. «Sin prisa, pero sin tregua» —conforme con la sentencia de Goethe—, fue el *Maestro creando* todo lo que, como *proyecto*, presentaba sin descanso a sus compatriotas, quienes fueron pasando paulatinamente de un explicable escepticismo a la más completa confianza en lo dicho por Martí, y por eso expresa en otra ocasión, con plena conciencia de su delicado menester: «[...] un orador brilla por lo que habla, pero definitivamente queda por lo que hace [...]» (A-42) Ante lo cual es preciso preguntar si en tierra como la nuestra, tan aquejada de *psitacismo*, hay otro caso de alguien que haya quedado, como el *Apóstol*, provisto de sólida y duradera fama, tanto por lo que dijo como por lo que hizo, o sea a causa de la conversión de una cosa en otra. Pues bien, con algunas excepciones como las de Varela y Luz y Caballero, a quien llamó justamente «el silencioso fundador», no creemos que pueda mencionarse a nadie más. Precisamente ahora, en que ha sido vendida la patria miserablemente a un invasor despreciable, cobra rigurosa actualidad aquello de que «[...] hay algo de vergüenza en la oratoria en estos tiempos de sobra de palabras y de falta de hechos [...]» (A-70) Hacer es, en consecuencia, para el caso del decir (de la palabra), encontrar el ajuste perfecto —único eficaz— entre verbo y acción. Pues ya hemos visto que hablar es actuar, operar en la realidad, si el decir lleva consigo ese hecho que lo convierte —como tal decir— en algo activo y eficaz que culmina en el hecho.

«[...] Lo que se hace es lo que queda, y no lo que se dice [...]» (A-91) Con esto quiere Martí significar que si las palabras no se resuelven en hechos, no hay, entonces, más que una vacía formulación de sonidos carentes, por lo mismo, de toda finalidad. En el caso del *Apóstol* la palabra es ya, en sí misma, tangible realidad susceptible de comprobación en nosotros mismos. Si impresiona, entusiasma, sobrecoge, advierte, amonesta, consuela, da esperanza, etc., según el caso, es porque cada uno de estos efectos consiste en una realidad de nuestro ser y, en consecuencia, nos sentimos parte indisoluble de esa palabra. Pues —diremos con el *Maestro*— «[...] ¿qué valen, en lo grande del mundo, unos cuantos racimos de palabras? [...]» (A-60) Pero, ante todo, ¿qué es *lo grande del mundo* sino lo fundamental, lo decisivo, o sea todo aquello esencialmente *real*? Lo que cuenta es el deber, el amor, el honor, la piedad, el patriotismo, la libertad, y así sucesivamente. De esto, solamente esto, se compone el vocabulario martiano, porque cualquiera de esas entidades, mencionables con una palabra, es parte integrante de la persona humana, a la cual es preciso consagrarse como lo hizo él;

---

2. Declaraciones del periodista español, Julio Burell, quien conoció a Martí en Madrid. Tomado de *Revista Cubana*, "Homenaje a José Martí", La Habana, 1953, N.º XXIX, pág. 417.

de ahí que cuando hablaba de una de esas realidades su decir tenía el doble respaldo del hecho ya realizado por él (cumplimiento del deber, piedad hacia el necesitado, amor a la Patria, etc.), y, también, de otros semejantes en los que jamás fallaría.

Hablar es hacer. En efecto, si no recae en el hecho, la palabra está desprovista de toda realidad y es ese «gas» a que se refiere el *Apóstol*. Por lo mismo, sólo una «conversión» puede salvarla de la esterilidad que acecha constantemente a lo dicho, pues —como toda manifestación de lo real— la palabra también se mueve entre el Ser y la Nada. Es tanto una como el otro, de manera que su existencia sólo es posible si logra eludir la amenaza de la Nada, *siendo* algo, y de aquí que puede o no tener *sentido*. Pues cuántas veces, al escuchar una conversación o un discurso, notamos que carece de sentido, en la doble acepción de significado y finalidad. Fundar o callar, he ahí algo que pudiera ser el lema de la palabra martiana. «¡Grande es la lengua [nos dice], cuando sirve para edificar, a golpes de cuchara de albañil, como la cola del castor!» (A-65) Pues nos falta algo que es exactamente lo opuesto a esa complacencia con que nos sentimos reflejados en las palabras vertidas. Es decir, lo que sucede cuando uno se descubre a sí mismo en el fondo del silencio de esa *interioridad* que constituye esencialmente la *persona*. Aquí —para ilustrarlo— viene a cuento aquello hecho por Ortega y Gasset y un grupo de amigos con motivo de un aniversario del poeta Mallarmé. Reunidos en determinado lugar de Madrid, se limitaron, ante el busto del homenajeado, a meditar sobre él, sin expresarlo allí mismo. O sea, la palabra en el silencio, lo pensado sin la obligada limitación deformadora del decir. En vez de «¿qué dije?» (hecho consumado), algo de más prieta sustancia: «¿Qué hubiera dicho yo, caso de tener que hablar en ese momento?» Porque, ya se sabe, el silencio es el fundamento de las cosas; de ahí que, en el sentir de san Juan de la Cruz, la vida es «soledad sonora».[3] El hombre solo (consigo mismo) y a solas en la vastedad de su silencio, del que brota el *discurrir*, tan diferente del «discurseo». Pues en el silencio reside la correspondencia del pensamiento con la realidad. Mas no hemos venido a este mundo para quedarnos en esa actitud, pues el hombre necesita la relación con los demás. El sentido ético de la vida se revela precisamente en el acto de transferencia hacia el semejante, a condición, eso sí, de conservar intacto ese «reino interior» donde nuestro hacer se sublima impidiendo que la palabra sustituya al hecho, a la cosa misma, escamoteándola con el consiguiente perjuicio que su ausencia ocasiona en quien, al escuchar, cree que toda palabra, sólo por decirla, es ya un *hecho*.

La realidad humana se da simultáneamente entre la palabra y el silencio, pues nótese que al hablar, como hemos de omitir unas cosas para mentar otras, es ahí precisamente donde opera el silencio, que impone la inevitable selección de lo dicho; o sea que se hace sonoro, *habla*, se hace parcialmente audible, de manera que jamás se presenta de golpe en su totalidad. Al hablar rige, entonces, algo así como una concesión que éste se hace a sí mismo, para lo que es imprescindible la gradual manifestación de lo dicho. Ni podemos decirlo todo, ni tampoco es posible callar completamente, o no seríamos nada y careceríamos de realidad, pues el hombre se descubre a sí mismo en medio de aquélla que —en el orden general del Ser— es la menos real de todas; por eso el animal, la planta, el mineral van siendo sucesivamente más y más reales según aumenta su «contigüidad» con lo real. El

---

3. San Juan de la Cruz: "Cántico espiritual", estrofa 15. *Obras completas*, Madrid, 1957, pág. 685.

hombre, sin embargo, es el menos «contigüo» de todos los seres, de donde proviene esa máxima contingencia que padece. Por eso la palabra es lo único que puede poner al hombre en contacto con lo que no es él, porque hablar es crear la cosa como tal. En consecuencia, quizá por esa divina partícula que lleva consigo, la realidad, para el hombre es siempre *fiat*. Antes de toda realidad, el ser humano es solamente puro y completo silencio, del que emerge siempre como una accidental cualidad, es decir, que su fondo último es precisamente el silencio. En consecuencia, la palabra es algo así como un «préstamo» que el silencio le hace al hombre, por lo que ha de volver siempre a aquél. Nótese que, si queremos entendernos, es imposible hablar todos a la vez, de manera que el silencio del auditorio es el fondo a donde apunta y va a clavarse la palabra del que habla. Adviértase, igualmente, que pensar es, de alguna manera, la más eficaz forma de hablar —como que se hace desde uno y para uno mismo, pero, a la vez, para los demás— fuera de nosotros; mas esta forma de hablar se lleva a cabo «silenciosamente», es decir, como instancia primaria del silencio mismo, en tanto que su instancia secundaria sería el habla, oral o escrita.

Nos acercamos, de esta manera, a lo más esencial de la cuestión, es decir, a aquella propuesta en la diferencia del *pensar* con el *hablar*. El primero es, sin duda alguna, una especie de escorzo o relieve que de sí mismo hace el silencio, y en el cual, si bien existe la referencia a lo exterior, aún no se ha exteriorizado. El pensar es, pues, a manera de arruga o pliegue de esa lisa superficie que es el silencio; algo así, se diría, como la huella o el trazo que éste se infiere a sí mismo. Mas como el hombre es el único ser a quien le es dado el privilegio de crear la realidad, mentándola —a diferencia de los demás seres, que la encuentran ya creada—, el pensar se transforma en palabra, y así es como el silencio se hace audible. Ahora bien, el silencio, por su parte, no es siempre el mismo, o sea que su enervamiento reconoce muchos grados de eficacia. Tenemos, entonces, el «pensar» del común de la gente, levísimo rizo del silencio, y, por lo mismo, al tener apenas de éste, la palabra es casi hueca. Mientras que otras veces —muy pocas— el pensar es agudo y levantado promontorio del silencio, o sea cuando la palabra adquiere una rotunda concretez, es decir, que lo dice todo.

Este es el caso del *pensador*, quien se sitúa —de hecho, lo está siempre— en el silencio, pues sabe y siente que la realidad, o sea el sentido y el valor de la vida están ahí precisamente. Por eso dice Martí: «[...] nos refugiamos, orgullosos de nuestra soledad, en las cumbres de nuestra conciencia [...]» (A-55), es decir, en la plenitud del silencio, de donde puede salir todo aquello dotado de eficacia con respecto a la realidad. He ahí la única manera posible de sortear con éxito el vacío de la banalidad en que consiste el habla cuando no es agudo relieve del silencio, y, por lo mismo, la notoria diferencia entre el hombre de profundo pensar y ese *homo loquax* al que se refiere Bergson, aquél «[...] cuyo pensamiento, cuando habla, no es sino una reflexión sobre su palabra [...]»[4] Con lo que quiere dar a entender el filósofo francés que semejante espécimen humano jamás trasciende el vocabulario empleado, de manera que lo dicho es, en mínima parte, expresión del silencio de donde, como ya se ha dicho, surge la realidad. Esa habla compuesta de triviales frases y fragmentarios razonamientos. Razón tiene, pues, el *Apóstol*, cuando afirma: «[...] El silencio es el pudor de los grandes caracteres [...]» (A-45)

Grave compromiso es, en consecuencia, el habla, porque el silencio no

---

4. H. Bergson: *La pensée et le mouvant*, ed. "Alcan", París, 1934, pág. 106.

se entrega fácilmente, es decir, que no es susceptible de dócil manejo. Pero como no es posible prescindir por completo del habla, o de lo contrario no existiría el hombre, la mayor parte de los seres humanos se limita a efectuar una leve e insignificante labor de escorzo del silencio, o sea que no mora en éste lo suficiente como para enervarlo tal cual hace el hombre de pensamiento. De ahí la típica locuacidad del hombre común y corriente, lanzado al exterior desde la periferia del silencio con el que empalma precariamente, aunque no esté consciente de esto último. Y puesto que la mayoría obra del mismo modo, sus componentes se limitan a intercambiar las mismas deficiencias de expresión, esas sombras de silencio entre las cuales, mediante el uso inveterado, se mueven cómodamente. Tal es el origen de los *lugares comunes*, que acaban convertidos en inconsciente psiquismo. «[...] Eso que acostumbramos llamar *sentido común* es una decantación de evidencias tradicionales que sirven de terreno firme a las dudas de nuestro espíritu en el régimen práctico de la vida.»[5]

El silencio, además, tal como se ve en el caso de Martí, es *precaución*. No hablar sino cuando realmente vale la pena hacerlo, para decir, en consecuencia, aquello que de veras encaja en ese instante. Por lo mismo, en memorable ocasión, se dirige de este modo a su entrañable amigo Federico Henríquez Carvajal explicándole por qué no le fue posible pronunciar

> [...] el discurso que acaso Uds. esperaban de mí, compuesto y voluminoso, que no pude darles, porque me tenían encogido a la vez el hondo agradecimiento y la pasión de la verdad, que manda callarla antes que decirla a medias; pero si el orador los dejó desencantados, confío en que el hombre se les habrá revelado en su silencio. (A-84)

Concisa confesión que descubre íntegramente su preciso significado: la verdad no es para decirla a medias, sino toda de una vez; y, también, que lo esencial de él mismo, en cuanto ser humano, se sobrepuso en esa ocasión, mediante el silencio, a todo cuanto pudiesen haber intentado decir las palabras vertidas, pero que, probablemente, debido a su estado de ánimo en aquel instante, no hubiesen sido el rizo enérgico del silencio de donde, por lo regular, salía siempre lo dicho por él. Lo cual confirma esta otra sentencia suya: «[...] Yo aborrezco la elocuencia inútil [...]» (A-83), pues, en efecto, está de más, como dañino añadido, a todo cuanto se sobrepone a la avasalladora fuerza con que el silencio oprime a la palabra que no consigue darle su genuina exteriorización, o sea que no es ella, en cuanto tal, la plenitud del silencio. Por eso, le escribe a su madre de esta manera:

> Madre querida:
>
> Ud. no está aún buena de sus ojos, y yo no me curo de este silencio, que es el pudor de mis efectos grandes y mi modo de queja contra la fortuna que me los roba y como venganza de esta fatal necesidad de hablar y escribir tanto en las cosas públicas, contra esta pasión mía del recogimiento cada vez más terca y ansiosa. (A-90)

Martí es el caso impar de conciliación de palabra y silencio. Su voluminosa obra escrita incluye también mucho de lo que expresó de viva voz. Quien fue, sin duda, torrencial orador y escritor de inagotable vena, es, sin embargo, el hombre hecho de silencios, buscándose a sí mismo impeniten-

---

5. J. Ortega y Gasset: *Apuntes sobre el pensamiento, su teurgia y su demiurgia*, Colección "El Arquero", ed. "Revista de Occidente", Madrid, 1959, pág. 102.

temente, afanoso por descubrir lo que fuese digno de mostrar a los demás. Tuvo presente siempre —con asombrosa claridad— que la palabra y el silencio corresponden, rigurosamente, una a la exterioridad y otro a la interioridad, esos dos planos en los cuales tiene lugar la vida humana. Por lo mismo, al hablar de Simón Bolívar en la *Sociedad Literaria Hispanoamericana* de New York, dice: «[...] traigo el homenaje infeliz de mis palabras, menos profundas y elocuentes que el de mi silencio [...]» (A-88) Puesto que es menester conjugarlos, juego tan delicado requiere un espíritu singularmente apto para que no se sobrepasen entre sí. Porque si bien la *interioridad* es sustancia de nuestro ser, a menos de caer en desenfadado egoísmo es preciso poner en ejercicio la *exterioridad*, en atención al semejante, porque siempre habrá algún motivo que nos imponga la obligación de *convivir*. Pero de la interioridad nos desprendemos con cierta pesadumbre, en disposición de servicio a los demás; aunque esto no supone que abandonemos nuestra interioridad, sino todo lo contrario: la cedemos al prójimo, envolviéndolo en ella hasta hacerlo nuestro, exactamente del mismo modo que pasamos a ser él. Equilibrio que impide o anula todo egoísta propósito y determina la *sinceridad* que decisivamente dota a lo que decimos de una total responsabilidad. En efecto, al obrar así salimos garantes del prójimo, asegurándole, implícitamente, el apoyo que recabamos para nosotros mismos. Y quien procede de esta manera, dice la verdad y sólo la verdad. En fin de cuentas —como tal vez se pueda ver ahora—, se trata de la soledad hecha convivencia, que es, quizá, el más altruísta de todos los gestos.

De san Agustín son aquellas palabras[6] que, se diría, Martí hace suyas, tal como en general sucede con el hombre de vida profunda y, por lo mismo, con el pensador. Así como la vida humana oscila entre el silencio y la palabra, lo hace también fluctuando de lo interior a lo exterior de sí misma. Mas vista la cuestión detenidamente, se concluye que la existencia humana es siempre, de algún modo, *interioridad* en mayor o menor grado, según de quien se trate, de manera que no es posible prescindir de ella. A esto se debe que el hombre puede presentarse como el único ser que tiene *mundo*, es decir, una realidad provista de distintos niveles de significación, y por eso descubre que lo real puede ser físico, orgánico, psíquico y espiritual; y, por otra parte, que esa diversidad se muestra, de alguna manera, como despliegue de significados y valores. Pero esto último sólo es posible cuando el hombre contempla lo exterior desde su interioridad; de lo contrario, tal como sucede con el animal, la distancia que lo separa de las cosas se anula completamente, dejándolo —como al resto de los seres— en esa «inmediatez» que impide la relación sujeto-objeto. Porque si bien el animal «siente» que algo no es *él*, no puede, en cambio, objetivarlo, sino que lo hace parte de sí mismo, como los experimentos del *reflejo acondicionado* comprueban sin lugar a dudas.

El hombre, por tanto, es siempre más o menos una *interioridad*, puesto que —como ya se ha dicho— no todo ser humano lo es del mismo modo. Por el contrario, como se sabe de sobra, la mayoría de los hombres adolece de escasa interioridad, limitada al mínimo indispensable que impide confundirse con el resto de los seres que pueblan la realidad. Basta observar el comportamiento de nuestro prójimo, en el amplio círculo de la sociedad en que nos movemos, para comprobar que, en efecto, dispone de una precaria interioridad. Es la gente que vive solicitada por toda clase de estímulos provenientes del mundo exterior, y, en consecuencia, su pensamiento lo

---

6. San Agustín: *De vera religione*, XXXIX, 12. ("*In interiori hominis habitat veritas*".)

constituye el variado espectro de las opiniones comunes, el *endoxón* de que hablaban los griegos. De este modo, esa gente recurre siempre a lo ya convenido, a las respuestas superficiales de que se vale para «explicar» todo cuanto requiere interpretación, es decir, la respuesta a la pregunta; en una palabra, el *idolum forum* a que se refiere el canciller Bacon: la opinión pública. Y de esta forma es cómodo, puesto que resulta fácil, moverse en la realidad en general sin hacerse cuestión de nada, ya que para todo hay una respuesta. Además, esa exterioridad que grava casi completamente la vida de la mayoría de la gente, la dota del automatismo propio de los niveles animal y vegetal. La consecuencia es la falta de verdadera inquietud que caracteriza a esos seres incapaces de sospechar que la vida puede ser algo más que la tosca relación del hombre con las cosas. Es el sentimiento de la *angustia existencial*, tan bien expuesto en nuestros días, el que le permite al hombre interrogarse a sí mismo, ansioso por descubrir su auténtico ser. En resumen: se trata de la vuelta del hombre sobre sí mismo, para lo que es preciso la más rigurosa interioridad, ese *chez-soi* de que habla Descartes, sólo obtenible si se prescinde todo lo más posible del exterior —sea lo que sea— para vacar a la reflexión rigurosa de uno mismo desde esa intimidad que reintegra al hombre a su verdadera condición. Por eso Ortega y Gasset ha dejado un lúcido comentario acerca del contraste entre el *ensimismamiento* (vuelta del hombre sobre él mismo) y la *alteración* (es decir, el desplazamiento desde su auténtico centro vital). Martí, a este respecto, nos dice lo siguiente, que expresa su profunda convicción de hombre de rica vida interior:

> Las grandes almas, modestas y vergonzosas de suyo, sólo consienten en salir de sí cuando corren la humanidad o la patria un grave peligro, el cual afrontan con pasmoso denuedo, y con pecho ciclópeo, para volver después, ganada la batalla y asegurada la victoria, al dichoso rincón donde se goza de la aprobación interior y el cariño de algunas gentes buenas. (B-51)

Exterioridad —como vemos— es para Martí el servicio al semejante; salir de uno mismo sólo para verterse en los demás, en disposición de sacrificio y ayuda al prójimo. «Lo otro», lo exterior, es para él sola, únicamente, «el otro», es decir, cualquiera que demande compasiva atención de nuestra parte. Es entonces cuando nuestra interioridad debe exteriorizarse, sin dejar de ser lo que es puesto que no se le abandona por otro motivo que no sea el propio de la interioridad. Y así expresa lo siguiente:

> [...] Las almas asustadas y púdicas; las que no caben en sí y anhelan verterse en los otros; las que prefieren el derecho de vivir en paz en la vida próxima, al goce de una paz que se compra demasiado cara en esta vida; los que gustan más de ver ricas las arcas del alma, con cuyo oro se compra el bien eterno, que las arcas de dinero cuyo cuño suele ser marca de infamia para el alma que la señalará en sus trances próximos [...] (B-7)

Martí es, por excelencia, el *hombre silencioso*. ¡Cómo expresa, mediante los inagotables recursos de la verdadera palabra, la compacta densidad del obrar silente, manifestado en sutiles observaciones, graves advertencias, suasorios consejos, fraternales apelaciones! Silencioso hablar que vibra en todo aquello que, externamente, es voz hablada o escrita. De ahí la perennidad de un pensamiento hoy tan actual como el día en que se produjo, pues si leemos atentamente cualquiera de sus discursos, deteniéndonos el tiempo necesario, descubriremos el sentido profundo de lo que, sin formar parte de lo dicho en cuanto dicho, es, sin embargo, su fundamento; pues lo que queda sin decir brota de esa soledad silenciosa gracias a la cual lo dicho es aún permanencia. Por lo tanto, la verdadera palabra es silenciosa, porque penetra sin hacerse sentir, en contraste con ese parloteo (Fidel Castro) que no pasa de ser efecto sonoro. A través de la palabra densa de silencio el pensamiento se adueña del espíritu y consigue la identificación del oyente con el que habla. Se ha dicho que si bien en ocasiones la mayoría del auditorio no entendía del todo a Martí, se sentía, sin embargo, arrastrado por la fuerza interna de las palabras. Pues, en efecto, nada externo determina el poder persuasivo de la oratoria martiana, sino el significado de lo dicho, más allá de las ideas. Sin embargo, la «incomprensión» por parte del oyente, en el fondo no lo era, ya que, al menos tácitamente, dicho significado lograba penetrar en eso que bien pudiera ser la *conciencia emocional* del auditorio. Ahora bien, semejante reacción por parte de éste en nada se parece a esa otra, brusca de resentimiento y odio, a que da lugar el parloteo demagógico. De esta manera Martí fue conquistando paulatinamente a los cubanos desterrados, quienes llegaron a creer en su palabra como si fuese el Evangelio. Porque al hablar lo hacía para expresar con toda sinceridad su deseo de servir a los demás, previniendo y aconsejando, de modo que su palabra jamás es sinónimo de arrogancia o egoísmo. Nunca habla para engañar, porque no persigue el propósito de servirse de los demás. En ningún caso —como ocurre con el *«leader»*—, «dice», por hablar, sino, por el contrario, habla para *decir*, y de ahí la luminosidad de un verbo dispersador de sombras. Pues como se encuentra muy percatado del riesgo de la palabra, por lo mismo, habla sólo cuando su intuición le indica la oportunidad de manifestar lo que debe decirse.

Ante todo, es preciso tener en cuenta que hay diversos grados de intelección con respecto a una misma cosa. Mas como se requiere el lenguaje a fin de ser entendida, resulta entonces que la máxima dificultad comienza con éste, pues, como lo advierte muy bien Ortega y Gasset, «[...] ninguna palabra tiene por significación una, antes bien, su sentido es fluctuante, varía constantemente de persona a persona entre las que conversan, y aun dentro de cada una, instante tras instante. Esto quiere decir que, hablando rigurosamente, no es posible entenderse.»[7] Si esto es así, ¿cómo vamos a pedirle a Martí que fuese completamente *inteligible* para todos sus oyentes, teniendo en cuenta, además, el grado de cultura de cada uno de ellos? Descontado, por supuesto, que la mayor o menor fuerza expresiva del lenguaje reside en su calidad. Por eso, en fecha tan temprana en su vida como es la de 1875 (cuando contaba sólo veintidós años), se expresa en estos términos: «[...] Hay quien confunde el lenguaje claro con el lenguaje vulgar: ¿es lenguaje claro el que entienda todo el mundo? [...]» (A-4) Aquí se revela el acervo de lecturas de Martí, cuyo fino talento discernidor le permite aquilatar la valiosidad de un lenguaje espontáneamente selecto, con el doble apoyo de la belleza formal y el rigor del fondo. Porque, como se sabe, hablar es escoger, y de ahí que hasta cuando un lenguaje es pretensamente llano y simple (el caso impar del *Quijote*), reluce en él la notoria diferencia con el lenguaje de la vida cotidiana. Otro caso, contemporáneo, es el de *Cien años de soledad*, cuyo lenguaje es tan maravillosamente anodino que, por lo mismo, cautiva al lector penetrándolo profundamente. De este modo, refiriéndose al escritor venezolano Cecilio Acosta, nos dice Martí lo siguiente:

---

7. J. Ortega y Gasset: *Obras Completas*, ed. "Revista de Occidente", Madrid, 1970, tomo VIII, pág. 195. ("La idea de principio en Leibnitz".)

[...] Las palabras vulgares se embellecían en sus labios por el modo de emplearlas. Trozos suyos enteros parecen, sin embargo, como flotantes, y no escritos en el papel en que se leen; o como escritos en las nubes, porque es fuerza subir a ellas para entenderlos: y allí están claros. Y es que, quien desde ellas ve, entre ellas tiene que hablar: hay una especie de confusión que va inevitablemente unida, como señal de altura y fuerza, a una legítima superioridad [...] (A-18)

La palabra es, en definitiva, siempre la misma, pero adquiere este o aquel relieve según la aptitud de quien la emplea. En el párrafo mencionado se proponen dos cuestiones: una, la ineludible necesidad de elevarse hasta el plano desde el cual alguien habla; otra, que esa «altura» supone una mayor densidad de lo dicho, tal como sucede con las capas de aire a medida que se asciende. Pues tratándose del lenguaje la aproximación a lo real aumenta según nos elevamos, de manera que va habiendo, en consecuencia, una progresiva acumulación de ideas e imágenes, causante, como tal, de la dificultad de intelección.

Martí no hablaba simplemente para ser «entendido», sino que al hacerlo, como estaba dotado de esa fuerza capaz de enervar el silencio hasta transformarlo en una multitud de efectivas apelaciones a lo real en sí, sucedía entonces que la fuerza avasalladora con que habla el silencio —la más real de todas las realidades—, arrastraba al oyente hasta situarlo en el lugar justo en que lo real mueve y conmueve decisivamente. Pues si bien es probable que la mayoría del auditorio no entendiese completamente cada palabra dicha por el *Apóstol*, al disponer el conjunto con una deliberada finalidad, se lograba esa sincronización del orador con el oyente, que era, en fin de cuentas, la comprensión deseada.

Hay, sin embargo, una ocasión en que el *Maestro* se expresa de este modo: «¡Qué ventura que no me entiendan! y ¡qué dolor si me entendieran!» (D-48) Con expresiva claridad se presenta aquí la profunda preocupación del hombre dotado de inmensa compasión hacia los que acudían a escucharlo. Pues todo cuanto pensaba para luego decirlo era siempre el escorzo de una pena moral. «[...] Vine al mundo para ser vaso de amargura. Que no rebosará jamás, ni enseñará sus entrañas, ni afeará el dolor quejándose de él, ni afligirá a los demás con su pena.» (D-26) Martí, pues, se propone alertar a los demás, pero sin descorazonarlos. Bien está que otros sean advertidos del peligro de los males que acechan de continuo, pero debe procurarse que no se asomen al abismo donde esos males se acumulan. «[...] He visto mucho en lo hondo de los demás, y mucho en lo hondo de mí mismo [...]; yo no puedo ser feliz, pero sé la manera de hacer feliz a los otros.» (D-9) Aquí está la clave para entender las enigmáticas palabras del *Maestro*. Sabe hasta dónde llegan la maldad y la estupidez humanas, que van siempre juntas, porque hay demasiada inconsciencia en el error humano. Por lo mismo, le preocupaba mucho que pudiese ser advertido, entendido cabalmente, el fondo último e irremediablemente desolado de su pensamiento. De aquí dimana su *Apostolado*, o sea de la firme voluntad de evitarle al prójimo la infelicidad consciente.

En el caso de Martí no basta con que la palabra llegue a convertirse en *hecho*, aun cuando éste lleve consigo tal o cual utilidad. Para el *Apóstol* útil sólo consigue serlo aquello que, de algún modo, se encuentra relacionado con el bienestar moral del hombre, directa o indirectamente. De esta suerte, la protección económica que recibe una persona, o la enseñanza mediante la cual se capacita para desempeñarse con éxito, etc., es el modo indirecto de propiciar el bienestar moral de los hombres, que, como vemos, es en definitiva una última finalidad de carácter ético. No digamos cuando se refiere a esto mismo en forma directa e inmediata, tal como sucede con la verdad, el honor, la libertad, etc. De todos modos, se trata siempre de la *limpieza del pensamiento*, que ha de ser diáfano lo mismo lógica que éticamente, pues su intelección no es sólo el resultado —como ya hemos hecho ver— de la coincidencia del pensamiento con la palabra (de cuya identidad surge clara y patente la realidad factual), sino, también, con vista al efecto moral que debe producir en quien escucha. «[...] El limpio pensamiento ha menester de una atmósfera limpia: siéntese el espíritu delicado mal con todo lo que en sí lleva grosería de forma o concepción [...]» (A-3) Aquí se advierte claramente cómo Martí tiene muy en cuenta esa doble condición de la palabra verdadera, es decir, la «forma» y el «fondo»; ambas, eso sí, inseparables, ya que constituyen una unidad indisoluble; pues, cabe decir, se engendran recíprocamente. En fin de cuentas, no puede haber palabra «bella» (en el sentido de adecuada y, por lo mismo, en armonía con el fin al cual se dirige), si no procede de un «pensamiento limpio», o sea libre de toda oscuridad y confusión; «belleza» formal de la expresividad de la palabra que se manifiesta aun más enérgicamente desde el punto de vista ético, porque mientras el error teórico, o el práctico, puede excusarse, no resulta igual cuando se trata de cuestiones que atañen al bienestar moral del hombre.

Pues el pensamiento es para ser expresado, de ahí su esencial carácter comunicativo. Comunicabilidad que tiene por finalidad producir el cambio de lo real en alguna forma, de donde su *utilidad*: he ahí lo que más preocupa a Martí —en todos respectos—, es decir, la consecuencia beneficiosa que se desprende de una acción. Inútil, para él, es sinónimo de dañino, pero, eso sí, no debe confundirse este sentido práctico del *Apóstol* con el «utilitarismo» vulgar y corriente, como manifestación de primordial interés por el disfrute de bienes puramente materiales, con su secuela de la codicia, el afán de lucro, la vanidad y otros.

> El pensamiento es comunicativo: su esencia está en la utilidad, y su utilidad es la expresión. La idea es su germen y la expresión su complemento. Un espontáneo impulso, hasta por su naturaleza impalpable y etérea ordenado, lo lleva hacia afuera, fuera de nosotros [...] (A-7)

Esto empalma muy bien con eso otro, mencionado más arriba, de que uno queda siempre por lo que hace y no por lo que dice, pues si quien habla tiene en cuenta al hacerlo la condición *comunicante* del pensamiento, sabe igualmente que dicha condición se cumplirá sólo si contiene aquello esencialmente apto para encajar perfectamente (como útil consecuencia) en la realidad a la que se dirige. Mas ¿cómo opera ese pensamiento capaz de resultar, en sí mismo, tal como acaba de exponerse? Oigamos a Martí:

> Un hombre que actúa con franqueza, piensa audazmente, desdeña los prejuicios de los demás, y que obedece fielmente a los dictados de su conciencia, está siempre seguro de ser honrado y respetado en el futuro, cuando los fantasmas de los servidores de vulgares prejuicios son olvidados [...] (A-13)

La austeridad del pensamiento es, como vemos, la esencia misma de su ser, pues austero es el pensamiento cuando es verdadero. Aun en el caso del más riguroso pensamiento abstracto —como ocurre con la lógica y la ciencia en general—, jamás puede faltar la convicción, de parte del pensador, de que el resultado obtenido ha de ser, en todo lo posible, un *pensamiento verdadero*. El error, si lo hay, ha de ser involuntario, puesto que, una vez advertido, se procede a corregirlo. Cuánto más atendible ha de ser tratándose del pensamiento que opera en la esfera donde predomina la ética, tal como ocurre con el caso de Martí. Por eso mismo —hablando del Presidente Garfield—, se expresa de este modo: «[...] No cupo nunca pensamiento bajo en su lenguaje amplio y hermoso. La grandiosidad del lenguaje invita a la grandiosidad del pensamiento [...]» (A-20) O sea que —según ya dijimos— uno y otro se encuentran en esencial dependencia recíproca. Mas ya se sabe que muchas veces es lo contrario, o sea que apenas hay acuerdo entre ambos, lo cual, repetimos, sucede siempre que la palabra es sólo un levísimo rizo de esa superficie en que consiste el silencio; por lo que el habla apenas contiene, entonces, realidad alguna, y al ser, en consecuencia, simple «sombra de silencio», deviene inevitablemente mera profusión de inútiles ruidos. Por lo tanto:

> No se ha de hablar sin idea, y por el mero gusto de lucir el talle, como la coqueta y la meretriz; sino como quien pone en orden piedras de cantería [...] (A-66)

Pues, en definitiva, como lo ve y lo siente el *Apóstol*: «[...] Pensar es servir [...]» (A-78), o sea, ser útil a alguien mediante el bienestar que el pensamiento es capaz de proporcionar. Sólo cuando se obra de este modo el pensamiento y la palabra son austeros, tal como lo vemos constantemente —sin excepción posible— en su vasta obra oral y escrita. Para eso estuvo dispuesto siempre rigurosamente, porque el ideal que rigió su vida jamás varió un ápice, y ese ideal, como sabemos, tenía una máxima dimensión a la cual se subordinaba todo lo demás, es decir, Cuba, según le dice en una ocasión a Gonzalo de Quesada:

> De Cuba ¿qué no habré escrito?: y ni una página me parece digno de ella; sólo lo que vamos a hacer [la lucha armada por la independencia] me parece digno. Pero tampoco hallará palabra sin idea pura y la misma ansiedad y deseo de bien [...] Ya usted sabe que servir es mi manera de hablar [...] (A-93)

¡Gran sacrificio el suyo a causa de la palabra, de la cual debía valerse para conseguir la suprema finalidad propuesta! Quien crea que Martí es hombre de fácil verba, que discurre casi ajena al que habla, se equivoca lamentablemente; pues se improvisa el palabreo ramplón, hecho de lugares comunes y apoyado en vanos y ridículos gestos, pero téngase presente que *discurso* viene de *discurrir*, o sea la reflexión cuidadosa capaz de ceñir la palabra a la idea. De ahí la asombrosa riqueza conceptual de los discursos y escritos martianos, que obligan al lector inteligente a volver sobre lo leído y a detenerse una y otra vez en esta o aquella oración, pues su estructura noética determina todo el curso del discurso. Se equivoca quien piense que Martí improvisaba, porque aquello que puede parecer así es el fruto de largas meditaciones. Su vida es constante atender a las cosas —de dentro y de fuera—, por lo que, al decirlas, ya eran plena posesión suya. Todo esto, desde luego, es consecuencia del profundo *sentido ético* de Martí, que consiste en considerar al hombre como *persona* y ésta, a la vez, como *fin en sí mismo*. ¡Qué distinto a todos esos dictadorzuelos dedicados a fatigar la palabra haciendo protestas de una libertad que ni entienden ni sienten!

Pues quien la comprenda y, al mismo tiempo, sea capaz de sentirla, jamás la vulnera. Con perfecta posesión de dicho sentido, Martí concibe la palabra como el compromiso con la realidad de la cual se extrae y a la que vuelve —después de penetrarla para saber cómo es y cómo debe ser—, transformándola en lo que anhela que sea. En consecuencia, *su* palabra jamás ofrece aquello que no debe ofrecer, porque ella es *él mismo*, y no *de él*. Pues no hay diferencia posible entre una y otro.

Se nace *comprometido* con la realidad en que uno vive, y este compromiso supone un cúmulo de obligaciones, pues tanto la *acción* como la *omisión* afectan de algún modo el medio en que nos encontramos. En consecuencia, lo que yo hago, bien o mal, repercute en los demás; exactamente como lo que dejo de hacer, bien o mal, opera asimismo en otros. Mi responsabilidad, entonces, no cesa jamás, ni nada hay que pueda librarme de ella. Mas como el hombre es, esencialmente, *pensamiento* y *palabra*, ambos revisten suma importancia, ya que la realidad —como se ha expuesto antes— está siempre afectada decisivamente por esa palabra que es vehículo del pensamiento. Para entenderlo adecuadamente basta con detenerse a considerar cómo, fuera de la idea y la palabra, nada es real para el hombre. Ambas *crean* el mundo en que me encuentro, pues con la palabra doto de realidad (ser y existir) a todo cuanto mi percepción e intelección me permite captar fuera de mí, porque, en efecto, sé que no forman parte de mi individualidad. Mas todo aquello que, en el orden gnoseológico, es de consecuencias teóricas y prácticas que no rebasan la esfera de la pura «cosidad», reviste, sin embargo, una profunda trascendencia cuando se trata del orden moral. Es aquí donde el *compromiso* adquiere máxima importancia, pues no se refiere a las cosas sino a la persona, es decir, al ser humano en lo que éste tiene de más delicado. Vamos a ilustrarlo con uno de tantos ejemplos a mano: el diagnóstico médico que obra negativamente en un cuerpo humano, hasta producir la muerte, no es sólo el daño inferido a un objeto, es decir, el cuerpo, sino que supone una consecuencia de carácter ético, ya que dañar la vida humana es falta de las más graves. Por la misma razón, Martí ve siempre en el pensamiento y su correlativo de la palabra el instrumento más delicado de todos los que maneja el hombre, dada la enorme responsabilidad en que se incurre al dispensarlos, lo que debe hacerse con la máxima cautela, siempre que se esté consciente de sus alcances. He aquí por qué el *Apóstol*, en su doble condición de orador y escritor, insistía constantemente en la gravedad de ese delicado cometido, pues se trataba nada menos que de dirigirse a los demás a fin de conquistarlos para una causa ya intentada sin éxito, es decir, la independencia de Cuba. Y puesto que ahora iba a ser él mismo el inspirador de dicho intento, en lo más profundo de su ser sentía cuán enorme era la responsabilidad que le alcanzaba, de manera que, lejos de fomentar pasajeros entusiasmos y emociones incontrolables, su deber consistía en advertir, por una parte, de la tamaña dificultad de la empresa a la cual invitaba a sus compatriotas; y, de otra, por lo mismo, en no apartarse jamás de la realidad, y de ahí que dijese en memorable ocasión: «[...] Para verdades trabajamos y no para sueños [...]» (A-79) De esta manera, su prédica es siempre la noble advertencia que envuelve una exhortación a la sinceridad:

> ¡Oh! la palabra, como viento que enciende, saca las llamas del espíritu al rostro [...] Mas la palabra tiene alas, y vuela caprichosa, y se entra en mundos ignorados e imprevistos, y aquél que habla en nombre del pueblo, ha de poner rienda doble y freno fuerte a su palabra alada. (A-23)

Aquí se ve claramente cuánto le preocupa al *Apóstol* que la palabra pueda desviarse de la finalidad en la cual se emplea en determinado momento; pues si bien es cierto que ella, a veces, es cabal expresión del espíritu, también es posible que vaya a donde no debe ir, por lo que es indispensable ceñirla a fin de que resulte aquello que debe ser. Sobre todo, cuando se habla desde el fundamento ofrecido por los demás. «El lenguaje es humo cuando no sirve de vestido al sentimiento generoso o a la idea eterna.» (A-59) Hablar y escribir solamente para expresar lo noble, que, por lo mismo, es valioso. Pues el hombre requiere una constante edificación, la cual sólo se efectúa a través del lenguaje que eleva y fortalece los más puros sentimientos. Y con ese tino que parece más bien fruto de una poderosa intuición axiológica, dice también: «[...] mi pluma es apasionada de la grandeza y de mi deber [...]» (A-9) Nótese cuán justas y exactas son ambas palabras: *grandeza, deber*. ¿Podría encontrarse otra que expresase mejor la esencial naturaleza ética del *Apóstol*? Sin duda que no, pues ambas forman el eje en torno al cual giran vida y obra. Porque en el orden moral nada *óptimo* carece de grandeza, digamos el deber, el honor, el amor, la libertad, la patria, etc. Pero véase que Martí los equipara al *deber*, suprema obligación humana referida siempre, en alguna forma, al semejante en cualquiera de esas manifestaciones (patria, familia, hogar, etc.) de las que emana y en las que opera el deber. Así le hace saber en una ocasión a Bartolomé Mitre:

> [...] no escribo con sosiego, ni con mi verdadero modo de escribir, sino cuando siento que escribo para gentes que han de amarme, y cuando puedo, en pequeñas obras sucesivas, ir contorneando insensiblemente en lo exterior la obra previa hecha ya en mí [...] (A-31)

«Pequeñas obras sucesivas», es decir, gradualmente, tal como, en efecto, llevó a cabo la obra preparatoria de la independencia de su patria, dándole forma continuamente al proyecto que era ya en él cosa acabada y resuelta. Nada de sueños desvariados, ni inoportunas prisas, de ese cubano «embullo» que es el entusiasmo fugaz con que solemos engañarnos casi siempre y ha sido causa de tantas frustraciones como venimos padeciendo desde tiempo casi inmemorial. Pues, ante todo, es preciso tener en cuenta quién es aquél a quien nos dirigimos, o sea cuál es su peculiar modo de ser. Esto jamás pasó inadvertido para Martí, pues así como con respecto a la América hispana tuvo siempre la certeza de su verdadera composición, tratándose de Cuba, su tierra natal, vio y sintió siempre que no era posible, nunca lo sería, alcanzar la meta propuesta sin tener muy en cuenta su singular personalidad. De ahí que viese en las creaciones de un pueblo su verdadero espíritu, es decir, la fuerza con que sería menester contar para cualquier propósito. Así, por ejemplo, para el *Apóstol* la «[...] literatura no es otra cosa más que expresión y forma, y reflejo en palabras, de la Naturaleza que nutre y del espíritu que anima al pueblo que la crea [...]» (A-41) Vemos de nuevo la palabra como expresión de realidades, ahora tan entrañables, que de ella saldría nada menos que todo aquello destinado a fomentar y sostener el sentimiento patriótico indispensable en aquel momento.

«En el comienzo era el Verbo», y, en efecto, el poder creador de la palabra puede ser positivo o negativo, creador o destructor. Porque ambos efectos puede conseguirlos la palabra, mas cumple con su oficio si no trastrueca dichos cometidos. Edificar lo que debe ser presencia valiosa y abatir cuanto se oponga a esto último. De ahí que la palabra martiana tiene la misión de *fundar* —como el mismo gustaba decir—, pero combatiendo, para destruirlas, la mentira, la infamia, la injusticia y toda forma de negatividad de las que acechan al hombre. Este es el sentido ético esencial del pensamiento y la palabra de Martí, al perseguir un fin en sí mismo para cuyo logro él se tiene sólo como medio; pues entiende que el habla es función vicariante del pensamiento, y, en consecuencia, quien aspire a ser como el *Apóstol* jamás pretenderá hacerse de un nombre a base de simples efectos verbales, cual es el caso del demagogo.

Uno de los grandes temas de todos los tiempos, al menos en la cultura occidental, de donde procedemos, es el de la *verdad*. De ella hizo el griego una primordial preocupación desde el siglo VII a. de C. en que se inicia la Filosofía, y Platón y Aristóteles la llevan a la cumbre de sus posibilidades especulativas. Pilatos pregunta con aire escéptico a Cristo: «¿Qué es la verdad?»,[8] aunque ya éste había dicho en forma bellamente emotiva: «Yo soy el camino, la verdad y la vida».[9] Más tarde, el Occidente cristiano, hasta nuestros días, continúa martillando afanoso en la misma cuestión. Pero, de un modo u otro, sabemos que la verdad existe, que unas cosas son verdaderas y otras no lo son. No vamos a discutir aquí el derecho último y definitivo de unas y otras a ser lo que son, pues, en este caso, caeríamos en un escepticismo imposible de superar. Basta con admitir que cuando se engaña no se dice la verdad, que es simplemente lo contrario; existe, pues, lo verdadero y lo falso, y a dicho contraste se refiere Martí al hablar de la verdad. Esta es, para él, la evidencia de que el ser de las cosas responde, en cada caso, a lo predicado de ellas. Además, lo que considera de mayor peso —según venimos repitiendo en estas páginas— es la consecuencia moral de la acción o del hecho de que se trate. Porque en contra de la verdad se alzan siempre el engaño, el fraude, la mentira, la simulación y muchas más de estas cosas, o sea las formas negativas de la conducta humana e impropias, por tanto, de quien aspire a tenerse por hombre digno de la estimación y el respeto ajeno. Pues no debe confundirse la mentira con el error, ya que es siempre algo deliberado, es decir, el acto por el cual se falta conscientemente a la verdad. La ausencia de ésta atenúa, unas veces, otras por completo el significado esencial de una cosa; sin contar, por supuesto, con el perjuicio ocasionado a quienes resultan sus víctimas.

Son tantas las veces que el *Apóstol* se refiere al magno problema de la verdad, que es imposible citarlas todas, pero nos referiremos a esos casos en los cuales reluce espléndida la convicción martiana con respecto al significado y el valor de la verdad. «Se ha de vivir y morir abrazado a la verdad [...]» (A-98), es decir, que toda nuestra vida, sin posible excepción, ha de estar dominada por el sentimiento de veneración y respeto hacia ella, cualesquiera sean las circunstancias en que nos encontremos. Pues aunque parezca lo contrario, la verdad acaba por imponerse, no importa lo que demore en hacerlo, porque el conflicto entre *realidad* y *apariencia* se resuelve, de uno u otro modo, a favor de la realidad. «[...] Contra la verdad, nada dura [...]» (A-85): he ahí otra regla áurea de su incansable prédica. Ella acaba prevaleciendo porque para que en el mundo pueda darse una progresiva perfección es necesario el descubrimiento paulatino del impulso en que consiste la verdad, y, en consecuencia, «[...] la hora del conocimiento de la verdad es embriagadora y augusta [...]» (A-25). Es ese momento en que la realidad revela lo que tiene de más valioso: es el gozo íntimo y profundo del sabio investigador cuando —como en el caso famoso de

---

8. San Juan, XVIII, 38.
9. San Juan, XIV, 6. ("Yo soy el camino, la verdad y la vida".)

Arquímedes— exclama: «¡lo encontré!»; porque se trata de una especie de «creación» —la única posible para el hombre—, al agregar otro elemento eficaz y bienhechor al repertorio de los existentes. Es la lucha con la sombra, con la incertidumbre, cuando la hipótesis queda factualmente comprobada; como, asimismo, a veces es la disipación del error o la anulación de la mentira. En cualquier caso, es esa *alétheia* o revelación que torna lo inseguro y problemático en efectiva certeza. Martí lo describe sumariamente en varias ocasiones e insiste en que hay algo de creación por parte del hombre en el descubrimiento de la verdad, quien la busca siempre, debido al afán de conocimiento que lo domina e impide que desista en su empeño de desvelar el misterio, aun cuando ya sabemos que éste parece inagotable. La verdad en sí misma atrae al hombre con llamada a la que no puede sustraerse, pues ella es desde todos los tiempos y mora sempiterna en cuanto vibra en el espíritu humano. El *Apóstol* lo expresa admirablemente al decir: «[...] la verdad, una vez despierta, no vuelve a dormirse —que el espíritu, más vasto que el mar, ni se seca ni se evapora, ni cesa de querer, ni ceja en lo que quiere [...]» (A-40)

Finalmente, hemos de referirnos aquí a la importancia que asume en Martí la cuestión de la verdad cuando se trata de la independencia de la patria. Entonces (como ahora) era nuestra amada tierra ese ergástulo moral de que habló tantas veces; ayer como hoy, detestable tiranía cerraba violentamente el paso a la verdad acerca de las condiciones en que se veían —como actualmente se ven— los cubanos obligados a vivir, pues entre las diferentes formas de persecución política se contaba la censura de todo lo que fuese letra impresa. Sólo fuera de Cuba, desterrado de ella, se podía —como se puede hoy— expresarse libremente, diciendo la verdad de lo que sucedía entonces (y sucede hoy). En la Cuba de Miguel Tacón sólo se permitía (como en la de Fidel Castro sólo se permite) hablar o escribir de aquello estimado aceptable por la satrapía, y por eso hombres como Heredia, Varela, Saco, Delmonte, Mestre, Villaverde, Martí y muchos más tuvieron que acogerse al destierro para levantar su voz ante el mundo, que permanecía indiferente a la suerte del cubano, del mismo modo que sucede ahora. He ahí por qué, en una de tantas veces en que el *Apóstol* se refiere al silencio impuesto al cubano en su tierra, exclama: «[...] Pena es que el hombre no salte de su asiento al ver que vive sin poder sacar la verdad a los labios [...]» (A-82) De lo cual se infiere que es necesario defender la verdad, cueste lo que cueste. Y, por lo mismo, sentencia: «[...] Antes que impugnar, debe amarse al que nos dice rudamente la verdad [...]» (A-5)

En el caso de Martí la palabra se identifica con la *verdad*, y esto determina el legítimo carácter *apostólico* de su obra, que si impresiona tan fuertemente, aun hoy día, se debe a ese fondo silencioso de donde emerge, que es la raíz decisiva de la verdadera elocuencia. Si quienes lo escuchaban eran presa del éxtasis, en un silencio recogedor, es porque sabía acercar al oyente a esa silenciosa profundidad que sirve de último fondo a la realidad. Pues sólo quien se repliega en sí mismo es capaz de pensar profundamente, ya que el ensimismamiento es el acceso al lugar de origen de las cosas. Mientras quien vive alterado, puestos los ojos en el exterior y sumiso a sus estímulos, no pasa de ser simple charlatán. Y Martí supo siempre hacerse eco de esa sonora soledad a la que hemos mencionado un poco antes. Pues sólo el silencio *suena*, tan de antiguo admitido: el oráculo, la esfinge, la entraña palpitante del ave, el astro, etc. Todo —como dice Baltasar Gracián— es «cifra», y cada cosa tiene su designio.

Poderoso silencio el de este hombre que, al mismo tiempo, es formidable dispensador de la palabra. Pero de una palabra depurada en el mágico filtro de esa soledad de la cual sale para efectuar la misión encomendada. Pues sabe que el habla es mal necesario y, por lo mismo, debe emplearse en la medida requerida, ya que todo exceso es falsificación del ser de las cosas. Lo vio muy claro en el sacrificio de otros que lo precedieron en la tarea a que se había entregado. Así, por ejemplo, dice de Luz y Caballero que no pudo escribir libros porque se dedicó a una obra aun más hermosa, como es la de hacer hombres. Tampoco él mismo tuvo tiempo —*ars longa, vita brevis*—[10] de escribirlos, al menos tal como, a veces, lo soñara: por ejemplo, aquél que pensó titular *El concepto de la vida*. Pues al escribir un libro, con el recogido silencio que éste exige, nos acendramos aún más, nos adueñamos paulatinamente de la palabra, evitando que nos domine y venza por completo. El libro ha de ser mirada hacia dentro, no hacia afuera, tal como sucede muchas veces. Porque, aunque parezca lo contrario, Martí era un *contemplativo* fuertemente imbuido al mismo tiempo de la obligación que todo hombre tiene para con los demás. Verdad, justicia, caridad: he ahí los tres valores sobre los que se asienta toda su obra, al servicio de los cuales estuvo siempre su palabra. Esto explica el sacrificio de su propio silencio, de su soledad, haciendo sonoros uno y otro, porque de ambos extrae los mencionados valores.

Como hombre dotado de profundo pensamiento y fina sensibilidad, el *Apóstol* de la libertad de Cuba, alma dispuesta a entregarse generosamente a los demás, fluctuaba siempre entre la *soledad* de la que necesitaba como doble recurso de purificación y resguardo, y la *convivencia* en la que efectuar continuamente sus filantrópicas dotes de humanitaria compasión. Cierto es que a todos, o al menos a una apreciable porción de los hombres, les sucede lo mismo, pues a veces es preciso alejarse del «otro» a fin de encontrar en nuestra interioridad la paz y el sosiego que permiten reintegrarse a sí mismo siquiera sea en contados momentos. Mas es indudable, como dice Ortega y Gasset, que el hombre vive entre el *ensimismamiento* y la *alteración*, y —según él— tanto más se verifica en el hombre su auténtica condición cuanto más pueda replegarse en su interior, tolerando la mayor y más enérgica dosis de soledad.[11] Mientras la alteración —como lo dice la palabra misma— es lo contrario, o sea el dejar de ser uno para convertirse en otro cualquiera; en fin, como realmente le sucede a muchos. Ahora bien, la soledad del hombre de vida profunda (ése que, según la admirable expresión de Max Scheler, «nace culto»)—[12] es su inalienable modo de ser, su verdadera naturaleza; porque si el silencio es la más genuina manifestación de la realidad en sí, y el pensamiento obra sobre el silencio enervándolo, se explica entonces que el hombre de pensamiento, identificado con éste al punto de llegar a ser él mismo, sólo puede sentirse a gusto en esa soledad en la cual se hace uno con ella, con la silenciosa soledad o con el silencio solitario, que viene a ser lo mismo. De ahí que este hombre sea, de algún modo, el «desterrado», en el sentido de que no conseguirá nunca *enajenarse* o alterarse hasta el extremo de sentirse cómodo en la mundana convivencia. Pues siempre le morderá íntimamente la nostalgia de esa soledad silente, que es su verdadera tierra, a la que ansía volver en cada instante. Pero hay

---

10. "Todo quehacer es dilatado, pero la vida es breve". Parece salir de Hipócrates ("*vita brevis, ars longa*"). Séneca (*De brevitate vitae*, I), dice así: "*Vitam brevem esse, longam artem*" (que viene a ser lo mismo).

11. J. Ortega y Gasset: *Obras Completas*, ed. "Revista de Occidente", Madrid, 1970, tomo V, págs. 295-315.

12. M. Scheler: *Die Stellung des Menschen in Kosmos*, ed. "Kroner-Verlag", Tubingen, 1928.

más, y es que esta clase de hombres lleva siempre consigo la inmensa tristeza que produce el conocimiento de la imperfecta realidad de la convivencia humana. Una cita encontrada al azar de lecturas, no precisamente de un profundo pensador, tiene, sin embargo, la virtud de ilustrar cuanto venimos diciendo en forma sumaria y a la vez con enérgico trazo. Hela aquí:

> Es que yo no puedo figurarme jamás a un pensador sin suponerlo desgraciado en el fondo. Para mí, el talento elevado siempre es presa de dolores íntimos, por más que ellos se oculten en los recónditos pliegues de un carácter sereno. La energía moral, por victoriosa que salga de sus luchas con los obstáculos de la suerte y con las pasiones de los hombres, siempre queda herida de esa enfermedad incurable que se llama la tristeza; enfermedad que no siempre conocemos, porque no nos es dado contemplar a veces a los grandes caracteres en sus momentos de soledad, cuando dejan descubierta el alma en las sombras del misterio.[13]

Perfecta descripción aplicable en todo a Martí. Los que lo conocieron se refieren con frecuencia a su aspecto triste, que procuraba disimular con la franca y cordial acogida dispensada a los demás, fuese quien fuese. El «talento elevado» —como lo expresa el escritor mexicano— es sinónimo de soledad y tristeza, y, sin embargo, tal como reluce en el *Apóstol*, dichas tres cosas se resumen en una *energía moral* que es la marca distintiva de quien, como él, sabe que no debe quedarse en sí mismo, completamente desligado del mundo, pues siente de manera vigorosa que éste necesita de su ayuda, porque su menesterosidad moral sólo se remedia con la dádiva del «talento elevado» cuyo sacrificio consiste justamente en dejar de ser él para convertirse en el «otro». En consecuencia, aunque en cierta ocasión altamente penosa de su vida haya dicho Martí a su amigo Mercado: «[...] En cuanto a mí, le juro que, a poder hacerlo, me encerraría a arar la soledad, acompañado de mi mujer, de mis pensamientos, de libros y papeles [...]» (C-9), sabemos muy bien que ese «a poder hacerlo», lejos de ser estrictamente circunstancial, se refiere un tanto subconscientemente a su íntimo modo de ser; pero que nunca habría podido hacerlo, pues, como sabemos, acabó abandonado de la mujer, el hijo y de todo familiar afecto, para entregarse a la multitud que lo reclamaba en la misma medida en que él a ella, porque así es como su vida alcanzaría plena autenticidad.

Y, sin embargo, las «antinomias del genio» lo hacen oscilar violentamente entre ambos extremos. Solitario lo es por inalienable condición, como se ve en su desdén por la ciudad y el deleite que le procuraba la Naturaleza (valle, monte, río), de lo que hablaremos más adelante. «El alma trémula y sola — padece al anochecer [...]»: así es como empieza una de sus composiciones poéticas, y termina: «[...] ¡vuelve fosca a su rincón — el alma trémula y sola!» (A-81) Es decir, que el motivo de satisfacción estética producido por la contemplación de una hermosa mujer que, al mismo tiempo, es admirable bailarina, no consigue acallar esa tristeza que dimana de la radical soledad jamás abolida, ni siquiera en ajena compañía; pues, probablemente al contrario, la pasajera «alteración» exacerba aún más la tristeza de su aislamiento *a nativitate*. Como lo expresa el clásico latino, sabíase Martí condenado *ad astra per aspera*,[14] es decir, a remontarse siempre hasta la región sideral de su verdadera personalidad en roce constante con el

---

13. I. Altamirano: *El zarco*, ed. "Porrúa", México, 1969, pág. 105.
14. *"Sic itur ad astra"*. Cf. Virgilio: *Eneida*, libro IX, final del verso 64. El poeta usa indistintamente ambas locuciones, expresivas de que todo ascenso es difícil.

mundo exterior. Por lo mismo, esta alma sometida a radical aislamiento reclama a veces, en un atormentado desahogo, al menos el derecho a rebelarse contra el malestar creado en él por la ambivalencia de soledad y convivio. Es la autoconfesión, en momentos de rigurosa intimidad, que será luego conocido de otros, pero que tiene, sin duda, el carácter inicial de lo que salta del pensamiento al papel casi sin previa deliberación, como quien se arranca la espina de la carne. Veamos: «[...] De cada vivo huyo azorado, como de un leproso [...]», dice en uno de sus *Versos libres* en 1882; y poco después deja saber el motivo de tan atormentada fuga: «[...] es que a los hombres — palpo y conozco, y los encuentro malos [...]»; lo que reitera diciendo todavía: «Conozco al hombre y lo he encontrado malo [...]» (C-58) Consecuencia de esta amarga y desalentadora experiencia son los versos finales: «¡Duele mucho en la tierra un alma buena! — De día luce brava: por la noche — se echa a llorar sobre sus propios brazos [...]» (C-48) Todo lo cual es dolor, es decir, «[...] el resultado de la inconformidad de la Naturaleza sentidora —el alma— con la existencia real [...]» (F-21) Así era como iba Martí por la vida, fiel a su destino, en el inagotable contrapunto de lo íntimo y lo externo, disolviendo su existencia entre las voces de uno y otro lado. *Desolación*, he ahí la palabra que mejor describiría su auténtico estado de ánimo, que afloraba siempre, tras la sonrisa y pese a ésta: «El gran dolor, el alma desolada — ni con carmín su lividez esconde [...]» (F-87). Pues como lo confiesa él mismo: «[...] El talento no es más que un desequilibrio entre el que lo posee y la masa vulgar [...]» (B-29), y ese el precio que se paga por pertenecer al linaje excepcional. Porque —añade en otra ocasión— «[...] en la vida —cual un monstruo de crímenes cargado— todo el que lleva luz se queda solo [...]» (A-33) Finalmente, como algo que resume todo cuanto se ha dicho hasta aquí sobre la soledad de Martí, veamos cómo se expresa al hablar de una prominente figura de la independencia hispanoamericana y que es, a no dudarlo, el espejo que devuelve la imagen del *Apóstol* y a la vez explica y confirma su irremediable soledad:

> [...] Y más que otros, sufrió de dos males: el de vivir, como un espíritu superior, entre la gente usual; el de vivir, dotado de un alma angélica y exquisita cultura, en una época embrionaria. (B-45)

Así es como se explica, también, su amor a la Naturaleza (montaña, río, bosque), siempre la agreste soledad capaz de mantenerlo a cubierto del estrépito y la confusión de la ciudad. La Naturaleza es *contemplable* porque nos proporciona la soledad y el silencio que le son correlativos, los mismos que llevamos nosotros, y que nos revelan el fondo donde late intenso y persistente el enigma de la Vida. De la Naturaleza venimos y a ella volveremos, en mayor o menor plazo; pero, al mismo tiempo, contamos con lo que permite ser algo más que el «débil junco»[15] de que habla Pascal, pues tenemos conciencia de la Naturaleza y aunque no descubramos sus arcanos, sí, en cambio, podemos inquirir por su razón de ser. ¿Por qué el hombre no podrá ser tan absolutamente *solo* y *silencioso* como la Naturaleza? Quizá Martí se hizo esta pregunta en alguno de esos momentos de mudo diálogo con el mar, la montaña o el bosque. Silencio y soledad de absoluta pureza, porque si bien lo *muestran* todo, en cambio, no «dicen» nada. El hombre común, por el contrario, huye atemorizado del silencio y la soledad de sí mismo, diluyéndose, mediante la palabra, en los demás; con

---

15. B. Pascal: *Pensées*, 347.

prestada palabra, pues la propia está apresada en el arcano de sí mismo del cual huye temeroso. Hablar es pues, el «pecado original», pues si Eva no le habla a Adán, todavía estuvieran en el Paraíso. Es preciso, entonces, hablar desde el silencio que, según hemos dicho, se adueñaba del auditorio de Martí; pues quedar atónito —como le sucedía— no era sino sentirse atrapado en ese éxtasis donde la palabra ya no es simple sonido, sino puro hecho. De tal modo esto es cierto, que todavía nos habla él mismo, tanto más sonoramente cuanto más capaces seamos de penetrarlo.

La forma de auténtica expresión de soledad y silencio se da, en el mundo exterior, en la Naturaleza. El mar, cuyo confín no alcanzamos a ver; la montaña que confunde su cima con las nubes; el bosque impenetrable, nos sobrecogen y anonadan con su poder, haciendo que nos sintamos infinitamente pequeños y solos, descubriendo, ante ellos, el *radical aislamiento* de nuestra vida, porque, en sentido estricto, es algo proveniente de nuestra individualidad. Pues ni aun la relación con los otros, el formar parte de ellos, nos libra del sentimiento de que, de cualquier manera, estamos solos, por ser, cada quien, soledad que acompaña a otras semejantes; simple agregación incapaz de librarnos de la *impenetrabilidad* que impide que «otro» pueda instalarse en mí. Pero la soledad, sin embargo, conforta; pues la disolución en el conjunto multitudinario, si bien consuela de esa imposibilidad de dejar de ser quien se es, falsea nuestro ser esencial e impide que podamos sentir lo que somos. El estrepitoso bullicio de la ciudad nos aparta de nosotros mismos y en confuso roce con los demás no somos nadie en definitiva. ¿Se quiere un espectáculo más desalentador, por lo que tiene de inautenticación del hombre, que el de la muchedumbre vociferante en el *stadium* o el *meeting* político? Para empezar, el ruido que ocasiona no es natural, y lejos de tolerarlo nos abruma, pues se trata de algo no esencial a la naturaleza humana. En cambio, el ruido ensordecedor de la catarata, del oleaje del mar embravecido, de los rayos y truenos de la tormenta, determinan en nosotros un sentimiento de admiración que nos atrae porque es el silencio haciéndose estentórea sonoridad en una manifestación unitaria y unificada de la realidad, insusceptible de individualizarse, como sucede con la muchedumbre vociferante. Pues sabemos que el ruido producido es la suma de las debilidades de los allí presentes y precariamente «unidos», en un cometido antihumano. Además, la Naturaleza mientras más vasta más auténtica (es la diferencia entre el jardincillo inglés y la selva tropical); en tanto que la vastedad humana sólo se da en el agregado multitudinario que sigue siendo «partes» con absurdas pretensiones de conjunto homogéneo, ridículo y deplorable a causa justamente de su evidente falsificación.

Todo esto lo sabía Martí, el hombre de la agreste soledad, pero obligado a vivir en el laberinto de la gran ciudad con todos sus desagradables inconvenientes. «Envilece, devora, enferma, embriaga — la vida de ciudad [...]» (J-4) Es la existencia bastarda, a contrapelo de la verdadera naturaleza humana, y, por lo mismo, agrega: «[...] El bosque vuelve al hombre a la razón, y a la fe, y es la juventud perpetua [...] La Naturaleza inspira, cura, consuela, fortalece y prepara para la virtud al hombre [...]» (A-26) De ella venimos y hacia ella vamos, de manera que el contacto con lo demás por fuerza ha de ser contradictorio con la naturaleza humana, pues todo cuanto se «urbaniza» va indefectiblemente en pos de una progresiva falsificación. Además, la verdadera inspiración es preciso ir a buscarla, según el *Apóstol*, en alguna de las numerosas manifestaciones del mundo físico original. Por eso exclama: «¡Afortunado aquél en cuyo espíritu grandioso surja, como dote sobrehumana, la facultad colosal de cantar a compás de armoniosa

Naturaleza! [...]» (B-20) Este es el éxtasis en que debe haberse sumido Martí al verse frente a ese mundo sonoramente silencioso, que señala pero no explica, para que del sortilegio de su enigma brote la inspiración (tal es el caso de Heredia) que permite que el silencio del hombre se haga uno con el de la Naturaleza:

> [...] El Niágara portentoso le reveló, sumiso, su misterio, y el poeta adolescente de un pueblo desdeñado halló, de un vuelo, el sentido de la Naturaleza que en siglos de contemplación no habían sabido entender con tanta majestad sus propios habitantes. (A-73)

El *Apóstol*, sin embargo, no canta en sus versos a la Naturaleza en la forma que lo hicieron otros poetas cubanos, sobre todo, Heredia y la Avellaneda. Apenas hay una que otra referencia, no siempre admirativa, como en el caso del mar, del que llega hasta decir que lo odia; aunque debe tenerse en cuenta que fue el camino obligado de sus penosos destierros, como igualmente se le opuso cuando en unión de Máximo Gómez y otros se dirigía a las playas cubanas para dar comienzo a la guerra de independencia. Mas aun cuando sea así, no por eso dejó de amar profundamente a la Naturaleza, como se ve, sobre todo, en sus escritos en prosa. La reputa maestra de la vida y, en consecuencia, ve en ella el mejor adiestramiento del hombre. Hablando a este respecto del pensador norteamericano Emerson, anota lo siguiente: «[...] Lo que enseña la Naturaleza le parece preferible a lo que enseña el hombre. Para él un árbol sabe más que un libro; y una estrella más que una universidad [...]» (A-27) Descontado lo que hay aquí de explicable despliegue lírico, es indiscutible que la Naturaleza es siempre el enigma que sobrecoge al hombre y lo hace admirar ese secreto cuya nota más sobresaliente es la *armonía*, o sea el carácter teleológico de su vasta organización, donde cada cosa está dispuesta de manera que encaje perfectamente en el conjunto para el que fue creada. Esta es su implícita «sabiduría», donde todo es a un tiempo previsión y organización. De ahí que —como Emerson— «[...] él no halla contradicciones en la Naturaleza [...]», y de sí mismo podría decirse lo que le atribuye al pensador norteamericano: «[...] Se sumergió en la Naturaleza, y surgió de ella radiante [...]» (A-28)

Profundo creyente en Dios y en la eternidad —como lo probaremos en otro lugar de este mismo trabajo—, el *Apóstol* ve en la Naturaleza una divina intervención, pues sólo semejante entidad, dotada de verdadero y absoluto poder de creación, puede ser autor de cuanto existe. Así, hablando de otro de esos seres extraordinarios a quien admiraba, sobre todo, por su plena identificación con la Naturaleza (Walt Whitman), exclama: «[...] cuando se asoma al río, a la hora en que se cierran los talleres y el sol de puesta enciende el agua, siente que tiene cita con el Creador [...]» (A-52)

Martí es, pues, ese extraordinario caso en que la palabra y el silencio se armonizan completamente, porque, como se ve, ni es el «solitario» silencioso a lo Nietzsche, cuya palabra tarda en llegar al mundo, ni es tampoco el conversador extrovertido, al modo del político o el demagogo.[16] Sin embargo, lo que en otros, con plena conciencia de la dualidad palabra-silencio, sería un conflicto, en Martí aparece y opera naturalmente como manifesta-

---

16. Como el autor de *Zarathustra*, Martí también cree que es necesario: "[...] callar a tiempo. También hay que aprender a hablar, para callar de modo oportuno. Un hombre cuya vida transcurre en planos profundos, necesita primeros planos, para los demás o para él mismo, pues ellos son imprescindibles para rehacerse a uno mismo y para posibilitar que los demás vivan con nosotros". (F. Nietzsche: *Werke*, "Musarion-Verlag", Leipzig, 1924, Band III, Seite 348.

ción de una personalidad *sui-generis*. Aquí es preciso volver sobre lo dicho un poco antes acerca del *sentido ético* de la vida del *Apóstol*, al que, precisamente por esto mismo, conviene dicho calificativo. Cuando del silencio proviene, la palabra jamás es demasía, pues su coincidencia con la sonora soledad de donde emerge la presenta cual si estuviese recortada de ésta. «El silencio, gran brahmán»,[17] según Ortega y Gasset, es justamente la *sabiduría* que habla sin apelativo verbal de ninguna clase, porque aquello que puede parecer ausencia de la palabra es, sin embargo, su primaria inserción en el silencio, de donde proviene su máxima elocuencia. Por eso, Martí es el hombre callado —calladísimo— que habla desde el silencio en que consiste la plenitud de las cosas. Quien, como él, llevaba consigo tal plenitud, disfrutaba, por lo mismo, del privilegio de darse a los demás, compartiendo el único tesoro que no es posible reservarse egoístamente, pues quien lo posee —don excepcional—, por lo mismo, lo tiene todo y es de todos, a la vez que todos son de él. De ahí —como se expondrá más adelante— el sentimiento del *amor* en Martí, expresado en su obra de tantas maneras diferentes y que consiste en darse sin reservas, descanso, ni discriminación.

Grave responsabilidad de la palabra, en la que reside la posibilidad del bien y el mal, pues con razón se dice que, una vez vertidas, no es posible recogerlas. Además, se convierten, de algún modo, en sustitutos de esto o aquello, de manera que obran en quien las recibe como equivalentes de la realidad mentada. Pero *mentar* muchas veces es *mentir*, por no decir la mayoría de ellas, lo que sucede cuando la palabra, lejos de extraerse del silencio donde mantiene su primigenia autenticidad, es esa otra palabra volandera, tomada del vasto e impreciso repertorio del habla cotidiana. Ésa que —ayer como hoy— fabrica los *ídolos* del canciller Bacon.

Palabra y silencio: he ahí la profunda personalidad de Martí; conjugación de dos extremos por lo regular inconciliables, salvo casos excepcionales como el suyo. Porque todo lo esencialmente profundo es hermético, críptico, y sólo se hace inteligible a quien es capaz de revelarlo a los demás. Don del profeta, del poeta, del verdadero conductor de pueblos, no de esa réplica mendaz del demagogo, o sea el hombre carente de soledad y silencio; hecho, todo él, de estrépito, mentira y egoísmo. Por lo mismo, el que lee a Martí discurre por esas interminables galerías donde la vida profunda hace constantes señas, con sus pausas marcadas, que son a manera de estaciones en las cuales nuestra meditación consigue hacerse acorde con la del *Maestro*. Es entonces cuando nos llega algo así como su lección decisiva, porque permite descubrir que la *verdad* es el hecho definitivo, y, además, sentir —como si fuese nuestro— el sacrificio de una vida —la suya— librada sin tregua, día a día, al fragor de una lucha que le vedaba toda posibilidad de disfrute de la interioridad donde silencio y palabra coinciden plenamente. Silencio sonoro, sonoridad silente: máxima ecuación resuelta en el riquísimo caudal de un léxico inmune a toda perecedera gratuidad. Por eso, su lenguaje, aunque estuviese dirigido a la mayoría, era, sin embargo, de minorías, pues su verdadero significado sólo puede apreciarse mediante el correspondiente acto de concentración interior en que lo personal de cada quién —en la medida en que existe— coincide con lo eminentemente personal del que habla (en este caso, Martí). Tal cosa se advierte al leerlo, pues su lectura no es nada fácil, sino todo lo contrario: tras lo que reluce en el texto hay una plenitud de variadas significaciones, de propuestas, de insi-

17. J. Ortega y Gasset: *Obras completas*, ed. "Revista de Occidente", Madrid, 1966, tomo II, pág. 625: "El Espectador", VII.

nuaciones, especie de múltiple posibilidad de diferentes sentidos; de ahí que resulte, asimismo, en cierto modo *críptico*, porque el decir profundo jamás es unívoco: el que *dice* no lleva consigo el silencio sino *es*, él mismo, abisal realidad del sonoro silencio en que consiste el enigma de los enigmas, es decir, la realidad primaria y primigenia. De aquí, igualmente, que Martí sea *poeta*, o sea el hombre capaz de convertir el silencio en palabra, sin que, por lo mismo, deje aquél de ser lo que es. Sólo entonces no es la palabra mera expresión oral o escrita. Mas para conseguir la indispensable congruencia del que oye con el que habla, o del lector con lo leído, menester es disponerse a renunciar a lo fácil, que es lo inmediato, porque la eficacia de lo real es fondo y no superficie.

Por esto mismo, puede pensarse que el lenguaje martiano es —digamos así— «intelectual», o sea de difícil acceso en su forma y en su fondo. Se ha querido ver en él cierto «barroquismo» que, en mi sentir, proviene de la necesidad de apresar el fondo en la forma de la dicción. Lo difícil de su estilo es precisamente la dificultad ofrecida siempre por aquello que, siendo elocuente silencio, se resiste, en consecuencia, a convertirse en fácil y simplista sustitución verbal. Si, de alguna manera, es oro el silencio, entonces todo lo demás es ganga, escoria; en consecuencia, ese silencio, albergue de la verdadera expresión, sólo es *palabra* cuando él mismo así lo quiere; cosa que sucede en contadas ocasiones, como lo prueba el número relativamente escaso de obras a las cuales puede considerarse valiosas y, por lo mismo, perdurables. Por tanto, el lenguaje de Martí es lo menos «intelectual» que se pueda imaginar: por el contrario, todo él es *espontáneo*, es decir, *intuitivo*, porque —como lo ha visto agudamente Bergson—, la intuición es «[...] esa simpatía por la cual nos trasladamos hasta el interior del objeto para coincidir con él [...]»[18] De ahí, igualmente, el llamativo carácter «adivinatorio» de la prosa martiana, destello «oracular» que ofrece constantemente. Por eso, lo que a veces parece «lírico derroche» no es sino la fuerza casi «telúrica» con que se hace patente. En consecuencia, el lenguaje martiano es atractivo y seduce porque «induce» —sin percatarnos de ello— al presentimiento de la riqueza oculta tras la inmediatez de lo dicho. Sus oyentes (también los que hoy pueden «oírlo» a través de una letra en apariencia quieta), efectúan un curioso movimiento de ida a esa *interioridad* y regreso desde ella en la que descansa el *decir*, que no pierde su fuerza porque no es simple palabra. Lo cual explica la perdurabilidad de todo cuanto se conserva de su obra intelectual. Pues si lo que se habla o se escribe va inmediatamente referido a la circunstancia social o política de ese momento, mucha ha de ser su sustancia para que, abriéndose paso a lo largo del tiempo, llegue a nosotros. Los discursos políticos de Tucídides e Isócrates conservan toda su frescura y son motivo de la meditación que atrae y cautiva al lector de cualquier tiempo. En cambio, cuánta hojarasca verbal ha desaparecido —afortunadamente—, porque era sólo obra de un día, entre la que deberá contarse el discurseo de Fidel Castro o la «filosofía» de Mao-Tse-tung, pues —anotábamos un poco antes— una cosa es hablar para *decir* y otra muy distinta es «decir» al hablar. La perdurabilidad proviene del *fondo eterno* donde descansa la verdadera palabra que, por serlo, resulta muy difícil de articular, pues, repito, no es posible separarla del silencio del cual nace y es a manera de eco. Hablar, *sensu stricto* es no hablar, porque —según dice Ortega y Gasset— el lenguaje es una

---

18. H. Bergson: *Revue de métaphysique et de morale*, enero, 1903. "Introduction a la Métaphysique", pág. 10.

cadena de silencios, o sea que lo omitido forma parte esencial de lo dicho. Y sucede que quien escucha capta —más bien subconscientemente— todo eso «ausente» en lo escuchado; mas, por lo mismo, lo hace suyo, incorporándolo al conjunto de lo hablado. He ahí por qué, al leer a Martí, descubrimos —según se avanza en la lectura— todas esas «omisiones» (*silencios*) que son a modo de complementario repertorio de ideas susceptibles de diferentes sugestiones al lector. Son estas otras ideas las responsables de la perdurabilidad del texto; pues, vuelvo a decirlo, el verdadero lenguaje es, de algún modo, más o menos críptico.

Difícil tarea reservada al *escritor* —a éste, por supuesto, y no a tanto sucedáneo como abunda hoy día en todas partes—, porque ha de decir lo que, debido a su radical profundidad, es casi invocable. Tal es la dramática situación en que se hallaba el *Apóstol*, lamentando a veces esa vertiginosa vida suya que le impedía vacar al delicado menester de la morosa meditación profunda; obligado a la prisa impuesta a una existencia, como la suya, que no podía soslayar ni un solo instante. Sin embargo, ella fue siempre ese *De profundis* revelado constantemente en la quietud mágica subyacente al hablar siempre vertiginoso, al compás de azarosa circunstancia. He ahí por qué, entre los títulos al mérito de su martirio, es preciso incluir el del sacrificio de la contemplación a la acción, pues lo ético sobrepasa en él siempre lo estético y lo metafísico: la raíz de las cosas y su belleza queda siempre subordinada —desde el punto de vista contemplativo— a la suprema exigencia moral de renunciar a lo demás, dado que se trataba de salvar al hombre conquistándolo para la dignidad implícita en la libertad, inaplazable finalidad a la cual supeditaba todo. Pues también él sabe que hay un *tempus ridendi* y otro *lugendi*,[19] y este es inesquivablemente previo al otro. Eliminado el motivo de las lágrimas, sería entonces el momento de acudir a otros goces del espíritu. De ahí, con toda probabilidad, el tono nervioso —debido a la premura— de su decir proyectado en tantas direcciones, multiplicado prodigiosamente en el discurso a la muchedumbre, el dilatado ensayo, el artículo periodístico, la epístola, la conversación y, por supuesto, el verso. Poderoso despliegue de formas de una misma y sola voluntad, hecha a la vez de la más rica sustancia —la del silencio y la soledad. Pues esto último, *soledad*, es lo que debió sentir Martí siempre, tal vez con la excepción de algunos que, como su entrañable Fermín Valdés Domínguez, supieron estar a su lado en todo instante, no importa cuál fuese. Solo debió sentirse frente a la muchedumbre que, si bien lo admiraba, era incapaz de aquilatar su auténtica realidad. Solo en su prédica ardorosa y febril. Solo como todo el que viene desde la esencial soledad de lo real y está obligado a padecerla, precisamente a causa de su radical solidaridad con el semejante. Solo, mientras más acompañado, paliando su soledad mediante esa palabra que atrae hasta producir vértigo en el oyente, induciendo así a los demás, hasta sorberlos como el remolino a la corriente caudalosa, y, sin embargo, cada vez más solo, en la singularidad absoluta de la palabra que del silencio retorna al silencio, mas, en el trayecto, opera su noble función de consuelo, esperanza y advertencia.

Cometido esencial de la verdadera palabra es no entregarse por completo, de una vez, sino obligar, en cierta forma, al oyente o al lector, a buscar, por entre la incertidumbre provocada por el decir, los motivos fundamentales de éste. Pues la palabra que lo dice «todo» de una vez no pasa de ser simple «cháchara», como sucede casi siempre, porque, cuando se pronuncia,

---

19. *Eclesiastés*, 3,4. ("*Tempus ridenti et tempus lugenat*".)

se extingue sin dejar el menor rastro. Así es como se explica el evidente carácter *enigmático* de la Sagrada Escritura, cuya milenaria perduración se debe a la riqueza de su virtual contenido significativo, señal indudable de la verdad donde se asienta. Porque si es cierto que ella es unívoca, al mismo tiempo es, para el hombre, una parte de la plenitud de lo verdadero. Pues lo que de alguna manera sirve de enseñanza al hombre, jamás se extingue, y esto explica la importancia de la historia y la tradición, de las cuales se puede extraer un cuerpo fundamental de *advertencias* igualmente útiles para todos los tiempos, al que llamamos *saber clásico*. La solemne apelación de esta palabra al hombre la dota de la perdurabilidad que permite saludarla inmortal. Tal cosa sucede con el lenguaje martiano, o sea que, en esencia, sigue incólume, lo que deja ver que no fue dicho pensando únicamente en aquel momento. Por el contrario, su inspiración desbordaba el límite de la temporalidad donde está inscrita, haciéndose continuo presente.

La «difícil facilidad» del lenguaje martiano en su tiempo supo él mismo convertirla, siquiera fuese relativamente, en lo que pudiéramos llamar «fácil dificultad». Pues no es lo mismo haberlo oído que leerlo ahora, inmóvil en las páginas que lo apresan, porque el carisma de su personalidad debe haber atraído al auditorio hasta adueñárselo por completo, de manera que al infundirse en éste conseguía, con dicha transferencia, aclarar en el oyente aquello que se resistía a la inmediata intelección. Diríase que, hasta cierto punto, el auditorio estaba ya condicionado para la comprensión de una palabra que, además, era acento, entonación, emotividad y anhelo. Martí, el hombre *palabra-silencio*, se adelantaba hacia el auditorio identificándose con él, formando una sola unidad, predisponiéndolo en favor de la llamada implícita en el lenguaje. Nada más debe haberse propuesto el orador en ese momento, pues de sobra sabía que el cauce normal debía ser la *emoción*, como lo prueba el aplauso, a veces incontenible, con que solía corresponder la muchedumbre ávida de aquel impar estímulo. Pero estamos ahora a considerable distancia de aquel tiempo (casi cien años) y no nos queda otro camino que el de la lectura meditada —siempre que sea exactamente así— para descubrir la áurea veta reservada al buscador. Tarea urgente hoy día, cuando de nuevo el destierro es triste verdad cubana que requiere, entre otras cosas, *hablar menos y hacer más*; pues si algo ha derrochado el exilio cubano es una palabrería que, como todas, es superficial, inútil y hasta dañina. ¿Quién de nosotros, en el destierro, no ha debido aguantarse alguna de esas interminables peroratas cuya sola finalidad es mostrar la complacencia con que el «orador» hace sus piruetas verbales? No digamos lo escrito, desalentador en su escasa calidad y sobrecogedora profusión. La cura eficaz será siempre leer y meditar lo dicho por Martí, cuya silente palabra se desdobla —según se ha presentado aquí— en esa sonoridad que invoca la atención profunda al fondo de las cosas, allí donde concurren por igual el bien y el mal, el comienzo y el fin, el derecho y el deber, y, en fin de cuentas, el pro y el contra de todo. Acudamos a ese silencio elocuente del habla que calla, y, entonces, según creo, empezaremos a descubrir nuestra cubana responsabilidad.

Capítulo II

EL HOMBRE *INDIVIDUAL* Y EL HOMBRE *COLECTIVO*

> *Y yo, ¡pobre de mí! preso en mi jaula,*
> *la gran batalla de los hombres miro!*

Cuando un hombre se convierte en una parte destacada de la Historia —como sucede con Martí—, su vida adquiere una doble dimensión: la del hombre *individual* y la del hombre *colectivo*. Claro está que es posible preguntar si en realidad se justifica semejante dicotomía, pues el hombre acusadamente público parece tener solamente una forma única de presentarse ante los demás, ya que aquello que, de alguna manera, podría considerarse *privado*, es, también, esencialmente *público*. De esta suerte, el hombre como Martí, puesto que se vierte completamente hacia el exterior, al cual se entrega sin interesadas reservas, vendría a quedar despojado de toda actitud individual *sui-generis*; sin embargo, nada más lejos de la verdad, porque el Apóstol de la independencia de Cuba es hombre de inequívoca e irrecusable individualidad, tan vigorosa, que ella es el fundamento de su quehacer colectivo, pues este último no hubiera sido posible sino basándose —como así sucede— en lo rigurosamente individual. La *interioridad* martiana es el recurso de donde emerge la poderosa disposición para obrar exteriormente. De ella —como dice él mismo— brota incontenible la *voluntad de hacer*, que jamás desmaya. La grandeza de ánimo, el dolor que purifica, el amor que consuela y ayuda, el sentimiento del deber, la humildad incansable, la austeridad jamás desmentida, etc., nacen de la fuente inagotable de una vida riquísima. Por eso, en su caso, el hombre colectivo es reflejo constante del otro, especie de doble movido siempre por alguna instancia de las muchas que forman el *chez-soi* que domina y acrisola toda manifestación exterior.

Desde luego que no hay vida humana sin el contrapunto de «dentro» y «fuera», pues, por insignificante que sea quien sea, como ser humano lleva consigo la *conciencia* de sus propios actos. Pero también esto admite grados, porque la riqueza de la personalidad aumenta en razón directa de la profundidad de su ámbito. Así, pues, la cercanía a lo exterior —orgánico e inorgánico— se encuentra en razón inversa de dicha profundidad. Mas téngase presente que tal cercanía, según aumenta, es señal indudable de indiferencia con respecto a lo exterior, puesto que va siendo aquélla consecutivamente. En tanto que la distancia «ontológica» —cabe llamarla así— es, en cambio, la señal de una capacidad de penetración *axiológica* en esa exterioridad. Es, en fin de cuentas, la diferencia apreciable entre el cazador que *usa* el bosque como un fin práctico o de entretenimiento, y el poeta o el filósofo para quien es inspiración o meditación. Axiológicamente, o sea desde el punto de vista del valor, la vida individual se proyecta en la realidad exterior efectuando la selección de los valores en sentido inverso a como se dan en dicha realidad, según un orden ascendente; de manera que se empieza por el valor religioso, al cual siguen sucesivamente el ético, el estético y el útil. Al proceder de este modo, lo exterior se ve inevitablemente a través de una *dignidad*; más que verlo, se *siente* como individualizada manifestación de una disposición concéntrica en la cual se despliega totalmente lo axiológico (desde lo religioso hasta lo útil) de modo que nada puede percibirse —admitirse— como simplemente religioso, o útil, o lo que sea. Por el contrario, lo vemos entonces penetrado por todas esas diferentes capas axiológicas, correlacionadas de manera que la estimación del mismo, por ser rigurosamente *personal*, es, en fin de cuentas, profundamente humana. Por lo tanto, la interioridad o intimidad de la vida individual —en sentido axiológico— no puede, en realidad, separarse de la colectiva; mas no, como sucede casi siempre, para reducirlo a esta última, sino, al contrario, imprimiendo fuertemente en ella la disposición axiológica de lo individual auténtico.

Por eso mismo es tan necesario, en el caso de una destacada personalidad histórica, saber bien cómo han actuado los dos hombres que en ella coexistieron, es decir, el *individual* y el *colectivo*. Pues éste depende decisivamente de aquél, sobre todo, si tenemos en cuenta que la vida pública es casi siempre el falseamiento de la privada. El porqué de esto último es asunto tan complejo que desentrañarlo supone desviarse por los caminos de la antropología, la psicología y la sociología de la cultura. Pero, de hecho, es así como venimos diciendo. Tenemos, pues, que Robespierre, tímido sujeto, se convierte en feroz asesino; que Napoleón buscó probablemente en el poder y la gloria cierta compensación a su escasa talla física, etc. Mas el caso de Martí es tan diferente, por lo mismo, tan excepcional, que —sin hipérbole— desconcierta y sobrecoge al estudioso. Ahora bien, decir que es una personalidad *sui-generis* equivale a reconocer que su vida colectiva, lejos de ser falseamiento de la individual, o compensación de algo de que se carece, es, al contrario, exacta réplica una de la otra. En él jamás se advierte la menor contradicción entre *decir* y *hacer*. Nunca hay desmentida de lo que antes ha sido afirmado o negado; tampoco se falta jamás, en la realidad de la vida exterior, a lo que la palabra promete; ni mucho menos existe un propósito interesado y egoísta. En consecuencia, el contenido total del hombre individual se convierte en esa otra totalidad que es el hombre colectivo. Milagro —pues lo es— que acontece rarísimas veces, y, por lo mismo, llama poderosamente la atención. Ésta es la verdadera razón por la cual puede llamársele *Apóstol*, porque, en efecto, la identidad de ambas formas de vida (individual, colectiva) determina la desinteresada traslación de la persona en cuanto tal —en este caso, Martí— hasta todos aquéllos que le son, como es natural, «exteriores», ajenos a él mismo; pero, eso sí, *prójimos* («próximos»), con esa «cercanía» que no es física (tan proclive, por lo mismo, a la indiferencia de que se hablaba más arriba), sino, por el contrario, emocional y, en consecuencia, axiológica. El *Apóstol* —conforme con la etimología del vocablo— es el «enviado de alguien». Martí, santo laico, es el representante de esa porción de lo humano constituida por lo mejor, es decir, la *persona*; no sujeta al apetito y a los oscuros impulsos del cuerpo, que en vez de pedir da. En efecto, es el enviado de sí mismo, que de una parte de su ser (lo individual) va a la otra (lo colectivo) sin más transformación que la consistente en constituirse, *colectivamente*, en cada uno de los demás. Ahora bien, semejante metamorfosis no es la del demagogo o el político, pues mientras éstos aparentan convertirse en los otros, el hombre como Martí está, en todo momento, en los demás, pero, eso sí, con el propósito de efectuar en ellos el cambio que los predisponga a compartir con él la axiológica riqueza de su vida apostólica.

Veamos, entonces, cómo se presenta la personalidad del *Apóstol* en lo referente al hombre *individual*. Para efectuar este conocimiento sólo podemos valernos de su obra escrita y de lo que sobre él han dicho algunos de los que lo conocieron. Comenzaremos por esto último, pero ya desde ahora he de prevenir al lector que los testimonios al respecto son, por lo regular, bastante vagos y en ocasiones un tanto contradictorios. Da la impresión de que aquéllos que disfrutaron de su trato apenas penetraron tan fina y sutil personalidad, de manera que los testimonios vienen a ser bastante parecidos. Claro está que tales impresiones son explicables, pues el *Apóstol* se mostraba siempre a los demás a través de ciertas peculiaridades constantes que, por lo mismo, eran las que más directa y eficazmente captaban quienes tuvieron la fortuna de conocerlo. Así, para comenzar con la presencia física, vemos que era de «una estatura que fluctuaba entre mediana y pequeña»; «delgado»; «fino de cuerpo, con cierta apariencia endeble»; «rostro pálido»; «cara oval y frente espaciosa y serena»; según unos «de tez cetrina u oscura», mientras otros afirman que «era blanca», y a veces, se dice, «lívida»; en cuanto a los ojos, las opiniones difieren: unos, que «pardos y grandes»; otros, que si «negros, pequeños y hundidos» (aunque esto último depende quizá de la época en que se conociese a Martí), y no falta quien asevere que los tenía oblicuos. Con el cabello sucede algo parecido, pues se habla de que era «castaño y rizado», o «negro y abundante», u «oscuro y lacio»; con un bigote negro: según unos, abundante, y, para otros, escaso. En cuanto a las manos, todos coinciden en que eran finas, alargadas y nerviosas.

Todo esto en cuanto a la fisiognómica. Veamos ahora lo referente a su personalidad. Al recoger las apreciaciones sobre su trato con los demás, aparecen estos diferentes calificativos: «de modales distinguidos»; «afable»; «modesto»; «deliberadamente humilde»; «de aire triste»; «cordial»; «jovial»; «gran corazón»; «fino por temperamento»; «dado a suspirar con mucha frecuencia» (al extremo de que él mismo solía decir que lo llamaban «el suspirón»). Sin que falte alguna apreciación negativa como la de ser «irascible y absolutista» (aunque por venir de quien era el menos calificado para juzgarlo —Enrique Collazo—, hay que tomarlo con reservas). Como con referencia a su mirada (tan llamativa como los ojos y las manos), vemos que era una de «bondad y fortaleza»; «dulce»; «triste»; «altiva y amorosa»; «fulgurante»; «deslumbradora»; «brillante»; «seductora», etc. Y en cuanto a su inteligencia, la impresión producida era la de «hombre de gran talento»; «persona excepcional»; «memoria extraordinaria»; «espíritu observador»; «gran imaginación» y «poderosa inspiración». Finalmente, su capacidad de expresión, el detalle más llamativo de todos, provoca estas apreciaciones: es «palabra viviente»; «voz conmovida»; «lenguaje fulgurante»; «plática seductora»; «elocuencia grandiosa»; «palabra fascinadora»; «carente de rebuscamientos»; «de clara y distinta pureza»; «impresionante».

Lo físico y lo espiritual se concertaban admirablemente en quien, como Martí, es figura de excepción. El rostro, donde resaltaba su ancha frente; los ojos, dotados de extraordinaria fuerza en el mirar; y las manos, presas siempre de inteligente nerviosidad, como cabal expresión de una interior riqueza de pensamiento y emoción, eran atributos físicos que bastaban a atraer a quien fuese, pues —como hemos dicho— cuantos lo conocieron concuerdan en esto. A todo lo cual se unían, para completar el conjunto, esas otras notas de la inteligencia, la palabra y, por supuesto, la dulzura del trato.

Así es el hombre descrito por sus contemporáneos, atraídos todos por tan impresionante personalidad; y si se tiene en cuenta que Martí jamás se propuso ganarse a los demás mediante ningún recurso efectista, el ascendiente con que se imponía a quienes lo rodeaban prueba que la absoluta espontaneidad de sus diversas manifestaciones era lo que le ganaba la ajena admiración. Ya hemos dicho que el hombre público posee, de alguna manera, vida privada; pero lo que en ésta puede haber de interesado cálculo, de fría premeditación, de *pose* vanidosa, queda sustituido en el *Apóstol* por una idéntica manera de ser en ambos órdenes, es decir, el privado y el público. Humilde —como tendremos ocasión de verlo— lo fue completamente: es la cualidad de su espíritu que lo hace colocarse siempre en el lugar de aquellos desposeídos de los dones y privilegios que la vida distribuye caprichosamente. Pero hemos dicho un poco antes que —según uno de sus contemporáneos— era deliberadamente humilde y sencillo, lo cual debe entenderse en el sentido de que procuraba no lastimar a los demás con la indiscutible brillantez de su personalidad. Amaba la sencillez como si fuese la esencia misma de lo real, y ya se sabe que esto último tiende a enmascararse constantemente para quedar suplantado por la apariencia. De ahí ese aspecto, esa inicial impresión que causaba a los demás, de ser uno de tantos, hasta que la palabra y el gesto delataban su extraordinaria naturaleza, consiguiendo el efecto de una «transfiguración». Así lo vio Rubén Darío, sobresaliendo apenas entre la muchedumbre que lo rodeaba aquella noche, hasta que el torrente de sus palabras dejó al autor de la *Sonatina* completamente atrapado en la magia del decir. Y se refiere a la oratoria de Martí con este comentario: «[...] Su palabra suave y delicada en el trato familiar, cambiaba su raso y blandura en la tribuna, por los violentos cobres oratorios [...]»[1] Exactamente como le sucedió a Vargas Vila, quien se expresa del *Apóstol* en estos términos:

> Aquel hombre flébil y encorvado, se erguía recto como una flecha; la sonrisa desaparecía de sus labios, la expresión de su boca no se hacía mala, pero adquiría un rictus de severidad, que hacía de sus labios indignados el canal natural al torrente de sus palabras [...]

Y agrega:

> [...] emocionado, fatigado, hecho otra vez enormemente triste, recibía la ovación inclinándose reverente, y estrechaba las manos amigas [...][2]

Diego Vicente Tejera, por su parte, dice: «El que no oyó a Martí en la intimidad no se da cuenta de todo el poder de fascinación que cabe en la palabra humana [...]»[3]

La sagrada obligación de su vida —la campaña por la independencia de Cuba—, transformaba momentáneamente su habitual manera de ser al ocupar la tribuna; pero es que al hablar para todos ya no era la persona indi-

---

1. R. Darío: *Los raros*, ed. "Espasa-Calpe, S. A.", Buenos Aires, 1952, pág. 198.
2. J. M. Vargas Vila: "José Martí (Evocación)", *Revista Cubana*, La Habana, 1953, N.º XXIX, pág. 136.
3. D. V. Tejera: "José Martí", *Revista Cubana, op. cit.*, págs. 127-128.

vidual la que se erguía ante el auditorio, sino ese otro ser que acogía, sumándosela, la pluralidad de los oyentes, a quienes hablaba, no en su nombre, sino en el de una instancia superior y la más alta de todas: la Patria. Mas concluido dicho menester volvía a ser el mismo de siempre, unas veces triste, otras sonriente; sencillo, afable, cordial; preocupado en no parecer nunca diferente y mejor que otros.

¿Era Martí tal como lo vieron sus contemporáneos? Desde luego que la coincidencia en muchos detalles de sus descripciones obliga a admitir que, en efecto, era así. Pero también estamos conscientes de que esos retratos «impresionistas» no dejan ver el fondo profundo de tan rica personalidad. Semejante cosa no era dable, de ningún modo, a quienes tuvieron la dicha de conocerlo. No podía serlo porque lo *esencial* de su ser sólo es extraíble de la totalidad de su obra, que por no estar terminada entonces y encontrarse el autor en plena actividad, era de todo punto imposible descubrir las múltiples manifestaciones que, en la perspectiva del tiempo, cerrada ya en sí, se ofrece a la cuidadosa inspección. Pues sólo la copiosa obra escrita contiene los innumerables detalles que revelan al autor en sus puntos de vista, deseos y aspiraciones, en fin, todo. Su verdadera biografía se aloja ahí, porque el pensamiento que la constituye, ese *corpus idearum* de todo intelectual, es el autor presentándose a sí mismo para que veamos cómo fue: lo que quiso y no quiso, porque esta polaridad basta para dar acabada cuenta del personaje histórico que es Martí. A la obra escrita es preciso acudir para verlo nuevamente *vivo*, actuante, con el febril quehacer de toda su vida. Pero, eso sí, sólo si un tanto intuitivamente —dejándonos guiar por cierto secreto instinto—, se consigue extraer de la obra, agrupándolos, aquellos detalles que más concuerdan con su personalidad tal como ésta se presenta en esa otra obra suya de la lucha por la independencia de Cuba. Pues lo que vibra en sus escritos, y aún se estremece en una prosa quieta desde hace años, es precisamente la invariable actitud del hombre que deposita en esa palabra todo el caudal de sus convicciones. Verlo allí es advertir cómo era mientras discurrió su vida breve, pues el testimonio de lo leíble es absolutamente fiel, ya que el *Apóstol* jamás se muestra uno en su vida pública y otro en el pensamiento apresado en la cuartilla. Es siempre uno y el mismo.

Verlo, pues, en la obra escrita requiere descubrir aquellos pasajes (a veces una simple frase) que revelan algún típico detalle de su personalidad. Mas téngase en cuenta que, en sentido estrictamente biográfico, son dos los aspectos fundamentales, es a saber: el *sentido de la vida* y el *amor a Cuba*. Todo cuanto hizo a lo largo de su corta existencia es posible insertarlo en uno u otro de ambos aspectos. La vida tenía *sentido* para él —como explicación y justificación— desde tres puntos de vista: estético, ético y religioso (pues, aunque un tanto *sui-generis*, es hombre de profunda religiosidad). Estéticamente, es espíritu extraordinariamente sensible a la belleza; mas, eso sí, de la belleza concebida como armonía que infunde bienestar a cuanto toca. Nada triste, mezquino, egoísta, cruel, etc., puede ser objeto de belleza: he ahí la *moralidad* de lo bello; porque la acción noble, justa, desinteresada, es inevitablemente bella. Finalmente, ve en las cosas y especialmente en el hombre una permanencia que desborda el *aquí* y el *ahora*. En una palabra, esa *eternidad* tantas veces traída a los puntos de su pluma. Pues la vida es tránsito, el camino de que tanto se habla, hacia otra existencia que es coronamiento de la terrenal. He ahí, pues, la respuesta que da a las preguntas de *por qué* y *para qué* la vida. Pero, en su caso, todo esto tiene una subsecuente aplicación, que es siempre Cuba, la tierra amada, a la que condiciona su conducta. Austeridad, dulzura, afán de servir, desinterés y otras manifestaciones de su vida están al servicio de la causa suprema, es decir, la independencia de la Patria. Pues bien, cuando acudimos a ese torso trágico de la obra escrita, encontramos multitud de comentarios, unos *sobre distintos personajes históricos* y otros *acerca de sí mismo*. Mas caemos en la cuenta inmediatamente que el juicio que le merecen esos otros está hecho siempre desde su propia persona, es decir, un poco tal como él hubiese querido que fuesen, conforme con las rigurosas exigencias a que se sometía a sí propio. De ahí que tendamos a preguntarnos si acaso aquéllos a quienes exalta no están vistos con demasiada generosidad, sea por la importancia concedida, sea por el valor moral atribuido. Pero lo que realmente cuenta es esto último, pues la fuerza con que se efectúan esas ajenas valoraciones nos permite descubrir lo que él mismo quería ver de los demás como estimulante reflejo en su propia personalidad. En cuanto a los comentarios sobre sí mismo, no sólo nos permiten penetrar aún más en su profundo ser, sino que, al relacionarlo con la valoración de otros, corporiza notoriamente todas esas facetas de su vida. He ahí por qué nos decidimos por la dicotomía de *lo ajeno* y *lo propio*, sin la cual, según creemos, sería imposible o al menos muy difícil tener la impresión suficientemente clara de lo que realmente fue.

Comencemos, pues, por los comentarios en torno a gentes de su época. Espigando a lo largo de su obra escrita descubrimos treinta y cuatro ocasiones en las que hace el comentario sobre alguien, pero, como ya dijimos, reflejando allí su propia personalidad. Afinando el procedimiento empleado, hemos conseguido agrupar todos esos comentarios en cinco cuerpos diferentes, de esta manera:

Comentarios sobre personajes históricos
1) El contraste entre la gran personalidad y el vulgo.
2) El talento reforzado por la calidad moral.
3) El talento y el sentido de previsión.
4) El genio y la posteridad.
5) Aquello que, siendo de otros, le pasa también a él.

En nueve ocasiones compara Martí al hombre excepcional con el hombre-masa. Y llama la atención, sobre todo, que sea él quien lo haga, si se tiene presente su amor jamás desmentido a pobres y humildes, sea pobreza de bolsa o de espíritu. Clarísima conciencia del significado de lo extraordinario —cual es el caso del hombre de talento—, que, al serlo, está mucho más obligado a valerse de tan maravilloso don con total apercibimiento de su obligación hacia quienes carecen de él. Tal conciencia del deber —retribución obligada por lo que se posee— para con los desposeídos de cualidades extraordinarias, es lo único capaz de justificar dicha excepcionalidad. Mas esto, sin embargo, no quiere decir que no se haga sensible —a veces agudamente— el malestar causado por la mediocridad a la cual se enfrenta constantemente el genio. Pues cuántas veces el mismo Martí tuvo que sufrir las mortificaciones de esa incomprensión de que lo hacían víctima muchos de los que lo rodeaban. «Tienen las inteligencias exquisitas refinamientos esenciales, fenómenos de una naturaleza eminentemente personal [...]» (B-1), es decir, algo individual y privativo de quien lo atesora; de modo que no es posible descubrirlo en el conjunto multitudinario de los seres humanos. En consecuencia, Martí adopta el punto de vista del *privilegio*, esa ley de excepción —que es lo que dicha palabra quiere dar a entender—, gracias a lo cual se advierte, aquí y allá, la elevación en medio de la lisura propia de la mayoría. A veces este sentimiento es tan fuerte en él como para llevarlo hasta el extremo de decir:

> El talento no es más que un desequilibrio entre el que lo posee, y la masa vulgar. Si quiere sacar provecho de la vida, o ejercer influencia en ella, ha de hacer, no obra de león, que espanta con su magnífica hermosura a los habitantes de la selva, sino obra de gusanos. Las ideas grandiosas, que deslumbran a su aparición como relámpagos, no triunfan sino cuando se deciden a ser obra de insectos [...] (B-9)

Pesimista, es verdad, pero por ello no menos evidente e incontrovertible. Pues el hombre de fina calidad sólo puede disponerse a avanzar por la vida sabiendo de antemano que para él se ha hecho la envidia, el rencor y el resto de las bajas pasiones. «[...] Todo el que posee en demasía una cualidad extraordinaria, lastima con tenerla a los que no la poseen [...]» (B-18) Pues el vulgo, siempre numeroso, jamás se cela de lo pequeño —dice el *Apóstol*—, «[...] porque no lo lastima con superioridad visible [...]» (B-12) Así, en efecto, el contraste —que a veces llega a ser choque— entre el genio y la masa se manifiesta en estos dos males: «[...] vivir, como un espíritu superior, entre la gente usual [...]; vivir, dotado de un alma angélica y exquisita cultura, en una época embrionaria.» (B-45) Y, finalmente, para que se vea cómo pensaba acerca del afán —tan de nuestros días— de imponer una inalcanzable nivelación entre los hombres, acudamos a lo siguiente:

> [...] El hombre no es culpable de nacer con las condiciones de inteligencia que lo elevan en la lucha leal, heroica y respetable sobre los demás hombres; que del resultado combinado del genio, don natural, y la constancia, virtud que recomienda más al que la posee que el genio, no puede responder como de un delito el que ha utilizado las fuerzas que le puso en la mente y en la voluntad la Naturaleza; no se detienen a ver que cualesquiera que sean las tentativas sistemáticas de vida, goces y provechos comunes a que se acuda como prueba de remedio al mal, jamás acabará por resignarse el hombre a nulificar la mente que le puebla de altivos huéspedes el cráneo, ni a ahogar las pasiones autocráticas e individuales que le hierven en el pecho, ni a confundir con la obra confusa ajena, aquélla que ve como trozo de su entraña y ala arrancada de sus espaldas, y victoria suya, su idea propia. Cuando la masa de que están hechos todos los hombres se confunda en una masa común, entonces podrán reducirse a una existencia nivelada y equopartícipe los varios, rebeldes, brillantes, personales espíritus de los hombres. (B-38)

Ahora bien, como decíamos líneas arriba, el talento no es privilegio del cual —según lo entiende Martí— debe disfrutarse egoístamente. Muy al contrario, *noblesse oblige*, de manera que es imposible admitir semejante excepcionalidad de la inteligencia a menos que se acompañe del sentimiento de solidaridad —en aquello justamente tolerable— con el hombre común y corriente. La relación profunda de inteligencia y moral reluce vigorosa en estas palabras dedicadas a exaltar la personalidad del venezolano Eloy Escobar:

> [...] ostentaba su rostro, aquella superior nobleza y espiritual beldad de quien no empaña la inteligencia con el olvido de la virtud, que se venga de

quienes la desdeñan negando al rostro la luz que en vano envidia la inteligencia puesta al servicio del poder impuro [...] (B-79)

Categóricas palabras en las que se inserta íntegramente la convicción del *Apóstol* a este respecto. Entonces, ¿cómo ha de ser el verdadero talento para que su *hacer* resulte genuino? Vamos a verlo expresado en la calificación de otro gran venezolano, Cecilio Acosta:

> [...] Postvió y previó. Amó, supo y creó [...] Puso luces. Vio por sí mismo. Señaló nuevos rumbos. Le sedujo lo bello; le enamoró lo perfecto; se consagró a lo útil. Habló con singular maestría, gracia y decoro; pensó con singular viveza, fuerza y justicia. Sirvió a la Tierra y amó al Cielo. Quiso a los hombres y a su honra [...] (B-16)

De nuevo Martí hablando de sí mismo a través de otros, en la única forma lícita, es decir, ésa que consiste, no en revestirnos de ajena armadura, sino en sentir jubilosamente cómo son los otros a quienes alcanza el privilegio del talento dignificado por la virtud. Algo que sólo da la ventaja de serlo al servicio del bienestar humano; pues para ser *héroe* y *apóstol* es preciso, ante todo, distinguir cuidadosamente entre esas dos categorías humanas del «plebeyo» (el que vive sólo entregado a sí mismo) y el «noble» (aquél que «se enciende en amor vivo; en amor, siempre doloroso»); en una palabra, «el que se consume en beneficio ajeno»). (B-43) De ahí que nos diga: «[...] No hay pudor más tenaz que el de la verdadera grandeza.» (B-49) Pues, en efecto, la grandeza sólo puede serlo desde el punto de vista del espíritu —o sea despojada de toda adherencia de apetito material—, y, por tanto, ella posee la forma permanente por excelencia del pudor, es decir, cierta vergüenza de ser excepcional, como si lo preocupase que pudiese tomarse por vana presunción y egolatría.

Así era él, exactamente como lo dice del norteamericano Wendell Phillips: «[...] raza de hombres radiantes, atormentados, erguidos e ígneos, comidos del ansia de remediar los dolores humanos [...]» (B-41) Y quien así es, así procede desde el comienzo y para siempre, pues el camino que lleva desde la cuna hasta la tumba jamás zigzaguea. Él también «[...] era uno de esos convencidos ardientes en cuyo pecho la raíz que llega a prender no se arranca sino con la vida [...]» (B-88) ¿Acaso no fue exactamente así como ocurrió? Talento y virtud que sólo puede darse, en admirable conjunción, en tan contados casos que, por lo mismo, atraen y desconciertan al que con ellos se enfrenta. Y por lo mismo Martí llegó a impresionar tan rigurosamente a sus contemporáneos, según hemos tenido la ocasión de verlo. Tal vez uno de sus mejores autorretratos es el que ofrece este comentario suyo:

> Hay seres humanos en quienes el derecho encarna y llega a ser sencillo e invencible, como una condición física. La virtud es en ellos naturaleza, y puestos frente al Sol, ni se deslumbrarían, ni se desvanecerían, por haber sido soles ellos mismos, y calentados y fortalecidos con su amor a la Tierra. Los apetitos y goces vulgares les parecen crímenes; los hombres que viven para su placer, insectos; la intranquilidad de sus amores, es lealtad a un tipo de amor buscado en vano; sus goces, blandos y espaciosos como la luz de la luna: sus dolores, bárbaros y penetrantes como aquellos hierros de punta retorcida, que no salen de la carne rota sino desgarrándola y amontonándola en escombros rojos. Aman por cuantos no aman; sufren por cuantos se olvidan de sufrir [...] (B-46)

Tampoco falta, en esta colección de comentarios sobre otros, la nota de la *actitud previsora*. Pues nuestro *Apóstol* es de parecer que la sagrada obligación a que está sometido el hombre excepcional le impone una constante preocupación con respecto al futuro. Si se ha nacido con la capacidad de anticiparse a los sucesos, ello exige tenerla siempre a la disposición de los demás, en fin, de la Historia. He aquí por qué nos dice: «[...] Al genio solo no sorprende lo imprevisto, porque lo imprevisto es su dominio natural [...]» (B-53) Sí, en efecto, lo imprevisto es lo propio del genio, porque éste es incapaz de adaptarse a la marcha rutinaria de los días más o menos iguales; mas, si tal cosa ocurre, se debe precisamente a su poder de anticipación, especie de aptitud adivinatoria por la cual se adelanta a lo cotidiano, *pre-viendo* aquello que, a su debido tiempo, tendrá que suceder. Dicho con otras palabras, lo que para la generalidad de los hombres es inesperado, está, sin embargo, normalmente colocado en el repertorio de los sucesos del hombre extraordinario. Comprobación de lo cual es posible advertirlo en las siguientes palabras aplicadas por él a Cecilio Acosta:

> [...] Era de ésos que han recabado para sí una gran suma de vida universal y lo saben todo, porque ellos mismos son resúmenes del universo en que se agitan, como es en pequeño todo hombre. Era de los que se quedan despiertos cuando todo se reclina a dormir sobre la Tierra. (B-17)

Veamos ahora, por otra parte, la relación que establece Martí entre el genio y la posteridad. A lo que se alcanza de estos comentarios suyos, la vida del genio es más bien efímera y su función algo así como la de un catalizador: de este modo, una vez efectuada, desaparece el genio. Pero dicha ausencia debe entenderse como la más efectiva presencia constante que es dable imaginar. «[...] Cuando el hombre ha vaciado su espíritu puede ya dejar la *Tierra* [...]» (B-37), y si puede hacerlo es sencillamente porque su obra esencial queda asentada para siempre en el lugar a que se le destinaba. Tal es justamente el caso de Martí, porque su obra sigue incólume, pues el espíritu de donde procede jamás podría apagarse. Pero, eso sí, para esto es preciso que vayan juntos la mente y el corazón, o, de lo contrario, de haber sólo inteligencia, nada positivo y provechoso puede esperarse del genio.

> El genio perfecto, como el Sol, deja la tierra fecundada cuando se aparta de ella. El genio incompleto, el genio mental, el genio que tiene las alas en la frente, pero que no tiene los pies en el corazón, centellea y deslumbra, y deja la tierra lóbrega, como la luz de los relámpagos [...] (B-25)

¡Con qué claridad y penetración vio todo esto! Al extremo de que —sin saber que era uno de los elegidos— habla como si ya estuviese seguro del destino que le aguardaba. Por eso la confirmación de sus palabras nos impresiona hasta estremecernos. ¿Cómo es, en efecto, semejante espécimen? Leamos despacio lo que sigue:

> Imperan después de la muerte estos hombres concentrados que consagran a una idea única su vida. Durante su existencia se les nota como fuera de proporción, y como tonos que disuenan en el concierto humano; pero en cuanto entran en la muerte, y la fama los lleva de edades a pueblos, vese la armonía entre lo intenso de su carácter y lo extenso de su influjo; y se percibe el equilibrio [...] La falta de proporción parece indispensable a la grandeza [...] (B-89)

¡Qué riqueza de esenciales observaciones, agrupadas en escasas líneas! El hombre de excepción es hombre *concentrado*, es decir, aquél que no se dispersa en distintas futilezas, sino que vive dominado por una *Idea*. Mientras vive, se le ve como figura siempre desproporcionada con relación al conjunto en donde actúa, pero la muerte permite descubrir el equilibrio consistente en la armonía del carácter intenso y lo extenso del influjo. Pues la muerte completa y consolida la imagen de todo aquello susceptible de dispersarse al aire cambiante de la vida. Somos precisamente al dejar de ser, y sólo entonces lo hecho queda definitivamente completo. En consecuencia, para quedar es menester que se viva sólo combatiendo o defendiendo algo, y si bien en vida se suele ser objeto de censura, una vez desaparecidos surge el monumento que inmortaliza (B-87). Tal es el caso del *Apóstol*.

Mas queda, sin embargo, algo en lo dicho por él acerca de otras personas donde se destila de modo llamativamente claro la esencia de su propia personalidad. Brevísimas reflexiones que nos lo presentan como si cada una de ellas fuese el retrato suyo; pues vida y obra concuerdan tan asombrosamente con dichas notas que casi bastan para identificarlo plenamente. Así, por ejemplo, cuando dice: «[...] El genio es lo completo; está a lo sumo y a lo ínfimo, y saca grandeza de la armonía y perfección de lo pequeño [...]» (B-40), ¿no es acaso él mismo? Pues su obra escrita revela constantemente la tendencia a establecer la relación indudable del *maximus in minimis* (la «unidad de los contrarios» de que habla Cusano).[4] En efecto, *genio* es quien consigue efectuar esta maravilla; pues, además —dice él mismo—, la pequeñez es germen de toda grandeza; con lo cual, en consecuencia, el hombre excepcional es el que sabe situarse entre la multitud de los pequeños, pues se tiene por uno de ellos. Tal es la grandeza sin vanidad. Del mismo modo advertimos la perfecta descripción de su persona moral en estas otras palabras suyas destinadas nada menos que al elogio de Bolívar: «Hombre fue aquél en realidad extraordinario. Vivió como entre llamas, y lo era. Ama, y lo que dice es como florón de fuego [...]» (B-111). Y volvemos a preguntar si acaso no lo fue él también, porque no hay aquí ni una sola palabra que no se le pueda adjudicar. Finalmente, meditemos estas otras:

> [...] aquella irresolución sobre el derecho propio que parece defecto inevitable de los que se habitúan a defender y respetar el derecho ajeno.
> Pero no excitándola, no conmoviéndola estérilmente, no sacudiéndola de las heces de odio que hayan podido dejar en ella sus amarguras, sino transformándolas, por obra de superior virtud política, en los sentimientos de franca concordia y de noble respeto que son indispensables para amasar un pueblo que tiene el tronco en enemistad con las raíces. (B-128)

Este párrafo deja ver claramente el carácter apostólico de su obra, pues Martí renuncia a reclamar nada para sí, dispuesto como está siempre a la defensa del derecho de los demás. En este respecto, jamás es él mismo, sino *los otros*. Pero téngase presente que esa «irresolución sobre el derecho propio» nunca debe convertirse en motivo de resentida frustración, sino que su real eficacia consiste en promover el deseo de cabal solidaridad entre los hombres. Y como las palabras citadas se refieren al problema de las relaciones cada vez más enconadas de cubanos y peninsulares, vienen a ser

---

4. Nicolás Chrypffs, nativo de Cusa (1401-1464). Su obra más importante es *De docta ignorantia*, donde expone su idea de la "unidad de los contrarios" (*coincidentia oppositorum*) que es, como infinito, Dios. Por ejemplo, la recta y la circunferencia coinciden según aumenta el radio; la recta coincide en el límite con el triángulo cuando uno de sus momentos aumenta, etc.

anticipo de la conocida frase suya de que estar con todos es para el bien común.

Hasta aquí lo referente a lo dicho por el *Apóstol* sobre otros, que, según se ha visto, encaja en él perfectamente. Pero ahora pasamos a examinar los comentarios, o las reflexiones, que hace de sí mismo. Como venimos actuando con metódico cuidado, nos parece conveniente desglosar esos comentarios en dos grupos, a uno de los cuales llamamos *estados de ánimo* y al otro *autoconciencia*. Y aunque, desde luego, la significativa proximidad entre ambos es marcada, ya que todo estado de ánimo supone cierta conciencia del mismo, forzando un poco la posible diferencia, nos valemos de ambas denominaciones con el objeto de subrayar un tanto la distinción entre *sentimiento* y *pensamiento*.

Como se sabe, Martí era un gran «sentidor» y, por lo mismo, toda su obra escrita aparece transida, en mayor o menor grado, de la *emoción* que hace vibrar enérgicamente al más reposado de sus pensamientos. Pero como hombre a quien le apasionaba el mundo (su enigmática naturaleza, sus variadas y persistentes contradicciones), puesto que era para él un constante reto, a él se acerca siempre en actitud más bien trémula. Sin embargo, dada su enorme capacidad reflexiva, no es posible que el sentimiento se desborde hasta anegarlo todo. Pero jamás hallaremos en él un pensamiento frío, pues el mundo —la realidad en que vive— no es pura y simplemente un «objeto», como lo es para el puro investigador. Martí no es de esos hombres que piensan *en* las cosas, sino que, por el contrario, piensa *las* cosas. Con esto se quiere dar a entender que no hay nada absolutamente «exterior» a él, sino que todo está ya, de antemano, interiorizado en su ser. Como el clásico latino, pudo haber exclamado —ya que así lo sintió siempre—: «*Homo sum: humani nihil a me alienum puto*»[5] Y si decimos «humano» es porque todo cuanto entraba en la esfera de sus vivencias, fuese cual fuese, lo sentía siempre como humana expresión. La vida entera, con toda la realidad que engloba, es para él motivo de sentimiento, y de ahí el marcado carácter *dramático* de su existencia. Nada hay incapaz de conmoverlo, o sea de provocar ese movimiento del espíritu por el cual todo lo que nos afecta lleva consigo una fuerte dosis de emoción.

Una pequeña biografía se concentra en estos comentarios sobre diferentes momentos de su vida, en los que el ánimo variaba según la circunstancia. Entre esos estados de ánimo se halla a menudo la tristeza. Pues ya se sabe que por fuerte que sea un hombre, hay momentos en los que el ánimo decae y tiende a verlo todo sombríamente. Martí —según testimonio de muchos de los que lo conocieron— era más bien un espíritu triste y melancólico, disposición reforzada por tan conmovida circunstancia como la de la pena que despertaba en él cualquier dolor ajeno, o la injusticia cometida con alguien; sin olvidar ahora su condición de desterrado que tenía ante sí constantemente la humillante realidad de la patria sometida a cruel vasallaje.[6] En muchas ocasiones debió sentirse solo, alejado del afecto de familiares y amigos, y es entonces cuando la pluma deja caer en la blan-

---

5. Publio Terencio Afer: *Heautontimorumenos* (El atormentador de sí mismo), i, I. 23:
—Menipo: Chremes, ¿obtienes tal placer con tan propios asuntos, que no te permite emplear tiempo en los de otro y en aquellos que a ellos se refiere?
—Chremes: Soy hombre: nada humano me es ajeno.

6. Cf. René M. Alberés: *La rebelión de los escritores de hoy*, ed. "Emecé", Buenos Aires, 1953, pág. 134: "[...] Pero si sus pasiones no se agotan, sin embargo, completamente en las cosas del mundo, si la aventura jamás termina, si la vida no basta al ser que osa vivirla a todo precio, es que el hombre es un ser encarnado que trata en vano de quemar aquí abajo en el amor, el libertinaje, la pasión, una llama inextinguible que es su alma y que habrá de esperar hasta el fin, para consumirse, el fuego del amor divino o el del infierno [...]"

cura del papel una queja que, a manera de desahogo, alivia y conforta. Así debe haber sucedido un día del año 1876, residiendo en Guatemala a donde había ido en busca de trabajo, y es preciso pensar en cómo se sentiría en esos momentos, ausente de Cuba, con la familia y la novia en México, dominado por la incertidumbre de un futuro que era preciso labrarse en tierra ajena, ese extraño suelo que venía padeciendo desde años atrás: primero España, después México, y ahora Guatemala. Siendo como era un espíritu necesitado de cálidos afectos, no obstante su favorable predisposición a la soledad, ésta podía llegar a veces a ser agobiadora, porque aislarse es recurso grato de que disponemos cuando sabemos que es posible prescindir de él para volver a la compañía indispensable en ciertos momentos. De ahí que, en semejante tesitura, escriba: «[...] La soledad nos abruma, y cuando hallamos un hermano de la pena ya no estamos solos [...]» (B-5) Es decir, en este caso, un alma gemela en el dolor y la tristeza, que es la única que, al encontrarse en nuestra situación, puede, por lo mismo, comprendernos sin esfuerzo alguno. Y también, en sutil relación con los estados de tristeza, se halla esta otra confesión: «[...] El verdadero día para mi alma amanece en medio de la noche [...]» (B-11), o sea que la soledad y el silencio de esas horas en que todo o casi todo parece dormir, le permite encontrarse de veras consigo mismo, descubriéndose en medio de una totalidad que es, sin embargo, pura nada. Allí comienza la *vigilia* que lo adueña de sí mismo; apartado rigurosamente de la dispersión ocasionada por las exigencias de esas horas diurnas desleidoras de toda posible concentración del espíritu y, en consecuencia, somos simplemente un repertorio de instancias disparadas en las más distintas direcciones, casi siempre sin el blanco buscado. En tanto que la quietud de la noche es el estímulo propicio para esa inquietud ante todo lo auténticamente *real* para él —por valioso—, y en la que —por paradójico que resulte— halla el reparador consuelo que su alma necesita. Solo, pues, con sus despiertos sueños; convocando a junta a las imágenes de esta otra realidad con la cual construye el mundo para él exclusivo, porque el otro, el de la brega a la luz del Sol, tiende a desintegrarlo y lo anula. De ahí que nos diga en otra ocasión:

> [...] ¡oh en esta pesquisa del pan diario, qué ha de hacer la Musa, que tiene los pies blandos, sino sentarse a llorar, cansada y sola, en una vuelta oscura del camino! [...] (B-34)

Tristeza que repite su queja con bastante frecuencia, pues los motivos que, aunque en apariencia diferentes, casi se identifican entre sí, lo afectan sensiblemente al extremo de influir desfavorablemente en su vigorosa vocación de escritor. Cómo debe de haber estado su ánimo en ciertos momentos, cuando llega al extremo de confiarle a un gran amigo: «[...] Por eso no le he escrito en estos días, porque cuando me cae ese desaliento estoy como ido de mí, y no puede con la pluma la mano [...]» (B-90) Y aquí estamos ante el curioso testimonio de debilidad de un hombre que, no obstante, lleva a cabo una empresa descomunal, sacando —como seguramente ocurre en esta ocasión— fuerzas de flaqueza. Mas ¿a qué se debe ese desaliento? No se trata de nada baladí, sino de cosas privadas e íntimas, como también de la enorme tensión a que estaba sometido su espíritu constantemente al entregarse por completo a la causa de la Patria. Pues si bien a veces influye alguna otra, no es nunca de tan primordial carácter:

> Por lo pequeño de la letra verá Ud. que el alma anda hoy muy triste, y acaso la causa mayor sea, más que el cielo oscuro o la falta de salud,

el pesar de ver cómo por el interés acceden los hombres a falsear la verdad, y a comprometer, so capa de defenderlos, los problemas más sagrados [...] (B-91)

La letra, su grafía, se encoge tanto como está el alma encogida; de manera que hay aquí una curiosa correlación entre un fenómeno interior y otro exterior. El debilitamiento del ánimo repercute en la manifestación externa del mismo, dejando ver lo escrito que la reducción del signo gráfico es prueba de cierta resistencia a comunicarse con el mundo de afuera; como si quisiera mantenerse muy a solas, hermético en la tristeza que lo domina. Mas, en cambio, una vez que remite la depresión anímica, el escritor se siente impulsado a expresarse con la soltura y el vigor que le son característicos, o sea que, en su caso, la pluma es fiel testimonio de lo que acontece en su interior, y de ahí que se exprese entonces de la manera siguiente:

> [...] cuando tengo el espíritu hosco y encogido, la letra me sale tan menuda y engañosa como si la escribiera con pluma litográfica, y cuando estoy en ánimo de ganar batallas salen las letras que parecen desbocada artillería y tropeles de lanzas. (B-82)

Pues la pluma —que junto con su voz maravillosa fue el arma de que se valió para la campaña de toda su vida, la independencia de Cuba—, la siente en ocasiones como si, en realidad, fuese inútil artefacto que no logra alcanzar su objetivo. Pluma que veía siempre como el modo de librar esa guerra que, según decía, era preciso llevarla antes por «caminos de papeles» (L-78); pluma que hizo realidad cuanto había diseñado; y, sin embargo, no faltan momentos en los que desconfía de ella; pero, eso sí, es un recelo relacionado con cierta mengua de la vitalidad habitual. Y como, probablemente, la pluma —es decir, la síntesis exterior de su poderosa interioridad— venía a resultar algo así como el reflejo de él mismo, a esto se debe que llegue, al menos en una ocasión, al extremo de parecer que abomina de ella, al no conseguir que surta todo el efecto deseado:

> [...] estoy como con menos vida de la necesaria, y con mi odio cada día mayor a la pluma, que no vale para clavar la verdad en los corazones, y sirve para que los hombres defiendan lo contrario de lo que les manda la verdadera conveniencia, que está en el honor, y nunca fuera de él. (B-92)

Cuba, desde luego, está presente siempre en sus escritos (de ella, ¿qué no habrá dicho?, como lo manifestó en una ocasión —A-93); directa o indirecta presencia, que se advierte constantemente, pues ella ha llegado a ser algo así como una lúcida obsesión. Ésta lo acompaña a todas partes, envuelve la totalidad de su pensamiento y condiciona en forma absoluta su estado de ánimo. Tan consuetudinaria es dicha actitud que la vemos manifestarse en la palabra escrita con la misma reiteración con la cual aparece en su palabra hablada. Así, en otra ocasión en que hace el recorrido en el *ferry* desde Staten Island a New York, anota: «[...] un extraño, que cuando sabe de tristezas de su patria, no quisiera ver la luz, pasea, como huyendo, el puente vasto [...]» (B-75)

En otra lo vemos, como siempre, condicionando toda resolución por su parte a la instancia decisiva de Cuba. En carta a Enrique Estrázulas le dice que se siente «[...] desnudo y escurrido como un monte [...]» (B-81). O cuando se acerca la hora suprema, en que presiente que se consumará el sacrificio de su vida como solución ejemplar y estimulante de la triste realidad en que se encuentra la Patria infeliz. Se diría que ahora, cuando está a punto de cristalizar lo que le viene bullendo desde hace largo tiempo, lo ha invadido, por fin, una gran serenidad. «[...] Tengo el alma como cuando se está delante de lo extraordinario, y como llena de luz. Todo lo sé de la vida: lo grande y lo feo. Pero sé y confío [...]» (B-47); así le dice a Máximo Gómez con palabras que revelan la íntima satisfacción del que acaba descubriendo que la «obsesión» antes mencionada cede el paso al sustituto consistente en salvar el obstáculo que permite llegar al fin propuesto. Pero quien así habla sabe muy bien el precio a pagar sólo por ser *diferente*, en el sentido de un desinterés que ahuyenta de sí mismo cualquier tentación de las que oscurecen y manchan hasta el más puro ideal. Por esto mismo, en un momento de íntima confianza hacia Gonzalo de Quesada, su discípulo, le confiesa:

> [...] Si me dejan poner vivo el pie en nuestro país, ¿quiere que le diga desde ahora cómo y de quiénes, uno por uno, será la campaña, implacable, de la codicia burlada, del miedo de no ser ayudado por mí en el apetito del poder, del desamor natural en ciertos hombres a una honradez más enérgica que su tentación? Viejos y jóvenes, de una región y de otra, odiándose entre sí y sólo unidos en celarme, se están ya afilando los dientes. Aquí está la carne [...] (B-118)

El acápite de la *autoconciencia*, dada su riqueza de contenido, nos permite ponernos en contacto directo con la personalidad del *Apóstol*. Si digo «directo» es porque, no obstante encontrarse en su obra escrita y no en él mismo durante su existencia terrenal, puesto que lo expresa taxativamente en sus escritos, nada podría sustituir a estas descripciones de la propia persona. Un total de veintidós comentarios autobiográficos es suficiente para reconstruir con bastante claridad su modo íntimo de pensar y sentir, por lo que comenzaremos por una confesión hecha en 1875, o sea cuando aún estaba en los inicios de la juventud; momento de la vida en que —salvo casos de excepcional precocidad— todavía no hemos aprendido a disimular nuestros sentimientos. La aludida confesión tiene que ver con la actitud adoptada por Martí con respecto al papel del crítico en general; actitud —que es en él una convicción— mantenida a lo largo de su vida, como es fácil comprobar. Pues no olvidemos que el *Apóstol* es el *intelectual*, o sea el hombre a quien le está reservado el cometido de inspeccionar la obra ajena y emitir un juicio sobre ella. Ahora bien, su innata generosidad que atiende, sobre todo, a valorar positivamente cualquier esfuerzo bien intencionado del espíritu, le impone comprensión. Pues, además —como él mismo lo dice—, sólo disminuyendo la propia estatura moral es imposible incurrir en el rechazo de lo que hace otro. Porque, en fin de cuentas —y éste es el aspecto más sobresaliente de su comentario—, el placer extraído de tal o cual creación impide —al menos, a él— el deseo de encontrarle defectos. Es posible que los tenga, pues ¿qué obra no los lleva consigo? Pero si la satisfacción obtenida es la que se esperaba, evitemos el reparo, el reproche y hasta el rechazo de aquello que empieza siendo grato. De todos modos, veamos lo que piensa a este respecto:

> [...] Yo no sé empequeñecerme de mi habitual pequeñez: yo no sé sustraerme a mí mismo, y ahogar todas mis generosas impresiones; yo no sé rebuscar defectos allí donde mi oído está halagado, satisfecha mi inteligencia, agradecido y contento mi corazón. Creo que la crítica es el examen;

sin que obligue a la severidad ni a la censura. Soy indulgente para aquello que yo pudiera hacer y respetuoso para lo que no he hecho todavía y late aún informe en mí y me habla de vigor e inspiración [...] (B-2)

Años más tarde, en 1882, dotado de esa mayor madurez que nos viene de los errores cometidos y el paulatino desengaño con respecto a las mundanas apariencias, el *Apóstol* —en plena posesión del quehacer intelectual— dícenos que, para desaprobar, basta con el silencio, pues aunque se acepta que callar es otorgar, en punto a la crítica literaria no cabe admitirlo así, porque —según entiende— si al aplauso sustituye el silencio, entonces la desaprobación —bajo la especie de una «suspensión del juicio»— lleva consigo, mírese como se quiera, un propósito descalificador, y por lo mismo dice: «[...] Suelo ser caluroso en la alabanza, y no hay cosa que me guste como tener que alabar —, pero en las censuras, de puro sobrio, peco por malo [...]» (B-31) Mas no debe tomarse esto último al pie de la letra, porque la bondad no es nunca tan excesiva como para incurrir en esa «incapacidad» que él mismo se atribuye, y a este respecto basta con acudir a sus trabajos de crítica. Para completar lo que se viene diciendo es conveniente añadir algo que forma parte de la cita precedente y aclara todo cuanto quiso decirnos al respecto: «[...] De mí, no ponga más que el amor a la expansión — y mi horror al encarcelamiento del espíritu humano [...]» (B-32).

Sí, en efecto: le preocupaba mucho el riesgo de que algo digno de expresarse, de adquirir material corporeidad, fuese incomprensible. Pues el espíritu es *expansión* que alcanza límites insospechados. Crear es, en consecuencia, anular el riesgo potencial del aprisionamiento del espíritu; de manera que entre un riesgo y el otro —más tolerable— de la imperfección inherente a lo creado, el *Apóstol* se decide por este último. Es porque no desdeña nada de cuanto hay digno de amor, a tal extremo, que si bien rechaza resueltamente el mal, sabe, sin embargo, comprender a quien lo hace, quizá porque ve en éste a un desdichado incapaz de distinguir lo valioso de lo no valioso.

Cuando nací, la Naturaleza me dijo: ¡ama! Y mi corazón dijo: ¡agradece! Y desde entonces yo amo al bueno y al malo, hago religión de la lealtad y abrazo a cuantos me hacen bien. (B-9)

Pues aun sin percatarse de ello, como debe ocurrir en una exquisita naturaleza cual la suya, el *Apóstol* lleva consigo un alma que vibra sin descanso a compás de cualquier manifestación ajena: especie de universal simpatía compuesta de innumerables registros donde se graba todo lo exterior. Algo así como una especie de reposada tristeza abierta cautamente a los demás para captar melancólicamente la inevitable frustración en que concluye todo lo humano, sea lo que sea. «¡Vanidad de vanidades, y todo es vanidad!»[7] Por eso se describe muy bien a sí mismo al decir que «[...] un alma superior es un gemido [...]» (B-48) Bondad excelsa que hace pensar en la imposibilidad de lastimar a nadie.

Ahora bien, Martí posee una vigorosa conciencia de su ser, la percatación de la importancia que reviste el conocimiento de sí mismo, lo cual explica el gusto por la introspección. Pues una personalidad como la suya, cuyos altos dones están contrapesados siempre por la clarísima convicción de que es preciso, ante todo, ser humilde; tal singular personalidad sólo es posible

7. *Eclesiastés*, I, 1,2.

si en ella opera sin descanso una rigurosa *autoinspección* capaz de guardar el equilibrio entre lo alto y lo bajo. Tan es así en su caso, que en una ocasión y a muy temprana edad vemos despertar en él esa disposición al examen de sí mismo. Según nos dice, podría escribir dos libros diferentes, uno de los cuales sería sólo la reseña de lo escrito por otros; mientras el segundo consistiría precisamente en el *conocimiento reflexivo de su ser*, que califica de «placer original e independiente» (A-6). Aunque, desde luego, sabemos que los recursos proporcionables por la cultura son indispensables, pues el hombre es el único *ser histórico*, lo que quiere decir que sólo puede verse a sí mismo reflejado en todo cuanto proviene del cúmulo de experiencias del pasado. En consecuencia, no hay manera de partir, digamos, del punto cero, o sea de un comienzo absoluto. De ahí que él mismo, al decir: «[...] Prescindo, pues, de cuanto sé y entro en mi ser [...]» (B-4), quiere dar a entender que desea, siquiera momentáneamente, remontarse hasta la raíz de su realidad como hombre, poniendo entre paréntesis todo lo demás, a fin de descubrir su pura entidad. Lo cual, por lo menos, revela hasta qué punto era consciente de la necesidad de la más radical introspección, para dar con la *interioridad* que, según san Agustín, contiene a la verdad. Y por lo mismo, añade: «[...] Es fuerza meditar para crecer [...]» (B-15) [8] He ahí la claridad de penetración en la interioridad profunda de su naturaleza, que lo capacita para efectuar lo mismo con los demás. «[...] Es amargo y poco envidiable este don de ver a los hombres por dentro [...]» (B-99), dícele en una ocasión a Gonzalo de Quesada. Porque, en efecto, hacerlo es hacerse consciente de hasta dónde llega la mezquina estrechez humana: envidia, egoísmo, codicia, ambición de poder, vanidad, y tantas otras de sus manifestaciones. Conocimiento que lo afianza cada vez más en su convicción de que la verdadera dignidad consiste, ante todo, en la honradez. Si bien se tiene por hombre infeliz e impotente (es claro que *frente* al mundo donde libran otros inútil batalla terrenal), sabe, eso sí, de qué lado cae la virtud, pues el hombre jamás podría vivir tranquilo fuera de la honradez. (B-94) He ahí por qué se contenta con lo que llama «expresión sencilla de virtud», lo mismo «en la vida y en la literatura» (B-116). De ahí que, con el transcurso de los años, la continua experiencia del roce con el mundo lo confirma cada vez más en la idea que tuvo siempre de cómo debe ser el hombre. Se advierte claramente en estas palabras dirigidas a Máximo Gómez:

> [...] Todavía Ud. no me conoce bien, ni cree acaso tanto como debiera en la novedad y sencillez de mi carácter firme, leal, y demasiado entristecido, o demasiada intuición, para que don alguno de esta existencia me parezca digno de obtenerlo con la doblez, la reserva o la intriga [...] (B-113)

Vida acrisolada que se mueve incesantemente a impulsos de una idea que es también sentimiento: la independencia de Cuba. Nada hay absolutamente capaz de levantarse hasta ella, emparejándosele. Cuba es lo primero, lo último, la totalidad de su pensamiento y su emoción. ¿Qué no habrá meditado y dicho sobre ella? Pero este hombre singular, como dice él mismo, es una incandescente naturaleza. Ha nacido para conmover, para inflamar de entusiasmo a los demás; con metáfora ya gastada diríamos que es a manera de ígneo meteoro que cruza determinado espacio en la Historia,

---

8. Cf. Aristóteles: *De Anima*, 11, 5417, b 5: (Meditar es un progreso del alma hacia sí misma).

dejando en quienes lo conocieron la explicable sensación de asombro que tal suceso provoca. Y como solía describirse a sí mismo con imágenes que sólo él era capaz de manejar hábilmente, expresa en una ocasión:

> [...] a mí, átomo encendido que tiene la voluntad de no apagarse, de un incendio vivísimo que no se extinguirá jamás sino bajo la influencia cierta, palpable, visible, de copioso, de inagotable, de abundantísimo raudal de libertades [...] (B-10)

La firmísima decisión de consagrarse exclusivamente a la causa de la independencia de Cuba se hace cada vez más clara según transcurren los años. Todo lo demás —labor periodística, poesía, crítica literaria, etc.—, adquiere el carácter de cosa secundaria; pues, bien observado, se advierte que tan variada labor se subordina, de algún modo, a la idea fundamental.

> [...] Es que vivo por mi patria, y por su libertad real, aunque sé que la vida no me ha de alcanzar para gozar del fruto de mis labores, y que este servicio se ha de hacer con la seguridad, y el ánimo, de no esperar por él recompensa [...] (B-93)

Pues sólo ella es capaz de justificarlo. El famoso «juramento de Madrid,» en plena adolescencia, obtiene ahora, casi al borde de la muerte heroica y ejemplar, soberana confirmación:

> [...] Hasta hoy no me he sentido hombre. He vivido avergonzado, y arrastrando la cadena de mi patria, toda mi vida. La divina claridad del alma aligera mi cuerpo. Este reposo y bienestar explican la constancia y el júbilo con que los hombres se ofrecen al sacrificio. (B-122)

El hombre *colectivo* que descubrimos en Martí corresponde a esa última etapa de su vida que va de 1880 a 1895. Los años anteriores son formadores, de ensayo, tanteo, que, empujados por ese misterioso factor de la *vocación*, conforman paulatinamente la personalidad hasta dejarla insertada en su decisivo cometido. Porque, además, eso que damos en llamar «destino» es sutil combinación de ideas y sentimientos operantes en torno a algo que se integra paso a paso y se ofrece, ya consumado, al cabo de toda una vida —cual la de Martí—, como si debiera haber sido así inevitablemente. Claro

---

9. Todo cuanto se sabe acerca de esto es lo siguiente: Un día o dos después del fusilamiento de los estudiantes de Medicina (suceso que tuvo lugar, como sabemos, el 27 de noviembre de 1871), Martí, desterrado en Madrid y a la sazón enfermo, le pide a su compatriota Manuel Fraga que vaya en busca de noticias. Este regresa al cabo de unos minutos con un ejemplar del cotidiano *El Jurado*, donde se habla de ocho fusilados y treinta y cinco condenados a presidio. Desde el gabinete contiguo al aposento de Martí otro de sus amigos, Carlos Sauvalle, le oye murmurar el nombre de Fermín Valdés Domínguez. Pero nada de un "juramento" expresado en ese instante. Sin embargo, en su composición poética titulada *A mis hermanos muertos el 27 de noviembre*, donde narra lo sucedido allí en su casa de Madrid esa tarde, hay una estrofa que comienza así:

> ¡Y yo juré! Fue tal un juramento,
> ¡que si el fervor patriótico muriera,
> si Dios puede morir, nuevo surgiera
> al soplo arrebatado de su aliento!
> ¡Tal fue, que si el honor y la venganza
> y la indomable furia
> perdieran su poder y su pujanza;
> y el odio se extinguiese, y de la injuria
> los recuerdos ardientes se extraviaran,
> de mi fiera promesa surgirían,
> y con nuevo poder se levantaran,
> e indómita pujanza cobrarían!

es que, en lo referente a las grandes personalidades históricas, hay siempre un *motivo fundamental* a cuya realización se entregan con inquebrantable voluntad. Por eso, tal vez con alguna ligereza, decimos que tal o cual persona «nació» para la empresa a la que consagra su vida, como si se tratase de algo previsto e impuesto por alguna entidad sobrenatural; aunque, por otra parte, en estricto sentido, tampoco podemos estar seguros de que no sea así, pues no en balde palabras como *azar* y *destino* suelen tener estrecho parentesco. Evidente es, por supuesto, que, históricamente, un solo hombre consigue efectuar de sobresaliente manera aquello con lo cual estuvieron relacionados, con mayor o menor intensidad, otros hombres. Pues tocante a los procesos históricos, se ve claramente que su culminación supone un período preparatorio, a veces muy dilatado, en el que, en cierto momento ad hoc, surge el personaje capaz de reunir la multitud de aspectos fragmentarios de dicho período, para facilitar así el desenlace buscado durante largo tiempo. Éste es el caso excepcional de Martí, quien aparece en el escenario de nuestra historia en el momento indicado, ya que la madurez de la conciencia cívica cubana y los continuos desaciertos de la política colonial española habían creado ya la situación especial requerida de una inspiración unificadora con referencia al paso decisivo que faltaba dar. En este sentido, el *Apóstol* es exactamente el hombre capaz de comprender las dos partes del problema, es decir, la imposibilidad de que, históricamente, España se sostuviera en Cuba, y, al mismo tiempo, la posibilidad de que los cubanos consiguiesen al fin aquello por lo cual luchaban, o sea la independencia.

Hasta 1880 Martí es el caso del hombre *colectivo* en proceso de realización. Sus encuentros con las autoridades españolas, primero a los dieciséis años, cuando se le condena a presidio, con la secuela de la deportación a la Península y la actividad desplegada entonces, tanto en discursos y conversaciones como por escrito; después, al regresar a Cuba en 1879, donde se manifiesta clara e inequívocamente como lo que era ya resueltamente, es decir, *separatista*, de lo que deja confirmatoria prueba en sus discursos del Liceo de Guanabacoa y la Acera del Louvre,[10] que termina con la segunda deportación a la Península: en esos encuentros se muestra ya en el papel del hombre *colectivo*, pero en agraz, porque aún actúa aisladamente; además —cosa explicable—, en tales momentos es apenas conocido, porque su breve estancia mexicana ha sido más bien la del crítico literario y el periodista a quien se le advierte a ratos la prosa que, unos años más tarde, llega a ser resplandeciente. Cierto es que Cuba jamás se ausenta de su quehacer, sea como sea, mas las circunstancias no configuran todavía enérgicamente el perfil del hombre *colectivo* que se hace cada vez más vigoroso a partir de 1880. Faltan el escenario y el auditorio, prestos a aparecer tan pronto como se instale en New York, porque su arribo tiene lugar el tres de enero de ese año, y el veinticuatro del mismo mes queda reconocido y consagrado como aquél en quien —pese a todas las malaventuras que le saldrían al paso— el destierro cubano iba a poner —cada vez con más entusiasmo— sus esperanzas. Porque en esos quince años el público al cual se dirige, del que extrae alternativamente aliento y decepción, es *su pueblo*, los hombres y mujeres cubanos desplazados del solar nativo por la penosa realidad que entonces imperaba allí. Es con ellos con quienes puede real-

---

10. Es el famoso y conocido discurso de la *Acera del Louvre*, en La Habana, el 21 de abril de 1879, al tributársele merecido homenaje al gran periodista cubano Adolfo Márquez Sterling. Dicho discurso se encuentra recogido en las *Obras Completas* del *Apóstol* y figura asimismo en muchas antologías.

mente entenderse —aun en medio de las mayores desavenencias— pues los une el mismo dolor y anhelan la misma solución al grave problema que los afecta. En España, México, Guatemala y Venezuela ha debido dirigirse a un público que si bien admira al cautivante orador, a la magnífica personalidad que ante ellos se yergue, no puede sentir —a no ser por excepción— lo mismo que siente él. Es, pues, muy probable que al hablar de su tierra, todavía esclava, fuese más bien la música de las palabras y el brillo de las imágenes lo que despertara la emoción del auditorio. Pero estar de antemano en el corazón de esos otros copartícipes de la misma pena era sólo dable con los cubanos. Ni siquiera en su brevísima segunda estancia en Cuba pudo expresarse como era posible hacerlo ahora, en tierras norteamericanas, porque la situación prevaleciente imponía una forzada cautela, aunque —como sabemos muy bien— Martí llegó hasta escandalizar a todo un Capitán General con sus comentarios acerca de la libertad.[11] El escenario de los Estados Unidos le daba completa franquicia de expresión y el vigoroso estímulo de unos «emigrados» —como se decía entonces—, que eran capaces de servir de eco eficaz a sus propósitos. Por primera vez, en los años consumidos en la causa de Cuba, se sentía «en casa», incluso con todos sus inconvenientes. Sería aplaudido unas veces, denostado otras; no le faltarían indeclinables adhesiones y penosas indiferencias; en fin de cuentas, desde entonces y hasta el final de su vida ésta iba a ser una especie de contrapunto de goces y amarguras, pero todo *eso* que hacía y también *ésos* a quienes estaba dirigido su hacer, era Cuba. A partir del 24 de enero de 1880 se había convertido, de hecho y de derecho, en hombre *colectivo*. Todo su quehacer más o menos solitario de hombre *individual* se transmutaba ahora, por obra y gracia de la emoción suscitada en el auditorio de esa noche memorable. Retórica aparte, era el encuentro con la Historia. Sería tan aclamado, admirado, amado y creído unas veces, como denostado, negado, calumniado y puesto en duda otras; pero en esto iba a consistir su obra. Pues la grande sale precisamente del choque de esos contrarios que añaden y sustraen fuerzas al espíritu, según sea el caso. Ya no sería *él* solamente, sino, sobre todo, *los demás*. Tal es su nueva condición, es decir, la del hombre *colectivo*.

Ser los demás sin dejar de ser él mismo, pero, a la vez, llegar a serlo tan completamente que acabase convirtiéndose en aquéllos, es decir, en lo que anhelaban, o sea la independencia de Cuba. Pero si, a pesar de esto, insistía en seguir siendo lo que era, se debía a la profunda convicción en la necesidad de ser guía. Había dicho en una ocasión que sería vigía y salvación de Cuba, y sabía que esa preocupación no podía dejarla a nadie más. En consecuencia, estaba dominado por un sentimiento de responsabilidad que por completo identificaba a los dos hombres —el *individual* y el *colectivo*. Mas adviértase que esta identificación resultaba tan completa debido

---

11. Martí habló cinco veces en el *Liceo de Guanabacoa*. La primera, sólo unas conmovidas palabras ante el féretro del poeta Alfredo Torroella, expuesto en el recinto de esa Sociedad. Como era de esperarse, tuvo expresiones duras y muy justificadas contra la tiranía española en Cuba. La segunda, con motivo de la velada fúnebre en honor de dicho poeta, en la cual se refirió a "la frente ceñuda de la patria, cargada ya de lauros enlutados". La tercera lo fue con motivo del debate sobre *El idealismo y el realismo en el arte*, y en esta ocasión fue aun más agudo y explícito en sus palabras: "Irredimibles pérdidas, gimientes voces, augustas sombras me pueblan el espíritu; pobres labios que no saben decir, ni pueden decir lo que dirían [...]" La cuarta ocasión ante el Capitán General Blanco, con motivo del homenaje al violinista cubano Díaz Albertini. Martí debió expresarse en tales términos, que provocó el asombro y el desagrado del Capitán General, quien, según se dice, llegó a exclamar: "Quiero no recordar lo que he oído y no concebí nunca que se dijera delante de mí, representante del Gobierno español. Voy a pensar que Martí es un loco. Pero un loco peligroso." Finalmente, la quinta ocasión tuvo lugar con motivo del homenaje a Echegaray.

al absoluto desinterés con que se producía, porque en él mismo, como hombre *individual*, nada había que fuese dictado por el egoísmo, la ambición, la vanidad o el rencor. Prevalecer era, pues, atraer a los demás a la órbita suya, tratando de convertirlos a su propio desinterés; pero conseguirlo suponía, en consecuencia, quedar inserto en otros, latiendo en ellos. Que esto es así lo revela el hecho de la devoción que llegó a despertar en quienes lo rodeaban. Ya era el *Maestro*, y acabaría siendo el *Apóstol*. Esta consecutiva transformación supone que el hombre *individual* ha conseguido convertirse plenamente en el hombre *colectivo* convirtiendo a sí a los demás; lo cual —en términos «apostólicos»— requiere dejar de ser uno mismo para pasar a ser otro; dejar de ser que, sin embargo, no pierde su ser.

La prueba de cómo se identifica en Martí el hombre *individual* con el hombre *colectivo* se halla admirablemente expuesta en un trabajo suyo de fines de 1887 titulado *Un drama terrible*. Es el análisis desapasionado de aquel desagradable suceso ocurrido en Chicago ese año y a causa del cual fueron ajusticiados cuatro anarquistas. Luego de seguir paso a paso el desarrollo de tan desdichado acontecimiento, el *Apóstol* se sitúa donde jamás deja de estar, o sea en el *justo medio*. Una desesperada situación social, que hace víctima —como tantas veces— a la clase más humilde, desemboca, como era de esperarse, en el violento estallido donde a la razón se sobrepone la pasión y las armas ocupan el lugar de las palabras. Pero Martí jamás olvida que la *verdad* no es posesión exclusiva de nadie, por lo que, al examinar los hechos, distribuye justificaciones y censuras según lo exige esa verdad. O sea que nunca es ni el fanático ni el demagogo interesado en acercar el ascua a su sardina. Lejos de todo eso, comienza por decir:

> Ni el miedo a las justicias sociales, ni la simpatía ciega por los que las intentan, debe guiar a los pueblos en sus crisis, ni al que las narra. Sólo sirve dignamente a la libertad el que, a riesgo de ser tomado por su enemigo, la preserva sin temblar de los que la comprometen con sus errores. No merece el dictado de defensor de la libertad quien excusa sus vicios y crímenes por el temor mujeril de parecer tibio en su defensa [...] (B-56)

Como igualmente:

> [...] Ni merecen perdón los que, incapaces de domar el odio y la antipatía que el crimen inspira, juzgan los delitos sociales sin conocer y pesar las causas históricas de que nacieron, ni los impulsos de generosidad que los producen. (B-57)

Sólo de esta manera se puede entrar a discutir cuestión tan grave como la que atrae poderosamente la emocionada atención del cronista. Como sabemos perfectamente, los sentimientos del *Apóstol* estuvieron siempre al servicio del desvalido —cualesquiera fuesen los motivos—, porque la humildad y mansedumbre de su carácter lo hacían sentirse unido en todo instante a quienes padecen hambre y sed de justicia. Por lo mismo, se consagró a la conquista de la independencia de su Patria con el propósito de establecer allí un régimen de permanente respeto a la persona humana, fuese ésta quien fuese. En los Estados Unidos de Norteamérica veía, con creciente aprensión, cómo la tierra que luchara denodadamente por la libertad, empezaba, sin embargo, a establecer un ordenamiento de castas basado en el poder material, y así dice: «[...] Esta república, por el culto desmedido a la riqueza, ha caído, sin ninguna de las trabas de la tradición, en la desigualdad, injusticia y violencia de los países monárquicos.» (B-58) Pero es claro que esto tiene sus causas que explican por qué ocurre semejante cosa. Después de la Guerra de Secesión el país comienza a poblarse con una «inmigración desordenada» (B-59), compuesta de gentes famélicas, llenas de odios seculares, que desde sus tierras europeas se lanzan a la aventura de una empresa en la que, es preciso decirlo, les interesa más el dinero que la libertad. Y la consecuencia triste es que la mayoría no consigue lo que ardorosamente desea, ayer como hoy. Esto ha hecho de Norteamérica un pueblo donde se acumula y bulle un odio feroz que se manifiesta a través de prejuicios raciales, confesionales, ideológicos, etc. Pero, en tiempos de Martí, la parte del país habituada a dirimir sus diferencias mediante el arbitraje pacífico y eficaz del sufragio, ve con alarma la conducta explicablemente violenta de esos míseros que, en abrumadora proporción, arrastran una vida de insufribles privaciones. Martí está consciente de esto, y lo reconoce diciendo:

> Habituados los del país a vencer sin sangre por la fuerza del voto, ni entienden ni excusan a los que, nacidos en pueblos donde el sufragio es un instrumento de la tiranía, sólo ven en su obra despaciosa una faz nueva del abuso que flagelan sus pensadores, desafían sus héroes y maldicen sus poetas [...] (B-60)

Lo cual no quiere decir que él no siga viendo la otra parte, aquella que, si no se justifica, al menos se explica, habida cuenta de la terrible injusticia a que están sometidos los que no merecen tan inicuo trato. Pero la violencia, al suprimir cualquier salida posible, se convierte en algo que no se puede defender así sin más. En consecuencia, tal como lo ve, «[...] quedan por su ineficacia condenados los recursos sangrientos de los que por un amor insensato a la justicia echan mano los que han perdido la fe en la libertad». (B-61) Mas sigue en pie la cuestión: ¿cómo esperar de quienes arrastran la pesada cadena de la esclavitud económica, base de la lujosa ostentación de unos pocos privilegiados, que actúen de otro modo? El *Apóstol* se apresura a manifestar su severa calificación de la triste realidad provocada por quienes, «[...] justificados a sus propios ojos por el éxito de sus fábricas majestuosas, extreman [...], en el precipicio de la prosperidad, los métodos injustos y el trato áspero con que la sustentan [...] (B-62) Pero se trata, como siempre, del hombre, ese dramático ser que reúne en sí mismo, a la vez, toda la ventura y desventura que le es dable o disfrutar o padecer. ¡Oh, si fuese el hombre tal como lo sueña constantemente! Del modo como lo imagina cuando habla de Cecilio Acosta o de Waldo Emerson. Mas la cotidiana realidad, de suyo tan fea, lo lleva inevitablemente a estas meditaciones:

> ¿Quién que anda con ideas no sabe que la armonía de todas ellas, en que el amor preside a la pasión, se revela apenas a las mentes sumas que ven hervir el mundo sentados, con la mano sobre el sol, en la cumbre del tiempo? ¿Quién que trata con hombres no sabe que, siendo en ellos más la carne que la luz, apenas conocen lo que palpan, apenas vislumbran la superficie, apenas ven más que lo que les lastima o lo que desean; apenas conciben más que el viento que les da en el rostro, o el recurso aparente, y no siempre real, que puede levantar obstáculo al que cierra el paso a su odio, soberbia o apetito? (B-63)

Ahí están incluidos todos los hombres, con apenas excepción que, por lo mismo, disuena en el conjunto. Pero el *Apóstol* es hombre de amorosa disposición hacia los demás, tanto más enérgica cuanto mayor es la desdicha que a esos hombres abruma. Por lo mismo, la emoción se sobrepone al razonamiento frío, para hacerle decir:

> [...] ¿Quién que sufre de los males humanos, por muy enfrenada que tenga su razón, no siente que se inflama y extravía cuando ve de cerca, como si lo abofeteasen, como si lo cubriesen de lodo, como si le manchasen de sangre las manos, una de esas miserias sociales que bien pueden mantener en estado de constante locura a los que ven pudrirse en ellas a sus hijos y a sus mujeres? (B-64)

Pues bien se explica que el pensador «objetive» todo cuanto puede ser motivo de su meditación, pero:

> ¿Dónde hallará esa masa fatigada, que sufre cada día dolores crecientes, aquel divino estado de grandeza a que necesita ascender el pensador para domar la ira que la miseria innecesaria levanta? [...] (B-65)

Y lo completa con estas otras impresionantes palabras:

> [...] para medir todo lo profundo de la desesperación del hombre, es necesario ver si el espanto que suele en calma preparar supera a aquél contra el que, con furor de siglos, se levanta indignado—, es necesario vivir desterrado de la patria o de la humanidad. (B-66)

Por otra parte, Martí sabe muy bien que es sumamente difícil encontrar hombres dispuestos de veras a renunciar a cuanto les reduce la estatura moral: en fin de cuentas, a ser como él, sin querer nada para sí que antes no hayan querido para los demás. Su asombrosa capacidad para penetrar en los entresijos del mundo le permite ver cómo es el hombre en su trato con otro, exactamente como sucede con los protagonistas de tan sangriento suceso. Ve que uno de ellos (Spies) es hombre obstinado, capaz —dice— de mantenerse «[...] sereno, donde la razón más firme siente que le falta el pie [...]» (B-67) Y lo reputa de «[...] Narciso fúnebre [que] se asombra y complace de su grandeza [...]» (B-68); es decir, el obseso incapaz de conocer sus propios límites, porque carece por completo de toda capacidad de íntima reflexión. En una palabra, es el fanático de siempre, dispuesto a morir por la causa que ha hecho suya con fiera exclusividad. Y luego eso otro que no falta nunca en los casos en que interviene más de una persona, es decir, el recelo y la envidia con que se miran unos a otros. De ahí que «Lingg, el recién llegado, odiaba con la terquedad del novicio a Spies, el hombre de ideas, irresoluto y moroso [...]» (B-69); mientras Parson se cela de Engel a quien intenta contrarrestar uniéndose a Spies. Pues cada uno de ellos aspira a ser *él solo*, sin sombras que atenúen el resplandor que pretende para sí mismo. Todo esto lo ve, lo medita y lo escribe Martí dejando en el lector la impresión de ese levísimo desaliento que siempre le producía constatar cuán difícil es escapar de lo que lleva al egoísmo, sin que deje de justificar, o al menos explicarse, esa conducta: «[...] ¿no va siempre el hombre, por misterioso decreto, adonde lo espera el peligro, y parece gozarse en escarbar su propia miseria? [...]» (B-70).

Si alguien dijese que Martí simpatiza con estos hombres, sería preciso corregirlo añadiendo que está al lado de ellos en la enorme parte de razón que los asiste, pero no con el procedimiento empleado. «[...] ¿No es la amenaza verosímil del recurso de fuerza, medio probable, aunque peligroso, de obtener por intimidación lo que no logra el derecho? [...]» (B-71) La sociedad, sin duda alguna, ha actuado injusta y cruelmente, llevando a esos hombres a la desesperación al ver que se les reduce a un nivel inferior al de la bestia. El *Apóstol* lo comprende perfectamente y quisiera estar absolutamente de su parte, pero algo puede más en él y se sobrepone, haciendo que prevalezca la verdad. Esta nos dice que hay, tanto de un lado como del otro, algo que corregir, lo cual ilustra Martí en esta sorprendente síntesis:

> La furia secular, caída por herencia, mordiendo y consumiendo como la lava, en hombres que, por lo férvido de su compasión, veíanse como entidades sacras, se concentró, estimulada por los resentimientos individuales, sobre los que insistían en los abusos que la provocan [...] (B-72)

Eso mismo, es decir, la divinización de sí propio, es lo que conduce siempre, por diferentes caminos, a la consecuencia fatal de la tiranía. Pues *tirano* es el hombre que se cree superior a los demás, a quienes dispensa el favor o la merced de cierta condescendencia por su parte. Y semejante fenómeno es constante en la historia, tal como se ve actualmente —de paradójica manera— en esos regímenes que pretenden pasar por «democracias populares»: Mao Tse Tung, del que se ha llegado al extremo, en el afán de descubrirle una sobrenatural infalibilidad, de utilizar algunos de sus «escritos» como ensalmo capaz de aliviar tal o cual dolencia.[12] Y, por el mismo estilo, el siniestro Stalin, en cuyo homenaje se llegó al punto de hacer que todos los artículos de la Enciclopedia soviética incluyesen, en alguna forma, la frase siguiente: «como dice el camarada Stalin». O Fidel Castro, cuya «proteica» mente es la única apta para decidir acerca de cualquier problema relacionado con nuestra infortunada Patria. Por eso, Martí recela de quienes se valen de la palabra para encubrir el odio, el afán de poder y la ridícula vanidad; y aunque a veces esos humanos especímenes son inevitables, la falta de acuerdo entre decir y hacer los descalifica moralmente (única consideración válida para el *Apóstol*), pues las palabras empleadas tienen un alcance oculto e insospechado para aquéllos a los que van dirigidas. Alcance que, si se consigue, se convierte en la más cínica negación de la supuesta libertad que dicen defender. Pues como lo vio Martí muy bien, la «sacralización» operada en esos hombres los dota inevitablemente del sentimiento de omnipotencia que, al llegar al Poder, se convierte en absoluto desprecio del derecho ajeno. He ahí por qué el *Apóstol* insiste siempre en la rigurosa necesidad de hacer la guerra de independencia dentro de cauces rigurosamente democráticos, para eludir así el peligro del caudillismo. Como sabía también que la envidia suele disfrazarse a menudo de propósito de justicia social. Todo cuanto hace el hombre —piensa él— tiene como finalidad su posesión, de manera que *hacer* y *tener* son legítimas actividades. Pero entre los resentidos y envidiosos no hay nunca lugar para la comprensión de tan nobles verdades, no así para quien no se desvela celando el bienestar ajeno. Por lo mismo, Martí lo expresa claramente en estas palabras suyas con las cuales se refiere a un desfile obrero en New York con motivo de la celebración del *Día del Trabajo*:

---

12. Cf. Octavio Paz: *The other México*, trad. de Lysander Kemp, ed. "Grove Press, Inc.", New York, 1972, pág. 10: "[...] Los jóvenes fanáticos que recitan el catecismo de Mao —por cierto, un mediocre poeta académico— cometen no sólo un error estético e intelectual, sino también moral [...]"

> [...] Se ve que marchan contentos de pasear unidos por entre las moradas de los poderosos: los cobardes y débiles irán pensando acaso, airados de no poder levantar otras iguales, en echarlas abajo: los honrados y bravos, en batallar bien y construirlas para sus hijos. ¡Marineros y medidores de telas eran ayer todavía los dueños de esos palacios! [...] (B-73)

Así es como se presenta Martí en su condición de hombre *colectivo* que no se diferencia de la otra, correspondiente y complementaria, del hombre *individual*. Su palabra no es para halagar, tampoco para mostrar sólo un lado de las cosas, o sea aquél que conviene o interesa destacar. Hablar es decir verdad, y ésta lleva consigo el anverso y reverso de toda realidad. Pero él no persigue más que el ideal de lo mejor para los demás, pues para sí no necesita sino la satisfacción de saber que su vida carece de doblez. Por eso muere frente al enemigo, en leal combate, pobre, sufrido y humilde. De esta manera, el hombre *colectivo* en que acaba convirtiéndose, a partir del momento de su muerte se vació completamente en el pueblo por el que, siendo siempre él —como perenne garantía de los suyos— llega a ser también ese pueblo.

Como ya lo dijimos, desde temprana edad el *Apóstol* actúa conforme a lo esperable en un hombre *colectivo*, es decir, en nombre de una idea, de una causa, que es la de muchos, y a los cuales ha de representar porque lo multitudinario, si no se polariza, corre el riesgo de dispersarse. La jefatura ha de recaer en quien, dadas sus singulares condiciones, sea capaz de inprimirle al común deseo la dirección acertada, y, mediante el carisma de que está dotado, inflamar ese deseo hasta conseguir que explote en la acción enérgica que conduce al triunfo. Si para conseguirlo es menester una dilatada campaña preparatoria, la voz de este hombre —lo mismo en la palabra oral que en la escrita— debe poseer un carácter especial que transfiere siempre lo individual a lo colectivo en aquello que tiene que ver con el común interés de una pluralidad de individuales voluntades. Lo dicho debe expresar inequívocamente esto último, de manera que todo lo íntimamente personal se neutralice a fin de poner de relieve la voluntad plural mencionada. En fin de cuentas, el hombre colectivo habla, en nombre de otros, de la causa por él representada; pues lo particular y privativo del mismo ha cesado de existir, ya que solamente vibra en él, y lo domina, el afán de esa idea o ese propósito que se ha convertido en su vida.

Como también hemos apuntado ya, a Martí le atrae desde muy joven el problema de Cuba, que —entonces como ahora— es el de la *libertad*. Ve muy pronto que no se puede vivir a gusto en la ignominia de la esclavitud, y su Patria, por desgracia, es esclava de tiránico régimen que llega al extremo de establecer vejaminosa discriminación entre criollos y peninsulares. Su tierna alma infantil se conmueve profundamente al ver que, por la simple cuestión del distinto color de la piel, unos hombres disponen libremente del destino de otros hombres, a quienes niegan los más elementales derechos. Pero sabe y siente igualmente que aun entre los blancos hay muchas diferencias, porque el hecho de haber nacido en la Península es fuente de irritantes privilegios que van contra el decoro del criollo convirtiéndolo en ciudadano de segunda categoría. Todo esto y mucho más impulsó a los cubanos a rebelarse contra la tiranía española en un desesperado intento de poner fin a ese estado de cosas que había convertido a nuestra Patria en «[...] mancha del mundo, presidio rodeado de agua, rémora de América [...]» (B-95) Esto explica y justifica, con sobra de razones, la gloriosa gesta del 68, cuyo inicio tiene lugar cuando Martí es un adolescente. Entonces, se dispone a intervenir en la sagrada causa de Cuba en la forma que le es dable hacerlo en esos momentos, con la secuela del penoso calvario del presidio y el destierro. Hay en todo esto —como se ha dicho un poco antes— el esquema de una vida pública cada vez más intensa y definida. La vigorosa denuncia contenida en *El presidio político en Cuba*, así como en *La república española ante la revolución cubana*, es inequívoca manifestación de un pensamiento y una voluntad al servicio de una causa pública. Por esto mismo, cuando se encuentra en Guatemala en 1877 —a donde acude en busca del sustento decoroso de su reciente matrimonio—, expresa por escrito esa condición suya, que se adensa y se afirma con el tiempo, de hombre colectivo:

> [...] Vengo a ahogar mi dolor por no estar luchando en los campos de mi patria, en los consuelos de un trabajo honrado, y en las preparaciones para un combate vigoroso. (B-7)

Se ve en las últimas palabras cómo prima en el *Apóstol* la cuestión cubana. Pues si bien las circunstancias de su vida no le permitieron incorporarse al movimiento armado, esto no quiere decir que amenguase en lo más mínimo la preocupación patriótica. La estancia en Guatemala es, a lo sumo, compás de espera de lo que habrá de venir y en lo cual tomará parte singular y decisiva. Cuatro años más tarde, en 1881, lejos de Cuba otra vez se expresa así ante los venezolanos de Caracas diciendo que se encuentra allí:

> [...] Con el derecho del honor que, herido allá en mi pueblo, viene a éste como en busca de su solar nativo y pueblo propio; con el derecho del asilo, que no ha de negar al peregrino humilde ningún alma cristiana.
> Luché en mi patria, y fui vencido. Se sabe que al poema de 1810 falta una estrofa, y yo, cuando sus verdaderos poetas habían desaparecido, quise escribirla [...] (B-13)

Pues está convencido de que se trata de una empresa en la cual hay que ponerlo todo, con absoluta decisión que, en lo esencial de ella misma, es una decisión colectiva. En consecuencia, «[...] lo primero que ha de hacer el hombre público, en las épocas de creación o reforma, es renunciar a sí sin valerse de su persona, sino en lo que valga ella a la patria [...]» (B-102) Porque la actividad a desplegar, cualquiera sea el lugar y el momento, es siempre una y la misma —la libertad de Cuba—, y, por tanto, como se trata de una empresa común a la cual pertenecen todos los cubanos, no importa el grado de interés que pongan en el esfuerzo a realizar, es preciso hablar en plural, no como recurso halagador, sino porque el *Apóstol* lo siente así. Pues la causa a la que sirve de guía no es la de un hombre, solo, sino que éste, en su condición de inspirador, ha de encontrarse repartido en la profusa variedad de pareceres y decisiones, con el objeto de lograr la unanimidad que asegure el éxito de la empresa propuesta. Y así dice: «Nosotros somos el freno del despotismo futuro, y el único contrario eficaz y verdadero del despotismo presente. Lo que a otros se concede, nosotros somos los que lo conseguimos. Nosotros somos escuela, látigo, realidad, vigía, consuelo. Nosotros unimos lo que otros dividen. Nosotros no morimos. ¡Nosotros somos las reservas de la patria!» (B-86)

El papel del hombre *colectivo* se advierte constantemente en la obra martiana, cada vez con mayor intensidad, según avanza el proceso preparatorio de la guerra de 1895. La noción de pueblo, de una sociedad que lucha con creciente tesón para quitarse de encima el terrible peso de la tiranía española, cobra fuerzas progresivamente en el pensamiento de Martí, lo cual explica esa preeminencia de lo colectivo. Preeminencia que se explica perfectamente dada la esencial naturaleza democrática del *Apóstol*, para quien, desde cualquier ángulo que se mire la cuestión, la colectividad es la llamada a decidir; de tal manera, que el papel que le ha asignado la Historia sólo puede ser el de una especie de *primum inter pares* (de primero entre otros iguales a él en todo respecto), y así es como debe entenderse aquello de «[...] alfombra somos para que pise nuestro pueblo [...]» (B-114), sin que pueda recelarse aquí nada de interesada adulación. Se trata, siempre, de ese pueblo al cual dedica todos sus desvelos (su vida entera) y, por lo mismo, una y otra vez se advierte el propósito de hacer ver que sólo aspira a ser algo así como espejo en el cual se refleje la colectividad. Por eso está muy percatado de lo propuesto en el Evangelio: «[...] ¿quién de nosotros puede, por más que se preocupe, añadir un codo a la medida de su vida?» [13] Y, en consecuencia, expresa lo siguiente:

> [...] No es Martí el que va a desembarcar: es la unión magnífica de las emigraciones, juntas en la libertad local, para mantener el espíritu justo y los medios bastantes de la independencia del país consultado y querido [...] (B-108)

Y con la misma sinceridad:

> [...] Yo no trabajo por mi fama, puesto que toda la del mundo cabe en un grano de maíz, ni por bien alguno de esta vida triste, que no tiene ya satisfacción mayor que el salir de ella: trabajo para poner en vías de felicidad a los hombres que hoy viven sin ella [...] (B-112)

Esos hombres, por supuesto, son sus compatriotas, a los que se entrega con resuelta decisión. Tan convencido está de que debe ser así y solamente así, que en fecha muy cercana al inicio de la guerra a cuya preparación ha consagrado toda la vida, le dice a Máximo Gómez:

> [...] Me entrego, pues, a las últimas faenas, sin dormir, porque no puedo, pero sin ofuscarme. Llena el alma de la grandeza ajena, de la de Ud., de la voluntad y entusiasmo que nos acompaña, me siento como oreado y mejor, y como si estuviésemos poniendo las manos en algo santo. Pero me parecerían profanación las frases [...] (B-117)

El hombre *colectivo*, infundido del fervor apostólico indispensable para operar en los demás esa transformación que, al fin, se consigue; ese hombre *colectivo*, está convencido de que, individualmente, no existe: que es a esa colectividad, a ese conjunto, al cual debe el glorioso privilegio de ser el guía; pues de aquélla, de su dramática situación histórica, proviene el amor que puede poner en su pueblo. El *desideratum* es la completa disolución, por la vía del amor y de la entrega en esos otros que han depositado su confianza en él. Esto es lo que, con emocionantes palabras, le dice a su entrañable amigo Henríquez y Carvajal:

---

13. San Mateo: VII, 27.

> [...] De mí espere la deposición absoluta y continua. Yo alzaré el mundo. Pero mi único deseo sería pegarme allí, al último tronco, al último peleador, morir callado. Para mí, ya es hora [...] (B-119)

De ahí la justeza y pertinencia de esta otra cita:

> [...] seguimos camino al centro de la Isla, a deponer yo, ante la revolución que he hecho alzar, la autoridad que la revolución me dio, y se acató adentro, y debe renovar conforme a su estado nuevo, una asamblea de delegados del pueblo cubano visible, de los revolucionarios en armas [...] (B-125)

Sí, en efecto, el hombre *individual* se transforma en el hombre *colectivo*, pero —tal como se ha dicho antes—, de manera que uno y otro se identifiquen:

> [...] En mí sólo defenderé lo que tengo yo por garantía o servicio de la Revolución. Sé desaparecer. Pero no desaparecería mi pensamiento, ni me agriaría mi oscuridad [...] (B-126)

En efecto, su pensamiento sigue vigente ahora, lo mismo que entonces, porque constituye la síntesis perfecta de la libertad individual y colectiva. Hoy también es la bandera que nos guía a la reconquista de la independencia a cuyo conjuro se hizo realidad nuestra Patria en 1895.

Capítulo III

MADUREZ Y EDAD

> ... ¡no he padecido
> *bastante aún, para romper el* muro
> *que me aparta ¡oh dolor! de mi viñedo!*

De todos los seres vivos el hombre es el único a quien le está reservado el privilegio —tan doloroso como deleitable— de la conciencia de su existir en la amplísima variedad de manifestaciones que la misma supone. Conciencia de que piensa, siente y quiere. Y digo «conciencia» de estas tres cosas, sin entrar en aclaraciones, tal vez indispensables, de que, por ejemplo, *pensar* es siempre la conciencia de algo. Bástenos, por ahora, con referencia a lo que aquí me propongo comentar, que el hombre puede reflexionar, cualquiera que sea el caso, acerca de lo pensado, sentido, querido. Ésta que pudiéramos denominar «conciencia de segundo grado», le permite al hombre participar en cualquier fenómeno psíquico suyo en una doble calidad de actor y espectador, colocado frente a sí mismo en una situación, a veces dramática, lo cual nos lleva a una tercera posición ofrecible cuando la «conciencia de segundo grado» (algo así como lo conocido como *apercepción*), se convierte en antagonista de la conciencia inmediata («conciencia de primer grado» o primaria). Pues bien, semejante «antagonismo» es, sin embargo, constante en el ser humano, manifiesto —de un modo u otro— en esa *insatisfacción* en que consiste la vida humana, es decir, la inevitable consecuencia del choque del «interior» con el «exterior», cuyo dramatismo se debe precisamente a la conciencia que de su total existir tiene el hombre.

El mundo es el conjunto de innumerables resistencias con las cuales topamos desde el nacimiento. A partir de este instante nos hallamos siempre, de alguna manera, buscando el equilibrio entre el *yo* y el *mundo*. La susodicha resistencia nos limita, de una forma u otra, y es algo que —curiosamente—, aunque lo sintamos como originado en nosotros, pertenece, sin embargo, al mundo; pues, mírese como se quiera, éste no es más de lo que somos nosotros; exactamente como, del mismo modo, tampoco somos más de lo que él es. Y la «noticia» —digamos así— de lo que el mundo limita en nosotros, al oponérsenos, tiene lugar siempre en forma de *vivencia*, porque, en efecto, nada puede ser previo al vivir como tal. Que esa vivencia se transforme después en *concepto*, o lo que sea, como efectivamente ocurre, no invalida en modo alguno el carácter primariamente *vivencial* de nuestra existencia. La objetivación de la vivencia depende, por una parte, de la naturaleza misma de la «resistencia» que ofrece el mundo; y por otra, de aquél a quien le afecta esa resistencia. Pues hasta las cosas más «intelectuales», quiere decir, más desprovistas de contenido afectivo, pueden «vivirse», es decir, convertirse en vivencias de un modo más intensamente dramático que aquél que, en términos generales, podría esperarse. Sabido es que, ante una misma situación, diferentes personas reaccionan de distinta manera, lo cual supone que la resistencia del mundo llega a cada una de ellas en distinta forma vivencial. Se diría que hay una especie de «prueba ácida», de variable intensidad según el sujeto, con lo que deseo hacer ver cómo la *realidad del mundo* (comprendidas todas sus manifestaciones) puede resultar siempre —en el caso de ciertas personas— agudamente dramática, de manera que el sistema vivencial de las mismas aparece teñido siempre de una intensa coloración afectiva que, claro está, sin anularlo, se sobrepone a lo intelectual o conceptual. En tales casos, la respuesta (acorde con el alto coeficiente de afectividad) es o de admiración o de censura; pero, eso sí, una y otra están dominadas por el placer o por el dolor, según se trate de un caso u otro. Mas lo importante es tener en cuenta que, para quien así reacciona frente a la constante oposición del mundo, por lo regular sólo cuentan las dos manifestaciones señaladas: *admiración* (placer) y *censura* (dolor); lo que se debe a la extraordinaria sinceridad con que dichas personas reaccionan frente al mundo. Sinceridad que consiste en una predeterminación del yo de quien actúa de esa manera, consistente en la capacidad de profunda identificación (a veces total) con esa realidad en que, como hemos dicho, consiste la mundana oposición; algo así como sentir el bien y el mal tal cual son. Y del mismo modo que el músico es capaz de extraerle al sonido toda su fuerza expresiva, pero sin desfigurarla ni alterarla en la expresión, el hombre capaz de experimentar las vivencias del mundo en la forma profunda de una *dualidad* (contentiva de todas las manifestaciones de la realidad), constituida por el *bien* y el *mal*, la *virtud* y el *pecado*, la *luz* y la *sombra*, etc., puede hacer del universo un compacto conjunto de oposiciones tales como las ya mencionadas.

Por eso el hombre dotado de esas características lleva consigo el peso del mundo, porque no hay en él un término medio posible entre el bien y el mal, pues jamás admite la «relatividad» de ninguno de ellos. Ahora bien, esa disposición del ánimo a mantenerse siempre en medio de dicha dualidad, tampoco significa el cerrado desconocimiento de los motivos que dan lugar a esas infinitas variedades descubribles en el bien y en el mal. Pues la intransigencia es indeclinable sólo si se trata de casos que ponen en peligro alguna *cuestión de principio* desde el punto de vista ético. Por lo demás, se comprende, se acepta y hasta se disculpa cualquier variante del *mal* que sólo se presenta cual excusable debilidad de carácter. De igual manera se está presto a aplaudir y estimular todo lo relacionado con el *bien* en cualquiera de sus formas. Y de ahí que el ser humano dotado de esta peculiarísima personalidad ha de ser, siempre, sin lugar a dudas, un ser sufriente. El sujeto de una avasalladora afectividad que impide el menor sosiego, sea porque se trata del regocijo ante el bien o de la tristeza frente al mal. Pero siempre *in extremis*, lo que hace la vida intensamente desasosegada, pletórica de emoción, que mantiene en constante lucha al protagonista de semejante *ars moriendi*. ¿Será acaso en ellos donde se confirma esa curiosa teoría de Ludwig Klages [1] de que lo humano es,

---

1. L. Klages: *Der Geist als Widersacher der Seele* (El espíritu como adversario del alma), "Kröner-Verlag", Tubingen, 1929-1933, pág. 132.

1. — Martí a los 15 años (1869)

2. — Martí a los 19 años (1872)

3. — Martí a los 26 años (1879)

4. — Martí a los 27 años (1880)

5. — Martí a los 36 años (1889)

6. — Martí a los 41 años (1894)

7. — Martí a los 41 años (1894)

en su totalidad, la constante pugna de dos entidades: el *alma* y el *espíritu.* Porque, según este pensador, mientras el espíritu expresa lo racional, trascendente, todo aquello que perturba la vida del alma; ésta, por su parte, es una fuerza en íntima comunión con la Naturaleza, creadora de símbolos y mitos, y capaz de interpretar los enigmas de la Vida. De esta manera, el espíritu atenta contra el mundo mítico-imaginario del alma, para lo cual se vale del concepto; mientras el alma (que Klages identifica con la Vida), vive el acontecer, el espíritu juzga. ¿Será, acaso, esta lucha la que opera en el interior de quienes sienten el mundo como esa dualidad omnicomprensiva de *bien* y *mal* a que hemos hecho referencia? Muy bien podría ser que, en semejante caso, el desasosiego al cual nos referíamos líneas arriba se deba al conflicto entre el *sentimiento*, que es capaz de penetrar en las más remotas profundidades de la realidad del mundo, y el *pensamiento*, cuyo cometido es constatar y analizar. Pero, entonces, en este último habría siempre, dada su naturaleza, la manifiesta incapacidad para *vivir* dramáticamente todo aquello que el sentimiento aprehende y hace suyo, porque, tal vez, es él mismo.

Pensamiento y sentimiento difieren en algo esencial, aunque, como se sabe, uno y otro se penetran recíprocamente, de manera que hay siempre un pensamiento «sentido» y un sentimiento «pensado». Pero, aun cuando, efectivamente, jamás deja de ser así, uno y otro se presentan en su relación con el mundo (con la total realidad) en distintas formas de conexión aprehensiva. Así, mientras el *pensamiento* no invade totalmente la realidad, pues apenas traspone sus primeras capas; el *sentimiento*, por el contrario, se adueña por completo de la realidad a la cual debe su existencia, hasta identificarse con ella. Porque mientras el pensamiento es obra de la *curiosidad*, el sentimiento es consecuencia de la íntima e insoslayable *necesidad* en la cual se encuentra el hombre referido a la realidad de la que es el único ser menesteroso. Objetivamente —tal como acontece con el pensamiento—, el universo se nos da a cierta distancia; mientras, subjetivamente (el caso del sentimiento), estamos, de antemano e inevitablemente, implicados y complicados con el mundo. Pero, también —como se dijo antes—, uno y otro se requieren de modo que jamás podría darse el caso de un pensamiento sin la correspondiente coloración afectiva, y, recíprocamente, el de un sentimiento desprovisto de matiz intelectual. Sentimiento y pensamiento que, en conclusión, constituyen el modo fundamental de comunicación del ser humano con el mundo; y, si lo observamos bien, veremos que puesto que uno de ellos es, en sí mismo, *el mundo* (dadas su implicación y complicación con éste), mientras el otro lo mantiene a distancia de sí; y, aún más, que ambos son inseparables entre sí (al menos, como ya se dijo, en cierta medida), viene a resultar de todo esto que el hombre, en su esencial relación con el mundo, es tanto *su* pensamiento como *su* sentimiento en cierta disposición de infinitas variaciones correspondientes al *pensamiento sentido* y al *sentimiento pensado*. Mas puesto que ambas formas primordiales admiten una innumerable variabilidad, debe concluirse que, a veces —según el sujeto—, puede haber mayor sentimiento en lo pensado, o, por el contrario, mayor pensamiento en lo sentido.

Así, pues, sin forzar demasiado las cosas, es posible agrupar a los hombres en dos categorías: una, la de aquéllos en quienes predomina la reflexión; otra, la de esos otros en los que se impone el sentimiento. Y conforme con lo dicho hasta aquí, sucederá entonces que mientras el *reflexivo* «contempla» el mundo, presentándoselo a sí mismo como un *problema* cuya solución depende fundamentalmente del análisis que de éste se puede hacer; el *emotivo*, lejos de considerar el mundo como si fuese un problema, lo «vive» como el drama que es para él. Lo cual, apresurémonos a aclararlo, no significa que aquél en quien prevalece el sentimiento no pueda ser, también, hombre de clara visión intelectual. Pero, eso sí, posesora, esta última, de una fuerte *vibración emocional* que se denuncia a sí misma a cada instante, por entrar aquí en juego algo infaltable en el hombre, o sea la *angustia*, es decir, ese componente existencial que rige su vida. Angustia que —según Heidegger— es «[...] la patencia del ente y la potencia del existir [...]; [2] pues, en verdad, padecemos lo que somos (hombres), en su dimensión esencial, o sea la existencia; de ahí proviene la posibilidad (potencia) de ser lo que somos. La vida es perpetuo riesgo, pues la Nada acecha constantemente, de modo implacable; todavía más, ella nos incita a continuar siendo, porque del temor de dejar de ser se alimenta el empeñoso afán de vivir. Pero hay todavía otra cosa más importante, y es que esa aniquilación siempre posible (en estado latente) se refiere, sobre todo, a la entidad de las cosas que forman el mundo en el cual —como dice Heidegger— «yacemos», y esas cosas, todas ellas, me protegen o me dañan, según su disposición para aniquilar o para dejar que el existente (el hombre) persevere en su Ser. He ahí, pues, cómo asoman su faz el *bien* y el *mal*. No es, por supuesto, que el bien escape a la Nada que lo engloba todo, pero en el contexto existencial de la capacidad perseverante del Ser, el bien representa la posibilidad de una efectuación de la cual carece el mal.

La angustia metafísica (por tanto, esencial y primaria) parece como si desdoblase en otra que viene a ser la angustia referida al mundo concreto de *aquí* y *ahora*; mundo contingente donde me muevo incesantemente con todas mis vivencias; donde, en una palabra, actúo en mi doble papel de hombre que piensa y siente. Y aquí corresponde hablar del *desasosiego*, o sea la forma concreta que adopta la angustia al quedar referida a la circunstancia limitadora del mundo en sus dos primordiales posibilidades del *bien* y el *mal*. Frente a ellos, la actitud individual varía, como es de suponer, según la mayor o menor capacidad «sentidora» de que se disponga. Porque en tanto que mi identificación con la realidad mundana me hace sentirme, no ya (y sólo) copartícipe de esa realidad, sino, aún más, *esta misma como tal*; en tanto que es así, tengo que sentirla como si fuese algo que (al ser yo mismo), me domina y puede (debe) o acrecentar cada vez más mis posibilidades de una efectuación existencial (el caso del bien), o disminuirlas hasta aniquilarlas (el caso del mal). De ahí, en consecuencia, el desasosiego de una vida que se encuentra dotada de la máxima capacidad para *sentir* esa dualidad en que se resuelve la realidad y aquilatar, con la máxima *percepción emocional* (digamos así), todo el riesgo contenido en el proceso, siempre aleatorio, de la realización del cometido de la vida. Desasosiego que se exterioriza, materializándose, en cuanto se dice, sea oralmente o por escrito, y que proviene del temor de no poder efectuar todo lo positivo de la vida, a causa del predominio de lo negativo ínsito en ella. Y, desde luego, es claro que sólo en contados casos presentan esa dramática personificación de lo real, porque se trata del nivel máximo obtenible en la coexistencia de pensamiento y sentimiento.

Uno de estos contados casos es el de José Martí, cuya personalidad es motivo de apasionante interés lo mismo para el historiador que para el psicólogo. Pues el proceso de su corta vida, tan proteica en manifestaciones de subido nivel existencial, permite descubrir en él una asombrosa dis-

2. M. Heidegger: *Was ist Metaphysik?*, "Neomarius-Verlag", Tubingen, 1952, I.

posición hacia lo que hemos convenido en llamar *sentimiento pensado*. Esto último lo vemos desde el comienzo de sus ásperos contactos con la realidad, que nunca dejó de ofrecérsele así, porque tal es la conclusión a que nos lleva inevitablemente el examen de todo cuanto fue su vida y su obra, de donde, por supuesto, debe extraerse la suma de los abundantes testimonios con los cuales componer, claro está que en la medida de lo posible, el perfil psicológico de su extraordinaria personalidad. A estos efectos, es recomendable establecer la adecuada relación entre *edad* y *madurez* a lo largo de los últimos veinte años de la vida del *Apóstol*, porque, sin duda alguna, constituyen una etapa de prodigioso desarrollo, hasta alcanzar todo el relieve histórico del acontecer de esa vida que acaba resolviéndose nada menos que en incuestionable personalidad universal. Por lo mismo, como la vida humana supone la condición inexorable de las transformaciones por las cuales, sin excepción alguna, se desliza el drama existencial de nuestro pasaje por el mundo, la *universalidad* a que llega definitivamente José Martí tiene un comienzo y también un tránsito desde la *particularidad* que es el punto de partida de una ininterrumpida serie de mutaciones que suceden unas a otras, no como simples cambios cualitativos o cuantitativos, sin conexión apenas entre sí; antes al contrario, cada una de dichas mutaciones engloba y arrastra consigo a las anteriores, verificándose así algo semejante, *mutatis mutandis*, a lo que llama Hegel «cancelación superadora» (*Aufhebung*).[3] En consecuencia, hay, si se quiere, varias «personalidades» en Martí que corresponden a distintas etapas significativas de su vida. Lo cual no anula, de ningún modo, la esencial unidad permanente de su extraordinaria condición existencial. Esto es precisamente lo que intentamos describir en el presente capítulo, o sea algo así como la historia de un proceso vital en el ámbito de una determinada situación que, por su parte, favorece, estimulándolo, dicho proceso, porque —se ha dicho antes— el mundo es parte decisiva del humano acontecer, y, en el caso excepcional del *Apóstol*, veremos que ese *madurar* en que consistió su vida es consecuencia del choque con la realidad exterior, de la resistencia que opone constantemente el mundo; pues se madura cambiando, y esto último depende del continuo conflicto con lo que no somos; con la aspereza del exterior que modifica, unas veces más y otras menos, nuestro interior. Mas no se piense que prescindimos por completo de la idea de una configuración arquetípica, variable de individuo a individuo pero subsistente en ciertos rasgos definitivos, tal como lo proclama la popular sabiduría del «genio y figura». Aunque elementales exigencias de precaución, en lo referente a «definir» tal o cual personalidad, nos indican que debemos actuar con mucho tacto, no creo exagerar si repito ahora que Martí es, en mi concepto, más bien una de esas personalidades en las que se advierte claramente, dibujada con vigoroso trazo, una resuelta predisposición hacia el «sentimiento pensado», es decir, que en ella prevalece la *emoción*, pero, claro está, no cualquier emoción, sino aquélla capaz, por su profundidad, de invadir la plenitud de lo real, trasfundiéndose en esto y

---

3. J. G. F. Hegel: *Sämtliche Werke*, ed. de Georg Lasson, "Otswald-Verlag", 1932, II, *Phänomenologie des Geistes*. Hegel se refiere a ella en la *Fenomenología del Espíritu*, donde reside la verdadera ciencia dialéctica, mediante sucesivas afirmaciones y negaciones que van desde la certidumbre sensible hasta el saber absoluto. En su "ser en sí" la Idea absoluta es el tema de la *Lógica*. En su "ser fuera de sí", la Idea absoluta es el tema de la *Filosofía de la Naturaleza*. En su ser y para sí mismo, la Idea absoluta es el tema de la *Filosofía del Espíritu*. Ahora bien, los distintos aspectos de la Idea (y ésta en sí misma), se dan, respectivamente, en la tesis, antítesis y síntesis (como afirmación, negación y superación); y esta última (*Aufhebung*) es, simultáneamente, abolición y conservación de lo afirmado, porque contiene la negación de la negación.

complicándose de tal manera que se adueña de esa total realidad a la vez que resulta apresado por ella. Sólo así acierta uno a explicarse ese desequilibrio que advertimos en las relaciones del *Apóstol* con su mundo; desequilibrio que se atenúa según el ejercicio del «uso» del mundo efectúa paulatinamente las mutaciones por las cuales ha de pasar inevitablemente. Hecha de enormes tensiones entre el yo y el no-yo, la vida se elabora gracias precisamente a esa antagónica situación que jamás cesa: afán de afanes en que consiste el esencial contenido del vivir y, en el caso de Martí, el primordial del destino de la Patria amada; pero, además, hay esos otros afanes de libertad, justicia, verdad, belleza, bien, caridad, etc.

El tránsito por la vida apareja, en cierto modo, algo así como la disminución de la capacidad de *asombro* (θαυμαξειν)[4] que, según Platón, acerca el filósofo al niño. Pues, en efecto, la ingenuidad nos hace entrar inicialmente en conflicto con el mundo, si tenemos en cuenta que ella nos lleva a pensar que las cosas pueden no ser tal como, en realidad, parecen. Asombro e ingenuidad son dos notas características y, en consecuencia, determinantes del niño y el joven. Pues la pureza innata —aminorable según perseveramos en el choque con lo que no somos— se ve afectada constantemente por esa multitudinaria variedad de contradicciones a que de continuo está sometida la ingenuidad con que salimos en el comienzo al combate del mundo. Y, según la sensibilidad de que se esté dotado, tanto más doloroso y desconcertante será el contraste entre lo que —de una parte— creemos y esperamos, y lo que —de otra— recibimos como respuesta. Pues mientras un espíritu rigurosamente reflexivo advierte tales contrastes y los asimila (en esto consiste la experiencia de vivir) con una ecuanimidad que, en muchos casos, puede ser muy bien hasta egoísta indiferencia, todo lo contrario sucede en el caso de un espíritu como el de Martí, profundamente sensible a los contrastes con el mundo. La hipersensibilidad, en este caso, se traduce en reacciones que van desde el desasosiego y la tristeza hasta la desesperación. Pues semejante espíritu resiente en forma vigorosa la falta de todo aquello que juzga indispensable para la integración de una armónica personalidad, digamos el amor, la belleza, la justicia, la verdad, etc., a la vez que constata la presencia de esos elementos negativos que son la contrapartida de los positivos ya mencionados. He ahí el conflicto en que se debate el *joven* Martí, siempre con una acusada nota de nostalgia del bien ausente y de reprobación por el mal presente. *Desolación*: he ahí la palabra que mejor describe el estado de ánimo permanente del *Apóstol* en los años de su juventud. La cual, con el discurrir del tiempo, se va decantando, se purifica y cede el sitio a una serena tristeza que, sin dejar de ser también desolada en lo más íntimo de sí misma, adquiere ahora una forma de expresión contenida que es prueba de un sentimiento cada vez más reflexivo. De esta manera, quien se tome el trabajo de seguir paso a paso el curso de vida tan singular descubrirá que, en el fondo, ella es un proceso purificador que remata en esa transfiguración por la cual, en dos etapas sucesivas, el gran emotivo, el sentidor profundo, se convierte, primero, en el *Maestro*, y después —definitivamente— en el *Apóstol*.

Pero antes de iniciar el examen de este proceso debemos detenernos con algún cuidado en esa curiosa relación —que sirve justamente de título a este capítulo— entre la *edad* y la *madurez*. Para llevar a cabo el examen con la probabilidad de acertar en las conclusiones a las que será me-

---

4. El diálogo indicado, a este respecto, es el *Teetetos*.

nester llegar de algún modo, es indispensable acudir a la *iconografía* del *Apóstol*, en la cual resaltan, sobre todo, dos de sus retratos, ambos de México (entre 1876 y 1877), cuando tenía veintitrés años, y otro de 1894 (a los cuarentiuno de edad). Si comenzamos comparando ambos testimonios iconográficos, correspondientes a los extremos de la etapa vital más importante del *Apóstol*, es porque el contraste permite apreciar algo infrecuente, o sea su precoz madurez, que ya, al final de su vida, parece más bien propia de un hombre de mayor edad de la del retrato de 1894. Menos de veinte años han bastado para que el conjunto fisionómico del apuesto y decidido joven de 1876 se transforme en el de ese otro hombre profundo, macerado intensamente en la carne y el espíritu, revelado en la fotografía de 1894. Mas, para completar dicha impresión, todavía un tanto imprecisa dado que cuenta sólo con dos elementos iconográficos, es imprescindible acudir a otros de diversos momentos intercalados entre ambas fechas propuestas.

De todos los testimonios sobre sí mismo, acumulados en la obra escrita de Martí, es posible extraer ciertas «constantes» de su personalidad que, por lo mismo, jamás faltan en ningún momento de su vida, aunque, desde luego, cada una de ellas aparece de modo más o menos intenso, según la circunstancia en la cual se produce. Dichas notas son las siguientes:

1) El conflicto entre *personalidad* y *mundo exterior*.
2) La falta de comprensión (buscada y deseada) por parte de otros.
3) El modo de ser de su *espíritu*.
4) El frecuente estado de *desesperación*.
5) Las contradicciones entre el «vivir oscuro» y la vida pública.
6) La constante sensación de *inseguridad*.
7) La obsesión de la *muerte*.

Desde luego que semejante *esquema* de la conducta habitual de una personalidad tan proteica como la de José Martí, sólo puede admitirse como metódico recurso capaz de facilitar la explicación adecuada del proceso, ya de suyo complicado, de una vida hecha al presuroso ritmo de acontecimientos cada vez más dramáticos, dados la índole de éstos y el yo peculiarísimo al cual iban destinados. Pues, sin duda alguna, los sucesos influyentes en una personalidad resultan tanto más enérgicos cuanto mayor sea la ansiedad suscitada en ella. Martí es de ésos que piden cuentas al mundo constantemente, con una exigente interpretación a veces agónica. De ahí su tensa relación con los demás, sea para absolver o para condenar; trátese de alegría o de dolor; lo mismo si encaja perfectamente en su íntimo ser como si lo rechaza. No en balde se describe a sí mismo en una ocasión como «átomo encendido» (B-10), gráfica expresión de su vibrátil naturaleza, hasta el extremo de dispararse al contacto de cualquier estímulo exterior. Y son tantas las ocasiones en que el *Apóstol* habla del enorme desajuste entre su modo de ser y el mundo circundante, que es imposible atender a todas ellas. Pero vayan como testimonio de esa incongruencia estas palabras tomadas de una carta suya a Manuel Mercado:

> Y luego, ¡si Ud. me viera el alma! ¡si Ud. me viera cómo me ha quedado de coceada y de desmenuzada, en mi choque incesante con las gentes que en esta tierra se endurecen y corrompen, de modo que todo pudor y toda entereza, como que no lo tienen, les parece un crimen [...] (C-62)

También, en otra ocasión, le hace saber al mismo corresponsal que «[...] un espíritu tan exaltable y lastimable [como es el suyo] no ha debido sufrir en vano tan rudos choques [...]» (C-45); hasta concluir en aquel grito salido de lo más profundo del alma: «¡Hijo mío, espantado de todo, me refugio en ti!» (C-49) Palabras amargas reveladoras de la falta de ajena comprensión, siempre buscada con afán que remata en agonía, poniendo por delante su inmensa capacidad de sentir, que lo convierte en piedra de toque de cuanto mal hay en la Tierra. Porque ha de luchar siempre consigo mismo, desde el anochecer hasta el alba y aún más, como dicen que le sucedió a Jacob con Dios;[5] aunque, eso sí, no por defecto, sino por exceso de una autenticidad en lo referente al espíritu. De ahí que nos diga: «[...] Este carácter mío es un fiero enemigo [...]» (C-22) Enemigo, por supuesto, de él mismo, porque parece que no consigue —al menos por entonces— dominar ciertos impulsos que, como veremos después, se atenúan según avanza la madurez. Por eso, también, se refiere en ocasiones a la «excesiva mansedumbre» salida (paradójicamente) de su «natural fiereza» (C-71); todo lo cual culmina en un estado de desesperación visible frecuentemente en sus escritos: «[...] Esta ansiosa agonía, de la que nada se debe decir, porque la lengua se deshonra con la queja [...]» (C-71) Desesperación que, antes, ya la había comunicado a Mercado —su confidente de tantas veces—: «¿Qué se ha de ser en la tierra; si ser bueno, ser inteligente, ser infatigable y ser sincero no basta? ¡Pobre criatura!» (C-24)

Parte y no pequeña de esa desesperación lo es, sin lugar a dudas, el conflicto en que se vio siempre entre el *deber privado* y la *vida pública*. Pues el afán y la necesidad de esta última no obedecían a apetencias de personal provecho, o a tal o cual prurito de vanidad. Era la consecuencia del ideal supremo, es decir, la independencia de Cuba, la que lo situaba —como, de hecho, estuvo siempre— en la disyuntiva de: *o* casa y familia, *o* patria. Y ya sabemos cómo resolvió, sin titubeos, esta situación. En 1877 le habla a Mercado de su «[...] Extraordinaria actividad de espíritu que tanto entreví y que está en condiciones de cumplir tan poco [...]» (C-16); cosa esta última debida seguramente a los compromisos sobrevenidos al constituir un hogar. Del mismo modo, nueve años más tarde, le confiesa al mismo corresponsal: «[...] yo, mísero de mí, no soy dueño de mi vida, ni puedo hacer, desde que contraje por mi voluntad deberes privados, todo lo que mi deber público me manda [...]» (C-65), y, por lo mismo, agrega: «[...] Tal vez muera como yo he vivido, oscura e inútilmente [...]» (C-34)

También, entre esas constantes a que nos hemos referido, se cuenta la *inseguridad* que parece adueñarse de él, no obstante la firmeza de sus convicciones y el resuelto propósito a que dan lugar. Pero se diría que hay algo así como el temor de sí mismo, más de una vez manifiesto en sus escritos. Así, por ejemplo, en 1876, a Rosario Peña le habla de «[...] las inconstancias y desfallecimientos de este espíritu mío [...]»; o esto otro, tan finamente expresado: «[...] aunque yo no soy más que una perenne angustia de mí mismo [...]»;[6] o cuando le dice a Mercado lo siguiente: «[...] me posee, a la par que mi ciego espíritu, único, una ciega confianza de mí mismo [...]» (C-11) En otra ocasión, en 1882, habla de su «[...] virtud inútil, y de su cuerpo vacilante a la vez que frío y desnudo [...]» (C-52) Y a veces es tal su estado de ánimo que llega a exclamar: «El cielo, el

---

5. *Génesis*, 32,33 *passim*.
6. J. de J. Núñez y Domínguez: *Martí en México*, "Imprenta de la Secretaría de Relaciones Exteriores", 1934, México, D.F., págs. 127-128; 132-133.

cielo, con sus ojos de oro —me mira, y ve mi cobardía [...]» (C-54) Como, asimismo, en carta a Mercado se refiere a «[...] esta especie de terror de alma en que vivo [...]» (C-70) Por último, tal como lo dejamos ya dicho, hay que tener en cuenta esa «constante», de extraordinaria significación en Martí, que es la muerte. En el séptimo capítulo de esta obra nos referimos ampliamente a dicha cuestión y allí podrá apreciarse todo cuanto este importante suceso significa en la vida del hombre para el *Apóstol*, en distintos sentidos que, por lo mismo, exigen la minuciosa revisión que hemos procurado llevar a cabo.

Claro está que la sucinta relación de las características mencionadas no quiere decir que las mismas son aptas para componer el esquema capaz de apresar la total personalidad de Martí. De ninguna manera esto es posible, porque, en primer lugar, ninguna vida humana es tan simple como para dejarse reducir fácilmente a tal o cual esquema; pues lo humano es complejo y complicado hasta el punto de que, en ningún caso, se puede afirmar o negar en forma concluyente respecto de cualquiera de las variadas manifestaciones que, en el orden general de su conducta, ofrece la personalidad en cuestión. Pues una misma situación es exactamente irrepetible, por lo que, con referencia a ella, el coeficiente de precisión es, en cualquier caso, de elevada improbabilidad. Cuánto más difícil —por no decir inútil— es acometer la reducción a esquema de una vida tan rica en matices y tan complicada con la profundidad de lo real, como es la de nuestro *Apóstol*. En consecuencia, el susodicho «esquema» sólo es aplicable teniendo en cuenta aquellas manifestaciones de su obra escrita que, por reiteradas —aunque de distinto modo—, permiten sospechar —tal vez sólo esto— que conforman su personalidad. En segundo término, debe tenerse en cuenta que el proceso de *madurez* en Martí, verificable según transcurre su vida, no muestra siempre las mismas características, o al menos con igual constancia; pues ese aprendizaje, en el caso de una personalidad tan superior como la suya, supone que el saber acarreado paulatinamente por la madurez se va convirtiendo en *sabiduría*, la cual, a su vez, opera la transformación capaz de modificar esas «constantes» que, por lo mismo, ya no lo son exactamente. Lo veremos cuando, de ahora en adelante, vayamos presentando en orden cronológico el proceso de madurez de nuestro *Apóstol*, a partir —tal como ya se ha dicho— de su primera estancia en México y hasta su muerte en 1895. Pues son, incuestionablemente, los años conformadores de la figura que acaba entrando en la Historia con categoría universal.

Dos años marcados por una difícil estrechez económica, típicos de la «pobreza vergonzante», son los vividos por Martí en México desde 1875 hasta 1877, en que, al contraer matrimonio con Carmen Zayas Bazán, se trasladó a Guatemala. La familia había decidido, en 1874, establecerse en México porque las dificultades económicas habían llegado a ser intolerables en Cuba. Pero de ninguna manera consiguió abrirse paso en su nueva residencia, ni siquiera con la ayuda del hijo varón, que se les une el 8 de febrero de 1875. Ya el comienzo es para Martí profundamente dramático, porque a su llegada se encuentra con la terrible noticia de la muerte de la hermana preferida, Mariana Matilde, víctima de una afección cardíaca. Luego, la desalentadora pobreza del lugar donde viven sus padres y hermanas, prácticamente hacinados en estrecho alojamiento, donde apenas logran el diario sustento cortando y cosiendo uniformes militares. (¿Pensó alguna vez que el forzado peregrinaje de la familia estaba vinculado a los acontecimientos políticos en que él había tomado parte?) En cuanto a los medios de subsistencia que logra encontrar, no pueden ser más reducidos, desde encuadernador de libros hasta redactor de un «Boletín» en *La Revista Universal*. A tal punto aprieta la miseria obligada a constante disimulo, pues, al fin y al cabo, es menester mantener algún decoro, que en una ocasión se vio en la necesidad de solicitar ayuda económica de alguien con quien, más tarde, al salir en defensa de la verdad en el caso de la Guerra de los Diez Años, hubo de polemizar con ardor, si bien este enojoso incidente se zanjó en discretos términos.[7] Por otra parte, no lo olvidemos, Martí, entonces muy joven, es un temperamento ardiente y fogoso, como él mismo se encarga de hacérnoslo saber. México es, probablemente, el período más turbulento de su vida, entendiendo, eso sí, por *turbulencia*, la constante exaltación del ánimo a causa de todo lo que, explicablemente, quería y no era posible obtener. Puesto que había conseguido hacerse de amistades de pro (*v. gr.*, el poeta cubano Santacilia, Rosario Peña, los Zayas Bazán, etc.) que era gente más o menos acomodada, debía seguramente dolerle muchísimo el contraste de ese bienestar con la pobreza lacerante de su familia. Además, nada improbable es que influyera en él cierto sentimiento de culpa (atribuído tal vez con exceso) en cuanto a la penosa situación de los suyos, porque en las dificultades del padre en Cuba, con respecto a encontrar trabajo, puede haber tenido parte la notoria conducta política del hijo, condenado a muerte, conmutada ésta a pena de presidio, y luego a destierro en la Península por el grave delito de «infidencia». Finalmente, con él van sus ansias amorosas, en un amplio espectro que incluye la Patria, la familia, la mujer, el amigo, el bien, la virtud, etc. Porque indudablemente —tal como él mismo lo dice—, Martí no podía prescindir del amor. Este aspecto —o como quiera llamársele— de la personalidad humana constituía quizá para el *Apóstol* lo esencial de su vida, y es cosa que examinaremos despacio en otro capítulo.[8] Vamos, pues, a ver ahora cómo opera el proceso de madurez durante sus breves años mexicanos.

En esta etapa descubrimos siete componentes psicológicas en dicho proceso: amor, dolor, tristeza, angustia, soledad, infelicidad e inconstancia (que ya veremos lo que quiere decir). Todas obran más o menos simultáneamente superponiéndose entre sí, según la circunstancia. Porque, como acabamos de decirlo, la situación no puede ser más sombría, ya que, por una parte, está ahí como lo que es: miseria y tristeza. Mas, por otra parte, Martí es un espíritu libre, de tal manera, que jamás hubiera podido adaptarse a la vida rutinaria, con calculada prudencia, velando su vigorosa y brillante personalidad. (Nota, ésta, que norma toda su vida, pues no en balde se quejó más de una vez de la obligada supeditación a menesteres inconciliables con su dinámico espíritu.) Este es, pues, el perenne conflicto entre la aspiración y la realidad; así, comprende que debería hacer mucho más por la familia, en una palabra, convertirse en burócrata. Pero ni es hombre que, con su flamante título de abogado acudiría al recurso del «bufete», donde, muchas veces, se urden las más despreciables triquiñuelas; ni tampoco iría a convertirse en juez o magistrado, adaptándose a Dios sabe cuántas «transigencias», adoptando el cínico aire del sometido.

Por otra parte, no puede prescindir de la vida un tanto bohemia de redacciones de periódicos, tertulias, teatros, etc. Por esto mismo, adivina (o al menos sospecha) que el silencio familiar envuelve cierto reproche que le hace hablar de «[...] las amargas memorias de mi casa [...]» (C-16); co-

---

7. Véase aquello a que se refiere la nota 11 de este mismo capítulo.
8. Véase el capítulo VII.

mo también su dolida queja de los reparos de los suyos, al referirse, por ejemplo, a «[...] la injusta y amorosa carta de mi madre. Realmente se cree yo las he sacrificado a mi bienestar [...]» (C-26) Por eso, cuando habla de su «salvaje independencia», en lo que a Cuba se refiere, habría que pensar que es más bien con respecto a todo, porque esto quiere decir, en su caso, independencia de criterio fundada, sin posible excepción, en una absoluta sinceridad que se inspira en el respeto a la verdad.

Entre las diferentes manifestaciones que este joven de veintidós años nos ha dejado, durante su estancia mexicana, acerca del dolor que parece haberse alojado en él de manera perenne, están estos versos:

> *Cuando en el corazón está dormido*
> *de dolor el dolor, que, a veces, tanto*
> *sufre mi corazón que llora el llanto.*
> *Y hasta el dolor se siente adolorido!*
> (C-2)

¿Sufre Martí hasta ese extremo? Porque muy hondo y lacerante ha de ser el dolor para que alguien se exprese de tal manera. Se diría que se siente desvalido, menesteroso de todo lo que el alma joven, en quien la resignación aún no puede tener firme asiento, desea atesorar. En su caso, la mujer capaz de amarlo de veras y que, en consecuencia —cosa muy importante en espíritu tan sensible como es el suyo—, sepa adivinarle cuanto anhela; asimismo, el bienestar de la familia; la paridad en calidad espiritual de quienes pueda considerar como amigos, y así sucesivamente. También, por supuesto, el pensamiento constante de la Patria. Por eso, en una de las ocasiones en que se ve en la disyuntiva de *amor* o *Patria*, exclama:

> *Otra vez en mi vida el importuno*
> *suspiro del amor, cual si cupiera,*
> *triste la patria, pensamiento alguno*
> *que al patrio suelo en lágrimas no fuera!*
> (C-5)

Pero el amor es factor tan decisivo en su vida, que necesita colmarse de él constantemente o, de lo contrario, no habría estímulo suficiente para proseguir:

> *Yo busco, yo persigo, yo reboso*
> *fuerza de amor, que de mi forma vierto:*
> *vivo extra-mí; mi cuerpo sin reposo*
> *vertido ya el amor, es cuerpo muerto.*
> (C-3)

Aquí viene la obligada pregunta: ¿Es siempre así? Sin duda alguna, así lo es, porque —como dice él mismo— no vive «dentro», sino «fuera» de sí, es decir, en una completa y constante entrega a los otros. De ahí, con toda probabilidad, la fuerza con que los atraía, su poderoso magnetismo personal. Por eso, al ser de los demás —como hemos dicho en otro lugar de este trabajo— los hace suyos.

Este amor —en los años mexicanos— es tumultuoso. Tan lo es, que no se da tregua a sí mismo, y para comprobarlo basta con acudir al poemario de esos años de la Altiplanicie. «Sus amores», «Sin amores», «Flor blanca», «La vi ayer, la vi hoy», «Cartas de España», y, también, la breve correspondencia con Rosario Peña (la «musa» del desdichado Acuña y de los felices Manuel Flores e Ignacio M. Altamirano) en cuya compañía vivió Martí horas de ensueño y desencanto a la vez. Si se enamoró de ella es cosa que no puede asegurarse, aunque tampoco cabe pensar en el superficial propósito de conseguir, mediante versos y misivas, desbancar a sus rivales. Lo más probable es que no resistiera a ese vigoroso impulso del alma que lo llevaba a sentirlo todo bajo la especie del amor. Aunque, en este caso, da la impresión de que sus palabras a la «musa» mexicana son puramente convencionales dentro de las reglas del juego amoroso de salón. Por ejemplo: «[...] a nadie he querido yo tanto como quisiera yo querer a Ud. [...]», en lo que se advierte la vacilación impuesta, es lo más probable, por su infalible sinceridad. O cuando le dice: «[...] yo he empezado a amar ya en sus ojos un candor en tanto grado vivo en ellos, que ni Ud. misma sospecha que todavía vive en Ud. en tanto grado [...]»[9] Requiebros que la dama solicitada aceptaría del mismo modo que el de otros pretendientes.

Las variaciones anímicas que registra el fenómeno del amor en Martí en estos años de la Altiplanicie son sumamente interesantes, porque, si hemos de atenernos a los hechos (que es lo contenido en lo dicho), en vez de «sospechar» o «suponer» —que sería sólo gratuita inferencia o infundada atribución—, podemos concluir que vive confundido, a causa de diversas experiencias que lo presentan como quien recorre esa gama que va desde lo frívolo hasta lo profundo. Así, por ejemplo, cuando dice:

> *Buena senda, buen lecho, buena alfombra*
> *de la vida el amor: ¡Cuán bella sombra*
> *el sueño breve del amor de un día*
> *que muerto ya calienta todavía!*
> (C-7)

Y pensamos: ¿con qué intención está expresado esto: irónica, suavemente sexual, nostálgica, profunda?

Otras veces la actitud es francamente austera, sentenciosa, de total desasimiento de lo material:

> *Lo abstracto es la verdad, y lo concreto*
> *es la traba del alma, y lo anchuroso*
> *es el movible punto de reposo*
> *para el corcel de la existencia inquieto!*
> (C-8)

Para deslizarse nuevamente al polo opuesto de la ligereza y el deleite corporal:

> *Yo quiero —¡oh fin de males!—*
> *con labios nunca iguales*
> *un beso siempre nuevo!*
> (C-9)

---

9. J. de J. Núñez y Domínguez: *Martí en México, op. cit.*, págs. 127-128.

O sea que aquí el cuerpo joven reclama sus derechos y se enciende en deseos que el poeta expresa sin velamiento alguno. Tal como lo deja ver en estos otros versos:

> *Yo amaba, amaba mucho: parecía*
> *señor mi ser de los gallardos seres:*
> *toda bella mujer soñaba mía;*
> *¡Cuánto bello es soñar con las mujeres!*
> (C-10)

Fluctuaciones muy explicables en un cuerpo joven que, a veces, va en pos del disfrute de aquello creado para el hombre. Pues también hay un alma que se siente sola, desvalida, padeciendo una menesterosidad que alcanza igualmente al amor. Concha Padilla (la guapa actriz de *Amor con amor se paga*), Rosario Peña (la ninfa «egeria»),[10] Carmen Zayas Bazán, o alguna otra cuyo incógnito es imposible desvelar en los poemas dedicados al amor, tienen, por supuesto, una directa y enérgica relación con todo cuanto aparece en sus variadas manifestaciones eróticas. Sabemos —puesto que lo dice él mismo— que hay un momento en que aquello que, tal vez, no es sino reiterado anhelo, sale del fondo del alma con todas las características de un grito desesperado:

> *¡Encarna! ¡Encarna pronto! No es en vano*
> *lo que vagando en sombra, al fin concibo:*
> *yo quiero amar con un amor humano:*
> *he derecho a vivir puesto que vivo!*
> (C-4)

Sea real o fingida toda esa variada exposición del amor en Martí, de lo que no cabe duda es de la urgencia que lo posee de amar y ser amado. De verterse en otro ser y, al mismo tiempo —cosa muy típica suya—, sentir a otro vertido en él. Bien puede haber sido esa extrema urgencia de *amar* la que lo llevara a la escaramuza sentimental con la Padilla, con Rosario —¿por qué no con alguien más?—, hasta llegar a Carmen Zayas Bazán (sin olvidar, por supuesto, a María García Granados). Pues al examinar este decisivo suceso de su vida cabe pensar que Martí, más que enamorarse realmente de ella, creyó descubrir en la bella compatriota la encarnación de lo que venía buscando ansiosamente. No descuidemos el detalle de que Carmen se encuentra, al menos psicológicamente, entre otras dos mujeres que, por entonces, traían emocionalmente un poco de cabeza al joven Martí, es decir, Rosario Peña, la hermosa y seductora mujer de salón asediada por una selecta corte de admiradores; y Concha Padilla, joven, guapa y actriz; cosa esta última que en el espíritu imaginativo de Martí debe haber pesado bastante. Y todo esto en medio de las malandanzas de una áspera y adversa suerte: duelos familiares, estrecheces económicas, comienzos difíciles y penosos del quehacer repartido entre la vulgaridad del trabajo manual y las tareas mostrencas de redactor de periódico, magnificadas, eso sí, por la finísima calidad del genio creador en ciernes. Con todo, hasta llegar al matrimonio, el afán de vivir y las pequeñas compensaciones que le vienen de sus éxitos literarios (escena, periódico,

---

10. Según la mitología latina, era la supuesta inspiradora del rey Numa Pompilio y habitaba en el bosque de Aricia en el Lacio. Diana la convirtió en fuente.

oratoria), dándolo a conocer cada vez más en los medios cultos de México, lo ayudan a sobrellevar la triste situación, no tanto suya como de su familia, con la cual se encuentra en una obligación jamás satisfecha tal como lo siente profundamente. Hay, desde luego, la consiguiente madurez que, al avanzar, le permite acercarse, con mucha más eficacia, a esos aspectos de la vida como son el amor, la amistad, el brillo de la vida pública, etc. De esta manera, el jovenzuelo recién llegado de España, donde había hecho una vida casi por entero privada, se ve de pronto en medio de la experiencia del salón, la tertulia del café, las redacciones de revistas y periódicos, que afina su sensibilidad y le induce a ser todavía más observador y cauto. Ha dejado atrás la adolescencia y se embarca en la agridulce aventura de la juventud. Pero falta todavía algo de esta etapa.

El año 1877 es de extraordinaria importancia en la vida de Martí, pues hay tres sucesos de los que depende en gran parte el proceso de madurez al cual venimos refiriéndonos. El primero —en orden cronológico— es el de su breve estancia en Cuba, provisto de un pasaporte que relativamente oculta su identidad civil, pues se hace pasar por «Julián Pérez» (segundo nombre y apellidos suyos). Fugaz permanencia en la tierra amada, a la cual volverá sólo en otras dos ocasiones. Pero antes ha aparecido en su vida la mujer que será, para siempre, llaga que jamás cicatrizará. Esta mujer es Carmen Zayas Bazán, con quien se compromete en matrimonio poco antes de salir, desde Veracruz, rumbo a Cuba. ¿A qué va a su patria, en momentos difíciles, justamente cuando la Guerra de los Diez Años está a punto de acabarse, dejando inconclusa la grandiosa empresa cuyo final anhelado —entre sangre y lágrimas— era el de la independencia? Sus días de Cuba, en ese momento, deben haber sido de profunda confusión de un ánimo excitado por los más contrarios pareceres. Las noticias procedentes de distintas fuentes merecedoras de crédito convienen en que «aquello» (la magna epopeya) se acaba irremisiblemente. De esta manera, llegaba tarde a un suceso que, por supuesto, había vivido desde el comienzo con agobiadora ansiedad. Ya en México se vio obligado a polemizar ásperamente con dos de esos españoles nostálgicos de la Colonia en Hispanoamérica, Anselmo de la Portilla (director de *La Iberia*) y Adolfo Llanoz (de *La Colonia Española*) en defensa del derecho que asistía a los cubanos de luchar por la libertad de su Patria.

Esta polémica supone dos ámbitos periodísticos, o sea el que corresponde respectivamente a los susodichos diarios. De paso, nótese bien el título de cada uno de esos periódicos y la nostalgia por lo perdido. Con motivo de un acto celebrado en New York con fines benéficos y al cual asistieron los cubanos desterrados llevando consigo su gloriosa bandera, ondeante ya en el campo de batalla, los españoles residentes en México, enemigos de la independencia de Hispanoamérica, no desaprovecharon la ocasión para zaherir a los cubanos, llegando al extremo de referirse a la «banderita» desplegada por éstos en el mencionado acto. Al tener conocimiento de lo sucedido, en New York, Martí lo comentó cálida y elogiosamente en *La Revista Universal* de la que era redactor, diciendo, entre otras cosas: «[...] ¡Quién me diera con sangre de este cuerpo infame que no lucha, redimir la sangre de esos desventurados que no lucharon tampoco!»[11] Al leer las

---

[11]. Don Anselmo de la Portilla, amigo de Martí, a quien ayudó económicamente en una ocasión, si bien nostálgico de la etapa colonial, era hombre discreto. No así Adolfo Llanoz y Alcaráz, quien jamás se recataba para hacer gala de su odio a Hispanoamérica, al extremo de escribir un libro titulado *No vengas a América*. Los mexicanos le costearon el pasaje para que regresara a España, pero el miserable prefirió quedarse en México.

infamias propaladas por *La Colonia Española*, se expresó de esta manera: «[...] Dijo bien *La Colonia*; ábranse las arcas del gobierno español; viértanse todas, vuélvanse a llenar para volverse a verter; todavía no reparará las crueldades que en mi patria ha hecho.» Y prosigue así:

> Sobre el prodigio que los cubanos hacen defendiéndose de los españoles, hacen uno que España no puede hacer: avanzar venciendo a los cubanos.
> [...] No cura mi patria cubana de aplausos ni de censuras individuales: tiene el amor de sus hijos, que mueren por ella: sabe que al cabo de su sublime necedad ha de levantarse libre y fuerte [...] Hemos rebatido tantas veces estas necedades que nos parece impertinente volver a rebatirlas.
> Álzanse los cubanos con derechos que no es hora aquí de recordar; pero aun cuando fueran estos hombres banda de ciegos y de locos, al espíritu más flaco, al ánimo más rudo, a la intransigencia más pertinaz admirarían e infundirían respeto estos héroes que se levantan con todas las abnegaciones, sin esperar más recompensa para su vida que desaparecer oscuramente en los campos libertadores de la patria. Es una generación que se sacrifica porque otra generación viva respetada, noble y libre.
> Y he refutado con alguna atención el suelto de *La Colonia* no porque yo crea que esto fuese absolutamente menester, sino porque, ya que no puedo por mi mal ir a combatir al lado de los que defienden la independencia de mi patria, no fuera honrado permitir que, donde yo pueda responder, quedasen sin cumplida respuesta afirmaciones gratuitas y vulgares. Está contestada *La Colonia*.

Este periodicucho, sin embargo, continuó su aviesa campaña, tratando ahora de indisponer al *Apóstol* con las autoridades mexicanas, insinuando que atacaba a España desde un país que con ella mantenía relaciones diplomáticas. Inmediatamente salió Martí al paso de tan censurable artimaña (todo, claro está, por odio al cubano), diciendo lo siguiente:

> Nada hay tan imprudente como perturbar con propios rencores —ya que hay infortunados que los tengan— la paz en el pueblo ajeno: nada hay más justo, en cambio, que dejar en punto la verdad de las cosas de la historia, ya que en tanto que consigamos los hijos de Cuba nuestras libertades, la limpieza de nuestra historia y la bondad de los hombres son la única patria que tenemos.
> La libertad obliga a la prudencia: los mutuos deberes al respeto. No es el país de las garantías una colonia en América y el ministro español se había limitado, ésta como otras veces, a ejercer su derecho contemplando cómo los demás lo ejercen, de la manera que en la procesión ondeaba la bandera de España cercana a la de Cuba, hecho innegable sobre el que el ministro español no ha reclamado.
> Si como afirma *La Colonia*, los cubanos fueron invitados como sociedad benéfica, ¿cómo llevaban, no un estandarte de beneficencia, sino la bandera de un pueblo que combate? Admitida la enseña, se admitía con ella al pueblo batallador que representa.
> No deduzco yo de los vítores que sean reconocidos por los Estados Unidos los derechos de los cubanos: tengo fe en que el martirio se impone, y en que lo heroico vence. Ni esperamos su reconocimiento, ni lo necesitamos para vencer. Sé por mi parte, que invitar como agrupación política no es lo mismo que como a nación; pero es fuerza convenir que implica amor y respeto al pueblo cubano el deseo de que como pueblo figure en la fiesta de la independencia americana.
> Dice *La Colonia* que no vio en los Estados Unidos una sola *banderita cubana*. No *banderita*; ¡bandera! No pueblo imbécil que soporta un yugo más imbécil que él; pueblo altísimo que impone a los valientes, amigos o enemigos, respeto, amor y asombro. Digníssima bandera que cobija a un

pueblo que cuenta siete años de grandezas; que tiene héroes activos y mártires errantes; a la que sobran brazos que la empuñen; que para ser más respetada es más infortunada; que para durar más tiempo tarda más tiempo en desplegarse. Honrar, honra [...]

Y concluye el *Apóstol* con las siguientes palabras:

[...] Muéveme a escribir todo esto, el natural deseo de que mi patria sea en todas partes convenientemente honrada y respetada.[12]

También a veces sus versos de entonces revelan que la preocupación primordial de la causa de la libertad de la Patria jamás lo abandona. «Ni en alma ni en laúd hay ya más cuerda, —que la que el sueño de la patria canta» (C-6), exclama en una ocasión. Y ahora estaba en Cuba, de donde saliera seis años antes con destino a la Península. Pero de un lado tiraba de él la ilusión de un amor que, de pronto, florecía en medio de las constantes tribulaciones a que venía sometido desde la adolescencia y de las obligaciones familiares. Mientras, de otro lado, estaba Cuba, aún esclava, no obstante el largo y doloroso calvario de diez años de incesante lucha armada. ¿Valía la pena sacrificarlo todo a este lado, o, por el contrario, debía admitir que aún no era *su* hora ? Por eso mismo, al dejar las costas cubanas para dirigirse a Guatemala (¡de nuevo el destierro!), allá se encamina —según nos dice— «pobre, desconocido, fiero y triste» (C-12) He ahí, gráficamente descrito, su estado de ánimo. Llegado tarde a la cita grandiosa del 68, sería insensato intervenir en una obra en la cual apenas quedaba ya nada por hacer. Aquí es preciso imaginar la tremenda lucha que debe haber tenido lugar en su mente y en su corazón. (Pensar, por ejemplo, que había empleado su tiempo en escribir teatro mientras sus hermanos morían en la guerra o iban al patíbulo). Esos instantes, por supuesto, deben haber determinado el firme propósito de consagrarse a la única causa capaz de mover *toda* su personalidad, como, en efecto, va a suceder desde ahora. El rescoldo patriótico de los años mexicanos parece haberse convertido de nuevo en la llama de aquella adolescencia que le ganó el honor del presidio político y el destierro. Llama que nunca dejará de ser.

A Guatemala va con el propósito de encontrarle fundamento económico al matrimonio que lo aguarda en México. Pues ahora, de momento, su voluntad se encuentra en manos de una mujer cuya belleza y elegancia se unen al indiscutible atractivo de ser su compatriota. También, en este caso, Martí se deja llevar de las circunstancias, completando así, pudiera decirse, una etapa en la cual el *amor* viene desempeñando decisivo cometido. Porque no eran solamente Rosario Peña y Concha Padilla, sino también algunas otras, como la joven Edelmira Borrell. No en balde don Nicolás Azcárate —con quien Martí solía intercambiar discrepancias y afectos— le llamaba *Galantuomo*, pues en esa época resplandeciente de la juventud, siendo como era buen mozo, dotado de gran talento y exquisita facilidad de trato, nada tiene de extraño la buena acogida por parte del bello sexo.

Si hemos de creer a algunos de sus biógrafos, Martí se decide, *en serio*, por Carmen Zayas Bazán porque, según parece, mediaron circunstancias como las siguientes: por una parte, solía visitar la casa del que pronto sería su suegro, al cual acompañaba en sus partidas de ajedrez. Fue así

---

12. J. Martí: *Obras Completas*, ed. "Lex", La Habana, 1953, tomo II, pág. 205.

como entró en relaciones amistosas con Carmen, que derivaron rápidamente hacia el idilio que precedió al casorio. Pero Martí, en esos momentos, andaba todavía enredado en las faldas de Concha Padilla y seguía visitando a Rosario Peña. Nada tiene de extraño que Carmen se haya enamorado de él mucho más de lo que podría haberlo estado él de ella (en un principio, por supuesto). También, por otra parte, debe tenerse en cuenta que mientras Rosario era inaccesible y Concha, al fin y al cabo, era la «cómica» —con todo cuanto esto último suponía de desventaja para ella—, Carmen, en cambio, poderosamente atractiva por su belleza, elegancia y nacionalidad, llevaba consigo la ventaja del hogar distinguido, punto éste en el cual —según parece— insistieron sus padres y hermanas, así como su fraternal amigo, confidente y consejero, Manuel Mercado. Pues en esos momentos Martí atraviesa por una crisis de profunda confusión sentimental en la que juega no desechable parte el hecho de sentirse admirado por varias mujeres, y, al fin y al cabo, la juventud es la etapa en que se dan cita las más satisfactorias embriagueces.[13] Así, pues, a causa de todo esto se formaliza el compromiso sin tiempo necesario para madurar.[14]

Fugaz idilio que lleva consigo curiosos detalles como, por ejemplo, que Martí, decidido partidario de la independencia de Cuba, pudiese contemporizar con un hombre de ínfulas aristocráticas y, además, *españolizante*, como era su futuro suegro. ¿Jamás se suscitó esta oposición de sentimientos en las numerosas ocasiones en que visitó la casa de Carmen? O el padre de ella era hombre de exquisito tacto, hasta el extremo de disimular sus verdaderos sentimientos en presencia de Martí, o éste —no obstante esa «salvaje independencia» de que hacía gala cuando se trataba de la cuestión cubana—, supo disimular cualquier áspera franqueza de aquél con cuya hija iba a casarse. Pero en momentos en que la guerra de Cuba se libraba con toda intensidad, es difícil pensar que no se hubiese hablado nunca ni una sola palabra sobre tan penosa cuestión, que, por motivos diametralmente opuestos, mantenía en el destierro a Martí y a su oponente en el juego de ajedrez. José de J. Núñez y Domínguez[15] dice que conoció y habló en ciudad de México con la señora Margarita Cotilla de Olmedo y la señorita Mariana Cotilla, sobrinas políticas de don Nicolás Domínguez Cowan, gran amigo de Martí, quienes le dijeron que «varias veces tuvieron la oportunidad de oír que Martí se quejaba con don Nicolás de la hostilidad de su futuro suegro, y, asimismo, «que el padre de Carmen nunca vio con buenos ojos su noviazgo con Martí y mucho menos su matrimonio».

Las festinadas relaciones y el consiguiente casorio parecen resumir los

---

13. J. Martí: *Obras Completas, op. cit.*, tomo II, págs. 1688-89 (Notas en Cuadernos de trabajo): "[...] Siente el hombre una simpatía viva, —o aguijoneado del deseo, idealiza un cuerpo—, o agitado por la imaginación, se jura a un ser bello. Contrae amores: liga a sí una existencia [...] Pero el amor, que absorbe toda la vida de la mujer, no puede absorber igualmente la del hombre. Si afloja éste, sin embargo, los lazos contraídos — mata la ventura, y la virtud tal vez, en la mujer que le ama.
¿Debe girar en torno a aquella luz, esclavo de ella, por él encendida? ¿O apagarla brutalmente? —O se hace la víctima— o se es víctima. Puesto que provocó este amor que ata, o se aceptó sin reflexión, —se fue cómplice de él y ha de pagarse pena—. Hay un remedio: lo lícito: rechazar bravamente solicitudes pasajeras [...]

14. *Ibid.*, pág. 1804: "[...] Toda la felicidad de la vida, Amelia, está en no confundir el ansia de amor que se siente a tus años con ese amor soberano, hondo y dominador que no florece en el alma sino después del largo examen, detenidísimo conocimiento y fiel y prolongada compañía de la criatura en quien el amor ha de ponerse [...]"
[...] En vez de ponerse doncel y doncella como a prueba, confesándose su mutua simpatía, y distinguiéndola del amor que ha de ser cosa distinta, y viene luego, y a veces no nace, ni tiene ocasión de nacer, sino después del matrimonio, se obligan las dos criaturas desconocidas a un afecto que no puede haber brotado sino de conocerse íntimamente [...]"

15. J. de J. Núñez y Domínguez: *Martí en México, op. cit.*, págs. 246-247.

distintos aspectos del conflicto en donde se dan cita esas polaridades del *deber privado* y el *deber público* que, paulatinamente, van inclinándose hacia este último. Pues la amargura aparejada por el aplazamiento del deber fundamental —por lo mismo, insoslayable—, acrecida con el dramático testimonio del fracaso de la Guerra de los Diez Años, lleva en él al máximo la confusión en que venía sumido desde su arribo a México en 1875. Confusión que acaba encontrando la aparente claridad de una salida entrevista en el matrimonio. Ha oscilado, con indudable vehemencia —dado su intensa emotividad—, de un pretenso amor a otro, sin descubrir cuál de ellos es el que realmente debe denominarse así, para acabar en la decisión del matrimonio con la persona menos indicada, si acaso pudo haber alguna. Porque Carmen Zayas Bazán era una mujer hermosa, inteligente (según el testimonio de algunos contemporáneos suyos), elegante, y enamorada sinceramente de quien, como Martí, reunía en su persona muy relevantes motivos de atracción. Mas no era, ni podía ser, alguien capaz de compartir el sueño patriótico del *Apóstol*, ni por su ambiente familiar, ni tampoco por su modo de enfrentar la realidad. Ella —desde su punto de vista— quería ver en Martí al hombre de hogar, con sus mismos gustos burgueses, probablemente allá en su terruño del Camagüey antañón y tranquilo, a la sombra del régimen colonial. Cabe preguntar aquí si Martí no habló nunca con ella de la delicada situación cubana de entonces y de sus sentimientos independentistas, porque, al fin y al cabo, dos personas jóvenes atraídas por una fuerte simpatía recíproca, por fuerza han de acudir a esas confidencias cuando, por lo menos, ronda la sombra del amor.

Pero, bien lo sabemos, *la prudencia es la ciencia del tiempo*, y, como también se ha dicho, toda experiencia es fruto del error, que jamás se alcanza temprano, pues decir *juventud* es decir ilusión, confianza en sí mismo y esperanza. Si, en efecto, la prudencia viene con los años, a los veinticinco no se mira hacia atrás sino hacia delante. La confusión, levemente desvanecida en la fugaz embriaguez del idilio, reaparece al advertir ambos jóvenes que se han equivocado, y esto sucede tan pronto como la placidez de la vida hogareña de Carmen Zayas Bazán, mimada de la fortuna, se trueca, al áspero choque, en desalentadora realidad: el fracaso de Guatemala, el regreso a La Habana con las consiguientes estrecheces económicas, el ideal de redención de la Patria (en el marido), que muy pronto deshacen el hogar caramente soñado apenas dos años antes. Toda esta etapa, de 1877 a 1880, le sirve a Martí para madurar intensamente. Así se siente y así se sentirá durante largos años, sin saber exactamente a dónde ir, aunque en cierta forma curiosa y paradójica sabe y siente que va a encontrarse con [...] Aunque titubeamos al escribirla, por lo que conlleva de vaguedad, la palabra se impone y —en la perspectiva del pasado— se ve claramente: el *Destino*. Pero antes, como ya dijimos, habrían de afligirle muchas calamidades, dudas, vacilaciones. Y tocante al hogar deshecho, triste realidad jamás desvinculada de su vida, él mismo lo dejó expresado en estos versos:

> *Corazón que lleva rota*
> *el ancla fiel del hogar,*
> *va como barca perdida*
> *que no sabe a dónde va.*
> (C-79)

De ahora en adelante, desde su breve estancia en Cuba (entre enero y febrero de 1877) hasta su llegada a New York en 1880, va a sentirse presa de dos sentimientos tan diferentes entre sí como son, de un lado, el cariño y la admiración a su mujer; y, de otro, un temor y un desasosiego lindantes a veces con la desesperación. Todo esto se manifiesta claramente en el siguiente pasaje de la carta a Mercado fechada en La Habana el 22 de enero de 1877:

> [...] Pues enfermo yo de cuerpo, y muerto de alma, sin energía en el espíritu y la carne —¿de qué, en mis espantosas y acabadas luchas, de que todavía me sangra el corazón, pudiera yo servirles? [...], íntimas cosas que son descargo de mi alma y justificación de mi conducta, de la que todavía me hago reproches, porque pienso que mi deber no estaba bien cumplido [...] Un espíritu celeste, el de mi amorosa criatura, me ha dado brío secreto para quebrantar en bien de todas éstas, para nadie útiles, ligaduras: ¿qué habrá erróneo que nazca en su espíritu altísimo y perfecfo?
> (C-13)

El párrafo es de extraordinaria importancia, por las revelaciones hechas al corresponsal, de manera que es necesario detenerse en su examen con el debido cuidado. Vemos que dice: 1.º, que está atravesando un momento de profunda desgana y abulia; 2.º, que su vida, en esos últimos tiempos, ha sido objeto de una feroz lucha con respecto a una decisión (inalcanzada) que lo hubiese satisfecho; 3.º, porque, en consecuencia, no consigue cumplir con *su deber*; 4.º (lo más importante de esta confesión), que Carmen lo ha convencido para que adopte la única decisión posible, es decir, escogerla a ella, con la inevitable exclusión de Patria y familia (al menos momentáneamente). Pues la que pronto será su mujer es nada menos que un «espíritu altísimo y perfecto». En efecto, esta confesión requiere meditarse detenidamente, pues al hablar de esas «ligaduras» sin provecho alguno, ¿a qué se refiere el *Apóstol*: a la familia, al caso de Cuba en ese momento, o a ambas cosas? Pero también da la impresión de que, sometido a la doble fortísima presión de la familia y el deber patriótico, ha acabado evadiéndose por la única salida que, eso sí, *momentáneamente*, tiene a su alcance: el dulce amor de la mujer en cuya compañía podía encontrar la tregua que su espíritu martirizado necesitaba. De ahí que vuelva a hablar de su amada en esta forma:

> [...] Carmen, cuyo poder suave en mi alma no he conocido bien hasta que no he arrancado —que no alejado— mis ojos de ella [...] (C-14)

Carmen es ahora *voluntad, adoración, pensamientos* (C-15). Pero ¿cuánto tiempo durará esta deliciosa entrega de la voluntad? En realidad, muy poco, como se verá después. La lucha entablada en su ánimo continúa pese a la confortadora relación con aquélla a quien, en ese momento, es preciso ver como la suma de todas las excelencias capaces de contrarrestar con éxito la turbación del espíritu, ese constante campo de batallas libradas, sin descanso alguno, entre el *deber privado* y el *deber público*. Así, en contadas líneas, de vigoroso trazo, logra expresar admirablemente la dramática situación de su vida:

> Los terribles, y por fortuna, no justos temores de no alcanzar el bien que ansío; las amargas memorias de mi casa; la extraordinaria actividad de espíritu que tanto entreví, y que está en condiciones para cumplir tan poco; la falta absoluta de grandeza, de energías y de libertades, que envileciendo el carácter de los demás, disgustan y airan el mío; este cimiento de espumas sobre el que la suerte, alejada de los hombres, me obliga a

echar mi casa—, todo esto mantiene en ocupación grave y enfermadora mi espíritu, que, por ser mío, todos estos mismos dolores acrecienta y exalta [...] (C-16)

Como vemos, el drama prosigue, pese al amoroso concurso de Carmen Zayas Bazán. Pues hay algo que supera todo lo demás, y es el sentimiento de un deber al cual no es posible faltar ni siquiera con el pensamiento de una transitoria dilación. Tal vez, la agobiadora necesidad de encontrar la paz al precio inevitable de renunciar a la *agonía* en que ha de consistir siempre su vida, hace, una vez más, que trate de imponerse a sí mismo la solución del matrimonio con Carmen, como si él pudiese ser de los destinados al *portus quietis* de la vida hogareña. Insistencia tanto más temeraria cuanto que no es, en el fondo (he ahí su trágica sustancia), sino desesperado deseo de escapar al cerco que, para siempre, le tiende la vida. Por lo mismo, dice:

> Casándome con una mujer haría una locura. Casándome con Carmen, aseguro nuestra más querida paz —lo que a menudo no se entiende—, la de nuestras pasiones espirituales. Afortunadamente, viviré poco, y tendré pocos hijos: —no la haré sufrir. (C-18)

Sólo así se explica la *idealización* a que lo conduce la necesidad del resguardo que, en ese momento, no puede hallar sino en Carmen. Sublimación de un *estado de alma* creado precisamente a impulsos de la situación en que se encuentra, que, como veremos después, es simplemente una tregua. Veamos cómo se manifiesta esa idealización:

> Duerme entre salvajes y bajo el cielo, azotado por los vientos, y alumbrado por antorchas fúnebres de ocote: ¡y me sonríe! Ya no hablaré de valor romano. Diré: valor de Carmen [...] (C-19)

El choque con la áspera realidad ha empezado muy pronto, porque fáciles y pasajeros éxitos de los meses anteriores al casorio y que pasó a solas en Guatemala, con el aliciente romántico de un idilio contenido (María García Granados), y con la admiración despertada en hombres y mujeres, ceden el paso a una actitud de reserva o de franca hostilidad, a consecuencia del agudo contraste entre su vigorosa y lúcida personalidad y el conjunto de esos otros incapaces de emparejárseles. Es claro que en todo esto juega no pequeña parte su propio modo de ser, intensamente emotivo, fácil de pasar de la prudencia (que, desde luego, tiene su límite) a la vehemencia, agravado, como es natural, por su excesiva juventud. Ve que el silencio unas veces y la discreción otras se interpretan, no sabemos si deliberadamente o no, con distinto significado del que realmente tienen, y, en consecuencia, siente —o presiente— que se le considera como un ser agresivo, orgulloso y fatuo (C-23). Por lo mismo, un poco antes le dice a su corresponsal: «[...] Me asombra que la suerte se haya dejado sorprender. ¡Ay! y a veces tengo miedo de que se vengue [...]» (C-21) Pero sigue pensando que con su mujer al lado no hay contratiempo invencible, pues, «[...] sin ella, ¿para qué quiero yo vencer? [...]» (C-21) Y a tal punto se siente desanimado, que llega hasta pensar en la conveniencia de una temprana muerte: «[...] Indudablemente, si me muero pronto, lo que no vendría mal [...]» (C-23) De ahí que piense en la felicidad de la vida solitaria, apartado del trato humano, sólo con su mujer:

[...] En cuanto a mí, le juro que, a poder hacerlo, me encerraría a arar la soledad, acompañado de mi mujer, de mis pensamientos, de libros y papeles [...] (C-20)

Solemne afirmación apoyada, como vemos, en el juramento probatorio de hasta qué punto ha vuelto a morderle la áspera realidad con renovada fiereza. Pero éste será, para siempre, el *marchamo* de su vida, en severo conflicto con todo cuanto la contradice. Pues lo que vamos a transcribir es exactamente lo que jamás dejará de ocurrirle, con las consiguientes variaciones de lugar y tiempo:

[...] El premio de todo esto es que por ser cubano, y por ser quien soy, me vea obligado a renunciar las pocas cátedras que me quedaban: a irme del país y a hacerles sentir mi desdén antes que ellos me hiciesen sentir su injusticia. Es verdad que había una disconformidad absoluta entre su brutal modo de ser y mi alma libre: es verdad que yo los poetizaba ante mí mismo para poder vivir entre ellos [...] Molestaban mi voz, mis principios, mi entereza, mi convicción —revelada en sencillos hechos— de que puede vivirse en un país, enseñando y pensando, sin viciar el alma y pervertir el carácter [...] ¿Cómo había yo de pensar que, sin causa nueva alguna, en el momento de volver a este país con mi pobre mujer, enseñando más, escribiendo bien de ellos, con mi libro amante en las manos [...] (C-25)

A todo lo cual se añade, para hacer aun más amarga y desilusionante la vida que tan pesadamente arrastra, los amorosos reproches de su madre, quejosa del abandono en que, según ella, tiene a la familia. Ahora bien, cuando Martí se duele de la falta de fe en él por parte de los suyos, hay que pensar que éstos, tras el fracaso de México y el reciente de Guatemala, desconfiaban, con doméstica razón, de la capacidad de Martí para abrirse paso en la vida. Lo que se explica teniendo en cuenta que el *Apóstol* jamás hubiese podido adaptarse a ciertas exigencias que suponían la más dolorosa claudicación por su parte. Porque semejante «éxito inmediato» es justamente la contrapartida de lo contenido en las líneas que siguen, donde aparece nuevamente dibujada su personalidad con vigoroso trazo:

[...] Recibí, con la última de Ud. [...], la injusta y amorosa de mi madre. Realmente, se cree yo las he sacrificado a mi bienestar; ¡me vieran vivir, con angustias semejantes a las que pasé en México y no pensarían de esta manera! [...] Ni tienen fe en mí, ni conocen la fuerza de mi alma que los obligan a tenerla. Ésta es una viva amargura que no llegará nunca a ellas [...] La verdad es que yo he cometido un gran delito: no nacer con alma de tendero. Mi madre tiene grandezas, y se las estimo, y la amo —Ud. lo sabe— pero no me perdona mi salvaje independencia, mi brusca inflexibilidad, de mis opiniones sobre Cuba. Lo que tengo de mejor es lo que es juzgado por lo más malo. Me aflige, pero no tuerce el camino. Sea por Dios. (C-26)

La amargura crece con las dificultades que, una vez más y con impenitente continuidad, le salen al paso dondequiera. «[...] Dígame si soy yo el inepto, o son los hombres los malos [...]» (C-29) Así se dirige a su amigo Mercado en un momento de contenida desesperación, en medio de esa cruda experiencia de la vida a cuyo compás madura paulatinamente, pues ahora todo parece conspirar en su contra. «[...] Problemas de conciencia, de esperanza, de porvenir, —todo contribuía a hacer de mi situación una de las más difíciles de mi vida [...]» (C-31), nos dice, y se explica, porque ahora —según piensa y siente—, después de no haber cumplido —según insiste en creer— con las obligaciones de Patria y familia, está a punto de faltar —claro está que contra su voluntad— al compromiso del hogar recién establecido. Jamás se ha sentido tan inútil como en esos momentos en los que parece quedarle sólo el consuelo de la confidencia al amigo del alma. Porque se ve impedido de toda decisión propia, es decir, libre, ya que debe responder por otros. La imposible estancia en Guatemala y la presión de la mujer y el suegro, unida al inminente nacimiento del hijo, lo empujan a donde justamente, por otras razones de no menor peso, no debe acudir, o sea a Cuba. Este es el momento que, con gran probabilidad, decide el curso de los acontecimientos de su vida, con respecto a lo que será su obra hasta la consumación de la misma. En las palabras suyas que transcribimos a continuación va dibujado el resuelto propósito. Helo aquí:

> [...] ¿A dónde? A Cuba, me decían mis deberes de familia, mi hijo que me va a nacer, las lágrimas de Carmen, y la perspicacia de su noble padre. A todas partes menos a Cuba, me decían la lógica histórica de los sucesos, mis aficiones libérrimas, el doloroso placer con que me he habituado a saborear mis amarguras [...] Transido de dolor, apenas sé lo que digo. ¿He de decir a Ud. cuánto propósito soberbio, cuánto potente arranque hierve en mi alma? ¿que llevo mi infeliz pueblo en mi cabeza, y que me parece que de un soplo mío dependerá en un día su libertad? ¿No ha de llegar nunca para mí el momento de que ya me produzca en las circunstancias favorables —árbitras caprichosas de la fama y suerte de los hombres? No a ser mártir pueril; a trabajar para los más y a fortificarme para la lucha voy a Cuba. Me ganará el más impaciente, no el más ardiente. Y me ganará en tiempo: no en fuerza y en arrojo. (C-32)

Soberbio pasaje, donde aparece en breve trazo todo el profundo drama del hombre llamado en un día no lejano a realizar por sí mismo aquello a que aspiraban desde hacía largos años sus compatriotas. En tan contadas palabras conseguía redondear el ideario de una acción que, al consumarse, tal como sucede a partir del 24 de febrero de 1895, confirma plenamente lo expresado ahora. Ahí se ve claramente la dualidad constante en que habría de consistir siempre su vida, el conflicto insuperable de lo privado con lo público. Ahí está también la *demora* en que habrá de consumirse a sí mismo, como retorta que purifica. Ahí está, asimismo, la clarísima comprobación de que el *genio*, entre otras cosas, es una «larguísima paciencia», ésa a la cual hubo de ajustar sus intenciones con referencia a la libertad de Cuba. En consecuencia, sólo es posible *una* decisión, y ésta es, debe ser, la causa de las causas, o sea Cuba. Lo demás, padres y hermanas, mujer, hijo, bienestar económico, y todo cuanto no sea el inexorable cumplimiento de ese *deber mayor*, tantas veces mentado, se relegará a un segundo término. Mas esto no supone que la lucha interior cese al adoptar dicha decisión, pues en él seguirán pesando los «problemas de conciencia» de que ya nos habló. Necesita —¡claro está!— convencerse definitivamente a sí mismo de la justeza de semejante decisión y, por lo mismo, en la carta de la cual forma parte el anterior pasaje transcrito, encontramos este otro:

> ¡Creen que voy a mi patria! ¡Mi patria está en tanta fosa abandonada, en tanta gloria acabada, en tanto honor perdido y vendido! Ya yo no tengo patria: hasta que la conquiste. Voy a una tierra extraña, donde no me conocen; y donde, desde que me sospechen, me temerán. Brillar allí me avergonzaría. Pero ¿podré vivir del modo oscuro que, por largo tiempo, ansío? Tendré que ahogar en mí, para vivir en aparente calma y matador

sosiego, toda gran inspiración, toda amorosa exaltación, todo noble instante [...] Consiste mi dolor en tener que entrar por el real camino de la vida; en tener que sacrificar a sus necesidades, necesidades impetuosas mías, de género más alto [...] Libre y sin hijo, yo hubiera ahora hecho hablar de mí. Y de un modo que me hubiera dejado contento [...] Voy a ser abogado, cultivador, maestro: un zurcidor de fórmulas, un sembrador de viandas, un inspirador de ideas confusas —perdido en las espumas de la mar—. Voy, sin embargo. (C-33)

Irá, sin embargo. Y ¡cuánto encierra esta última locución! No va, sino que se deja llevar en ese instante en que, sólo momentáneamente, parece haber perdido la voluntad de sobreponerse. Llegado el momento —que volverá en seguida, porque, en realidad, no ha pasado, ni pasará nunca—, será fiel a su auténtica vocación. El suyo es un verdadero *Alea jacta est!* [16] Entretanto sigue pensando y sintiendo que todavía no está cumpliendo con su esencial cometido, lo que lo lleva a decir: «[...] Queda en mí un hombre doble —el prudente que hace lo que debe; el pensador rebelde que se irrita [...]» (C-34) Sí, pero, a continuación, añade: «[...] Satisfecho de esta victoria que sobre mí mismo obtengo, la lloro con indecible amargura [...]» (C-34) Mas ahora —¡al fin!— a Cuba, pero no con la alegría del que regresa a la Patria, porque ésta, al modo como puede serlo de veras, sólo existe en su corazón como el ansia mayor de las que lo agitan sin descanso. Tal como previera (puesto que no podía ser de otra manera), la estancia en Cuba iba a poner de continuo ante sus ojos el espectáculo tristísimo de una tierra que, al cabo de una década de enconada lucha, seguía tan o más esclava que antes; esa lucha en la cual, por haber faltado a ella, se siente culpable. «El alma se me sale de esta tierra [le dice a Mercado], no sé si porque halla aquí pocas cosas que la halaguen, o porque se avergüenza de sí misma, al no obrar como brava y como buena [...]» (C-37) Estado de ánimo que empeora con el paso de los días, obligado a una vida rutinaria, de pasante de abogado en el bufete de Viondi y profesor de un colegio privado,[17] sin que baste a consolarlo el cariño de la esposa y la espera del hijo, pues ve cumplirse inexorable el vaticinio formulado poco antes en Guatemala. En efecto, será «abogado, cultivador, maestro» (C-33), por todo lo cual se contempla a sí mismo como la encarnación de la inmovilidad:

> [...] Pero aquí me veo, sin alegrías para el espíritu, queda la pluma y aherrojados los labios, arrastrando difícilmente una vida que se me hace cada día más trabajosa [...] ¡El destierro en la patria, mil veces más amargo para los que como yo, han encontrado una patria en el destierro! Aquí ni hablo, ni escribo, ni fuerzas tengo para pensar [...] (C-39)

Poco tiempo, como sabemos, morará en su propia tierra, de la que podría decirse que sólo le fue propicia para nacer, sufrir y morir. De los cuarenta y dos años de su vida, apenas logró estar en ella dieciocho, pues el resto transcurre en ese amargo destierro del que tan conmovedores comentarios ha dejado: España, México, Guatemala, Estados Unidos, Venezuela. Y ahora, tras breve estancia en Cuba, de nuevo al destierro, deportado por «infidente», al territorio peninsular de su Serenísima Majestad. La consecuencia no podía ser otra, porque ya le hemos visto adoptar la decisión suprema de su vida, es decir, la libertad de Cuba. A partir de este momento no habrá titubeos ni dudas de ningún género. Atrás queda el hogar deshecho,

---

16. "La suerte está echada". Suetonio: *Julio César*, cap. XXXIII.
17. El *Colegio Plasencia*.

la esposa herida en sus más íntimos sentimientos, el hijo recién nacido, un futuro prometedor fácilmente asequible con sólo hacerse a un lado con la cuestión de Cuba. Mas ésta es justamente aquello a que está *destinado* (otra vez, como vemos, topamos con lo mismo), y no puede sustraerse al mandato mayor que le impone arrostrarlo todo por el amor que debe sobreponer a esos otros amores de los cuales, de algún modo, debe renegar. El permanente estado de ánimo suyo, la *amargura*, adquiere a partir de este momento mayor intensidad. Ella, su fiel compañera, lo irá trabajando más y más, sutilmente, desarrollando una capacidad de resistencia al infortunio que le permitirá disimularlo de mil maneras. Pero, aclaremos, no por orgullo o necia vanidad, sino porque su temple de ánimo es el de quien sabe estar siempre, de antemano, en los demás, presto a obrar como refuerzo y nunca como debilidad. Y si hasta ahora ha venido siendo un hombre más o menos triste (según el caso), en lo sucesivo será un espíritu alegremente triste. Por eso, New York (la «copa de veneno» a que se refiere en algún momento) es el cambio abrupto en todos sentidos, y no es para menos, pues ahora está vacío por completo. En poco tiempo ha pasado de Cuba a España y de allí a los Estados Unidos, en un vertiginoso desfile de desalentadoras experiencias; ese *in albis* en el que ha de empezar de nuevo, porque su vida parece haberse convertido de pronto en una página en blanco; y en cierto modo lo es y no lo es, si tenemos en cuenta que allá lejos, en la tierra amada, quedan esos otros motivos entrañables de la mujer y el hijo. Mas justamente a partir de aquí comienza la disolución del vínculo, debido a fortuitas circunstancias, unas de carácter político, y otra a causa de una de esas jugarretas que a veces solemos hacernos a nosotros mismos.

Como vemos, la inexperiencia se va convirtiendo en experiencia, debido, como ocurre siempre, a ese descenso desde lo ideal hasta lo real, de manera que las cosas dejan de ser todo cuanto nos empeñamos en ver en las mismas, y aparecen, entonces, como lo que son realmente. Martí soñó en México con el amor, y pudo imaginar que era tan asequible como había podido constatarlo, en potencia o en acto, ya fuese Rosario Peña, o Concha Padilla o Carmen Zayas Bazán. Como asimismo tuvo la fortuna de contar con generosas y estimulantes amistades (el actor Guasp, Manuel Mercado, etc.), que aliviaban penas y penurias. Mas desde la estancia en Guatemala comienza para él un período de ásperas pruebas contra las cuales nada es posible hacer. Y el retorno a Cuba tenía que decidirlo forzosamente en la dirección hacia donde se encaminaba su voluntad, es decir, la independencia de la Patria amada, del modo intenso como lo hacía. Cómo no recordar, puesto que tan poco tiempo había transcurrido, aquellos tristes días del año anterior cuando, a solas, reflexionaba sobre el lastimoso resultado de aquel sacrificio de una década al cual le había hurtado su más personal y enérgica colaboración. Ahí estaba Cuba, como si nada hubiera pasado, tan esclava o más que antes del comienzo de la gloriosa contienda, arruinada como nunca, con sus muertos, sus desterrados y sus presos dentro y fuera de la Isla. ¿Iba a vivir sometido a la tortura de fingir indiferencia y aceptar pasivamente el hecho consumado, fiel a la tiranía española que, siendo aún niño, lo condenó sucesivamente a muerte, presidio y destierro? Pasividad que era el precio impuesto por el amor a la esposa y al hijo recién nacido. Sería, entonces, uno de tantos sometidos, «tascando el freno» a cada momento, sepultando el *deber mayor* bajo el peso de las obligaciones cotidianas. No, no es posible vivir en la injusticia («ver en calma un crimen es cometerlo») (D-86), desoyendo la voz interior que advierte constantemente de la falta en que se incurre al intentar abstraerse de lo que es más importante para el hombre, es decir, la dignidad. Pero, ¿y los otros deberes inmediatos? Es aquí precisamente donde se revela con gran nitidez la personalidad que, andando el tiempo, se inserta majestuosa en la Historia. Pues todo *Apostolado* exige el máximo sacrificio, que supone desgarrarse totalmente en lo más íntimo de sí mismo. Por eso, Martí se compromete seriamente con el plan conspiratorio que lo separa bruscamente de todo lo que constituye esa intimidad dulcemente regustada, es decir, la patria y la familia, y se ve desterrado, a solas con su fundamental propósito, primero en España y después en New York, a donde llega una de esas mañanas tanto más frías cuanto más claras.

Los años neoyorquinos, largos y cada vez más tristes, son los que configuran su personalidad y hacen de ella el *Maestro* y el *Apóstol*. Pues el 24 de febrero de 1895 comienza a gestarse el día en que desembarca en la ya entonces bulliciosa, inhóspita y desalentadora ciudad a la que, acertadamente, llamó la «copa de veneno». Siente extrañeza de todo —del calor y la luminosidad tropical, en contraste con la frecuente oscuridad y el frío glacial que padece New York en invierno. También, de la vida tranquila, más bien somnolente, de entonces en Cuba y España. Y, ¡por supuesto!, del calor de la familia lejana, con el dolor de saber cuáles son los sentimientos de su mujer, en todo y por todo opuesta a la decisión adoptada por Martí. Pero siente que ha nacido para despojarse de cuanto no sea el ideal del que no se apartará jamás. Por eso, escribe a su amigo Viondi, diciéndole:

> [...] Con el corazón muy bien —y muy en lo hondo— herido: ¡por la mano más blanca que he calentado con la mía [...] Ni ¿qué derecho tiene un hombre a ser feliz? Lo cual no amengua mi fuerza —antes la templa mejor y la prepara. Las penas tienen eso de bueno: fortifican. (C-41)

No hay derecho a ser feliz, pues la felicidad no es algo que se recibe gratuitamente, aunque debe tomarse en cuenta la aflictiva situación de la cual salen palabras tan amargas y, en apariencia, desalentadoras. Martí se confiesa inmerecedor de algo tan necesario como es la felicidad, pero tal vez porque siente que ésta no es exactamente el estado de ánimo que acontece al ver satisfechos nuestros más caros deseos, sino, por el contrario, aquel momento de suave resignación que sobreviene al encontrarnos predispuestos a prescindir del deleite de tales satisfacciones. En fin de cuentas, el camino que conduce a la beatitud de encontrar alegría sólo en el bien ajeno. De esta manera, si no se es feliz, en la adversidad reside precisamente el secreto de la fortaleza de espíritu. Si no hay derecho a ser feliz, será, entonces, porque todo cuanto consideramos como *la felicidad* lleva consigo algo arbitrario y, por lo mismo, no se justifica. Sin embargo, entristece pensar que debe ser así.

A los quebrantos familiares (padres y hermanas por un lado; esposa e hijo por otro), se agrega la cuita constante de cómo darle concreta expresión al ideal de independencia cubana que tan hondamente lleva clavado en la mente y el corazón. Pero en New York, a donde acaba de llegar, es uno de tantos desconocidos, a quien, por lo mismo, se mira con indiferencia y hasta con el malestar provocado por el advenedizo en la colonia de compatriotas exiliados, que roen la decepción del fracaso de la Guerra de los Diez Años. Además —cosa perfectamente explicable— tanto el mérito como la confianza a que puede hacerse acreedor cualquier cubano que se asome a New York por esa fecha, depende, primordialmente, de su ejecutoria en el campo de batalla. Se comprende que sea así, porque la emigración estaba convencida de que la solución del problema cubano decansaba en la fuerza de las armas. Hay, además, cierto recelo y hasta desdén hacia el tipo *civil*, pues los desaciertos y desacuerdos de los Gobiernos de la República en armas, como las desavenencias de la Junta Revolucionaria de New York, han convencido —no sin cierta razón— a la masa exiliada que el alarde retórico no ha resuelto ni resolverá nada con respecto a la causa cubana. Por esto mismo, será preciso consumar una larga y penosa espera de quince años para que el destierro se convenza de que es cierto —como dice Martí— que «las guerras van sobre caminos de papeles» (L-68). Pero en 1880, tras el desalentador fiasco de la «Guerra chiquita», es muy difícil que se esté dispuesto a oir en serio a alguien capaz de invitar para una empresa en la que, de momento, no concurren estas tres cosas: *concordia, tesón, esperanza*, las cuales, desafortunadamente, entonces eran simples palabras.

Ese «desconocido» que en 1880 era José Martí en New York y por extensión en los Estados Unidos, ha de enfrentarse tal vez con la más enérgica de todas las hostilidades, es decir, aquélla donde concurren a partes iguales la desconfianza y la indiferencia. Pues, no sin razón, tenía la gente que preguntarse: «¿quién es este señor?» Y la respuesta más probable (individual o colectiva) sólo podía ser aquélla que lo describiese como un «oportunista» más, con «su» proyecto delirante de independencia casi a la vista. Pues el destierro cubano de entonces (como sucede con el de ahora) sabía muy bien del cuantioso desfile de inofensivos ilusos y cínicos oportunistas, a quienes el amargo desaliento del fracaso atribuía, en apreciable cuantía, todo lo sucedido. En consecuencia, se imponía empezar de nuevo y —lo que era arriesgado— *de muy distinta manera* a como se había llevado a cabo la contienda apenas conclusa. El crédito, si se daba alguno, era otorgable sólo a los militares cuya brillante ejecutoria, como era el caso del Mayor General Calixto García, entusiasmaba a las masas. He ahí por qué si bien la primera aparición de Martí en público, en New York, el 24 de enero de 1880 (*Steck Hall*), entusiasmó momentáneamente, no dejó, en cambio, una impresión más o menos perdurable; de manera que, tras esa fulgurante intervención pública, se reintegró automáticamente al anonimato. Pues la oración de *Steck Hall*, extensa y profunda, planteaba sensatamente el problema del cambio de dirección desde la guerra más o menos *improvisada* (10 de octubre de 1868) a esa otra *proyectada* (aquélla que se iniciaría el 24 de febrero de 1895), que el *Apóstol* veía como la única manera de alcanzar la independencia de Cuba. En consecuencia, el discurso, si bien entusiasmó al auditorio, estuvo muy lejos de ser *comprendido* en su verdadera finalidad, pues la mayoría del exilio cubano no estaba preparada para semejante cambio de dirección ideológica. Además, debe tenerse en cuenta que la tristeza prevaleciente se aminoraba con la paulatina «mitificación» de aquello que, sin embargo, era, en el fondo, verdadero, es decir, el derroche de heroísmo en más de una singular proeza militar como las justamente atribuibles a hombres del temple de Máximo Gómez, Antonio Maceo y Calixto García. Pensemos por un momento en este último presidiendo la memorable velada del 24 de enero de 1880 en la que dio a conocer Martí en New York su genial condición de hombre pensante. Pero, seguramente, casi todos los allí reunidos, aunque aplaudieron —sin entenderlo muy bien— todo cuanto dijo esa noche el *Apóstol*, estaban convencidos de que se trataba del hombre de letras, del orador conceptuoso, pero, como quiera que fuese, segundo en esa suprema jerarquía representada allí por Calixto García.

Años, pues, tendrían que pasar para que el destierro cubano admitiese, por espontáneo y decidido convencimiento, que Martí *tenía razón*, es decir, que había visto claramente, desde la noche luminosa del mitin de *Steck Hall*, cuál era la única salida posible al caso cubano. Ahora bien, no sólo estaba impreparado el destierro cubano para aprehender el sentido profundamente profético de las palabras del *Apóstol* (lo que constituye, digamos así, el lado «objetivo» de la cuestión), sino que, tampoco (lo cual es el lado «subjetivo»), se sentía dispuesto a simpatizar con quien, en forma sutilísima, era una especie de viviente reproche a todo cuanto, como promedio de conducta, representaba el exilio. Dado que se trata de algo difícil de explicar, debemos detenernos en su examen hasta conseguir hacerlo más o menos comprensible. Ya se sabe que el común de la gente siente especial predilección por lo que pudiera llamarse «lucimiento exterior» (pompa, fanfarria, estrépito, etc.). Así es como un campeón de boxeo, un famoso torero, el orador de verba caudalosa y pocas ideas, el invicto guerrero, etc., son apasionantes motivos de atracción y adhesión, sin mayores consideraciones: sólo porque pueden despertar una fuerte emoción. El pueblo suele depositar en ellos una *inmediata* confianza, mientras mira con reserva y escasa simpatía a quien, desde la suprema altura de una consciente humildad, hace, sin embargo, sentir el peso de una diferencia que obliga, sin decirlo jamás, a inclinar la cabeza. Ahora bien, el común de los mortales suele —no sin cierta explicable justificación— desconfiar de un hombre así —como es el caso de Martí—; y sólo si éste, tras dilatado y paciente proceso de captación, consigue al fin ganárselo, entonces el hombre sencillo acaba adoptándolo como *ídolo*, hasta hacer de él —como le sucedió a Martí—, no sólo el *Maestro*, sino también, el *Apóstol*. Pues lejos de «deslumbrarlo», haciéndole ver que está muy por debajo de aquél que lo domina, acaba convenciéndolo de que es igual a él en lo único en que cabe hablar de igualdad, o sea en esa esencia entrañable de lo que los clásicos llamaban *ex abundantia cordis* (la exuberancia del corazón).

El *combate interior* (así lo llama Martí) se recrudece, pues sigue enfrentándose con el conflicto permanente del deber privado y el deber público. Mas ahora este último será aún más agobiador, porque a la vocación patriótica se agrega la obligación del diario menester, ese dramático *primum vivere* que lo despierta cada día indicándole que, por desdicha, también de pan se vive. Es menester, pues atender al cotidiano sustento y, a la vez, orientarse en el heteróclito mundo del destierro cubano, a fin de ir ordenando ese confuso panorama donde (achaque de raza) no prima la conciliabilidad de pareceres. Sin perjuicio de que, al mismo tiempo, siga royendo en él la nostalgia impenitente de entrañables ausencias. «[...] Ya estoy purgando la pena de haberme decidido a ser honrado, y vivir sin mi hijo, sin hermana y sin señora [...]» (C-46), le dice en 1882 a otro corresponsal. Esa lucha en lo íntimo de sí mismo, es, realmente, toda la lucha que acapara por completo sus fuerzas, pues si se tratase de otra forma de lucha, es decir, exterior, no le importaría nada, puesto que en ella está su vocación. Mas por ahora ni siquiera puede entablar este combate (convencer, aglutinar, organizar) sino que debe reducirse al íntimo desasosiego compuesto de ingredientes tales como la nostalgia, de una parte, y, de la otra, el desconcierto y la inseguridad.

Esta última es tal vez el factor decisivo a partir de 1880. Lo es en cuanto al modo de subsistir decorosamente, sin convertirse en el asalariado a quien se obliga a invertir numerosas horas en oscura y embrutecedora labor. Lo es, por supuesto, mucho más con respecto al grave problema de agrupar las fuerzas dispersas y encauzarlas por esa nueva vía que, si bien veladamente, fue anunciada en la maravillosa oración de *Steck Hall*. Precisamente porque el intento presentado públicamente en aquella ocasión fracasó apenas puesto en marcha, el *Apóstol* —comprometido desde entonces con los elementos activos de New York— siente cuánto lo separa de éstos, le dice a Mercado en carta del 6 de mayo de 1880: «[...] Desde que dejé de verles, no ha habido día que no haya sido para mí señalado por un recio combate interior [...]» (C-44), y sigue de esta manera: «[...] Aquí estoy ahora, empujado por los sucesos, dirigiendo en esta afligida emigración nuestro nuevo movimiento revolucionario [...]» (C-45), en el que toma parte «[...] sin más gozo que el árido de cumplir la tarea más útil, elevada y difícil que se ha ofrecido a mis ojos [...]» (C-45) Porque, en efecto, ¿cómo hacerse oir siquiera de los más aptos y responsables? Esta es la parte del «combate interior» que, sin duda alguna, resulta más enconada, pues en ese comienzo, para el cual no dispone ni de la confianza ni de la simpatía ajena (salvo casos aislados), se ve obligado a replegarse dentro de sí enfrentando el desaliento que ni él mismo, siendo como es hombre excepcional, puede evitar completamente. Lo que explica esta otra dolida confesión: «[...] Hago tristemente, sin gozo ni esperanza alguna, lo que creo que es honrado en mí y útil para los demás que yo haga [...]» (C-44) «Sin gozo ni esperanza alguna». Terrible expresión, pues hace pensar —y ¿cómo no?— que si bien Martí acataba la circunstancia del momento, no creía en ella, porque, claro está, de antemano se hallaba convencido de que el camino emprendido no era el adecuado. Mas pasa el tiempo y la triste realidad cobijadora sigue siendo la misma, pues aún no han cedido las sombras en que se mueve desde la llegada a New York dos años antes, pues apenas ha podido hacer algo compaginable con el proyecto que aspira a convertir en realidad. Por eso se describe a sí mismo, en uno de esos instantes de sombría desesperación:

> *Y mi virtud inútil, y las fuerzas*
> *que cual tropel famélico de hirsutas*
> *fieras saltan de mí buscando empleo;*
> *y el aire hueco palpo, y en el muro*
> *frío y desnudo el cuerpo vacilante*
> *apoyo,*
> *y en el cráneo estremecido*
> *en agonía flota el pensamiento* [...]
> (C-52)

Lo que se revela del mismo modo en la prosa de una de sus cartas a Mercado:

> [...] estoy lleno de penas, y todo irá empapado en lágrimas. — Y yo tengo odio a las obras que entristecen y acobardan. Fortalecer y agrandar es la faena del que escribe [...] (C-46)

Ahora bien, ¿qué obras son ésas? ¿Acaso la tarea en que anda metido, todo el tiempo que puede, por la independencia de Cuba, pero que, conforme con su designio, al no ser capaz de decidir por su cuenta, es lo que se ve obligado a aceptar? Estado de ánimo agravado consecutivamente al paso de los días, con momentos en los cuales alcanza un nivel impresionante:

> *Yo sacaré lo que en el pecho tengo*
> *de cólera y horror. De cada vivo*
> *huyo azorado, como de un leproso.*
> *Ando en el buque de la vida: sufro*
> *de náusea y mal de mar: un ansia odiosa*
> *me angustia las entrañas*: quién pudiera
> en un solo vaivén dejar la vida [...]
> *No es que mujer me engañe, o que fortuna*
> *me esquive su favor, o que el magnate*
> *que no gusta de pulcros, me querelle:*
> *es ¿quién quiere mi vida? es que a los hombres*
> *palpo y conozco y los encuentro malos* [...]
> Conozco el hombre, y lo he encontrado malo ...
> *Duele mucho en la tierra un alma buena!*
> De día, luce brava: por la noche
> se echa a llorar sobre sus propios brazos [...]
> (C-59)

Hemos subrayado algunas expresiones para que se vea que se trata del recio combate consigo mismo, en dos actitudes contrarias, una la que presenta ante el mundo exterior, para lo que deberá valerse del generoso disimulo de la otra actitud, es decir, la que se presenta a sí mismo. ¡Oh, Dios mío, si supiesen los demás que su desánimo (a solas) es tanto como para desear la muerte! Pues no descubre a nadie capaz de querer su vida (la de Martí) para aplicarla al único propósito que la justifique. Porque, al contrario, si llega al extremo de convencerse de que *el hombre es malo*, ¿cómo contar con él? Y, entonces, ¿a dónde volver los ojos, si nadie parece estar dispuesto a escucharlo, que es como seguirlo en su primordial afán? Lastimosa conclusión que hiere con furia su sensible personalidad y, como no renuncia al deber de cumplir con lo propuesto en ese afán, se ve obligado a duplicar su personalidad: una para consumo exterior, en apariencia enérgica y combativa; otra, para sí mismo, la del dolor y la lágrima.

Entretanto, lo sentimental viene a perturbarlo desde otro ángulo, o sea el de sus relaciones —según parece— más que puramente afectuosas en el orden de la amistad, con Carmen Miyares de Mantilla, cuya casa adoptó como vivienda y refugio familiar desde su llegada a New York. En este punto, aunque los biógrafos suelen ser más bien reticentes, algo se filtra, sin embargo, que da pie para pensar en una *liaison amoreuse*. Mañach lo comenta brevemente en estos términos: «[...] Acaso Carmen [Zayas Bazán] no ignora que, en la complicidad del desencanto y de la ausencia, otro amor, sereno ya y doméstico, había sustituído al amor esquivo. Y agrega estos versos de Martí:

> *¡Como una enredadera*
> *ha trepado este afecto por mi vida!*
> *Díjele que de mí se desasiera,*
> *¡y se entró por mi sangre adolorida*
> *como por el balcón la enredadera!* [18]

---

18. J. Mañach: *Martí el Apóstol*, ed. "Mirador", Puerto Rico, 1963, págs. 175-176.

Gonzalo de Quesada y Miranda, al referirse al viaje de Martí a Santo Domingo (de donde saldría con Máximo Gómez para Cuba), dice:

> Desde el vapor, su corazón se estremecía de nostalgia por la noble mujer lejana, allá en Nueva York, por la única que fue, en realidad, su compañera abnegada, la que supo consolarlo en sus horas de soledad y desespero y caminar con él, la frente alta, calladamente, sin esperanza alguna de fama o de recompensa, por la senda de espinas y abrojos.[19]

En tanto que Blanche Zacharie de Baralt se refiere a Carmen Miyares de esta manera:

> Su devota abnegación, su cariño inquebrantable, allá en la sombra, calladamente, sin pensar en recompensa, sólo por su gran deseo de servir y de dar, sostuvieron a Martí en sus horas difíciles.[20]

Nada de particular tiene —mucho menos de imposible— que, todavía joven e impetuoso, necesitado de un cariño capaz de confortarlo en tan difíciles momentos, se dejara arrebatar por la indiscutible atracción de una tierna y comprensible solicitud de parte de una mujer joven y animosa (aquel espíritu que era como un «champagne», al decir de uno de sus biógrafos).[21] Pues también Carmen Miyares tenía sus motivos para sentirse insatisfecha con la vida, porque ésta, entre un maltrato y otro, sólo le había proporcionado el relativo alivio del matrimonio con quien le llevaba considerable número de años, y, además, pronto se convirtió en un enfermo casi desahuciado por aquel entonces. Como tampoco debe desestimarse el detalle de los atractivos físicos e intelectuales de Martí, en esa etapa de su vida a los veintisiete años. Pues casi siempre, al pensar en él, tendemos —como es explicable— a verlo cual ese personaje ya transfigurado por la intensa maceración psico-somática de los últimos años de su vida. Ahora bien, esta nueva situación, habida cuenta del profundo sentimiento que tenía del deber en general —pues siempre vivió acosado por más de una de sus distintas manifestaciones—, debe haberlo sumido en otro de esos conflictos de los que, en general, estuvo en todo tiempo compuesta su vida. Justamente por esos años va a New York más de una vez, en aparente actitud de reconciliación, Carmen Zayas Bazán, quien en una de esas ocasiones hubo de alojarse en casa de su tocaya Carmen Miyares. Y aquí surge la pregunta: el fino olfato que suelen tener las mujeres en cuestiones de esta índole, ¿pudo sospechar algo anormal? Además, la actitud de Carmen Miyares, si de veras existía esa «anormalidad» de sus relaciones con Martí, debe haberse traducido en el consiguiente embarazo ante quien, por obra de inesperada circunstancia, se convertía en su rival.

Grande debe haber sido la tribulación del *Apóstol* en semejante situación conflictiva, obligado a disimular algo que, en lo hondo de su ser, clamaba por el rechazo. Pues si todavía amaba a su mujer, mucho tenía que dolerle el engaño de que la hacía objeto; mientras que no menos había de dolerle que el provisional reencuentro con ella le imponía desentenderse de quien, como Carmen Miyares, tan generosamente se comportaba con él, en distintos sentidos. Se explica que en esos años viva desesperado, al extremo de que, en 1882, llega a decir de sí mismo:

---

19. Cf. Blanche Zacharie de Baralt: *El Martí que yo conocí*, ed. "Las Américas Publishing Co., New York, s/a, pág. 105.
20. *Ibid.*, pág. 102.
21. *Ibid.*

> *Ebrio de un vino amargo, cual quien busca*
> *fosa ignorada donde hundirse, y nadie*
> *su crimen grande y su ignominia sepa!*
> *No en vano el corazón me tiembla ansioso*
> *como el pecho sin calma de un malvado!*
> (C-53)

Lo cual no podemos achacarlo a la cuestión de la independencia de Cuba, porque, a este respecto, no podía reputarse autor de ningún «crimen». Lo que parece, desde luego, es haber perdido completamente la fe en sí mismo, si hemos de atenernos a sus propias palabras. Deshecho, al extremo de que la unidad de su ser parece quebrada y dispersa: «[...] yo, que desde hace años recojo a cada mañana de tierra mis propios pedazos, para seguir viviendo [...]» (C-61), lo que, casi exactamente, vuelve a decirle al mismo corresponsal un año después, como prueba de que no ha remitido el mal que lo agobia, aunque, a la vez, lo madura lo venidero en un plazo más o menos próximo. Y si se quiere una corroboración de lo que, en esos años, es todavía figura no delimitada en ese perfil vigorosísimo que acaba siendo, véase lo siguiente:

> Y luego, ¡si Ud. me viera el alma! ¡si Ud. me viera cómo me ha quedado de coceada y de desmenuzada, en mi choque incesante con las gentes que en esta tierra se endurecen y corrompen, de modo que todo pudor y toda entereza, como que ya no lo tienen, les parece un crimen! [...] Muchas penas tengo en mi vida, tantas que ya para mí no hay posibilidad de cura completa; pero esta pena es la que acentúa las demás, y la mayor de todas. Ya estoy, mire que así me siento, como una cierva acorralada por los cazadores en el último hueco de la caverna. Si no caen sobre mi alma algún gran quehacer que me la ocupe, y alguna gran lluvia de amor, yo me veo por dentro, y sé que muero. (C-62)

No es, pues, una *sola* pena, aunque hay una primera y principal, que se origina en la indiferencia o la mala fe de esa gente a quienes el áspero trato con un medio donde —ayer como hoy— impera la más descarnada codicia, les cierra casi completamente el acceso a la empresa de amor y desvelo por el drama de Cuba en que viene empeñado desde su asiento en New York. Por eso necesita sentirse amado de quienes espera tener derecho a serlo, sea la esposa, sean sus padres y hermanos, como asimismo —muy probablemente— todos los que él mismo desea que le reciproquen el amor depositado en ellos como seres humanos, y, aun más, pudiera decirse, por ser cubanos; que, por lo mismo, deben estrechar lo más posible el vínculo afectivo entre sí, para, de este modo, fortalecer el amoroso deber hacia Cuba, tan necesitada entonces (como sucede también ahora) del común esfuerzo de todos sus hijos. Intimamente ligado a esa «lluvia de amor» se encuentra el «gran quehacer» capaz de ocupar todo su pensamiento, el cual, ya se sabe, sólo puede ser el de la independencia de la Patria. Pero, junto con esto, el problema permanente de la obligación contraída en un momento de ofuscada ensoñación, al casarse y tener un hijo, de la que no puede desentenderse, pues se lo impide el amor de padre y esposo, sin contar con esa rigurosa conciencia de cuanto significa alguna obligación de esta naturaleza. Se halla atado a deberes de los que no es fácil prescindir a menos de abolir todo sentimiento, pero ¿cómo conseguirlo? Sabe que su delicada espiritualidad jamás le consentiría llegar hasta ese extremo, por lo que ha de conformarse con una pequeña parte del vasto proyecto que bulle en su mente. Por esta razón, le dice a Mercado: «[...] yo, mísero de mí, no soy dueño de mi vida, ni puedo hacer, desde que contraje por mi voluntad, deberes privados, todo lo que mi deber público me manda, sino aquella parte de éste que no haga imposible el cumplimiento de aquéllos, como lo haría sin duda en la campaña formidable que yo emprendería en mi tierra [...]» (C-65) Con lo que estamos ahora en condiciones de saber, con aceptable certidumbre, qué le sucede en ese entonces a Martí, y de dónde procede esa *desesperación* en la cual se consume casi inútilmente: es porque todavía no ha llegado el momento en que el magno y generoso proyecto de redención cubana cobre el vigoroso impulso que acabará teniendo. Por ahora sigue siendo hombre más o menos ignorado de sus compatriotas (deliberadamente o no), sospechado unas veces, malquisto otras. Sin embargo, esa desesperación —*climax* de la impotencia en que se halla para salir adelante en su empeño— es la señal de consecutiva *madurez* que se efectúa según declina cierta altivez de su «fiero espíritu» para dar paso a la resignada mansedumbre que se apodera de él al apoyarse a su vez en un decidido propósito de comprensión. Quien unos años antes había escrito: «[...] Este carácter mío es un fiero enemigo [...]» (C-22), y que, hasta entonces, había sido hipersensible ante la ajena flaqueza, empieza a comprender que no es nada fácil atesorar la bondad y el talento que él posee, y, en consecuencia, es preciso contar con los demás tal como son.

La apasionada naturaleza de Martí, que se vierte hasta entonces —y aún lo hará durante largo tiempo— en diferentes cauces, acabará por encontrar uno definitivo y excluyente de los demás, para lo que será preciso, por una parte, que las circunstancias vayan siéndole favorables en lo referente a la causa de Cuba, cuyo proyecto de organización contempla con claridad ausente en los demás, y como —dado el modo de ser cubano— no es posible la avenencia indispensable, sólo con el largo y cruento paso de los años, el desaliento consiguiente propiciará que se le oiga cada vez más. Por otra parte, se irá resignando a contar lo menos posible con el afecto familiar, aceptando al mismo tiempo la dolorosa verdad de su humana condición que lo ha llevado hasta el extremo de sustituir un amor por otro. Pues no es posible evadirse por completo de las debilidades inherentes a un cuerpo aún joven que no siempre consigue sobreponerse a ciertas furiosas acometidas de la carne, en la que no todo es ella, porque éste es el aspecto externo de una interioridad menesterosa del cariño capaz de sostenerla en medio de tanta aflicción; pues su alma, *esencialmente ética*, no puede sino desesperarse al comprobar la escasa positividad de su conducta en contraste con la suma de negatividades que, por entonces, la componen. No ser «nadie» todavía en el exilio y, por el contrario, ser eso otro que detesta: el hijo ingrato, el esposo infiel, el padre desamorado. Hoy, en la clara perspectiva de la Historia, sabemos que no todo esto es cierto, porque los errores que se atribuye proceden justamente —de alguna manera— del desajuste a que lo obliga la devoción a Cuba, que acabará convirtiendo en Patria de sus hermanos, aunque sepa de antemano que «[...] rara vez cobijan las ramas de un árbol la causa de aquél que lo siembra.» (C-44)

Y luego New York. Sólo quien haya arrastrado la penosa condición de exiliado en esa vorágine de la oscura, sucia y desalentadora meca de todos los errores humanos, puede apreciarlo en su profundo significado. Quien pase o haya pasado por la misma situación, no podrá menos que sentir como propia esta impresionante experiencia:

> [...] Todo me ata a New York, por lo menos durante algunos años de mi vida: todo me ata a esta copa de veneno: Ud. no lo sabe bien, porque no ha batallado aquí como yo he batallado; pero la verdad es que todos los días, al llegar la tarde, me siento como comido en lo interior de un tósigo que me echa a andar, me pone el alma en vuelcos, y me invita a salir de mí. Todo yo estallo. De adentro me viene un fuego que me quema, como un fuego de fiebre, ávido y seco. Es la muerte a retazos [...] (C-67)

Es la inevitable consecuencia de sentirse útil y no poder hacer nada de cuanto se desea poner en práctica. Es vivir como oscuro asalariado, corriendo presuroso, fatigadamente, de casa al trabajo y viceversa: entregado a mostrencas tareas de tenedor de libros en una casa de comercio; confundido con la multitud que asalta y desborda los medios de transporte; la mayor parte del año bajo un cielo oscuro, en medio de la nieve o la lluvia. Todo eso, para nada: para envejecer prematuramente y un día entrar a formar parte de las innumerables lápidas que llenan los feos cementerios norteamericanos. Porque, además, New York es la ciudad de la *insolidaridad*, del riguroso aislamiento, de la soledad que empuja al alcohol, la droga, la locura y la muerte. De ahí la terrible confesión al amigo y confidente: «[...] Todo yo estallo [...] Es la muerte a retazos [...]» Pero, al mismo tiempo, la ciudad colosal es el modo eficacísimo de adquirir la experiencia sin la cual no llegaría nunca al dominio de una realidad que, todavía, se le escapa de las manos:

> [...] ¡Aquí hemos aprendido a conocer y a resistir los obstáculos con que pudiera tropezar la patria nueva: el interés del hombre de guerra, la pasión del hombre de raza, la soberbia de los letrados, la desvergüenza del intrigante político! ¡Aquí en el conflicto diario con el pueblo de espíritu hostil donde nos retiene, por única causa, la cercanía a nuestro país, hemos amontonado, y son tantas que ya llegan al cielo, las razones que harían odiosa e infecunda la sumisión a un pueblo áspero que necesita de nuestro suelo y desdeña a sus habitantes [...] (C-73)

Admirable descripción de esos cuatro especímenes que componen, en general, el poder y la fama norteamericanos: el hombre de guerra, el racista anglosajón, la soberbia del letrado —traducible en desdén para quien no es como él—, y la desvergüenza del político cuya intriga es la escala de acceso al Poder. En su época, Martí debió soportar muchas veces la desagradable acometida de semejantes seres, a los que temía o desdeñaba, según pudieran afectarlo, no tanto a él mismo como a los intereses patriótico-morales de la causa a la que se había entregado en cuerpo y alma.

En semejante estado de ánimo sobreviene aquel penoso incidente con los generales Máximo Gómez y Antonio Maceo. Puesto que se trata de una cuestión sumamente delicada, debe abordarse con el mayor cuidado posible, a fin de alcanzar una conclusión coincidente con la verdad. Partamos del hecho siguiente, ya repetido aquí: todavía en 1884 Martí no ha conseguido en forma alguna penetrar en la gran masa del destierro cubano con sus ideas acerca de una nueva revolución en la Isla. Sigue siendo, lo que será durante mucho más tiempo, uno de tantos entre los que hablan de Cuba y de las probabilidades de un levantamiento armado. Ya sabemos que su participación en el frustrado intento del año 80 lo había convencido, con sobrada razón, de la necesidad de un compás de espera (el país no estaba entonces preparado) y, sobre todo, de una previa organización que incluyera al pueblo en general. Si bien advierte esto con claridad, su creencia en que la Guerra de los Diez Años no tuvo en cuenta al pueblo, me parece algo errónea, pues aunque fue concebida y puesta en marcha por un grupo de hombres adinerados, no puede negarse que la mayoría de sus componentes era gente del pueblo. Claro es que Carlos Manuel de Céspedes, Francisco Vicente Aguilera, Salvador Cisneros Betancourt e Ignacio Agramonte pertenecían al *patriciado*, pero Antonio Maceo y sus hermanos, Quintín Banderas, Guillermo Moncada, Donato Mármol y los miles de humildes campesinos que engrosaron sus filas, ¿acaso no era pueblo? Además, las disensiones que condujeron a los «pronunciamientos», ¿no reconocen como causa decisiva el exceso de *autoridad civil* por parte de la Cámara de Representantes? Precisamente los generales Máximo Gómez, Antonio Maceo y Calixto García dieron sobradas pruebas, durante la contienda del 68, del más absoluto respeto a la Constitución y al Gobierno Civil. Gómez le respondió al general Vicente García, cuando éste le propuso destituir a Céspedes: «No, general, yo no tomo parte en motines.» Y algo similar dijo Maceo al mismo Vicente García cuando éste pretendía destituir al Presidente Estrada Palma: «No, general, se equivoca usted. Yo nunca apelaré a la rebelión y al desorden para hacer uso de mis derechos.» Pero estos hombres, probados en su lealtad a la República de Cuba en armas, vivieron completamente aquella lamentable querella instigada por el Poder civil y a veces fueron sus víctimas, que, explicablemente, dejó en ellos el convencimiento de la necesidad de una férrea disciplina, pues aunque Clemenceau diga que la guerra es siempre un asunto demasiado delicado como para dejarlo en manos de los militares, lo cierto es que sin éstos es imposible su realización, como, después de todo, se vio claramente en la contienda del 95, que gracias a la severa disciplina de Máximo Gómez, no fracasó, como en más de una ocasión estuvo a punto de suceder, debido a ese típico achaque nuestro de la propensión a la anarquía.

Quiero dejar suficientemente aclarado que Martí estaba en lo cierto y, por lo mismo, tenía razón al desconfiar de las consecuencias de una posible situación dictatorial. No en balde había sufrido más de una de éstas, tales como la de Cuba, la de Porfirio Díaz en México y Guzmán Blanco en Venezuela. Y quería alejar en todo lo posible ese peligro al acecho siempre en Hispanoamérica. Por lo mismo, como dije un poco antes, en lo tocante a la cuestión «de fondo» nada es posible objetar. Pero tal vez su estado de ánimo lo impulsó a exagerar el procedimiento de su rechazo del plan más o menos «unipersonal» de Máximo Gómez. Son los años confusos en los que a veces clama patéticamente por la muerte y llega al extremo de calificarse con tan severos epítetos como los de «vil», «malvado», «muerto», posesor de una «virtud inútil», y así por el estilo. Es porque no consigue ver ni su «lidia» ni tampoco su «victoria», de manera que siente la penosísima frustración del inepto consciente de su incapacidad. Años de continua desesperación que hace suponer la inevitable morbidez responsable de cierta irascibilidad de trato con referencia a ese conglomerado indiferente a sus delicados sentimientos. Por eso, repite en sus versos, como si fuese un estribillo, que el hombre es *malo*. Conclusión a la que arriba al ver que nadie se interesa por el afán desbordante de darse íntegramente a los demás, y, en consecuencia, exclama: «¿Quién quiere mi vida?» (C-59). Se siente, pues, completamente inútil, porque le falta esa *gran tarea* que no se presenta porque —como ya sabemos— el oído ajeno, que debería escucharlo, insiste en hacerse el sordo. *Su* destierro es aun más amargo que el de sus compatriotas porque, por fatalidad de singular destino, es un desterrado entre los demás (sean o no los suyos); destierro normador de su vida que tal vez lo ha desequilibrado anímicamente, haciéndole padecer como nadie más el dolor profundo de la conciencia de una imposibilidad que ni remotamente muestra una solución en ese momento. He ahí por qué dicho estado de ánimo se revela en sus escritos de entonces y permite penetrar en los entresijos de su complicadísima personalidad y sospechar cómo debía encontrarse en aquellos graves momentos de su vida.

Una prueba quizá excepcional del estado de excitación en que se encontraba Martí por esas fechas la proporciona el testimonio de uno de sus más sinceros admiradores (Alberto Plochet), al referirse al incidente entre el *Apóstol* y Antonio Zambrana, en el mitin de *Tammany Hall*, al acusar este último al *Apóstol* de pusilánime, llegando hasta la grosería de decir que «los cubanos que no secundaban el movimiento debían usar sayas». Colérico como tal vez no lo estuvo ni antes ni después, Martí subió al escenario tras haber atravesado el salón repleto de gente allí congregada para aclamar a los famosos jefes de la campaña del 68. Ahora bien, es posible suponer la triste situación en que se hallaba él en ese momento, confundido entre la muchedumbre, en vez de ocupar el sitio de honor que *ya*, indiscutiblemente, le correspondía. Una vez frente a su descomedido e injusto censor, le respondió con estas palabras desusadas en él: que «era tan hombre que apenas si cabía en los calzones que usaba». Ahora bien, este grotesco incidente, que llevó al *Apóstol* a expresarse de manera tan ajena a su finura y comedimiento, deja ver que la excitación que venía trabajándolo desde hacía bastante tiempo alcanzó allí mismo su máximo nivel, y no es para menos. Se explica que fuese así, pues el incidente con Gómez y Maceo, motivo de la extraordinaria carta enviada a ambos caudillos, al dejar demostrada claramente la perspicacia de Martí, daba lugar, también, a la ruptura que le ganó el repudio de la masa cubana exiliada, creando un vacío desolador, puesto que el incidente implicaba a las máximas figuras vivientes de la Guerra de los Diez Años, ídolos de aquella muchedumbre ingenua, ávida de paliar la amargura del destierro con la presencia de quienes, como Gómez y Maceo, eran un jirón de historia viva muy reciente.

Triste espectáculo que permite adivinar la cruel e injusta incomprensión a que se veía sometido Martí a causa de la ceguera de aquellos a quienes, no obstante, acabó ganando para su causa, la única viable, como la Historia se encargó de probarlo. Ahora bien, volviendo al incidente con Gómez y Maceo, me atrevo a decir que si bien el *Apóstol* tenía toda la razón en su planteamiento de una nueva campaña libertadora en Cuba, creo que, en cambio, a causa de la ofuscación de ánimo en que vivía continuamente, debido a la esterilidad de sus esfuerzos en aquel momento, ignorado a propósito o no, padeciendo las desagradables consecuencias de frecuentes «desencuentros», todo lo cual minimizaba injustamente su personalidad, es de suyo comprensible que la destemplada respuesta de Gómez, con inconfundible acento cuartelario de «ordeno y mando», colmó la copa de esa amargura casi rebosante durante la famosa entrevista. Porque los hombres, por ser de carne y hueso, tienen siempre un límite de disponibilidad de paciencia y resignación. Tal vez, de no hallarse en ese estado de consuetudinaria *desesperación*, el «fondo» de este delicado asunto hubiese estado provisto de una «forma» menos propicia al rozamiento que, al alejarlo de Gómez y Maceo, aumentó mucho más la distancia con la población cubana desterrada. Tristísimo instante el que nos cuenta Plochet, que, tras la ruptura con los adalides del 68, empeoró su situación en New York. Sobre todo, al verse allí aislado, fuera del escenario que polarizaba miradas y aplausos, como si fuese uno de los numerosos seres anónimos allí presentes, y no alguien que valía más que todos ellos juntos, y, sin embargo, por intensa que fuese su desesperación, jamás dio lugar al resentimiento o a la envidia. De esta manera, en ese mismo acto, al ver a Gómez despojarse de su modesta botonadura de hueso, para contribuir a la colecta allí iniciada, dice Plochet que notó «la mirada de infinita ternura, mezcla de admiración y de respeto, que Martí le lanzó a Máximo Gómez». Y, por lo mismo, acto seguido, «[...] mirando a Gómez y Maceo, murmuró: "Yo tampoco puedo salir de aquí abotonado, cuando Gómez y Maceo salen desabotonados"». [22]

El desencanto de tantos años de lucha casi estéril lo mantiene al borde de un pesimismo al parecer insuperable:

> [...] No sé si es la madurez que viene o la poesía que se va; pero cuando todos me alaban la viveza y frescura, siento en mí como que se me mueren las flores, y con la poca imaginación que me queda, me parece verme el cerebro cubierto de alas caídas. (C-75)

Así le habla a su amigo del alma, Manuel Mercado, al cabo casi de nueve años de penas sin tregua; sin embargo, ya no son las tribulaciones personales las que lo desesperan, aun cuando persiste su huella profunda. Ahora se encamina en la dirección fundamental del problema cubano, lo que supone un avance considerable en el proceso de la *madurez*, pues, pese a todo, ya está instalado en el *deber fundamental*, en tanto esconde en lo posible, de sí mismo, lo personal. He ahí por qué, dos años más tarde, al celebrarse en Washington la *Conferencia Internacional Americana*, se siente violentamente atrapado en lo que este asunto significaba para el futuro más o menos inmediato de Cuba, del cual lleva a cabo un brillante y profundo análisis, aparte de que en las cartas a Gonzalo de Quesada (secretario e intérprete de la representación argentina) podemos apreciar hasta dónde llegaba la angustia del *Apóstol* respecto del desenlace de dicho acontecimiento. Por eso mismo, le confía a Mercado:

> [...] Yo no hablo de mis penas personales, porque aunque me han dado la puñalada de muerte, no pienso en ellas. Las callo, y me comen; pero no llegan hasta mi juicio [...] Lo que casi me ha sacado la tierra de los pies es el peligro en que veo a mi tierra de ir cayendo poco a poco en manos que la han de ahogar [...] Pero me pasa con los peligros de este orden que la inquietud me dura en ese estado mientras veo que se pueden evitar, y me revuelvo en vano para encontrar ayuda, y no se evitan. Luego, en cuanto el peligro está cara a cara, la mente se me serena [...] (C-78)

Agonía permanente, que adquiere el exacto significado etimológico de la palabra, es decir, *lucha*. La contienda de este hombre singularísimo se distribuye, como hemos visto, en varios campos, de los que el menor no es precisamente él mismo; es decir, su poderosa capacidad de *sentir*, que le impone vivir en constante conflicto con un mundo en el que jamás halla el ajuste adecuado. Y si a esto le añadimos su riguroso concepto del deber, que lo lleva a desmenuzar sus propias faltas, viendo en cada una de ellas un motivo de honda laceración, comprendemos de golpe la exactitud de esta somera descripción del propio acontecer:

---

22. A. Plochet: "Los ojos de Martí", *Revista Cubana, op. cit.*, pág. 55.

> [...] Vivo con el corazón clavado de puñales desde hace muchos años. Hay veces en que me parece que no puedo levantarme de la pena [...] (C-76)

Poco a poco, a fuerza de sufrir —a causa de sí mismo y de los demás— la madurez se acentúa; madurez que consiste, de modo especial, en una mayor comprensión y, en consecuencia, una resignada actitud con respecto a todo cuanto sabe ya perfectamente que no podrá cambiar o evitar. Va diversificando aun más el campo de sus actividades encaminadas, eso sí, a la causa cubana, aunque a veces cualquiera de ellas lo desborde, tal como ocurre con esa admirable iniciativa de *La Edad de Oro*. Muy probable es que haya tenido en mente, de especialísima manera, a la niñez cubana del destierro, de la que debió preocuparse con frecuencia, tal como lo manifestó en alguna ocasión al pensar en los inconvenientes del desarraigo y la adulteración del carácter en tierra ajena. Por eso mismo, le dice a Mercado en una ocasión:

> [...] Mientras me llega la hora de morir en otra mayor [la independencia de Cuba], como deseo ardientemente, en ésta [*La Edad de Oro*] puedo al menos, a la vez que ayudar al sustento con decoro, poner de manera que sea durable y útil todo lo que a pura sangre se me ha ido madurando en el alma [...] (C-77)

Aquí, al final, notamos su profundo sentimiento de esa continua experiencia de vivir a contrapelo de la realidad, decantando lo esencial de su existencia en ese «a pura sangre» de que habla a su amigo y confidente. De ahora en adelante, salvo contadas excepciones, enfrentará con creciente serenidad lo que le salga al paso, pues ha dejado atrás los años tumultuosos en los cuales, carente de la indispensable experiencia, insistía demasiado en adaptar el mundo exterior a su propia concepción de la realidad, fuese deber o ensoñación; de donde, en consecuencia, el cúmulo de fracasos y amarguras que entretejen los años vividos desde el arribo a México, en 1875. Sin embargo, como no puede prescindir completamente de su exaltado temperamento, regido por una manifiesta hipersensibilidad (en el pensamiento como en la acción), vemos que en carta a Fernando Figueredo, en 1892, cuando ya, ¡al fin!, comienza a dar frutos el árbol de tantos años, le habla de su vida como «[...] una vida que no ha empañado ningún acto de mi voluntad, y puede acabar sin miedo, —¡y debiera acabar!— [...]» (C-80) Pero, como decíamos, va invadiéndolo la serenidad hasta dotar significativamente su pensamiento y su palabra de un grave contenido con hálito de eternidad. Así, por ejemplo:

> [...] Suele el hombre en los grandes momentos, cuando lo pone por las alturas la nobleza ajena o propia, perder, con la visión de lo porvenir, la memoria minuciosa de lo presente. Sombra es el hombre, y su palabra como espuma, y la idea la única realidad [...] (C-81)

Pero aún le aguardan severos golpes, mas como casi los espera, ahora puede asimilarlos con una mayor dosis de elevada serenidad y consciente de la necesidad de resignarse a la ingratitud humana. Así es el caso del enojoso incidente con Enrique Collazo —tras quien se esconde ese detestable patronímico tan vinculado a la tiranía en Cuba, ayer como hoy, es decir, Roa. Instigado por este despreciable sujeto (que, renegando de sus laureles en el 68, se fue a España a mendigarle a Martínez Campos las migajas prometidas), Collazo, irascible e impetuoso, acusa a Martí de incitar a la nueva guerra en la que no tomará parte. Sabido es de sobra que el *Apóstol* respondió a semejante calumnia con ese gesto tan suyo en el cual se combinan admirablemente la comprensión y la energía, de tal manera, que sus enemigos (sobre todo, Collazo) acabaron disculpándose, porque esta vez el ofendido disponía del crédito multitudinario de un destierro convencido de la justicia del proyecto martiano. Pero, así y todo, el golpe fue de los de mayor intensidad entre los asestados al *Apóstol*, como corroboración de que su vida seguía siendo esa *agonía* que sólo concluiría con la muerte. Mas la agresión de Roa y Collazo, lejos de dañarlo, contribuye a transparentar aun más su actuación pública, y así lo hace saber a uno de los suyos:

> De lo de Collazo, o Roa, que está detrás, le he de decir que lo creo un bien del cielo, porque mi vida transparente no me la ha de dañar, en lo que sirva a mi país, la falsedad manifiesta [...] (C-82)

Entretanto, prosigue a un ritmo cada vez más vertiginoso sus tareas del recién fundado *Partido Revolucionario Cubano* en 1891. Ya el «árbol» ha echado vigorosas raíces y su follaje tiende a ser cada vez más espeso. La gente, convencida de su recto proceder, responde con entusiasmo a los patrióticos desvelos de aquel a quien, con respetuoso testimonio de reconocimiento, llaman *Maestro*. Ahora es mayor el desvelo y apenas cuenta el reposo, y cuando le preguntan cuántas horas duerme, contesta que cinco, mientras la Patria no sea libre (L-74). Hay, pues, una mayor maceración que deja en el rostro las huellas del desgaste que, al mismo tiempo, lo transfigura, tal como puede verse en los retratos de los últimos años. Así, en mayo de 1893, le escribe de esta manera a Máximo Gómez: «[...] ¿mi vida sin sueño y sin salud, en el cumplimiento mortal de todo nuestro deber, desde el más alto hasta el más humilde? [...] Ya me verá, ahora que voy hecho un cadáver [...]» (C-83) Se tiene por lo que más bien es, o sea la sombra de un cuerpo; y por obra de dicha transformación que, tal vez paradójicamente, parece aquietarlo interiormente (puesto que la inquietud ahora no se diversifica, sino, al contrario, se concentra y se aloja en un solo motivo: el *deber fundamental*), la inquietud ya no es obra del desencanto, sino de la conciencia de una responsabilidad que crece en razón directa del éxito de su gestión patriótica. Pues está lleno de ese deber que lo invade todo, que ocupa y justifica todo su *ser*, de modo que, ahora éste es su *hacer*. He ahí por qué sus escritos tienen un aire de confiada serenidad procedente de la certeza del encuentro con lo buscado durante tantos años, tal como se ve en este pasaje radiante de una carta a su madre:

> Mi porvenir es como la luz del carbón blanco, que se quema él, para iluminar alrededor. Siento que jamás acabarán mis luchas. El hombre íntimo está muerto y fuera de toda resurrección, que sería para mí el hogar franco y para mí imposible, adonde está la única dicha humana, o la raíz de todas las dichas. Pero el hombre vigilante y compasivo está aún vivo en mí, como un esqueleto que se hubiera salido de su sepultura; y sé que no le esperan más que combates y dolores en la contienda de los hombres, a que es preciso entrar para consolarlos o mejorarlos [...] La muerte o el aislamiento serán mi premio único [...] (C-84)

Va dejándose a sí mismo a un lado mientras avanza incontenible el afán no ya de acertar (pues esto ya lo ha conseguido), sino de acrecer y consolidar el acierto; por lo mismo, dice a su madre: «[...] Luego, este hablar de mí mismo, tan feo y tan enojoso [...]» (C-85), pues desea «[...] emplear sereno, en bien de los demás, toda la piedad y orden [...]» (C-85) de que dispone. Aunque, de vez en cuando, algo de lo íntimamente individual se remueva en él, pugnando por recobrar sus perdidos bríos. Pero ya está hecho completamente para los otros, que es el único modo de «[...] adormecer mejor mi bárbara, inacabable pena [...]» (C-85) Se explica, entonces, que envejezca más prematuramente, acopiando consecutivamente previsión y cautela, tal como se ve en una de sus cartas a Máximo Gómez:

> [...] En mí tiene a todo un viejo que no fía al entusiasmo ni al azar sino aquello que inevitablemente y, sobre el pie firme, se ha de dejar a ellos [...] (C-86)

Pero aún le falta apurar más de un sorbo desagradable, uno de los cuales deja de ser metáfora para convertirse casi en mortal realidad, o sea cuando dos desalmados intentaron envenenarlo en su estancia en Cayo Hueso en 1893. Una vez más acepta el golpe, persuadido de que en su vida jamás faltarán obstáculos, pues no se trata ya —ni principalmente— de lo suyo particular, sino de esa otra vida hecha procomún de la causa a la que ha entregado el cuerpo y el alma. Pues ¿qué *Apóstol* no tiene un delator, un traidor? Quienes pusieron el mortal tósigo en el vino que, gracias a la afortunada sospecha oportuna, no llegó a ingerir, no eran sino el brazo ejecutor de lo tramado ¿por quiénes? ¿Alguien, o más de uno entre los suyos? ¿Acaso el Gobierno español, o cualquiera de sus incontables espías, ávidos de hacer méritos con sus superiores? Aunque, según parece, Martí consiguió hablar con uno de los frustrados asesinos (cubano, desgraciadamente), nunca pudo saberse si alcanzó a descubrir a los autores intelectuales del criminal atentado. Desde el punto de vista de su salud —ya de por sí bastante maltrecha— lo ocurrido debe haberle afectado bastante, a juzgar por las cartas cruzadas con el médico Barbarrosa que lo atendió en dicho trance. Pero asimila con gran serenidad este nuevo golpe, en parte, probablemente, por su relación directa con la causa que representa y en la que acaba diluyéndose por completo. Pues para entonces ha dejado de ser alguien individual y concreto para transformarse en *entelequia*, o sea el principio originante y sustantivo de un fenómeno histórico próximo a inscribirse en el acontecer de los fenómenos universales. Por eso mismo, dice en *Patria*, casi inmediatamente después de ese incidente, que no es posible descubrir «una rendija por donde quepa un solo criminal» (porque uno de sus frustrados asesinos acabó arrepintiéndose en su presencia y ganó en la guerra las insignias de comandante).

Muy poco después sobreviene el más decisivo de los graves sucesos de toda su vida —trabajada, como pocas, a fuerza de ser trabajosa—, o sea el de la traición del coronel Fernando López de Queralta, hombre de confianza de los generales Roloff y Sánchez, comisionado por éstos para dar los últimos toques a la expedición que habría de salir del puerto de Fernandina en la Florida. Traición o cobardía (dice algún biógrafo), pero ¿qué más da? Lo grave, gravísimo, para Martí, ahora, ante los demás, es que su riguroso hermetismo —al desconfiar explicablemente de otros— permitía suponer que no había podido ser ayudado más eficazmente, en cuanto a protegerse de riesgos como el que acababa de trocarse en desanimadora confirmación. Pero el nuevo golpe lo hace reaccionar en seguida con mayor decisión y bríos. No en balde ha dicho que aun cuando puedan comerle las entrañas él las sacará triunfantes en el puño. Por lo mismo, en carta a Fernando Figueredo se expresaba —tal como aparece citado un poco antes— con la tranquila certeza de quien tiene por escudo una vida limpia. Entretanto, la *madurez*, que avanza a paso de carga, deja su inequívoca huella en la carne, pues la existencia de personalidad tan singular como la suya no es sino la dolorosa controversia del cuerpo con el espíritu, recayendo uno en otro, amándose y repeliéndose, según la circunstancia. La carne ahogando a veces al espíritu, deprimiéndolo otras, imponiéndose en ocasiones en forma feroz; y el espíritu, por su parte, recelando del cuerpo, detestándolo en más de una oportunidad, quejoso con frecuencia de su sempiterno antagonista. Pero ahora —a comienzos de 1895—, cuando se encuentra casi a punto de morir para entrar en la inmortalidad, siente que ha conseguido —¡al fin!— identificarse con su ideal. Así se lo dice a María y Carmen Mantilla desde la cubierta del vapor que lo conduce a Santo Domingo:

> [...] Lo que me rodea lleva la misma marca que yo. El riesgo común nos ha unido bien, con ayuda de mi servicio real y manso, y —por ahora— he dejado de sufrir. (C-87)

Momentáneamente, *ha dejado de sufrir*, pues se encamina justo a la culminación de aquello entrevisto, soñado, en la niñez, es decir, la libertad de la tierra amada, para la que ha vivido, de un modo u otro, desde entonces. Amor *in crescendo*, sin ninguna interrupción, porque no es posible descubrir la más leve huella de olvido a este respecto. Se ha ido consumiendo paulatinamente en el mal de la Patria, es decir, en esa constante falta de salud cuya causa es el afán de Cuba. A Tomás Estrada Palma le escribe desde las cercanías de Baracoa, para decirle: «[...] Ya entró en mí la luz, Estrada, y la salud que fuera de este honor buscaba en vano. El honor es la dicha y la fuerza [...]» (C-89) Como vemos, su único bienestar consiste en la consecución del bien supremo que es la realización de aquello a lo cual se ha entregado hasta disolverse en él completamente. Pues si, de algún modo, la verdadera felicidad —la única— consiste en desasirse de uno mismo, *objetivándose*, el *Apóstol* José Martí lo consiguió plenamente al efectuar, merced a su obra, aquello dicho antes, o sea convertirse *en* los demás tan exactamente como éstos se convertían a él, lo cual explica y confirma su inmortalidad para los cubanos. Que murió habiendo intuido, al menos una vez, esa coincidencia de su ser con el objeto buscado, se revela emotivamente —¡y cómo!— en estas palabras a quien fue siempre su indeclinable apoyo:

> Es muy grande, Carmita, mi felicidad, sin ilusión alguna de mis sentidos, ni pensamiento excesivo en mí propio, ni alegría egoísta y pueril, puedo decirte que llegué al fin a mi plena naturaleza [...] Sólo la luz es comparable a mi felicidad [...] (C-90)

Ahora le queda por apurar el último sorbo de esa colmada copa de tantas amarguras como debió padecer casi hasta el momento de su muerte. Me refiero ahora al deplorable incidente de *La Mejorana*, lugar de reunión con Gómez y Maceo para discutir los pormenores de la campaña que se avecinaba. Antonio Maceo, molesto con la decisión de Martí de confiar a Flor Crombet (nada afecto al héroe de Baraguá) el mando de la expedición en que éste último y su gente irían a Cuba, tuvo frases y comentarios bastante ásperos para el *Apóstol*, con motivo de las discrepancias sobre la dirección que debía adoptar la contienda y, como es sabido, mientras Martí se decidió por el régimen civil, Maceo entendía que debería establecerse uno militar. Prescindiendo ahora de estos detalles, *La Mejorana* es la definitiva consolidación de todos los instantes de una vida hecha a golpes, imprevistos en apariencia, pero colocados cada uno de ellos en el lugar y el momento inevitable, como lógica consecuencia de la previa disposición de un orden de cosas que «estalla» —digamos así— en ese instante que acumula las tensiones que han de provocar la solución de continuidad. Lo vemos ahora claramente, en la perspectiva histórica que permite comprender que debía ser así. Es el caso del incidente con Gómez y Maceo en el 84; es la violenta ruptura con su mujer y, además, con Enrique Trujillo, en el 90;[23] es el injusto y descomedido ataque de Collazo ese mismo año; es la crisis de *Fernandina* en el 95, y, finalmente, ahora, *La Mejorana*. Pues el curso de los acontecimientos que va él mismo prefigurando imponen inevitables rupturas, debido a insalvables oposiciones, quizá si como el único modo de seguir adelante en la obra propuesta. No se trata, entonces, de algo *gratuito*, sino todo lo contrario: hoy el conocimiento de esa vida excepcional permite saber que hasta los errores cometidos tienen cierta justificación debido a la porción positiva (la mayor) de la grandiosa empresa en que consistió esa vida. Si hay cierto margen de error es porque, como sucede con todo lo humano, el *Apóstol* nunca dispuso del completo conocimiento de las causas motivadoras de tal o cual actitud de sus discrepantes en este o aquel caso; o porque a veces —como le ocurre con su esposa— no pudo evitar rigurosamente la tentación del «cercado ajeno». Lo cual, repetimos —para dejarlo bien aclarado—, en forma alguna supone que no estuviese justificada su actitud en vista del fin supremo del que todos esos sucesos forman parte. De esta manera, al examinar el incidente con Gómez y Maceo en el 84 —como después con este último en el 95— concluimos que, en lo esencial y decisivo —el futuro de la guerra de independencia—, Martí veía con la claridad de que nadie más disponía, ni entonces ni tampoco después. Como, del mismo modo, aun cuando la conducta con su legítima mujer no fuese todo lo diáfana que él mismo hubiese deseado (no faltar al «tercer mandamiento»), al fin y al cabo no es posible prescindir de la complejísima red de circunstancias que lo llevaban a actuar como lo hizo en este caso, y así sucesivamente. Pero sabía, y lo dice a menudo, que las penas purifican hasta dejarlo a uno transparente, tal como se siente en ese momento en que nos hace saber que, al fin, la luz ha entrado en él. E igualmente al comprobar que forma parte de la Naturaleza.

El año 90 accede Carmen Zayas Bazán, por tercera y última vez, a volver a New York con su hijo para reunirse con el marido. La estancia, esta vez, será igualmente breve, pues Carmen decide separarse definitivamente de Martí. Desde luego que no se trata ahora de reconciliación, porque —como dice un biógrafo— «[...] ciertas distancias son definitivas una vez que se ha instalado en ellas otra intimidad [...]»[24] Ahora bien, no sabemos si Carmen volvió por propia iniciativa, o al menos alentando la esperanza de un restablecimiento del hogar deshecho, o cediendo a requerimientos de Martí. Pero lo cierto es que la «intimidad» extramatrimonial seguía su curso, y es de suponer que, también, en esta ocasión ha de haber afectado profundamente a quien se sentía explicablemente desairada tanto en su condición de mujer como de esposa. A lo que parece, la insistencia de Martí en este nuevo reencuentro se debió a la preocupación de saber que su mujer se disponía a educar a *Pepito* en un colegio jesuita. Si tal cosa es cierta, no queda más remedio que admitir un propósito interesado por parte de Martí, que re-

---

23. M. A. Tirado: "Vacilaciones", *Revista Cubana, op. cit.,* pág. 185.
24. J. Mañach: *Martí el Apóstol, op. cit.,* pág. 212.

vela igualmente una completa indiferencia hacia su mujer y la madre de su hijo. Pues si el motivo de la ruptura con Carmen Zayas Bazán se hubiera debido, solo y exclusivamente, al desacuerdo con respecto a la independencia de Cuba, cabría entonces la posibilidad de admitir que Martí tenía razón al sacrificar mujer e hijo a la causa suprema de la libertad de la Patria. Pero téngase en cuenta que la *liaison* con Carmen Miyares era ya un hecho consumado y, probablemente, advertible al llegar su legítima mujer a New York, por vez primera, en 1880. En consecuencia, no es posible, como se ha venido haciendo con demasiada ligereza, cargar toda la culpa del lado de Carmen Zayas Bazán, diciendo que era una mujer egoísta e incapaz por lo mismo, de seguir al marido en su agitado quehacer por la libertad de Cuba.

Con la finura y delicadeza de espíritu que lo caracterizaba, el *Apóstol* debe haber lamentado profundamente esa anormal «relación» mencionada muchas veces en sus versos y en su epistolario. De ahí la dramática situación en que debía encontrarse —desde el punto de vista moral—, mucho más en presencia de su mujer. Pues si todo eso hubiese sucedido porque ella lo abandonó desde el comienzo, se explica —y hasta se justificaría— la busca de un amor capaz de sustituir al esquivo. Pero al no ser exactamente así, tiene que haberse sentido aun más culpable, lo cual ayuda a comprender ese terrible estado de ánimo en que se encontró cuando tuvo lugar la definitiva separación. Ruptura que casi dio lugar a un escándalo público precisamente a causa del inevitable «conocimiento» que el círculo de los desterrados cubanos tenía de estos íntimos avatares de Martí. Por eso, uno de sus amigos y sinceros admiradores —Modesto A. Tirado— nos cuenta lo siguiente:

> Yo recuerdo, yo evoco ahora, aquel otro momento en que Martí, de regreso de una de sus muchas andanzas, no encuentra en su apartamento de la casa de huéspedes ni en ningún otro lugar de la ciudad, a la esposa ni al hijo [...] Y no se me olvida aquel silencio, aquel silencio enorme con que salió a la calle, dejando tras sí lo que es tan común entre nosotros: el apasionamiento, la opinión dividida, los grupos partidaristas, los comentarios vehementes [...]

¡Cómo ha de haber sufrido el *Apóstol* al ver que, de pronto, en un medio donde no faltaban los que lo querían mal, aparecía él como piedra de escándalo justamente en momentos en que tan necesario era conservar el bien parecer entre los demás! Y, como si fuese poco, saberse traicionado por uno de aquellos a quien tenía por amigo de confianza, es decir, Enrique Trujillo, que se prestó a acompañar a Carmen Zayas Bazán al consulado español a fin de que ésta pudiese dejar el país sin el consentimiento del marido. Incalificable conducta de Trujillo, incapaz, por lo visto, de mostrar el tacto y la discreción que requería asunto tan delicado; pues aun cuando fuese débil de carácter, esto no excusa la fea acción desleal cometida con el amigo. Ahora bien, arrepentido de su repugnante proceder, Trujillo intentó reconciliarse con Martí, para lo cual —según cuenta Tirado— se valió de él para que junto con Gonzalo de Quesada y Benjamín Guerra viesen al *Apóstol* y obtuviesen una reconciliación, a lo cual éste se negó en redondo, diciendo que si bien, en cuanto a la lucha por la independencia de Cuba, podrían seguir juntos, en lo personal e íntimo no era posible acuerdo alguno. Y agrega Tirado:

¿Cuáles fueron las causas, las verdaderas y poderosas causas, para aquella lamentable y sorprendente ruptura? [...] Nunca pudo saberse, porque uno y otro se llevaron el secreto a la tumba [...] ¿Dónde tuvo su origen tan desagradable incidente? [...] ¿Fue Martí injusto con Trujillo? ¿Lo fue éste con aquél? [...] ¡Nunca pudo saberse! [...][25]

A consecuencia de tan dramático incidente Martí enfermó gravemente y, en un momento en que Trujillo se acerca a su lecho, se incorpora en él y, altamente colérico, rechaza toda avenencia. Mas acaso tan violenta reacción incluya —parte de la misma— el dolor de admitir ante sí mismo, en lo más íntimo de su persona, que no todo era culpa de su mujer y del falso amigo.

De *La Mejorana* a Dos Ríos apenas median horas que se dirían contadas, pues ya está casi a punto ese dramático momento en el cual dejará de sufrir para siempre; en que acabará de morir de una muerte desplegada ante sus ojos desde sus primeros años. La soberana lección de vivir ha consistido en ir dejando de ser paulatinamente para convertirse en los demás. La estación final del *viacrucis* será precisamente aquel campamento donde, por llevar adelante su noble y acertado propósito democrático de una República con el concurso de todos, se ha convertido otra vez en motivo de discordia. Pero a estas alturas sabe muy bien que su vida, mientras aliente, sólo puede ser agonía, es decir, lucha consigo mismo y con los demás. La tranquila aceptación de su destino como algo irrevocable lo llena de total placidez y tranquilidad, porque, sobre todo de un tiempo a esta parte, vive convencido (tal como él mismo lo ha dicho) de que está dispuesto *ya* a dar su vida definitivamente por el ideal al que se dedica sin descanso.

Cuerpo y alma han madurado al par, en una vigorosa interacción que, pudiera decirse, establece el adecuado equilibrio entre ambos. Pasiones y achaques son los estímulos responsables de esa *madurez* sin la cual, por otra parte, jamás hubiera alcanzado lo propuesto, pues de los errores provenientes de los impulsos del ánimo viene la experiencia que, como siempre, consiste en advertir, rectificar o prevenir. Pues el hombre carece de presciencia y sólo el error le revela la verdad. Además, en buena parte, la experiencia es la conciencia —cada vez más aguda— de que no es fácil imponer nuestro deseo a los demás, no importa cuán justificado sea; que es menester un gran acopio de paciencia porque, en definitiva, la realidad circundante es siempre obstáculo, y sólo convenciendo se vence. También ha aprendido a embridar sus pasiones, pues espíritu tan emotivo como es el suyo ha debido pagar el fuerte tributo de incontables tribulaciones ocasionadas por una precipitación de la cual se lamenta después: el apresurado casorio, el *affaire* Carmen Miyares, los conflictos con la emigración cubana, etc., forman parte del repertorio de sabias lecciones, paulatinas depuradoras de su personalidad, hasta dotarla de esa *transparencia* a que se refiere en carta a Estrada Palma. Por lo mismo, del joven impulsivo de 1875 en México a ese otro hombre de faz demacrada y ardidos ojos de 1895 hay todo ese áspero recorrido que, según el clásico latino, es indispensable cuando se asciende a las alturas.[26] De ahí, en consecuencia, lo interesante que resulta esa *iconografía* suya entre las dos fechas mencionadas. A lo largo de ella es posible advertir que la madurez del *Apóstol* es siempre una inequívoca señal de precocidad, pues en cualquier momento de su vida anímica se adelanta notoriamente a lo estrictamente cronológico. Así, el hombre de cuarenta

---

25. M. A. Tirado: "Vacilaciones", *Revista Cubana*, La Habana, 1953, pág. 185.
26. Cf. nota 14 del capítulo I.

y dos años que sucumbe en Dos Ríos atesora la *experiencia* y el *saber* del anciano de setenta. Y aún más, eso otro que raras veces acompaña al saber en general, es decir, la *sabiduría*: conocimiento implícito que atiende, sobre todo, al profundo sentido de las cosas, en procura del «misterio» que es cada una de ellas cuando se atiende a verlas *ex abundantia cordis*.[27]

Dos Ríos es el «Gólgota» de una pasión vertida en innumerables cauces: amor al semejante, a la Patria, afán de justicia, busca empeñosa de la libertad, culto a la belleza, y otros más. Pasión encarnada en un cuerpo que gime bajo el peso de tan variadas emociones y resiste, sin embargo, como si no debiera acabar sino en el momento indicado; si bien, desde el punto de vista rigurosamente lógico, accidental, por lo que tiene de inevitable conclusión, se muestra como aquello capaz de calificarse (por desdicha, retóricamente) como el «encuentro» con el Destino (¡oh, Dios mío, otra vez aquí la palabra al acecho!) Pasión que impulsa y acelera el normal proceso de madurez humana, habida cuenta del modo como se impone esa pasión, sobrepasando lo demás, de manera que una vida así se convierte en inacabable suma de tensiones dotadas, por supuesto, de lúcida conciencia reguladora y que las aplica al caso propuesto con depurado sentido de responsabilidad. De ahí, finalmente, el sufrimiento constante que destruye el cuerpo y aquilata el espíritu hasta convertirlo en Señor absoluto de todo.

---

27. San Mateo: XI, 34. La frase completa dice: "*Ex abundantia cordis os loquitur*" (De la abundancia del corazón habla la boca). Cf. Cervantes: *Don Quijote de la Mancha*, Parte II, cap. XII: "De la abundancia del corazón habla la lengua."

Capítulo IV

HUMILDAD Y ABNEGACION, ENTEREZA Y AUSTERIDAD

Amo y trabajo: así calladamente
nutre el río a la selva en la espesura.
¿En pro de quién derramaré *mi vida?*
Como la queja deshonra,
yo no me quejo.
Cual daga cruel que hiere al que la blande
los vicios, y cual límpidos escudos
las virtudes.

Cuando nos planteamos el problema de la *humildad* hemos de preguntarnos, ante todo, si es virtud innata o adquirida; como, asimismo, si posee un origen sobrenatural o, por el contrario, pertenece al repertorio de los atributos naturales del hombre. De todos modos, la cuestión es sumamente difícil, porque tal vez puede uno decidirse por cualquiera de ambas explicaciones. Sin embargo, la humildad tiene mucho que ver con la disposición de ánimo consistente en estar presto siempre al desasimiento terrenal del modo más riguroso posible, en particular con referencia a la *piedad* hacia otros y el abatimiento de la *soberbia*. Tenga o no origen sobrenatural —que bien pudiera ser—, es indudable cierto carácter «evangélico» en la humildad entendida en su más auténtica disposición. *Sin* piedad y *con* soberbia, de ninguna manera se puede ser humilde, porque mientras la primera es el desasimiento y olvido de sí propio en servicio a los demás, la segunda se le contrapone y la anula debido a que representa la atención más enérgica y avasalladora que una persona puede prestarse a sí misma. Pues se da hasta el caso de que el menosprecio de uno mismo no sea sino solapada manifestación de amor propio, tal como —según cuenta Tertuliano en su *Apologética*— sucede con Diógenes *el Cínico*, quien entrando una vez en casa de Platón comenzó a hollar las alfombras, y al preguntarle el filósofo: «¿Qué haces?», respondió de este modo: «Aquí me tienes, hollando y acoceando el fausto y soberbia de Platón.» A lo cual respondió el filósofo: «Huéllalos, mas con otro fausto»,[1] es decir, con la soberbia de una vanidad quizá la peor de todas: la vanidad de la humildad. Por eso dice San Agustín que «[...] es menester que todas las obras vayan muy guarnecidas y acompañadas de humildad, al principio, al medio y al fin; porque al menor descuido dejamos entrar la complacencia vana, con lo que todo se lo lleva el viento

---

1. Tertuliano: *Apologético*, 582.

de la soberbia».² Solamente, pues, con la compasión y desprovisto de toda soberbia es que se puede ser humilde, lo cual supone la intervención de otro elemento indispensable, o sea la *caridad*. San Agustín creía que el paganismo jamás conoció la verdadera humildad (o sea la única), debido a la ignorancia de un factor tan esencial, y tal vez esté en lo cierto, porque, por ejemplo, la humildad socrática es producto más bien de razonada especulación y, además, se presenta en sus diálogos como la «apariencia» de que se vale el filósofo para desplegar su formidable ironía. Mas con todo, de no haber sido Sócrates hombre de humilde talante, jamás habría podido calar tan profundamente como lo hace en la vanidosa autosuficiencia ajena. Aunque cuando el Obispo de Hipona dice que

> [...] en aquellos romanos y filósofos antiguos no había virtudes verdaderas, no sólo por faltarles la caridad, que es la que da forma y da vida y ser a todas, y sin la cual no hay ninguna verdadera y perfecta virtud, sino porque les faltaba también el fundamento de la humildad [...],³

tal vez haya algo de esto si se tiene presente que la caridad es como sentir en uno mismo al prójimo con mayor preocupación de la que suele ponerse en la propia persona, es decir, con el *desinterés* capaz de provocar el olvido del ser de uno. De ahí, entonces, que la humildad, al provenir de la caridad, supone el impulso carente de toda deliberación, o sea sin predeterminación alguna *hacia* el prójimo; impulso desprovisto de consideraciones sobre la necesidad, la conveniencia, el valor (o lo que sea) de acudir en ayuda de otro. A lo cual tal vez se deba que la humildad, por ser *don* y no adquisición (en el caso de resultar de esta manera), consista en obrar automáticamente, en forma impensada, ocurriendo con esto lo que dice Aristóteles: «Al que tiene adquirido perfectamente el hábito de algún arte, le es tan fácil obrar los actos de éste, que no ha menester ponerse a pensar, ni a deliberar, cómo los ha de hacer, para hacerlos bien.»⁴ O sea que no se conoce la virtud en las cosas que se llevan a cabo mediante larga deliberación, sino, al contrario, en aquellos actos en los cuales no paramos mientes. ¿Será, pues, cierto, que humilde es quien puede y no quien quiere? La cuestión es sumamente difícil de resolver, porque, de algún modo, aun cuando es posible la humildad «relativa» —es decir, basada en cierta conciencia de que debe ser así—, muy bien pudiera ocurrir que, *stricto sensu*, no la haya sino en quien, de antemano, está siempre en el *impulso* conducente a prescindir de sí mismo para convertirse en la realidad ajena que reclama semejante desinterés. En consecuencia, la humildad impone vivir desconocido del mundo, en perpetuo anhelo de oscuridad y anonimato, salvo cuando se trata de obrar única y exclusivamente en favor de los demás, pues «[...] el humilde está soterrado, se le huella y tiene en poco, y si bien parece carecer de brillo y resplandor, arrinconado y preterido, eso es justamente lo que lo conserva y hace crecer [...]»⁵

Séneca vio la humildad desde el punto de vista de la pequeñez humana, y se explica que sea así porque llegó a atesorar una amarga experiencia de la insignificancia del hombre frente a la complejísima realidad que acaba atrapándolo como al insecto la tela de araña. Además, su misma vida es constante fluctuación entre una y otra menudencia de esas que forman el

---

2. San Agustín: *Epístolas*, 56 (*Ad Dioscorum*).
3. San Agustín: *De Civitate Dei*, libro V, cap. 5.
4. Aristóteles: *Etica a Nicómaco*, III, c.8.
5. San Gregorio: *Moral*, libro XXVII, cap. 46.

trato con los demás, donde hasta lo susceptible de parecer grandioso es sólo mera apariencia, y por lo mismo dice: «[...] la dificultad máxima la tienes contigo; tú te eres estorbo a ti mismo. No sabes lo que quieres; apruebas mejor la honestidad que no la sigues: ves donde está puesta la felicidad, pero no te atreves a llegar a ella. Voy a decirte yo cuál es el estorbo que te lo impide, puesto que tú poco lo ves: estás convencido que son grandes las cosas que has de dejar, y así que te propusiste aspirar a aquella seguridad a la cual has de enderezar tu camino, retiénete la brillantez de la vida [...]»[6]

Es preciso, entonces, sentirse constantemente *injustificado* para ser, en efecto, humilde; algo así como estar dominado por una especie de profundo desaliento de sí mismo que lleva a buscar en otro la propia justificación, ésa que absuelve de la culpa de vivir, del «delito de haber nacido» de que habla Calderón. Cuando se es capaz de experimentar esa pequeñez irrefragable es cuando adquiere nuestra vida el sentido de necesaria presencia en el mundo y nos disponemos entonces a ser plenamente *los demás*. Lo cual explica perfectamente la *magnanimidad* que muchas veces acompaña al humilde (tal como sucede con Martí), pues la necesidad de darse a cuanto no sea él mismo lo lleva a hacer grandes cosas, aunque no en su provecho ni mucho menos dominado por el afán de gloria o fama, pues «[...] toda la del mundo cabe en un grano de maíz [...]» (D-37) A este respecto es concluyente lo que dice Tomás de Aquino:

> Lo segundo que tiene el magnánimo, que es desear cosas grandes y que sean en sí dignas de honra, tampoco es contrario a la humildad, pues aunque el magnánimo desea hacer esto, no lo desea por la honra humana, ni ése es su fin; merecerla, sí; pero no procurarla ni estimarla. Antes tiene un corazón tan despreciador de las honras y deshonras, que nada tiene por grande como no sea la virtud, por cuyo amor se mueve a hacer grandes cosas, despreciando la honra de los hombres.[7]

La humildad es, pues, el punto de la exacta valoración de nuestra personalidad cuando se le compara con todo aquello en que consiste esencialmente la condición ética del hombre. Porque todo eso que no somos nosotros, pero debemos alcanzar, se nos da en la medida en que el propio desinterés se convierte en realización del bien ajeno, pues nos libra del egoísmo y la soberbia; contravalores en los cuales se aloja la negación de lo auténticamente humano. Así, cuando Martí dice: «[...] yo gozo con que los demás valgan [...]» (D-15), está efectuando eso mismo a que acabamos de aludir, y sólo de esta manera es posible adquirir la única grandeza disponible, como es exactamente su caso, ya que al ofrendarlo todo —vida y muerte—, sin segundas intenciones, llega a poseerlo todo bajo la especie de una famosa inmortalidad. Mas, se diría, semejante decisión no puede adoptarse a menos que, de antemano, se esté dispuesto a ella, lo que viene a confirmar lo dicho antes con respecto al *carácter innato* de la humildad. Pues si bien el hombre como Martí es consciente de la obligación y el valor de lo humilde, dicha percatación no hace sino comprobar, confirmándolo, que previo a dicha conciencia hay el impulso inevitable capaz de dirigirnos a los demás en tanto nos separamos de nosotros mismos, porque sólo esto último puede garantizar el desinterés de la aproximación al prójimo. Cabal limpieza de espíritu que posibilita la realización de grandes acciones a las cuales cabe denominar *magnánimas*.

---

6. Séneca: *Cartas a Lucilio*, libro 2.º, XXI.
7. Tomás de Aquino: *Suma Teológica*, 2-2, quaestio 129, art. 2 ad 3.

Ahora bien, la descripción que hemos venido haciendo de la humildad es de indiscutible naturaleza cristiana, la misma que descubrimos en Martí. Pues si bien no fue nunca, en punto a creencia religiosa, ni ortodoxo ni practicante, no es menos cierto que el ideario y la conducta son innegablemente *evangélicos*, como, por ejemplo, en este pasaje suyo:

> Jesús, amigo mío, escribió tan poco! Ganar un alma, consolar un alma, ¿no es mejor que escribir un artículo de oropel, donde se prueba que se ha leído esto o aquello? Menos palmas y más almas. Yo quiero consolar al triste, enseñar al confuso lo que hay de verdadero en su doctrina, y no lo que hay de ira y soberbia, y mucho amor de sí; yo quiero que el rico vea y entienda la amargura toda, y la amarga raíz de la vida del pobre, y en cuanto el pobre lo es por la injusticia natural, o lo es por la injusticia o la ignorancia humanas [...] (D-126)

¿Acaso no hay aquí toda la mansedumbre y el espíritu de sacrificio de la letra del Nuevo Testamento? Incluso al referirse a Cristo Jesús a quien toma de punto de partida. De este talante, como tendremos ocasión de verlo, es todo el pensamiento martiano en su referencia a la humildad y la abnegación. Desde el punto de vista laico, pero imbuído de profunda religiosidad, el ideario martiano ofrece las pruebas necesarias de una humildad que no por innata y, en consecuencia, espontánea, deja de ser consciente, es decir, deliberada con referencia al propósito fundamental del bien ajeno, que es siempre su objetivo. No es, pues, humildad que se reduce a serlo para sí misma, sino esta otra que se concierta con la magnanimidad, porque únicamente de este modo puede haber *grandeza* que se justifica al emplearla en beneficio de los demás, de manera que «[...] la propia grandeza no es más que el deber de acrecentarla con nuestras propias labores [...]» (D-34); cultivo de los dones, no para el provecho propio, sino, al contrario, con la finalidad de que alcance al semejante. En consecuencia, los dones no son de nadie en particular, sino préstamo que debe reintegrarse en forma de *obras* capaces de redimir ajenas limitaciones. Es la callada y amorosa tarea de *La Liga*, donde niños, jóvenes y ancianos dejan a un lado la desdicha de la ignorancia; como lo es igualmente *La Edad de Oro*, y otras tantas concreciones de lo que su pensamiento expresa en estas líneas:

> El genio no puede salvarse en la tierra si no asciende a la dicha suprema de la humildad. La personalidad individual sólo es gloriosa y útil a su poseedor, cuando se acomoda a la persona pública [...] (D-114)

Por eso, pudo decir en otra ocasión: «[...] Yo no he hecho nada aún, más que sentir en mi rostro la bofetada de la soberbia a la humildad y vivir para abogado de humildes [...]» (D-115), porque, en efecto, a esa altura de su vida, sabía muy bien cómo era él mismo y qué podía esperar de los hombres. Lo cual no estorba en absoluto su decisión —que es como una vocación —de echarse a cuestas cuanta humana deficiencia lo enfrenta, pues —así lo dice— es una de esas dos clases de seres en que, según cree, se divide el género humano:

> Dos clases de hombres hay: los que andan de pie, cara al cielo, pidiendo que el consuelo de la modestia descienda sobre los que viven sacándose la carne, por pan más o pan menos, a dentelladas, levantándose, por ir de sortija de brillante, sobre la sepultura de su honra: y otra clase de hombres, que van de hinojos, besando a los grandes de la tierra el manto [...] (D-29)

Pero el *Apóstol* se mueve entre los hombres, y la empresa a que dedica su vida es la de conseguirles una doble independencia: por una parte —sea quien sea— ayudar a hacerlos libres de los males y dolores a que se encuentran sometidos; de otra (el caso de sus compatriotas), la libertad de Cuba. Ambas cosas requieren un difícil equilibrio, pues ha de ganarse a los demás para esa doble causa con aquello que él mismo concebía como «[...] definitivas [...] conquistas de la mansedumbre» (D-36); pero si bien «[...] la victoria está hecha de cesiones [...]» (D-42), esto no significa que vaya a ceder yendo más allá de aquel límite donde, de hacerlo, perdería toda su eficacia el quehacer enérgico en que de continuo se halla sumido. Cierto es que la soberbia es detestable, pero, tal vez, no del todo; como también la humildad puede acabar siendo ineficaz o hasta contraproducente con el fin propuesto: «[...] El exceso de soberbia daña; pero el exceso de humildad lastima y deshonra.» (D-4) He ahí el equilibrio de que hablamos, advertible en determinados momentos de su vida —eso sí, decisivos—, como, por ejemplo, en la famosa carta a Máximo Gómez en el 84 y en la respuesta a Collazo en el 92; porque ambas reacciones ponen de manifiesto que, en efecto, puede haber tanto una explicable soberbia aceptable como una inaceptable humildad. Por lo mismo, ambas son indispensables, según la circunstancia, porque el mismo Cristo (síntesis perfecta de toda posible humildad) no vaciló en arrojar a latigazos del templo a los mercaderes. Hay, pues, un límite al desprecio de sí mismo y a la sumisión a los demás, que sólo se justifica al referirse al prójimo en su servicio, bien directamente o a través de una idea. Pero, eso sí, por otro lado, es necesario que nos sometamos a la dura disciplina de esa «milicia de la vida» según la cual —dice Gracián— es posible escapar a la «malicia de la vida».[8] Martí hace suyo este principio, y dice: «[...] Que en la escala moral de fiera a hombre, hay sus grados, como en la escala zoológica. La victoria está en humillar la fiera [...]» (D-29); «fiera» que todos llevan consigo y a la cual han de reducir constantemente a la obediencia.

La humildad, en el caso de la excepcional calidad de Martí, es tanto más de admirar cuanto que se trata del hombre de pensamiento dotado de extraordinario talento y gran poder persuasivo. Porque nada de esto pudo envanecerlo jamás hasta el punto de creerse en posesión de un privilegio con respecto a los demás. El *memento mori* lo acompañó constantemente, proveyendo la liberadora lucidez que hace ver la pequeñez humana en comparación con la inmensidad de lo real, capaz de reducirnos a ese punto en relación con el infinito abarcador de nuestra insignificancia. Porque, además, a esta desalentadora desproporción, que es para el sensato la mayor de las lecciones, se añade esa otra, no menos abrumadora, de la duración de lo existente.

> [...] ¿Qué será de la plumilla ruin que escribe esto, cuando así yacen debajo de la tierra, con los pueblos que los admiraron, los monumentos nacidos a conmemorarlos? ¡Qué ridícula la soberbia humana! ¡Qué sabia la modestia! ¡Qué mundo inmenso el mundo en que es tan pobre cosa un hombre que padece tanto! [...] (D-33)

Sí, en efecto, es inmenso, inabarcable hasta con la imaginación, ese mundo hecho para el padecimiento humano, ¡y, por lo mismo, es «tan poca cosa»! Porque, de veras, jamás atinamos completamente ni siquiera con una

---

8. Baltasar Gracián: *Obras Completas*, ed. "Aguilar", Madrid, 1960, pág. 154 ("Oráculo manual", 13).

de ellas entre tantas como despiertan nuestro afán. A esto se debe la inagotable *inmensidad* del cosmos, pues aunque fuese tan pequeño como somos nosotros, si la variedad de oposiciones y resistencias que nos ofrece es la misma, el hombre seguiría siendo el ser fragmentario incapaz de realizar nada completamente. Por eso, la muerte lo libera decisivamente del forcejeo que hace decir a Segismundo: «¿Y yo con más albedrío — tengo menos libertad?»[9] Libertad que sirve —cuando se le da sabio empleo— para convencerse de que la estimación de uno mismo es tal vez el peor engaño de sí propio, de manera que jamás pasa de ser ficción. En consecuencia: «[...] todo se puede fingir menos la estimación de sí propio [...]» (D-70); estimación que se queda siempre en algo así como el puro «aliento de la voz» de que hablan los escolásticos. Sólo la efectuación de lo que se atesora, en punto a tal o cual capacidad, en servicio a otro, justifica su aprecio o su reconocimiento. Así, pues:

> Huelgan los monumentos cuando los erige la vanidad o la lisonja, o el patriotismo satisfecho con poner en mármoles fáciles el ansia de libertad que no acierta a poner su floja y vana aspiración en obras [...] (D-104)

La *fama*, ese afán que desvela a tantos y, en definitiva, es siempre relativa posesión, no inquieta al *Apóstol*, para quien la vida es siempre un *deber triste* porque supone esforzarnos en aliviar el mal; pues, mírese como se quiera, el bien es siempre el reemplazo del mal en lo que éste tiene de carencia de una de esas positividades capaces de edificar. Quien antepone la idea de la fama a aquello de donde puede provenir, obra insinceramente, con cierta malicia que desnaturaliza la consecuencia del acto puesto por obra. No hay tiempo ni lugar en el quehacer martiano para semejante preocupación, pues está convencido de que su vida no le pertenece, sino que le es ajena en la medida en que, para justificarla, ha de depositarla en los demás. Purísima conciencia de la dramática naturaleza del vivir, cuando, en vez del repertorio de automatismos en que se convierte muchas veces, es capaz de mostrarse como aquello de la *«certissima scientia clamante conscientia»*, a lo que responde perfectamente este pensamiento del *Apóstol*:

> [...] Yo no trabajo por mi fama, puesto que toda la del mundo cabe en un grano de maíz, ni por bien alguno de esta vida triste, que no tiene ya satisfacción mayor que la de salir de ella: trabajo para poner en vías de felicidad a los hombres que hoy viven sin ella [...] (D-108)

Y de ahí que desde muy temprano en su vida, o sea a los veintiún años de edad, diga: «[...] yo quiero cuidar mucho mis derechos a la consoladora estima de los hombres [...]» (D-12), porque desea ser constante motivo de aprecio gracias a una conducta invariable en sus relaciones con los demás, basada en la equidad (que es la justicia) y la piedad (que es el amor). Consciente simplicidad del alma, porque rehuye esas complicaciones en cuyos pliegues se enredan la vanidad y la soberbia. Así se mantiene hasta el final de sus días, como lo prueban estas líneas escritas a poca distancia del lugar donde lo envolverá para siempre ese «silencio mayor — donde todos somos iguales» (D-134):

> Mi alma es sencilla. En vez de aceptar, siquiera en lo íntimo de la conciencia soberbia, este título [«el Presidente»] con que desde mi aparición en

---

9. P. Calderón de la Barca: *La vida es sueño*, jornada I, escena 2.

estos campos me saludaron, lo pongo aparte, y ya en público lo rechacé, y lo rechazaré oficialmente, porque ni en mí, ni en persona alguna, se ajustaría a las conveniencias y condiciones recién nacidas de la Revolución [...] (D-125)

Profundamente vinculada a la humildad se encuentra la *abnegación*, y éste es el motivo por el que tratamos conjuntamente ambas virtudes. Ahora bien, en el caso de Martí la abnegación reviste varias modalidades, si se tiene en cuenta, por un lado, su intensa penetración en los senos de la realidad, y, del otro, cómo se aplica a la tarea fundamental para él de la independencia de Cuba. Así, pues, espigando en la obra escrita todas las ocasiones en que el *Apóstol* actúa como hombre abnegado, vemos que es posible hacer la siguiente clasificación, desde luego que con carácter relativo:

Abnegación
a) En sí mismo
b) Como *entrega* a los demás
c) Contrapuesta al egoísmo
d) Desde el talento
e) En la Revolución

De esta manera, una virtud eminentemente sutil, como es la *abnegación*, adquiere concreta consistencia, corporizándose en distintas manifestaciones del talento y la voluntad martianos, porque —como sabemos— toda su virtud vibró siempre al compás de esa doble preocupación por el semejante y la Patria, y, en consecuencia, su abnegación era callada y mansa actitud que obraba febrilmente en una diversidad de circunstancias a las que era preciso aplicarles el espíritu de sacrificio que lo abnegado conlleva, porque si el sacrificio necesario no cuenta con los demás, sólo queda el recurso de ofrecerse uno mismo, adelantando con el ejemplo aquello que otros imitarán después. De todos modos, es siempre igual: prescindir de sí propio y convertirse en los demás como la única forma posible de convertirlos en la causa por la cual se vive y muere.

Ahora bien, la abnegación, tal como lo dice su etimología (elipsis de *abnegatio sui*) es prescindencia o negación de uno mismo, porque se siente que, en sí mismo, no hay jamás la justificación capaz de dotar a la vida de un sentido o significado coherente con la esencia de la persona. Pues no todo el mundo (ni siquiera una relativa mayoría) consigue realizarse como persona, sino que, por el contrario, vive enmarcado en una estrecha relación de su ser con la inmediatez del universo material; de ahí ese afán con que obra constantemente el hombre vulgar, atraído hasta la fascinación por la materia, cualquiera sea la forma que revista. Los de este género: egoístas, ambiciosos, vanidosos, etc., jamás perciben la gratuidad de semejante proceder, que nunca va más allá de automáticos intercambios entre el yo y las cosas; y, por lo mismo, se sienten satisfechos de su conducta, henchidos de una pasajera felicidad en la que cifran el deleite de vivir. Pero el *Apóstol* es del otro linaje: el de los que ven «[...] a los hombres como hermanos en desgracia a quienes confortar y mejorar, aun a despecho suyo [...]» (D-54) Pues aquí está el toque, es decir, en considerar al hombre como el ser siempre *menesteroso*, carente de lo que, aun sin sospecharlo, necesita más, o sea la *coincidencia consigo mismo*. Coincidencia que sólo se consigue a medida que la «alteración» (estar en otra cosa) se reemplaza con el «ensimismamiento» (estar en sí). Es la recomendación agustiniana que Martí hace suya desde muy joven: «No salgas de ti, sino en ti permanece, porque en el hombre interior se aloja la verdad.» [10] Mas no se trata, por supuesto, del egoísmo a lo Montaigne: «No te des a nadie, salvo a ti mismo»;[11] lejos de ser así, esa «permanencia» significa, al mismo tiempo, que ella contiene los valores esenciales de la personalidad humana; de esta manera, por ser coexistentes en todo hombre, al desplazarnos hacia los mismos ampliamos nuestra propia «permanencia» en lo que, de suyo, es incuestionable autenticidad humana. No es ir a otro para adquirir lo que de pegadizo tiene, sino reforzar una intimidad con otra mediante la comunidad de atributos indispensables a la verdadera *condición humana*.

De este talante es la abnegación martiana, pues su fino espíritu, innegablemente dotado de superior religiosidad (esa *religatio* o vinculación a las manifestaciones más exaltadas de la realidad), mantiene en él siempre una lúcida conciencia de la exclusiva importancia del espíritu frente a la materia, que es el obstáculo para el desarrollo de aquél. Por eso, en la temprana fecha de su vida que es el año de 1875 nos dice lo siguiente: «[...] Hay un dulce martirio en inmolar las propias aspiraciones al bien público [...]» (D-2), y nótese que se vale de la contradicción (es claro que, en este caso, aparente) entre «dulzura» y «martirio». Pero, en efecto, es así como santos y mártires («testigos») concebían su paso por la tierra, en forma de un dolor que, al ser consecuencia de ofrecerse íntegramente al bien de otros, sólo puede causar el más depurado deleite —ése que proviene del beneficio ajeno, en quien, al disolverse, hallamos la justificación de nuestra vida. Y es porque el *Apóstol* (¡cuán a punto ahora el apelativo!) sabe dar justo con lo que constituye la esencia de la persona humana, vista en su auténtica realidad: «[...] Hay en el hombre errores que son humanidades; y abnegaciones, que son divinidades intuitivas [...]» (D-9) En efecto, no es posible desprenderse completamente de la posibilidad de no acertar; pero, al mismo tiempo, lleva consigo el hombre la facultad de percibir aunque sea alguna partícula de la divina luz, que hace de él esa *scintilla dei* a que se refiere el Maestro Eckhardt. La abnegación, en cuanto adivinación de Dios, o de facultades de éste, es para Martí la *intuición* del Ser Supremo por parte del hombre. (¡Qué chasco para quienes intentan identificarlo con un vulgar marxista ateo!)

Finísima cualidad que muy pocos están dispuestos a compartir, porque asusta demasiado —con suma frecuencia— ser «otro» y no «uno», aunque, en definitiva, esta negación confiere la verdadera plenitud a la cual Martí aspira constantemente. ¡Qué difícil es saber prescindir de sí mismo, deponiendo egoísmos y soberbias! Abnegación —dícenos— a la que «[...] han llamado miedo los que no son capaces de ella! ¡Los que sólo a sí ven en el mundo, y a su engrandecimiento propio! [...]» (D-66) Pero, eso sí, es imprescindible disponerse a ser yunque en donde machaque de continuo la intolerancia ajena, presta siempre a olvidar la viga del propio ojo: «[...] Vine al mundo para ser vaso de amargura. Que no rebosará jamás, ni enseñará sus entrañas, ni afeará el dolor quejándose de él, ni afligirá a los demás con su pena.» (D-74) Actitud que supone, tal como ya hemos visto, una cabal disposición hacia el desinterés más absoluto: «[...] Doy cuanto tengo —el bienestar que tuve, y mi vida. Sé dar más que pedir [...]» (D-117) Así le dice a alguien al que acude en solicitud de auxilio económico de la Revolución casi a punto de empezar, y en la que dejará su propia vida.

---

10. San Agustín: *De vera religione*, XXXIX, 72.
11. M. de Montaigne: *Essais*, libro I, "De la verdad".

Pide, mas no para él, sino, como siempre, para los demás, porque, en fin de cuentas, éstos son sus compatriotas, dentro y fuera de Cuba, a quienes quiere hacer libres de la tiranía española. Pues, sin desmayo alguno, tiene fe en la rectitud del proceder de hombres como él mismo, lo que explica y justifica estas palabras suyas a dos de sus más fieles y valiosos colaboradores: «[...] No puede ser que pasen inútiles por el mundo la piedad incansable del corazón y la limpieza absoluta de la voluntad [...] (D-123)

Otra manera de presentarse la abnegación en la vida del *Apóstol* es la *entrega a los demás*, es decir, al efectuar la traslación afectiva que coloca a otro en el lugar del que transfiere su sentimiento de solidaridad al semejante. De este modo, cuando dice: «[...] yo gozo con que los demás valgan [...]» (D-15), sus palabras expresan la convicción de que es necesario depositar en el prójimo el reconocimiento de algo positivo que tampoco rechazaríamos en nosotros mismos, aun cuando no nos lastimaría descubrirlo en ese otro antes que en nuestra persona. De ahí a la formulación de un brevísimo ideario donde se alberga la disposición al sacrificio, sólo hay un paso:

[...] Que es ley de los buenos ir doblando los hombros al peso de los males que redimen. ¡Los redimidos, allá en lo venidero, llevarán a su vez sobre los hombros a los redentores! (D-18)

Pues se trata, efectivamente, de cierta forma de predestinación a un cierto discreto martirologio, tan callado, que apenas llega a los demás; pero, por lo mismo, mucho más apreciado por quien lo padece, aceptando la fatalidad de semejante actitud ante la vida. Dulce resignación, expresada a veces de esta manera: «[...] yo no puedo ser feliz, pero sé la manera de hacer feliz a los otros.» (D-20) Pues la *entrega* es inevitable destrucción; mas, ¿acaso hay otra forma de completa realización fuera de lo que se da en el desasimiento de quien renuncia a ser él? La opinión es, pues, clara y terminante: o nos cerramos en nosotros mismos, o nos abrimos de tal modo que por esa abertura puedan pasar todos al campo de nuestra compasión.

[...] Quien se da a los hombres es devorado por ellos [...], pero es ley maravillosa de la Naturaleza que sólo esté completo el que se da; y no se empieza a poseer la vida hasta que no vaciamos sin reparo y sin tasa, en bien de los demás, la nuestra [...] (D-24)

¿Cómo no va ser así, habida cuenta de la inacabable controversia entre esas dos naturalezas humanas tan distintas y, por lo mismo, tan opuestas entre sí: la de los que hacen y aman *vs* la de aquéllos que destruyen y odian? Interminable lucha que ha hecho la historia del mundo, en una especie de «maniqueísmo» que desata en abierto combate a la luz y a la sombra, convocando a esta liza a todos los hombres, que se abrazan a uno u otro bando, según el espíritu predominante en ellos. Martí ha podido constatar cuán cierto es todo esto, pues desde la adolescencia viene sometido al choque entre ambos linajes, siempre —por supuesto— en su caso del lado del amor y de la luz, y, por lo mismo, sintiendo en la carne y el espíritu la feroz acometida del opuesto linaje. En consecuencia, asombra ver cómo a edad relativamente corta aún (veintisiese años) puede ofrecer el testimonio del drama de dicha controversia:

> [...] El que desmaya ve con ojos de ira al que no desmaya: el perezoso al laborioso; el que se doblega a la adversidad, y precipita su derrota con su cobardía, aborrece al que sonríe a la adversidad [...] Los impacientes odian al paciente; los soberbios que anhelan un precio exagerado y prematuro a condiciones que no cultivan, ni utilizan ni riegan, execran y persiguen a los mansos que han labrado sus recompensas con sus virtudes, su fama con su esfuerzo, su gloria con sus dolores [...] (D-27)

Porque la ley suprema es el *amor*. Quien ama, por esto mismo edifica, continúa lo hecho, estimula con el ejemplo. Mas ya se sabe que amar no es cosa fácil, porque en el hombre —como lo dice el poeta— «hay mala levadura»,[12] ésa que contiene como ingredientes el egoísmo, la soberbia, la vanidad, la poquedad de ánimo, etc., y, en consecuencia, raramente se comprende —mucho menos se estima— al que de veras sabe amar y hace de su vida una gratuita entrega. De esta manera, «[...] cuando, con el corazón clavado de espinas, un hombre ama en el mundo a los mismos que lo niegan, ese hombre es épico [...]» (D-101) Pero el que ama de manera universal —como es el caso del *Apóstol*—, puede comprender muy bien esto que dice él:

> [...] La única gloria verdadera del hombre —si un poco de fama fuese cosa alguna en la composición de obra tan vasta como el mundo—, estaría en la suma de servicios que hubiese, por sobre su propia persona, prestado a los demás [...] (D-113)

Pues su amor al prójimo es tan cabal, se manifiesta de tal manera en la decisión de darse a los demás, que llega a extremos cual el siguiente:

> Y como desde la tribuna vi un extraño que sufría con el éxito de mis palabras —me afligí de manera, y me conturbó su pecado de tal modo, que estuve a punto de acabar balbuceando mi discurso. Y —interrumpido por esta nota discordante, y para mi alma muy hirviente, el concierto de amor que necesito—, sentí que mis palabras no corrían con su habitual facilidad, ni mis ideas, apenadas por aquella pesadumbre, podían volar a sus mansiones más altas. (D-127)

«Concierto de amor» ... ¡Cuán admirable, en su lúcida síntesis, esta acabada expresión de la esencia de la naturaleza apostólica de Martí! Vivir concertado con los demás sólo en una cosa, aquella que hace posible la comunión de los seres humanos en la excelsitud de la persona, que los separa de la bestia. El *ágape* (αγαπη) helénico llevado a su máxima depuración en el cristianismo: comunión en el sentido laico que tiene para Martí, que aspira a la vinculación de todos mediante esa concentración amorosa tan cara al *Apóstol*. Por esto mismo, no podía faltar entre sus preocupaciones la que motiva ese mal tan arraigado del *egoísmo*: el desaforado cultivo del *ego*, del yo, capaz de conducir al hombre a las peores abominaciones. Pues éste, quizá por la necesidad en que se encuentra de procurar por sí mismo, a fin de conservar y acrecentar su vida, lleva consigo cierta predisposición a exagerar los medios de alcanzar dicho fin, con lo que incurre en las demasías de una preocupación de sí mismo; y al obrar de este modo, va contra los demás al sustraerles parte de lo que les corresponde aunque sólo sea porque no la necesita. Egoísta es, pues, el que no advierte la ajena menesterosidad porque se siente atraído en exceso hacia aquello de lo cual, si lo considera bien, puede prescindir. También en el caso del egoísmo —tal como

---

12. R. Darío: *Poesías completas*, ed. "Aguilar", Madrid, 1961, pág. 950 ("Los motivos del lobo").

lo hace ver Martí— es posible descubrir un doble linaje, es decir, egoístas y no-egoístas.

> [...] En este mundo no hay más que una raza inferior: la de los que consultan, ante todo, su propio interés, bien sea el de la vanidad o el de su soberbia o el de su peculio: —ni hay más que una raza superior: la de los que consultan, ante todo, el interés humano [...] (D-44)

Pues sólo obra fecundando el que antepone el interés ajeno a su propio interés. Mas no quiere decirse con esto que Martí esté dispuesto a favorecer, fomentándolos, intereses ajenos que sean solamente egoístas propósitos. Muy por el contrario, *interés ajeno* es sinónimo de ese bienestar al que tiene derecho todo hombre, del cual somos responsables en virtud de la solidaridad que une a los seres humanos entre sí. Por eso, dice: «[...] La cobardía y la indiferencia no pueden ser nunca leyes de la humanidad. Es necesario, para ser servido de todos, servir a todos [...]» (D-100), pues

> [...] el que usa para sí lo que no recibió de sí, y no pone en la humanidad, sino lo que la corrompe y confunde; el que no ve a los hombres como hermanos en desgracia a quienes confortar y mejorar, aun a despecho suyo [...], ése tendrá siempre la casa llena de dientes, y entrará en los combates seguido de gran número de partidarios [...] (D-54)

Mas como vivimos en un mundo paradójico, ocurre ver que el egoísta se reviste de una personalidad de la cual carece el generoso. Sin embargo, aunque Martí piensa así, parece que a esta conclusión arriba desde un punto de vista circunstancial determinado tal vez por amargas experiencias personales. A menos que por «personalidad» se entienda —en este caso— esa *apariencia* de mañosa persuasión y dominio con respecto a los demás. Por eso mismo, al decir: «[...] En el egoísta hay más personalidad, visible al menos, que en el desinteresado; pero sólo en el desinteresado hay verdadera grandeza [...]» (D-58), cabe sospechar que está haciendo el retrato (en cuanto al desinterés se refiere) de él mismo, en una de esas ocasiones en las que, con toda probabilidad, debió enfrentarse a la atrayente personalidad de algún egoísta. Mas éste, aun cuando realmente sea posesor de una destacada personalidad, como no sabe darse a otros, se consume en su mezquindad, pues —como dice el *Apóstol*—, «[...] cuando la grandeza no se puede emplear en los oficios de caridad y creación que la nutren, devora a quien la posee [...]» (D-87) En consecuencia, para acabar con esa «mancha del mundo» (D-45) que es el egoísmo, es preciso que otros suplan tal deficiencia amorosa, porque los seres humanos «[...] necesitan quien les mueva a menudo la compasión en el pecho, y las lágrimas en los ojos, y les haga el supremo bien de sentirse generosos [...]» (D-47) Y quienes se disponen a semejante tarea son los gigantes de la humanidad, los verdaderos atlantes capaces de llevar en sus hombros todo el peso del mundo; el peso que, según el *Apóstol*, aceptarlo o no decide del real significado del hombre al enfrentarse con lo que, para Martí, es misión primordial. Por lo mismo, dice: «[...] Cada hombre se mide con la inmensidad que se le pone; mídese cada virtud, desnuda y sin más fuerzas que las de la piedad desheredada, con la suma hostil de complacencias tímidas o de egoísmos inertes [...]» (D-109)

Talento, ¿para qué? He ahí la pregunta que se hace constantemente el *Apóstol*. Pues, como venimos viéndolo, no concibe que el don de la inteligencia deba aplicarse al mal en sí o al provecho privado; también, sin duda, otra forma de mal, al menos si se le exagera. Con cristianísima inspiración entiende que los dones de los cuales somos beneficiarios imponen la condición de extender sus positivas consecuencias a quienes de ellos carecen. La superioridad del talento jamás debe ser motivo —ni siquiera inconsciente— de humillación al prójimo, porque, además, sería gratuito agravio, dado que nadie es culpable de no disponer de talento. Aún más, ¿acaso este último vale, en lo esencial de sí mismo, sólo porque sirve para obtener este o aquel inmediato beneficio, cualquiera sea su índole? Martí entiende que, por el contrario, nada de cuanto es capaz de proporcionar el talento lo justifica a no ser como apoyo y consuelo de los demás. En consecuencia, «[...] el talento es un mártir y un apóstol [...]» (D-10) De ahí que el talento, como cualquier otro don humano, puede ser calificado de «bueno» o «malo» según su aplicación. «[...] De la Naturaleza se tiene el talento, vil o glorioso, según se le use en el servicio frenético de sí, o para el bien humano; y de sí elabora el hombre, aquilatándose y reduciéndose, el mérito supremo del carácter [...]» (D-102) Mas claro, es imposible. Por tanto, si hemos de servir al prójimo mediante el talento, fuerza es deshacerse de toda soberbia, presunción o vanidad: menester es «hacerse niños», como propone el Evangelio que, como sabemos, es acabada expresión de la suma sencillez; ésa que Martí ama y adopta, al extremo de decir: «[...] amo la sencillez, y creo en la necesidad de poner el sentimiento en formas llanas y sinceras.» (D-93) *Martirologio* y también *apostolado* —el del talento— que se consuma al entregarse uno sin reservas a la tarea redentora de los demás. Pues,

> [...] el derecho de verter luz no se adquiere sino consumiéndose en el fuego [...] El renombre, la justicia, la historia, la patria, el placer mismo de sufrir: ¿qué mejor sepulcro y qué mayor gloria? [...] (D-11)

No podría faltar, por supuesto, cierto correlato entre *abnegación* y *Revolución* en el hombre excelso que, como es el caso del *Apóstol*, fue siempre vivo ejemplo de irrevocable devoción al sacrificio, parte del cual era precisamente la independencia de Cuba. Niño aún se juró a la sublime tarea de redimir a quien lo necesitase, como sucedía con la población cubana negra, vilmente sometida a la esclavitud del blanco egoísta y malvado. En los *Versos sencillos* describe emotivamente aquel momento en que, al amanecer, vio el desembarco de una partida de africanos que iban a integrar la dotación de un ingenio, y años más tarde rememora aquella dramática escena en estos versos:

> *Un niño lo vio: tembló*
> *de pasión por los que gimen:*
> *y, al pie del muerto, juró*
> *lavar con su sangre el crimen.*
> (D-94)

Semejante forma de brutal opresión, una entre varias de las que padecía nuestra Patria (de parecido modo a como ocurre ahora), despertó en el niño de entonces —a la vista, sobre todo, del cadáver de aquel infeliz esclavo pendiente de un árbol—, el propósito que más tarde el adolescente y después el adulto lleva adelante, sin desmayo alguno, hasta el final decisivo que nos libertó de la inicua tiranía española. Empresa a la cual se consagró con la abnegación depositada en todos los actos de su vida, tal como resplandece en las diferentes ocasiones en que habla o escribe sobre

Cuba. Admirablemente percatado estuvo siempre de la necesidad de ceder, salvo, por supuesto, en cuestiones de principio, ante los demás, para no despertar el explicable recelo de la llamativa diferencia de nivel moral con el mejor de los que lo seguía, y mantener esa indispensable contención que su espíritu de sacrificio iba imponiendo paulatinamente a los otros:

> [...] ¡Y si se ha de sacrificar el desamor honroso de la ostentación pública, se le sacrifica, que la vida vale más y se le sacrifica también! ¡Póngase el hombre de alfombra de su pueblo! (D-98)

Porque solamente «[...] con un espíritu de generosidad casi divina [...]» (D-60) es posible invitar a todo un pueblo a adoptar tan grave decisión como es la de la guerra a muerte contra la tiranía. Generosidad que lo lleva incluso a preferir el *silencio* a esas rencillas que tanto abundan en un destierro ya más que dividido. De ahí la satisfacción con que comprueba, al cabo de los años, la constancia de esa abnegación sin la cual, desde luego, jamás Cuba habría sido libre.

> ¡Cómo me regocijo al volver hacia atrás mis ojos, de no haber concebido un solo pensamiento, ni dicho una sola palabra de intransigencia o de odio, ni siquiera cuando, para encauzar males que no se podrían suprimir, para dar forma útil a grandezas adorables y ciegas, tenía las manos puestas en la guerra! (D-130)

Es curioso observar cómo una palabra cuyo presunto significado despacha el diccionario en forma breve y expeditiva, es susceptible, sin embargo, de representar una apreciable variedad de sutiles realidades. ¿Será, acaso, que en todas ellas se cumple aquello de que ninguna deja de ser ficción, tal como pasa, por ejemplo, con las ideas de Derecho, Obligación, Poder, Posesión, Propiedad? A veces estamos inclinados a convenir con Bentham que, con demasiada frecuencia, la palabra es sólo una «entidad perceptible», invento de la mente y el lenguaje, originada en la «forma gramatical del discurso con el cual se habla de ella». Y, no obstante, esas «ficticias entidades deben su existencia, su imposible pero indispensable existencia», al lenguaje, que crea eso que Vaihinger denomina *ficciones legítimas*, como son, por ejemplo, la *hipótesis* y el *dogma*. Ahora bien, mírese como se quiera, si tales ficciones operan eficazmente en la realidad, algo debe haber de real y positivo capaz de corporizar dicha ficción justificando su existencia. Tal vez la «necesidad» a la cual deben su aparición no es sino el presentimiento de la realidad aún oculta a que alude la ficción. Si, como dice Vaihinger, el *dogma* es una necesidad del espíritu humano, puesto que sólo puede necesitarse aquello que existe de algún modo, entonces el carácter ficticio de la palabra debe más bien entenderse como la susceptibilidad de variación del contenido concreto a que intende la necesidad de la ficción. De esta manera, la definición de una palabra dada por el diccionario es, siempre e inevitablemente, escasa e imprecisa, puesto que, sin duda alguna, debe haber otras notas no recogidas en esa definición, la cual —en todo caso— queda siempre «a beneficio de inventario». Consecuencia de todo esto es que la palabra (cualquiera de ellas) es susceptible de apresar en la formalidad de su expresión —por ser siempre la «forma» de algo—, diversos contenidos significativos, de manera que es posible y de todo punto legítimo contrastarla con alguno de estos contenidos, a fin de ver si, en efecto, pueden ser o son —según el caso de que se trate— aquello a que se refiere dicha palabra.

Semejante precaución es la que hemos adoptado en el caso de esas dos manifestaciones del espíritu humano que son, respectivamente, la *entereza* y la *austeridad*. Pues las sendas «definiciones» encontrables en el diccionario distan mucho de dar con lo que una y otra se supone que son. Restringiéndonos ahora al caso de la *entereza* —pues de la otra nos ocuparemos después—, vemos que se le define en estos términos: «fortaleza, constancia, firmeza de ánimo»; «cualidad por la que alguien se mantiene firme en su línea de conducta»; «cualidad por la que una persona soporta las desgracias o penalidades sin abatirse o desesperarse»; «no dejarse intimidar por otros», etc. Claro es que todas estas definiciones convienen con la entereza, pero la cuestión no termina ahí: por una parte, habría que saber antes en qué consisten, por ejemplo, la «fortaleza», la «constancia», la «firmeza de ánimo». Por otra, es imprescindible advertir que una cualidad del espíritu humano, como es la entereza, no es un ente material, como lo es la naranja o la piedra. Muy por el contrario, es, en cierto modo, de manera un tanto vaga, eso que suele llamarse *estado de ánimo*, aun cuando lo sobrepasa, si tenemos en cuenta su constancia y perdurabilidad. Más bien, se diría, es una *actitud* ante la realidad, frente al acontecer en que consiste una vida, aun cuando tampoco esta última definición (o al menos «descripción») aclare mucho las cosas. Sin embargo, la entereza se manifiesta, eso sí, en concretas expresiones que varían necesariamente según el sujeto en quien aquélla recae. He ahí por qué no es posible que la entereza —como cualquier otra cualidad espiritual— debe manifestarse indiscriminadamente en todo ser humano apto para albergarla. Y al hablar así no nos estamos refiriendo al mayor o menor grado de intensidad de dicha cualidad, sino a algo muy distinto, es decir, a las formas típicas que la entereza puede adoptar en determinada persona, de acuerdo con ese sutilísimo conjunto de reacciones provenientes del sujeto con respecto a la realidad en la cual se desempeña. Entonces, si es así, la «definición» de la *entereza* ha de sustituirse por un repertorio de «descripciones» de aquellos *momentos concretos* susceptibles de constituir el contenido de tal o cual manifestación suya. Sólo de esta manera —según creemos— es posible comprobar si tal o cual persona es realmente posesora de entereza. Mas para ello se necesita de la prueba adecuada, que sólo podría encontrarse en la conducta de dicha persona; y como en el caso del *Apóstol* no hay más solución que acudir a su obra escrita, de ella hemos intentado extraer aquellas «variantes» de la entereza comprobatoria de hasta qué punto la poseía en grado eminente. Pluralidad de manifestaciones no siempre fáciles de descubrir y fijar, a menos que el contexto de la frase o el párrafo permita presumir con bastante probabilidad de acertar que, en efecto, se trata de una manifestación de entereza; aunque, eso sí, en cualquier caso relacionada con otros elementos (positivos o negativos) referidos, de alguna manera, a la ética (primordial preocupación de Martí).

Ahora bien, debe tenerse presente que la prosa martiana no es sencilla, sino muy al contrario. Sencillo era él, dispuesto a serlo siempre. Pero todo cuanto escribió es profundo, o sea que cualquiera de sus expresiones, a veces una sola palabra, se presta a variadas interpretaciones, lo que se explica perfectamente si se tiene en cuenta que el dominio del idioma supone dos cosas que son siempre típicas del gran escritor: por una parte, la maestría subconsciente para dotar al vocablo empleado de una particular connotación que lo saca de su habitual significado. Por otra, en oraciones, cláusulas y hasta párrafos, por lo mismo que delatan la variedad de posibles *intuiciones* del escritor, nunca es recomendable atenerse a una sola significación expresa y explícita. Pues el lenguaje de Martí es parte inseparable de la realidad en la cual opera el escritor, de manera que hasta cuando se lee con suficiente detenimiento, da la impresión de ser un poco «táctil»; como si, al formularlo, alcanzase una especie de concreción parecida a la del escultor al trabajar la materia.[13] De ahí, tal vez, esa posibilidad constante de nuevas interpretaciones, sospechadas o ya descubiertas, que impone la relectura del texto. Pues siendo como era gran *intuitivo*, esos diferentes estratos de la realidad a los cuales accede su obra escrita suelen interpenetrarse en la lectura, hasta el punto de causar alguna confusión que impone el repaso de las mismas líneas. Pues su lenguaje, «[...] así el oral como el escrito, se traicionaba a veces por la misma riqueza de sus implicaciones y la profundidad de sus incisos, que lo dejaban a la merced del simplismo [...]»[14] Pero, repetimos, si ocurre esto es porque todo cuanto escribió hubo de *vivirlo* plenamente, llevándolo al papel con ese gesto enérgico y un tanto premioso que venía a ser la continuación del proceso ya comenzado, a veces con bastante anterioridad. Su obra escrita —prosa y verso— deja coagulada en la cuartilla una expresión del ánimo referida al mundo circundante, que se corporiza en determinado estado psíquico que jamás deja de conjugar en sí lo intelectual y lo emotivo. Pues nunca es de los que escriben fríamente, en una pura disposición y finalidad teóricas, al modo del filósofo o el científico. Por el contrario, su *mundo escrito* es reflejo —por cierto, intensísimo— de ese otro universo del cotidiano quehacer a donde lo rutinario y mostrenco tiene el mínimo acceso indispensable, en tanto que el desvivirse por *lo otro* (Cuba, el bien, la verdad, la justicia, la libertad, el amor, etc.), mantiene tenso el ánimo, presto a dispararse en innumerables observaciones, juicios, atisbos, etc., que convierten la blancura de la cuartilla en pululación de un decir que jamás deja de atraer poderosamente la atención del lector.

Indispensable resulta lo que se acaba de decir, a fin de comprender adecuadamente la disposición de que nos hemos valido para entresacar la *entereza* en el conjunto de su voluminosa obra escrita. No es tarea fácil, pues requiere no sólo de cierta instrumentación intuitiva, sino hasta echar mano a veces de la sospecha, pues a esto último obliga el deseo de descubrir dónde puede estar insertada; porque, como ya dijimos, la entereza es —lo mismo que el resto de lo escrito por él— un *testimonio* referido siempre, en alguna forma, a otras cosas susceptibles de velarla, en el mejor de los casos. Porque, además —como también se ha dicho—, la entereza es una disposición del ánimo que funciona según determinados estímulos, siempre cotradictorios de ella, mediante los cuales se hace patente. Son, pues, dichos estímulos los que mueven la pluma del *Apóstol* al enjuiciarlos en la forma como lo hace en cada ocasión, y el comentario es precisamente la «representación gráfica» (objetiva) de una dada circunstancia que, luego de vivida, lo lleva a él a poner por escrito la reacción consecuente al estado de ánimo donde se manifiesta, pulcra y vigorosa, la entereza martiana. Hablar de ésta es, en consecuencia, hablar de algunas de esas multitudinarias expresiones del modo de ser de Martí.

Si alguna vida tuvo la necesidad de enfrentarse con la realidad circundante, desplegando una extraordinaria entereza, ésa es la del *Apóstol*. Pero se puede hacer esto si, realmente, se dispone de un rigurosísimo sentido ético capaz de

---

13. Cf. Otswald Spengler: *La decadencia de Occidente*, tomo I, cap. 2.º. También: *El hombre y la técnica*, I, 1: "[...] El tacto fisiognómico, como he denominado a la facultad que nos permite penetrar en el sentido de todo acontecer. La mirada de Goethe, la mirada de los que conocen a los hombres y conocen la vida, y conocen la historia y contemplan los tiempos, es la que descubre en lo particular su significación profunda." (Martí es de este linaje.)

14. J. Mañach: *Martí el Apóstol*, ed. "Mirador", Puerto Rico, 1963, pág. 189.

abarcar y regir todas las acciones en las que tomamos parte. Tal cosa no excluye, por supuesto, la posible flaqueza del ser humano, pero, eso sí, a condición de que seamos capaces de enfrentarla y, al reconocerla, arrepentirnos profundamente de su comisión. Pues de lo contrario, jamás se podría ser íntegro, «entero» (es decir, sin indeseables grietas), cada vez que la ocasión lo demanda. Porque la entereza del *Apóstol* José Martí comienza precisamente por él mismo, enfrentado con su realidad contingente que le permite acumular esa poderosa fuerza con que resiste al mal; aunque —apresurémonos a aclararlo— su vida jamás deja ver ni una sola de esas fallas que pueden descalificar moralmente al hombre. *Entereza* es, pues, en Martí cerrada actitud de firmeza en cuantas situaciones se vio, capaces de poner a prueba la reciedumbre de un ánimo acrecible en los momentos en que otros habrían claudicado, fuese por egoísmo, o ante la interesada solicitación ajena, o dominado por la vanidad, etc. Se trata, por tanto, de resistir a cualquiera de las numerosas manifestaciones del mal. Porque oponerse a lo que puede ablandarnos, ganándonos para el bando opuesto a la verdad, la justicia, la libertad o lo que sea, es una disposición del ánimo ofrecible, como vamos a verlo ahora, de muy distintas maneras.

El egoísmo es una de esas deplorables deficiencias que convierten al ser humano en enemigo de la especie, pues el egoísta parece velar pesadamente, hasta conseguir que desaparezca, todo cuanto no se refiere a sí mismo, a su provecho. Pues bien, Martí descubre —con su análisis de egoístas situaciones— que la *entereza* es un eficaz antídoto del egoísmo, dado que éste, en el fondo, no es sino flaqueza frente a una de las peores tentaciones, es decir, la de preferirse siempre a los demás. Veamos de qué fina manera descubre Martí, allí donde es casi insospechable, que el egoísmo es también una manifestación de la falta de entereza, diciendo lo siguiente: «[...] ¿Qué, el silencio ante los crímenes puede ser arma honrada en provecho propio? [...]» (D-1) Pues, en efecto, quien así procede no puede ser sino el egoísta que cede a la interesada solicitación del cuidado y la protección de sí mismo; lo cual, por consecuencia, le acarrea el provecho que su conducta sustrae a los demás, a quienes, en cambio, el *Apóstol* prefirió siempre. Como igualmente la falta del *desinterés* (otra modalidad del egoísmo) priva a quien lo posee de la hermosa virtud de la entereza: «[...] No tenía [Hendricks] aquél desinterés hermoso que es la marca imprescindible de todo gran carácter.» (D-63) También: «El hombre lleva en sí lo que lo pierde, que es el interés, y lo que lo redime, que es el sentimiento [...]» (D-72) Finalmente, ese otro que reclama lo que no cuida de conseguir para el semejante, con lo cual evidentemente delata su falta de entereza, pues también se deja arrastrar por lo fácil, que lo satisface en tanto desatiende ajenas necesidades: «[...] Apenas ver insistir en sus propios derechos a quien se niega a luchar por el derecho ajeno [...]» (D-99)

Y si el egoísmo puede ser, tal como acabamos de verlo, señal indudable de la falta de entereza, ¿qué diremos del *servilismo*? Servil, de siervo, o sea el sometido, voluntariamente o no, a fuerzas que lo desbordan y, al anular su voluntad, lo degradan de algún modo. Pero si el «siervo» contra su voluntad (el caso de la esclavitud) es lamentable expresión de la persona degradada al despojársele de la valiosa condición del libre albedrío, ¿qué decir del que, pudiendo evitarlo, llevado de la codicia o el miedo, se convierte en repugnante caricatura de lo más sagrado del hombre, o sea la *persona*? El servilismo, la peor de las servidumbres, es la manifestación más lamentable de la falta de entereza, es decir, de la integridad moral. Martí contempla la situación a que conduce la conducta servil, aceptada unas veces, adoptada otras, sin posible justificación, ya que, en este caso, hay, de alguna manera la alternativa a escapar de ella, y por eso dice: «[...] Nada lastima tanto como un ser servil; parece que mancha; parece que hace constantemente daño [...]» (D-3) Sí, en efecto, el servilismo de esta condición es inevitablemente dañino, porque, en el fondo, supone el más desenfadado egoísmo, que promueve la actitud servil, pues se hace interesadamente por algo que se trueca por esa perniciosa actitud. Y, por lo mismo, aquí es donde falta completamente la entereza, porque el servil se despoja de ella por completo. De ahí que el *Poder* es casi siempre prueba inequívoca de la falta de entereza, pues su conquista impone deshacerse de la armadura moral de esa integridad con la cual —según Martí— es de veras difícil, hasta imposible, llegar al disfrute del cetro y la púrpura. «[...] Al poder se sube casi siempre de rodillas. Los que suben de pie son los que tienen derecho natural a él.» (D-76) Y, por lo mismo: «[...] El corazón honrado se revuelve a la vez contra los que humillan, para prestar su apoyo, y contra los que en espera de él se humillan.» (D-53) ¿Acaso no son patentes expresiones de la falta de entereza? Siempre, como vemos, una y la misma cosa, es decir, la debilidad que sucumbe ante el mal, a lo anti-ético. Entereza es, pues, no sólo resistir a la tentación del mal, sino, además oponérsele, combatiéndolo. Así lo ve y lo siente nuestro *Apóstol* al referirse a la vida de aquel gran desterrado que fue el poeta Heredia: «[...] El que vive de la infamia, o la codea en paz, es un infame. Abstenerse de ella no basta: se ha de pelear contra ella. Ver en calma un crimen, es cometerlo [...]» (D-86)· Porque, en definitiva, la decencia moral no es desdichadamente procomún de los hombres, y por eso algunos la poseen como sagrada obligación de proteger a los desposeídos de ella. Véase cómo lo expresa Martí en el pasaje tan conocido:

> Hay hombres que viven contentos aunque vivan sin decoro. Hay otros que padecen como en agonía cuando ven que los hombres viven sin decoro a su alrededor. En el mundo ha de haber cierta cantidad de decoro, como ha de haber cierta cantidad de luz. Cuando hay muchos hombres sin decoro, hay en sí otros que tienen en sí el decoro de muchos hombres [...] (D-81)

La integridad moral de Martí, o sea no dejar resquicio por donde pueda filtrarse ni la más leve debilidad con respecto a las cuestiones de principio, se advierte también en lo que pudiera considerarse como la *nobleza de carácter*, esa aristocracia del espíritu incapaz de mengua o desdoro, como sucede a veces con la de sangre; pues mientras esta última se hereda, sin más garantía que la aleatoria de hacerse responsable de la *obligación* a que supuestamente queda adscrito el receptor de ella, la del espíritu no se hereda, sino que es verdadero e indiscutible privilegio, insusceptible de mengua alguna, porque los privilegiados de este orden jamás faltan a la obligación que es para ellos dulce cumplimiento. He ahí el linaje de Martí, la verdadera nobleza, sin ancestro ni pergamino, sino creación de la «divina casualidad», quizá para restablecer de tiempo en tiempo el verdadero reino de lo humano, tan usualmente venido a menos. Semejante estirpe de hombres concentran, en la integridad absoluta de que están dotados, todos los aspectos positivos de la *vida ética*, la única en la cual se realiza completamente la persona como depositaria de los valores esenciales constitutivos de la raza humana. Por eso es que «[...] sabe más del mundo el que percibe su belleza y armonía moral que el que conoce el modo de aparecer, lidiar y sobrevivir de las criaturas que lo habitan [...]» (D-75), porque esa superioridad aloja las reservas de que dispone el íntegro. Por lo mismo, dícenos también: «No hay provecho privado, ni progreso público, si no se basa en el honor [...]» (D-84), porque, de lo contrario, estará basado en cualquiera de esos turbios procederes que son prueba palpable de la falta de entereza, es decir —repitámoslo aún— de la incapacidad de resistir a las solicitaciones que asedian y deslumbran al hombre. En consecuencia, concluye: «[...] El acto es la dignidad de la grandeza [...]» (D-46) Y como la suprema finalidad de su vida era la independencia de la tierra amada, el *Apóstol* transfiere cuantas veces puede su anímica disposición a la entereza a todo aquello que, directa o indirectamente, se relaciona con ese supremo fin. Sabía muy bien cuán necesario era, en aquellos momentos (como lo es también ahora), aleccionar a sus compatriotas sobre la misión a que estaban destinados (o al menos debían haber estado), para lo cual era indispensable tener clara conciencia de que la empresa de la Patria requiere, sobre todas las demás cosas, una voluntad de adhesión al procomún de dicha causa, o sea al pueblo por cuya libertad se lucha. De ahí que en los pasajes citados a continuación se manifiesta claramente esa maravillosa entereza que nuestro *Apóstol* se esforzaba en promover en nuestros compatriotas:

> Nada es un hombre en sí, y lo que es, lo pone en él su pueblo. En vano concede la Naturaleza a algunos de sus hijos cualidades privilegiadas, porque serán polvo y azote si no se hacen carne de su pueblo [...] (D-71)

> Las almas de un temple hacen bien en unirse, y no hay tortura mayor que el desinterés unido al egoísmo, ni mayor dicha que ir de la mano por el mundo con el mismo generoso fin, prontos a quemar la casa antes que abrirla al deshonor, prontos a abrigarse del destierro en la virtud [...] (D-121)

Otro aspecto a considerar dentro del repertorio de variedades de la entereza martiana es, sin duda alguna, el de la condición de hombre; pues el hecho natural de andar en dos pies y poseer la configuración *ad hoc* no asegura que se lleve consigo esa condición. Porque lo humano es mucho más que el repertorio de funciones psico-somáticas del «bípedo implume», como tampoco basta para serlo cualesquiera de esas multitudinarias actividades, todas mostrencas, a que se entrega apasionadamente, siempre con un propósito más o menos utilitario, según sea el caso. ¿Es que, por ventura, los sofistas que envenenaban el alma de la juventud ateniense eran *tan* hombres como Sócrates, quien muere por todo aquello que ha quedado, en justicia y verdad, como paradigma de lo realmente humano? ¿Es que el déspota que hoy martiriza a Cuba puede ser *tan* hombre como el *Apóstol* de nuestras verdaderas libertades? Hombre es quien sabe ponerse a la altura que reclaman los valores en los cuales descansa la persona: verdad, justicia, libertad, amor, cuyo concierto es justamente el *bien*, o sea la suprema efectuación de la vida humana. Por eso es tan difícil ser hombre, cuyo símbolo bien podría ser el Cristo que se «humaniza» llevando consigo esos valores ya mencionados, como prueba indiscutible de que es posible ser hombre en su prístina esencia. Lo humano tiene, pues, una finalidad que puede ser propuesta o no, según de quien se trate, pero sin ella jamás se alcanza dicha condición. De ahí que la inmensa mayoría queda siempre a enorme distancia de esa privilegiada disposición, simplemente porque se mueve afanosa en el quehacer subalterno, al que considera primordial, resbalando una y otra vez en el mismo charco de menudencias que impiden humanizarse hasta un punto deseable. Viendo esto claramente, dice Martí: «[...] Se es hombre para serlo. Hombre es algo más que ser torpemente vivo: es entender una misión, ennoblecerla y cumplirla [...]» (D-7) Lo cual, por supuesto, supone atender la siguiente prescripción:

> [...] Y ni por el bien de nuestra persona, si en la conciencia sin paz hay bien, hemos de ser traidores a lo que nos manda a hacer la Naturaleza y la humanidad [...] (D-91)

Mas, sin entereza, ¿cómo se puede aspirar a ser hombre? Ahora bien, esa integridad sólo puede estar en el carácter, que es la actitud asumida por el hombre ante las cosas, sean cuales fuesen, y del que se puede decir que no lo hay «bueno» y «malo», sino simplemente que es (por tanto, bueno), o no es. *Carácter*, pues, como sinónimo de integridad moral, de entereza, cuyas notas esenciales describe sumariamente el *Apóstol* con estas palabras: «[...] Como mármol ha de ser el carácter: blanco y duro [...]» (D-51) Carácter que se basa en el celoso cuidado de la delicada *condición del hombre*, donde —según Martí— se aloja a su vez la llevada y traída cuestión del *honor*, que ha hecho correr ríos de tinta en nuestra literatura. Pues lejos de ser cosa de exterioridad y apariencia —como se le ha presentado muchas veces—, el honor, para el *Apóstol*, es, más o menos, ese «patrimonio del alma» de que habla Calderón. En consecuencia, «[...] es imperecedero e irreductible, y nada lo desintegra ni amengua, y cuando de un lado se logra oprimirlo y desvanecerlo, salta inflamado y poderoso del otro [...]» (D-49) Por lo mismo:

> Está la salvación en el derecho al respeto, que da e impone el adelanto real; en el arte del silencio, y en el equilibrio de las amistades [...] (D-82)

Y como era, por excelencia, la entereza hecha carne humana, jamás desertó de ella; antes al contrario, en todos los momentos de su vida lo vemos desplegándola con la firmeza y autoridad de quien sabía muy bien cuál era su destino, el fin para el que había sido electo. En consecuencia, asevera —como quien habla desde sí mismo— que «[...] mientras haya obra que hacer, un hombre entero no tiene derecho a reposar [...]» (D-112).

Otro de los aspectos de la vida del espíritu en que la entereza se manifiesta cabalmente, aun cuando en forma sutil, es la *resignación*; pues ésta no quiere decir que, en ningún momento, se trata del sometimiento debido a la flaqueza del ánimo. Por el contrario, quien se resigna lo hace mediante la fuerza que proviene precisamente de la decisión de aceptar un estado de cosas al cual debe uno someterse, aunque, desde luego, sin detrimento alguno de la persona como tal.[15] A veces nos abate el infortunio y es preciso aceptarlo, como era (y es ahora) el caso del *destierro* cubano; mas, eso sí, con la necesaria entereza para oponerse a aquellas tentaciones que degradan la nobleza del hecho de estar desterrado. No podemos evitarlo, pues sobrepasa nuestras fuerzas: todavía más, con esa situación levantamos el dedo acusador hacia la tiranía que obliga a buscar albergue en ajeno suelo; pero esa explicable y hasta justificable *resignación* se adopta justamente a partir de la entereza o integridad moral que impone semejante dolorosa decisión. Pues aun en casos en los cuales resignarse puede ser —o al menos parecer— la aceptación del hecho irremediable, su sufrimiento, siempre que lo soportemos dignamente, lleva consigo la entereza. Mas para esto último es imprescindible que haya sinceridad, es decir, el convencimiento de la moralidad

---

15. E. Kant: *Kritik der praktischen Vernunft, Gessammelte Schriften*, Berlín, 1914, tomo V, Primera parte, libro I, cap. I, págs. 7 ss.

implícita en el acto de resignarse, sin inconfesables propósitos ni segundas intenciones egoístas, pues sólo así se justifica la resignación. Martí vio también esto claramente (¡él, que hubo de resignarse más de una vez!), y por eso dice:

> La resignación sincera en la desdicha produce la misma hermosura interior y majestad, la misma calma y «espíritu tranquilo» que en los católicos produce la «sumisión de la voluntad a Dios» [...] (D-16)

Porque, como siempre, se trata del caso de aquellos aptos, por calidad espiritual, para adoptar la actitud del resignado que lo es sinceramente, y, en consecuencia, se apoya con resuelta firmeza en la integridad de la cual extrae la fuerza con que se sostiene en la adversidad:

> [...] Pero tenía [Rawlins] aquella superior prudencia que, como nueva gala, engendra el sufrimiento prolongado en los hombres de verdadera fortaleza; dichosa cualidad que en el grupo de caracteres naturales distingue al desinteresado del egoísta [...] (D-59)

¿Privilegio de ciertos espíritus? Martí se inclina a creerlo, al menos tal como parece desprenderse de estas palabras suyas: «[...] En las naturalezas superiores, la indignación lleva siempre al sacrificio: en las naturalezas inferiores, la indignación suele llevar al crimen [...]» (D-35) La diferencia es tan ostensible que recomienda el comentario: en efecto, el alma elevada convierte su indignación en sacrificio, porque se escoge siempre a sí misma como posible víctima de aquello que subleva su ánimo, en el sentido de preferir su mal al de otro. En esto consiste la vida ejemplar del *Apóstol*: es la lucha contra España, es la desavenencia con Gómez y Maceo en el 84, esa otra con Trujillo por causa de Carmen Zayas Bazán, el incidente con Collazo, y ¿a qué seguir? Indignación que lleva siempre al sacrificio, mientras la «naturaleza inferior» prefiere el desquite propio, la venganza que a veces acaba en crimen. Por esto mismo, consecuente con esa resignación que, en medida apreciable, norma su vida, le escribe al general Máximo Gómez en estos términos:

> Yo invito a Ud., sin temor de negativa, a este nuevo trabajo, hoy que no tengo más remuneración para ofrecerle que el placer del sacrificio y la ingratitud probable de los hombres [...] (D-105)

Si así es el caso de la resignación, ¿qué diremos de la *honradez*, tratándose nada menos que del propio *Apóstol*? Pues no hay un solo cubano que pueda mejorarle la marca en este aspecto, y, probablemente, por desdicha, sólo un escaso número de ellos es capaz de emparejársele en dicha virtud. Tal vez no sea inadecuado caracterizarla —en términos generales— como *el amor al decoro que proviene de la práctica de la virtud*, pues, en efecto: ¿acaso podría alguien ser *honrado* si desconociese alguna de las virtudes? Martí es prueba irrefutable de que no se puede, porque la violación de cualquier virtud lo obligaría a esconder de los demás esa flaqueza, valiéndose de la hipocresía, a fin de sostenerse entre ellos como lo que pretende ser, mas no es. Hablo de virtudes tales como la sinceridad, el amor, la resignación, la entereza, la humildad, la abnegación, etc. En consecuencia, su honradez es incuestionable, pues jamás se vio en la necesidad de desdecirse o contradecir nada de lo manifestado, cualquiera que fuese el motivo. Y a tal punto es su honradez que en esas ocasiones en que siente que actúa más o menos en desacuerdo con la rigurosa exigencia de su vida, llega al extremo de recriminarse a sí mismo, tal como hemos podido ver en el capítulo tercero. De ahí que su sinceridad acaba siendo siempre *honestidad*, o sea lo espiritualmente decoroso, es decir, la pulcritud que consiste en desechar lo torpe. Algo, pues, archisutil, propio sólo de espíritus selectos cuyo refinamiento los conduce a escoger en cualquier caso lo valioso desde el punto de vista espiritual. «[...] Seamos honrados, cueste lo que cueste. Después, seremos ricos [...]» (D-19), propone el *Apóstol*, pues únicamente así alcanzaremos la auténtica riqueza que se lleva en la conciencia satisfecha. Ya que, además, «[...] ¡en ninguna alma honrada llega la justicia a precipitarse en crimen!» (D-65) Pues ¿para qué alcanzar el nivel que nos coloque muy por sobre los demás, si en el empeño va algún jirón de honradez? No digamos cuando se trata —en su caso— de la causa a la cual viene dedicando todo cuanto es él mismo: «[...] La fama es premio justo de quien tiene el valor de sacrificar el grato sigilo de su persona a la idea que defiende [...]» (D-78) En consecuencia, ese párrafo de su carta a Federico Henríquez y Carvajal, poco antes del sacrificio definitivo:

> [...] De vergüenza me iba muriendo —aparte de la convicción mía de que mi presencia hoy en Cuba es tan útil por lo menos como afuera—, cuando creí que en tamaño riesgo pudiera llegar a convencerme de que era mi obligación dejarlo ir solo, y de que un pueblo se deja servir, sin cierto desdén y despego, de quien predicó la necesidad de morir y no empezó por poner en riesgo su vida. Donde esté mi deber mayor, adentro o afuera, allí estaré yo [...] (D-122)

Vamos, finalmente, a referirnos a la posible relación advertible entre la enptereza y la *virtud*, tal como —según creemos— cabe descubrirlo en la obra escrita de Martí. Desde luego que tal vez parezca redundante, y, en consecuencia, innecesario hablar ahora de la *virtud* después de haber manejado distintas manifestaciones suyas en las páginas precedentes. Mas, con todo, hecha la salvedad, bien podemos señalar brevemente aquí algunos pasajes de su obra en los cuales el *Apóstol* emplea la palabra *virtud* con el carácter universal del concepto correspondiente, o sea de modo genérico. Una de esas ocasiones es precisamente el contraste que establece entre amor y virtud, de una parte; de otra, entre la virtud y el odio. Dícenos así: «[...] entre las fuerzas de destrucción de la humanidad hay un elemento rencoroso, inteligente e implacable: el odio a la virtud.» (D-26) Ahora bien, ¿dónde está aquí la entereza? Un poco presuntamente la vemos latir en ese contraste, porque sin entereza no hay virtud posible, pues todas se apoyan en esa resistencia o firmeza que defiende lo virtuoso de lo que no lo es. De ahí que ella «[...] es un hada benéfica: ¡ilumina los corazones por donde pasa: da a la mente las fuerzas del genio!» (D-28) Sin embargo, Martí cree que el papel encomendado a la virtud es más bien de censor que denuncia el mal y se le opone, pero está lejos de servir de ejemplo: «[...] la virtud, más que bridas, es látigo. Cuando fustiga es útil, y casi impotente cuando guía. Como los hombres no son aún en su conjunto virtuosos, no puede representarlos naturalmente la virtud [...]» (D-79) Lo que no impide que años después desista de esta actitud un tanto pesimista, diciéndonos: «De la virtud se hacen los pueblos, y de la capacidad para anteponer al gusto el decoro [...]» (D-103)

Con la *austeridad* sucede más o menos lo que hemos visto en el caso de la entereza, desde el punto de vista del significado. Del latín *austerus* (que a su vez deriva del griego αυβτηεος, palabra usada para referirse a lo desecado o reseco), vino a quedar también como expresión de algo astringente, áspero al gusto. Sin embargo, el austero no tiene por qué ser, en todos los casos, áspero, seco y cortante de trato; pero, en cierta forma, la representación usual del talante austero es la del ser poco dado a la alegría, mucho menos al humor y la chanza, cuyo riguroso comportamiento recuerda —aunque un tanto vagamente— esa «sequedad» de donde le viene lejanamente el origen a la palabra. En consecuencia, el hombre austero es, de manera más bien metafórica, un espíritu «desértico» en cuanto se refiere al regalo, la comodidad o el deleite en cualesquiera de sus manifestaciones, cual techo pizarroso sobre el que resbala el agua sin dejar apenas huella. De este modo, el espíritu de austeridad suele ser más bien reservado, propicio al recogimiento, y de una sobriedad que domina todos los actos de su vida. Pero esto no quiere decir, por supuesto, que, en la mayoría de los casos, esté desprovisto de piedad y amor hacia el semejante: pues, por el contrario, la austeridad se deshace de casi todas las solicitaciones de la vida material para, en compensación, hacer suyas las disposiciones espirituales constitutivas de la vida íntima, entre las que se cuentan las del respeto y el amor al prójimo. Pues, bien entendido, la austeridad es el precipitado de una decantación moral que consigue dejar fuera de la persona toda la ganga capaz de arrastrar al espíritu hacia abajo, cegándolo —a veces completamente— para la estimativa de los valores en los cuales consiste la auténtica vida humana. De ahí que la condición primordial de la *sobriedad*, fundamento a su vez de la austeridad, es la aptitud para reducirse a lo necesario, prescindiendo de lo superfluo o simplemente agradable. Pues la libertad del hombre reconoce doble aspecto: interior uno y exterior el otro; mas aquél depende siempre de éste, ya que mientras más nos sobrecargamos de obligaciones externas debido a la apetencia de materialidades, con lo cual vamos reduciendo el ámbito de la libertad exterior, menos puede disponerse entonces de la libertad interior, porque, en lo esencial de sí misma, ésta es la verdadera e inalienable libertad. Quien acaba atado completamente a las convenciones e intereses de la vida exterior se reduce a un lastimoso automatismo que anula toda sinceridad y, por tanto, la honradez, pues deja de ser él mismo para convertirse en ajeno eco. La independencia de criterio sólo se consigue a costa de renunciar al «mundo y sus monarquías», siquiera sea en la medida que permite seguir siendo un ser independiente. Pues sin algo de esa «sequedad» característica de la austeridad, lejos de resbalar en nosotros sin dejar huella apreciable, las solicitaciones mundanas irán cubriéndonos paulatinamente hasta dejarnos completamente anegados en ellas.

Ahora bien, no es fácil ni, por lo mismo, frecuente, ser austero. De todas las virtudes, es una de las más difíciles, porque *austeridad* significa no sólo renunciar a las tentaciones «del mundo, el demonio y la carne» —como dice la Teología—, sino, además, la conversión de toda cualidad negativa en otra positiva o, al menos, su abolición. Y aquí está lo más difícil de la empresa, porque es mucho más fácil prescindir de las cosas materiales que de las flaquezas morales. ¿Cómo *no ser* hipócrita, avaricioso, egoísta, calumniador, envidioso, o cualquier otra de esas debilidades a que estamos atados como a un pesado grillete? Pues bien, la verdadera austeridad supone deshacerse de tales deficiencias, porque ¿es posible imaginar al hombre austero paciente de cualquiera de esos recortamientos de la libertad interior? ¿Qué derecho tenía el desterrado de entonces (o tiene el de hoy) a reclamar para sí la libertad, viciada en el desamor al compatriota, o en la calumnia, el egoísmo, etc.? Por eso podemos calificar a Martí de hombre de sincera austeridad, porque su vida resplandece sin ninguna de esas manchas. He ahí, pues, en qué consiste realmente la *austeridad*, de la que habló el *Apóstol* en muchas ocasiones, algunas de las cuales reseñaremos ahora.

De una vez por todas advertimos que la crítica —unas veces—, los comentarios —otras— de Martí, en lo que citamos aquí de su obra escrita, permite ver que ella refleja siempre, de algún modo, el talante austero con que se llevan a cabo dichas observaciones. Para decirlo tal vez más claramente: cualquier nota suya de éstas revela la austera actitud con la cual se redactaron. «[...] Ni con la lisonja, ni con la mentira, ni con el alboroto se ayuda verdaderamente a una obra justa [...]» (D-110) Así es, en efecto, pues quien miente, alaba, o escandaliza con el propósito de conseguir su objetivo, adultera completamente el contenido de su gestión, despojándolo de la justicia que lo justifica. ¿Cómo puede haber entonces *austeridad* en semejante proceder? En consecuencia, e inversamente, sólo una recta conducta puede conducir eficazmente, sin improcedentes desvíos, a la meta a la cual se quiere llegar en una *causa justa*, como era la independencia de Cuba. De ahí que la gestión de Martí a este respecto, en los quince años de la misma, jamás presenta la menor grieta por donde hubiera podido filtrarse el reparo a la falta de austeridad. Razón por la cual puede decir esto otro:

> [...] Los que trabajan para sí o para su popularidad o para mantenerse siempre donde se aplauda o se vea, sin ver el daño que a su patria causen, publicarán su actividad, por no parecer inactivos [...] (D-111)

Es tal su aguda conciencia de la imprescindible obligación de ser austero, tratándose, sobre todo, como es su caso, de quien echa en sus hombros la responsabilidad de animar a otros para tarea tan grave como la de una Revolución, que a veces queda, diríamos, un poco sorprendido al ver cómo puede darse el caso de alguien que consigue hacerse pasar por lo que no es, ejerciendo en los demás la influencia a que, moralmente, no tiene derecho. Decimos que se asombra, no porque su aguda perspicacia no lo hubiese curado ya de estas sorpresas, sino porque ese «asombro» se refiere más bien al hecho de constatar ciertas contradicciones en el orden moral que desaniman, siquiera sea momentáneamente, al espíritu más tesonero. He aquí lo que a ese respecto dice el *Apóstol*:

> [...] La Naturaleza, descuidada en apariencia, agracia con las dotes que auguran el prestigio a aquéllos que son capaces de venderla, y no las hermosean con el desinterés, raíz del carácter. (D-77)

La obra escrita de Martí contiene un apreciable número de observaciones sobre la vida moral, y el registro que lleva a cabo de las contravenciones a que ésta da lugar es tan copioso que, sin exageración, puede decirse que dicho repertorio es susceptible de organizarse en forma de un tratado de *Ética*; no, por supuesto, como teórica elaboración de una doctrina más, desde el punto de vista de la moral concreta y consuetudinaria, algo así como lo que los alemanes llaman *Sittlichkeit* (la *mos* o *consuetudo* latina); en una palabra, la ética de las costumbres. Pues el temperamento rigurosamente ascético del *Apóstol* va en busca siempre de lo que para él es, como último fondo de las cosas, su sentido o significación moral. Las distintas manifestaciones de la actividad del hombre, aunque en un comienzo no lo parezca, acaban rebotando contra esa dimensión —la más profunda de la realidad. Lo que tiene que ser así porque el hombre es realmente —por tanto, inevitablemente— el único ser *dramático* entre cuantos existen. Lo es debido a la *calidad* (que acaba siendo «cualidad») de la cual no prescinde la existencia, sea la que sea. Calidad es el requisito sin el cual no se podría ni siquiera imaginar la perfección. De esta manera, la calidad puede diferir, en los cuerpos inorgánicos como en los organizados (excepto el hombre), según el grado de *utilidad* susceptible de aportar en cada caso. Así, el papel en que escribo puede ser de mayor o menor calidad, lo cual determina el rango que a su vez decide del *valor material* de dicho objeto con respecto a su finalidad. Pero, al fin y al cabo, todo esto se subordina al único existente capaz de llevar a cabo una valoración, o sea el hombre. En consecuencia, *lo valioso*, no importa lo que sea ni cómo sea, es privilegio del hombre, y aun cuando también es posible considerarlo a él como sujeto «útil» (un artesano puede ser más eficiente y, por tanto, más útil que otro), no es esto lo decisivo en su caso, porque el hombre, como enseña Kant, jamás debe ser visto cual si fuese un «medio para un fin», sino, al contrario, como «fin en sí mismo». No se pretende con esto decir que el ser humano se encuentra fuera del sistema de causas y efectos de la realidad en conjunto —interno en cuanto a su intimidad o interioridad; externo con referencia al mundo físico-sociológico en el cual reside y actúa—; sino que toda valoración humana ha de llevarse a efecto conforme con la consabida polaridad *bien-mal*. Pues mientras que las cosas pueden ser buenas o malas, y, en consecuencia, el bien y el mal son derivables de ellas según su estricta utilidad, ser bueno o malo supone, en el hombre, algo mucho más profundo, porque el mal que el aborto, la calumnia y la imprudencia temeraria (para citar sólo estos casos) pueden causar, desborda ampliamente los límites del *daño material* ocasionado. La responsabilidad es, en consecuencia, mayor, y, además, de otra naturaleza, puesto que afecta a lo esencialmente delicado de la condición humana, a eso que Martí llama a veces *nobleza*, en que consiste la integridad del hombre. Pues éste es el único a quien no le es dable faltar a esa integridad sin el consiguiente deterioro de su personalidad. De ahí que la *calidad* propia del objeto es en el hombre *cualidad*, y, además, es dual —buena o mala, pues si bien se puede ser genial, talentoso, agudo, ingenioso, etc., todas estas «calidades» son cosa muy diferente y, desde luego, muy inferior a la *cualidad* (moral) de ser bueno o malo. Así es como el *Apóstol* concibe al hombre, siempre en función del bien y el mal desde el único punto de vista posible, es decir, el *ético*, y, por lo mismo, toda su obra (oral y escrita) es impenitente bregar con esa piedra de toque de la grave responsabilidad en que consiste ser hombre.

De ahí que la constante lucha sostenida contra todo cuanto descalifica éticamente al hombre, casi no deja cuestión sin tocar, entendiendo por éstas —como antes se dijo— la multitud de flaquezas típicas del ser humano, entre las que se cuenta también el feo vicio de la *difamación*, ese continuo violar el noveno mandamiento («No darás falso testimonio contra tu prójimo»); porque flaqueza es y de las más típicas del hombre. Martí ve esta disminución de la integridad de quien en ella incurre como el *boomerang* que se vuelve contra el que lo arroja. «[...] El que degrada a los demás se degrada a sí mismo [...]» (D-17), he ahí su convicción al respecto, y, por tanto —con motivo del enojoso incidente con Collazo—, le dice a un corresponsal suyo: «[...] Ni la victoria más querida ha de comprarse a costa del menoscabo de otro hombre [...]» (D-96) Pues jamás debe emplearse la capacidad o disposición propia en perjuicio ajeno; mucho menos si se atesora el talento de que no disponen otros, pues, entonces, la crueldad es aún más reprensible: «Se tiene el talento para honrarse con él, no para deshonrar a los demás.» (D-8) Y a tal extremo es el *Apóstol* sensible a la flaqueza de la difamación que ni siquiera admite la menor jocosidad a expensas de otro, pues —tal vez pensaba así—, bien pudiera ser una forma atenuada de difamación, como se ve claramente en estas palabras suyas:

> [...] Sólo ese número [*Patria*] me ha llegado desde febrero. Y en él, una pequeñez que extirpar, con mano firme, y es el tono burlón o jocoso de los comentarios. Nos quita peso. No necesitamos argüir. Decir no más, por el servicio del periódico, y la verdad corriente [...] (D-124)

Volvemos a encontrarnos con el caso de la virtud genéricamente considerada —en sus relaciones con la austeridad— de parecida manera a como lo vimos ya en el caso de la entereza; y como es de suponer también aquí es necesario admitir esa «universalidad» de lo virtuoso en la cual condensa Martí todas y cada una de las virtudes particulares, de modo que al referirse a la *virtud* está implícitamente hablando de alguna de esas manifestaciones que el lector —es de suponer— sabe discernir en cada caso. Pues virtud como equivalente de *eticidad* fue siempre en el *Apóstol* un especial motivo de profundo pensamiento, ya que, por desdicha, la generalidad de los hombres está muy lejos de mostrarse indeficiente en este sentido. Mas un aspecto que parece haberle atraído particularmente es el del contraste entre el virtuoso y el que no lo es. Quizá se trate de alguna dolorosa experiencia de su vida, obligado como se vio muchas veces a enfrentarse con quienes eran poco o nada virtuosos en todo respecto. ¡Si los habrá encontrado y conocido suficientemente, él, que debió moverse febrilmente en la heterogénea masa del destierro, con todas sus desagradables consecuencias! «[...] ¡No tiene la virtud más enconado enemigo que los que la ven de cerca!» (D-56), exclama en una ocasión, y cuán explicable es que sea así, porque a la virtud ha de verla el carente de ella con el despecho de quien, pese a todo, advierte su propia inferioridad e incapaz de adoptarla recrudece aún más su lamentable flaqueza. «[...] Odian los hombres y ven como enemigo al que con su virtud les echa involuntariamente en rostro que carecen de ella [...]» (D-48), y, tal vez por lo mismo, ocurre esto otro que apunta el *Apóstol*: «[...] es ley moral que las virtudes sean menos estimadas por aquéllos que viven en constante contacto con los virtuosos [...]» (D-21) Pues, en definitiva, la consecuencia que parece desprenderse de ese contraste es que, por desdicha, el hombre se siente mucho más atraído por la impureza que por lo puro. De ahí la ventaja que el ejemplo del mal le saca siempre al del bien. Porque se trata de algo comentado líneas arriba: entre la vida exterior con todas sus solicitaciones, rica en lo material mas horra de espiritualidad, y la vida interior, cuya riqueza consiste en apartarse de lo mundano, el hombre, por lo general, se deja arrebatar por la primera, y entonces se produce —en cualquier caso— esta consecuencia descrita con las siguientes palabras del *Apóstol*:

> Los hombres gustan de ser guiados por los que abundan en sus propias faltas. Véase cómo se apegan con más ardor a las personalidades viciosas, brillantes, que a las personalidades puras, modestas [...] La pureza, de que en general carecen, les irrita [...] Todos los que han pecado, tienen simpatías secretas por los pecadores. No hay como caer en error para aprender a perdonarlo. Ni hay insolencia mayor que la de la virtud, que con su cara austera, sus vestidos humildes y sus manos blancas, va haciendo resaltar, por la fuerza del contraste, las villanerías y mañas criminales de la gente,

que cuando la virtud no está cerca no aparecen de tanta fealdad, como que, por tenerlas todos por igual, en nadie sobresalen: así es que, en cuanto la virtud asoma, los caminos se quedan sin piedras, porque todos dan sobre ella.» (D-52)

Imponente reflexión para ser leída más de una vez, que permite apreciar cuán percatado y persuadido estaba Martí de la *condición humana* y, además, de lo difícil —si no acaso imposible— de penetrar virtuosamente en ella. ¡Cómo debe haber estado en ese momento en que la pluma deja caer sobre el papel tan pesimista impresión de sus congéneres! Porque si bien a veces —no muchas, por cierto— afirma que el hombre es naturalmente bueno, en muchas otras vemos aquello de «¡Conozco el hombre, y lo he encontrado malo!» (C-59) Claro es que hasta cierto punto esos juicios peyorativos sobre la humanidad dependen de la circunstancia en la cual surgen, pero tampoco es menos cierto que, en términos generales, el continuo roce con el mundo exterior tenía que llevarlo a dicha conclusión. Y como es natural, siendo como era hombre genial, le resultaba aún menos disculpable, en particular, la conducta no virtuosa de quienes ni siquiera agradecen a Dios, a la Naturaleza, o a lo que se quiera, el don recibido. Por lo mismo, dice: «[...] Como la llaga con hierro ardiente, ha de ser quemado en su cueva el talento que no sirva a la virtud [...]» (D-32) Porque el talento puede acrisolar aún más si cabe la virtud, o el acto en que ésta va depositada: «[...] Las cualidades morales suben de precio cuando están realzadas por las cualidades inteligentes [...] El que sabe más, vale más. Saber es tener [...]» (D-133) No digamos la asechanza constante del predominio sobre otros, como es el caso del *Poder político*. Si lo sabría bien quien, como él, padeció tiranos y tiranías a lo largo de toda su vida, puesto que nació bajo una de ellas, tuvo que rechazar resueltamente otras, y ni siquiera le cupo el consuelo o la satisfacción de asistir al final de aquélla por cuya extinción dio hasta la propia vida.

Para el Poder, sobre todo, es mal camino la virtud [...] Todo hombre es la semilla de un déspota; no bien le cae en la mano un átomo de poder, ya le parece que tiene al lado al águila de Júpiter, y que es suya la totalidad de los orbes [...] (D-57)

¡Qué bien dibujada la sempiterna figura del tirano! Mas tirano *en acto*, pues *en potencia* —como lo dice él mismo— es todo hombre. Difícil misión la de quien, al escalar las alturas del Poder, quiera mantenerse en el justo medio entre la apetencia de mando y la obligación de una equitativa libertad para con los gobernados. Pues a veces ni la austeridad basta para mantenerse a resguardo de las interesadas solicitaciones de esa vanidad de sentirse por encima de los demás. Cuba republicana ofrece el notorio caso de don Tomás Estrada Palma, cuya rigurosa austeridad es imposible poner en tela de juicio, y, no obstante, acabó personificando la tiranía. Con razón se habla del «vértigo del Poder», adecuada imagen tomada a préstamo de lo que sucede al escalar una gran altura física, a causa de las diferencias de presión atmosférica. Casos parecidos son los de Robespierre y García Moreno, pues quizá erradamente no se detienen a pensar que el *summum ius* es la *summa iniuria* (que la justicia excesiva acaba en injusticia), porque en tales casos no se trata de hombres corrompidos, venales y, en consecuencia, dominados por la codicia o la concupiscencia. Mas, de todos modos, son tiranos, es decir, aquéllos en quienes —como dice Martí— acaba germinando la semilla del despotismo. De ahí, sin lugar a dudas, su constante aprensión con respecto al curso de los acontecimientos conducentes, de un modo u otro, a la guerra de independencia.

Otro punto que atrae la minuciosa atención del *Apóstol* es la *pasión*, perfectamente explicable si se tiene en cuenta que él mismo era un temperamento apasionado, cosa delatable en la nerviosidad de una expresión que a duras penas consigue detenerse reflexivamente, lo cual, sin embargo, se efectúa casi siempre debido a su clarísima inteligencia, que le permite «cristalizar» (objetivar) dicha pasión, que, es, en cualquier caso, la forma como se adhiere él a la causa del bien en general, viéndolo con tal claridad que, en cierta ocasión, dice esto: «[...] La pasión irracional no es digna de los hombres; se ama apasionadamente lo que ha de ser siempre verdaderamente justo.» (E-18) Y, no obstante, bien percatado estaba de la fuerza, a veces incontrastable, con que la pasión se opone a la reflexión y hasta la vence:

> ¡Lucha eterna entre la razón y las pasiones! ¡En vano es que una razón severa se prepare para combatirlas, en vano que las espere con vigor, locura luchar contra ellas! Vienen, y encienden, y devoran: llegan, y alientan, y matan [...] (E-86)

Severo conflicto el de la tenaz oposición entre el corazón y la cabeza —como dejó dicho Unamuno—, del cual quizá no es posible escapar jamás, porque es probable que ambos contendientes (pasión-razón) se necesiten a fin de existir como lo que son respectivamente. Ahora bien, Martí comprende perfectamente que la pasión abandonada a sí misma se convierte en vacía sinrazón, por lo cual requiere de la «explicación», o sea el despliegue de su interna contextura, con vistas al ajuste más adecuado posible con la realidad donde debe encajar; pues, de lo contrario, al no trascender la pura subjetividad —de donde surge y en la que consiste—, carece del mínimo de posibilidades de acertar, con lo que, o bien se queda en nada, o —peor todavía— puede resultar contraproducente con el fin propuesto. Tal cosa vemos en forma impresionante en el *Fausto* de Goethe. El protagonista (o sea el principal «agonizante») de esta obra se entrega, por una parte, a la *pura razón*, y concluye admitiendo la inanidad de tal proceder; mas cuando —en un giro de ciento ochenta grados— decide llevarse únicamente de la *pasión*, acaba comprobando que tampoco es nada. Se impone, pues, el *juste milieu*, ese delicado punto de equilibrio al que es tan difícil llegar. Porque, sin lugar a dudas, sin pasión no hay nobleza; mas, al mismo tiempo, sin razón no hay realidad posible; y el *Apóstol* sabe que es preciso «probar» la pasión sometiéndola a la reflexión, o de lo contrario será sólo capricho, arbitrariedad. Pero al mismo tiempo es necesario «apasionarse» en la prueba, pues sin este decisivo impulso jamás se pasa de la fría especulación. Tal cosa vemos, por ejemplo, en su incesante lucha por la *libertad*, que es en él impulso nacido de lo más profundo del Ser; impetuosa decisión, ajena —en lo más puramente originario de sí— a toda reflexión. Diríase que es algo subconsciente a la vez que inevitable. Pero sabe que esa pasión ha de ser encauzada, convertida de *vivencia* en *concepto*, y he ahí justamente lo que su prosa muestra cuando se refiere al gran problema de la libertad, porque esto es, entonces, *tema*, es decir, motivo de reflexión, para hacerla coincidente con la realidad que, si carece de libertad, debe henchirse de ella mediante la pasión convertida en idea. He ahí por qué su prosa convence y emociona, porque, simultáneamente, al plantear la cuestión de la libertad, consigue algo que ronda el milagro: la *reflexión emocionada*.

Tal es, pues, la pasión martiana, es decir, la buena y bien intencionada, ésa que lo coloca siempre al lado del amor al semejante, la libertad, la justicia, etc. Pero bien sabemos que esta noble pasión tiene su contrapartida, pues el mal jamás duerme, y en su constante acechar llega también hasta la pasión, ya que los llamados «impulsos del corazón» pueden ser buenos o malos, y la pendiente pasional —cuando es hacia abajo— conduce a la bestialización del hombre. No sabemos si Martí llegó a experimentar alguna vez esta situación (o al menos algo levemente parecido, que, dada su nobleza de ánimo, llegó a conceptuar de tal), o pudo observarlo en otro. Lo cierto es que lo describe con tal vigor que logra, en efecto, una descripción que es casi una pintura del natural:

[...] ¿No hay horas de bestia en el ser humano, en que los dientes tienen necesidad de morder, y la garganta siente sed fatídica, y los ojos llamean, y los puños crispados buscan cuerpos donde caer? Enfrenar esta bestia, y sentar sobre ella un ángel, es la victoria humana [...] (D-31)

Porque, ya se sabe, los hombres, primero que nada, se agrupan en dos bandos: uno, el de la luz; otro, el de las tinieblas; y, según el *Apóstol*, estos últimos tienen tan escasamente de *hombre* que más bien vienen a ser algo así como uno de esos animalejos en los cuales, ciertamente, se da el caso de la «antropomorfización», cual sucede con el *grajo*, esa avecilla ladrona y astuta cuya existencia se reduce a tan exiguo y nada elogiable menester. «Hombre-grajo» sería, pues, aquél que al pícaro instinto típico de dicha ave agrega la conciencia de su mal proceder, sin asomo de preocupación:

[...] Hay hombres y hay grajos: los hombres son los que a codo honrado se abren paso por sí propios en el mundo, y sazonan su pan en la levadura de la vida: los que viven, sin vergüenza y sin remordimiento, del dinero o de la gloria ganada por su poder, son los grajos [...] (D-83)

Pues si, en definitiva, como dice Martí: «[...] Es más fácil apoderarse de los ánimos moviendo sus pasiones, que enfrenándolas [...]» (D-22), ¿cómo, entonces, no va a ser motivo de tristeza «[...] ver a los hombres movidos por sus pasiones o azuzando las ajenas? [...]» (D-50) Sin embargo, hay otra forma de pasión —más bien «pasioncilla»— que consiste en el rencor motivado por el contraste que ofrece el hombre eminente. Al expresarse así el *Apóstol* sabía muy bien que su vida, ejemplar en talento y decoro, ya para esa fecha había sufrido el arañazo del resentimiento envidioso: «[...] No hay cosa que moleste tanto a los que han aspirado en vano a la grandeza como el espectáculo de un hombre grande [...]» (D-40)

No podía faltar, en forma alguna, entre las relaciones descubribles de la austeridad con otras virtudes, según aparece en la obra martiana, ese detalle —tan esencial en su propia vida— de la *sinceridad*, o sea aquél con que comienza la colección de sus *Versos sencillos* («Yo soy un hombre sincero»). Pues debe distinguirse entre franqueza y sinceridad, porque muchas veces la primera consiste en decir algo cuya revelación no compromete ni perjudica; mas la sinceridad está muy lejos de ser simple manifestación de esto o aquello, pues no es cosa de más o menos palabras. En lo esencial de sí misma, la sinceridad es una actitud espiritual profunda que hace preferir siempre la verdad. En ella no hay cálculo ni precaución, pues el sincero —como le sucede al *Apóstol*— está de antemano casado con la verdad, lo cual impone no apresurarse al hacer cualquier manifestación, para evitar el posible error; como asimismo requiere estar dispuesto al examen desapasionado de lo que va a convertirse en juicio, afirmativo o **negativo**, pronunciándose así a favor o en contra de algo. Además, como el módulo de valoración es la *verdad*, es menester hallarse ya convencido de que su menor desapego equivale a negarla. Porque si bien puede suceder que aún no estemos en posesión de la verdad, estamos, eso sí, obligados a no pronunciarnos en favor o en contra de una cosa mientras no estemos seguros de obrar verídicamente. Mas a Martí le interesa primordialmente el aspecto moral de la cuestión, pues el hombre sincero jamás apaña con ninguna de esas debilidades cuyo disimulo se intenta mediante su contraria: el egoísmo con el desinterés, la vanidad con la modestia, y así sucesivamente. Por eso la vida de Martí es de ejemplar transparencia, como lo prueba cualquier observación suya sobre la realidad circundante. Nadie ha sido un crítico más severo de las debilidades e imperfecciones de la vida norteamericana, pero tampoco es remiso en reconocer y admirar lo valioso de ese pueblo. Como igualmente, en el caso de la organización de la guerra de independencia, dijo siempre con absoluta sinceridad lo que estimaba necesario y conveniente a ese respecto, y así, cuando tuvo que discrepar —como sucedió con Gómez y Maceo en el 84—, no vaciló en hacerlo, aun a sabiendas de que iba a quedarse solo y sospechado por quienes, en aquel momento, carecían de la penetrante visión del futuro que poseía el *Apóstol*.

Todo esto explica perfectamente su escrupulosa atención a lo que, en alguna forma, pudiese empañar el sentido que para él tenía la sinceridad. Pues «[...] ¡qué noche tan amarga, cuando, allá en el fondo de nuestra conciencia, la luz serena y permanente descubre alguna sinuosidad!» (D-73), lo cual supone el examen de conciencia que alarma y atrista cuando el más leve desliz desde el campo de la sinceridad nos pone en la situación de alejarnos de ella. Sinceridad *integral*, porque no cabe la posibilidad de serlo en unas cosas y vacar a ella en otras: «[...] La honradez no es menos necesaria en literatura que en las demás ocupaciones del espíritu. Lo que no es honrado en literatura, como en todo, al fin perece [...]» (D-43) Así se expresa quien era profesional de la pluma, con la que ganaba tanto el sustento material como, sobre todo, el del espíritu. En consecuencia, es explicable su desconfianza con respecto a la *ficción* literaria, o sea precisamente lo que tiene de «irreal» y, por lo mismo, de evasiva ante la obligación a que nos compromete la vida. De ahí la confesión puesta en boca del protagonista de su novela *Amistad funesta*:

> [...] El género novela no le place, sin embargo, porque hay mucho que fingir en él, y los goces de la creación artística, no compensan el dolor de moverse en una ficción prolongada [...] (D-62)

Otro tanto pudiera decirse con respecto a la sinceridad en la política; él, que fue, incuestionablemente, un gran político, en el sentido de eso que delicadamente llama Valéry «política del espíritu». Veámoslo: «[...] Los políticos puros viven de la fama continua de su virtud y utilidad, que los excusa de escarceos deslumbrantes o atrevimientos innecesarios [...]» (D-90) Pues así era, en efecto, su vida, puesta al servicio de un sublime menester político, el de la independencia de Cuba. He ahí por qué se somete a sí mismo a una rigurosa inspección, en el momento en que alcanza merecidamente la consagración a que tenía incuestionable derecho por parte de sus compatriotas. En estas palabras suyas se revela la absoluta sinceridad de su conducta:

> [...] ni tomaba aquellas festividades [las del Cayo, 1892], como mérito propio y cúspide de su fortuna [...] ni en los escarceos indignos oratorios

iba pensando aquél que a cada paso era sorprendido por tales pruebas de la grandeza del corazón de su país [...] (D-97)

Otra de las formas de austeridad, o al menos de las actitudes ante la vida en las que cabe pensar en la pulcritud espiritual de lo austero, es la *acción*, concebida como el desempeño de una finalidad. Y como el hombre se ve obligado a obrar siempre, de algún modo, pues la vida humana es imposible sin el quehacer mediante el cual adaptamos a nuestras necesidades el contorno vital donde moramos, ese actuar (posible de tan diferentes maneras) también ofrece la alternativa de ser beneficioso o perjudicial —según de qué se trate—; beneficio o perjuicio susceptible de valorarse éticamente en términos de bien o mal. Pues sucede con casi todas las acciones humanas que están referidas de alguna manera al hombre, con el cual operan, y, en consecuencia, además del provecho o la utilidad material derivable de ellas, por lo común tienden a afectarlo moralmente, en forma positiva o negativa, desde un grado apenas perceptible hasta el más sobresaliente. Y Martí, celoso observador de la conducta humana, considera que, en general, la *acción* es buena o mala según su significado moral. Como de costumbre, su actitud axiológica es de comparación entre lo plausible y lo reprochable con referencia a la conducta del hombre vista a través de su manera de actuar, de lo cual nos da un ejemplo claro y preciso en este pasaje:

> Hay dos clases de triunfo: el uno aparente, brillante y temporal; el otro, esencial, invisible y perdurable. La virtud, vencida siempre en apariencia, triunfa permanentemente de este segundo modo. El que la lleva a cuestas, es verdad, tiene que apretarse el corazón con las dos manos para que de puro herido no se le venga al suelo: que tan roto le ponen los hombres el corazón al virtuoso, que si no corcose y remienda con la voluntad, saltará deshecho en pedazos más menudos que las gotas de lluvia. (D-55)

Sin esfuerzo se advierte que Martí adopta aquí el punto de vista del contraste entre *Civitas Dei* y *Civitas Diaboli*, es decir, entre lo terrenal y lo espiritual. Desde luego que no como lo trascendente-religioso de la perdurabilidad eterna y ultraterrena (aunque lo hace suyo en otro sentido, que ya tendremos ocasión de comentar), pero se adhiere al criterio típico del ascetismo en general (sea o no religioso) que considera *real* todo cuanto no pertenece al dominio del espíritu: pues el único *triunfo* que de veras le interesa es el que representa la virtud, el único del cual hace su escudo. Así, mientras uno (el del mundo) es, entre otras cosas, perecedero; el otro, el del espíritu, es perdurable; y, además, nunca se abate, aunque de primera intención lo parezca. Así, pues, se lucha para ahora o para después, según cada quien; mas el bien se sobrepone al mal, siempre en la forma de esa *virtud* que condensa en sí misma todas las manifestaciones de la conducta ética. Pero Martí vive ya en una época en que se advierten los síntomas de lo que, en la hora actual, es desaprensivo afán de entregarse al disfrute de la materia en todas sus numerosas solicitaciones: la llamada *sociedad de consumo*, cuya frenética y ambiciosa lucha por el predominio económico es la fuente de donde dimana un vastísimo repertorio de estímulos de placer y vanidad, coexistentes con vista al mismo propósito. Y, claro está —como lo intuye asombrosamente el *Apóstol* en aquel momento—, el mundo corre ya al establecimiento de una feroz lucha entre las conquistas respectivas del bienestar económico y la igualdad política. Mas, por ventura, ¿no es eso lo que exactamente trae de cabeza al mundo actual? En efecto, la *maladie du siécle* es ahora esa pavorosa quimera del «oro» y la «libertad», que dementiza al hombre y terminará por hundirlo en aquello que tal vez habrá de ser la peor de las barbaries de la Historia: la completa automatización del hombre. Veamos como entrevió Martí esa rigurosa actualidad nuestra:

> [...] en este tiempo de ansias, en esta colosal y descomunal regata por la prominencia y el lucro, en este celo necio e infecundo del bien ajeno, en este súbito desequilibrio que han traído las conquistas modernas entre la igualdad de los derechos políticos, que abre la puerta a todas las aspiraciones, y la fortuna y la condición social, que no se igualan con tanta presteza, bate sobre los corazones la sangre agitada por el correr, por el desear, por el envidiar, por el temer que de un revés se lleva la fortuna el bien codiciado, siempre escaso. (D-61)

Bienestar más aparente que real, propenso a deformar la rectitud espiritual en vez de robustecerla. Por eso, según dice el *Apóstol*: «[...] a otros les envilece la prosperidad, y el primer servicio a que la ponen es emanciparse, desde su seguro inhumano e insolente, de los deberes por donde es respetable el hombre [...]» (D-119) Desdichadamente, ese *otro* hay que tomarlo en el sentido de la mayoría obsesionada con la conquista del bienestar material creciente *sine die*, cuya directa consecuencia es el fomento del egoísmo rapaz, pues se llega a creer ingenuamente (con la ingenuidad aparejada por la ignorancia) que ese «seguro inhumano e insolente» exime de la constante obligación con el prójimo. Pero, entonces, ¿para qué sirve la laboriosidad incapaz de trascender el propio interés? «[...] Más vale estar en ocio que emplearse en lo mezquino. Y callar, que no hablar verdad. Pero enfrente a la faena, es deber el trabajo, prueba la injusticia y el silencio culpa [...]» (D-23) No digamos del delicado menester de dirigir a los demás, como sucede con la función de gobierno en la sociedad. A este respecto, Martí pensaba —como siempre— en el futuro de aquella tierra por la cual se desvelaba sin limitación. Por eso, una vez más aflora a su pensamiento la imagen ideal del gobernante:

> Sin las cualidades del hombre, en quien la maldad debe existir, como en el pan la levadura, nadie intente gobernar a los hombres, ni ejercer en ellos importante influjo; pero quien emplea su conocimiento del ser humano para reducirlo a su servicio, y no para servirlo, más culpable es mientras más hábil sea, y debe ser mirado por la nación como un enemigo público. (D-69)

Deliberadamente hemos dejado para finalizar estas notas sobre la *austeridad* de Martí un detalle que casa admirablemente con su personalidad, es decir, el de la *medida de sí mismo*, pues si alguien jamás estuvo siempre al acecho del límite justo de su persona, ése es sin duda José Martí, porque, en cierto modo, su obra (escrita y no escrita) es una especie de inspección de sí propio, con algo de velada prescripción de cómo debería ser en cada momento. Pues parece haber adoptado cual lema aquel consejo inscrito en las paredes de un templo griego: μεδην αγαν («nada en exceso»). Con fina mente y sensible corazón, se tenía presente siempre, no por vanidad ni egoísmo, sino debido a presentir constantemente que, ante todo, es menester saber bien de uno mismo, de sus limitaciones, porque lo grave no es lo que somos, sino lo que debemos ser. Sin reposo, para no descansar en la falaz confianza de la autosatisfacción, tiene presente la délfica sentencia adoptada por Sócrates: γνωθι σεαυτον («conócete a ti mismo»), y al menos en una ocasión la lleva al papel: «¡Mas, cuánto trabajo cuesta hallarse a sí mismo!» (D-39), pues le percatación del contenido de la propia personalidad es la disposición mediante la cual se regula el trato con los demás; y esto sólo puede ser delicadeza emanada de la convicción de que el deber obliga, porque estamos siempre, mírese como se quiera, en deuda con el semejante. Con su fina y sutil manera de decir, el *Apóstol* concreta cuanto a este respecto ocupa su pensamiento, con las siguientes palabras:

> [...] Hay algo en los hombres que se parece al pudor en las mujeres: hay un concepto del deber, hay una fuerza del decoro que honra al que la alimenta, que el hombre olvida, y que lleva por camino de muerte a la inteligencia que no se apoya bien en ella. (D-5)

Y, por lo mismo:

> [...] La lealtad embellece estas vidas [las honradas], mientras que las de otros se arrastran limosneras y torvas, y descontentas de todo, porque lo están de sí propias. (D-106)

Todo lo cual conduce a la decisión de mantenerse siempre en ese límite que asegura la hombría de bien propia al mantener intacta la ajena. Lo que es simplemente *respeto* al semejante basado en el principio evangélico de no hacer a los demás lo que para nosotros no deseamos. Respeto de todo, de la libertad, de la justicia, de la honra [...] ¡Ah!, veamos a este respecto lo que dice el *Apóstol*: «[...] Medida de la honra propia, en diarios y en hombres, es el respeto en que se tiene la honra ajena. El que no respeta la honra ajena, no respetará la propia [...]» (D-118) Y de nuevo aquí aparece el político, siempre en esa forma en que concebía tan delicado menester:

> [...] El respeto a los demás, que pierden casi siempre los hombres acostumbrados a mandar [...], es la mejor y verdadera medida de la grandeza del alma [...] (D-64)

> [...] Un pueblo no es peana del hombre que sobre la hecatombe de él quiera, ante los siglos futuros, codearse con las glorias pomposas de la historia de nuestro mundo [...] (D-107)

Capítulo V

AMOR, DOLOR, DEBER

> *Oh* amor, *oh inmenso, oh acabado artista!*
> *Ay! mi* dolor, *como un cadáver surge*
> *a la orilla, no bien el mar serena!*
> *[...] El que es traidor a sus* deberes,
> *muere como un traidor* [...]

Si alguna persona ha estado dominada completamente por el *amor*, en sus distintas manifestaciones, ésta es José Martí. Amar fue una parte tan esencial de su ser, que, sin temor a exagerar, puede decirse que vivió para tal cometido, sin visible atenuación a lo largo de su vida. De ahí la necesidad de saber cómo lo sintió y lo llevó a la práctica, lo cual supone la tarea de examinar cuidadosamente todas aquellas manifestaciones discernibles tanto en su obra escrita como en sus hechos, con la finalidad de establecer, en la medida de lo posible, algo así como una clasificación de esas manifestaciones del amor, aunque no está de más decir que desde un punto de vista bastante relativo, porque en cuestión tan sutil como es la del susodicho fenómeno, apenas cabe imaginar alguna sistematización.

Bien; pero ¿qué es el *amor*? Como sucede con otras cuestiones, digamos vida, muerte, dolor, libertad, etc., hay más bien, en términos generales, un *saber consabido*, especie de cómoda «ciencia infusa» que permite partir así sin más del supuesto conocimiento del amor. Es así como hablamos del amor a Dios, a la familia, a la patria, a la verdad, etcétera. Sin embargo, en cualquier caso invertimos los términos tomando como antecedente lo que sólo es consecuente, algo así como confundir el efecto con la causa. Detengámonos, entonces, ante esta inicial dificultad, procurando aclararnos a nosotros mismos ese indudable *misterio* en que consiste el fenómeno (porque lo es) del amor en todas y cada una de sus múltiples variedades. Por lo pronto, al contemplar sus principales manifestaciones, caemos en la cuenta de que puede ser —de hecho es— o bien *material* o bien *espiritual*. En consecuencia, se puede establecer, a este respecto, la clasificación siguiente:

AMOR
- Material
  - sexual
  - cosas del mundo
- Espiritual
  - divino
  - amistad
  - amor a la patria
  - amor a la familia
  - amor a la verdad
  - etc.

En efecto, desde el punto de vista *material* hay un evidente apetito del cuerpo y de las cosas por parte del hombre; pues el sexo es el punto de partida del deseo de *otro* cuerpo; y, también, un tanto somáticamente, el hombre ansía la posesión de cosas materiales, sea dinero, joyas, manjares, bebidas, etc. O a veces algunas de esas sustituciones de cosas materiales en sí mismas, tal como sucede con el afán de poder, la vanidad, el culto a la elegancia, y así por el estilo. Pues en estos casos y en muchos otros hay siempre la referencia a algo material: el «elegante» desea lucir su cuerpo; el avaro y el codicioso anhelan la posesión de dinero o su equivalente en bienes muebles e inmuebles, y así sucesivamente.

En cambio, el amor *espiritual*, aun cuando a veces dice relación a algo cuya forma de expresión exterior es material, la supera sublimándola para quedar inserto en una pura trascendencia que es, precisamente, el *sentimiento* emanante de la relación (por ejemplo, padres a hijos y viceversa). Pura valoración espiritual, por lo que la posesión, lejos de ser un *medio* (digamos, adueñarse del dinero en virtud de su poder adquisitivo), constituye un fin en sí mismo. En consecuencia, *posesión* no significa, en este caso, tenencia de nada material —directa o indirecta—, sino la plena conciencia de una relación insusceptible de cambio (v. gr., el amor a la patria). De esta manera, el amor espiritual reside justamente en el *sentimiento consciente* del valor de esa relación entre dos partes.

Ahora bien, si el amor es una manifestación constante en la vida del hombre, por fuerza tiene que haber estimulado el deseo de conocer su verdadera naturaleza, sus orígenes y sus efectos. Tan cierto es todo esto, que los desvelos del hombre occidental tratando de dar con la solución de tamaño enigma, componen, a la altura de nuestra época, tan copiosa bibliografía que apenas si es posible hacer más que una escueta referencia a esa larga historia de la cuestión del amor. Como sucede siempre, es preciso empezar recurriendo a la Grecia clásica, donde la cuestión se debatió en diversas formas, y por eso la encontramos en la mitología, la épica y la lírica, la tragedia y la filosofía. Con toda certeza, ninguna cultura en la historia del mundo le ha dedicado la atención que puso en ella el gran pueblo helénico. Por lo pronto, al griego clásico le atrajo profundamente la sempiterna oposición de *amor* y *odio*, o sea que el cosmos, el mundo en que vivimos, es, antes que nada, *atracción* y *repulsión* (lucha) entre cualesquiera de sus partes. De aquí, según los griegos, sale todo, por lo que, sin el conflicto y la atracción de ambos, no hay realidad posible. Y a tal extremo llega la importancia del tema del amor entre ellos, que el refinamiento de la cultura griega en el siglo V a. de C. hace que Platón,[1] al respecto, muestre a Sócrates diciendo que el amor es la única cuestión de la cual se atreve a hablar con verdadero dominio de ella. O sea que de cuantas examinó prolijamente, sólo una era capaz de ser el objeto preferido de sus profundas inquisiciones. ¿Por qué? Sócrates cree que sin amor nada alcanza cabal realización. Pero, según los griegos, toda cosa (no importa cuál sea) lo es sólo si, de veras, se muestra completa en la diversidad de sus partes, lo cual requiere la armonía entre las mismas, a fin de que contenga la verdad, la belleza y el bien sin los cuales no sería nada.

---

1. Platón: *Banquete*, 177 E.

Empero el mundo supone una inagotable multitud de gradaciones de lo menos perfecto a lo más perfecto, o sea que las cosas han de recorrer siempre un largo camino, y en esto consiste precisamente el amor, es decir, en aspirar desde la ínfima hasta la máxima perfección. Se ama, pues, aquello que en sí es perfecto. Pero ya dijimos que si para el griego clásico la realidad de algo depende de la armonía de sus diversas partes, que da lugar entonces a la verdad, la belleza y el bien, resulta de aquí que el amor perfecto es el deseo del bien, o sea que el amante aspira siempre al mayor bien del amado (ya veremos la importancia que esto tiene en Martí); como también que el amor a las cosas y a los hombres es reflejo del amor a la absoluta Belleza,[2] pura como tal. En consecuencia [3] puede decirse que el amor es la contemplación pura de la belleza pura y absoluta. Belleza como el *desideratum* de una contemplación —constatación— del amado en toda su plenitud. Por lo tanto, se puede resumir todo esto diciendo ahora que el griego clásico veía el amor como un constante aspirar a la suma perfección en sus tres manifestaciones fundamentales, o sea la estética, la lógica y la ética. Por lo mismo, en sus consideraciones fundamentales sobre el amor predomina llamativamente una actitud teórica, en abierto contraste con la posición adoptada por el cristianismo, como se verá en seguida.

El cristianismo introduce una decisiva modificación en cuanto al amor se refiere, y es la *caridad*. San Pablo lo expresa de manera clara y precisa: «Cuando tenga el don de la profecía, la ciencia de todos los misterios y todo el conocimiento; cuando tenga inclusive toda la fe necesaria para trasladar las montañas, nada tendré si no tengo caridad.»[4] Palabras inspiradas en aquéllas del Evangelio: «el amor la caridad, (άγαπη), viene de Dios, y todo el que ama ha nacido de Dios y conoce a Dios».[5] En consecuencia, Dios es amor, porque es piedad hacia sus criaturas, es decir, *caridad*, consistente en el dolor que inspira el prójimo en cuyo auxilio acudimos prontamente con la alegría de aportarle el bien necesitado. Por esto mismo, dice San Agustín que el «amor al prójimo es *bien* cuando se hace por amor de Dios; un *mal*, si se basa en una inclinación [*dilectio*] puramente humana, fuera del amor a Dios y por Él».[6] En consecuencia, la caridad es una virtud mediante la cual se ama lo que debe amarse.

Es curiosa la inversión hecha por el cristianismo en la relación amante-amado, porque si bien —como en los griegos— se parte del amado, el amor que hay en éste (siempre, en fin de cuentas, proveniente de Dios o por Él) es mayor que en el amante; porque el amado lo es en sí y por sí mismo, debido a una exuberancia de la que Dios es, siempre, el modelo supremo. Amar es, pues amar *en* Dios y a causa de Él. Completando la inversión a que hicimos referencia un poco antes, vemos que en el cristianismo el Sumo Bien se identifica con el amor (pues éste parte de aquél), mientras que para el griego clásico el amor es aspiración que surge o emana del amante.

Así es como queda propuesta la cuestión del amor según las dos grandes cosmovisiones en las cuales se reparte la cultura occidental, es decir, la griega y la cristiana. Sin embargo, quedan todavía algunas preguntas que hacer en torno a la cuestión del amor. En primer lugar, si se trata de un fenómeno puramente *subjetivo*, o si es una emoción en la que se puede

---

2. *Ibid.*, 211 C.
3. *Ibid., in fine.*
4. San Pablo: I Corintios, XIII, 2.
5. San Juan: I, IV, 7 ss.
6. San Agustín: *Epístolas*, CLXVII.

descubrir *cualidades* y *valores* en el ser amado. Es decir, ¿está en uno mismo o, por el contrario, es un estado de ánimo creado por otro ser (el amado)? Cuestión que dista mucho de ser ociosa, porque, si es lo segundo, entonces la iniciativa de amar no depende de uno mismo, por lo cual diríamos que si alguien no ama de esta o aquella manera se debe simplemente a la falta de estímulo *ad hoc*. En conclusión, amar es, en cierto modo, un acto *pasivo*, tanto más enérgico cuanto más intensa resulte la acción del amado en el amante.

En segundo término, cabe preguntar si el amor es algo del que participa tanto lo corporal como lo psicológico; o si acaso es sólo simplemente un acto fisiológico (manifestación del deseo sexual), o si se trata de algo completamente distinto, dotado de una naturaleza *sui-generis*. Aquí podría contestarse diciendo que el amor, como se ha señalado más arriba, según el objeto a que se aplica —o a causa del cual se manifiesta—, puede ser una u otra cosa; mas creo que sería necesario, entonces, ampliar la esfera de lo puramente psíquico, admitiendo la existencia de lo espiritual (como sucede con las manifestaciones *no materiales* del amor); aun más, conforme con lo propuesto por Max Scheler y otros, sería indispensable distinguir con toda netitud entre lo psíquico y lo espiritual.

Finalmente, en tercer lugar, puede preguntarse si el amor es un proceso (o conjunto de éstos) de carácter inalterable cuyo asiento se encuentra en aquello denominable *naturaleza humana* (especie de entidad constante), o si —como pretende Ortega y Gasset—, es una de tantas «invenciones» del hombre. Dicho de otra manera, si el amor ha existido siempre o si, por el contrario, es algo creado a partir de cierto momento y dentro de determinadas circunstancias. Sin embargo, la historia de la vida humana permite ver con toda claridad que el amor es una constante del hombre, pues jamás ha dejado de estar presente. Además, sin ostensibles variaciones, respecto a objetos tales como *lo divino* (sea lo que sea), el amor a *la familia*, o esa querencia más o menos explícita que es el lugar donde nacemos, y así por el estilo. Claro está que tal vez en la etapa auroral del hombre —la *horda*— es probable que esos sentimientos fuesen o inexistentes o muy difusos, pero ¿cómo probar que no existieron en modo alguno en dicha etapa?

Si pasando por alto las diferentes modalidades del amor nos limitamos ahora a preguntar por su *ser en sí* (su consistir), podemos decidirnos por cualquiera de las numerosas respuestas que, contemporáneamente, nos salen al paso. Max Scheler, por ejemplo, afirma que el amor no es simpatía, comprensión o piedad, porque el amor no es un fenómeno basado en leyes psicológicas, sino axiológicas. (Aunque sería menester saber si la simpatía, la comprensión y la piedad no tienen nada de axiológico.) En consecuencia, si ni el cuerpo ni la psique intervienen en el fenómeno del amor, porque se trata de un *acto personal* (el estrato moral del ser humano) con una naturaleza puramente valorativa. Por lo tanto, el amor es, en cualquier caso, el resultado de *descubrir* y *reconocer* algo que, por ser valioso, gana nuestra incondicional adhesión. De esta manera, el amor a la patria es la revelación de un valor al cual adherimos porque lo aceptamos como tal valor. En cambio, el filósofo francés Sartre opina que el amor es, en esencia, un conflicto que supone un vínculo y una lucha entre dos seres humanos (un poco la vuelta a la idea clásica de la *lucha*). El amor *compromete* la *libertad* del otro, puesto que se exige la del amado, es decir, que éste ame libremente por sí mismo. En consecuencia, el conflicto ínsito en el amor es el conflicto de la libertad.

Resumiendo lo dicho hasta aquí, podemos concluir diciendo que el amor es esa manifestación humana de *intensa atracción* de un ser hacia otro, trátese de Dios, de una persona, o de algún otro ente (como es el caso de la Patria). Atracción, eso sí, que se debe a diferentes motivos, los cuales, como ya hemos dicho, se pueden separar en dos grupos claramente discernibles entre sí: uno, el correspondiente al cuerpo humano y a las cosas materiales; otro, donde aparecen los entes u objetos de índole espiritual. Sin embargo, como nada de esto es simple, vemos que, por ejemplo, a la atracción corporal se agrega a veces otra espiritual. De ahí la complicación frecuente de *deseo* y *amor* (este último en el sentido de lo que trasciende la materia). Mas el amor es, de algún modo, la *lucha* con lo amado, de la que sale precisamente todo aquello considerado como *creación humana*, y ésta jamás se da en forma de síntesis de las distintas manifestaciones en que se integra lo creado. En consecuencia, cabe aceptar —como hacía el griego clásico— una gradación que, en sí misma, es inagotable aspiración desde lo imperfecto hasta la mayor perfección posible. En otras palabras, el *amor* es afán de lo mejor, de lo óptimo; pues quien ama espera descubrir en el amado esa totalidad que convence y justifica dicha esperanza. Lo cual supone el deseo del mayor bien posible para el amado. Hay, pues, en el fondo de todo esto, una *belleza* más moral que física, porque supone la armonía entre las partes del conjunto (el amado) destinado a convertirse en bondad indestructible en cuanto es esa perfección a la que se encamina el amor. Pero éste, según el cristianismo —y ¡qué aporte!— es, ante todo, *caridad*, porque ahora el amor viene de Dios, de manera que, si se ama, esto ocurre inevitablemente debido a que se ama *en* Él por causa suya. Dios es, en consecuencia, el *Sumo Bien*, y se identifica con el amor, de manera que no es necesario ni posible —como creía el griego clásico— aspirar a ese Sumo Bien como iniciativa que parte del amante. Por el contrario, Dios pone en la criatura el amor con que ama, pues —como dice San Pablo—, «en Dios vivimos, nos movemos y somos».[7]

La obra escrita de Martí se encuentra tan saturada de manifestaciones sobre el amor, en variadas formas, que probablemente no haya nada en ella donde no aparezca, siquiera sea levemente, alguna referencia al amor. El Ser Supremo, el ser humano en general, la Naturaleza, la Patria, la libertad, la belleza, el bien, la verdad, la paz, la familia, el amigo, todo absolutamente constituye en el *Apóstol* un motivo de amor. Es decir, la atracción que cualquier manifestación de la realidad ejercía sobre él. En una ocasión, apenas cumplidos veintidós años de edad, lo expresó de este modo cabal y preciso: «[...] El amor palpita en cuanto vive: rebosa el ser de amor cuando contempla lo existente.» (E-10) De manera que todo cuanto es o existe despierta en Martí un sentimiento de adhesión (salvo, desde luego, que se trate de algo negativo), al modo de esa maravillosa *fraternidad* con que el *Poverello* acogía al mundo. Identificación profunda con lo creado y la consiguiente admiración al Creador. Pues el hombre de su talante acoge el mundo con la familiar intimidad que supone adueñárselo sin ningún mezquino propósito de interesada posesión o de ambicioso dominio. Es, sencillamente, tenerlo todo en uno mismo exactamente como se está cabalmente en eso otro. Se trata, pues, de una tácita interpenetración que promueve la máxima riqueza imaginable en quien, al mismo tiempo, es posesor y poseído. No hay, pues, preferencia, elección o selección de ninguna índole, claro está que desde un punto de vista general. Que luego se prefiera a esta mujer, a este amigo, a esta música, etcétera, no quiere decir que se contra-

---

7. San Pablo: *Hechos de los Apóstoles*, XVIII, 25.

dice lo dicho anteriormente. Pues esa elección jamás se hace a expensas de la adhesión general y por principio en que descansa la preferencia individual, y, por lo mismo, es posible mantener un estricto equilibrio moral entre ambas maneras de amar. En consecuencia, pongamos por caso, se ama una determinada variedad de flor partiendo del previo supuesto del amor al resto de las flores, y así con todo lo demás. De esta manera, jamás se escoge a costa de nadie o de nada. Amar al hijo propio implica el amor al hijo de cualquier otro, pues lo vemos entonces en el papel de *hijo*.

Sólo si se parte de esta consideración —que hemos creído conveniente examinar con el debido cuidado—, se puede entender el caso del amor en Martí. Mas para llegar a esto último es imprescindible penetrar hasta el fondo de su pensamiento, o sea hasta esa actitud ante la realidad en general que constituye la esencia misma de su personalidad. Porque, claro está, obligado como se vio siempre —en función del pensador y el escritor— a ceñir el tema o la cuestión a tratar, resulta evidente que debía expresarse sobre el amor en forma particular y casi siempre concreta. Porque, en fin de cuentas, esto hace siempre el que escribe, pues hay una idea que indica el camino a seguir y, por lo mismo, se escoge la más apta para su expresión. Lo cual no quiere decir que en eso dicho no queden latentes otras posibles manifestaciones de la misma idea, tal como es casi obligado verlo siempre en la obra escrita de Martí. Esto explica por qué, al ensayar ahora nosotros una posible clasificación de los diversos aspectos del amor (tal como aparecen en su obra escrita), creamos descubrir la siguiente:

AMOR
- En sí mismo
- A los hombres
- Como caridad
- Como bien
- Como amistad
- A la Patria

Claro está que no existe tal cosa como el *amor en sí mismo*, si aceptamos —como ya hemos hecho— la pluralidad de manifestaciones en las cuales se resuelve, a menos que convengamos en que ya lo es por el hecho de serlo en tal o cual objeto. Pero se trata ahora de algunas de esas *generalizaciones* en las que cabría cierta manifestación amorosa, tal como sucede en este caso: «El amor renueva. Yo siento, amando, el generoso olvido, la fortalecedora esperanza [...]» (E-83) En efecto, ¿qué amor no es constante rehabilitación de nuestras fuerzas, que nos restaura continuamente debido a ese ímpetu reiterado del amado en el amante? Amor que lleva al olvido de todo cuanto puede albergar nuestro ánimo en forma de rencor, despecho, envidia, celos, etc. *Olvido generoso*, es decir, el que borra agravios y suaviza enconos, presto siempre al perdón. Y junto con esto la *fortalecedora esperanza*, cabal expresión que apenas necesita comentario. Pues si bien esperamos siempre algo (de nosotros mismos y de los demás), la esperanza tiene ya, por sí misma, un carácter más concreto y definido ante nuestros ojos, porque es la espera de lo que *ya* es o está en nuestro ánimo. No es, pues, el aguardar difuso e inconcreto, como sucede, por ejemplo, cuando decimos de alguien que se espera de él un buen comportamiento, o que el tiempo resulte apacible. Muy distinto esto último del caso del labrador cuya esperanza de próvida cosecha depende de circunstancias atmosféricas favorables. La esperanza, en consecuencia, tiene *siempre* un *objeto* y está constituida por la adecuada realización del deseo al cual se dirige ese objeto. Podría decirse, pues, que el amor, —según Martí— es olvido del mal y anhelo del bien.

Pero no es fácil amar, ni mucho menos ver aceptada la obra del amor, porque el hombre está lleno de muchos defectos que se oponen tenazmente al desprendimiento propio de la generosidad del amor, digamos el orgullo, la vanidad, la envidia, el odio, el recelo, la antipatía y muchos más. Esto lo supo muy bien el *Apóstol*, pues casi siempre, a lo largo de sus años de lucha por la causa cubana, pudo comprobar cuán difícil es tocar el corazón del hombre. Mezquina condición, de veras decepcionante, la de no acertar casi nunca a ver el desprendimiento de alguien, su rebosante ternura para con el prójimo, el nobilísimo deseo de convertir su propia vida en causa de los demás. ¿Por qué seremos así? Mas lo es, incuestionablemente, y por eso mismo acoge desconfiado el hombre la generosa disposición ajena, que explica perfectamente el martirologio y lleva al santo al altar. Sí, Martí está en lo cierto al decir lo siguiente: «[...] La obra de amor ha hallado siempre muchos enemigos.» (E-30) Palabras escritas en 1881, durante su estancia en Venezuela, donde, por supuesto, junto con la merecida admiración debe haber despertado antipatías, envidias y malevolencia. Como en Guatemala —donde pudo comprobar hasta dónde llega la ruindad y la mezquindad—, también en la tierra de Bolívar tuvo que sufrir el solapado ataque de las bajas pasiones. Mas esto es algo de todo tiempo y todo lugar, conforme con aquello suyo de que los hombres se distribuyen en dos grupos, uno que ama y construye; otro que odia y destruye. Pues su inagotable generosidad le hacía a veces creer que, *sólo* en ciertas épocas, apenas hay cabida para los altos dones del espíritu: «¡Ruines tiempos, en que son mérito eximio y desusado el amor y el ejercicio de la grandeza! [...]» (E-42)

Mas hay otro aspecto del amor en Martí relacionado aún más directamente con el ser humano, pues aunque es posible amar otras entidades, de un modo u otro el hombre es siempre el motivo amoroso fundamental. De esta manera, el amor a Dios sólo puede efectuarse y manifestarse mediante el amor al semejante; como, por otra parte, si se ama la Patria es por ser aquel lugar donde han nacido y viven otros hombres, y así sucesivamente. Hay, pues, una constante referencia al hombre en toda manifestación de amor, y de esta manera, pongamos por caso, si se ama la verdad es por su relación con el hombre, en sus consecuencias teóricas y prácticas; lo cual explica muy bien que Martí no lo pase por alto en sus meditaciones sobre este punto. En unos versos suyos lo dice claramente: «No se bata — sino al que odie al amor! Únjanse presto — soldados del amor los hombres todos! [...] (E-49) Pues está convencido de que la piedra de toque del bien y la bondad es justamente el amor; en consecuencia, sólo el bueno es capaz de amar. (La helénica aspiración al *Bien* a través del amor, y la del cristiano por intermedio de la caridad.) Por lo mismo, dice: «[...] Es bueno el que ama, y él solo es bueno: y el que no ama no lo es.» (E-73), recogiendo aquí y sintetizando admirablemente la idea helénica del amor tanto como la cristiana, ¡en escasas palabras que valen por un tratado! Pues no admite ninguna otra «razón de amor» susceptible de equipararse a la del amor al hombre, centro de irradiación de cualesquier motivos amorosos, y así exclama: «jamás di asiento — sobre el amor al hombre a amor alguno [...]» (E-84), tal como lo prueba la trayectoria de su vida dedicada íntegramente a tan noble causa: la del esclavo infeliz, el menesteroso, la mujer, el niño o el anciano desvalido, el enfermo, etc. Todos aparecen constantemente en sus palabras, ora por este motivo, ora por aquél, como muestra del entregarse a la ajena aflicción que siempre le parece mayor que la suya.

Porque si el hombre puede construir o destruir, según el camino que escoja, así amará o no amará. Pues crear es amar, y, por el contrario, el que destruye o se abstiene de crear es un miserable egoísta inepto para el amor. Se debe amar lo ya creado, pero al mismo tiempo es necesario crear para experimentar el supremo goce del amor. Así, el artista ama su obra porque ve en ella el concreto resultado de un impulso que permite huir de la Nada mediante la aparición del objeto artístico. Mas lo mismo sucede constantemente con casi todos los seres humanos en variadísima multitud de actos creadores. De esta manera, el amigo es la *creación de la amistad*, pues ponemos en él, con respecto a nosotros mismos, algo hasta entonces inexistente, o sea la amistad. Razón tiene entonces el *Apóstol* para decir: «[...] Quien crea, ama al que crea: y sólo desdeña a los demás quien en el conocimiento de sí halla razón para desdeñarse a sí propio [...]» (E-68) Pues, en efecto, sólo quien no sea de este talante puede desestimar la valiosa relación que late, explícita o implícita, entre dos seres humanos. Mas, eso sí, a condición de que el amor al semejante sea capaz de justificarse a sí mismo, no sólo con respecto al objeto del amor, sino, además, desde el punto de vista de la *intención* con que se ama. «La pasión irracional no es digna de los hombres; se ama apasionadamente lo que ha de ser siempre verdaderamente justo.» (E-18) Porque a veces suele tomarse por *amor* lo que es solamente un estado de ánimo exaltado, cuya finalidad no apunta al bien, sino todo lo contrario. Pues debe haber pasión en el amor, pero a condición de que su objeto sea *justo*, es decir, exactamente lo que debe ser. Así, el apasionado amor de Martí a su Patria supone que ésta es, ha de ser, ese conjunto de condiciones que justifican dicha pasión. Se ama entonces la Patria libre, sana, próspera; lo cual no quiere decir que Martí no amase a Cuba por encontrarse en las deplorables condiciones a que la tenía sometida la sevicia española; amaba su dolor y su tristeza, y, por lo mismo, esta deplorable situación era el estímulo para conseguir la realización de esa otra Patria soñada sin descanso, mediante el amor reflexivo con que vio siempre la guerra de independencia como el medio de alcanzar la finalidad propuesta en la pasión cubana racional, esa República democrática, «con todos, para el bien de todos», por la que vivió y murió.

Otra nota acusada del amor en Martí es lo que el mismo supone de *caridad* (esencia del amor cristiano). El *Apóstol* lo vivió intensamente, pues, como dejamos anotado más arriba, amor para él era casi siempre el amor a cualquier forma de humana aflicción. «[...] No ha de desperdiciarse ocasión alguna de consolar toda tristeza, de acariciar la frente mustia, de encender la mirada lánguida, de estrechar una mano caliente de amor [...]» (E-82); o sea el apoyo a otro, la entrega al semejante mediante la patencia de esa preocupación que suscita el prójimo en nosotros, no ocasionalmente, sino en todo momento; simplemente por ser quien es para nosotros, es decir, alguien tan importante o tal vez más que nosotros mismos. De esta manera, como lo dice Martí con estas palabras: «[...] ¿Amor? Pues, ¿qué es éste sino caridad suya por el objeto que se ama? [...]» (E-55) Y así se comprende que en sombríos momentos de su vida, cuando se veía solo, apenas atendido ni apreciado de nadie, sintiese la angustiosa inquietud del que carece de *objeto* donde depositar sus ansias de bien. Veámoslo en estos versos que consiguen dar la clara impresión del conflicto abrumador entre el deseo y la realidad:

> *¿A qué Naturaleza embravecida,*
> *a qué la estéril soledad en torno*
> *de quien de ansia de amor rebosa y muere?*
> *¿Dónde Cristo sin cruz los ojos pones?*
> *¿Dónde, oh sombra enemiga, dónde el ara*
> *digna, por fin, de recibir mi frente?*
> *¿En pro de quién derramaré mi vida?* [...]
> (E-50)

Pues hay quien viene a este mundo a ser de otros más que de sí mismo, sin duda porque la cuota de egoísmo es mínima, al revés de lo que sucede con la mayoría de los hombres. Quien así puede hallar el mayor goce inagotable en el desinterés que hace olvidarse de sí mismo, es porque se acuerda constantemente de los demás. Martí es de este raro linaje y así lo manifiesta a uno de sus corresponsales: «[...] Yo no esperé en la tierra más goce que el de hacer un gran bien, y sé cómo hacerlo, y no puedo hacerlo [...]» (E-41) De ahí su angustia, porque ese gran bien de que habla no es tal o cual en particular, sino varios y diferentes entre sí —ante todo, la Patria, que lo desvela sin descanso; pero, además, la justicia entre los hombres, la libertad, la redención de la pobreza, la tristeza del desterrado, y así sucesivamente en una gama inacabable de anhelado quehacer propuesto a favor de los demás. Porque es demasiada siempre la acritud del hombre para con el hombre, excesiva la falta de comprensión hacia el prójimo, y, por lo mismo, su rechazo, puesto que equivale al propósito de desalojarlo, de eliminarlo del todo, no es sino *odio*. Martí lo advierte claramente, por lo que hace la siguiente observación: «[...] Tiempo es ya de que el afecto reemplace en la ley del mundo al odio.» (E-31) Pues, a no dudarlo, hay una efectiva ley de compensaciones que, tarde o temprano, restablece el orden impuesto por la realidad moral, pese a cuanto olvido de esto hay en el mundo. «[...] ¡Los que han derramado sangre tendrán que volver a la tierra a borrarla con sus lágrimas! Sólo tienen derecho a reposar los que restañan heridas —no los que las abren [...]» (E-38)

Ya hemos visto la profunda relación existente entre el amor y el bien, pues en definitiva —como se dijo un poco antes—, el que ama busca siempre, aun cuando a veces no se percate de ello, el mayor bien posible para el amado. Amor, hemos dicho también, es caridad, y ésta se encamina siempre hacia el bien, cualquiera sea éste. Y el *Apóstol*, puesto a hacer el bien, por amor al semejante, llega hasta decir en una ocasión: «[...] Lo que me duele no es vivir, me duele — vivir sin hacer bien [...]» (E-51) No es, pues, el peso de la vida lo que lo abruma, con todo y ser la suya una de tremenda gravitación en su espíritu, sino ver y saber que no puede hacer todo el bien que desea para los demás, porque el suyo es solamente la satisfacción de haber contribuido a que lo haya en otros. En consecuencia, jamás piensa que el obstáculo interpuesto entre el bien y él puede llegar a ser insuperable. «No admite el bien limitación ni traba [...]» (E-8), porque ésta, por lo común, es el pretexto para eludir el esfuerzo capaz de allegar el bien ajeno. Lo que se requiere es llevar consigo el caudal de generosidad que, en reciprocidad al bien recibido de otro, lo devuelve multiplicado en gran proporción, como lo dice a un corresponsal: «[...] pago como yo pago, a mar por río [...]» (E-34) Pues el bien debe extenderse de tal manera que, si fuese posible, desterrase al mal de la faz de la Tierra, porque triste cosa es que unos pocos posean todo cuanto falta a los demás. «Es preferible el bien de muchos, a la opulencia de pocos [...]» (E-15), exclama en una ocasión el

Apóstol, porque su vida discurrió casi toda entre las necesidades de unos y la aflicción de otros, y sabía que es de todo punto injusto que se pueda disponer de un bienestar de cuya totalidad no es posible dar cuenta, mientras otros, muchos, carecen hasta de lo indispensable.

Amor y *amistad*, he ahí otro de los puntos interesantes de esta cuestión en Martí. Si algo se parece intensamente al amor, al extremo de que es manifestación suya atenuada, es la amistad. En el complicado concierto de las relaciones humanas, el amor y la amistad ocupan lugar muy llamativo, pues la amistad es el nexo entre dos o más seres que determina un delicado estado de desinterés, base en la cual descansa aquélla. Porque el verdadero amigo (en realidad, el único) jamás traspasa esa línea sutil que necesariamente ha de separar a una persona de otra. Mientras el amor impone la intimidad que anuda excesivamente (totalmente) al amante y al amado, creando así la tensión que provoca el goce amoroso, la amistad supone cierta distancia, discreción y autonomía. El amor busca la completa posesión del amado, mientras que la amistad se fortalece justamente en la carencia de posesión, pues su cometido es comprometer sin obligar. Lo cual supone un equilibrio que, si falta, se convierte en amor o en disolución del vínculo amistoso. Al amigo lo aceptamos exactamente como él nos acepta a nosotros, mientras el amor es recíproca exigencia, a veces tiránica, dado el carácter *absorbente* que posee; la amistad, en cambio, es *concurrente*, manteniéndose en una «penúltima» zona de intimidad que sirve de constante reconocimiento de su constitutiva dualidad. Así, pues, mientras el amor aspira a hacer *uno* de *dos*, la amistad no sólo mantiene la susodicha dualidad, sino que es susceptible de multiplicar el número de sus componentes. He ahí por qué, en fin de cuentas, mientras el amor excluye de su relación a un tercero (porque no es compartible), la amistad incluye a ese «tercero», que se puede multiplicar sin riesgo alguno, porque se funda en el altruismo, nocivo para el amor.

A Martí le interesó mucho esta curiosa relación entre el amor y la amistad —pues ambas cosas cultivó intensa y profusamente—, por lo que no faltan momentos en su obra en los cuales se refiere a ambos, como, por ejemplo, cuando dice lo siguiente:

> [...] El amor es superior a la amistad en que crea hijos. La amistad es superior al amor en que no crea deseos, ni la fatiga de haberlos satisfecho, ni el dolor de abandonar el templo de los deseos saciados por el de los deseos nuevos [...] (E-40)

Tiene razón el *Apóstol*, pues, en efecto, el amor puede concluir en esa santificación que proviene de la paternidad y la maternidad. Los hijos dotan al amor de la trascendencia capaz de justificarlo y purificarlo, redimiéndolo de paso del egoísmo inherente y sin el cual, como ya hemos dicho, no existiría el amor. Pero la amistad, en cambio, carece del deseo de posesión propio de toda relación amante-amado. No deja tras sí ninguna consecuencia, como la que señala el *Apóstol* de caer nuevamente en esas redes en las cuales envuelve siempre el amor y que acechan por doquier. (Es probable que estas últimas consideraciones de Martí sean de carácter autobiográfico, pues su vida estuvo sometida al vaivén de encontrados deseos de esta naturaleza.) Y como le atraía poderosamente la amistad, tal vez debido al carácter *neutral* de la relación ínsita en ella, en contraste con la azarosidad del amor, nos dice en otra ocasión: «La amistad es tan hermosa como el amor: es el amor mismo, desprovisto de las encantadoras volubilidades de la mujer.» (E-12) Comencemos por atenuar esa manifiesta parcialidad con respecto al bello sexo, porque, en punto a *volubilidad*, ¿acaso la mujer lo es mucho más que el hombre? Bien es cierto que, tratándose de la mujer, califica de «encantador» ese achaque, así como, también, que esas palabras se escriben cuando el autor es apenas un joven de veintitrés años de edad y en ese momento de su etapa mexicana juega, un poco a la manera anacreóntica, con los deleites del amor juvenil. Mas la observación es precisa si se tiene presente lo dicho más arriba acerca del contraste entre *amor* y *amistad*.

Siete años después, maduro en edad y, sobre todo, en amargas y a veces desalentadoras experiencias, entre las que se cuenta la quiebra de la dicha conyugal, vuelve sobre la misma cuestión en carta a un amigo suyo desde la ciudad de New York, donde arrastraba su pobre vida desterrada, apenas conocido de sus compatriotas, resistiendo la doble frialdad física y moral de la populosa urbe a la cual, más de una vez, llama la «copa de veneno». Pues si hombre alguno ansió y buscó siempre la compañía leal y afectuosa, no importa de dónde viniese, este hombre es José Martí. El amigo sincero, capaz de tender una mano franca, fue siempre motivo de regocijo y de confortamiento para él. «[...] No hay más goces reales en el mundo que el amor fiel de la casa y la amistad en los pocos hombres buenos [...]» (E-35) Así es como le habla al amigo distante, revalorando una vez más (y no son pocas) ese doble deleite del amor y la amistad. Porque creía firmemente en la solidez en la cual descansa la amistad (que o es lo que debe ser, o no es nada): «[...] No hay cosa como esta dicha de inspirar confianza y concederla [...]» (E-24)

Queda, finalmente, aquella magna cuestión en la cual Martí depositó su máxima capacidad amorosa, es decir, la Patria. Ninguna otra posee el grandioso significado que aquél referido a la tierra donde naciera. A ella se consagró desde su niñez y toda su existencia está llena de un continuo batallar por redimirla de males presentes y futuros. Ella es su *opus magna*, en torno a la cual se disponen el poeta, el escritor, el pensador y el artista. Todo por ella y para ella. Entonces, si es así, ¿cómo no va a ser frecuente la cita de la relación entre el amor y la patria? Así, en una ocasión, habla de «[...] aquel amor purísimo al país, mayor en la desgracia, que es la expresión más bella y vehemente del amor al hombre [...]» (E-58) Sí, en efecto, el amor al hombre, al semejante, nos viene del amor al suelo donde surge nuestra vida, pues, lejos de ser una abstracción, el ser humano está implantado en la realidad del mundo que lo alberga, y es justamente mediante sus propias experiencias con ese mundo que puede comprobar y confirmar la presencia de otros seres como él. Los afanes, dolores y alegrías transeúntes de esta vida llevan a concluir que ese *otro* es mi conviviente, puesto en la misma situación que me afecta a mí. Así es como llego —entre otras cosas— a quererlo, tanto más cuanto más contigua es nuestra relación (conocido, amigo, hermano, padre, hijo, etc.). Ahora bien, puesto que esas relaciones se ofrecen, primordialmente, en el suelo natal, mi disposición amorosa ha de ser ahí, por fuerza, mucho más intensa, de donde proviene la satisfacción, a veces la alegría, con que se acoge al compatriota, mucho más si esto último sucede fuera de la Patria, y el exilio presente nos da la triste oportunidad de comprobar que así es.

Por esto mismo, no sólo existe sino que debe existir el culto a la tierra donde se nace, cuya veneración, si bien ha de ser constante, requiere ciertos momentos constituidos por días *fastos* y *nefastos* de la historia del país, aptos, dada la ejemplar lección que los mismos suponen, para avivar el sentimiento patriótico. Pues el hombre es el ser que necesita el apoyo del símbolo para alcanzar la trascendencia indispensable a su esencial condición de *persona*, es decir, el sujeto capaz de establecer valoraciones entre las diversas manifestaciones de la realidad. Esto explica la persistencia en la Historia de símbolos tales como el religioso, el patriótico, el artístico, y otros, pues, como dice Martí: «Mal que pese a la juventud, la veneración es una ley []...» (E-14) Y agrega lo siguiente:

> El culto es una necesidad para los pueblos. El amor no es más que la necesidad de la creencia: hay una fuerza secreta que anhela siempre algo que respetar y en que creer. (E-5)

Y, como para completar lo dicho, añade:

> Las fiestas nacionales son necesarias y útiles. Los pueblos tienen la necesidad de amar algo grande, de poner en un objeto sensible su fuerza de creencia y de amor. Nada se destruya sin que algo se levante. (E-4)

Porque por encima de toda consideración acerca de la *patria universal del hombre* está ese sentimiento que nos vincula decisivamente al espacio geográfico que nos da la vida. No obstante proclamarse «ciudadano del mundo», Sócrates se bate valerosamente en Potidea frente al invasor de su patria y cuando sus discípulos insisten en que se fugue de la prisión donde se encuentra condenado a muerte, el filósofo responde que no debe faltar a las leyes de *su* Ciudad-Estado. Pues una cosa es sentirse solidario de todo hombre en sus derechos y deberes, en sus alegrías y su dolores, y otra muy diferente es vivir siempre latiendo a compás de aquellas vibraciones en que se resuelve el mundo particular y propio de la Patria. No es posible tener más de una, como tampoco hay otra madre que aquélla que nos da el ser. En consecuencia, si algo merece y exige el más cabal y puro amor, esto es la *Patria*, y Martí, como se verá oportunamente en el capítulo dedicado a esta cuestión, insiste sin descanso en la obligación de amarla sin tasa ni condiciones de ningún género. «[...] Démele la capacidad de amar y ya está un pueblo salvo [...]» (E-72), así le escribe a don Federico Henríquez Carvajal, su amigo del alma. Y cree en la posibilidad de hacer libre e independiente a Cuba porque cree en sus compatriotas, quienes, pese a todos sus defectos, supieron demostrar que amaban a Cuba por sobre cualquier otra consideración, tal como lo expresa este pensamiento suyo: «[...] El cubano es capaz del amor, que hacer perdurable la libertad [...]» (E-67) Porque el caso que vamos a citar se multiplicó por miles cuando llegó la hora de acudir a la cita con Cuba en el campo de batalla, es decir, el de

> [...] este cubano [Canuto Guerra], que perteneció a la especie suprema de hombres, ante la que toda soberbia es mezquina y vana: —la de los que abandonan la tentación y gusto de la vida por ir a defender la dicha y el bienestar de sus semejantes. (E-79)

El griego vio en el *sentimiento* las afecciones, los impulsos, las *pasiones* que, en contraste con la razón, son perturbaciones del ánimo, tal como lo atestiguan la poesía, la tragedia y la filosofía. La Edad Moderna tiende a veces a acercar demasiado el sentimiento a la sensación (tal es el caso de Descartes), y si bien se considera el sentimiento como algo inferior a la razón (caso ostensible es el de Leibnitz), no faltan opositores a esta idea, en la filosofía inglesa, que insisten en la íntima relación de *sentimiento* y *sentido moral* alojada en lo más profundo de la persona. Durante el resto de esa Edad (Rousseau, Jacobi, etc.) se tiende a ver en el sentimiento algo así como una especie de saber *inmediato* contrapuesto al saber *mediato* del conocimiento teórico. Y contemporáneamente la Fenomenología —opuesta en esto al psicologismo, que le asigna un fundamento puramente orgánico al sentimiento—, ve en éste una *intencionalidad*, es decir, la referencia del sentimiento a un objeto fuera de sí mismo y, en consecuencia, distinto de él. Ahora bien, el sentimiento, o sea la *vida emocional*, difiere por completo de la inteligencia y de la voluntad y constituye, en cada caso, un acto *intencional*, o sea —como acabamos de decir— referido a cierto objeto. Pero la gama de los sentimientos es sumamente amplia y, por lo mismo, cabe comenzar señalando el sentimiento *sensible* (dolor orgánico, placer, etc.), que se distingue de la simple sensación porque en él hay siempre una referencia vivida al yo o a la persona, aunque mínima en cada caso (no obstante la dificultad de que haya sensación sin la percepción correspondiente). Pues los sentimientos sensibles jamás tienen que ver con la intencionalidad, base y fundamento de los sentimientos espirituales, de modo que actúan sólo en la parte corporal. Además —cosa muy importante— pueden renovarse o provocarse a voluntad, mientras que los espirituales no dependen nunca de que se quiera o no se quiera: se ama a la patria, a una mujer, a lo que sea, sin que la voluntad pueda intervenir en esto debido al objeto que, *desde afuera* del sentimiento, lo provoca y lo rige.

Pasemos ahora a los llamados sentimientos *vitales* (bienestar-malestar, salud-enfermedad, tranquilidad-desasosiego, etc.), que corresponden a la totalidad orgánica, y su característica fundamental es la de no ser ni pura sensibilidad ni puro psiquismo y espiritualidad. A ellos les siguen, en orden de creciente progreso, los sentimientos *psíquicos*, alojados en el *yo* (alegría o tristeza, melancolía o euforia, etc.) No carecen de motivos, por lo que se hallan a considerable distancia de la provocación y la voluntad, como les sucede a los sensibles. Por último, tenemos los sentimientos *espirituales*, que superan el fundamento del yo, para radicarse en la persona, y, en contraste con los psíquicos, la vivencia no tiene nada que ver con ellos, con las manifestaciones de la vida psíquica en las que se alojan las experiencias humanas. El núcleo en el cual residen dichos sentimientos espirituales está constituido por el *ser* y el *valor* de la persona.

Fenomenológicamente se ha llegado a la conclusión de que los sentimientos —sean los que sean— no se pueden reducir a la pura sensación, aun cuando —salvo el caso de los espirituales— se integran con lo orgánico o corporal. Los espirituales, por lo que se ha podido comprobar hasta ahora, se alojan en la esfera del *alma*, lo cual constituye su principal característica. Como hemos tenido ocasión de ver, la vasta gama de los sentimientos se distribuye por toda esa amplísima zona que va desde lo sensible hasta lo espiritual, que es donde se inserta la vida emocional. Por tanto, los sentimientos forman parte de la estructura total del ser humano, aunque ya hemos visto cómo tienden a sublimarse, desentendiéndose de lo orgánico cada vez más según se pasa de los sensibles a los vitales y de éstos a los psíquicos, hasta alcanzar un estado (el espiritual) carente de vinculación con respecto a lo orgánico. Sin embargo, también el *dolor*, en las formas de desesperación y remordimiento, forma parte de los valores espirituales, de manera que es necesario considerarlo como un valor perteneciente a la suprema jerarquía axiológica. Existe, pues, una gradación perfectiva, pudiera decirse, con respecto al dolor: a) sensible u orgánico; b) vitales (malestar y desasosiego); c) psíquicos (tristeza, melancolía); d) espirituales (desesperación, remordimiento).

Entre las cosas de las que el hombre jamás podrá librarse está el *dolor*, cuya definición —como sucede con el amor— es de todo punto imposible. Vemos que ofrece una variedad de casos susceptibles, dentro de cierta relatividad, de agruparse del modo como lo hemos expuesto. Para orientarnos de alguna manera, admitamos que es un *sentimiento*, y en calidad de tal recorre todas las estructuras del ser humano (sensible, vital, psíquica, espiritual), lo cual ya nos advierte que nuestra vida está influida por el dolor; que el sufrimiento jamás deja de estar presente, desde la manifestación más imperceptible hasta la de máxima intensidad. Nacemos para sufrir, de manera que vivir es, entonces, un estar en continuo contacto con el dolor, en cualquiera de sus formas. Por eso mismo, el mundo clásico, sobre todo el griego, abunda llamativamente en comentarios sobre el dolor, que alcanza por igual a dioses y a hombres. La épica, la lírica, la tragedia ofrecen constantemente la impresión de que no es posible evadirse de la tortura del dolor. Es más, éste viene a ser como el crisol que funde y purifica al hombre. La tragedia (esa depurada síntesis del poema épico) permite ver hasta dónde el griego clásico pudo penetrar el arcano del dolor, haciendo patente que nada se obtiene si no es a cambio de algún sufrimiento. Pues como lo asevera nuestro saber contemporáneo, el dolor es parte constitutiva de todas las expresiones integrantes del complejo alma-cuerpo. Puede ser simple dolor orgánico (visceral, muscular), como sucede con el dolor *sensible*; o malestar o enfermedad, en el caso del dolor *vital*; o tristeza o melancolía, según ocurre con el dolor psíquico; o, finalmente, desesperación o remordimiento, en el caso del dolor espiritual.

Ahora bien, si hemos vuelto sobre esto último es para hacer ver que el hombre sufre con *todo* su cuerpo y *toda* su alma, y, hasta cierto punto, se podría decir que, en un amplio sentido, el hombre es constitutivamente *dolor*. Que, en cierto modo, vivir es sufrir (nótese la concomitancia entre el dolor y el placer orgánicos; así como entre el bienestar y el malestar; o entre la alegría y la tristeza; como así mismo entre la paz y la desesperación). Por tanto, el ser del hombre (cuerpo y alma) ofrece una curiosa disposición bilateral que agrupa respectivamente dolores y antidolores en cada una de dichas partes. De esta manera, en lo referente al *sentimiento*, el ser del hombre se organiza y funciona como un curioso sistema contrapuntístico de *más* (antidolor) y *menos* (dolor). Quedamos, pues, en que el hombre es el ser *sufriente* por excelencia, porque si bien otros existentes (animal, vegetal) son de algún modo susceptibles de sufrir, o sea de experimentar algún dolor, sólo al hombre le es concedida esa cuádruple estructura cuyos dos últimos estratos, o sea el psíquico y el espiritual, constituyen un privilegio humano. Porque lo psíquico supone una *conciencia*, no sólo teórica, con su doble disposición de lo mediato e inmediato (darse cuenta y, además, «darse cuenta de que uno se da cuenta»), sino, también, *moral*, o sea capaz de plantearse el sentimiento del dolor desde otro punto de vista. Lo cual conduce directamente a proponerse la cuestión de qué es el dolor *moral*. Ahora bien, ¿por qué *moral*? Para aceptarlo sin reservas sería menester saber bien antes en qué consiste la moral. Es curioso que en algunas lenguas —como sucede también con la española— se considera como lo opuesto a lo físico, o sea aquello que tiene que ver con el espíritu subjetivo. También suele oponérsele a lo intelectual en el sentido de aquello que corresponde al sentimiento. Mas, sobre todo, en su oposición a lo inmoral y lo amoral, o como negación o rechazo de un valor al cual se ajusta en todo caso lo moral. Hay, pues, un sentimiento moral que emana del reconocimiento de una instancia superior a la cual se ajusta, o puede al menos ajustarse, la conducta humana. En consecuencia, para que haya dolor moral es preciso que antes haya un orden moral. Claro está que al hablar así nos movemos en un terreno sembrado de imprecisiones, pero, con todo eso, la experiencia de las cosas del mundo advierte que debe ser así. Tal vez el dolor experimentado por la muerte de la madre, o el destierro, o la calumnia que mancha y hasta destruye una reputación, sea sólo manifestación de alguno de esos sentimientos psíquicos como la tristeza o la melancolía. Mas adviértase que no solamente no carecen de *motivos* —lo cual apunta hacia algo exterior a ellos—, sino que es menester distinguir cuidadosamente entre esos motivos a los efectos de percatarnos de la diferencia entre los mismos. La tristeza, por ejemplo, puede provenir de la falta de salud, o de dinero, pero jamás podría ponerse al mismo nivel de esa otra ocasionada por la muerte de un hijo o el destierro. Y en estos casos es cuando, según creemos, debe hablarse de dolor *moral*, porque el agente causal es el valor implícito en el estado anímico correspondiente.

El dolor es tan antiguo como el mundo y, en consecuencia, es padecimiento del que el hombre jamás ha podido escapar. Mas hay algo que explica ese padecimiento cuando se le refiere al dolor moral, o sea la *conciencia* o percatación de las causas de dicho dolor, así como de la situación en que se encuentra quien lo padece. Lo cual nos introduce inmediatamente en el campo de la *conciencia moral*, cuya relación con el dolor es íntima y profunda. A este respecto, se ha hablado desde muy antiguo de la «voz» de la conciencia, esa llamada que parece imponernos de algo capaz de absorber toda nuestra atención, causando al mismo tiempo gran ansiedad. Santo Tomás de Aquino habla de dicha conciencia como *spiritus corrector* y Descartes y Spinoza la califican de *morsus conscientiae* (el mordisco que da la conciencia). Sea como sea, la generalidad de quienes se han ocupado de este asunto consideran a la conciencia moral como la facultad que juzga la moralidad de la conducta humana. Heidegger entiende que la conciencia moral es un fenómeno existenciario que surge en la Existencia y se dirige a ésta, paciente constante de una «inhospitalidad» en el mundo, a la que se debe la «vocación» de la conciencia moral. Ésta, por otra parte, enlaza con el llamado *sentido moral*, del que cabe decir —como sostienen algunos filósofos— que es la conciencia de la existencia del bien, mientras la conciencia moral es la de hacer el bien.

Tenemos, entonces, que aquí se relacionan el dolor moral, la conciencia moral y el sentido moral. Ahora bien, nótese que se trata de un *conocimiento*, es decir, de la percatación de la diferencia entre lo «bien hecho» y lo «mal hecho»; por tanto, en cualquier caso hay una situación conocida del que en ella se encuentra, y podría decirse que «creciendo el saber crece el dolor»,[8] pues la conciencia moral sólo se da cuando se conoce la causa o el motivo del sufrimiento en cuestión.

El dolor moral ha sido tema de incontables testimonios de la más variada índole, pues todas las épocas, no importa cuál sea el sitio de asiento del hombre, muestran la huella de ese sufrimiento, porque es justamente en el mundo donde se le encuentra. Dolor que a veces es tan intenso como en el caso de Teognis, el elegíaco griego, desterrado de su patria y agobiado por el terrible mal de la nostalgia, hasta exclamar en medio de su acentuado pesimismo:

---

8. *Eclesiastés*, I, 16.

De todo lo mejor para los terrestres es el no haber nacido, ni haber contemplado los rayos del ardiente sol: una vez nacido, atravesar cuanto antes las puertas del Hades y yacer debajo de un gran montón de tierra.[9]

Así rueda el dolor a lo largo de la historia de los hombres y es así como vamos a encontrarlo también en José Martí, en su vida librada de continuo al sufrimiento moral, unas veces a causa de sí mismo, otras a causa de los demás. Pues si el *Apóstol* sufre, ello se debe, por una parte, a las imperfecciones acumuladas en su propio ser, tal como sucede con todo hombre; mientras, por otra parte, el dolor se lo ocasiona la busca afanosa del bien, no siempre accesible al noble deseo de efectuarlo en obsequio ajeno. Mas esta conjunción, susceptible de reducirse a la expresión paulina: «puesto que no hago el bien que quiero, sino que obro el mal que no quiero»,[10] es en Martí la límpida conciencia moral que lo mantiene siempre en aguda tensión consigo mismo y con el mundo circundante, porque si algo jamás estuvo a su alcance fue desentenderse de dicha doble preocupación. Pues nótese que el mal en que a veces incurre no depende de su voluntad, como tampoco el bien no efectuado se debe a indiferencia o egoísmo. Entre ambas preocupaciones se mueve siempre la *ética del dolor* en Martí, pues así es como debemos llamar a esa perpetua agonía (en el sentido helénico de *lucha*) de su vida entera, especie de tensión máxima del arco presto a disparar la flecha. Porque en él nada es sencillo, sino todo lo contrario, lo cual no supone la falta de sencillez en sí mismo, pues a fuerza de serlo resulta impresionante. Al decir ahora que ninguno de sus actos es sencillo, queremos expresar con esto que jamás carece de esa profundidad a la que se llega a través de innumerables vueltas de un espíritu egregio capaz de calar en lo más hondo del ser de la realidad, y, por esto mismo, el dolor no es para él una cuestión *teórica* (como lo es para el filósofo y el psicólogo), ni tampoco una expresión más o menos *artística* (como se ve en el poeta y el dramaturgo), sino, de modo muy peculiar, un *estado del alma*, o sea una situación altamente dramática vivida con la intensidad que impide separar el sujeto del objeto. En cuanto a esto último, Martí es ambas cosas simultáneamente, lo cual, desde luego, no supone ignorar la coexistencia y la autonomía de esas dos entidades, pues para esto le sobraba inteligencia. Lo que hay es otra cosa, no fácil de dilucidar, y es la *intuición profunda de la necesidad del dolor*, considerado en este caso como aquello que debe ser tal como es, inevitablemente, pues sin dolor no hay nada, porque es algo así como la advertencia de lo existente en cuanto manifestación del orden vital. Pues el bien es inadvertible en tanto no comienza a ser sustituido por el mal, cuya presencia es el dolor, mas no como tal presencia, sino en cuanto que ella supone la consiguiente disminución del bien. Martí lleva, pues, consigo esa curiosa nota de la *algofilia* (el placer del dolor), sin la cual su vida carecería de la profundidad que poseyó siempre, porque —acabamos de decirlo— la vida se hace tanto más patente, tanto más despierta, según la invade el dolor; así como, por el contrario, el bien opera en ella como un estupefaciente. Pues, como dice Heidegger, la existencia (y en ella la vida) es inevitable desamparo, «inhospitalidad» que tiende a atenuarse, en un paulatino proceso de olvido según el bien invade el ámbito existencial, dotándonos de confortadora seguridad. Pero Martí debió haber penetrado profundamente, con su poderosa capacidad intuitiva, hasta esas últimas capas

9. Teognis: *Fragmentos*, 92 D.
10. San Pablo: *Romanos*, VII, 19.

de lo ontológico del vivir en sí mismo, descubriendo así el *sentido trágico de la existencia* (y no el *sentimiento*, porque empleamos *sentido* como *significado*), que si no queremos complicar más la cuestión, se podría sintetizar ahora en la consabida y vulgarísima expresión: «el dolor de vivir». Porque, en efecto, es enojo, es molestia, es desagrado, sin lo cual no atinamos con su radicalidad, con su fondo último y decisivo.

Al examinar los distintos comentarios que el *Apóstol* dedica al *dolor* (moral), vemos que es posible agruparlos —claro está que, como decimos siempre, con cierta relatividad— en la forma siguiente:

El Dolor { Dolor en sí mismo / Dolor en el hombre / El dolor y el semejante / Martí como doliente

Pudiera pensarse que está de más la primera subdivisión, porque ¿cómo puede haber un dolor que no se aloje en el ser humano? Sin embargo, con la libertad que nos tomamos en este caso, puede hablarse del *dolor en sí mismo* habida cuenta de que Martí se refiere a veces al dolor como una de tantas manifestaciones de la vida. Generalización que consigue abstraerlo de toda concreta peculiaridad y, en consecuencia, permite verlo en sí y por sí, como es el caso siguiente:

[...] El dolor es el resultado de la inconformidad de la naturaleza sentidora —el alma— con la existencia real. O la inconformidad del deseo con el logro [...] (E-21)

La primera de ambas cláusulas es clara comprobación de que, en efecto, como dijimos más arriba, es el dolor la piedra de toque para la constatación de la vida, y si sólo él puede revelárnosla, es porque no hay otra conciencia eficaz de ella. Descubrimiento efectuado por un hombre de veinticuatro años, de manera que es más el fruto de una profunda intuición que el resultado de la madura reflexión de una larga experiencia. Pero Martí le confiere a la vida, como fenómeno cósmico, una trascendencia que, por lo mismo, la prolonga más allá de los límites espacio-temporales del sistema cerrado en que consiste el mundo para el hombre, llevándola, en consecuencia, a empalmar con la vida eterna. Mas esta proyección de lo vital finito en una trascendencia inespacial e intemporal es posible mediante el *dolor*, que es capaz de advertir, igualmente, esa otra manifestación vital. Véase cómo lo presenta Martí: «[...] Del sufrimiento, como el halo de la luz, brota la fe en la existencia venidera [...]» (E-43) Mas la vida que el dolor descubre sólo puede ser —según el *Apóstol*— aquélla destinada al bien, constituida por éste. ¿Cómo conciliar esto último con eso otro dicho antes de que el bien sirve de anestésico vital? Pero es que, en el fondo, no hay contradicción, pues el bien a que se refiere Martí es aquél obtenido por depuración del bienestar que adormece; porque es el que ponemos y sólo podemos poner en los demás justamente cuando el dolor nos revela el verdadero fondo de la vida (el *fondo*, ¿eh?), constituido por la amarga tristeza del ser que sólo halla consuelo en el bien ajeno. De ahí que diga el *Apóstol*: «[...] Si sufrir es morir para la alegría, en cambio es nacer para la vida del bien [...]» (E-1)

Pero hemos dicho ya que el dolor moral es el del ser humano a causa de serlo. «[...] Lo que escribe el dolor es lo único que queda grabado en la memoria de los hombres [...]» (E-59): así se expresa el *Apóstol* corroborando lo ya dicho acerca del descubrimiento de la vida mediante el dolor. Porque, en efecto, si el dolor es la llamada profunda de la vida a sí misma, se comprende entonces que sea lo único de ella perdurable a fuerza de ser constante. Tal vez por esto mismo la forma por excelencia de purificación, capaz de dejar la vida en su desnuda esencialidad, sea el dolor; frente a frente de sí misma, como el objeto delante de su imagen, sin obstáculo alguno que impida dicho acceso. Soledad absoluta sin la cual jamás es posible librarse de esos «fantasmas» (como decían los antiguos) que corren cual sombras tras ella. Y Martí sólo necesita unas pocas palabras para expresar cuanto hemos venido comentando. Veámoslo en su admirable síntesis: «[...] ¿Dónde hubo nunca redención más hermosa que el dolor? [...]» (E-16) Y referido todavía al mismo tema, el *Apóstol* prosigue haciéndonos ver cómo el dolor es la clave de la auténtica vida, porque «[...] vivir con el dolor que conforta, acrisola y esclarece [...]» (E-49) es alcanzar el estado perfecto del ser humano, y, por lo mismo, añade: «[...] ¿Cuándo fue un hombre mejor que después que lloró mucho?» (E-17) Pues así se alcanza una capacidad de comprensión que nos permite juzgar a los demás (también lo demás) con la justeza requerida, tal como lo expresan estos dos versos del poema *La hilandera* de Andrés Eloy Blanco: «¡Qué bien se ve todo el mundo — desde el cristal de las lágrimas!» Y justamente por ser el dolor la esencia de la vida, lejos de ser agobio es estímulo para proseguir con el talante que hace del hombre un ser auténtico. Convencido de que es así como debe ser, si en realidad se quiere cumplir con el difícil cometido de ser hombre, en una ocasión en que el *Apóstol* le escribe a su amigo del alma, Fermín Valdés Domínguez, anota esto:

> [...] No hay pena que a un hombre bueno le llegue al tobillo. La pena inmerecida es dulce. Aprieta un poco la garganta, pero da luz por dentro [...] En mí el silencio es pena. La alegría me pone conversador [...] (E-75)

Porque ni siquiera las mayores dificultades pueden ser obstáculo para el temple de ánimo donde se revela la autenticidad de la vida. El obstáculo sirve de estímulo, actúa como el catalizador que lleva a la revelación de ese fondo insobornable de la vida, pero solamente esto. Pues si no fuese así, el hombre jamás alcanzaría el nivel donde se sitúa el existente de la estirpe de Martí. Por eso, dice que «[...] buena es la desazón, y aun la angustia, que dan fuerzas para obrar, mientras se puede impedirlas: después: hay que oponerles el corazón sereno [...]» (E-61) Mas el dolor, a fuerza de ser íntimo, evita ser explícito, o sea mediante una externa manifestación, ofreciéndose, en cambio, bajo la forma de ese *bien* que hace recaer en los demás. «[...] El dolor es pudoroso [...]» (E-32), dícenos el *Apóstol*, y, por esto mismo, confirma lo dicho con esta otra expresión: «[...] Los dolores ignorados suelen ser los más terribles dolores [...]» (E-2)

Si, pues, el dolor sólo debe exteriorizarse en la forma de un bien al semejante, éste es, en consecuencia, el factor decisivo en el cometido asignable al dolor. El *prójimo* es una de las fundamentales preocupaciones del *Apóstol*, pues vemos que el proceso de acrisolar la existencia consiste, primordialmente, en la entrega al semejante; sobre todo, cuando se es capaz de acudir en su ayuda aliviándole las penas que antes han sido nuestras. Veámoslo:

> Las penas, empero, que se han sufrido no son a mi ver más que la obligación de remediar en ellas a los que aún sufren. El sufrimiento tiene sus goces, y el único que comprendo es el de hacer bien [...] (E-3)

Por el mismo estilo, esta otra confesión:

> [...] Y no sé por qué me parece que siento siempre con más vigor el duelo ajeno que los dolientes mismos [...] (E-22)

De esta manera, espigamos constantemente en su obra esas expresiones acerca del semejante, que es para Martí, casi siempre, motivo de pena, pues lo ve indefectiblemente como objeto de preocupación. «[...] Y además, no sé de mayor tristeza que ver a un amigo mío triste [...]» (E-74), nos dice, pues *amigo* quiere decir el semejante al cual nos une ese lazo tan apreciado por el *Apóstol* que es el de la amistad. En consecuencia: «[...] Sólo hay una cosa comparable al placer de hallar un amigo: el dolor de perderlo [...]» (E-33) Porque, a no dudarlo, tuvo siempre, a este respecto, el mismo criterio de Aristóteles sobre la amistad: «Es lo más necesario de la vida».[11]

Fáltanos ver, sin embargo, cómo se expresa Martí de sí mismo con respecto al dolor, aunque, claro está, lo dicho hasta aquí sobre la cuestión refleja, de algún modo, lo que pensaba y sentía en cuanto al dolor se refiere. A veces, la pena que lo invadía era de tal naturaleza que deja ver fácilmente la irritación causada por semejante sufrimiento; algo así como una especie de rebeldía ante el mal que se puede evitar. Veamos un caso:

> [...] Del dolor saltan los versos, como las espadas de la vaina, cuando las sacude en ellas la ira, como las negras olas de turbia y alta cresta que azotan los ijares fatigados de un buque formidable en horas de tormenta. (E-91)

Mas es justamente en su poesía donde desahoga toda esa pena que lo ahoga. No en balde es en ella donde manifiesta, con toda intensidad, sus íntimos sentimientos de dolor. Y se explica que sea así, pues, en hombre de tan fina sensibilidad, la emoción no encuentra cauce más apropiado que el de la vena lírica. ¿Acaso podría haberse dado esa manifestación de otro modo? Las siguientes estrofas lo confirman plenamente:

> *Cual de incensario roto huye el perfume*
> *así de mi dolor se escapa el verso* [...]
> *Ya no me quejo, no, como solía*
> *de mi dolor callado e infecundo:*
> *cumplo con el deber de cada día*
> *y miro huir y mejorarse el mundo.*
> (E-90)

Sublimación del dolor en la poesía, que acoge la queja del sufriente, pero no en la forma directa y espontánea como es sólito, sino transmutada en el sentimiento artístico que lo convierte en belleza, aun cuando, no por eso, deje de latir con impresionante fuerza oculta. Ahora no acude a nadie para comunicarle su dolor, sino que se lo dice a sí mismo en la emoción del verso armónico y de profundo sentido. Porque tal vez siente que aún no es el momento de alcanzar ese estado de ánimo propicio al descubrimiento de su verdadera personalidad, es decir, la de quien es y será, en todo mo-

---

11. Aristóteles: *Etica a Nicómaco*, 1155, a, 4.

mento, ese «vaso de amargura» jamás rebosante: «¡No he padecido — bastante aún, para romper el muro — que me aparta ¡oh dolor! de mi viñedo! [...]» (E-47). Lo cual explica esa decisión adoptada con la confortadora resignación del que sabe y, por lo mismo, quiere ser fiel a su destino: «Alegremente — el peso eché del infortunio al hombro [...]» (E-48). Mas no siempre consigue ser fiel por completo a esta solemne decisión —por lo que ella supone de rigor penoso—, y entonces vuelve a aflorar la lamentación, hermosamente poética:

> *La fatiga y las sábanas sacudo:*
> *cuando no se es feliz, abruma el sueño.*
> *Y el sueño, tardo al infeliz y al miedo*
> *a ver la luz que alumbra su desdicha*
> *resístense los ojos, — y parece*
> *no que en plumones mansos se ha dormido*
> *sino en los brazos mansos de una fiera* [...]
> (E-46)

Mas, ¿acaso puede ser *hermoso* el dolor? Depende, desde luego, de cómo se entienda la cuestión. Hay, eso sí, una hermosura, una belleza, trascendente a lo corporal y sensible, y que es más bien una *actitud* que un hecho; pues éste puede sernos dado, como sucede con el cuerpo, no así con el alma, a la que vamos haciendo justamente con lo bueno y lo malo del quehacer mundano. Mas si ocurre que la depuración por excelencia se efectúa mediante el dolor, entonces la «forma» obtenida —síntesis de toda posible armonía— será, sin duda, la belleza suprema. Belleza, eso sí, inmutable y, en consecuencia, insusceptible de retoques ni disimulos. En una palabra, que es inevitable aceptarla tal cual es, del modo como lo ve el *Apóstol*:

> *Quieren, ¡oh mi dolor! que a tu hermosura*
> *de su ornamento natural despoje* [...]
> *El gran dolor, el alma desolada*
> *ni con carmín su lividez esconde,*
> *ni se trenza el cabello cuando llora.*
> (E-89)

Pocas palabras hay con un significado tan amplio y heterogéneo como el que ofrece el *deber*, el cual ha sido objeto de innumerables consideraciones desde los remotos tiempos de la Antigüedad clásica, especialmente la griega, a la que debemos las primeras y más profundas investigaciones en torno a una cuestión harto discutida a lo largo de dos mil quinientos años de cultura occidental. Mas antes de penetrar con cierta atención más o menos filosófica en esta batallona cuestión, bueno será que nos fijemos en la acepción generalizada del término *deber*, del que parece como si, en realidad, tuviésemos una pre-noción o un pre-concepto común a cualquier propósito implícito en él. De este modo, el deber vendría a ser aquello que exige primordial atención, por lo que es indispensable poner en ello todo cuanto exige la situación implícita en dicho deber. A este respecto, la Historia está llena de llamativos testimonios. Así, por ejemplo, el poeta Simónides escribió aquel famoso epitafio en honor de los caídos en el desfiladero de las Termópilas, cuando Leónidas y sus treinta compañeros dieron su vida luchando contra el invasor persa: «Di, extranjero, a los lacedemonios, que aquí yacemos los que obedecimos sus palabras».[12] Obediencia

---

12. Simónides: *Fragmentos*, 25 D.

al deber sagrado de defender la Patria, aun a costa del sacrificio de la propia vida. Y así sucesivamente es posible citar millares de casos en los cuales el deber consiste en la obligación de atender siempre a una llamada de algo que no puede desoírse so pena de inferiorizarse moralmente el que así lo hace. Sin embargo, cabe la sospecha de si, en ocasiones, aquello considerado como digno de atención y apoyo por parte nuestra es, por el contrario, indigno de que se le considere así. Sabemos bien cuán frecuente es todo esto, pero no deja de ser incontestable que, por lo regular, la llamada del deber se cumple afirmativamente. ¿Fue justa y, por lo mismo, se justifica la decisión de Leónidas y sus hombres? Difícil es pensar lo contrario, pues, en ambos casos, hay un imperativo moral que dota de validez a esas decisiones. Hay, en consecuencia, un sentimiento de insoslayable obligatoriedad cuando se trata de la protección al hijo, al anciano, al enfermo y al desvalido, o a quien clama por la justicia, o en defensa de la verdad, etc. Y esto es algo común a la generalidad del ser humano, a tal extremo, que desconocerlo supone la ajena reprobación. ¿O es que, por ejemplo, carece de sentido, al carecer de un *sentido absoluto*, el decálogo mosaico? Como se ve, lo que ahora pretendemos demostrar es la indudable existencia de una noción del deber entendido como obligación cuya falta causa la disminución del propio ser. Pues si el plagio carece de importancia —entendida esta última como la diferencia entre lo auténtico y lo inauténtico—, de manera que da lo mismo una cosa o la otra; o también apropiarse del dinero ajeno; o calumniar, etc., entonces el sentimiento del deber y su correspondiente noción están de más. Porque el *deber* es la necesidad en que siempre estoy de evitar el defecto o la disminución aparejada por el descuido de esa obligación. Ahora bien, puede pensarse que se trata de ciertos acondicionamientos a los cuales la sociedad somete al hombre, y cuyas consiguientes reacciones serían el deber. Y si bien —como quiere Pascal— «un grado de latitud hace variar la moral»,[13] no creo que mentir, calumniar, matar, robar, etcétera, sean buenos o malos según la sociedad de que se trate. Es posible que de hecho sea así, pero es muy dudoso que se les pueda atribuir ninguna positividad.

Conforme con lo dicho hasta ahora, el *deber* expresa siempre, de algún modo, una cierta *forzosidad*, pues *aquello que debe ser* es justamente lo que *no puede ser de otra manera*. Ahora bien, la situación dada en el *no poder ser* está muy lejos de constituir o bien una necesidad de tipo *natural* (v. gr., un cuerpo no puede ocupar dos posiciones distintas y simultáneas en el espacio), o bien de tipo *lógico* (el todo no puede ser inferior a la suma de sus partes). Se trata, dentro del orden moral, de una especie de necesidad proveniente de una obligación que llega al hombre en forma de *mandato*, lo mismo si procede de la Naturaleza, que del mundo inteligible, de Dios, el hombre o los valores. Mas conviene aclarar un poco más esta cuestión de la variedad de objetos de los cuales puede emanar dicho mandato. La *Naturaleza* exige su conservación por parte del hombre, su defensa y hasta su admiración, o sea que estamos obligados con ella en esos y otros respectos. Mucho más aún con el *mundo*, concebido como estructura social, donde, por esto mismo, convivimos con otros seres humanos y donde descubrimos múltiples significados de variada índole. No digamos, por supuesto, Dios, el hombre y esas entidades llamadas *valores*, como lo es, por ejemplo, la justicia, la verdad, la belleza, etc.

En consecuencia, el deber es *aquello que tiene que ser*, aunque, claro

---

13. B. Pascal: *Pensées*, 294.

está, no siempre lo sea efectivamente, es decir, que no alcance a realizarse. Pero no por ello deja de constituir el imperativo o la exigencia de una efectuación. De ahí esas características que, mírese como se quiera, hacen del deber un deber *moral*. Pues aun en casos como al decir del escolar que «atiende a sus deberes» (tareas), en eso va implícita una *obligación* que apunta no a las consecuencias prácticas de esa acción, sino a la disminución aparejada por la no realización de ese deber. Kant lo expresa de manera bella y emotiva: «grande y sublime nombre» es el deber para él, pues, dice, es la forma adoptada por la *obligación moral*, o sea cuando la acción se lleva a cabo *por respeto al deber* y no sólo en su cumplimiento.[14] Lo cual permite ver la estrecha relación existente entre el *sentido* o la *sensibilidad* moral (que de ambas maneras puede denominarse) y la conciencia moral, es decir, la conciencia de hacer el bien. Mas justamente aquí adviene otra consideración de suma importancia, y es ésta: la conciencia de la existencia del bien y del mal no depende de circunstancias, sino que es siempre la misma, única y universal. (En esto se basa la ética cristiana en general de la que la de Kant es sólo una variante.)

Contemporáneamente, otro filósofo alemán, Heidegger, concibe el deber como «vocación» (del latín *vocare*, llamar), mediante la cual se le revela a la existencia su autenticidad. Esta voz, ese llamado, lejos de decir algo, permanece silenciosa, pues ella no es nada fuera de la Existencia (del hombre), sino que se encuentra en ella. Ahora bien, ese *deber* es única y exclusivamente de cada quien, de modo que el deber o la vocación de otro no le sirve de ayuda a nadie más en lo que se refiere a descubrir el de uno mismo. Es la conciencia moral la que al «hablar en silencio» pone de manifiesto el llamado o la vocación de cada uno.

Vemos cuán difícil es acertar con lo que es realmente el deber. Por esto mismo, al tratar de dicho aspecto en la obra de Martí, se apreciará que en las consideraciones precedentes va implícito mucho del sentimiento y hasta del pensamiento del *Apóstol* en lo que se refiere al deber. Que lo ve siempre en la forma de una conciencia moral capaz de hacer posible (con la elocuencia de su silencio) la vocación del deber, creo que es incontestable. El *Apóstol sintió* siempre la urgente necesidad de acudir a la llamada del deber, no importa cuál fuese su objeto: el semejante, la familia, la Patria, la justicia, la verdad, etc. Y si el lector se toma el trabajo de comparar nuestra esquematización del deber con las expresiones martianas referentes al mismo, no le será difícil, según creo, descubrir en las líneas básicas de ese esquema los fundamentos del orden moral que sirve de asiento a la concepción que del deber tiene Martí. Apoyados en esas consideraciones vamos a presentar el caso del deber según el *Apóstol* en la forma como se ofrece a continuación. Pero antes debemos añadir que su caso es el del hombre dominado por la santa pasión del deber hasta el extremo de sentirlo con carácter de éxtasis, por lo que, con razón, nada menos que su devoto biógrafo Félix Lisazo lo considera como el *místico del deber*. Esto fue en realidad, o sea alguien en quien, lejos de ser teoría, sistematización o simple idea, el deber es un *apasionado sentimiento*, capaz, por lo mismo, de convertir a Martí en un ser en estado de *perpetua obligación* hacia todo lo demás (Naturaleza, mundo inteligible, hombre, Dios, valores), y, en consecuencia, paciente de una *profunda congoja* debido a la dificultad unas veces, la imposibilidad otras, de hacer efectiva la llamada de esa obligación.

---

14. E. Kant: *Grundlegung zur Metaphysik der Sitten*, ed. al cuidado de Karl Vorländer, Leipzig, 1913, cap. I.

El deber, en el caso de Martí, se da implícitamente en su vida entera, mientras aparece explícitamente en su obra escrita. Y como sólo contamos hoy en día con esta última, aquello otro reservado al hombre durante su breve paso por el mundo, debe necesariamente buscarse en dicha obra, lo cual no es del todo imposible, porque, a semejanza de San Agustín, Rousseau y Nietzsche, el *Apóstol* está de tal manera *corporizado* en sus escritos, que casi lo vemos moverse y hablar —pensativo en ocasiones, emocionado otras—, con la tristeza que a veces fluye de su pluma convirtiéndose en acabada expresión de cierto estado de ánimo. Ahora bien, cuando decimos que el deber le era *implícito*, como el ser viviente que fue, quiere decirse con esto que no es jamás nada propuesto, sino algo incluído en otra cosa más sin expresarlo, que tal es el cometido de esa implicitud. Pues toda su obra, en persona y por escrito, es constante manifestación del deber, indudable señal de obligación para con alguien o algo, de modo que se da así sin más, como aquello de lo cual se parte en todo instante. Mientras que, explícitamente, se ofrece en la obra escrita como representación de todo cuanto fue, en su debido momento, actividad encaminada al fin ético del cumplimiento del deber. Es, pues, de esta segunda manera, aquello sentido que el pensamiento de ese sentimiento dejó grabado para siempre en el papel. No se trata de una *teorización* del deber al modo de un ensayo o de un tratado sistemático, sino que es la expresión de su sentimiento de esa obligación en que consiste el deber como «llamada» o «voz» de la conciencia moral. Pues Martí jamás se propuso «especular» sobre dicho fenómeno, dado que tal cosa supone ponerse fuera de él, a distancia adecuada. En su caso, lo dicho acerca del deber es algo vivido, la vivencia de una concreta situación, de una experiencia. De este modo, todo cuanto dice sobre el deber es detalle autobiográfico que se condensa en letra impresa aunque sin perder completamente la huella de la experiencia de donde procede.

Al hablar ahora del caso del deber en Martí descubrimos que es posible hacer una relativa clasificación de todo cuanto, específicamente sobre dicha cuestión, aparece en su obra escrita. Esta es la siguiente, pero con la inevitable advertencia de que ella responde, como en casos anteriores, a la impresión personal dejada por la lectura de todo cuanto se relaciona con el problema del deber, aunque, eso sí, ceñida todo lo más posible al contenido de esa lectura:

Deber
- a) Generalizaciones sobre el deber
- b) El deber y el hombre
- c) Martí como sujeto del deber

Llamamos, por supuesto, «generalizaciones» sobre el deber a aquellos casos en los cuales el *Apóstol* se refiere a esta cuestión un sí es no es abstractamente. Recuérdese que ya antes hemos dicho que para él tiene siempre el carácter concreto de una experiencia. Sin embargo, no faltan ocasiones —como las que vamos a presentar ahora— en las cuales el deber adopta la forma de una *idea* o de un razonamiento no referido, en este caso, a nada ni a nadie, lo cual significa que es aplicable inmediatamente a cualquier persona a la que es atribuible el contenido de esa idea. Así, pues, en contraste con los acápites (b) y (c), el (a) posee cierta connotación más o menos teórica. Por ejemplo:

¡Lucha eterna entre la razón y las pasiones! En vano es que una razón severa se prepare para combatirlas, en vano que las espere con vigor, locura luchar contra ellas! Vienen, y encienden, y devoran: llegan, y alientan, y matan [...] (E-88)

Hemos creído conveniente comenzar por esta cita porque ella revela el pensamiento de Martí con respecto a esa constante del espíritu humano constituído por el intelecto, de una parte, y el sentimiento de otra. He ahí una cuestión debatida desde la Antigüedad clásica, abundante, pues, en testimonios de variada índole, de los que sobresale —por su magnificente exposición— el que ofrece Platón en el *Fedro*,[15] donde el auriga trata de mantener fijas las riendas de dos briosos corceles que representan uno la pasión y el otro la voluntad. Tema que encontramos asimismo en el estoicismo, cuyo primordial afán era conseguir la *apatía* o supresión de las pasiones, y que el filósofo Spinoza lleva a su *Etica*, diciendo: «*Non ridere, non lugere, neque detestari; sed comprehendere*» (No reir, ni llorar, ni odiar; sólo comprender).[16] Conflicto del que jamás se libra el hombre, tal vez el más importante de cuantos debe enfrentar constantemente. Pero ¿acaso podría haber razón si no hubiese pasión? Aquí, de pronto, aparece Unamuno, quien hizo de este conflicto el motivo fundamental de su filosofía: «¡Qué de contradicciones, Dios mío, cuando queremos casar la vida y la razón!»[17] Así exclama acongojado el hombre que empeñó toda su vida en el vano afán de una conciliación que Martí, por el contrario, tenía por inalcanzable, hasta el punto de admitir que la pasión se sobrepone a la razón. Mas, veamos, sería siempre así en el caso del *Apóstol*? Comencemos por decir que, en rigor de verdad, la pasión lo dominó a veces excesivamente, y justo del feroz contraste entre ella y la razón sale la *madurez* de la que se habla en el capítulo tercero. Pero bien que supo cuánto cuesta deshacerse de la pasión, o al menos reducirla, sobre todo en el caso de una personalidad tan fogosa como la suya. Por eso mismo, no es desacertado decir que, en esencia, la obra de Martí (en su vida como en sus escritos) es consecuencia de una tenaz reducción paulatina de la emoción, procurando contenerla siempre en los límites de la razón.

Entonces, el hombre, según lo ve el *Apóstol*, ha de procurar en todo momento confirmarse en la austeridad más áspera posible. Hay un camino que conduce a la única meta a la cual debe aspirarse a llegar, o sea la del *deber*, que subsiste entonces —curiosamente— como la única pasión tolerable: la de entregarse sin reservas a la familia, al semejante en general (tanto más cuanto mayor sea la necesidad que tenga de nosotros), a la Patria (¡por supuesto!), y así sucesivamente. En consecuencia, el punto supremo de la satisfacción a que se puede aspirar está dado por esa *gloria* (en la Tierra como en el Cielo) sólo alcanzable mediante la sufrida pasión del deber. Así lo dice él mismo:

> [...] Sólo en el cumplimiento triste y áspero del deber está la verdadera gloria. Y aún ha de ser el deber cumplido en beneficio ajeno, porque si va con él alguna esperanza de bien propio, por legítimo que parezca, o sea, ya se empaña y pierde fuerza moral. La fuerza está en el sacrificio [...] (E-77)

Pues, conforme con lo que se acaba de expresar, «[...] el deber cumplido es el gobierno mejor» (E-9); gobierno o autodominio individual que, en con-

---

15. Platón: *Fedro*, D, 47.
16. B. de Spinoza: *Etica*, Parte II, cap. 48, escolio.
17. M. de Unamuno: *Del sentimiento trágico de la vida*, cap. II.

secuencia, se convierte en gobierno de todos. Mas si tal cosa es posible ello se debe a la vigilancia ejercida por la conciencia moral sobre la voluntad, de cuya continua inspección y censura depende la realización del deber. Martí nos lo dice con una elegante economía de palabras que, por lo mismo, adquiere toda una rotunda precisión: «... La voluntad es la ley del hombre: la conciencia es la penalidad que completa esta ley» (E-11). Sentimiento del deber dotado de clara noción de sí mismo que, luego, al singularizarse en ese «deber mayor» propuesto por el *Apóstol* como la suprema obligación de cada quién, es como una señal de aquello a lo cual estamos destinados primordialmente: «[...] El mundo marca, y no se puede ir, ni hombre ni mujer, contra la marca que nos pone el mundo [...]» (E-81) He ahí la forma en que Martí se dirige en carta a la esposa del Generalísimo Máximo Gómez muy poco antes de su gloriosa caída en Dos Ríos. Pues está convencido de que la única alternativa al cumplimiento de ese fundamental deber es su abandono. Más, ¿qué sucede entonces? Aquí tenemos la respuesta precisa:

> [...] Dos marcas tiene la historia para nuestra frente: la del deber cumplido es una: otra, la del deber abandonado. ¿Quién querrá ir por el mundo, en la hora de la agonía de la patria idolatrada, con la marca infame? [...] (E-69)

Nada, en consecuencia, podría sobreponerse al deber, ya que toda iniciativa humana está predestinada a cumplir un cometido, o sea la efectuación de algo que debe hacerse. Esto supone concebir la totalidad de la vida humana como puro ejercicio del deber, que es para Martí —como lo suscribe Kant— el imperativo supremo de la *persona*. Así, por ejemplo, la inteligencia es sólo «el deber de emplearla dignamente» (E-39). De esta manera, la conciencia moral y su consecutivo del deber constituyen el fundamento de la vida humana.

Con respecto al hombre, protagonista de la Historia, grande o pequeña, las relaciones que le descubre Martí con el deber son numerosas, y por eso es fácil espigarlas en su obra escrita, pues aparecen por doquier, lo cual no es de extrañar si tenemos en cuenta la esencialidad de dicha obligación en el modo que tuvo nuestro *Apóstol* de concebir el cometido fundamental de la vida humana. Porque es así justamente como se efectúa en el hombre el proceso de su auténtica condición. «[...] Un hombre es el instrumento del deber: así se es hombre.» (E-6) Ahora bien, realizarse de esta manera supone que uno se da íntegramente al deber consistente en aplicar la específica aptitud que se posee —una vez descubierta— al bienestar y el consuelo de los demás. Algo casi idéntico a lo que Ortega y Gasset llama *autenticidad de la vida humana* (estar en lo que se es), pues, de lo contrario, nuestra existencia, al pasar a ser excéntrica consigo misma, apareja para sí la mayor de las desdichas. Esto nos lo dice el *Apóstol* con las palabras siguientes:

> [...] Vive infeliz, y como fuera de sí, el hombre que no obedece plenamente al mandato de su naturaleza, ni emplea íntegra, sin miedo y sin demora, la suma de energía y de entendimiento de que es depositario [...] (E-53)

Es preciso, pues, darse totalmente a la causa de la existencia, es decir, a la consecución del ideal de la máxima perfección, no sólo de uno mismo, sino, todavía más, del prójimo. Pues el virtuoso sin oficio de sus virtudes no pasa de ser un vulgar egoísta que, en cierto modo, labra su virtud a costa de la carencia de ella en los demás, y Martí lo deja claramente sentado: «[...] El deber del hombre virtuoso no está sólo en el egoísmo de cultivar la virtud en sí, sino que falta a su deber el que descansa mientras la virtud no haya triunfado entre los hombres [...]» (E-70) Pues si heredamos la tierra, es con todas sus consecuencias, o sea el sacrificio continuo del sosiego, el deleite y la propia conveniencia, porque el tránsito terrenal —dícenos Martí—, «[...] No es más que un deber de hacerle bien [a esa tierra]. Ella muerde y uno la acaricia. Después la conciencia paga. Cada uno haga su obra.» (E-23) O sea que, según él, la alcanzable retribución nos viene en la forma de esa constatación de haber cumplido con el deber fundamental. Mas también hay hombres llamados a efectuar una labor de bienestar colectivo de enorme alcance, como es precisamente el caso del *Apóstol*; hombres que han de volar muy alto, alejándose de lo particular e individual, porque la amplitud y la intensidad de dicho menester son de las que hacen Historia, pero, eso sí, la feliz —pues el logro obtenido es positivo—, y no, claro está, esa otra amasada con la agria levadura de la sangre, el sudor y las lágrimas del semejante. Ése es el tipo de hombre del que Martí dice lo siguiente: «Los hombres capaces de hacer cosas universales no deben consagrar su tiempo a, ni perder sus fuerzas en, pasiones personales y pequeñas [...]» (E-85) Frente a este espécimen hallamos, en notoria oposición, ese otro personificado por el incapaz de levantarse dignamente en el cometido de su deber. Todavía más, conforme con la firme creencia del *Apóstol*, el castigo aparejable no se reduce a esta vida, aquí y ahora, sino que, más allá de ella, se sigue arrastrando el pesado grillete de esa claudicación.

> [...] *Viles! El que es traidor a sus deberes*
> *muere como un traidor, del golpe propio*
> *de su arma ociosa el pecho atravesado!*
> *Ved que no acaba el drama de la vida*
> *en esta parte oscura! Ved que luego*
> *tras la losa de mármol o la blanda*
> *cortina de humo y césped se reanuda*
> *el drama portentoso!* [...] (E-71)

Pues ¿de qué sirve cualquier otro don humano si falta el más alto y valioso de todos, o sea el *deber*? Nada puede sustituirlo en el concierto de las capacidades del hombre, ni siquiera la inteligencia con la cual es posible crear todo un universo material, intelectual y artístico, inferior, eso sí, al mundo moral; pues, además, si apuramos la cuestión veremos que materia, intelecto y arte se justifican, en última instancia, mediante la finalidad moral que les sirve de coronamiento. De ahí que diga Martí:

> [...] Hay algo en los hombres que se parece al pudor en las mujeres: hay un concepto del deber, hay una fuerza del decoro que honra al que la alimenta, que el hombre olvida, y que lleva por caminos de muerte a la inteligencia que no se apoya bien en ella. (E-13)

Y agrega:

> [...] Nadie debe vivir entre los hombres que no los honre, y añada a ellos. Mientras que todo no esté hecho, nadie tiene el derecho a descansar [...] (E-52)

Mas debe también tenerse en cuenta que si el deber —según lo concibe el *Apóstol*— ha de anteponerse a lo demás, quien sea capaz de entenderlo de esa manera y, en consecuencia, llevarlo a vías de hecho, puesto que no desoye la llamada a la cual convoca dicha obligación, comprenderá que «[...] el primer deber de un hombre de estos días es ser un hombre de su tiempo [...]» (E-20), es decir, actuar conforme con las necesidades y las exigencias de sus coetáneos. Mucho más si se trata de los destinados a ser los abanderados en una causa determinada:

> Debe hacerse en cada momento, lo que en cada momento es necesario. Aplazar no es nunca decidir [...] Adivinar es un deber de los que pretenden dirigir. Para ir delante de los demás se necesita ver más que ellos [...] (E-27)

En consecuencia:

> [...] Debemos vivir en nuestros tiempos, batallar en ellos, decir lo cierto bravamente, desamar el bienestar impuro, y vivir virilmente, para gozar con fruición y reposo el beneficio de la muerte [...] (E-37)

Pues decir deber es como decir *bien*. Para esto último trabaja siempre esa nobilísima obligación, de manera que jamás se podría desestimar la oportunidad de hacer dicho bien, sea aprovechando la coyuntura existente, sea creándolo con nuestro esfuerzo. «[...] El hombre no tiene derecho a oponerse al bien del hombre [...]» (E-78), dícenos Martí, y ese «derecho» lo anula la clara conciencia del deber jamás susceptible de aplazarse, so pena de no serlo ya de ninguna manera. Esto, sobre todo, tratándose del gobernante, cuyo deber con respecto a los gobernados es aún mayor. Véase lo que dice el *Apóstol* con relación a esto último:

> [...] Viene bien que el que ejerce el poder sepa que lo tiene por merced y por encargo de su pueblo, como una honra que se le tributa y no como un derecho de que se goza. (E-36)

El que procede así está rigurosamente percatado de que «[...] el verdadero hombre no mira de qué lado se vive mejor, sino de qué lado está el deber [...]» (E-63) Pues si de veras queremos salvarnos, sea en la Historia —el caso de Martí—, séalo en la vida eterna, menester es disponerse al sacrificio. Tal es la llamativa diferencia entre Jesús y Nerón, entre Atila y el Santo de Asís, o entre Martí y el abominable Weyler, o el infame Fidel Castro, porque sólo el sacrificio puede darnos la *salvación*. Martí lo dibuja —así es realmente— con las conmovedoras palabras que se citan a continuación:

> En esta tierra no hay más que una salvación: el sacrificio. No hay más que un bien seguro, que viene de sacrificarse: — la paz del alma. Todas las desventuras comienzan en el instante en que — disfrazado de razón humana — el deber obliga al hombre a separarse — siquiera sea la desviación imperceptible — del cumplimiento heroico del deber. El martirio: he aquí la calma. (E-86)

Si bien todo lo presentado hasta ahora como manifestación del deber en la obra de Martí es algo que, de un modo u otro, forma parte de su propio ser, pensado o sentido o más bien ambas cosas, hay, no obstante, algunos casos en los cuales el *Apóstol* habla directamente de sí mismo, mostrándose como sujeto de ese deber. Tan natural y espontánea le era la clarísima conciencia de semejante obligación, que en una de esas veces deja expresa constancia de ella en estas palabras suyas:

> [...] Por fortuna, en mí el cumplimiento del deber ni es aun meritorio, porque es hábito: sé que al cabo he de decidirme por lo que la más escrupulosa conciencia deba hacer. (E-19)

Pues como lo dice él mismo, el deber «[...] debe cumplirse sencilla y naturalmente [...]» (E-26). Así lo piensa y así lo siente quien presenta el deber como la nota más acusada de su vida, habida cuenta, sin duda alguna, del destino que le había sido asignado, de lo cual él mismo hace una descripción que lo retrata íntegramente. Hela aquí:

> [...] Los hombres vienen a la vida con la semilla de lo porvenir y luz para el camino, sólo vivirán dichosos en cuanto obedezcan a la actividad y abnegación que de su fuerza fatal e incontrastable traen en sí [...] (E-54)

Es, como siempre, el caso del hombre con una gran misión que cumplir, a la cual ha de entregarse sin reservas ni limitación alguna, sino, por el contrario, actuando como instrumento que opera cabalmente en aquello para lo cual se le ha diseñado. De ahí ese plegarse a la *actividad* y a la *abnegación* en que consiste su vida, única manera de ser dichoso, es decir, en el cumplimiento del deber, no ya como algo fundamental, sino, se diría, único y exclusivo. Y la historia de la vida del *Apóstol* revela dicha peculiarísima personalidad, de la que habla tal vez con la presciencia de que era su propio caso. A confirmar dicha presunción contribuye lo dicho en carta a su madre de marzo de 1895: «[...] ¿por qué nací de usted con una vida que ama el sacrificio? Palabras, no puedo. El deber de un hombre está allí donde es más útil [...]» (E-80) Sacrificio del que no es posible desentenderse so pena de desoír indecorosamente la voz que exige su realización, pues «[...] peca grandemente contra su deber quien contribuye a propagar la creencia en la inutilidad del sacrificio indispensable [...]» (E-65) Y así lo vio siempre, sintiendo que su «deber mayor» —como dice a veces— no tiene excusa posible ni es susceptible de sortearse entre otros que jamás alcanzarían su nivel. Así lo expresa en esta ocasión:

> Otras cosas podría hacer: acaso no las hago, no las intento acaso, robando horas al sueño, únicas horas mías, porque me parece la expresión la hembra del acto, y mientras hay que hacer, me parece la mera expresión indigno empleo de fuerzas del hombre [...] (E-87)

Profunda convicción de una responsabilidad que conlleva el vivir siempre en cuidadosa inspección de sí mismo, a fin de no faltar jamás a la llamada del deber; limpia actitud que llega en Martí hasta el extremo de considerar como un mal, pues, en efecto, *rara avis* es quien cura tan escrupulosamente de su conducta. Por lo mismo, el acechar sin descanso las asechanzas del incumplimiento del deber, constituye ya de por sí una satisfactoria prueba de ese escrúpulo al que se refiere el *Apóstol* con estas palabras a su discípulo Gonzalo de Quesada:

> [...] No se me cure nunca de esta noble enfermedad [el decoro]; aunque no le oculto que lleva a lo que yo siento ahora, que son náuseas de muerte [...] (E-60)

Así es Martí en su sentimiento del *deber*, sin lugar a dudas el más profundo de cuantos albergó su poderoso espíritu. Pues cuando «teoriza» sobre dicho fenómeno esto no es más que la expresión pensada y escrita de una experiencia efectuada en la intimidad de sí mismo. No es otra cosa, pues jamás pudo pensar fríamente en nada, sino que debió poner en todo esa ansiedad de la cual se habla en otra parte de este libro.

Capítulo VI

EL SOÑADOR Y EL HOMBRE PRÁCTICO

> *Yo* sueño *con los ojos*
> *abiertos, y de día*
> *y de noche siempre* sueño [...]
> Amo y trabajo: *así calladamente*
> *nutre el río a la selva en la espesura* [...]

Como todos los animales, el hombre es también el ser que *duerme*, o sea que de su vida forma parte esencial ese acto psicofisiológico cuya función consiste en cesar casi por completo en sus relaciones consigo mismo y con el mundo circundante. Pasa, pues, una apreciable parte de su vida en lo que tal vez pudiese consistir en una especie de «muerte» virtual, reducido a un estado de latencia que anula considerablemente la característica patencia del ser vivo. ¿Es tal cosa indispensable o, por el contrario, constituye una *anormalidad* con respecto al ser vivo? Quizá se deba a que necesita alejarse periódicamente de su contorno, evitando en lo posible la acción de este último sobre él, porque la *individualización* consciente (según el nivel zoológico correspondiente) reclama ese aislamiento sin el cual ella sería imposible. Aislamiento que viene a ser algo así como una «contracción» del individuo amenazado siempre por la «distensión» en que, potencialmente —hasta un grado insospechable—, consiste todo medio, cuya específica función es, por lo mismo, *diluir*. Y puesto que según crece el coeficiente de percatación propio de la conciencia, aumenta ese afán de evasión, dado que el hombre es quien posee el más alto nivel en la serie, se ve obligado —por término medio— a desentenderse de su entorno un tercio de la totalidad de su vida. Más adelante tendremos la oportunidad de referirnos a esa tendencia humana de lo que, vagamente, llamaremos ahora *ensueño*, la cual no es sino una especie de sueño provocado con la finalidad de esquivar todo lo más posible el medio ambiente, sustituyéndolo con aquello que, por ser de nuestro absoluto dominio, nos libera, si bien momentáneamente, de la tiránica absorción impasible del entorno. Privilegio del ser en quien la conciencia de su mediatización es llamativamente considerable y, por tanto, procura —porque le va en ello su propia esencia— zafarse de ella mediante el recurso del ensueño o sea del sueño a voluntad.

Mas, de ser realmente así, ello supone que el resto de la vida humana es, entonces, lo contrario de ese aislamiento con respecto al contorno, a lo cual se denomina *vigilia*. Y que, a poco que se le examine, se ve que suele presentarse bajo la forma de ese conjunto de reacciones típicas del consabido proceso de estímulo-respuesta en que se resuelve la vida, desde sus más incipientes manifestaciones hasta las de mayor complicación. Pues no cabe duda alguna de que la *vigilia* es eso que la palabra significa: estar al acecho, vigilante, de todo cuanto contiene el medio sin el cual no sería posible la vida y dentro de ella la individualización. Porque el medio actúa siempre de alguna manera, en contra del individuo, exigiendo una respuesta en cada caso, que, por ser *condicionada*, lo somete a su inexorable tiranía. Autónomo, en sentido estricto, es muy probable que jamás lo sea el individuo, porque, además, como su ser no depende de él mismo, sino, muy al contrario, le viene de ese medio del cual desglosa —por así decir— una precaria posibilidad de diferenciación, jamás podría alcanzar su absoluta independencia, porque, además, ¿cómo puede serlo quien, como él, es una relativa singularidad formada por «préstamos» a los que debe su existencia? Pues, como dice San Pablo: «¿Qué tiene el hombre que no lo haya recibido?»[1] En consecuencia, éste *vigila* y *duerme*: lo primero, considerado como el esfuerzo *sine qua non* de una existencia cuya consistencia está dada presumiblemente por la tensión requerida para conservar la autonomía de lo prestado. Lo segundo, como la transigencia, o tal vez mejor *transacción*, entre lo prestado (que, al fin y al cabo, sigue siendo parte del medio de donde procede) y esto mismo tan pronto como adquiere cierto carácter (*cierto*, nada más, ¿eh?) de cosa propia e independiente. Un poco festivamente podría decirse ahora que el sueño es el acuerdo entre el medio primario (ése que «presta») y el medio secundario (el de lo «prestado»), a fin de que la vida, si ha de ser lo que es, sea esa *tensión* en que consiste esencialmente. ¿Pues qué duda cabe de que el vivir es constante inquietud, alarma, desasosiego? De ahí, quizá, que el sueño no corte completamente sus amarras con el mundo exterior, de manera que las imágenes soñadas bien pueden ser atenuada expresión de la vigilia sempiterna en que, como venimos diciendo, consiste la vida; sobre todo, la vida humana.

Ahora bien, una reflexión acerca del curioso fenómeno del sueño descubre en él las mismas tres etapas que, con respecto al tiempo, se dan en la vigilia, es decir, las consabidas de pasado, presente y futuro. Ya sabemos muy bien que vivimos siempre entre dos instantes, uno ya sido y otro que aún no es, y que nuestra vida, en cierto modo, es una sucesión de *instantes*, de tal modo fugaces y prestos a subsumirse unos en otros, que, justamente por eso, es que se puede y se debe hablar de *pasado*, *presente* y *futuro*. Mas si ambos extremos *no son* (uno por haber sido ya, el otro por no ser aún), entonces, ¿qué viene a ser el *presente*? Sin lugar a dudas, algo así como la *virtualidad* del pasado y el futuro. Pues, en realidad de verdad, ¿cuándo estamos realmente en el presente? Considerada la cuestión tal como acabamos de verla, se diría que nunca, pues un presente en sí mismo, tersamente deslindado de los otros dos tiempos, no es posible hallarlo jamás. En consecuencia, si la vida es ese curioso fenómeno de un presente que, luego de anticiparse a sí mismo (el futuro), se olvida de sí mismo (el pasado), entonces el sueño debe contener esas características, o sea el venir desde un más (un *plus*) que es el futuro, hasta otro venir a menos (un *minus*), que es el pasado.

Pero si el sueño permite descubrir en él algunos elementos del pasado, entonces ocurre algo semejante a lo que hace la memoria. De esta manera, a veces soñamos con acontecimientos de nuestra vida, ya pretéritos, como, por ejemplo, algo sucedido en la niñez, o en un momento muy anterior al que corresponde al sueño. Y aquí no vendría mal alguna disquisición sobre

---

1. San Pablo: I Corintios, IV, 7.

la diferencia —si de veras la hay— entre las respectivas maneras de percatarse uno del pasado, sea en la vigilia, séalo en el sueño. Con referencia a la primera cabe decir que *pasado* es todo aquello incapaz de reproducirse *exactamente* tal como ya tuvo lugar. Es así como se puede distinguir entre el pasado y el presente en el caso de la vigilia. Mas no sucede lo mismo con el sueño, pues éste a veces ofrece una situación, ya vivida, *como si fuese* puro presente: v. gr., el caso del que —en sueños— se ve de pronto efectuando un viaje ya realizado en alguna ocasión, en compañía de sus padres, muertos hace años. Naturalmente que, entonces, el pasado se muestra como si fuese el presente, lo cual, a los efectos de la vigilia, resulta imposible. Mas, sea como sea, lo cierto es que el pasado es parte, no sólo probable, sino hasta posible, con respecto al sueño. Entonces, viniendo ahora al caso del *presente*, sabemos perfectamente que muchas veces obramos en sueños como si estuviésemos despiertos, y, a este respecto, deben hacerse las siguientes reflexiones.

La sospecha de una posible identificación de la vigilia con el sueño es algo que ha preocupado a varios pensadores, entre los cuales se cuenta el francés Descartes. Sabido es cómo se afanaba tratando de hallarle un *fundamentum in re* al mundo exterior a partir, desde luego, de la «interioridad» de su individualidad como tal. Por eso mismo, su obra abunda en momentos de esos en los que intenta distinguir con toda netitud el sueño de la vigilia, aunque debe tenerse en cuenta que sólo consigue llegar —relativamente, en la última de sus *Meditaciones*, tras larga vacilación— a la conclusión de que no hay *identidad* posible entre ambos. Pues cuatro veces en el *Discurso*, cinco en las susodichas *Meditaciones* y una en los *Principios* nos muestra claramente su indecisión respecto de la posibilidad de establecer una precisa diferencia entre la vigilia y el sueño, que es como decir entre lo real y lo ilusorio. La busca de esa solución de continuidad entre el mundo onírico y el de la vigilia lo hace abordar dicha cuestión en el *Discurso* mediante la prueba de que es posible tener los mismos pensamientos despierto o dormido, al extremo de «fingir» que lo hasta entonces *percibido* por él no es más cierto que lo *soñado*, al punto de que si un matemático inventara en sueños una demostración, esto no invalidaría su certeza. Entonces —debemos preguntar—: ¿puede el sueño, como si fuese normal y hasta legítima continuidad de la vigilia, reproducir lo que hay en ésta de cierto y evidente? Y aunque Descartes acaba convencido de que la *verdad* pertenece *más bien* al mundo de la vigilia, ello no le impide luchar tercamente con dicha dificultad.

Las *Meditaciones* contienen la parte mayor y más importante de la cuestión propuesta, y así —en la primera— apunta que «no hay indicios ciertos para distinguir el sueño de la vigilia», y su persuasión llega hasta el extremo de creer que está siempre dormido; por lo que en la segunda *Meditación* dice que aun cuando sabe ya *que es* (él mismo), muy bien pudiera ser que las imágenes de las cosas y cuanto se refiere a la naturaleza del propio cuerpo, «no sean más que sueños o ficciones». Y todo esto hasta el punto de que la sexta *Meditación* contiene las palabras siguientes: «y como no creía yo que las cosas que me parece que siento en sueños provienen de objetos exteriores, no veía por qué había de dar crédito tampoco a las que me parece que siento estando despierto». Tal vez topamos aquí con una razón tan decisiva como es la de afirmar que si la realidad es esencialmente la del *cogito* («pienso, luego existo»), como en éste va incluido el mundo del sueño, en forma alguna puede estar desligado de esa realidad que se enfrenta a la vigilia como contrapartida con la cual debe contarse en todo momento.

Veamos ahora el caso de Calderón, no ya en la filosofía, sino en la dramaturgia, aun cuando sabemos cuán afín a aquélla resulta en muchas ocasiones el pensamiento del gran escritor barroco del siglo XVII. ¿Que hay una venerable tradición en la literatura española con referencia al problema de la vida como sueño? Claro está que es así, y nadie puede ponerlo en duda: Manrique, Garcilaso, Fray Luis, Cervantes, etc., son buena prueba de esto. Calderón, por su parte, se propone hacer ver que, en sentido estricto, no es posible desvincular el sueño de la vigilia, tal como aparece en la Jornada II de su obra inmortal:

> *Y así he querido dejar*
> *abierta al daño la puerta*
> *del decir que fue soñado*
> *cuanto vio. Con eso llegan*
> *a examinarse dos cosas:*
> *su condición, la primera;*
> *pues él despierto procede*
> *en cuanto imagina y piensa.*
> *Y el consuelo la segunda;*
> *pues aunque ahora se vea*
> *obedecido, y después*
> *a sus prisiones se vuelva,*
> *podrá entender que soñó,*
> *y hará bien cuando lo entienda;*
> *porque en el mundo, Clotaldo,*
> *todos los que viven sueñan [...]* [2]

Se trata, pues, de la misma idea cartesiana, es decir, que no es posible distinguir con toda certeza el sueño de la vigilia. Descartes comparte el mismo punto de vista:

> Y en lo que respecta al error más frecuente de nuestros sueños, que consiste en representarnos diversos objetos del mismo modo como lo hacen nuestros sentidos exteriores, poco importa que nos dé ocasión para desconfiar de la *verdad* de tales ideas, pues éstas pueden engañarnos de igual manera *aun cuando no estuviésemos dormidos*.[3]

De manera que mientras Calderón entiende —o parece dar a entender— que el sueño puede parecer *verdad*, Descartes cree que ésta puede llegar a parecer un *sueño*. Todo lo cual se afianza aún más al proponer respectivamente uno y otro pensador:

> *[...] porque si ha sido soñado*
> *lo que vi palpable y cierto,*
> *lo que veo será incierto;*
> *y no es mucho que rendido,*
> *pues veo estando dormido,*
> *que sueñe estando despierto.*[4]

---

2. P. Calderón de la Barca: *La vida es sueño*, jornada II.
3. R. Descartes: *Discurso del método*, Parte IV.
4. P. Calderón de la Barca: *La vida es sueño*, jornada II.

Finalmente, considerando que los mismos pensamientos que tenemos estando despiertos *pueden* también ocurrírsenos cuando dormidos, sin que en tal caso ninguno sea verdadero [...][5]

He ahí el camino que conduce al poeta y al filósofo a la decisiva afirmación de la imposibilidad de descubrir el lugar de precisa distinción entre el sueño y la vigilia:

> *Es verdad; pues reprimamos*
> *esta fiera condición,*
> *esta furia, esta ambición,*
> *por si alguna vez soñamos;*
> *y sí haremos, pues estamos*
> *en mundo tan singular,*
> *que el vivir sólo es soñar;*
> *y la experiencia me enseña*
> *que el hombre que vive* sueña
> *lo que es hasta despertar* [...][6]

Y Descartes, no obstante su típica mesura, asevera:

[...] por eso nos dice la razón que, no pudiendo ser verdaderos todos nuestros pensamientos, porque no somos totalmente perfectos, deberá infaliblemente hallarse la verdad *más bien* en lo que pensamos cuando estamos despiertos que en los que tenemos durante el sueño.[7]

De esta manera, se precipita dicha tesis en el uno y el otro, al decir Calderón:

> *Si soñé aquella grandeza*
> *en que me vi, ¿cómo ahora*
> *esta mujer me refiere*
> *unas señas tan notorias?*
> *Luego fue verdad, no sueño;*
> *y si fue verdad (que es otra*
> *confusión y no menor)*
> *¿cómo mi vida le nombra*
> *sueño?*
> ....
> *¿Tan semejante es la copia*
> *al original, que hay duda*
> *en saber si es ella propia?*[8]

Pues el poeta se pregunta perplejo que, si se trata de un sueño, ¿cómo puede otro que no sea yo saber de lo que se trata? Además, aun cuando sea verdad, ¿cómo es que puede llamársele *sueño*? Magistral sutileza de Calderón, por la cual se desliza con suavidad, porque es cierto que, en muchas ocasiones, es posible llamar *sueño* a lo que también se ofrece en el estado de vigilia. Tal como, a su vez, lo manifiesta Descartes:

---

5. R. Descartes: *Discurso del método*, Parte IV.
6. P. Calderón de la Barca: *La vida es sueño*, jornada II.
7. R. Descartes: *Discurso del método*, Parte IV.
8. P. Calderón de la Barca: *La vida es sueño*, jornada III.

Cuántas veces me ha sucedido soñar de noche que estaba en este mismo sitio, vestido, sentado junto al fuego, estando en realidad desnudo y metido en la cama [...] Pero, si pienso en ello con atención, me acuerdo de que, muchas veces, ilusiones semejantes me han burlado mientras dormía; y, al detenerme en este pensamiento, veo tan claramente que *no hay indicios ciertos para distinguir el sueño de la vigilia*, que me quedo atónito, y es tal mi extrañeza, que casi es bastante a persuadirme de que estoy durmiendo.⁹

Finalmente —para apresurar ya estas notas—, vemos a uno y otro llegar a la rotunda afirmación de que no se puede escapar definitivamente a la duda acerca de si la realidad es, digamos, enteramente real. Así vemos a Calderón exclamar:

> *¿Qué es la vida? Un frenesí.*
> *¿Qué es la vida? Una ilusión,*
> *una sombra, una ficción,*
> *y el mayor bien es pequeño;*
> *que toda la vida es sueño,*
> *y los sueños, sueños son.*¹⁰

Lo mismo que, con diferentes palabras y en el tono propio del filósofo, expresa Descartes:

Y a estas razones para dudar, añadí después otras dos muy generales: la primera, que todo lo que he sentido despierto, he podido creer que alguna vez lo sentí estando dormido; *y como no creía yo que las cosas que me parece que siento en sueños provienen de objetos exteriores, no veía por qué había de dar crédito tampoco a las que me parece que siento estando despierto.*¹¹

Pasemos ahora al caso del sueño como *anticipación* del futuro, mas aquí debemos detenernos con mucho cuidado, porque chocan entre sí dos concepciones opuestas, una de las cuales admite la posibilidad del futuro como algo ya previsto, efectuado, pero que espera solamente la ocasión de manifestarse. Mientras la otra lo concibe sólo como pura posibilidad, es decir, que de las condiciones propias del presente debe salir, por necesidad, otra realidad; aunque jamás pueda saberse de antemano cómo va a resultar en definitiva. Por eso, al decir que el presente lleva consigo el futuro, damos a entender que éste es una *consecuencia causal* de esa otra realidad del presente. En consecuencia, el futuro no es nada capaz de condicionar al presente más de lo que éste puede hacer con él. Pues si bien sin futuro no hay presente, tampoco sin presente hay futuro posible. Siendo, como es, el presente una continua *fluidez*, lleva consigo al futuro como *necesaria posibilidad* —vamos a decirlo así—; porque la fuerza de las cosas» (presente) determina un cambio incesante (futuro), a tal punto, que el presente, si es algo, sólo puede ser impenitente mutación. Presente y futuro son, pues, idénticos con respecto a la esencial función de ambos, es decir, la de *cambiar* la naturaleza de las cosas o los sucesos. En consecuencia, así como el presente hace cambiar al futuro, constituyéndolo en presente (porque, ya dijimos, sale de éste), el futuro convierte al presente en pasado. Pero, eso sí, no se trata de nada distinto, en términos de esencialidad, con respecto

---

9. R. Descartes: *Meditaciones metafísicas*, I.
10. P. Calderón de la Barca: *La vida es sueño*, jornada II.
11. R. Descartes: *Meditaciones metafísicas*, VI.

al presente y al futuro. De esta manera, el futuro sólo puede concebirse como pura posibilidad, aunque, desde luego, inevitable; pues su fondo último es idéntico al del presente. Por tanto, el futuro jamás es algo del todo *nuevo*, porque, como vemos, opera desde el presente, que es algo ya dado.

Esto último tiene que ver con la concepción ya mencionada del futuro en cuanto lo ya efectuado y que sólo espera aparecer, presentarse a nuestra vista. Pues cuando alguien lleva consigo el *presentimiento* de lo que va a suceder, o lo *sueña*, en ambos casos se trata simplemente de tal o cual configuración de elementos constitutivos de un presente, anticipables en ese presentimiento o en ese sueño. Mas adviértase que no se trata de nada ajeno a los mismos, porque, repetimos, la realidad del presente y del futuro es esencialmente una y la misma. Vamos a ver esto con algún detenimiento acogiéndonos a ejemplos tomados de la literatura.

El sueño, como anticipación del futuro, ha sido profusamente utilizado en todo tiempo, aun aquéllos tan remotos como los que corresponden a la poesía homérica. Entre las brumas de una verdad histórica harto difícil de aislar de la masa de legendarios acontecimientos descritos por el gran rapsoda heleno, se destaca la tendencia a la *premonición* de tal o cual suceso cuyo anuncio se efectúa precisamente en sueños; pero bien pudiese ocurrir que dicho *anuncio* fuese consecuencia de un estado de ánimo propicio a la aparición del contenido de ese «futuro» revelado por el sueño. De esta manera es como nos presenta la *Ilíada* el caso del sueño del rey atrida Agamenón. Para cumplir la promesa hecha a la diosa Tetis, y de paso vengar el ultraje inferido por Agamenón al divino Aquiles, el dios Júpiter ordena al Sueño Engañador que visite a ese rey y le aconseje lanzarse al combate, pintándole el momento como propicio para la toma de Troya. O como este otro (tomado de la *Odisea*), en que Minerva se le aparece en sueños a Nausica (hija de Alcinoo, rey de los feacios) y le inspira la idea de ir con sus esclavas a lavar la ropa al río, lo cual lleva a cabo la mañana siguiente; las muchachas, con su algazara, despiertan a Ulises, que se presenta ante ellas y las pone en fuga asustadas, quedando solo ante Nausica, con lo que el héroe homérico recibe la ayuda necesitada después de un naufragio... A este mismo tenor es el conocido y comentado «Sueño de Escipión», héroe militar romano a quien su padre se le aparece en sueños, diciéndole:

—Ten ánimo, Escipión, y no hayas temor alguno, y mira que se te acuerde lo que ahora te diré: ¿Ves aquella ciudad a quien yo sojuzgué al pueblo romano y al presente se prepara para una nueva guerra, como acostumbró hacerlo hasta ahora, que no puede tolerar la paz y la quietud? (En aquel momento, desde un alto lugar reluciente, claro a maravilla, pintado de astros innumerables, me mostraba a Cartago.) Esa ciudad tú la has venido a combatir como hombre de armas. A esta ciudad, tú, en esos dos años próximos, la vencerás y destruirás, siendo cónsul, y por virtud y nobleza alcanzarás el nombre de *Africano*, al cual tú tienes derecho por heredamiento y como por sucesión. Y luego que hubieres destruido a Cartago y hayas triunfado y hayas sido censor y hayas sido embajador en Egipto, en Siria, en Asia y en Grecia, serás por segunda vez elegido cónsul en tu ausencia y después harás una muy dura campaña contra la ciudad de Numancia, destruyéndola y arrancándola del suelo de raíz y cimiento. Pero tu *triunfo* camino del Capitolio coincidirá con un estado de turbación de la República, alterada por los manejos y astucia de mi sobrino, y entonces, ¡oh *Africano*!, será menester que muestres a la patria las luces de tu ánimo, de tu ingenio y de tu consejo [...] [12]

12. L. Vives: *Obras Completas*, ed. "Aguilar", Madrid, 1948, tomo I, págs. 595-96.

El sueño, ese invariable compañero de la vida en general y, especialmente, del hombre, ha penetrado en forma profusa y diversa las principales literaturas, de la misma manera que sucede con otras cuestiones tales como, por ejemplo, la vida, la muerte, la religión, el amor, el dolor, etc. Pues si el sueño es una componente tan significativa en cualquier proceso vital y, sobre todo, en el del hombre, se explica muy bien que esté tan presente en la creación literaria, ya sea lo narrativo en sus diferentes manifestaciones, ya sea la escena o la poesía. Cuál puede haber sido el motivo fundamental, no se sabe, pero lo más probable es que se trate de más de uno, si se tienen en cuenta los múltiples modos como actúa el sueño en el hombre. Ya hemos visto un poco antes el uso de éste por los dioses en la mitología griega; así, también, aquello graciosamente descrito en *El gallo* de Luciano de Samosata, donde un pobre hombre sueña que va a ser inmensamente rico y el inesperado canto del rey del corral lo saca de tan deliciosa situación, devolviéndolo a su habitual miseria; como, asimismo, el deleitoso juego a que se entregan gnomos, hadas, duendes y otros seres de los que pueblan la ingenua fantasía de siglos ya idos, tal como lo presenta Shakespeare en *El sueño de una noche de verano*; y no digamos ese profundo drama *La vida es sueño*, del que se ha hecho amplísimo comentario líneas arriba.

Si la aplicación del sueño a la fantasía de la creación literaria tiene o no que ver con el deseo del hombre de evadir el constante acoso de la realidad, es algo que está por comprobarse. Sin embargo, no cabe duda de que la novela y el cuento, lo mismo que el teatro, buscan, en el fondo de sí mismos, el modo de poner al hombre frente a frente con su realidad psicosomática, quién sabe si en procura de una identificación de sí mismo, al oponerle, como si fuese un espejo, una o varias imágenes posibles de aquello que él es en realidad. Pues téngase presente que los modos de reflexión dados al ser humano: la filosofía, la ciencia, la creación artística en general (que incluye la literatura), son los que permiten «imaginar» cómo es o puede ser el hombre en cuanto manifestación vital. Pues el diálogo consigo mismo se lleva a cabo únicamente cuando el hombre alcanza a verse reflejado en eso que, no siendo él mismo, contiene, empero, innumerables alusiones a su ser. Sólo así es posible comprender la indiscutible validez de la idea aristotélica de la *katharsis*, mediante la cual el hombre consigue «ver» y «oír» a su *yo* reflejado en la escena a la que asiste como *espectador*. Mas cabe preguntar ahora, espectador ¿de qué? Pues bien, así como la identificación primaria viene dada por esa *intersubjetividad monadológica* en que consiste la relación con *el otro*, para que dicha identificación cumpla con su cometido es indispensable la multiplicación del yo, porque como todo ser humano es una *mónada* (o sea unidad aislada en sí misma), la simple relación con el otro yo no permite ensanchar el ámbito del yo de cada uno, por lo que se impone la coexistencia de otros, sean personas o cosas, con los cuales *dialogar*; porque, a los efectos de esto último, tan *otro* es un ser humano como lo es un libro o una representación escénica. Porque nadie puede arrancar de sí mismo, sino que, por el contrario, ha de hacerlo *desde* otro (persona o cosa); pues mi *mismidad* viene de esa *otredad* en que me veo reflejado, y gracias a la cual *imagino* que puedo ser de veras, aunque, en definitiva, jamás llegue a saberlo, al menos completamente. Pues bien, a ese impenitente imaginar es a lo que puede llamarse *fantasía*, de la cual nos ocuparemos inmediatamente.

Por *fantasía* debe entenderse la percepción sin la actualidad o presencia de la cosa, y de ahí que suele llamársele *imaginación*. Se trata, entonces, de algo sí como la capacidad de suscitar ese tipo de imágenes representativas llamadas *phantásmata* por los griegos, o sea la «idea» de algo que aún no se ha convertido en percepción. (Algo así como lo que los estoicos llamaban φαντabia καταληζικη.) [13]

La cuestión básica de la fantasía es la relación entre ella y la sensación correspondiente, es decir, si se trata de «producir» o «reproducir», lo cual advierte que es una distinción fundamental; de manera que, para el caso de la fantasía *productora*, se trataría de la creación de la imagen misma. Pero, de ser así, ¿con el mismo valor real de las imágenes de la percepción (o sea de las engendradas en la fantasía *reproductiva*)? Si así fuese, la imaginación productora vendría a ser algo así como el intermediario entre el pensamiento y la intuición. De esta manera, la imagen dada en la fantasía productora jamás podría reducirse a esa otra proveniente de la fantasía reproductora. Con lo cual la otra, o sea la productora, adquiere o revela un carácter autónomo.

No es, pues, aventurado decir que hay una capacidad de fantasía, o imaginación, apta para crear un mundo distinto de ese otro, espacio-temporal, en el cual vivimos. Y no se trata, desde luego, de ninguna *creatio ex nihilo*; pues la creación humana es siempre combinación de elementos que ya de por sí pertenecen a ese universo o mundo exterior. Ahora bien, aun cuando la fantasía productora o imaginación debe contar en todo instante con esa exterioridad, es libre, en cambio, no sólo para disponer a su antojo de los objetos exteriores, sino, también, puede adjudicar más de un significado a dichos objetos, y, yendo aún más lejos, sutilizar esos significados, incurriendo en *construcciones* que, tal como sucede con la Física actual, escapan por completo al mundo exterior.[14]

Si relacionamos esa tendencia o predisposición humana a evadir el acoso de la realidad exterior con la capacidad imaginativa propia del hombre, veremos que ambas cosas se resuelven en una especie de intermediario entre vigilia y sueño, denominable *ensueño*. Además, es preciso no desatender ese otro detalle de la necesidad que tiene el hombre de *identificarse consigo mismo*, y que constituye una especial fuerza o actividad derivada más bien del susodicho conflicto de lo subjetivo con lo objetivo, desde el punto de vista humano. Porque, sin lugar a dudas, cualquier actividad mental, sea la ciencia, la filosofía, sea la creación artística en general, supone cierta *abstracción* del mundo exterior, con lo cual consigue el hombre salirse de su exterioridad y situarse enfrente de sí mismo, así como también del resto de los seres, humanos o no. Pues ¿qué duda cabe de que la filosofía, la ciencia, el arte, es esencialmente un acto de *imaginación*, cualesquiera sean sus objetos y los resultados obtenidos? Por eso Einstein ha calificado a la Física de «aventura del pensamiento». Pues el mundo inmediato siempre está ahí, y de él puedo valerme —claro está que no sin un mínimo de esfuerzo mental— para sobrevivir; mas tal cosa no quiere decir que mi subsistencia ecológica requiera mayor esfuerzo a los efectos de mi cuerpo («¿quién viste a los lirios del valle?») Mas no se trata primordialmente de tal género de subsistencia, sino de algo mencionado líneas arriba, es decir, de la necesidad de identificarme *yo a mí mismo* para saber *quién soy*. Debo, pues, fabricarme un mundo convirtiendo el medio exterior inmediato en otro *mediato*, es decir, deliberado, y éste es precisamente el mundo inteligible (*kosmos noetós*). Pues mi vida (humana) comienza justo a partir de esa efec-

---

13. P. Barth: *Die Stoa*, Leipzig, 1908, Sección III, cap. II. Cf. también Aulius Gellius: *Noches áticas*, XIX, 1.º, 15.

14. Remito al lector al interesante estudio de Ch. Thirring: *Crisis y reconstrucción de las ciencias exactas*, ed. de la Universidad de La Plata, B.A., 1940.

tuación con la cual consigo liberarme todo lo más posible de la sujeción al exterior. Y así como el resto de los seres vivos sólo posee un *medio* (jamás evadible), el hombre tiene *mundo*, del cual, a medida que se libera de él, va dejando de ser consecutivamente su *prolongación* (en lo que consiste el resto de lo viviente), para ponerse, en forma autónoma, frente a ese mundo y preguntar *cómo, por qué* y *para qué* es. Mas, eso sí, esto último sólo se consigue *imaginándolo*; con la consecuencia de que lo imaginado puede ser, según el caso, más o menos coincidente con la realidad exterior.

Ahora bien, esta capacidad de *imaginar* el exterior del hombre —imaginándose de paso a sí mismo— varía de un existente a otro, según predomine la disposición a «liberarse», o, por el contrario, la conformidad o aquiescencia con esa exterioridad. Si predomina la primera, y a medida que se hace más enérgica la disposición a la ruptura, la imaginación o *ensoñación* (así hemos de llamarla desde ahora) se manifiesta mediante esas expresiones delatadoras de la inconformidad con el exterior y, en consecuencia, del afán de evadirlo a través del ensueño que permite construir otro mundo, *inteligible*, que lo es, por supuesto, mucho más que ese otro a su vez inteligible del «sentido común», al que se halla atada la mayoría de los hombres. Porque no se puede cuestionar la evidencia de cierta inteligibilidad del exterior por parte del ser humano en general, no importa cuál sea su grado de sujeción a dicho medio.

Ahora bien, el hombre que consigue zafarse todo lo más posible de ese *environment* del que surge en un comienzo a la vida, es, por supuesto, el hombre de aguda sensibilidad y, en consecuencia, de profunda vocación humana. Este espécimen es, sobre todo, el *poeta*, a quien se le reserva el privilegio de conseguir que las cosas no sean ni realidad absoluta (esencia) ni realidad contingente o material (existencia), sino cierto aristotélico término medio que coloca las cosas fuera del orden real y causal; en consecuencia, el hombre en quien se da la apetencia de evasión del mundo más cabal posible. Pues es el poeta quien se detiene siempre en lo *admirable*.[15] El hombre, en fin, al que se le puede aplicar estas palabras ... de poeta.

> *¡esto es todo*
> *acorde con la imaginación!*
> *¡Sólo la imaginación es real! Ellos lo han imaginado,*
> *en consecuencia, es así.*[16]

Se trata, pues, de la imaginación, o fantasía, que —según hemos dicho— permite construir una realidad distinta a esa otra exterior a la cual, quiera o no, está indisolublemente unido el hombre. Veamos algunos casos en los que el poeta intenta prescindir todo lo más posible de esa inmediatez. Uno de los más llamativos es el de Bécquer:

> *Cuando miro el azul horizonte*
> *perderse a lo lejos,*
> *al través de una gasa de polvo*
> *dorado e inquieto,*
> *me parece posible arrancarme*
> *del mismo suelo,*
> *y flotar con la niebla dorada*

---

15. Aristóteles: *Poética*, 1451, b 5.
16. W. C. Williams: *Collect later poems*, New York, 1963, pág. 7.

> *en átomos leves*
> *cual ella deshecho.*
> *Cuando miro de noche en el fondo*
> *oscuro del cielo*
> *las estrellas temblar, como ardientes*
> *pupilas de fuego,*
> *me parece posible a do brillan*
> *subir en un vuelo,*
> *y anegarme en su luz, y con ellas*
> *en lumbre encendido*
> *fundirme en un beso* [...] [17]

Acudamos ahora a Unamuno, otro gran poeta, y veremos que nos dice también lo siguiente:

> Hay por debajo del mundo visible y ruidoso en que nos agitamos, por debajo del mundo de que se habla, otro mundo invisible y silencioso en que reposamos, otro mundo de que no se habla. Y si fuera posible dar la vuelta al mundo y volverlo de arriba abajo, y sacar a luz lo tenebroso metiendo en tinieblas lo que luce, y sacar a sonido lo silencioso, metiendo en silencio lo que habla, habríamos todos de comprender y sentir entonces cuán pobre y miserable cosa es esto que llamamos ley, y dónde está la libertad y cuán lejos de donde la buscamos.[18]

A este mismo tenor se expresa Antonio Machado, cuya obra abunda llamativamente en alusiones a ese sueño dado en forma de ensueño:

> [...] *Tu destino*
> *será siempre vagar, ¡oh peregrino*
> *del laberinto que tu sueño encierra!,*

nos dice el poeta, y agrega en otra ocasión:

> *Sobre la tierra amarga*
> *caminos tiene el sueño*
> *laberínticos, sendas tortuosas,*
> *parques en flor y en sombra y en silencio;*
> *criptas hondas, escalas sobre estrellas;*
> *retablos de esperanzas y recuerdos.*

Y así, también:

> *¡Oh!, dime, noche amiga, amada vieja,*
> *que me traes el retablo de mis sueños*
> *siempre desierto y desolado* [...] [19]

Algo, en esencia, como lo que busca Jules Laforgue, al decir:

> [...] *Sin soñar: ¿soy yo mismo? ¡Todo es tan complicado!*,[20]

---

17. G. A. Bécquer: *Obras Completas*, ed. "Aguilar", Madrid, 1973, págs. 410-11.
18. M. de Unamuno: *Del sentimiento trágico de la vida*, ed. "Aguilar", Madrid, 1951, tomo I, pág. 834.
19. A. Machado: *Poesías completas*, ed. "Espasa-Calpe, S. A.", Madrid, 1959, XXII, XXXVII.
20. Jules Laforgue: *Complainte du sage de Paris*.

en que el poeta intenta la busca de su identidad a través del recurso onírico del ensueño.

Ahora bien, ésta es la misma vena de José Martí; porque él también es un poeta, en todo y por todo, pues si de algo puede hablarse es del *sentimiento poético* de la vida que lo poseyó siempre. En consecuencia, no obstante ese otro aspecto suyo de hombre práctico —del cual nos ocuparemos más adelante—, Martí amaba la *ensoñación*, a la que vio siempre como fuerza liberadora de la atadura a la exterioridad, cuya evasión intenta acudiendo a la abstracción imaginativa. La comprobación se halla, ante todo, en su poesía, de donde extraemos las citas que van a continuación. Veámoslas:

> *Yo* sueño *con los ojos*
> *abiertos, y de día*
> *y de noche siempre* sueño [...]
> *De mis* sueños *desciendo,*
> *volando vanse* [...]
> *Despierto está el cuerpo*
> *dormida está el alma* [...]
> *En una hora feliz de* sueño [...]
> *A los espacios entregarme quiero*
> *donde se vive en paz y con un manto*
> *de luz, en gozo embriagado henchido,*
> *sobre las nubes blancas se pasea* [...]
> Sueño *con claustros de mármol* [...]
> *Este amor, esta atmósfera, esta vaga*
> *vida que en mí rebosa y me rodea,*
> sueña *siempre otra vida que la halaga*
> *y en espacios magníficos pasea* [...]
> *Está muy lejos el azul* soñado [...]
> *Entre las flores del* sueño
> *oigo un silencio de playa* [...] [21]

Este es el *poeta*, es decir, aquél para quien el conflicto con la realidad exterior alcanza su máxima tensión y, por lo mismo, trata de evadirse del modo más radical posible; el hombre, en fin, paciente de eso dicho admirablemente por el poeta Bécquer:

> *Espíritu sin nombre,*
> *indefinible esencia,*
> *yo vivo con la vida*
> *sin forma de la idea* [...] [22]

El hombre, en consecuencia, impulsado desde la raíz de su ser por una poderosa voluntad de desasimiento terrenal, lo que no supone, claro está, desentenderse por completo de esto último. Aquello que busca ansiosamente Baudelaire, es decir, lo *desconocido*, que, en definitiva, no es sino la *terra incognita* de la liberación del exterior, al hablarle a la Muerte en estos términos:

---

21. Cf. *Ismaelillo, Versos libres, Versos sencillos, Versos varios, Flores del destierro*.
22. G. A. Bécquer: *Obra Completas, op. cit.*, pág. 406.

> *¡Escancia tu veneno, pues que nos reconforta!*
> *Llegaremos, en tanto nos abrasa su fuego,*
> *al fondo del abismo, Cielo, Infierno, ¿qué importa?*
> *¡Al fondo de lo Ignoto para encontrar* lo nuevo! [23]

Lo nuevo, sí, que es siempre y únicamente la *libertad*, inencontrable en este lugar de *là bas*, donde la coerción ejercida tan brutalmente por las innumerable requisitorias materiales, atenta de continuo contra la *espontaneidad* de la cual —sólo de ella— puede surgir lo humano. Y es, tal vez, misión única de la poesía aspirar a esa independencia creando el universo perfectamente (?) inteligible. En consecuencia —como dice Aristóteles— el poeta es el creador (ποιητης) de nuevos deleites entendidos como deleites *naturales*, gozados artísticamente. Por esto mismo, la poesía es *imitación* (μιμησις), porque, al purificar los afectos, tanto anímicos como éticos, los convierte en algo que reside fuera del orden real y causal.[24] Y ¿acaso no es esto lo que pretende hacer el poeta en todo momento? Tal es el caso de Martí, en cuanto uno de ellos.

Mas también la *prosa* del *Apóstol* revela a veces esa imperiosa necesidad de escapar a la penosa imposición del mundo exterior («ir al sol por la escala luminosa de un rayo», según dice Rubén Darío), para que, de este modo, vibre plenamente en toda su espontaneidad. Así es como, en su etapa mexicana, se describe a sí mismo con estas palabras:

> Enojoso espíritu el de este pobre *Orestes*, que en vano quiere sujetar a una idea práctica lo que en él hay de sueño, de pensamiento doloroso y de afán vago [...] (F-2)

Más clara y convincente no podría ser esa confesión de un existente (humano) atado a la penosa rueda del vivir cotidiano con sus innumerables limitaciones. Sabe, por supuesto, del valor y la eficacia de lo *práctico*; sobre todo, quien, como él, está muy percatado de la importancia de esa *praxis* con referencia al caso de Cuba, para cuya solución es menester aplicarse con diligencia a la lucha en ese medio exterior erizado de desalentadoras dificultades, sea la tentación, sea la ajena incomprensión, sea la envidia o la cobardía, etc. Porque el mundo al cual pertenece Martí ya muestra una predisposición *pragmática* que si por una parte es síntoma de progreso, por otra, sin lugar a dudas, apena y hasta diríamos que angustia a hombres de la naturaleza del *Apóstol*. En consecuencia, si bien alaba y acoge con cierta satisfacción dicha *praxis*, no deja de intimidarle, porque todo eso «práctico» pertenece al medio exterior y a éste se aplica primordialmente. Por lo mismo, lo comenta de este modo:

> [...] En las actuales sociedades, lo imaginativo cede su cetro a lo inteligente; lo realizable se hace dueño de lo que dominaba antes lo soñado: lo práctico se impone en nuestros tiempos con una soberbia fatal y poderosa. (F-1)

Y, claro está, un hombre como él jamás obtendrá provecho de eso, como no sea en el sentido moral profundo capaz de convertir dicho «practicismo» en bienestar ajeno. «[...] El que es práctico así [conocimiento y aplicación

---

23. Ch. Baudelaire: *Las flores del mal*, trad. de Nydia Lamarque, ed. "Losada", B.A., 1965, VIII ("El viaje").
24. Aristóteles: *Poética*, 1447 a.

de la ley benéfica], por serlo mucho en bien de los demás, no lo es nada en bien propio [...]» (F-5) Y a este tenor, o sea la tendencia al *ensueño*, que supone el desasimiento terrenal, lo vemos, por ejemplo, exclamar cuando habla del filósofo norteamericano Ralph Waldo Emerson: «[...] ¡Qué deliquios los de su alma! ¡Qué visiones las de sus ojos! [...]» (F-6) Y asimismo: «[...] O cerraba sus libros, y los ojos del cuerpo, para darse el supremo regalo de ver con el alma [...]» (F-7) Todavía más, es curiosa esa distinción entre los poetas (según él, ya anacrónicos), «[...] hambrientos de ternura, devoradores de amor, mal hechos a los pies y a los terruños, henchidos de recuerdos de nubes y de alas [...]» (F-8), y esos otros que ya no pueden ser «líricos ni épicos», porque no «[...] cabe más lírica que la que saca cada uno de su propio ser el único asunto de cuya existencia no tuviera dudas [...]» (F-9) Distinción que si bien no hace del poeta un ser pragmático, lo acerca, sin embargo, a esa problemática del hombre consigo mismo; en consecuencia, más próximo aún a la idea de *evasión*, pero sin que ésta signifique el total abandono del exterior, porque, en todo caso, se trata de sublimarlo, mas no negarlo.

Éste es, pues, el caso de Martí, o sea del hombre que supo ser *soñador* sin perder, por eso, el contacto con la realidad exterior a la cual, dada la extraordinaria misión que le estaba reservada, tuvo que atarse, aunque, eso sí, no sin cierta constante nostalgia de la evasión que permite, sólo ella, ser, en la medida de lo posible, *el ser libre*.

En contraste con su condición de soñador —o, mejor todavía, de *ensoñador*—, se encuentra esa otra faceta de la personalidad de Martí constituida por el hombre *práctico*, pues, en efecto, lo fue en considerable medida, aunque conviene aclarar desde ahora mismo que no en el sentido del que prefiere la realización de actividades en las cuales es decisiva la parte material, sea negocios, sea política, o lo que sea. El pragmatismo martiano presenta dos aspectos distintos entre sí, es decir, uno referido a su constante preocupación por el desarrollo material de la sociedad en general con vista a manumitir al hombre de la multitud de formas de esclavitud que padece. Pero jamás se desentendió del gran problema aparejado por las consecuencias de dicho progreso, porque pensaba que sería mucho mejor una especie de equilibrio entre lo material y lo espiritual, aun cuando no se le ocultaba lo difícil de su consecución. Claro es que ante el espectáculo de esas grandes masas de población —tanto en Europa como en América— desposeídas de bienestar económico, carentes de cultura y sometidas a la más indigna condición humana, tenía que reaccionar en sentido favorable al mayor ímpetu posible del progreso capaz de redimirlas, primero materialmente, para conseguir luego lo mismo en el orden moral. ¡Cuántas veces no tuvo oportunidad de contemplar a esos misérrimos inmigrantes entre los cuales estuvo en una ocasión a punto de mezclarse, a bordo de un barco que hacía la travesía de Europa a América, y de lo que lo libró la generosidad de su fraternal amigo y compatriota Fermín Valdés Domínguez! Lo mismo que en su recorrido por diferentes lugares de América pudo observar asimismo el bajísimo nivel de vida de tanto miserable condenado a una esclavitud sin visible remedio. Y por eso dice que prefiere el trabajo físico al mental y que la poesía, como cualquier otro arte, es la «hembra del acto». De ahí, comentarios como éste:

> [...] Del trabajo continuo y numeroso nace la única dicha, porque es la sal de las demás venturas, sin la que todas las demás cansan o no lo

parecen: ni tiene la libertad de todos más que una raíz, y el trabajo de todos [...] (F-27)

Y, en consecuencia:

> El patriota, si quiere bien a su patria, no empezará a leer el periódico por el editorial, que dice lo que se opina, sino por los anuncios, que dicen lo que se hace. Ver trabajar a todos es más bello que ver pensar a uno [...] (F-26)

Pues, según se desprende conclusivamente de esos pensamientos del *Apóstol*, la única redención posible y justificable es aquélla fundada en el trabajo sin interrupción y, además, disponible para todo el mundo. Porque, con todas sus gravísimas contradicciones —hoy mucho más ostensibles que en tiempos de Martí—, el hábito del trabajo contraído por la sociedad norteamericana y el consiguiente espíritu de empresa, han ido moldeando a dicha población dotándola de un deseo de bienestar que, si bien ya exagerado —como sucede actualmente—, es preferible, sin vacilación alguna, a la miseria de una endémica desocupación permanente. Y esto explica perfectamente que su preocupación, como fundador de un pueblo, atendiese, sobre todo, al bienestar mayoritario cuya consecución depende de la habilidad y la generosidad puestas al servicio de la política.

> A lo que se ha de estar no es la forma de las cosas, sino a su espíritu. Lo real es lo que importa, no lo aparente. En la política, lo real es lo que no se ve. La política es el arte de combinar, por el bienestar creciente interior, los factores diversos u opuestos de un país, y de salvar al país de la enemistad abierta o la enemistad codiciosa de los demás pueblos [...] (F-13)

Mas no se piense que todo en él era optimismo con respecto al carácter práctico del modo de operar en la sociedad, y éste es el otro aspecto ya mencionado. «Pero ¿qué es, por desdicha, la política práctica, más que la lucha por el goce del poder?» (F-18) Así lo dice en cierta ocasión hablando precisamente de ese contrahaz de lo pragmático; y, sin embargo, sólo de la pasión proviene la fuerza a poner en empresa tan generosa e idealista como es la de redimir al hombre levantándolo sobre sí mismo. Pues siempre se corre el riesgo de exagerar, de extralimitarse, pero, probablemente, es cierto aquello de «quien bien te quiera, te hará llorar». Los pueblos, como los hombres, extraen del sufrimiento la emulación indispensable para alzarse con el derecho a la conquista de lo que realmente deben tener. Es preciso, entonces, apasionarse, aunque, eso sí, por aquello digno de que la pasión lo dé a luz, aun cuando el parto requiera el *forceps*:

> [...] La pasión es una nobleza. Los apasionados son los primogénitos del mundo. Los fuertes doman la pasión; pero en cuanto logran extinguirla, cesan de ser fuertes. Hasta para ser justo se necesita ser un poco injusto [...] (F-19)

Mas todo esto requiere, a fin de no resultar iniquidad, del sentido generoso del desprendimiento cabal, únicamente posible si pensamos en que la recompensa no será jamás terrenal y, por lo mismo, material. «[...] Redimir es otra manera de enriquecer con monedas que se cambian en el cielo; cielo es el puro fin de las almas que puramente lo obraron [...]» (F-39). Para lo que se necesita estar dominado incesantemente por el afán de *obrar* en pro de otro, como también de uno mismo, inquiriendo afanosamente por el qué, el porqué y el cómo de las cosas. Pues tenemos un *destino* —dice Martí— y éste consiste en la cabal realización de cada quien, porque el hombre, a diferencia del resto de los vivientes, jamás puede ser indiferente a su condición existencial. A este respecto, dice Heidegger: «[...] El ser de este ente es, *en cada caso, mío* [...] El *ser* mismo es lo que le va a este ente en cada caso [...] El "que es" (*essentia*) de este ente, hasta donde puede hablarse de él, tiene que concebirse partiendo de su ser (*existentia*) [...] Y el "ser ahí" es mío en cada caso, a su vez, en uno u otro modo de ser [...] Y por ser en cada caso el "ser ahí", esencialmente su posibilidad, *puede* este ente en su ser "elegirse" a sí mismo, ganarse, y también perderse, o no ganarse nunca, o sólo "parecer" que se gana [...]»[25] En consecuencia, la vida humana es *drama*, o sea rigurosa e inesquivable acción, que vamos efectuando en nosotros mismos, haciendo historia mediante la consecutiva superación de la Naturaleza contenida en nosotros; es decir, evadiéndonos del acoso exterior para conquistar, con nuestra interiorización, esa *identidad* sin la cual nada seríamos. A esto es a lo que se refiere Martí con las palabras siguientes:

> [...] Tendemos involuntariamente las manos hacia toda obra que nos es desconocida, como involuntariamente tendemos siempre el alma en busca inquieta de la gran verdad. Nos parece que cada libro es una respuesta a nuestras ansias, un paso más adelantado hacia el cumplimiento final de nuestros incógnitos destinos [...] (F-40)

De ahí que el hombre práctico (al modo del *Apóstol*), tras teorizar largamente acerca de la necesidad y las ventajas de lo práctico, recaiga de nuevo en el valor supremo de lo ideal, eso que busca inquieto y expresa poéticamente en muchas ocasiones. Ahora, sin falta de poesía, nos lo repite en su prosa:

> [...] Y nacerán las ideas de justicia en la mente, las jubilosas ansias de no cumplidos sacrificios, el acabado programa de hazañas espirituales, los deleites que acompañan a la imaginación de una vida pura y honesta, imposible de logro en la tierra —¿y no tendrá espacio en que tender al aire su ramaje esta arboleda de oro? [...] (F-10)

Hay, sin embargo, un aspecto de la personalidad de Martí que lo revela como el hombre dotado de un gran sentido práctico, o sea el relacionado, con el magno problema de la independencia de Cuba. De esta manera, el soñador, el poeta, despliega una asombrosa actividad, llevada a cabo con tal penetración de la realidad en la cual actúa, que esta faceta de su vida contrasta fuertemente con esa otra reseñada anteriormente. Mas tampoco es nada para asombrarse, pues el *Apóstol* vivía dominado por una idea fija, o sea la libertad de su Patria. Si nació para ella, o el contacto con la desoladora situación de Cuba colonial determinó en él semejante decisión, es algo que no puede comprobarse; aunque, al decir que «nació» para esta colosal empresa, se quiere dar a entender con ello que solamente un hombre de sus singularísimas condiciones hubiese podido efectuar lo que hizo. Al menos, algo de esto trasluce en esas palabras suyas pronunciadas en New York apenas arribado a dicho sitio para establecerse allí: «[...] Es que tenemos el sentido de nuestros destinos, y obramos con él [...]» (F-4) Pues bien, la enorme

---

25. M. Heidegger: *Sein und Zeit*, "Neomarius-Verlag", Tubingen, 1949, Sección primera, cap. I, parág. 9.

y dilatada labor llevada a cabo durante cuatro mil seiscientos doce *días*, en una angustia no por serena menos mortal, contiene diversos aspectos que —desde luego, relativamente—, se pueden agrupar de esta manera:

El hombre práctico
- a) Aplicación diligente al estudio del problema propuesto.
- b) Reflexiones sobre la realidad que se maneja.
- c) La patria probable.

Martí hizo ver desde su primer contacto en New York con la masa exiliada que la cuestión de Cuba requería tanta *reflexión* como *emoción*. Porque si bien sólo sintiendo el drama de la Patria intensamente, situándolo en el centro mismo de nuestras percepciones, podría disponerse de la extraordinaria fuerza de que sería menester echar mano a fin de salir adelante con la empresa propuesta, no menos cierto es que dicho sentimiento debía ser contenido, reduciéndolo a las justas proporciones de lo que, por otra parte, exigía el análisis capaz de dar la solución apetecida. Y Martí, hombre emotivo si los hay, vio perfectamente, desde el principio, que el cubano, naturaleza ardiente y, por lo mismo, exaltable, se complacía fácilmente con dicho estado de ánimo, descuidando lo otro, es decir, la *estrategia* de la cuestión propuesta, ya que, en definitiva, sólo la guerra echaría de Cuba a la odiosa tiranía española. Por eso, el *Apóstol* no perdía tiempo en llamar la atención de sus compatriotas hacia lo esencial del motivo que los reunía ocasionalmente para hablar de Cuba; y fue justamente en uno de esos momentos cuando, tras el torneo oratorio tan prolongado que apenas dejaba tiempo para algo más, Martí, ansioso de poner fin a las inevitables efusiones de aquella noche, comenzó haciendo ver que lo importante, es decir, no el glorioso pasado inmediato, sino el sombrío momento presente, era la cuestión a tratar con la fría parsimonia que la misma requería:

> Brevísimas frases, puesto que hemos empleado tanto tiempo por el ardor inevitable del corazón, en dar salida a las pasiones evocadas por el recuerdo y la presencia de nuestros héroes, que ya no nos queda, a esta hora adelantada de la noche, espacio ni ocasión para rebajar con frías palabras de análisis, por necesarias que sean, por indispensables que sean a la época que atraviesa sin guía fijo ni ideal adecuado nuestro país, el entusiasmo que inspira a nuestras almas leales, más que el recuerdo santo de la guerra, la determinación de que una política incompleta y parcial, floja con los enemigos y despótica con los propios, no nos arrebate las conquistas obtenidas por la grandiosa unión en la muerte, por la precipitación de tiempos, con que la guerra necesaria ayer, justa hoy como ayer, probable en todo instante, restableció en Cuba, con divino calor, el equilibrio interrumpido por la violación de todas las leyes esenciales a la paz estable en las sociedades humanas [...] (F-25)

De inmediato advertimos, por una parte, el reparo de lo que puede ser *exceso* (el sentimiento), y, de otra, la advertencia acerca de lo que debe hacerse. Pues la oratoria inflamada jamás conseguiría sacar a Cuba de su postración moral. Para esto último se requería el análisis minucioso de las causas motivadoras de esa situación, pues de éstas es que podría extraerse el remedio a dicho mal. Nuestra Patria demandaba, pues, ese «guía fijo» y ese «ideal adecuado» que *él* precisamente le iba a proporcionar. De este modo, también en aquel su primer encuentro público con los desterrados cubanos, lo hace ver claramente:

> Los que intentan resolver un problema no pueden prescindir de ninguno de sus datos. Ni es posible dar solución a la honda revuelta de un país en que se mueven diversos factores, sin ponerlos de acuerdo de antemano, o hallar un resultado que concuerde con la aspiración y utilidad del mayor número [...] (F-3)

¿Y el *guía*? ¡Ah!, justamente desde esa memorable ocasión, aun sin sospecharlo él mismo, se convirtió en el guía consciente de su enorme responsabilidad moral y, por lo mismo, dispuesto a consumir cuanto tiempo fuese necesario en el examen detenido y minucioso de la realidad que aspiraba a transformar, o, tal vez mejor, del *ideal* (puesto que de esto se trataba) en la *realidad* de una República independiente, ancha de cordialidad y lo más estrecha posible de egoísmos. Y ahí que, años más tarde, expresara lo siguiente:

> [...] ¡Aquí, en el trato abierto y en el estudio de nuestras pasiones, hemos robustecido, mientras nos acusaban y tenían en poco, los hábitos que harán mañana imposible el establecimiento en Cuba de una República incompleta, parcial en sus propósitos, encogida o injusta en su espíritu [...] (F-17)

Y, ampliando dicho pensamiento, dice también esto otro:

> [...] No es hora de decir, cuando se conmemoran hazañas a cuyo lado palidece el simple cumplimiento del deber, cómo en la oscuridad grata al verdadero patriotismo, se procura con sagrada pureza librar de estorbos, no para todos visibles, el porvenir del país, y en vez de trabajar sin fe y desconcertados en pro de una fórmula postiza, condenada de antemano, por la fuerza de lo real, a corta duración, se atiende, con el oído puesto al suelo, que no ha cesado todavía de hervir, al espíritu vivo de la patria [...] (F-14)

Ahora bien, ésta era, ante todo, callada labor; lo contrario de esa otra típica del oportunista de precaria condición moral, que, en el ruido del aplauso y el vítor desprendido de un pasajero entusiasmo, busca satisfacer la propia vanidad. Y Martí, tal como lo hemos hecho ver exactamente al comienzo de este libro, era, ante todo y sobre todo, un hombre silencioso. Silencio al que conduce su palabra cuando se le aplica el oído del corazón y se echa de ver enseguida la impresionante profundidad de su decir. Sonora soledad propia del que va recto en busca de lo trascendente y, en consecuencia, jamás casa con ninguna fastidiosa superficialidad. Por eso, tocante a la cuestión cubana, es el *Apóstol*; porque lo sacrifica todo a dicha causa, percatado como estaba de la impresionante gravedad de lo propuesto en ella. Trabaja en silencio, aunque a veces —¡claro está!— sea menester pregonar lo que se hace, pero, eso sí, sólo para aumentar la fe de los comprometidos en dicha empresa; mas, por otra parte, manteniendo en reserva la obra que se lleva a cabo y el temple de acero sin el cual nada de eso hubiese sido posible. Por lo mismo, nos dice lo siguiente:

> Lo que hacemos, el silencio lo sabe. Pero eso es lo que debemos hacer todos juntos, los de mañana y los de ayer, los convencidos de siempre y los que se vayan convenciendo; los que preparan y los que rematan, los

trabajadores del libro y los trabajadores del tabaco: ¡juntos, pues, de una vez para hoy y para el porvenir, todos los trabajadores! El tiempo falta. El deber es mucho. El peligro es grande [...] (F-21)

Porque se trata de lo de siempre, tocante al conocimiento, es decir, estar, de cierta manera, a la vez *dentro* y *fuera* de él; lo primero, porque, mírese como se quiera, somos una parte de él, de manera que, de hecho, jamás podríamos dejar de sentirlo como si nosotros fuésemos —puesto que es así— parte esencial del mismo. Lo segundo, para *objetivarlo*, o sea poder penetrarlo eficazmente, lo cual no es posible si dejamos funcionar demasiado la parte afectiva que somos con respecto al problema. Así lo ve el *Apóstol* y, por lo mismo, propone:

> Con ese cuidado escrupuloso vivimos; todos esos problemas conocemos: nos ocupamos firmemente, no en llevar a nuestras tierras invasiones ciegas ni capitanías militares, ni arrogancias de partido vencedor, sino en amasar la levadura de República que hará falta mañana, que tal vez hará falta muy pronto, a un país cuya independencia parece inmediata, pero que está compuesto de elementos tan varios, tan suspicaces, de amalgama tan difícil, que los choques que ya se vislumbran, y que han ayudado acaso a acelerar aquéllos cuya única labor real era impedirlos, sólo pueden evitarse con el exquisito tacto político que viene de la majestad del desinterés y de la soberanía del amor [...] (F-15)

Pues si bien el drama de Cuba es cuestión —¡debía serlo!— de sentimientos, porque en momentos de agonía para ella, ¿cómo recordarla, mencionarla, sin que se estremeciese el corazón?, no por eso había que dejarse llevar solamente por dicha angustia. Muy al contrario, se requería dominar esta última, conteniéndola en los precisos límites posibles de la reflexión capaz de ayudar al cambio de las cosas:

> Y este culto a la Revolución, que sería insensato si no lo purgase el conocimiento de sus errores, nos ha traído a aquella fe cordial y serena, a aquella determinación definitiva e inquebrantable, a aquella fraternal e indulgente disposición del ánimo, a aquella prudencia considerada y equitativa [...] (F-30)

Así es como «aprende» el *Apóstol* a hacer Patria a la vez que la hace. Porque, al comienzo, deseaba sólo hacerla, mas ignoraba cómo llevar a cabo su deseo. En consecuencia, faltaba nada menos que lo esencial, es decir, el cabal conocimiento de los factores con los cuales habría de contarse, que, en el caso cubano, eran de dos especies distintas, a saber: una constituída por todo cuanto pasaba *dentro* de Cuba; otra, por aquello que era el destierro, es decir, *fuera* de Cuba. Así es como, al aceptar el reto de la Historia, Martí se dispone a vérselas con ésta, o, lo que es lo mismo, a penetrar en ella para imprimirle un riguroso cambio. Pues a nadie hay que decirle que Cuba colonial, maltratada y despreciada por la soberbia del español codicioso, es algo muy diferente —con todas sus indeseables limitaciones— a esa otra Cuba ya constituida en República, una vez arriado para siempre el abominable pendón de quien jamás dejó de sentirse *conquistador*, y llevada hasta el tope del mástil la gloriosa bandera de la estrella solitaria, por la que Martí, entre tantos héroes, cayó para que ella se levantara.

Martí se avecindó en New York en 1880 y aquí permaneció durante quince años, con esporádicos y breves desplazamientos hacia distintos lugares de América. Pero a los efectos de su esencial cometido revolucionario, fue esta indeseable ciudad (su «copa de veneno») el lugar de experimentación para seguir adelante con el magno proyecto. En consecuencia, la realidad a manejar inmediatamente era el destierro cubano, es decir, la masa de compatriotas que llevaban consigo la nostalgia de la tierra ausente, la decepción unas veces, el rencor otras, como así mismo —tal vez lo peor— una gran desorientación en cuanto a qué podría hacerse para regresar dignamente a Cuba, pues, de lo contrario, no había que soñar en volver. Y estos hombres, realmente dignos de compasión, ensayaban soluciones de corto alcance, casi siempre apuradas, como ocurrió con el fallido intento de Calixto García en 1880 y con el Gómez y Maceo en 1884. Pues nadie se había propuesto hasta ese instante echar sobre sus hombros semejante carga, ya que se trataba nada menos que de poner de acuerdo —por una parte— a los de dentro de Cuba; por otra, hacer lo mismo con la heterogénea masa de los exiliados; y, finalmente, alcanzar la más adecuada coordinación de unos y otros, con el fin de lanzarse de nuevo a la guerra. Pero Martí, según transcurrían los días, iba descubriendo cuán lastimosa era la situación del desterrado en general, con vistas a intentar eficazmente aquello fracasado no mucho tiempo atrás. Pudiera decirse que predominaba un enorme desaliento y, en consecuencia, el pesimismo era casi absoluto. Quienquiera que quisiese ganarse a dicha masa para una nueva contienda, tenía, ante todo, que probar de manera fehaciente que no se trataba de otra aventura, pues de éstas ya se encontraban los cubanos bien escarmentados, en la Isla y fuera de ésta. Era, pues, indispensable mostrar un plan bien concebido y, por lo mismo, basado en realidades y no en vanos deseos. Tan claro lo vio el *Apóstol*, que en una de esas ocasiones en que le hablaba a sus compatriotas desterrados, dijo lo siguiente:

> [...] ni la viveza de la inteligencia, ni la bondad del alma son fuerzas bastantes para aspirar con éxito a la formación de un pueblo, —sino la capacidad de ordenar a tiempo los elementos indispensables para la victoria. (F-33)

Claro está, pues ¿de qué hubiese valido tener un gran talento y una inagotable generosidad, sin algo concreto que ofrecer? Porque

> [...] la política, o arte de ordenar los elementos de un pueblo para la victoria, es la primera necesidad de las guerras que quieren vencer: y las que no quieren vencer, sino corretear y rendirse, ésas no llevan plan ni espíritu, que es no llevar política [...] (F-35)

Porque la dolorosísima y costosa experiencia de la grandiosa epopeya de los Diez Años constituyó una significativa enseñanza, y si bien ese fracaso se debió a la inevitable improvisación de aquel momento, debe tenerse presente que sus autores no pudieron actuar de otro modo, dadas las adversas circunstancias que debieron enfrentar. Sería de nuestra parte una antipatriótica injusticia tachar de malvados o de irresponsables a quienes lo sacrificaron todo al amor de la Patria. Por eso mismo, Martí no dejaba pasar la ocasión del *Diez de Octubre* sin rendir tributo a nuestros esforzados fundadores. Mas, precisamente por eso, se imponía el severo análisis, no del propósito —pues éste fue sacrosanto—, sino de aquellos detalles a los cuales se debió el fracaso de lo que empezó tan bien. Por lo pronto, política y lucha armada deberían ir juntas, pues la finalidad propuesta en la guerra era extraer de ella el cuerpo jurídico de la República democrática a que se encaminaba el deseo cubano. La nueva Cuba tendría que brotar de un previo plan cuya segunda y más importante parte iba a ser el nuevo orden de cosas preparado conforme a justicia y a moral. Hacer la guerra por el simple capricho de hacerla, un poco a la manera del caudillo montonero, era un desatino y, además, un crimen de lesa patria. Así lo vio siempre el *Apóstol*, porque, en su sentir,

> [...] una guerra que puede obtener a la patria la libertad sin más trabajo que el de ordenar a tiempo sus elementos, y abandona la patria de nuestras entrañas, por cobardía o por desidia, a los desastres y tanteos de una rebelión sin plan ni orden, ¡de una rebelión que puede, si se la ordena bien, durar sólo lo que dura una llamarada! [...] (F-37),

no es realmente eso que se busca, porque la lucha armada sólo puede aceptarse como medio para un fin, mas nunca como algo que debe quedar en sí mismo. Éste, en todo caso, es simplemente el arte depredatorio del aventurero para quien toda realidad es simple *casus belli*. Y tan claramente ha entendido Martí el problema al cual se entrega con serena pasión, que llega hasta comprender la inevitabilidad de ciertas cosas a las que es preciso tomar tal como son, porque la política —*alta política* en este caso— es arte de realidades. De ahí que nos diga:

> [...] Lo que no se puede cambiar, ha de tomarse como es. ¿Quién teme al juego natural y necesario de las pasiones y virtudes de los hombres, ni al conflicto inevitable de sus aspiraciones y cobardías, y de sus ímpetus e intereses? [...] (F-28)

Finalmente, para no excedernos en este punto, debemos destacar igualmente la firme convicción del *Apóstol* acerca de *quiénes* eran los llamados a crear la República y *cómo* debería configurarse ésta. «[...] Hombres somos, y no vamos a querer gobierno de tijeras y figurines, sino trabajo de nuestras cabezas, sacado del molde de nuestro país [...]» (F-29) En consecuencia, nada extraño a nuestra verdadera composición debe entrar a formar parte perturbadora del destino cubano. Por esto mismo, cuando vemos a nuestra tierra vendida miserablemente por el más detestable tirano cuya sombra se haya posado jamás en Cuba, vienen muy a cuento estas otras palabras del *Apóstol*:

> [...] No han entendido que la política científica no está en aplicar a un pueblo, siquiera sea con buena voluntad, instituciones nacidas de otros antecedentes y naturaleza, y desacreditadas por ineficaces donde parecían más salvadoras; sino en dirigir hacia lo posible el país con sus elementos reales [...] (F-24)

Otro punto importante que desveló sobremanera a Martí es cómo habría de ser la República salida del esfuerzo bélico. Pues éste —como ya se dijo— sería necesariamente transitorio, tal como cumple a su propia naturaleza, ya que la violencia es una solución extrema a la cual, en el caso cubano, era preciso recurrir vista la terca y estúpida decisión de España de no abandonar la Isla, como tampoco procurarle el mínimo progreso material y moral. Pues, como dijera cínicamente en las Cortes de Madrid un diputado peninsular, ¿para qué eran las colonias sino para explotarlas? Y una vez cegada para siempre la copiosa fuente de recursos proporcionados por el resto de Hispanoamérica, sólo disponía la codicia peninsular de Cuba y Puerto Rico, sobre las cuales recayó una vez más la exacción fiscal, amén de esa otra constituida por el latrocinio de la burocracia peninsular (del Capitán General para abajo), como también el contrabando. En consecuencia, la guerra era la última solución, como sucedió en el 68, cuando a las propuestas reformas de la Junta de Información (en las que coincidieron criollos y peninsulares), respondió agresivamente la Metrópoli, en 1867, aumentando los impuestos en Cuba hasta un total de cuarenta millones de pesos más para mantener el endémico parasitismo peninsular tanto en la Península como en la Isla.

Pero el *Apóstol* le temía a la guerra porque sabía perfectamente que en Hispanoamérica había sido y seguía siendo fuente de constantes disturbios y tiranías. De ahí su preocupación por el curso de la contienda armada una vez cumplido su cometido, por lo que se propuso siempre imbuir a cuantos tomasen parte en ella del sentimiento de *civilidad* capaz de asegurar el nacimiento y la supervivencia de las instituciones republicanas. Claro es que, a ese respecto, era sombrío el panorama de casi toda Hispanoamérica, habida cuenta de la tradición fuertemente individualista, anárquica y díscola, heredada de España. Difícil iba a ser —en el caso de conseguirlo— establecer una República democrática, con sus organismos adecuados y sobre la base permanente de respeto a la mayoría. Demasiado bien conocía Martí el elemento humano con que luchaba para sacar adelante su generoso empeño, y esto explica perfectamente que, tanto en sus discursos como en sus escritos, hablase largamente de tan delicada cuestión. De la multitud de veces en las cuales habló del acuciante problema, vamos a comentar algunas de ellas. Así, en uno de sus memorables discursos, expresa lo siguiente:

> ¡Oh, no!: no es visión de la fantasía esa patria venidera donde, con la fuerza gloriosa de las islas, que parecen hechas para recoger del ambiente el genio y la luz, prosperará, sin ayudas extrañas que lo consuman, el hombre en quien la libertad ha infundido a la vez la virtud de morir por ella y la inteligencia necesaria para ejercitarla [...] (F-16)

Claro es que estas palabras tiene un carácter exhortador, pero ésa es la finalidad propuesta por el *Apóstol*. Sin embargo, tal cosa no excluye ni mucho menos debilita la idea que tenía de cómo debería ser la Patria surgida del esfuerzo bélico. Pues lo deja dicho en otra ocasión: «Ni sueño pueril, ni evocación retórica, es lo que tengo ahora delante de mis ojos, sino visión de lo que ha de ser, y escena de verdadera profecía [...]» (F-32)

Sí, efectivamente, llega hasta el extremo de considerarse profeta, el anunciador infalible de lo que va a suceder, porque los suyos no permitirán que se malogre eso a la vez visto y presentido. Pero bien nos consta —con amarguísima experiencia— que, apenas instaurada la República, hombres como Tomás Estrada Palma, tan vinculado a Martí, quien sintió siempre por él sincera admiración, no vaciló en arrasar con las tablas de la ley de la República, convirtiéndose en el despreciable tirano a quien dedica el *Apóstol* vigorosos epítetos, ocurriendo así exactamente aquello temido por él o sea que

> [...] ni se convierta [la Revolución] por nuestra incapacidad y desidia en una revolución de clases, para la preponderancia de un cenáculo de amigos, o la liga henchida de guerras futuras, de los políticos débiles y autoritarios con los déspotas que le salen a la libertad [...] (F-22)

¡Admirable premonición de todo cuanto desdichadamente llegó a ocurrir en Cuba! Téngase presente que de toda nuestra historia republicana de setenticinco años hasta la fecha, han transcurrido cuarentitrés de ella en abominable tiranía, en un *crescendo* sobrecogedor; y como si aun todo esto fuese poco, el resto, o sea treinticuatro años, sólo ha sido corrupción administrativa. O sea que hemos venido a quedar muy lejos de quien, como el *Apóstol*,

> [...] no quiere para su tierra remedos de tierra ajena, ni república de antifaz, sino el orden seguro y la paz equitativa, por el pleno respeto al ejercicio legítimo de toda el alma cubana [...] (F-34)

Sino, por el contrario,

> [...] una república durable y justa, en acuerdo con el desarrollo peculiar y bastante de las islas, con sus intereses propios y amenazados por la producción igual de países vecinos, con el continente en que las puso la Naturaleza y la época que las arrollará si no la siguen, y con la ineludible dignidad humana. (F-36)

Mas ¿qué nos pasa que no podemos, jamás hemos podido, disfrutar de la paz aparejada por una honesta y duradera convivencia? Tal vez se deba todo esto a que hasta ahora no hemos sido capaces de atinar con algo tan sencillo —quizá en apariencia— como lo expresado por Martí en este párrafo:

> [...] No han entendido que en los países no hay que estar tanto a los modos de gobierno, que no pueden ser más que el resultado de los factores de la población y de sus relaciones, como al arreglo prudente de los factores inevitables, que han de crecer e influir en junto [...] (F-23)

Porque, en definitiva, el hombre *práctico* tan vigorosamente representado en la figura del *Apóstol*, es, al mismo tiempo, el mayor *idealista* imaginable. Pues, según él, por hombre pragmático debe entenderse siempre a alguien dispuesto en todo momento a luchar por el bienestar ajeno antes que por el suyo propio. El espécimen humano capaz de colocarse en todo instante por detrás de los demás, o sea aboliendo el egoísmo y esa nociva predisposición humana a la subestimación del prójimo. Quien elude esa trampa mortal y piensa, ante todo, en el bienestar de la patria como alfa y omega de su actividad, «[...] ése es el verdadero hombre, el único hombre práctico, cuyo sueño de hoy será la ley de mañana [...]» (F-25)

Capítulo VII

VIDA, MUERTE, ALMA, DIOS

> [...] *he vivido,*
> *y la divinidad está en la* vida*!*
> *Bien; ya lo sé! La* muerte *está sentada*
> *a mis umbrales* [...]
> *Vive el* alma *mía*
> *cual cierva en una cueva acorralada* [...]
> *— Verso, nos hablan de un* Dios
> *a donde van los difuntos* [...]

¿Qué es la *vida*? He ahí una de esas grandes cuestiones que aún aguardan la respuesta satisfactoria, si acaso puede llegar a encontrarse algún día. Porque, a lo que parece, *vivimos*, tal como sucede con animales y vegetales en general. Pero, ¿el resto del universo, es decir, todo eso llamado *lo inerte*? Dónde comienza la vida, cuándo y cómo se manifiesta, son cosas que han estimulado la humana curiosidad hasta crear toda una vastísima obra escrita proveniente de la especulación de dicho problema, pues, en efecto, así es realmente. Por lo pronto, repetimos, tenemos la constante impresión de *estar* vivos, de *ser* vivos, lo cual, por otra parte, nos viene de la experiencia que consiste en ver cómo, con suma frecuencia, lo vivo deja de serlo y pasa a convertirse en algo *muerto. Derelicti sumus in mundi* [...] Mas, en efecto, ¿ocurre tal cosa? El cuerpo viviente, al morir, se descompone, creando a sus expensas otros organismos que acaban convirtiéndose, a la vez, en *materia inerte*. ¿Inerte? O ¿no será que la vida lo abarca todo? Pues de la aparente inercia de esa materia: «*Memento, homo, quia pulvis es et in pulverem reverteris*»,[1] sale otra vez la materia. Se trata, en consecuencia, de un círculo al cual, según parece, no es posible escapar. ¿Habrá, pues, algo así como lo que los antiguos llamaban principio vital (ξωη)? Tal vez existe sólo la vida, que incluye aquello llamado *muerte;* o, por el contrario, ambos constituyen sendos reinos autónomos en continua oposición; pero, entonces, ¿cómo se pasa de uno a otro (al menos, de la vida a la muerte)? Como vemos, hay tela por donde cortar, a lo cual debemos esa larga *teoría* (en efecto, «desfile») de ensayos de explicación —a veces congruentes, a veces discrepantes— del intrigante problema de la vida.

El griego —pueblo teorizador por excelencia al que debemos la paternidad de la filosofía y la ciencia— creía que la *Vida* era algo así como un principio de animación y movimiento en el hombre, tanto como en la Natura-

---

1. *Génesis*, III, 19.

leza en general: el ξωή creador de cuantos procesos tienen lugar en la realidad, no importa lo diversos que puedan parecer entre sí. En consecuencia, no concebía la vida como algo especial y ajeno a lo demás, sino que ella lo penetra y recorre todo. Esto explica por qué Aristóteles define o describe la vida como «aquello por lo cual un ser se nutre, cree y perece por sí mismo».[2] En términos generales, esto explica la predisposición helénica a concebir toda la realidad como un gran «animal» (organismo), y, por consecuencia, esa dualidad en que se manifiesta la vida, es decir, por una parte, entendida como un cuerpo más «psíquico» que el puramente material; mas, por otra, bajo la especie de un alma más «corporal» que el puro espíritu. Pero tal cosa no debe asombrar si se tiene en cuenta ese carácter de *totalidad* propio de la vida según la ve el griego. *Vida* es *animación*, movimiento de la realidad en su conjunto, por lo que ha de ser, simultáneamente, el cuerpo (*soma*) y el alma (*psique*). Intelección de la vida que alcanza hasta Platón, si bien relativamente; pues éste, como sabemos, cree que hay tres almas (o tres formas o manifestaciones de ésta), a saber, *vegetativa, apetitiva y racional*. Sin embargo, ya para Plotino (claro antecedente de esta cuestión en el Cristianismo), la vida parece oscilar entre algo «exterior» (cuerpo) y algo «interior» (alma). Heredero directo e inmediato de la gran cosmovisión helénica, Plotino aún retiene algo de esa «materialidad» típica del pensamiento griego; de ahí que la transición hacia lo «espiritual» —que se produce en él— conserva, no obstante, la noción tradicional de la vida como el fondo en el cual descansa tanto el «exterior» como el «interior», puesto que ambos son más bien *manifestaciones* de una sola y única realidad en que consiste la vida como tal. Mas Plotino considera que es algo «espiritual», al ser algo separado de la materia, aun cuando incluye a ésta y la dota de animación; pero, repetimos, autónoma en su esencia y su consistencia, es decir, puro *pneuma*. Concepto de la vida adoptado a su vez por Proclo[3] al decir: «Todo lo que vive tiene movimiento propio a causa de la vida primaria», o sea de la vida como principio inmaterial y autónomo.

La idea de la vida cambia nuevamente al ocurrir ese hecho histórico del Cristianismo, para quien la vida deja de ser absolutamente corporal y adviene en calidad de puro *espíritu*, por lo que el cuerpo, a su vez, se concibe ahora en términos de «cuerpo espiritual»; de manera que la vida queda, entonces, como «vida del espíritu» que anima al «cuerpo espiritual» en que acaba convirtiéndose lo somático para el cristiano. Pues, de no ocurrir tal cosa, el cuerpo sólo puede ser irremediablemente «cuerpo muerto», tal como asevera San Pablo,[4] al decir que «el logos es viviente» (ζῶν γαρ ὁ λόγος), es decir, aquello capaz, por lo mismo, de evitar la aniquilación de lo que vive. Y, claro está, queda vigorosamente acentuada la nota de la *interioridad*, al extremo de que San Agustín la postula como única y verdadera realidad. «*In interiori hominis habitat veritas*» (en el hombre interior habita la verdad),[5] dícenos el Santo, con lo cual adquiere decisiva preponderancia el *intimismo*, o sea el carácter exclusivamente «interiorista» del alma y, en consecuencia, de la Vida, ya que ésta es aquélla. Pero dicho interiorismo lleva al Cristianismo por un camino más bien peligroso, porque puede conducir, como ocurrió en muchas ocasiones, a un individualismo del que podía surgir la herejía. He ahí por qué Santo Tomás de Aquino ve como una de sus preocupaciones

---

2. Aristóteles: *De Anima*, II, 1, 412, a, 10-20.
3. Proclo: *Institutio Theologica*, prop. 102.
4. San Pablo: *Hebreos*, IV, 12.
5. San Agustín: *De vera religione*, XXXIX, 72.

fundamentales el restablecimiento del equilibrio —en ocasiones demasiado inestable— entre lo corporal-viviente (puro) y lo íntimo-espiritual (puro). Por eso mismo, conforme con su propósito de adaptar el pensamiento aristotélico a las necesidades y a la finalidad fundamental del Cristianismo, tiene en cuenta, con idéntica pertinencia, la exterioridad en cuanto realidad autónoma *per se* y la interioridad considerada como principio creador e inspirador de lo corporal (exterior), pero al cual está referida en todo instante esa interioridad. En consecuencia, el Aquinate [6] dice que por *vida* debe entenderse «[...] aquello que se mueve por sí mismo; la sustancia que, conforme con su naturaleza, se mueve por sí misma [...]» En fin de cuentas, que la vida no es ni *puro espíritu* (inteligencia, dirán más tarde los modernos), ni tampoco algo completamente mecánico (tal como, en ocasiones, se ha aseverado). Santo Tomás critica la doctrina atribuida a Platón, de que el alma, respecto del cuerpo, tiene la misma independencia sustancial del piloto con relación al navío. Para el Santo, alma y cuerpo son sustancias incompletas que, por serlo, pueden unirse entre sí para crear la forma sustancial del hombre que es la sustancia completa.

La idea tomasiana de la vida va a sufrir un sensible cambio en el Renacimiento. Mas para entenderlo es preciso tener en cuenta el marcado carácter *panteísta* de esta época; porque la vigorosa influencia clásica se convierte en el Renacimiento en una adaptación de ciertas ideas fundamentales de la Antigüedad, esas *Grundgedanken* de que habla Dilthey al referirse a las ideas básicas de cada época. De esta manera, el renacentista —ansioso de liberarse de la tendencia «escapista» con respecto al mundo exterior, propia del medieval—, adopta convencido la idea de una relación interactiva tan vigorosa entre el «dentro» y el «fuera» de sí mismo (espíritu y materia), que acaba proclamando una especie de *pansiquismo* o de *panvitalismo* de la realidad considerada como un puro todo. De ahí, como es consabido, esa curiosa teoría (hallada, por supuesto, en el desván de la arqueología helénica) de la relación efectiva y decisoria entre *macro* y *micro* cosmos. Pero ¿cómo puede ser el hombre un *microcosmos* a menos de constituirse en perfecta réplica del *macrocosmos*? De donde, en consecuencia, el *panvitalismo* que recorre la cosmovisión renacentista en su totalidad. Pero el Renacimiento, como ya hemos dicho en otra oportunidad,[7] es, de algún modo, un hecho anómalo en la historia de la cultura cristiano-occidental, porque, sobre todo, su panteísmo panvitalista se opone a la fundamental idea cristiana de la vida como puro espíritu, que si bien Santo Tomás parece reducir a cierta connivencia con el pan-somatismo griego, sigue, no obstante, prevaleciendo en la Edad Media. Por esto mismo, la Edad Moderna revaloriza el concepto *intimista* del alma, tal como lo lleva a cabo Descartes.

El cartesianismo, por ser un movimiento de profundas y dilatadas consecuencias, representa un cambio abrupto en el modo de concebir la *vida*. Desde luego que hay en él —como ya se dijo— una revaloración del concepto intimista de la vida, o mejor del alma, tal como lo postulara San Agustín, a quien Descartes leyó con atención en sus años de estudiante en *La Flèche*. Pero, sea como sea, el intimismo cartesiano procede de su concepción dualista de la realidad, constituida por dos sustancias fundamentales, a saber, una *extensa* (el cuerpo) y otra *pensante* (el alma), con la peculiaridad de que una y otra son absolutamente independientes entre sí y autosuficientes.

---

6. Tomás de Aquino: *Suma Teológica*, I, q. XVIII, arts. 1, 2.
7. H. Piñera: *Apuntes de una filosofía*, ed. "Hércules", La Habana, 1957, págs. 45-55 ("El escepticismo en el Renacimiento").

Por eso, define el carácter de la sustancia en estos términos: «Por sustancia no podemos entender más que una cosa que existe de tal manera que no necesita de ninguna otra para existir.»[8] En consecuencia, el alma, puesto que, en cuanto es sustancia, «no necesita de lugar alguno» y «no depende de ninguna cosa material», resulta que «es enteramente distinta del cuerpo».[9] Y si bien el alma puede pensar sin el cuerpo, cuando está unida a éste —tal como sucede con el hombre—, aquello que le pase al cuerpo puede afectarle también a ella.[10] Mas aquí está la cuestión, es decir, que siendo el alma la parte pensante del hombre, el cuerpo queda entonces reducido al automatismo de lo mecánico. Como la sustancia pensante es el alma, el animal (lo animal) es *cosa*, y así también el hombre en lo concerniente al cuerpo; de tal manera, que todo lo que no es pensamiento se explica con las leyes mecánicas de la física. Porque, además, el automatismo animal es la mejor garantía de la inmortalidad del alma. La vida, pues, a partir de Descartes y durante largo tiempo, será considerada como un mecanismo, o sea puro automatismo.

De esta manera, a través de la tendencia mecánico-espacial típica de los siglos XVII y XVIII, se llega en el XIX al *Positivismo*, para quien no hay más realidad que la compuesta de puros fenómenos; en consecuencia, la vida es solamente un conjunto de procesos físico-químicos que se distribuyen, dentro de una infinita variedad, en *formas de conducta*. Así lo ve y lo asevera una figura positivista de tanto relieve como Herbert Spencer, para quien la vida es «[...] la combinación definida de cambios heterogéneos, a la vez simultáneos y sucesivos, en correspondencia con existencias y secuencias exteriores [...]»[11] Pues básico a este respecto es que la vida es algo *mecánico*, es decir, vida biológica, incapaz de subsistir por sí misma, por lo que nada tiene que ver con lo psíquico, como no sea en calidad de epifenómeno (la manifestación psíquica de lo corporal). Bergson ha visto claramente la errónea interpretación de la vida dada por Spencer, y, a este respecto, nos dice: «[...] Toma la realidad en su forma actual; la quiebra, la desparrama en fragmentos que lanza y luego "integra" esos fragmentos y "disipa el movimiento" en ellos [...] Dividiendo lo evolucionado no es como alcanzaremos el principio de lo que evoluciona. No es recomponiendo consigo mismo lo evolucionado como se reproducirá la evolución de la cual es término.»[12] Spencer, en consecuencia, incurre en un tosco *materialismo* que sólo consigue dejar fuera aquello que justamente busca, es decir, la vida.

Sin embargo, en medio de esta cerrada atmósfera positivista, para quien la vida es puro mecanicismo, se oía ya desde antes, de vez en cuando, alguna voz discrepante que intentaba volver por los fueros de la vida como algo en sí y por sí mismo, algo así como un principio creador y generador. Vemos así que Maine de Biran nos dice: «[...] haciendo abstracción de todas las impresiones accidentales, y no admitiendo sino la potencia del esfuerzo que se ejerce sobre las diferentes partes inertes y móviles del propio cuerpo, habrá siempre un sentimiento idéntico e inmediato de la existencia personal o de una duración que puede ser considerada como la huella del esfuerzo que fluye uniformemente [...]»[13] Es lo que, mucho después, el *neovitalismo* llamará «lo sui-generis», que sirve de modelo para entender los procesos na-

---

8. R. Descartes: *Principios de la filosofía*, I, 51.
9. R. Descartes: *Discurso del método*, Parte IV.
10. Cf. Adam-Tannery: Renato Descartes: *Oeuvres*, pág. 38.
11. H. Spencer: *Principles of Biology*, 1888, Parte primera, cap. IV.
12. H. Bergson: *La evolución creadora*, ed. "Espasa-Calpe, S. A.", Madrid, 1973, pág. 315.
13. M. de Biran: *Oeuvres*, ed. de Paul Tisserand, tomo IX, págs. 322-23.

turales. Eso que alienta ya en el poeta alemán Goethe, cuando habla de la vida en estos términos:

> [...] La Naturaleza o la vida es, al mismo tiempo, contingencia y ley; vida y muerte; identidad y variedad infinitas; oscuridad insondable en el todo e inesperada claridad en algunos casos particulares [...] [14]

Es así como, en este proceso histórico de ensayos de interpretación del enigmático fenómeno de la vida, llegamos a uno de los tres grandes investigadores que, a partir del siglo XIX, se propusieron —y hasta cierto punto consiguieron— superar la estrecha concepción mecanicista de la vida. Cronológicamente, el primero de ellos es Guillermo Dilthey, para quien la vida es el *fondo último* en que descansa todo lo demás. Simplemente, la actitud que ella misma adopta frente al mundo y ante sí misma. Ella «[...] es lo primero y está siempre presente, y las abstracciones del conocimiento son lo segundo y se refieren sólo a la vida [...]» [15] La vida es, pues, *lo otro* de lo *inerte*, que, a su vez, es lo pasivo y estático, carente de un fin en sí mismo, y sólo desde la vida se puede pensar en ello. ¿Qué es, pues, la vida para Dilthey? Ésta, según nos dice, es acción, desarrollo, constante hacer o devenir; de manera que su teleología (o finalidad) es inmanente o intrínseca, o, de lo contrario, carecería de desarrollo. En sí mismo, pues, el vivir es insondable, de manera que no podemos captar su ser.[16] De ahí que no podemos sorprendernos a nosotros mismos, es decir, a nuestro yo, en medio del vivir. «[...] Porque el círculo de la vida consciente emerge como una isla de profundidades insondables [...]»[17] Sin embargo, toda la vida se nos da siempre mediante la vida psíquica, única, en realidad, para el hombre. Mas no en la forma de un conocimiento «objetivo», tal como pretendía Descartes, porque nuestra vida, o sea la psíquica, se nos da como una totalidad más amplia (digamos la VIDA), mediante una *intuición* por la cual *nos sentimos vivir*. Pues la temporalidad de nuestra vida subjetiva siempre está *siendo*, sin dejarse encerrar por forma alguna.[18] En consecuencia, no es posible captar la esencia de la vida, pues «[...] cada momento observado en ella [...] es un momento recordado, que ya no está en fluir, pues está fijado por la atención, que estabiliza lo en sí mismo fluente [...]»[19] Pues, en definitiva, según dice Dilthey, la estructura de la vida psíquica es una «articulación de estados internos» que, en la unidad de vida o sujeto psíquico, se produce como resultado de su interacción con el medio.[20] O sea, en fin de cuentas, que decir *vida* es decir *conciencia*.

La segunda gran figura de las que interrogan profundamente a la vida en el siglo XIX es Federico Nietzsche, hasta el extremo de que su voluminosa obra está concebida desde el punto de vista de la vida. Aunque debe advertirse desde ahora que así como Dilthey se interesa primordialmente por la cuestión psicológica de la vida, a Nietzsche parece atraerlo más bien el carácter *metafísico* de la misma, sobre todo, aquello que tiene que ver con el magno problema del conflicto entre realidad y apariencia. Y se explica que

---

14. J. W. Goethe: *Werke*, tomo XXX, pág. 104.
15. W. Dilthey: *Introducción a las ciencias del espíritu*, trad. de E. Imaz, ed. "Fondo de Cultura Económica", México, 1944-1949, pág. 147.
16. W. Dilthey: *El mundo histórico*, trad. de E. Imaz, ed. "Fondo de Cultura Económica", México, 1944, pág. 219.
17. *Ibid.*
18. W. Dilthey: *Gesammelte Schriften*, tomo VII (1927), pág. 72.
19. *Ibid.*, pág. 195.
20. W. Dilthey: *Psicología y Teoría del Conocimiento*, trad. de E. Imaz, ed. "Fondo de Cultura Económica", México, 1945, 1951, pág. 249.

haya sido así, habida cuenta del auge del positivismo en la segunda mitad del siglo XIX, o sea cuando Nietzsche lleva a cabo su obra pensante. Ya se sabe que para el positivismo todo es más o menos *convencional*, o, si se quiere, fenoménico (apariencia). Pero como también lo convencional afecta a la estética, a la ética y, en general, a toda suerte de conocimiento, como asimismo a la vida humana, Nietzsche se dispuso a indagar, hasta sus últimas consecuencias posibles, en qué consiste ese amplísimo fenómeno del *vivir*, en cuyo seno se producen todas las manifestaciones de la realidad con la cual ha de habérselas el hombre. Pues fuera de la vida no hay nada, de manera que ella es el «englobante» (*Umgreifende*), más allá del cual nada existe, como no sea este mismo prolongándose inacabablemente. ¿Que el positivismo afirma que todo es *apariencia*? ¡Sea! Pero, eso sí, inagotable e inmodificable. En consecuencia, según Nietzsche, la vida es *errantia* (extravío), y, en tal caso, es la única realidad metafísica, o sea genuinamente real; en otras palabras, la cambiante apariencia del *devenir*.

Por esto mismo, es preciso admitir que el *error* es la fuente y al mismo tiempo el significado profundo del *saber*. Porque el error es consustancial con esa *apariencia* en que consiste la vida. «El saber no anula el error [...] Tenemos que amar y cuidar el error, que es el regazo materno del conocimiento. La condición fundamental de toda pasión por el conocimiento está en amar y fomentar la vida, en virtud del conocimiento, y en amar y fomentar el error, en virtud de la vida.»[21] Estamos, pues, sumidos, sin solución de continuidad, en esa *totalidad* que es la vida y, por lo mismo, refiriéndose al hombre, dícenos Nietzsche que «[...] la gota de vida en el mundo carece de significación para el carácter íntegro de ese inmenso océano del llegar a ser y del dejar de ser [...]»[22] En consecuencia: «[...] La vida en la tierra es un instante, un accidente, una excepción sin consecuencias [...]»[23] «[...] El hombre [...] es una pequeña y exaltada especie animal que tiene un tiempo su yo [...]»[24] En conclusión, para este filósofo germano la vida dista mucho de ser ese conjunto de manifestaciones automáticas prescritas por el positivismo y que venía rodando desde Descartes. Por el contrario, para Nietzsche «[...] la vida es aquello que engloba y rodea [*Umgreifende*] al ser que somos nosotros y que, quizá, sea el ser todo [...]»[25]

No hay, pues, otro ser real que el *devenir*, opuesto por completo a la *duración*; de esa manera, «[...] el valor de lo más breve y de lo más fugaz [...], el tentador y áureo centelleo de la serpiente *vita* [...]», es lo que realmente constituye la realidad. Con estas palabras concibe, «[...] por una parte, la existencia dada, pensada mediante categorías biológicas; por otra parte, es, para Nietzsche, el *signum* que designa el ser mismo que nosotros somos de modo peculiar y único [...]» En las manifestaciones de Nietzsche, el sentido de la misma [la vida] pasa constantemente de lo englobante del ser propiamente dicho a la precisión determinada de la existencia dada, es decir, particularizada y característica del objeto biológico [...]»[26]

La tercera gran figura que se ocupa del problema de la vida en los últimos años del siglo XIX y la primera mitad del XX es el filósofo francés Henri

---

21. F. Nietzsche: *Werke*, "Musarion-Verlag", Munich, 1924, Band XII, Seite 49.
22. *Ibid.*, Band III, Seite 200.
23. *Ibid.*
24. *Ibid.*, Band XV, Seite 364.
25. K. Jaspers: *Nietzsche: Introducción a la comprensión de su filosofía*, trad. de E. Estiú, ed. "Sudamericana", B.A., 1963, pág. 276.
26. *Ibid.*, pág. 457.

Bergson. Su profundo interés en este problema, que es el eje sobre el cual gira toda su especulación filosófica, lo lleva al descubrimiento de que hay una especie de malentendido consistente en que mientras unas teorías buscan el fundamento de lo viviente en la materia, o, lo que es lo mismo, de la vida en la muerte, tal como sucede con el mecanicismo; mientras tal cosa ocurre, no faltan otras teorías empeñadas en concebir la vida como un mecanismo que se debe a un previo diseño. Como vemos, hay una base común a ambas concepciones de la vida consistente, en fin de cuentas, en proponerse explicar la vida partiendo de los seres vivos, a los que ven sólo como perfectas máquinas. Mas Bergson invierte los términos de la cuestión y se dispone a explicar los seres vivos acudiendo a la vida misma, es decir, a ese impulso o aliento en que ella consiste. Y tiene razón para pensar así, porque cuando se atiende a aquello de lo que están hechos el ser viviente y el inorgánico, vemos enseguida que la materia en ambos es la misma. En consecuencia, sólo cabe una distinción de riguroso carácter *inmaterial*. Ahora bien, ¿cómo apresar en forma clara y convincente, o sea inteligible, dicha distinción? En forma conceptual, lógica, jamás podría hacerse tal cosa, y no se puede hacer porque no es nada material, o sea aquello con lo cual opera el intelecto. Mas cabe otra posibilidad, es decir, *intuirla*, percibiéndola directamente en uno mismo. Así se llega a la respuesta de qué es el vivir, o sea que vivimos porque *duramos* (la continua prolongación del pasado en el presente). Por esto mismo, mientras el objeto material es puro presente, es decir, carece de *historia*, la vida es rigurosa *continuidad*; pero, eso sí, no solamente es esto, pues entonces no cumpliría su finalidad, porque la simple continuidad sólo sería prolongación del pasado. La vida es, además, *creadora* y, por serlo, efectúa en la prolongación del *pasado* nuevas formas que no es posible identificar con las anteriores. Por eso no hay un solo organismo idéntico a otro, pues jamás falta aunque sea una leve nota diferenciadora. En conclusión, «[...] la vida es una continua producción y creación en un aliento nunca interrumpido [...]»[27] Mas no pasemos por alto el detalle de que no hay un solo camino a recorrer por la vida; al contrario, según lo afirma Bergson, podría comparársele con la explosión de esos cohetes luminosos utilizados en los «fuegos artificiales», cuyo inicial estallido se multiplica en otros secundarios, etc. Por eso, la vida es, en sí misma, un *impulso* (o sea el *élan* de que habla Bergson): «[...] *impulso original* de la vida que pasa de una generación de gérmenes a la siguiente generación de gérmenes por mediación de los organismos desarrollados que constituyen el trazo de unión entre los gérmenes [...]»[28] Ahora bien, decir vida es decir «conciencia lanzada a través de la materia», con lo cual ocurre que si la vida atiende a su propio movimiento, se orienta en el sentido de la *intuición* (digamos instinto); y si lo hace atendiendo a la materia, se orienta en el sentido de la *inteligencia*. Y si bien esta última ilumina a la intuición permitiendo así la diferenciación que hace posible generalizar, la intuición, sin embargo, como se ha visto, es el único modo de acceso a la realidad radical de la vida.

Otros pensadores más contemporáneos, como el inglés Alfredo North Whitehead, se han interesado también en el problema de la esencia de la vida. Para él es imposible entender nada absolutamente de la realidad en su totalidad a menos que la consideremos como formada por partes relativamente separables en un conjunto que se presenta ante nosotros, puede decirse, en

---

27. M. G. Morente: *La filosofía de Henri Bergson*, ed. "Espasa-Calpe, S. A.", Madrid, 1972, pág. 108.
28. H. Bergson: *La evolución creadora*, op. cit., pág. 87.

forma de un *todo orgánico*. En consecuencia, asevera que «[...] ni la Naturaleza física ni la vida pueden ser entendidas a menos que las fusionemos como factores esenciales en la composición de cosas "realmente reales" cuyas interconexiones y caracteres individuales constituyen el universo [...]»[29]

Otro destacado pensador que intervino en el examen de lo que puede ser la vida, es el alemán Georg Simmel, a quien le atrae, sobre todo, el aspecto espiritual de la misma, donde cree encontrar el impulso o la fuerza en que consiste la vida. Si ésta es la única realidad viviente e inmaterial que se conoce —por ser temporal y no inerte—, esa realidad es la del espíritu. En consecuencia, desde el punto de vista metafísico, la vida es de carácter espiritual. Además, téngase en cuenta que la vida engloba toda *polaridad*, siendo pues, para Simmel, «[...] la superación de la oposición entre la multiplicidad y la unidad; de la alternativa según la cual la unidad de los diversos o está más allá de ellos, como si fuese algo más alto y abstracto, o está dentro del dominio de los diversos [...] Pero la vida no se puede expresar con ninguna de tales fórmulas, pues es una absoluta continuidad [...], una unidad en sí.»[30] Así, la vida es la identidad de los opuestos, tales como lo racional y lo irracional. Tampoco es agotable por ninguna individualidad. Pero el hombre la convierte en vida *espiritual*, con lo que es *más* que vida. Se manifiesta en *objetividades*, emanadas del espíritu subjetivo y viviente de la persona, pero se desprende de ella.

También el filósofo español contemporáneo, José Ortega y Gasset, ha hecho de la vida el eje sobre el cual gira toda su obra, de un modo u otro. Como dato curioso se puede decir que la idea de la vida aparece en sus escritos no menos de ciento sesentidós veces, lo cual no constituye una ocasional reiteración, sino que, en cada caso, la cita de este concepto constituye un centro en derredor del cual se constituyen y giran otros conceptos. Además, no menos de cuarentiséis de sus trabajos escritos parecen dedicados a tratar de alguna manera el tema de la vida. Ahora bien, Ortega reduce el problema de la vida al ámbito de la antropología, pues le interesa, sobre todo, lo que ella es en relación con el ser del hombre. Para nuestro pensador, en vez de ser la vida el problema del hombre, es éste quien constituye el problema de la vida, es decir, que él es lo esencial y, tal vez, lo único realmente importante desde el punto de vista biológico, pero eso sí, en un sentido muy amplio que se verá dentro de un instante. En consecuencia, debe partirse de la *realidad humana* que, según parece, es para Ortega lo único problemático, o quizá mejor, el centro a partir del cual toda otra realidad es susceptible de constituir un problema, ya que todos están referidos de alguna manera al hombre. Por esto mismo, nos dice en cierta ocasión:

> La vida humana es una *realidad extraña* de la cual lo primero que conviene decir es que es la *realidad radical*, en el sentido de que a ella tenemos que referir todas las demás, ya que las demás realidades, efectivas o presuntas, tienen, de uno u otro modo, que reaparecer en ella.[31]

En consecuencia, Ortega parece identificar las nociones de *vida, hombre* e *historia*; de lo cual se concluye que el significado más profundo de la vida no es el biológico, sino el *biográfico*. Pues el hombre, según dice Ortega, «[...] no es cosa ninguna, sino un drama —su vida, un puro y universal

---

29. A. N. Whitehead: *Naturaleza y vida*, ed. "Universidad Nacional de Buenos Aires", 1941, pág. 73.

30. G. Simmel: *Rembrandt*, trad. de E. Estiú, ed. "Sudamericana", B.A., 1950, pág. 12.

31. J. Ortega y Gaset: *Historia como sistema*, Colec. "El Arquero", ed. "Revista de Occidente, Madrid, 1941, pág. 3.

acontecimiento que acontece a cada cual y en que cada cual no es, a su vez, sino acontecimiento [...]»[32] Mas la vida humana «es en sí misma un naufragio»; imagen que Ortega utiliza para ponderar la esencial inestabilidad y azarosidad del vivir humano, que obliga al hombre a ese *drama* consistente en «[...] la lucha frenética por conseguir ser de hecho el que somos en proyecto [...], que, a su vez, es otro de los caracteres fundamentales de la vida: como lo son también el quehacer, el progreso y la historia, que Ortega define como «[...] el sistema de las experiencias humanas, que forman una cadena inexorable y única [...]»[33] Experiencias consistentes siempre, de cualquier modo, en un perpetuo *elegir* y *decidir;* de manera que la vida humana está regida simultáneamente por la *fatalidad* y la *libertad*. Finalmente, el hombre oscila siempre entre la *soledad* y la *convivencia*, aunque, de un modo radical, la vida humana es soledad, pues «[...] las zonas más delicadas y más últimas de nuestro ser permanecen fatalmente herméticas para el prójimo [...]»[34]

Pasamos ahora a otro pensador contemporáneo, el alemán Max Scheler, quien alcanzó gran notoriedad con su *ética material valorativa*. Discípulo de Eucken, estuvo influido desde el comienzo por el énfasis espiritual de su maestro en la cuestión de la vida, y esto explica el propósito de Scheler de elaborar un nuevo método que le permitiera penetrar del modo más profundo y comprensible en los dominios de la vida espiritual. De entrada, muestra su oposición a toda idea tendiente a concebir la vida como una máquina, y así, en cierta ocasión, escribe: «[...] En la concepción mecanicista de la vida, el ser viviente es concebido bajo la imagen de una "máquina"; su "organización" es considerada como una suma de instrumentos útiles que sólo se diferencian por su grado de los producidos artificialmente [...]»[35] Scheler, pues, cree que sólo en lo espiritual reside el significado y el valor de la vida (tal como lo propugna Eucken, quien dejó una valiosa obra escrita con este título). La vida, entonces, es la coincidencia con el límite de lo psíquico, mientras lo espiritual subsiste como un orden distinto por completo y ajeno a los otros dos, o sea el vital y el psíquico. Referida al hombre, la vida se ofrece, por un lado (vital y psíquico) como el *individuo* (impulsos, apetitos, deseos); y, por otro, como *persona* (intuición de valores). Porque, según Scheler, hay esencias alógicas, es decir, el *valor*, arraigadas en la intencionalidad emocional, carentes de toda referencia a un contenido significativo, aunque no por eso dejan de ser susceptibles de una intuición esencial. Y el espíritu es la entidad que vive por y para el valor, y en esto consiste la *persona*.

Pasemos ahora nada menos que a esa descomunal figura de la filosofía contemporánea que es el alemán Martín Heidegger, quien, como se sabe, ha replanteado en forma impresionante el llevado y traído problema del *ser del hombre*. Con referencia a la cuestión de la vida, dicho filósofo distingue con el mayor cuidado posible entre *lo natural* y *lo existencial*, y esto, desde luego, porque, para él, la única existencia posible es la humana. Ésta, según Heidegger, es algo completamente distinto de lo que nos dicen la antropología, la psicología y la biología, o sea que, si hay vida humana, no podemos concebirla como emanada de ninguno de esos tres órdenes. En consecuencia,

---

32. *Ibid.*, pág. 36.
33. *Ibid.*, pág. 55.
34. J. Ortega y Gasset: *El hombre y la gente*, Colec. "El Arquero", ed. "Revista de Occidente", Madrid, 1962, tomo I, cap. V.
35. M. Scheler: *El resentimiento en la moral*, trad. de J. Gaos, 1938, pág. 13.

si se quiere saber en qué consiste la vida, es preciso subordinar dicho problema al de la interpretación del ser de la Existencia humana (*Da-sein*) como paso previo en la cuestión metafísica del ser en cuanto tal. O sea que desde este último (primera etapa) es necesario acceder al problema del ser de la existencia humana (segunda etapa), y de aquí se va ya derecho a la cuestión de la vida (tercera etapa). Todo esto ocurre así porque —como cualquier otro pensador contemporáneo— Heidegger se ve obligado a partir sin más del hombre. Pero entiende que el hecho inmediato de la existencia humana requiere comenzar por una indagación a fondo del problema del *ser en cuanto tal* (en lo que, dicho sea de paso, consiste la primer y única parte de *Ser y Tiempo*, su obra magna), ya que la vida está englobada en el Ser en que toda realidad consiste. En consecuencia, el que la vida se dé también en el hombre no supone, de acuerdo con Heidegger, que sea rigurosamente el *existir* del hombre, y, por lo mismo, la vida no es el punto de partida de toda realidad; tampoco, en consecuencia, del ser del hombre.

Aunque posiciones con respecto a la vida tales como las de Dilthey, Bergson y —en cierto modo— Nietzsche —pueden considerarse *vitalistas*, esta concepción de la vida como algo por completo independiente de la materia o, al menos, en gran medida autónoma, se manifiesta de un modo peculiar en el pensamiento de los más destacados biólogos contemporáneos, cual es el caso de Johannes Reinke, Jakob von Uexkull y Hans Driesch. El *vitalismo* definido por los tres afirma categóricamente que no hay compatibilidad alguna entre lo vivo y lo inerte, o sea de lo biológico con los procesos físico-químicos. A dicha conclusión arriban los mencionados biólogos, no a través de especulaciones puramente filosóficas, sino como resultado de la *experiencia* en que han consistido sus sendas investigaciones. Driesch, por ejemplo, llevó a cabo un experimento consistente en dividir en varias partes una célula de la *gástrula* (erizo de mar) y obtuvo como resultado, no la reproducción de organismos parciales, sino del organismo entero, aunque de menor tamaño. Lo sucedido probaba que el fraccionamiento de la célula original no dejaba supeditadas las diferentes partes a las leyes físico-químicas determinantes de la estructura original (la gástrula antes de ser dividida), sino que cada una de ellas era capaz de crear un nuevo organismo según un «diseño» previo ajeno a esas leyes físico-químicas Con ello arribó Driesch a la conclusión de que hay algo así como una *entelequia* o especie de realidad destinada a dirigir y suspender las operaciones de la vida.

Vamos, finalmente, a referirnos ahora a la interpretación de la vida propuesta por el psicólogo y filósofo francés Merleau-Ponty, opuesto tanto al mecanicismo como al vitalismo. Sus investigaciones en el campo de la Psicología lo llevan a la conclusión de que hay una indudable «originalidad» de las formas vitales respecto a los sistemas físicos, lo cual supone una nueva *dialéctica* tocante al organismo y su medio. Ante todo, dice Merleau-Ponty, es preciso advertir la radical diferencia de naturaleza entre el sistema físico y el organismo (cualesquiera sean uno y otro); pues en tanto que toda forma física consiste en un equilibrio proveniente del exterior, en la estructura orgánica aquél «[...] no se obtiene respecto a condiciones presentes y reales, sino respecto a condiciones sólo virtuales que el sistema mismo trae a la existencia; cuando la estructura, en lugar de procurar, bajo el apremio de las fuerzas exteriores, un escape a aquéllas por las que está atravesada, ejecuta un trabajo fuera de sus propios límites y se constituye un medio propio [...]»[36] He ahí, pues, la *autonomía* de que dispone y disfruta el orga-

---

36. M. Merleau-Ponty: *La estructura del comportamiento*, ed. "Hachette", B.A., 1957, pág. 207.

nismo, ausente en el sistema físico o sea en el objeto material. Pues el primero no «[...] es una máquina regulada según un principio de economía *absoluta* [...]»[37] En consecuencia, «[...] las reacciones desencadenadas por un estímulo dependen de la significación que éste tiene para el organismo considerado no como un conjunto de fuerzas que tienden al reposo por las vías más cortas, sino como un *ser* capaz de ciertos tipos de acción [...]»[38] Y prosigue diciendo Merleau-Ponty que «[...] las estructuras inorgánicas se dejan expresar por una ley y, en cambio, las estructuras orgánicas sólo se comprenden por una norma, por un cierto tipo de acción transitiva que caracteriza al individuo [...]»[39] Por tanto, se trata de «[...] un proceso circular que no tiene análogo en el mundo físico [...]»[40] Y añade lo siguiente: «[...] La ciencia de la vida sólo puede construirse con nociones hechas a medida y tomadas de nuestra experiencia del ser viviente [...]»[41]

Mas, como decíamos al comienzo, Merleau-Ponty se opone a toda concepción vitalista de la realidad, y es así como nos dice: «No sostenemos aquí ninguna especie de vitalismo. No queremos decir que el análisis del cuerpo viviente encuentre un límite en fuerzas vitales irreducibles [...]»[42] Sin embargo, el autor combate, a la vez, cualquier intento de reducir lo vital a fenómenos físicos y químicos, pues, asevera: «[...] Un análisis molecular total disolvería la estructura de las funciones y del organismo en la masa indivisa de las reacciones físicas y químicas triviales. La vida no es, pues, la suma de esas reacciones [...]»[43] Y es que no faltan *leyes* que den cuenta de los procesos orgánicos, o, si se quiere, de los fenómenos vitales. Pues Merleau-Ponty quiere, sin duda alguna, escapar a la tentación de caer en la *hipóstasis* en que, inevitablemente, consiste cualquier fuerza vital autónoma.

> [...] Así, pues, resulta imposible a la inteligencia componer la imagen del organismo a partir de los fenómenos físicos y químicos parcelarios, y, sin embargo, la vida no es una *causa especial*. Ni en biología ni en física, podrían sustraerse las estructuras a un análisis que encuentra en ellas la acción combinada de las leyes [...][44]

Mas es preciso conceder —como lo hace Merleau-Ponty— que jamás se puede efectuar una análisis exhaustivo de las estructuras, bien sea en el sistema físico, bien sea en el organismo; aunque debe admitirse que tanto la física de la materia como la del organismo requiere de la explicación escalonada por la cual una estructura se explica mediante otra, y así sucesivamente, en cuyo caso «[...] las estructuras del organismo sólo serían un caso particular de las del mundo físico [...]»,[45] y, entonces, incurriríamos en el mecanicismo. Ahora bien, si decidimos que las categorías propiamente biológicas son las que constituyen el organismo, caemos en el vitalismo. ¿Cómo, pues, salvar esta dificultad?

¿Es la estructura orgánica realmente original? Si así fuese, entonces todas las manifestaciones propias de dicha estructura deberían provenir de un

---

37. *Ibid.*
38. *Ibid.*, págs. 207-208.
39. *Ibid.*, pág. 211.
40. *Ibid.*
41. *Ibid.*, pág. 212.
42. *Ibid.*, pág. 215.
43. *Ibid.*, pág. 216.
44. *Ibid.*, pág. 217.
45. *Ibid.*, pág. 218.

acto simple, con lo cual nos instalamos otra vez en la idea del *impulso vital*. Mas, sin embargo, hay algo capaz de permitir que subsista la categoría de vida sin apelar a la hipótesis de una fuerza vital. Pues mientras la ley jamás está ausente en todo modelo físico, el organismo revela siempre un «fondo no relacional» (no sometible a leyes físicas) que se da en la forma de relaciones objetivas de un nuevo tipo. De esta manera, aquello que es *unidad de correlación* en el sistema físico es *unidad de significación* en el organismo. Merleau-Ponty lo expresa admirablemente con estas palabras: «[...] Las mismas razones que hacen quimérica una física totalmente deductiva, hacen quimérica también una biología totalmente explicativa. Nada autoriza a postular que la dialéctica vital pueda ser integralmente traducida en relaciones físico-químicas y reducida a la condición de apariencia antropomórfica [...]»[46] Y agrega: «[...] Los actos vitales *tienen* un sentido; no se definen, en la ciencia misma, como una suma de procesos exteriores los unos a los otros, sino como el despliegue temporal y espacial de ciertas unidades ideales [...]»[47] De esta manera, Merleau-Ponty cree salvar el escollo de la antinomia mecanicismo-vitalismo conservando el inevitable papel de la *causalidad* en el orden físico lo mismo que en el biológico, pero, eso sí, librando a este último de esa pasividad con respecto a lo causal, típica del sistema físico; pues dicha causalidad «[...] pierde su sentido mítico de causalidad productora para reducirse a la dependencia de función de variables [...]»,[48] lo mismo en el orden físico que en el biológico. Es, pues, el *significado* del acontecimiento orgánico lo que determina el grado de autonomía de la vida respecto de lo inerte. Significado que viene a ser algo así como el *motivo profundo* responsable de la realidad dinámica del organismo como tal. Ahora bien, ¿no es, acaso, esto mismo una especie de *mutatis mutandis* con referencia al vitalismo? Veámoslo —para cerrar esta glosa del pensamiento de Merleau-Ponty— en las siguientes palabras suyas, donde la expresión *norma interior* ocupa el sitio desalojado por el vitalismo:

> [...] nuestra experiencia externa es la de una multiplicidad de estructuras, de conjunto significativo. Los unos, que constituirán el mundo físico, encuentran en una ley matemática la experiencia suficiente de su unidad interior. Los otros, llamados seres vivientes, ofrecen la particularidad de tener un comportamiento, es decir, que sus acciones no son comprensibles como funciones del medio físico y que, por el contrario, las partes del mundo respecto de las cuales reaccionan están delimitadas para ellos por una norma interior [...][49]

En el fondo de la oposición entre el *mecanicismo* y el *vitalismo*, entre el predominio o no de la materia inerte, hay, por parte del segundo, el deseo de escapar a la indiferencia y el automatismo de lo físico, asignándole a la vida una deliberada finalidad que, por serlo, se convierte en conciencia. Claro está que no toda la vida es igualmente consciente, pues esta condición sólo es posible encontrarla en los vertebrados superiores y, sobre todo, en el hombre, a cuyo respecto es muy interesante advertir que en los últimos ciento cincuenta años el tema de la íntima relación entre vida y conciencia ha mostrado ser de gran preferencia entre filósofos y biólogos. Así, por ejemplo, para Dilthey decir *vida* es como decir *vida psíquica*, pues en la varie-

---

46. *Ibid.*, págs. 220-21.
47. *Ibid.*, pág. 225.
48. *Ibid.*, págs. 226-27.
49. *Ibid.*, pág. 225.

dad y complicación de sus diferentes manifestaciones se basa todo el existir humano. Vivir es *comprender*, y esto último es lo que el hombre lleva a cabo constantemente en el medio social en el cual está inserto. «[...] La vida y la experiencia de la vida constituyen la fuente siempre fluyente de la comprensión del mundo histórico-social [...]»[50] Mas la vida, por el hecho mismo de serlo, es inagotable, de manera que —como dice Dilthey— el vivir es insondable y es imposible captar su ser.[51] En consecuencia, añade:

> [...] En el vivir no podemos captar el propio yo [...] Porque el cúmulo de la vida consciente emerge como una isla de profundidades insondables. Pero la expresión surge de estas profundidades [...] Por esto, en la comprensión nos es accesible la vida misma, accesible como una reproducción del crear [...][52]

Ahora, y esto es lo más interesante con respecto a nuestro propósito, en vez de captar la vida mediante el proceso intelectual de la introspección, ella se nos da en la *expresión*, que, por brotar de profundidades inaccesibles a la conciencia, contiene mucha más riqueza anímica. Para alcanzar ésta es indispensable la *vivencia*, en cuyo ahondamiento, al agotar su contenido, se da la comprensión del mundo. Mas la vivencia se distingue de las imágenes, de las percepciones y de las representaciones (o sea de todo elemento de orden puramente intelectual), por estar vinculada directa e íntimamente al yo, y, en consecuencia, no es un *objeto*. En una ocasión Dilthey describe la vivencia como algo que no nos es dado, aun cuando su realidad existe para nosotros debido a que sentimos, de manera inmediata, que nos concierne de alguna manera.[53] Así es, pues, como se organiza y dispone la vida a través de la conciencia una vez que la vivencia, el vivir, se ha objetivado, es decir, se ha convertido en *expresión* o manifestación del espíritu. La vida, en consecuencia, se organiza y se dispone desde sus remotos orígenes, hasta hacerse *autognosis*, o sea la percatación de sí misma y de las múltiples relaciones en que consiste.

Pasando ahora a Nietzsche, advertimos que la vida es esencialmente algo previo a la conciencia, a lo cual le llama *soma* (la forma y la vida del hombre), la totalidad de las funciones inconscientes que incluyen absolutamente todo, y frente a ese *soma* la *conciencia* es «algo pobre y estrecho». Y a este respecto, dice:

> [...] ¡Qué poco nos llega a ser consciente! [...] La conciencia es un instrumento; y frente a lo mucho y lo grandioso que se produce sin ella, no es el instrumento más necesario [...]; es el órgano que ha nacido más tarde [...] Toda conciencia sólo tiene importancia secundaria [...] Se debe considerar a lo espiritual como el lenguaje hecho por signos del soma.[54]

Es necesario atender a esta manera que tiene Nietzsche de referirse a la conciencia, al extremo de que, a veces, recuerda más o menos el *impulso vital* de Bergson: «[...] a través, por encima y por debajo del soma humano —en el que el pasado íntegro de todo devenir orgánico, tanto el más próximo como el más remoto, se vuelve viviente y concreto— parece fluir un río in-

---

50. W. Dilthey: *El mundo histórico*, op. cit., pág. 161.
51. *Ibid.*, págs. 219, 249.
52. *Ibid.*, pág. 245.
53. W. Dilthey: *Psicología y teoría del conocimiento*, op. cit., pág. 362.
54. F. Nietzsche: *Werke*, op. cit., Band XIII, Seite 164.

menso [...]»⁵⁵ La conciencia, por tanto, sólo roza la superficie de las cosas, por lo que ella es solamente el aviso de algo más peculiar y rico que está fuera de sí misma. Pues el mundo organizado, en donde ella aparece, las facultades de percibir, representar, sentir y pensar, se separan de la voluntad de poder. «[...] Con el mundo inorgánico [...]»⁵⁶ se inicia lo indeterminado y aparente. *Mutatis mutandis*, vemos aquí otra aproximación a la idea bergsoniana de que, con respecto a la inteligencia, el *instinto* es mucho más certero y eficaz en sus propósitos. *Conciencia*, en consecuencia, es el ser ya interpretado (ambos, para Nietzsche, igual al *espíritu*) por lo que el saber se identifica con la existencia espiritual.

Aquí se produce un curioso juego consistente en que, si bien esa existencia debe su origen a la voluntad de poder de la vida, a cuyo servicio se halla, acaba oponiéndosele a fin de ponerse a sí misma. Por eso es, a un tiempo, menos que la vida (pues ésta la abarca), y más que ella, al determinarla, configurarla, producirla y sacrificarla. Entonces, la existencia dada es existencia que interpreta y, al mismo tiempo, es interpretada; subjetividad y objetividad; ser y no-ser; esencia y apariencia. Ahora bien, Nietzsche rechaza tanto que el pensar es el yo que se opone a sí mismo (idealistas), como que sea la representación del mundo (realistas), o un juicio sobre el mismo (razón crítica), y, en cambio, busca un punto de partida en el cual lo *consciente* no es quien determina y regula, sino algo anterior y tan remoto como indiscernible; algo firme, sí, pero que ninguna interpretación podría ni afectar ni mucho menos agotar. «[...] En el fondo de nosotros, muy "abajo", hay, por cierto, algo que no se puede escamotear: una roca granítica de fatalidad espiritual [...] Al lado de este problema cardinal, habla un ineluctable "yo soy esto" [...]»⁵⁷ Pues si algo separa al hombre del resto de lo animado es precisamente la *conciencia histórica*, a la vez tradición inconsciente y recuerdo consciente. El hombre es un ser *paulatino*, es decir, que se hace lentamente, y, por lo mismo, necesita de la historia, que le proporciona valentía para actuar, para seguir adelante con su propio desarrollo como ser humano y consolarse en la desesperación. Así es como la vida se vuelve conciencia, y no simplemente esto, sino, además, decisivamente, conciencia de lo ya realizado (historia), sin la cual, como sucede con el resto de lo animado, el hombre estaría inmerso en la brutal indiferencia del no-saber y del mero olvido.

Bergson, por su parte, va también a buscar el origen de toda realidad en el misterio más profundo de la vida. Ésta, según nos dice, «[...] desde sus orígenes, es la continuación de un único impulso que se ha dividido en líneas de evolución divergentes [...]»⁵⁸ Impulso que se conserva dentro de las líneas de evolución en las cuales se distribuye él mismo, y a esto se deben las variaciones, sobre todo aquéllas que son regulares y permanentes; direcciones divergentes en la evolución total de la vida que Bergson considera como el entorpecimiento, la inteligencia y el instinto. Pero antes tuvo la vida que vencer el obstáculo que le ofrecía la resistencia de la materia bruta. Ahora bien, una vez organizada, la materia no podía ir más allá de sus propios límites, no muy amplios, por cierto. Por otra parte, los dos grandes reinos en los cuales se distribuye la vida ofrecen la siguiente distinción entre ambos: el reino vegetal se caracteriza por la *fijeza*, en tanto que el animal por la *movilidad*. Aquí, en esto último, o sea en esa característica del reino animal, es donde aparece la

---

55. *Ibid.*, Band XVI, Seite 125.
56. *Ibid.*, Band XIII, Seite 88.
57. *Ibid.*, Band VII, Seite 191.
58. H. Bergson: *La evolución creadora, op. cit.*, pág. 58.

conciencia, pues —dice Bergson— «[...] el organismo más inferior es consciente en la medida en que se mueve *libremente* [...]»[59] Mientras el vegetal se nutre de las sustancias minerales que obtiene directamente del suelo al cual está fijado, el animal, al evolucionar en el sentido de una actividad locomotora, debido a la necesidad de procurarse su sustento, ha ido adquiriendo una conciencia cada vez más amplia y más clara. Pero ¿qué es la *conciencia* para Bergson? En el curso evolutivo del impulso que crea la vida, al llegar a esas manifestaciones suyas que son el reino animal, especialmente en los vertebrados superiores, hallamos como una constante los dos elementos de la *representación* y la *acción*. Ambos son concurrentes, pues el primero es como la imagen del segundo. La conciencia surge tan pronto como la realización del acto queda detenida por algún obstáculo, de manera que si falta la adecuación del acto con la representación, aparece la conciencia. En consecuencia:

> Profundizando en ese punto se hallaría que la conciencia es la luz inmanente a la zona de acciones posibles o de actividad virtual que rodea a la acción efectiva realizada por el ser vivo. Significa duda o elección [...][60]

La vida, pues, remata en la conciencia al efectuar sus máximas realizaciones. La vida consciente es, por tanto, expresión del impulso creador de lo viviente elevado a sus últimas consecuencias.

Si pasamos ahora a Merleau-Ponty vemos que éste afirma que las relaciones del organismo con su medio son *dialécticas* y no físicas, y, en consecuencia, «[...] la reacción depende, más que de las propiedades materiales de los estímulos, de su significación vital [...]»[61] Y, por lo mismo, completa lo que ha venido diciendo con el siguiente comentario:

> [...] Al reconocer que los comportamientos tienen un sentido y dependen de la significación vital de las situaciones, la ciencia biológica se prohibe concebirlos como cosas en sí que existirían, partes extra partes, en el sistema nervioso o *en* el cuerpo; ve en ellos dialécticas encarnadas que se irradian sobre un medio que les es inmanente [...][62]

Citando muy oportunamente a Hegel, nuestro autor hace suyo este criterio del filósofo alemán: «[...] El espíritu de la Naturaleza es un espíritu oculto. No se produce bajo la forma misma del espíritu; sólo es espíritu para el espíritu que lo conoce; es espíritu en sí, pero no para sí [...]»[63] La vida surge en ese momento en que «un fragmento de extensión» es capaz de manifestar algo dirigido hacia el exterior. En consecuencia: «[...] Si la vida es la aparición de un "interior" en el "exterior", la conciencia sólo es al comienzo la proyección de un nuevo "medio", irreductible a los precedentes, es verdad, y la humanidad sólo una nueva especie animal. Mas falta algo a fin de dotar al hombre de una *esencialidad* diferenciadora con respecto a lo demás animado, y esto se consigue cuando la percepción [...] se inserta en una dialéctica de acciones y reacciones [...]»[64] Trabajo consciente, enderezado al fin de transformar la Naturaleza física y viviente, tal como quiere Hegel que sea.

---

59. *Ibid.*, pág. 107.
60. *Ibid.*, pág. 135.
61. *Ibid.*, M. Merleau-Poutry: *La estructura del comportamiento*, op. cit., pág. 227.
62. *Ibid.*
63. J. G. F. Hegel: *Jenenser Logik* (Lógica de Jena), ed. Lasson, pág. 113.
64. M. Merleau-Ponty: *La estructura del comportamiento*, op. cit., pág. 228.

Ahora bien, la conciencia en que consiste la percepción va más allá de la dialéctica humana. «[...] Lo que define al hombre no es la capacidad de crear una segunda Naturaleza —económica, social, cultural— más allá de la Naturaleza biológica; es más bien la de superar las estructuras creadas para crear otras [...]»[65] Pues, como dice Max Scheler: «[...] El hombre es un ser que puede elevar a la dignidad de objetos los centros de resistencias y reacción de su mundo ambiente [...] en que el animal vive en estado de éxtasis [...]»[66]

En lo que se refiere al hombre, la vida puede vivirse con mayor o menor intensidad, y esto, por supuesto, depende de quién sea el sujeto en cuestión. Por lo pronto, hay una *angustia* que si bien trabaja en el exterior del individuo, desde el punto de vista de su relación con el medio, si seguimos su trayectoria hacia dentro de él, descubriremos que empata con la angustia metafísica. Pues, en efecto, a medida que aumenta el estado de inquietud va dando cada vez más claras señales de un sentimiento de la *Nada*, de esa posibilidad de anonadarse que circunda al hombre y reduce progresivamente su modo constitutivo de ser. Aunque, al mismo tiempo, dicha *néant* constituye el estímulo esencial del cual depende la capacidad creadora humana. Porque venimos de la Nada y a ella volvemos, al menos en lo referible al mundo en que opera nuestra vida. De ahí, el «hueco» dejado inevitablemente al morir, aun cuando permanezcamos en tal o en cual forma de «recuerdo». Decir *vida* es, pues, decir lucha constante en busca de una perduración, tal como se ve en toda manifestación de la realidad espacio-temporal donde acontece igualmente el drama de la vida en general. Todo parece moverse en esa generalizada y sutil dialéctica de *Ser* y *No-Ser*, que supone cualquier posible manifestación de cambio; pero éste es indudablemente la más variada y extensa serie de expresiones de lo que es y no es. Y nótese que el hombre es el único ser viviente para quien el cambio es *conditio sine qua non*, de tal manera que es, a un tiempo, necesidad y conciencia de ésta. He ahí porqué el hombre es tanto una *conciencia del cambio* como un *cambio de la conciencia*, pues fácilmente se comprende que esta última es continuo pasar de una cosa a otra diferente, lo cual viene determinado por esa constante percatación de que, sin cambio, la vida es imposible. Conciencia del cambio que se manifiesta —y opera— consiguientemente, primero, al advertir la indispensable necesidad de cambiar (ahora esto, más tarde aquello, etc.) y, después, en la efectuación de dicha necesidad, es decir, en el *hecho* en que viene a consistir el cambio una vez efectuado.

Mas esa inagotable mutación en lo vital se distribuye en diferentes modos de llevarse a cabo, sean éstos físicos, psíquicos o espirituales. Como no hay identidad entre los seres vivos, sino sólo semejanza (o sea igualdad, que es la identidad menos la diferencia), no hay dos entre ellos que ofrezcan las mismas formas de cambio. De esta manera, si bien puede hablarse de infancia, puericia, adolescencia, juventud, madurez, vejez y senilidad en el ser humano, cada una de estas etapas opera de manera rigurosamente individual, o sea regida por una infaltable heterogeneidad de cada individuo con respecto a los demás. En consecuencia, vistos superficialmente, los hombres se parecen bastante entre sí; pero vemos que tan pronto como examinamos la cuestión con el debido cuidado, desaparece por completo la pretensa igualdad. Y, casi no hay que decirlo, en todo esto juega decisivo

---

65. *Ibid.*, pág. 245.
66. Max Scheler: *Die Stellung des Menschen in Kosmos* (El puesto del hombre en el cosmos), "Kroner-Verlag", Tubingen, 1929, págs. 47-50.

papel la forma peculiar e intransferible de manifestarse en el ser humano cada uno de los cambios operables en lo físico, lo psíquico y lo espiritual respectivamente. Mas como la realidad humana es un *todo*, la suma completa de los posibles cambios es siempre el resultado de la interacción de un cambio cualquiera en otro u otros de los que forman el conjunto. De todo cuanto venimos diciendo, que es cosa archisabida, sólo interesa retener ahora este último detalle, o sea el de la susodicha interacción, sobre todo, en lo referente a Martí, bajo el influjo de los factores psíquicos y especialmente los espirituales. Pues si bien la interacción —como ya hemos dicho— es inevitable entre las tres clases de cambio, la *intensidad* con que se efectúa en cada caso es variable. De las tres clases de cambio, son los psíquicos y los espirituales los que más afectan al proceso total de la vida humana, justamente según sea la intensidad con que operen en el conjunto vital. La percepción, la memoria, la imaginación —para no citar otros ahora—, son de esos que deciden acerca de tal o cual ser humano. Y si insistimos en llamarlos *cambios* —pues parecen ser más bien consecuencias que causas—, es porque, mírese como se quiera, la memoria, por ejemplo, ¿qué otra cosa puede ser sino la manifestación de un *cambio* operado en el sujeto en cuestión? O lo tomamos por lo que ella muestra ser —una modificación en la totalidad vital—, o vendría a quedar como una abstracción. En consecuencia, lo psíquico es un factor decisivo en el proceso de la vida humana, pues de la mayor o menor intensidad de su acción depende siempre la conducta del hombre en cada caso. Por eso puede hablarse, como, en efecto, se hace, de la aguda percepción del sonido, o del color, etc., cuando se trata de esta o aquella persona. Como, asimismo, es posible determinar con bastante precisión el «cociente de inteligencia»; y también hablar de la «imaginación» o la «memoria», etc.

Mas por encima de todo esto se encuentran aquellos cambios que podemos llamar *espirituales*, cuya acción en la vida humana es, sin lugar a dudas, aun mayor que la de lo psíquico o lo orgánico. Acción que también, como es el caso de estos otros, varía de intensidad según el sujeto en cuestión. Ahora bien, el grado de intensidad del cambio espiritual es aun más decisivo con respecto a sus consecuencias en el conjunto vital humano de lo que puede ser cualquier cambio físico o psíquico. Porque lo espiritual determina nada menos que el coeficiente de aquello que de *persona* contiene dicho conjunto vital. Y así como se puede ser *más* o *menos* inteligente, o imaginativo, etc., también, en el orden espiritual, es posible ser *más* o *menos* persona, según el grado de intensidad con que lo espiritual opera en el hombre. Pues si bien lo psíquico nos mantiene dentro del orbe del individuo, lo espiritual, en cambio, rescata al hombre de las limitaciones individuales y lo introduce en el reino de la *persona*.

Ahora bien, la máxima *preocupación* humana se da siempre desde la persona, la cual se caracteriza por el desinteresado afán de superar la Nada mediante la efectuación de aquellas instancias de valor capaces de dotar al mundo de su máximo sentido, o sea el significado moral. De lo inerte a lo orgánico y de esto a lo psíquico y, finalmente, a lo espiritual, las cosas —porque todo comienza siéndolo— sufren la paulatina «descosificación» (*Unendinglichkeit*) que las dota de más y más *valor* según van perdiendo «precio». De esta manera, cuando —según la cuestionable anécdota— Diógenes de Sínope le responde a Alejandro el Magno: «¿Qué quiero? Pues que te apartes y no me quites el sol», lo que dice es que si bien todo cuanto el Conquistador posee son sólo cosas con un gran «precio», para Diógenes, en cambio, carecen de *valor*. Porque, desde el punto de vista de la persona, todo lo que no corresponda a este ámbito es ya, de por sí, una virtual Nada que se hace cada vez más real y, por tanto, más perecedera (más *no-ser*), según la desgasta el *uso* que de ella se hace en el orbe espacio-temporal. Pues aun aquello material que subsiste bajo la forma del objeto tal o cual, por ser cosa del pasado, carece de esa realidad posible sólo en aquel momento en que era una parte y una función de éste. Por eso mismo, al contemplar en el museo de *Les Invalides el* aparatoso vestuario con que Napoleón I fue coronado en Roma, exclamé: ¡Ahora es nada! En efecto, así es, porque su desplazamiento hacia el pasado lo destituye de toda realidad.

Una adecuada inspección del problema de la vida tal como se muestra en la obra escrita del *Apóstol*, permite llevar a cabo, más o menos, la siguiente agrupación temática:

Vida
- Origen (de la)
- Como esfuerzo
- Como dignidad
- Fundamento (de la)
- En relación con la eternidad
- Como autojustificación
- En el propio Martí

La mayor atracción que la vida ejerce en Martí radica precisamente en su contenido espiritual y por lo mismo axiológico. Todo cuanto se refiere a dicho contenido lo afecta siempre decisivamente, por lo que ningún otro aspecto de la vida tiene importancia ante sus ojos a menos que se relacione con lo espiritual axiológico. Mas antes de que examinemos los diferentes casos en los cuales Martí habla, de algún modo, de la vida, debemos detenernos ante tan curiosa observación como la siguiente:

¿Dónde empieza la vida? ¿De qué talleres salimos nosotros, los seres complicados y maravillosos? ¿Cómo de huevecillos, en apariencia iguales, se van desenvolviendo condiciones perfectamente peculiares y distintas que de un lado hacen al pez voraz, y de otro el ave sensible, el tributo servicial, el hombre creador? ¿Cómo se transmite de un ser a otro la existencia? (G-66)

Pregunta casi infaltable, pues es la misma que ha desvelado al hombre desde tiempo inmemorial, o sea, ¿de dónde venimos? Cuestión que sigue acosando a los que piensan, sean científicos, filósofos, teólogos. ¿Hay un origen común, un *ex-ovo* en el cual parece creer Martí? Prescindiendo de la admisión de un común punto de partida, tal como lo hace el *Apóstol*, lo más interesante de su comentario sobre el origen de lo vivo es esa diferenciación que advierte en lo biológico, por la cual lo animado se distribuye en las dos grandes direcciones del *bien* y el *mal*. Además, su observación, como puede apreciarse, se extiende también a la maravilla de esa complejidad que, a partir de la ameba, teje sin descanso la progresiva complicación que remata en el sabio. Además, le maravilla al *Apóstol* la *constancia* que lleva en sí lo vital, como indiscutible afirmación del Ser frente a la Nada. Pues si bien todo ser vivo se muere, es decir, que deja de ser, tal cosa le sucede sólo como individuo; porque hay una incoercible posibilidad de perduración casi infinita desde el punto de vista de la especie, capaz de proseguir lo individual con la eficacia de aquello que resiste a la muerte, o sea a la Nada.

Martí considera la vida como un perpetuo *esfuerzo*, que en su raíz más remota coincide con lo que el filósofo holandés Spinoza llama *conatus esse preservandi*, es decir, el intento llevado a cabo por todo ser para perseverar en lo que es. En consecuencia, vivir es desvivirse; en cierto modo, remontar la corriente de ese río que desemboca en la mar del morir, o sea en la Nada. Pues la vida, toda vida, es pura contingencia, azar, no importa hasta qué punto sea posible seguir el curso de un camino trazado por la misma vida. Pero téngase presente que ese camino está hecho precisamente a base de obstáculos, de dificultades, y que cualquiera de éstos es, de por sí, virtual interrupción del susodicho proceso vital. Apurando aun más la cuestión, se podría decir que toda vida es el increíble equilibrio de un vastísimo repertorio de desequilibrios, en cada uno de los cuales acecha la Nada. Y Martí advierte claramente que el *esfuerzo* fundamental de vivir —como todo esfuerzo— no puede ser nunca un placer, sino todo lo contrario, es decir, dolor, fatiga, fastidio, cansancio. Puesto que la vida es meta variable, pero meta al fin y al cabo, para alcanzarla se requiere del consiguiente esfuerzo, el cual, a su vez, es siempre un deber: la obligación de hacer, en cada caso, lo que el vital acontecer prescribe. Así es como lo formula claramente en este breve pasaje:

> [...] Y puesto que vivir no es placer: puesto que para llegar a todo es necesario andar, por lo que lleva a ello, cúmplase el deber, vívase la vida, ándese. (G-6)

Vivir es, pues, para Martí un camino ascensional que no puede dejar de ser así, so pena de anularse uno mismo. En consecuencia, la vida *se hace*, con lo cual se mantiene mediante lo que pudiera ser el conflicto consigo misma. No es, por tanto, que la vida deba superar algo ajeno a su propia realidad, pues nada podría darse que esté fuera de ella misma. Aun el más leve pensamiento lo es de alguien vivo que lo piensa, y dicho acto de pensar se efectúa *por* la propia vida y *desde* ella:

> [...] La vida es el constante empleo: el agrandamiento por el roce; el obstáculo, jamás la caída, a no ser victoriosa y gloriosa; la obra permanente; el ir, triunfo eterno, montaña arriba, roca adelante. Ésa es la vida. (G-20)

Pero la vida exige, impone —sobre todo al hombre, el ser vivo por excelencia— esa inagotable tarea, y como por otra parte, el proceso de avance es variable, tanto en el propósito como en el resultado, eso último lleva consigo cierta fluctuación, constante por incontrolable, a la que se debe la pluralidad de consecuencias advertibles en el proceso vital; avances, unas veces, y retrocesos otras; ambos responsables de que lo efectuado sea más o menos apreciable. Pero, de ninguna manera, la vida, el ser vivo, dispone de facilidad ni mucho menos de ociosidad. «[...] La Vida es la ancha arena — y los hombres esclavos gladiadores [...]» (G-53), dícenos el *Apóstol*. Mas si bien, ontológicamente, el ser vivo está sometido a la infalible ley de eso que es él mismo (el vivir), el hombre dispone de un recurso, que no falta en otros vivientes, pero que se da en él, sin embargo, de manera excepcional, y éste es la *conciencia*, mediante la cual toma posición ante la realidad en la forma peculiar en que nadie más puede hacerlo, enfrentándola para regular, hasta cierto punto, el proceso del que es una parte, para, de este modo, conseguir que esas *fluctuaciones* ya aludidas sean más bien de signo positivo que negativo. Por esto mismo, dice el *Apóstol*: «[...] Alzar la frente es mucho más hermoso que bajarla; golpear la vida es más hermoso que abatirse y tenderse en tierra por sus golpes.» (G-17) Pues mucho se ha hablado hasta ahora de la *insignificancia* de la vida, al extremo de pensarse que sólo en la muerte encuentra ella su sentido.

«[...] La vida rebaja, y hay que alzarla [...]» (G-90), dijo Martí en una ocasión, captando así plenamente el profundo significado de lo vital. Rebaja, es cierto, a causa de esa *indiferencia* en la cual ella misma consiste; indiferencia que sólo el hombre es capaz de descubrir y contrarrestar, sustituyéndola, más o menos —según el caso de que se trate— por un determinado *sentido* o *significado*. Hasta cierto punto, el estoico vio esto claramente y, por lo mismo, propuso aquello de *vivere secundum natura*, o sea seguir el curso de los acontecimientos del vivir, aunque luego intentase dignificarlo, curiosamente, en la sumisión a la vida (*apatía*).

Ahora bien, esa percatación, posible para el hombre, con referencia a la vida —por tanto, a sí mismo—, ofrece sus grados de eficacia, según de quien se trate, pues, *stricto sensu*, no hay un solo ser humano ajeno a sí mismo completamente y a su circunstancia. Por tanto, jamás podría darse el caso de un hombre *sin* el mundo, sin contorno, sea cual sea. Pero a fin de manejarse en él, en la totalidad de la vida humana, ésta acaba urdiendo un extenso repertorio de sucedáneos de la espontaneidad absoluta del vivir en cuanto tal, al cual llamamos *civilización*. Y a poco que se observe habrá de notarse cómo esa variadísima gama de lo que, agudamente, describe Bergson como «utensilios para fabricar nuevos utensilios», acaba sumiendo al hombre en cierta «indiferencia» con respecto a la propia vida. Parte eficacísima de tales sucedáneos de lo vital es el vasto conjunto de referencias todas ellas «oblicuas» a la vida. De ahí la frecuente «idea de las cosas», como asimismo la «idea de la idea», etc. Todo lo cual significa que rara vez el hombre se detiene a observar directamente a la vida, pues le basta con su sombra. Para escapar a esta continua y explicable asechanza menester es sentirse uno mismo, enérgicamente, *vida en cuanto tal*, es decir, algo así como si la vida se volviese sobre sí misma, y solamente esto, o sea sin acudir a las mixtificaciones implícitas en el modo «oblicuo» ya mencionado. Martí es, a no dudarlo uno de estos casos, *rara avis* en ese concierto inagotable de individuales «indiferencias» con respecto a la vida en la plenitud de su autenticidad. Se diría que, en tal caso, se trata de la vida cuestionándose a sí misma. He ahí, entonces, por qué el ancho saber y la profunda sabiduría del *Apóstol* lo hacen exclamar:

> Ud. me ha de perdonar que no le cite libros, no porque no lea yo uno que otro, que es aún más de lo que deseo, sino porque el libro que más me interesa es el de la vida, que es también el más difícil de leer [...] (G-100)

Otro aspecto infaltable en la obra de Martí, con relación a la vida, es la *dignidad* de ésta. No se necesita preguntar mucho acerca del significado de dicha palabra, apta como quizá ninguna otra para describir la jerarquía axiológica del hombre. Pues mientras ningún otro ser debe ser digno, el hombre, en cambio, no puede dejar de serlo a menos que abdique de esa privilegiada condición por la cual ocupa el puesto más alto en el vastísimo repertorio de las manifestaciones del *Ser*, dentro, por supuesto, de la realidad del mundo que contiene al hombre. Mas observemos que, con mucha frecuencia, se oye decir que «fulano es digno de admiración», o que tal cosa es «digna de verse», etc. Son, por supuesto, imperfectas formas de aludir, sin embargo, a lo mismo, o sea, en este caso, al merecimiento que alguien o algo lleva consigo de ser considerado valioso. La persona *digna* es, pues, acreedora a un reconocimiento positivo, al reconocimiento de alguna cualidad capaz de elevarla sobre los demás o lo demás, según se trate de persona o cosa. Ahora bien, téngase en cuenta que la expresión «digno (a) de» sólo se aplica en rigor al hombre, único en quien es posible la dignidad. Esta, en consecuencia, alude a la integridad de la persona; integridad constituída, desde luego, por aquellos valores que determinan el ámbito de lo personal desde el punto de vista axiológico. Libertad, justicia, compasión, belleza, verdad, bien, etc., componen esa personalidad que debe responder solamente a las mencionadas instancias de valor. Y esto en forma dual, es decir, en cada hombre con respecto a sí mismo y a los demás; pues quien, pudiendo evitarlo, permite que menoscaben su libertad, es tan indigno como aquél que menoscaba la ajena. La dignidad, en fin de cuentas, es la clara consciencia de la integridad axiológica proveniente, a la vez, del prevalecimiento de lo espiritual. Sólo esto, pues el hombre no es digno a causa de su inteligencia, o de su memoria, o de su fortaleza física, ni nada que tenga que ver con los órdenes físico y psíquico. El nivel humano se alcanza, pues, en esa región donde el hombre puede encontrarse con su propio ser, y desde ahí vive realmente la auténtica vida, capaz de superar la incertidumbre de los «desequilibrios» ya mencionados, que hacen del vivir, de toda vida, un puro azar. Pues en el orbe espiritual cesa la causalidad que convierte lo vital en *quid pro quo*. De ahí que Martí, acertando una vez más en su intuición sobre la vida, diga que «[...] las fuerzas que nos hacen vivir [son] la dignidad, la libertad, el valor.» (G-19) Y siendo así, como también —según lo hicimos ver un poco antes— que hay tanta falta en dejarse menoscabar como en hacerlo con otro, ¿cómo, entonces, atentar contra el sagrado derecho de la ajena vida? «[...] La vida se hace para más noble que para hacer oficio de quitarla a los demás» (G-8), es lo que piensa y siente el *Apóstol*.

Martí se detiene también a considerar esa curiosa dualidad de «hombre interior» y «hombre exterior». La filosofía, como se sabe, ha examinado dicha cuestión desde remotos tiempos, tal como podemos verlo, bajo diversos supuestos, en Sócrates, Platón, San Agustín, Descartes, Pascal, Kierkegaard y tantos otros que harían interminable la relación. El obispo de Hipona lo dejó establecido con frase que se ha hecho clásica: «*Noli foras ire, in te ipsum redi; in interiore homini habitat veritas*» (No salgas de ti, sino en ti mismo permanece, porque en el hombre interior habita la verdad).[67] Ese hombre interior que enfrenta al exterior y se le sobrepone, es decir, al psicosomático, o sea al *individuo* (impulso y apetito) mediante la *comprensión* y la *adhesión* al valor. El espécimen que hace concreta aplicación del *dictum* spinoziano: «*Non ridere, non lugere, neque detestari, sed cumprehendere*» (No reír, ni llorar, ni odiar, simplemente comprender).[68] En suma, el hombre invisible que Martí contrapone al otro, al *exterior*, de esta manera:

> [...] El hombre no es lo que se ve, sino lo que no se ve. Lleva la grandeza en sus entrañas, como la ostra negruzca y rugosa lleva en sus entrañas la pálida perla. El árbol de la vida no da frutos si no se le riega con sangre [...] (G-37)

Polaridad humana («dentro» vs. «fuera») que acoge, respectivamente, la verdad y la falsedad. El hombre «interior» adopta siempre la verdad, porque jamás podría prescindir de ningún valor, como es el caso de la verdad. Mientras el hombre «exterior» ignora todo valor; es más, no podría atinar nunca con él, pues su esfera no es la espiritual. Hombre interior por exce-

---

67. San Agustín: *De vera religione*, XXXIX, 72.
68. Cf. Cap. V, nota 16.

lencia, dice Martí a este respecto: «[...] Aborrezco la falsedad de la vida, y sólo amo a quien tiene el valor de vivir con el agradecimiento y la verdad [...]» (G-35)

Otro punto tocado por el *Apóstol* —referente a la vida—, aunque lo hace levemente, es el que se refiere a eso que pudiéramos llamar el *fundamento* de lo vital. Fundamento, desde luego, en el caso del *Apóstol*, considerado desde el punto de vista ético, o, si se prefiere, atendiendo a lo que se acaba de decir sobre la vida espiritual y el hombre «interior». No olvidemos que Martí se interesa —a veces se apasiona— por el lado del espíritu ínsito en la vida humana. Vida, para él, es siempre e incuestionablemente *vida espiritual*, de manera que la actividad en que consiste esta última es axiológica, en cuyo caso el fundamento de la vida no puede ser sino el valor. Vamos a verlo comprobado en este pasaje de su obra escrita:

> [...] La vida necesita raíces permanentes: la vida es desagradable sin los consuelos de la inteligencia, los placeres del arte y la íntima recompensa que la bondad del alma y los primores del gusto nos proporcionan. (G-26)

En consecuencia, si hay algo así como un anhelo (vehemente deseo) capaz de constituir el *objeto* de la vida, éste sólo puede ser el «anhelo de perfecta hermosura». Ahora bien, al hablar de *hermosura* se refiere Martí, desde luego, a lo hermoso entendido como absoluta perfección, pues aquello que es *hermoso* lo es precisamente a causa de una *virtud* (*virtus*, αρετη), es decir, la fuerza o el poder con que se actúa eficazmente sobre algo. Pues bien, la hermosura, cuya realidad se debe precisamente a la virtud capaz de crearla, es tan del orden espiritual como la virtud que la progenia, y de ahí, como se verá enseguida, la correlación que establece Martí entre una y otra entidad:

> ¿Y el objeto de la vida? El objeto de la vida es la satisfacción del anhelo de perfecta hermosura; porque como la virtud hace hermosos los lugares en que obra, así los lugares hermosos obran sobre la virtud [...] (G-72)

Finalmente, acerca de este punto del fundamento de la vida, el *Apóstol* advierte que otra de sus notas constitutivas es precisamente su tendencia a manifestarse, sin duda por eso ya mencionado de que la vida es siempre un salto hacia delante, y si bien éste puede fallar en el propósito, a veces consigue afirmarse en lo que es. De ahí la imposibilidad de detener completamente el impulso vital, pues o encuentra curso o estalla, o, como dice Martí: «Todo lo que vive se expresa. Lo que se contiene, se desborda [...]» (G-76)

Pasamos ahora a comentar una cuestión que parece haber interesado profundamente al *Apóstol*, o sea la relacionada con la *finalidad* de la vida. ¿Tiene el vivir un objeto, y, sobre todo, la vida humana? Mas no se trata, en este caso, de esa finalidad implícita en cualquier proceso de la realidad, o sea que si, en efecto, ocurre algo capaz de llevar a tal o cual consecuencia y no a ninguna otra, es necesario, entonces, admitir, siquiera virtualmente, que ahí se aloja una finalidad. Ahora bien, ésta es la prescrita por aquellas teorías que no consideran la vida como puro azar, es decir, que admiten una «presciencia» o entidad extravital llamada a regular cuanto acontece, siempre con vista al *bien* y como premio al esfuerzo creador encaminado hacia la mayor perfección imaginable. No es posible que el espíritu —tal como lo presupone el materialista— sea sólo un *epifenómeno* y, en consecuencia, la muerte física ponga punto final a todo lo que la vida (humana, por supuesto) hace. ¿Acaso es todo materia? Y si hay un poder capaz de regir la vida del hombre, ¿este poder ha de ser el mal? Veamos cómo las palabras de Martí se resisten a aceptar la *autojustificación* de la vida entendida al modo de un vago acontecer o, que, a lo sumo, está guiado por el designio del genio del mal y la oscuridad:

> La alarma viene de pensar que cosas tan bellas como los afectos, y tan soberbias como los pensamientos, nazcan, a modo de flor de la carne, o evaporación del hueso, del cuerpo acabable; el espíritu humano se aira y se aterra de imaginar que serán vanos sus bárbaros dolores, y que es juguete ruin de magnífico loco, que se entretiene en sajar con grandes aceros en el pecho de los hombres heridas que nadie ha de curar jamás, y encender en la sedienta mente, pronta siempre a los incendios, llamas que han de consumir con lengua impía el cráneo que lamen y enllagan. (G-45)

En consecuencia, para decirlo con términos lógicos, la vida es para el *Apóstol* una premisa a la cual ha de seguir su inevitable conclusión. Ahora bien, a ésta se llega según se haya procedido en aquélla, de manera que no puede tratarse, en el caso de la vida, de un ciego acontecer, ni, tampoco, de ese «demente» al cual se refiere Martí. Pues, según él, la conclusión (la muerte) ha de ser conforme con lo que haya sido la vida. «La vida es una prueba: ¡la muerte es un derecho!» (G-102), expresa el *Apóstol*, dando a entender claramente que la *continuidad* de la vida en la muerte no puede ser siempre la misma, pues depende de cómo se haya vivido. Ya que la vida por la vida misma carece de sentido, es decir, de justificación, a los ojos de él. Es preciso saber ir muriendo, o sea *desvivirse*, porque o se vive con vista a otra cosa que sobrepasa decisivamente todo lo vital, o se vive en una completa carencia de finalidad. Tal es el caso de aquel pobre diablo asesino del Presidente Garfield, a quien se refiere Martí en estos términos: «[...] Ama la vida [Guiteau] con abominable apego [...]» (G-34)

Pasamos ahora a considerar otro aspecto sumamente interesante, por cunto se refiere nada menos que a las relaciones de la *vida* con la *muerte*. El *Apóstol* cree, y así lo dice, que la una contiene a la otra, de manera que nuestra existencia terrenal —como la de cualquier otro viviente— lleva consigo aquello que la consume y destruye. Valiéndose de un símil feliz, compara a la vida con la pared de un recipiente, la cual rodea el vacío que puede llenarse, como, en efecto, se llena con distintas motivaciones que son, en cada caso y siempre, la existencia, es decir, nuestro decursar desde el comienzo hasta el final. Vacío que lo es no sólo antes de que comencemos a ser (tan pronto empieza a llenarse, es decir, al hacer su aparición la existencia), sino en cuanto ésta deja de ser. Vacío que, según Martí, vale más que la pared, o sea que la muerte es superior a la vida, porque aquélla es el lugar donde se asienta realmente la libertad, que, en modo alguno, es posible hallar en la vida. Por mucho que nos sorprenda, así es como cree el *Apóstol* que ocurre realmente, pues —como podremos verlo más adelante— siempre estuvo presto a creer que la verdadera vida está en la muerte, que, ante todo, nos libra de la opresión de la «pared de la jarra». Y es sorprendente que esto lo diga quien vivió y murió en defensa de la libertad. Mas tengamos presente que por sobre el hombre público y el patriota consumado estaba el profundo pensador dominado, en todo instante, por la continua preocupación de esa *religatio* que hace volver constantemente la cabeza atrás (el más remoto pasado) y adelante (el horizonte sin límites) dominado por el sentimiento de una infinitud donde radica toda perfección. Aquí lo tenemos, en una perfecta intuición apresada definitivamente en la plástica prosa del *Apóstol*:

> [...] La vida es como la pared de la jarra, que contiene el vacío útil, el vacío que se llena con leche, con vino, con miel, con perfume; pero más que la pared, vale en la jarra el vacío, como la eternidad, dichosa y sin límites, vale más que la existencia donde el hombre no puede hacer triunfar la libertad. Morir, ¿no es volver a lo que se era en principio? La muerte es azul, es blanca, es color de perla, es la vuelta al gozo perdido, es un viaje [...] (G-83)

La muerte, pues, opera en función de la vida, siendo de ésta algo así como una creación, como un motivo para que lo viviente se exhiba fugazmente. A la letalidad de la vida opone Martí la vitalidad de la muerte, que salva al hombre al justificarlo, no sólo en el tránsito del nacimiento al deceso, sino, además, al final del recorrido existencial. De lo contrario, vivir sería sentirse uno mofado del modo más desconcertante:

> La vida no puede ser una burla sangrienta —donde los más grandes dolores nos atenacen y nos muerdan al capricho del azar [...] Sin esa existencial real —que como eje invisible atraviesa toda nuestra existencia aparente, errabunda, elemental, pueril, inexplicable— no habría figurillas de cera más despreciables ni más deleznables que los hombres [...] (G-101)

Vivir, según Martí, es sentirse sometido a grandes limitaciones, que impiden el ejercicio de lo mejor del hombre, cualquiera sea aquello que se haga, reduciéndose, en consecuencia, la existencia humana a un discurrir sin trascendencia posible en lo que hace. Así lo vemos en este otro pasaje suyo:

> [...] allá, en tierras anteriores, he debido cometer para con la que fue entonces mi patria, alguna falta grave, por cuanto está siendo desde que vivo mi castigo, vivir perpetuamente desterrado de mi natural país, que no sé dónde está —del muy bello en que nací, donde no hay más que flores venenosas—, de ti y de él. La vida humana, en fuerza de las estrecheces morales a que condena, va perdiendo cada día a mis ojos grandeza y significación. ¿Qué existencia es ésta, donde singulares dotes para hacer el bien, y decidida voluntad para hacerlo, no bastan a hacerlo? — ¿donde condiciones casuales de coloración y atmósfera deciden de la trascendencia y utilidad de las más nobles fuerzas humanas? — ¿donde la ausencia de todos los vicios y el amor ferviente y práctica austera de todas las virtudes, no bastan a lograr la paz del alma, ni a dejar tras de sí — por el placer inmenso de hacer el bien — no por la pueril vanidad de alcanzar fama — una huella visible y duradera? (G-99)

También, poéticamente, el *Apóstol* habla varias veces de la vida, de modo significativo en ese sombrío momento de 1882 en que todo parecía conspirar en su contra. Como su compatriota Heredia, también desterrado por causa de la tiranía española en Cuba, pudo haber dicho: «Solo, sin amores — sólo veo ante mí llanto y dolores»;[69] pues tal era la triste situación a la cual estaba atado sin inmediatas esperanzas de un cambio estimulador. Los *Versos libres* testimonian en más de una ocasión el penoso estado de ánimo de Martí, a quien la vida venía maltratando casi desde el comienzo de su azarosa existencia. Así, nos dice: «Ancha es y hermosa y fúlgida la vida. — Que éste

---

69. J. M. Heredia: *Niágara*.

o aquél o yo vivamos tristes, — culpa de éste o de aquél será, o mi culpa [...]» (G-52) También, del mismo modo: «[...] en la vida — cual un monstruo de crímenes cargado — todo el que lleva luz se queda solo [...]» (G-55) Pues es tanta la decepción acumulada por los fracasos (la crisis conyugal, el marasmo del destierro, las estrecheces económicas, etc.), que hace de sí mismo este lamentable retrato: «Trémulo, en mí plegado, hambriento espero — por si al próximo sol respuestas vienen. — Y a cada nueva luz, de igual enjuto — modo y ruin, la vida me aparece [...]» (G-54)

Del mismo modo que ocurre con el tema de la vida, el de la muerte ha venido ocupando la atención del hombre desde remotos tiempos, en distintas formas, sea bajo la del culto, sea bajo la de lo filosófico o lo teológico. La historia de Occidente —dentro de la cual hemos de mantenernos estrictamente— nos presenta una larguísima tradición de pensamiento en torno a la muerte, esa «preocupación ante ella y por ella» (μελετη του θανατου), según algunos filósofos alejandrinos. Pues sucede que sólo la vida humana la ve como algo específico y propio, y de ahí que, por ejemplo, Platón la tiene por *meditación de la muerte*, algo que más tarde el romano Cicerón interpreta con el sentido de *commentatio mortis*. Y si bien es cierto que, vista en forma amplia, por muerte hay que entender el cese de lo que, de algún modo, existe, sea lo que sea, en lo que sigue vamos a restringirla al campo de la vida humana.

Al rastrear en la mitología griega —esa fuente inmensa de la historia de la Hélade—, vamos a parar directamente a Homero, cuya gigantesca obra dual (*Ilíada, Odisea*) contiene algo así como una *Weltanschauung* de la cual —si bien con ostensibles variaciones a lo largo del tiempo— se valió siempre el pueblo griego. El hombre homérico siente que la vida está destinada a ser breve. («Los elegidos de los dioses mueren jóvenes».) De modo particular cuando se trata del *héroe*, tal como lo dice Aquiles a Licaón (hijo del rey Príamo) al rechazar su petición de clemencia:

¿No ves cuán bello y grande soy también?
Hijo soy de un noble padre, por madre tengo una diosa.
Mas sobre mí también está la muerte y el destino impreciso.
Al amanecer será, a la tarde, al mediodía,
cuando en combate alguien me arranque la vida,
con un disparo de lanza o un flechazo de arco.[70]

Cuando el hombre arriesga la vida demuestra su apego a algo que la trasciende y se enfrenta al ideal de hombría que los dioses no pueden tener. Ahora bien, según Homero, después de la muerte y la incineración del cadáver sólo queda un alma opaca y sin fuerza. Por eso, cuando, en el Hades, Aquiles trata de abrazar al espectro de Patroclo, éste desaparece, y Aquiles exclama:

¡Ay de mí! Ciertamente existe en la mansión de Hades
un alma y un espectro, pero en él no queda entendimiento.[71]

Tras Homero aparece otra concepción distinta de la muerte (ajena al gran rapsoda), y es que la recompensa del hombre que muere en combate es

---

70. Homero: *Ilíada*, XVI, 108-114.
71. *Ibid.*, XXIII, 103-104.

el *honor* que le rinde su pueblo, a lo cual se debe que Tirteo afirme que es mejor morir combatiendo que huir ante el enemigo:

> *Bello es que muera, cayendo en las primeras filas,*
> *el hombre bueno luchando por su patria.*
> *Lo más doloroso es vivir como mendigo*
> *abandonando la patria y sus fértiles campos.*[72]

El elegíaco Píndaro, por su parte, no se hace ilusiones acerca de la seguridad de la vida humana, ni sobre la felicidad duradera, aunque en ocasiones tiende a creer en la vida eterna:

> *Allí las brisas, hijas del Océano,*
> *soplan en torno a las islas de los Bienaventurados,*
> *y refulgen flores de oro, unas en tierra,*
> *de resplandecientes árboles, otras las cría el agua.*
> *De ellas hacen coronas y brazaletes para sus brazos.*[73]

Pero este elegíaco más bien no cree en la otra vida, por lo que todo debe esperarse de ésta aquí abajo:

> *Efímeros. ¿Qué se es? ¿Qué no se es?*
> *El hombre es el sueño de una sombra.*
> *Mas cuando llega la luminosidad que da Zeus,*
> *se cierne sobre los hombre un brillante esplendor*
> *y dulce como la miel es su vida.*[74]

Avanzando un largo trecho vamos a dar nada menos que con Platón, quien se expresa sobre la Muerte (*Fedón*) en estos términos: mediante la existencia de los contrarios (grande-pequeño, bueno-malo, etc.) y el nexo por el cual una cosa se convierte en otra, vemos que lo mismo sucede con la vida y su contrario, la *muerte*. Ésta nace de aquélla y, en consecuencia, necesariamente, de la muerte ha de nacer su contrario, o sea la vida. Si de las cosas muertas no naciesen las vivas, y éstas acabasen en la muerte, habría algo en la Naturaleza desprovisto de su contrario, y, entonces, todo sería absorbido por la muerte. Los vivos nacen de los muertos, como éstos de aquéllos. Y las almas de los muertos subsisten en alguna parte y regresan a la vida. Si lo que hace que el cuerpo esté vivo es el alma, ésta lleva en sí la vida como atributo esencial, y no recibiría nunca a lo que es contrario a su propia esencia, o sea a la muerte; por tanto, es inmortal. Si la muerte fuese la disolución de toda existencia, sería un buen negocio para el malvado librarse de ambos: el cuerpo y el alma. Pero ella es inmortal.

Los estoicos, que tan gran influencia ejercieron en la vida helénica se enfrentan a la muerte con una tranquilidad que, no obstante, encubre un sentimiento opuesto. «[...] El estoico mira fijamente a la muerte a la cara; pero al ir derechamente a su encuentro, ¿no trasluce una angustia inmensa; precisamente en este acto de voluntad desesperada?»[75] Pero, de todas maneras, el

---

72. Tirteo: *Fragmento*, VI, 1-4.
73. Píndaro: *Pítica*, II, 71-4.
74. *Ibid.*, VIII, 95-7.
75. P. L. Landsberg: *La experiencia de la muerte*, trad. de E. Imaz, ed. "Séneca", México, 1940, pág. 114.

estoico habla de la muerte con la decisión de quien no le teme. Según Epicteto, el sentimiento de angustia ante la muerte es ilusorio y debe ser, por tanto, eliminado: la muerte parece horrible porque se tiene de ella una opinión falsa,[76] y siendo algo inevitable, no puede ser algo malo. El sabio ha de tenerla, pues, siempre presente, como el marino que, hallándose de paso en un puerto, tiene siempre presente la nave, desde la cual será llamado en cualquier momento para zarpar.[77] En el estoico hay, entonces, una perenne *meditatio mortis* que, según él, es el único modo posible de alcanzar la sabiduría.

Si del estoico pasamos a la banda opuesta, veremos que, para Epicuro, la muerte carece de realidad, pues es solamente un temor infundado. «Cuando la muerte existe, ya no existimos; cuando existimos, ya la muerte no existe».[78] Éste es también el caso del cirenaico Heguesias (siglo II a. de C.), quien[79] adoptó los mismos principios de Aristipo, o sea la antimonia placer-dolor. Para Heguesias las virtudes humanas son indiferentes, de manera que el hombre jamás podría ser feliz. Llamado el «abogado de la muerte» (πεισισανατος), aunque no predicaba el suicidio, inducía a él hablando del carácter indiferente de las circunstancias humanas: libertad o esclavitud, nobleza o baja condición social, riqueza o pobreza, etc. La muerte, pues, no es ni más ni menos importante que la vida.

Séneca —la más destacada figura del estoicismo romano— postula que la muerte coexiste con la vida, al punto de que, en cierto modo, una va siendo la otra. Por lo mismo, le dice a su sobrino Lucilio: «[...] Soy yo quien te digo que, desde que naciste, eres conducido a la muerte [...]».[80] Y agrega: «[...] Cada día morimos; cada día se nos quita una parte de la vida, y aun cuando crecemos, la vida decrece [...]»[81] Vemos que Séneca acepta el hecho del morir como cosa muy natural, o sea cual parte constitutiva de la vida: «[...] Antes nos hemos de preparar para la muerte que para la vida [...]»,[82] afirma, porque la muerte es el fin al cual estamos destinados: «En nuestro desatino lo tomamos como escollo [el morir]; siendo así que es el puerto en el cual algún día debemos surgir [...] Nadie puede mucho en aquello que se le escurre gota a gota [...]»[83]

Si del paganismo pasamos al cristianismo, ya desde el comienzo topamos con la consabida idea del árbol del bien y el mal, en la cual el fruto de la sabiduría alegoriza la conciencia de la propia condición mortal: el saber nace, paradójicamente, como *saber de la muerte*: «[...] Porque el día que de él comieres, morirás [...]»[84] Y debe notarse que a lo largo de todo el Antiguo Testamento va siempre la idea de la aniquilación de la personalidad humana. Así, nos dice el *Eclesiastés*: «Los vivos saben que han de morir, pero los muertos no saben nada y carecen de recompensa; pues la memoria de ellos es olvidada [...] Sigue tu camino, come tu pan con gozo y bebe tu vino con una cordial alegría; pues Dios acepta tus obras [...] Vive placenteramente con la mujer que amas todos los días de la vida de tu vanidad [...] Sea lo que

---

76. Epicteto: *Encheiridion*, X.
77. *Ibid.*, XIII.
78. D. Laercio: *Vidas y opiniones de los filósofos*, X, 124 *passim*. Cf. asimismo Lucrecio: *De rerum natura*, III, 830.
79. *Ibid.*, 99 ss.
80. Séneca: *Cartas a Lucilio*, libro I, carta 4.ª
81. *Ibid.*, libro III, carta 34.ª
82. *Ibid.*, libro VI, carta 51.ª
83. *Ibid.*, libro VIII, carta 70.ª
84. *Génesis*, II, 17.

fuese que tu mano halle que hacer, hazlo con tu fuerza; porque no hay trabajo, ni utensilio, conocimiento ni sabiduría en la tumba. Todo va a parar al mismo lugar; todo sale del polvo y a éste vuelve.»[85] También el Salmista habla de modo parecido: «Tú llevas al hombre a su destrucción [...] Los llevas lejos como puede hacerlo una inundación; ellos están como dormidos: de mañana, florecen y se desarrollan; en el atardecer, se marchitan y secan [...]»[86] «[...] Déjame que me reconforte un poco antes de que me vaya y ya no sea.»[87]

Mas el cristianismo hace de la resurrección el eje sobre el cual gira el sentido de la vida humana, de manera que la muerte física jamás puede marcar el límite de aquélla, lo que explica el *Juicio Final* o *anacefaleosis* en que tendrá lugar el reencuentro de cada alma con el cuerpo correspondiente, respecto de la vida eterna. Lo cual se produce en virtud del sacrificio del Hijo del Hombre en la cruz, para redimir al mortal de sus pecados. Decisiva y dramática victoria sobre la *muerte*, el enemigo por excelencia de la humanidad, que demuestra la condición de Jesús como Hijo de Dios y, al mismo tiempo, la filialidad del hombre con respecto al Padre. Por eso mismo, aquellas palabras del Apóstol Pablo: «[...] Y si Cristo no resucitó, vana es nuestra predicación. Vana es nuestra fe [...] Porque si los muertos no resucitan, ni Cristo resucitó [...] Si sólo mirando a esta vida tenemos la esperanza puesta en Cristo, somos los más miserables de todos los hombres [...]»[88] Más tarde, San Agustín enseña que la resurrección de los muertos «[...] constituye la específica fe de los cristianos; sólo ella es la fe que separa al cristiano de otros hombres.»[89] Y agrega a este respecto:

> [...] En la resurrección la sustancia de nuestros cuerpos, aunque desintegrada, será reunida completamente [...] Lejos de nuestro propósito el temer que la omnipotencia del Creador no puede, mediante la resucitación y la reanimación de nuestros cuerpos, recobrar todas las partes consumidas por las bestias o el fuego, o reducidas a polvo o a cenizas, o disueltas en el agua o evaporadas en el aire [...][90]

En cuanto a Santo Tomás de Aquino, si bien admite (claro está que con ciertas reservas) el criterio aristotélico de que el alma está naturalmente unida al cuerpo como su forma (*entelequia*), agrega a este respecto: «[...] No podemos hablar de resurrección a menos que el alma retorne al mismo cuerpo, puesto que la resurrección es nacer por segunda vez [...] En consecuencia, si no es el mismo cuerpo el que el alma reasume, en lugar de resurrección lo que habrá es un nuevo cuerpo.»[91] Restauración tan completa como para no dejar nada fuera de lo que le corresponde al cuerpo durante su vida terrenal, ni siquiera —como dice Santo Tomás— los atributos sexuales porque si bien en la resurrección carecerán de uso, «[...] no así de propósito, puesto que servirán para restaurar la integridad del cuerpo humano [...]»[92]

También forma parte de la creencia cristiana en la inmortalidad, como prosecución de la vida después de la muerte, esa obra portentosa que se

---

85. *Eclesiastés*, IX, 5-7; 9-10.
86. *Salmos*, XC, 3-5-6.
87. *Ibid.*, XXXIX, 14.
88. San Pablo: I *Corintios*, XV, 14-16-19.
89. Cf. Hames T. Addison: *Life beyond death*, 1932, pág. 159.
90. San Agustín: *La ciudad de Dios*, libro XXII, cap. XX.
91. Tomás de Aquino: *Summa Teológica*, parte III, quaestio 79, art. 1.
92. Tomás de Aquino: *Summa contra gentiles*, parte IV, 88.

llama *Divina Comedia* (sobre todo, su Canto final), que repite la idea fundamental del cristianismo con referencia a la muerte, es decir, que ésta no es definitiva. En consecuencia, en el Empíreo o Décimo Cielo —al cual sube el poeta acompañado de Beatriz y con la ayuda de San Bernardo—, disfruta de la gracia de ver a la Humanidad unida a la Divinidad en la Esencia Divina. Y si a todo esto se añade la simbólica pero eficacísima influencia de la *Danza de la muerte*, veremos que esta cuestión ocupa un lugar prominente en la vida medieval. En iglesias y abadías, en caminos y puentes, en las tallas de muebles y altares, en breviarios y anillos se ve a la muerte conduciendo a los hombres a ese final festín que culmina en una *danza*, hasta el punto de hacer «[...] del terror de la muerte, durante siglos, la pesadilla de la imaginación [...]»[93]

A partir del siglo XIV el mundo de la Cristiandad comienza a presentar señales inequívocas de inestabilidad, preludio de la crisis que, a través del humanismo renacentista, lleva derechamente a la Reforma. Ya desde el siglo XIII se advierten los primeros síntomas de dicho fenómeno psico-sociológico-político. Recuérdense, a este respecto, aquellos versos de Dante, quien viene a ser algo así como la figura que preludia el cambio:

> *Non aspettar mio dir più, ne mio cenno:*
> *Libero, dritto e sano è tuo arbitrio.*
> *E fallo fora no fare a suo cenno:*
> *Per ch'io te sopra te corona e mitrio.*[94]

Palabras indispensables para entender el humanismo político italiano de ese momento, porque a la ciega sumisión al poder de la fe va a ir sucediéndole la *voluntad humana*; lo cual quiere decir que la doble autoridad religiosa (Pontificado) y política (Imperio) se deposita paulatinamente en las manos del hombre. Para decirlo de una vez: ha sonado, en el reloj de la Historia, la hora decisiva del *humanismo*, es decir, todo *en* el hombre, *desde* éste y *para* él. La vida justa y virtuosa, según el humanismo, debe hacerse basado en la *humana civilitas* (o sea la condición humana estrictamente en cuanto tal), por lo que está de más la autoridad eterna, y se abren paso la temporal y el renunciamiento ascético. De ahí la importancia que adquieren ciertas «formas de vida clásica» tales como el estoicismo, el epicureísmo y la retórica. Y en el centro de esta nueva concepción de la vida, que lo fía todo a las virtudes humanas, se halla el *intelectual*, de los cuales el primero en el tiempo es Petrarca, cuya obra titulada *De Viris Illustribus* diseña la nueva ética laica (adviértase esto), pues —según lo cree— ni la Biblia ni los Padres de la Iglesia podían ser ya los modelos eficaces del arte de vivir. Se trata ahora de cultivar las virtudes cívicas, y en cuanto a la fe sólo debía ser la síntesis de la lealtad y la confianza recíprocas. Mas ¿qué diferente cosa podría esperarse a partir de ese momento? Así, otro gran humanista, Lorenzo Valla, se expresa en estos términos: *magnum sacramentum, magnum numen*, es decir, que el mayor de los sacramentos es precisamente la mayor inteligencia posible. Además, la nueva salud de la Cristiandad laica exige la total incorporación de la Naturaleza a la vida admitida, por supuesto, en calidad

---

93. W. E. H. Lecky: *History of Europeans Morals*, ed. "Appleton", New York, 1927, vol. I, pág. 211.

94. D. Alighieri: *Divina Comedia, Purgatorio*, Canto XXVII, 139-42:
> Ya no oirás que te aviso o que te exploro:
> sano es tu juicio, libre tu persona,
> y harás mal en no usar de tu tesoro,
> pues te doy sobre ti mitra y corona.

de fuerza moral fundamental. El placer (*delectatio*) llegó a concebirse como la finalidad intrínseca de toda cosa, y, aún más, como la única virtud. En consecuencia, la idea de la *vida* como la fuerza por excelencia se abre paso sin encontrar ningún obstáculo y, por lo mismo, el temor medieval a la muerte se atenúa considerablemente, así como la resignada fe en la vida eterna. Esto explica por qué —entre otras similares manifestaciones de duda sobre el más allá— la obra de Pietro Pomponazzi (uno de los más destacados pensadores de los inicios del Renacimiento), titulada *De inmortalitate anima* (*Sobre la inmortalidad del alma*), fuese condenada a la hoguera por herética en Venecia.

Ahora bien, no puede decirse que la fe en la vida eterna y en la inmortalidad del alma quede anulada por completo, sino que como ahora cree el hombre vivir desde sí mismo, se tiende a dar al hecho de la muerte un significado que casi siempre se toma a préstamo de ciertas doctrinas paganas cuales son el estoicismo y el epicureísmo; sin que tal cosa suponga prescindir de otras manifestaciones como, por ejemplo, las respectivas de Platón y Aristóteles, cuyo influjo es notorio en el Renacimiento.

Michel de Montaigne —autor de los célebres *Ensayos*— adopta una actitud entre platónica y estoica, al aseverar que el tema de la muerte debe ser cotidiana reflexión, y si elogia la *meditatio mortis* es porque, según entiende, con esta última se evita que la muerte «nos espante». Cierto es que el vulgo la rechaza, mas debemos acostumbrarnos a ella hasta hacerla consustancial con nosotros mismos. Meditarla, es «meditación de la libertad», pues aprendiendo a morir nos libramos de toda decepción.[95] En tanto que su contemporáneo Pierre Charron adopta la misma actitud de «amistad» con la muerte: «[...] Si se dice que la muerte es un mal, es el único de todos los males que no hace daño. Sólo es la imaginación, que está lejos de ella, la que produce temor. Es, por lo tanto, una creencia, y no la verdad, y es verdaderamente ahí donde la creencia se subleva contra la razón y quiere borrarla con la máscara de la muerte. Pero no puede haber razón alguna para temerla, pues no se sabe lo que es [...]»[96] Y completa lo que acaba de transcribirse con estas otras palabras suyas:

> [...] Es, en primer lugar, una gran debilidad y cobardía atormentarse tanto por la muerte [...] Es por esa debilidad por la que la mayoría de los hombres a punto de morir no pueden convencerse de que ésa sea su última hora, y no hay oportunidad en que el engaño de la esperanza entronque más. Esto ocurre quizá, también, porque creemos que nuestra muerte es una gran cosa y pensamos que la universalidad de las cosas tiene interés en lamentar nuestra muerte, tanto nos estimamos [...][97]

El maestro toledano Alejo de Venegas entiende que la muerte depende siempre del género de vida, o, con más precisión, de sus diferentes maneras de ser: una es la vida *de naturaleza*, que lleva de contrapartida la muerte corporal; otra es la vida *de gracia*, cuyo opuesto es el pecado mortal (segunda muerte espiritual); la tercera es la vida *de gloria*, cuyo contrario es la muerte del infierno. Y resume su idea diciendo: «[...] Estas tres muertes se reducen a dos: que es muerte del cuerpo y muerte del ánimo, porque a

---

95. M. de Montaigne: *Essais*, libro 1.º, cap. I; libro 2.º, cap. XIII; libro 5.º, cap. XII.
96. P. Charron: *De la sabiduría*, trad. de E. Tabernig, ed. "Losada", B.A., 1948, pág. 351.
97. *Ibid.*, pág. 352.

la muerte segunda sigue la muerte tercera, así como a la vida de gracia sigue la vida de gloria [...]»[98]

En el siglo XVII Pascal ve la muerte como la pena del pecado; por eso, toda vida, especialmente la cristiana, es un sacrificio cuya consumación es la muerte. Ahora bien, si se prescinde de Cristo, cuya inmolación en la cruz hace posible la salvación eterna, la muerte «[...] es horrible, es el horror de la Naturaleza [...]»[99] Pues la verdad y la justificación sólo es posible hallarlas en la redención que opera desde el sacrificio de Cristo, por lo cual la filosofía antigua nada puede ofrecer a ese respecto, pues ella nos dice siempre que la muerte es natural en el hombre, con lo cual sólo puede «[...] demostrar por una inutilidad cuán débil es en general el hombre, ya que las más altas producciones entre las más altas de los hombres resultan tan bajas y pueriles [...]»[100] En consecuencia, ni el temor ni la aflicción debe afectar al cristiano ante el hecho de la muerte, pues lleva consigo la esperanza de la vida eterna. «No consideremos, pues, al hombre, como habiendo cesado de vivir, según la Naturaleza lo aconseja, sino empezando a vivir, como la verdad asegura [...]»[101] Porque es el amor a una vida no santa lo que hace temer a la muerte.

Dando ahora un largo salto hasta el siglo XIX, llegamos ya a las puertas del positivismo, aunque todavía encontraremos pensadores como Schopenhauer y Dilthey, para quienes el fenómeno de la muerte no es rigurosamente físico u orgánico. Schopenhauer,[102] cuyo pensamiento muestra, explicablemente, una fuerte huella kantiana, entiende que, sólo en cuanto *fenómeno*, desaparece el individuo. Como *cosa en sí* es independiente del tiempo, o sea que es eterno. La ausencia de la muerte, propiedad exclusiva de la cosa en sí, coincide como fenómeno con la duración del resto del mundo exterior, y sólo al presentarse la muerte se apodera del hombre el temor a morir, por lo que trata por todos los medios de conservar la vida; porque la muerte se le ofrece como lo que es: el fin del individuo temporal en el tiempo, cosa que, para él, equivale al aniquilamiento; y como el individuo es la *voluntad de vivir* objetivada, se rebela con todo su ser contra la muerte. Pero el principio más íntimo de nuestro ser, la esencia del hombre, o sea la voluntad, no muere; y aun el segundo elemento, la materia, nos garantiza, con su permanencia absoluta, una completa indestructibilidad.

La Naturaleza es indiferente hacia el individuo (sea hombre o bestia), que nuestra razón debe interpretar como una prueba de que la destrucción de un fenómeno de ese género no afecta a su verdadera y propia esencia. Y así como la Naturaleza perpetúa la especie (elemento objetivo), es, en cambio, indiferente para con el individuo (elemento subjetivo), capaz sólo de perdurar en la conciencia de los seres, dejándolo perecer continuamente, para salir de nuevo, sin cesar, de la Nada por un procedimiento inaccesible a nuestra inteligencia. La identidad con el mundo es mayor de lo que pensamos. Si esta identidad se reconociese bien, se vería que desaparece toda diferencia entre la permanencia del mundo exterior y la nuestra después de la muerte.

---

98. A. de Venegas: *Agonía del tránsito de la muerte*, ed. "Nueva Biblioteca de Autores Españoles", 1911, tomo I, pág. 122.

99. B. Pascal: *Pensamientos*, trad. de E. D'Ors, ed. "Iberia", Madrid, 1962, pág. 210. (Carta sobre la muerte de M. Pascal, padre.)

100. *Ibid.*, pág. 209.

101. *Ibid.*, pág. 213.

102. A. Schopenhauer: *El mundo como voluntad y como representación*, libro IV, 2.ª consideración.

Para entender como es debido el punto de vista de Nietzsche sobre la muerte es preciso tener siempre en cuenta esa idea, fundamental en su filosofía, del *eterno retorno;* como, también, la decisiva importancia que le concede a la vida. No hay, pues, según él, un completo aniquilamiento, sino que todo deja de ser aparentemente, para volver a ser. «[...] Todo pasa, todo vuelve: la rueda del ser, eternamente gira. Todo muere, todo vuelve a florecer: el año del ser fluye por la eternidad [...] A cada instante, comienza el ser; alrededor de cada aquí, el círculo gira allí. El centro está en todas partes. El sendero de la eternidad es tortuoso.»[103] En consecuencia, si todo es vida, entonces a ésta pertenece la muerte; por lo mismo, «[...] guardémonos de decir que la muerte se opone a la vida [...]»[104] Siendo vida pura y no habiendo ninguna trascendencia, la muerte y el reino de los muertos es nada para Nietzsche. En consecuencia, es preciso superar toda forma de angustia ante la muerte, pues esto (la angustia) supone abandonar la idea de una existencia fundada en sí misma. Librarse de esa angustia equivale a vivir plenamente (tal como lo concibe este pensador), e incluso la veracidad existencial del impulso vinculado a la trascendencia (al modo como lo afirma Kierkegaard). Por eso, dice Nietzsche: «[...] Soy feliz al ver que los hombres no quieren pensar, en modo alguno, en el pensamiento de la muerte. Con gusto haría algo para procurarles el pensamiento sobre la vida, mil veces más digna de ser pensada.»[105] Pues la muerte, según Nietzsche, es algo definitivo: «[...] Lo que sucederá después de ella ya no nos concierne [...]»[106]

Nietzsche considera que la muerte puede ser: a) involuntaria (natural) b) voluntaria (racional), o sea el suicidio. Y de ahí que nos diga lo siguiente: «[...] El hecho fisiológico torpe, se tiene que transformar en una necesidad moral [...]»[107] Por lo mismo: «[...] la muerte dada en las condiciones más despreciables: una muerte no-libre, llegada en el tiempo no preciso, es una muerte cobarde. Por amor a la vida se debiera querer una muerte diferente: libre, consciente, sin azar ni sorpresas [...]»[108] El suicidio pretende superar la muerte natural, haciendo de ella un acto libre. Si ahora el hombre muere «naturalmente» —de algún modo—, pues el *soma* (mera existencia) es «[...] la sustancia miserable de la corteza [...]»,[109] debe llegar un día, cuando la existencia dada alcance toda su plenitud, en que no habrá ya muerte natural, sino una «muerte libre» es decir, acaecida «[...] en el tiempo justo [...]».[110] Todo lo cual conduce a Nietzsche a hacer afirmaciones como ésta: que la muerte es «[...] la comedia lastimosa y estremecedora que el cristianismo ha hecho de la hora de la muerte [...]»;[111] como, también, que «[...] entre los hombres no existe ninguna trivialidad mayor que la de la muerte [...]»[112] En conclusión, los muertos no están presentes como muerte. No hay inmaterialidad alguna, y sólo queda el *eterno retorno*, sin recuerdo de nada. La muerte, pues, se convierte en algo indiferente.

Ya en el siglo XX una de las personalidades que con más insistencia se ha ocupado de la cuestión de la muerte es Miguel de Unamuno, cuya obra

---

103. F. Nietzsche: *Werke, op. cit.*, Band VI, Seite 317.
104. *Ibid.*, Band V, pág. 149.
105. *Ibid.*, Seite 211.
106. *Ibid.*, Band IV, Seite 70-72.
107. *Ibid.*, Band XVI, Seite 315.
108. *Ibid.*, Seite 144.
109. *Ibid.*, Band III, Seite 294.
110. *Ibid.*
111. *Ibid.*, Band VIII, Seite 144.
112. *Ibid.*, Band III, Seite 233.

gira —de un modo u otro— siempre en torno a esa doble temática de la *muerte* y la *inmortalidad*. Basta, en efecto, referirse al mejor de sus libros, o sea *Del sentimiento trágico de la vida*, destinado, como sabemos, a penetrar, todo lo más profundamente posible, en dicha *quaestio magna*. De esta manera, en una ocasión alude a las proposiciones VI, VII y VIII de la *Etica* de Spinoza en la que el pensador judío nos dice que cada cosa «se esfuerza por perseverar en su ser», debiendo considerarse tal esfuerzo como «la esencia actual de la cosa misma», y que «no implica tiempo finito, sino indefinido». A lo cual responde Unamuno con estas palabras: «[...] Es decir, que tú, yo y Spinoza queremos no morirnos nunca y que este nuestro anhelo de nunca morirnos es nuestra esencia actual [...]»[113] Y si Unamuno se expresa de esta manera es porque está defendiendo la posibilidad de la vida eterna. Lo que se aclara aún más y se comprueba en su comentario a la proposición LXVII de la susodicha *Ética*: «[...] cuando escribía [Spinoza], sentíase como nos sentimos todos, esclavo, y pensaba en la muerte, y para libertarse, aunque en vano, de este pensamiento, lo escribía [...]»[114] Pues Unamuno concibe al hombre, esencialmente, en función de la muerte: «[...] El hombre de carne y hueso, el que nace, sufre y muere —sobre todo muere— [...]»,[115] y, por lo mismo, se opone enérgicamente a aquello otro de Spinoza referente a que «[...] el hombre libre en todo piensa menos en la muerte, y es su sabiduría meditación, no de la muerte, sino de la vida misma [...]»[116] Y en un sentido algo parecido se manifiesta el francés A. Dastre, para quien «[...] la muerte aparece como un singular privilegio adscrito a la superioridad orgánica, como el precio de rescate de una sabia complejidad [...]»[117]

Pasamos inmediatamente a referirnos al autor y a la obra contemporánea donde se trata el tema de la muerte en la más profunda forma, es decir, a Martín Heidegger y su famoso *Ser y Tiempo*. Nótese cómo el filósofo germano establece la relación más profunda y decisiva que cabe imaginar en cuanto a la realidad, pues, yendo aun más allá de la vida, se detiene en el *Ser* —previo a la vida misma, porque si ésta es algo, entonces tiene que *ser*—, como uno de los extremos de dicha relación, mientras el otro es nada menos que la *muerte*. Ser y muerte, ya se sabe, correspondientes —en la obra ahora bajo comentario— al hombre, a quien Heidegger llama el *ser ahí* (*Da-sein*). Por lo mismo, nos dice: «En el "ser ahí" es imborrable una constante "no totalidad" que encuentra su fin con la muerte.»[118] Y añade: «[...] La muerte es un modo de ser que el "ser ahí" toma sobre sí tan pronto como es. Tan pronto como un hombre entra en la vida, es ya bastante viejo para morir.»[119]

Mas Heidegger se aparta de toda especulación sobre la vida de ultratumba y decide pensar en la muerte *desde acá*. «Con sentido y con razón no cabe ni siquiera *preguntar* en forma metódicamente segura por lo que *será después de la muerte*, sino tan sólo una vez concebida ésta en su plena esencia ontológica [...] la exégesis ontológica de la muerte dentro del más acá es anterior a toda especulación óntica sobre el más allá.»[120] Y agrega, a este respecto:

---

113. M. de Unamuno: *Del sentimiento trágico de la vida*, op. cit., tomo I, pág. 754.
114. *Ibid.*, pág. 757.
115. *Ibid.*
116. B. de Spinoza: *Etica*, Parte IV, proposición 58.
117. A. Dastre: *La vie et la mort*, 1909, pág. 296.
118. M. Heidegger: *Sein und Zeit*, op. cit., Primera parte, Segunda Sección, pág. 48.
119. *Ibid.*
120. *Ibid.*, parág. 49.

Finalmente, cae fuera del círculo de un análisis existenciario de la muerte lo que cabría discutir bajo el título de una metafísica de la muerte. Las cuestiones de cómo y cuándo «vino al mundo la muerte», qué sentido pueda y deba tener como mal y dolor dentro del universo de los entes, presuponen necesariamente una comprensión no sólo del carácter y del ser de la muerte, sino la ontología del universo de los entes en su totalidad y en especial la aclaración ontológica del mal y de la negatividad en general.[121]

La muerte es, en consecuencia, para Heidegger algo que puede presentarse en cualquier momento, algo —como lo dice él mismo— *inminente*. «[...] La muerte no es algo que aún no es "ante los ojos", no es lo que falta últimamente, reducido a un mínimo, sino más bien una inminencia.»[122] De ahí esa calidad de lo posible que tiene la muerte en relación al *Ser*. Pero, a la vez, dicha posibilidad lo es de no-ser, tal como aparece recogido en estas palabras del gran metafísico alemán:

La muerte es una posibilidad de ser, que ha de tomar en cada caso el «ser ahí» mismo. Con la muerte es inminente para el «ser ahí» él mismo en su «poder ser» *más peculiar*. En esta posibilidad le va al «ser ahí» su «ser en el mundo» absolutamente. Su muerte es la posibilidad del «ya no poder ser ahí».[123]

Mas Heidegger va todavía más lejos y asevera: «[...] La muerte es la posibilidad de la absoluta imposibilidad del "ser ahí" [...]»[124] En consecuencia: «[...] La muerte no se limita a "pertenecer" indiferentemente al "ser ahí" peculiar, sino que reivindica a éste en lo que tiene de singular [...],[125] pues cada quien se muere para sí mismo y para nadie más, y tal cosa le sucede desde sí, en sí y por sí mismo, permitiéndole rehabilitarse como el «yacente» que es:

El precursor desenmascara al «ser ahí» de su condición de «perdido» en el «uno mismo», y lo pone ante la posibilidad —que en un comienzo carece de apoyo por parte del «procurar por», «cuidándose de sí»— de ser él mismo, pero él mismo en la apasionada LIBERTAD, RELATIVAMENTE A LA MUERTE, desligada de las ilusiones del uno, fáctica, cierta de sí misma y que se angustia.[126]

Apresurando un poco todo esto, podría concluirse, con palabras del mismo Heidegger, que «[...] en tanto que es, la realidad humana es *ya* su todavía no, del mismo modo que *es* siempre ya su propio fin [...]»[127]
Otro pensador alemán atraído por el tema de la muerte es Paul Ludwig Landsberg, y sus finas meditaciones sobre esta cuestión tienden inequívocamente a contrarrestar la «automoribundia» heideggeriana. Porque Landsberg no cree que nacemos primordialmente para morir, sino que, por el contrario, el hombre lleva consigo esencialmente el destino de su completa realización, y, por lo mismo, en vez de la *angustia* está la *existencia*, capaz de superar la posibilidad de esa imposibilidad de que habla Heidegger. Mas veamos cómo nos lo dice textualmente Landsberg:

121. *Ibid.*
122. *Ibid.*, parág. 50.
123. *Ibid.*
124. *Ibid.*
125. *Ibid.*, parág. 53.
126. *Ibid.*
127. M. Heidegger: *Ibid.*, pág. 49.

La persona humana no es en su propia esencia una *existencia abocada a la muerte*. Como todas las demás existencias a su manera, también ella se dirige hacia la realización de sí misma y hacia la eternidad. Tiende hacia su propia perfección aun a costa de tener que recorrer la fría calzada de la muerte. No le puede cambiar su *exterioridad ontológica* sino haciendo de ella un medio para su propia realización. La metafísica no tiene como origen la nada que se revela en la angustia, sino la existencia que el Eros filosófico consigue asir [...] [128]

Claro es que la muerte sigue siendo el misterio de los misterios, lo cual explica perfectamente la atención que le ha sido prestada desde tiempo inmemorial. Landsberg pregunta por el significado de la muerte, y responde de esta guisa:

> [...] ¿Qué significa la muerte para la persona humana? La cuestión es inagotable. Se trata del misterio del hombre, enfocado de un modo especial. Cada uno de los verdaderos problemas de la filosofía contiene a todos los demás en la unidad del misterio.[129]

Mucha mayor oposición a la idea de la muerte como irremediable destino humano le presenta Nikolai Hartmann, el gran ontólogo y axiólogo, al referirse a los que hacen de la muerte una obsesión, a esos «[...] metafísicos que se atormentan a sí mismos [*selbstquälerische Metaphysiquer*] [...]» [130] Pues la angustia proviene de «tomarse a sí mismo como importante» (*Sichselbst Wicht ignehmen*). La angustia de la muerte es un desasosiego, un artificio de autogestión, en el que el individuo se crea su propia tortura.

Ahora bien, a Hartmann le interesa la muerte como algo acontecible en el estrato real y de lo orgánico: la interrupción de la vida biológica en el individuo. La vida, por su parte, en contraste con lo inorgánico, es un proceso *autolimitado*. Mientras el ser inorgánico jamás concluye en la nada, el ser viviente desaparece en la muerte individual. La tendencia a la inmortalidad es la tendencia a conservarse, lo cual es posible en la especie, pero no en el individuo.[131] Y concluye diciendo:

> [...] El comienzo y el fin del espíritu personal está ligado a la vida orgánica, al conocimiento y la muerte. El espíritu personal no puede pasar de individuo a individuo; debe surgir de nuevo en cada uno, lo mismo que la vida anímica. La conciencia no es transmisible. Pero el espíritu personal está ligado a una conciencia, no puede desprenderse de ella.[132]

El francés Louis Lavelle, sucesor de Bergson en la cátedra del *College de France*, ha dedicado la mayor parte de su pensamiento al problema de las relaciones de la vida con la muerte, desde el punto de vista del hombre, tal como puede apreciarse en ese admirable ensayo suyo titulado *Le temps et l'éternité*, del cual extraemos, glosándolos, estos pensamientos: Sólo en el caso del hombre se puede hablar de *tiempo* y *eternidad*, pues es tanto uno como otra, y se complementan participando recíprocamente entre sí. En cuanto al *absoluto* del hombre es su esencia, que se da en la existencia. Ahora

---

128. P. L. Landsberg: *La experiencia de la muerte*, op. cit., pág. 55.
129. *Ibid.*
130. N. Hartmann: *Zur Grundlegung der Ontologie*, 3.ª ed. "A. Hein, Weisenheim am Glau", 1948, pág. 197.
131. N. Hartmann: *Philosophie der Natur*, ed. "Walter de Gruyter", Berlín, 1950, cap. 46, b, págs. 518 ss.
132. N. Hartmann: *Das Problem des geistigen Seins*, ed. "Walter de Gruyter", Berlín, 1933, cap. 4, c.

bien, así como ésta se da *en* el tiempo, aquélla se da *en* la eternidad. Como vemos, la existencia humana es tiempo, o sea que ella *transcurre*, mientras la esencia es *indevenible*. Mas téngase presente que con la vida temporal se logra la vida eterna, de manera que tiempo y eternidad no son contradictorios. Mediante el tiempo cobramos conciencia de la eternidad, pues «tiempo» quiere decir conversión de una probabilidad en actualidad. El tiempo, la participación (en la esencia) y la duración constituyen el camino que va desde el devenir hasta la eternidad. La muerte despoja al hombre de la apariencia y lo sitúa frente a su esencia inmutable, o sea que, en vez de durar con el tiempo, se penetra en la eternidad, que es el acceso a la inmortalidad, mediante la abolición del fenómeno.

Finalizaremos esta larga aunque muy esquemática disquisición acerca de la muerte con unos pensamientos del filósofo español contemporáneo José Ferrater Mora. Hablando sobre la muerte y la inmortalidad, dice: «[...] ambas cosas me parecen tan íntimamente unidas que casi no forman sino un único cuerpo [...]»[133] La muerte, según él, «[...] es cesación de la vida, terminación del vivir y del experimentar, absoluto y desolado silencio [...]»[134] Y agrega: «La muerte está presente en todo el ámbito de la Naturaleza tanto como de la vida; está con una presencia, diríamos, oculta, acechando las cosas y cayendo sobre ellas [...]»[135] Y aunque a veces dé la impresión de apartarse de la idea heideggeriana de la muerte como el elemento constitutivo de la vida, otras se le acerca llamativamente:

> [...] Por el mismo hecho de vivir estamos ya dirigiéndonos hacia la muerte, porque mientras vivimos nos sentimos como individuos, cada vez más cerca del límite y del abismo, donde sin remedio caeremos [...] Ser imposible no morir significa ser imposible que la vida sea [...][136]

Contados son los casos de la Historia en los cuales la *muerte* desempeña el esencial cometido que le descubrimos en el *Apóstol* José Martí, pues se presenta a modo de una luz tras la que corría sin descanso, como si ella contuviese cuanto su magna vida fue capaz de dar. Era, al mismo tiempo, inspiración, anhelo, afán, frenesí, nostalgia y Dios sabe cuántas cosas más, porque todos esos calificativos responden eficazmente, en cada caso, a un contenido concreto cuya suma total es el proyecto vital de nuestro primer hombre público. Bajo el constante estímulo de una intensa conciencia de la muerte, Martí crea un complejo sistema de realidades sucesivamente devenibles, pero con la *transcendencia* que asegura no sólo la realización más o menos inmediata de sus objetivos, sino, sobre todo, una perduración en que —¡cosa harto difícil!— lo histórico propiamente dicho se hace trans-histórico y por eso hoy día Martí es tan necesariamente *actual* como lo fue durante la etapa de su vida terrenal.

Suena a retórica decir que el *Apóstol* era un enamorado de la muerte, y, sin embargo, es exactamente así. Pues la amó apasionadamente, a veces hasta la embriaguez y el deliquio, según puede verse en multitud de ocasiones. De esta manera, la muerte de un gran hombre, o la de un amigo, etc., abría la poderosa vena poética haciéndole sublimar el hecho irremediable de la

---

133. J. Ferrater Mora: *La ironía, la muerte, la admiración*, ed. "Cruz del Sur", B.A., 1946, pág. 58.
134. *Ibid.*, pág. 59.
135. *Ibid.*, pág. 61.
136. *Ibid.*, págs. 63, 65.

extinción de la vida física al transmutarla en esa otra muerte tan amada y ansiada por él, es decir, la que se convierte en inacabable forma de vida, o sea la eternidad, al modo como la concibe Boecio: «*Aeternitas est interminabilis vitae tota simul, et perfecta possesio*» (la eternidad es la completa posesión, entera, perfecta y simultánea de una vida interminable).[137]

La muerte, pues, como varias cosas a la vez, es decir, como estímulo vital, como un motivo de exaltación lírica, como la esperanza reconfortante en medio de los dolores del constante y cotidiano afán, y así otras muchas cosas. Pero, en rigor de verdad, ¿podría ser de otro modo, si la muerte lo estuvo rondando desde temprana edad? Recuérdese aquel desagradable momento, cuando era sólo un niño, en que ve colgado de un árbol el cadáver de un infeliz esclavo, con todo su imponente y macabro aspecto físico. ¡Cómo debe haber palpitado su corazón frente a tan inesperado encuentro! Poco después —apenas llegado a los dieciséis años— oye, de labios de un hombre tal vez más estúpido que cruel (el fiscal que lo juzga), nada menos que la petición de una sentencia de muerte, luego conmutada por la de presidio, y todo esto a causa de un «crimen» inexistente. (Lo cual no se repite en Cuba hasta la tiranía de Fidel Castro.) Y allí, tras los muros de la prisión, lo mismo que en esa intemperie física y moral de las canteras de cal, ve continuamente rondar a la muerte en aquellos seres convertidos en míseros despojos de llagada carne, ojos afiebrados y aliento de moribundo. Viene casi a continuación el infame asesinato de ocho jóvenes cubanos, en la flor de la vida, que le arranca esa dolida composición *A mis hermanos muertos*. Más tarde, como mucho después la de su padre, en México lo acosa de nuevo el dolor de la pérdida de alguien tan querido como su hermana Ana. Después, la muerte frecuente entre los emigrados cubanos, de todo lo cual deja constancia en artículos, notas de pésame, tarjetas de visita y cartas. Y, sobre todo, esa muerte consistente en la dilatada agonía de una patria sin libertad ni decoro, y por cuya conquista el patíbulo, la cárcel y el destierro se apuntaban a diario nuevas víctimas (tal como sucede ahora). La muerte, en consecuencia, le resulta algo sumamente familiar: algo así como la propia sombra sin la cual no se puede estar vivo. Pero está plenamente convencido de que la muerte es señal de perfección y jamás defecto, por lo cual no se deja *de ser* al morir, sino todo lo contrario. La muerte realza, levanta, mantiene la vida dentro de esa *objetividad* ausente en el viviente. Como el ángel, el alma del muerto es ingrávida, o sea insusceptible de caída alguna, cuyo temor es siempre afán del vivo.

Ahora bien, tema tan descomunal no podía faltar en la variada y profunda meditación del *Apóstol*. Cuarenta veces, por lo menos, se ocupa de dicha cuestión, aun cuando —como es de esperar— en distintas formas, las cuales intentaremos comentar brevemente, según puede advertirse en las páginas que siguen.

La muerte
- Vida y muerte
- Muerte corporal
- Muerte y vida noble
- La eternidad
- Loa de la muerte
- Martí y la muerte
- Miscelánea

---

137. A. M. Boecio: *De consolatione,* V.

Tal como ya se ha dicho, Martí está convencido de que hay una indisoluble correlación de vida y muerte. Claro está que dicha observación es común a todo hombre, porque así lo enseña la cotidiana experiencia, pero no es menos cierto que —como se dijo un poco antes— la muerte desempeña, con respecto a la vida, un papel especial, como la razón de ser de esta última, es decir, que el proceso vital es al mismo tiempo el morir, y no como suele creerse, que un buen día nos topamos de pronto con la muerte. Casi podría aseverarse que, en el caso del *Apóstol*, sólo hay, en realidad, *muerte*, pues eso otro considerado como *vida* es una cadena más o menos larga de manifestaciones parciales y anticipatorias del momento final en que la muerte se recoge en sí misma. La vida de Martí fue, a todas luces, un *ars moriendi*, actividad en la cual la muerte se hace aún más lúcida que la vida, y, por lo mismo, al encarnar en determinado ser, tal como sucede con el *Apóstol*, vive una asombrosa percatación de sí misma. Mas esto no supone desmayo alguno con referencia al cometido vital, sino todo lo contrario: vivir *desde* y *para* la muerte dentro de la vida dota a quien así lo hace de una cósmica fuerza destinada a la efectuación de algo trascendente, como es el caso de Martí. Esto es lo que explica que nos diga en una ocasión: «[...] Todo camina a la muerte por la senda de la vida, y a cada ser que se hunde responde un ser que se alza [...]» (G-95), porque, sin duda alguna, si la vida cesase total y definitivamente, entonces la muerte, al dejar de producirla, se agotaría en sí misma. Pues la vida no es nada absolutamente estable, al punto de resultar inerte, sino que requiere cambios (muertes parciales e inconclusas), hasta llegar —como sucede siempre— a un cambio definitivo que convierte lo individual en *especie*, pues ésta es la que prosigue ese proceso de la muerte en la vida. Vamos, pues, del brazo de la muerte desde el mismo instante de nacer, o sea en el momento del tránsito del individuo (engendrante) a la especie (engendrado), y si se acepta esta inexorable realidad con la serenidad proveniente de una clara conciencia de las innumerables dificultades en las cuales consiste ir muriendo paulatinamente —o sea, viviendo la propia muerte—, entonces, explicablemente, se puede decir lo siguiente:

> *Bien; ya lo sé! La muerte está sentada*
> *a mis umbrales* [...]
> *¡Mujer más bella*
> *no hay que la Muerte! Por un beso suyo*
> *bosques espesos de laureles varios,*
> *y las adelfas del amor y el gozo*
> *de remembrarme mis niñeces diera!* [...]
> *¡Oh, vida, adiós! Quien va a morir, va muerto.* (G-61)

Y, más o menos, al mismo tenor, pero con cierto desaliento, explicable en aquellos terribles días de 1882:

> *Oh, ¿qué mortal que se asomó a la vida*
> *vivir de nuevo quiere?*
> *Puede ansiosa*
> *la Muerte, pues, de pie en las hojas secas,*
> *esperarme a mi umbral con cada turbia*
> *tarde de Otoño, y silenciosa puede*
> *irme tejiendo con helados copos*
> *mi manto funeral* [...] (G-62)

Convicción que se eleva hasta el plano ético, dotando a la muerte de su mejor sentido: hay que morir, puesto que —como dice el clásico— «*fugit interea, fugit irreparabile tempus*»,[138] pero esta paulatina cesación de la vida, este deshacerse de día en día, puede convertirse en útil quehacer si sabemos que es posible construir *para la vida* a través de la muerte; porque, además, es el único modo de conseguirlo, ya que nadie trabaja en realidad para sí mismo. «[...] Morir es lo mismo que vivir y mejor, si se ha hecho lo que ya se debe [...]» (G-68), dice el *Apóstol*, pues sólo así tiene el morir un indiscutible sello de algo provechoso: «Otros lamenten la muerte hermosa y útil [...] La muerte da jefes, la muerte da lecciones y ejemplos, la muerte nos lleva el dedo por sobre el libro de la vida [...]» (G-86) Como asimismo: «Otros lamenten la muerte necesaria: yo creo en ella como la almohada, y la levadura, y el triunfo de la vida [...]» (G-81) Y puesto que —según se ha dicho ya—, la muerte crea la vida, Martí lo hace suyo una vez más, diciendo: «Cantemos hoy, ante la tumba inolvidable, el himno de la vida [...]» (G-88)

Mas nos morimos del cuerpo, sustentáculo de esa muerte que efectúa su proceso mediante la vida, que es la forma temporal adoptada por aquélla. Pero nótese que mientras la vida se manifiesta concretamente en forma corporal, o sea que *se ve* (aun cuando apuremos demasiado las cosas al hablar así), la muerte, en cambio, *no se ve*, y es, en consecuencia, más sutil que la vida. Claro es que esta última dista mucho de ser solamente el *cuerpo*, pero, mírese la cuestión como se quiera, en él se aloja y manifiesta. Ahora bien, ese momento en el cual deja el cuerpo de manifestarse como vida y, en cambio, se convierte en la suma total y definitiva de las muertes parciales en que el vivir consiste, ese momento, decimos, es el del *cadáver*, forma vaciada de vida que, no obstante, no se pierde, pues, como antes dijimos, va a formar parte de otra vida. Pero, eso sí, no se pierde respecto de la significación trascendente otorgada por la muerte, pues si uno no muriese nunca, la vida carecería de sentido. Lo que sí ya no cuenta, a juicio de Martí, en lo cual tiene razón, es el cuerpo muerto, y por esto mismo asevera: «[...] Los cadáveres no sirven más que para abono de la tierra [...]» (G-15) Sin embargo, otro comentario suyo al respecto deja la sospecha de que —al menos en ese momento— abrigase dudas sobre el alma y la vida de ultratumba: «[...] Luego de muertos los hombres, vacíanse, sin carne y sin conciencia de su memoria, en la existencia universal [...]» (G-74) Claro es que si el alma carece de la conciencia de sí misma, entonces el *Apóstol* tiene razón; no así en caso contrario.

Pero hemos dicho que la muerte tiene el sentido de una trascendencia cuyo máximo nivel —si se nos permite llamarlo así— lo otorga justamente la *eticidad* del vivir en función del morir. Sabemos que hemos de morir, aun más todavía, que morimos en cada instante al pasar al siguiente, y si, por lo mismo, ese continuo deceso lo convertimos en vitales realizaciones en la esfera de la persona mediante los valores de la misma, la nobleza de semejante proceder alcanza tanto a la vida como a la muerte. En consecuencia, ni una ni otra habrán sido en vano. Así lo expresa Martí, refiriéndose a la muerte de su compatriota, el poeta Torroella:

> [...] Amó antes la muerte [...] Amó puramente, que es redimirse de terribles sueños. Y, cargado de deber, amó la vida [...] Amar no es más que el modo de crecer [...] (G-24)

---

138. Virgilio: *Geórgicas*, libro III, v. 284. ("Huye en tanto, huye irreparablemente el tiempo".)

Y en una variada sucesión de este mismo tema, veamos ahora desfilar ante nuestros ojos no sólo las *ideas* sino también las siguientes *imágenes*:

La muerte no es verdad cuando se ha cumplido bien la obra de la vida [...] (G-11)
[...] Se sale de la tierra tan contento cuando se ha hecho una obra grande [...] (G-25)
[...] La muerte es el derecho que le pertenece a las vidas dedicadas a los derechos del hombre —vidas llenas de pasión, resignadas y orgullosas [...] (G-27)
[...] Cada cual, al morir, enseña al cielo su obra acabada, su libro escrito, su arado luciente, la espiga que segó, el árbol que sembró. Son los derechos al descanso: ¡triste el que muere sin haber hecho obra! (-28)
[...] Así ha de ser la muerte cuando se ha vivido bien, luego de la vida: en negro terciopelo, franja de plata! (G-30)
[...] Emerson ha muerto: y se llenan de dulces lágrimas los ojos. No da dolor, sino celos. No llena el pecho de angustia, sino de ternura. La muerte es una victoria, y cuando se ha vivido bien, el féretro es un carro de triunfo [...] (G-39)
[...] La muerte de un justo es una fiesta, en que la tierra toda se sienta a ver como se abre el cielo [...] (G-40)
[...] ¿Y la muerte? No le aflige la muerte a Emerson: la muerte no aflige ni asusta a quien ha vivido noblemente: la teme el que tiene motivo de temor: será inmortal el que merezca serlo [...] (G-41)

Pasamos ahora a la cuestión de la *eternidad*, es decir, a la vida de ultratumba, en la cual creyó el *Apóstol* en forma terminante, viéndola siempre como el máximo estímulo y la recompensa incomparable a cuantas pueden obtenerse en la vida terrenal. Ahora bien, antes de proseguir con esta cuestión debemos precisar a qué clase de eternidad se refiere Martí, pues ella puede concebirse —y lo ha sido— como la infinita sucesión del tiempo, conforme con la filosofía antigua, para la cual o bien lo eterno es lo que perdura, o bien es aquello que ha sido hasta ahora sin interrupción; o puede concebírsele —al modo cristiano— como lo plenamente presente, ajeno, en consecuencia, al tiempo, tal como lo propone San Agustín, o sea que «[...] la eternidad no tiene en sí nada que pasa; en ella todo está presente, cosa que no ocurre con el tiempo, que no puede estar jamás verdaderamente presente [...]»[139] Ésta es la noción de eternidad en la cual cree fervorosamente el *Apóstol*, la propuesta por Boecio y adoptada por Santo Tomás de Aquino, donde se condensa toda la aspiración a redimirse de la vida de acá, para lo cual, según Lavelle, «[...] no es nada si ella misma no es para nosotros un perpetuo "mientras" [...] y que debe ser elegida por medio de un acto libre [...]»[140] Eternidad aceptada y deseada con sumo anhelo por Martí, en forma que debe haber contrariado profundamente a los materialistas y ateos que componen esa mojiganga del marxismo, que impone dogmáticamente la inexistencia de la *Eternidad*, mas sin que hasta ahora hayan podido presentar, a este respecto, ni una sola prueba convincente. Por eso, sobre este punto los comunistas pasan siempre de largo cuando se trata del caso del *Apóstol*, porque su fe en la eternidad y en la inmortalidad del alma es inobjetable, tal como vamos a verlo inmediatamente. Y es tan firme su convencimiento, que llega hasta el extremo de atribuirlo sin más a todos los hombres, en lo cual no se equivoca, porque, sea de cualquiera de los

---

139. San Agustín: *Confesiones*, libro XI, cap. 11.
140. L. Lavelle: *Du temps et de l'Eternité*, ed. "Aubier", París, 1953, pág. 437.

dos modos en que él mismo nos presenta aquello que puede ser la eternidad, lo cierto es que el ser humano lleva consigo esta creencia como también esas otras de la libertad, la justicia y el amor. Y, por lo mismo, nos dice lo siguiente:

> [...] Todos los hombres tienen la idea de la eternidad: unos, de eternidad iluminada y pura, encendida, encendida en la existencia con todos los deberes, gozada más allá de vivir con todas las armonías: otros, de una eternidad esclava, envuelta en polvo, sujeta a polvo, polvo ella, sin esperanza ni consuelo, sin redención y sin belleza, Mazzepa espantosamente encadenado a las espaldas del fiero caballo de las vidas. Yo creo en la luminosa, y si por la conciencia de mí mismo no creyera, creería en ella por esa belleza prometida, en la tierra inlograble [...] (G-4)

Ahora bien, esa forma de «eternidad esclava» a que se refiere Martí puede ser o bien la continuidad de esta vida, con todos los defectos y las tribulaciones que ella acarrea constantemente, o bien pudiera ser su versión del infierno, que, después de todo —dada la pobre idea que él tenía de este «valle de lágrimas»— se acuerda perfectamente con la eternidad terrenal, suponiendo que el *Apóstol* haya querido decir eso. Mas no puede caber ninguna duda de su entusiasmada fe en la vida eterna de ultratumba. Pero todo esto se refuerza mucho más con el siguiente pensamiento:

> Y es que rechaza las miserias temporales el que en sí siente estos afanes puros, que se informan en el ansia de morir y en el deseo de otra vida, y con más fuerza las aleja de sí el que tiene para ellas culto sin tacha y sin error, culto vago y tenaz de suave esperanza y de resignado sufrimiento [...] (G-7)

No creo que se pueda pedir mayor austeridad de la manifestada en esta declaración del puro afán de morir y pasar a la vida eterna. He ahí la eticidad de Martí, sin tacha alguna, porque vemos en él al hombre desasido de todo afán material, lujo, vanidad, concupiscencia; siempre a flor de labios el «*miserere nostri!*», en pura actitud penitencial. Admirable combinación de lo terrenal y lo eterno —ambos dentro del orbe espiritual— que le hace decir así:

> [...] no ha de negarse nada que en el solemne mundo espiritual sea cierto, ni el noble enojo de vivir, que se alivia al cabo por el placer de dar de sí en la vida; ni el coloquio inefable con lo eterno, que deja en el espíritu fuerza solar y paz nocturna; ni la certidumbre real, puesto que da gozo real, de una vida posterior en que sean plenos los penetrantes deleites, que con la vislumbre de la verdad o con la práctica de la virtud, hinchen el alma [...] (G-46)

Nada de esta vida puede compararse a lo que encierra en su seno el mundo eterno, con el que es posible mantener un trato continuo mientras vivimos, pues —como asevera Spinoza— «el alma humana no puede ser destruida enteramente con el cuerpo, sino que resta de ella algo que es eterno».[141] Sí, en efecto, tal es como lo ve y lo siente el *Apóstol*, es decir, que se es eterno siempre. Por esto mismo, el coloquio al cual se refiere él es el vínculo normal con la eternidad. Todo ello explica que, en un instante de rigurosa convicción en esa fe en la eternidad, dejase grabada para siempre esta incomparable imagen de la susodicha fe:

---

141. B. de Spinoza: *Etica*, Parte V, prop. 23.

> [...] ¡No! ¡La vida humana no es toda la vida! La tumba es vía y no término [...] La muerte es júbilo, reanudamiento, tarea nueva. La vida humana sería una invención repugnante y bárbara, si estuviera limitada a la vida en la tierra [...] (G-49)

No se puede pedir más claridad en la cuestión propuesta, y vuelve uno a pensar en cómo habrán de sentirse los comunistas, sobre todo los cubanos —si es que de veras pueden serlo—, ante semejante rechazo de la materialidad en general. Cierto que es menester luchar en este mundo en bien de los demás, tanto en el orden individual como en el social, y en tal sentido Martí es sobresaliente ejemplo de una vocación afincada *hic et nunc* (aquí y ahora) en la realidad del mundo terrenal. Mas todo esto es insuficiente, pues el *ser* y el *valor* eminentemente perdurables y apreciables pertenecen a otra esfera donde reside la verdadera vida, la que no conoce la muerte ni, en forma alguna, la lleva consigo. Hay, pues, un certísimo *más allá*, y a esto se debe que «[...] la última mirada de un moribundo es una cita, y no una despedida [...]» (G-48) En consecuencia:

> [...] lo eterno es apetecible y hermoso, y que a la pena se le ha de cortejar, en vez de huir, porque el que renuncia a sí, y se doma, entra desde esta vida en un goce de majestad y divino albedrío, por donde el espíritu, enlazado con el universo, pierde la noción y el apetito de la muerte. (G-85)

¿Qué puede valer, entonces, ni aun el mayor de los portentos de esta vida, si se lo compara con la eternidad? Ahora bien, si el *Apóstol* se abraza a esta convicción es porque ha podido penetrar en la abismal profundidad de lo eterno a través de la doble experiencia de lo pensado y lo sentido. Pero esto requiere una ancha reflexión sobre la Historia, es decir, sobre ese acontecer existencial que convoca en sí todos los afanes, esperanzas y dolores humanos. En cierto modo, el hombre no hace sino repetir lo fundamental de la vida, pues ama, odia, envidia, sueña, desea, prodiga, codicia, teme, espera, y mucho más. Pero lo ha hecho siempre, tal como permite comprobarlo las grandes investigaciones del pasado. Al fin y al cabo, frente a la compacta homogeneidad de lo eterno, horra de toda diferencia, nada terrenal-histórico es intrínsecamente verdadero. Así lo ve y lo siente Martí:

> [...] Dolerse no es preciso de su muerte, hecho usual y sencillo que debe merecerse con una clara vida; esperarse con calma y recibirse con ternura. Los grandes hombres, aun aquéllos que lo son de veras, porque cultivan la grandeza que hallan en sí y la emplean en beneficio ajeno, son meros vehículos de las grandes fuerzas. Una ola se va, y otra ola viene. Y son ante la eternidad los dolores tajantes, los martirios resplandecientes, los grupos de palabras sonoras y flamígeras, los méritos laboriosos de los hombres como la espuma blanca que se rompe en gotas contra los filos de la roca, o se desgrana, esparce y hunde por la callada arena de la playa. (G-67)

También el *Apóstol* se acerca llamativamente, desde su época, a lo que mucho más tarde, en pleno siglo XIX, va a ser el tema de las *salvaciones*, es decir, si la humana perduración se efectúa en la Historia, o en la vida eterna, o en la descendencia familiar. Sabido es que dicha cuestión ha motivado más de un acucioso estudio sobre el modo más eficaz de «salvarse», es decir, de perdurar mediante la trascendencia consistente en no limitarse exclusivamente a este mundo. Por eso Martí dice en una ocasión: «[...] Los que no creen en la inmortalidad creen en la historia.» (G-82)

En otro momento el *Apóstol* compara la brevedad de la vida humana con la duración multisecular del árbol o la roca y concluye que no es posible que el supremo existente, o sea el hombre, dure menos que cualquiera de los demás. Debe, pues, admitirse la necesidad de la vida eterna de ultratumba capaz, por lo mismo, de dotar al ser humano de la perdurabilidad de otros seres. Pues, en realidad, la vida del hombre es siempre breve, casi fugaz, comparada con lo inerte y aun con algunos seres vivos. En consecuencia, como lo dice él mismo, «[...] en el orden largo y encadenado de la Naturaleza, en que un árbol o una peña duran siglos, no puede en una sola vida acabarse el hombre que le es superior [...]» (G-92) Mas quien tanta firmeza mostraba en la realidad y eficacia de la muerte, en alguna forma tenía que hacer su elogio, infaltable de una u otra manera, al referirse a ella, y, en ocasiones —como las mencionables a continuación— con esa vigorosa plasticidad de que estaba dotada su prosa. Veamos, entonces, uno de esos momentos de verdadera embriaguez de la muerte:

[...] ¡Muerte! ¡Muerte generosa! ¡Muerte amiga! [...] Seno colosal donde todos los sublimes misterios se elaboran; miedo de los débiles; placer de los valerosos; satisfacción de mis deseos; paso oscuro a los restantes lances de la vida [...] (G-23)

Y asimismo este otro:

Sierva es la muerte: sierva del callado
señor de toda vida: salvadora
oculta de los hombres! [...] (G-63)

Ahora bien, quien tanto alentó en la muerte, viéndola como salvadora, como la gran justiciera, no sólo por su carácter nivelador —pues, ante ella, todos somos iguales—, sino, sobre todo, por la trascendencia en que consiste la vida eterna cuya puerta de acceso es la muerte; quien, repetimos, así lo creía, tuvo a veces que referirse a sí mismo, en su condición individual y concreta, respecto del morir: «¿Qué es esto, que me penetra, y como bálsamo suave, dulcemente en mí se expande? ¿Gozo de la tierra — o proximidad de la Muerte?» (G-105) Así se expresa de sí mismo, en un momento de su vida en que aún es demasiado joven; mas nótese el curioso contraste entre lo vital y lo letal, descubriendo que, en uno y otro caso, se da la misma reacción. Hay, pues, un acercamiento que casi es identificación del contenido respectivo de esa polaridad y, por lo mismo, causante de idéntico estado de ánimo, ya sea para vivir, ya sea para morir. En consecuencia, más o menos por la misma fecha, escribe: «Yo moriré sin dolor: será un rompimiento interior, una caída suave, y una sonrisa.» (G-104) Así fue, en efecto, como dejó de existir, en la fugacidad del instante en que el plomo homicida de la feroz tiranía española dio en tierra para siempre con uno de los seres más angélicos que jamás hayan existido. Además, las palabras suyas citadas son de una profunda *presciencia*, porque el *Apóstol* fue capaz de describir cómo habría de morir no menos de quince años antes de tan fatal suceso. Mas estaba dispuesto, lo estuvo siempre, a morir por la libertad de Cuba, y, lo que es todavía más impresionante, se hallaba convencido de que, con el sacrificio de una muerte cruenta, estaría en condiciones de seguir sirviendo de estimulador ejemplo, no sólo para el inmediato propósito de la independencia de la Patria, sino, además, para un futuro que llega hasta nosotros; pues su sacrificio nos sirve hoy tan eficazmente en esta reconquista de la libertad perdida como lo fue durante la gesta de 1880 a 1895, tal como puede verse claramente en estas palabras suyas:

> ¿Que por qué no sentirlo? y digo que después: pero ¿cómo, mientras haya en el mundo pena, mientras haya injusticia en mi patria? Morir no es nada, morir es vivir, morir es sembrar. El que muere, si muere donde debe, sirve [...] Cae bien y te levantarás. Si mueres, vales y sirves. Pero si te quedas vivo, ¿cuándo puedes existir para ti, por tu fama, para que digan de ti, para que digan que supiste esto y aquello? [...] (G-105)

Y tan seguro estaba de la sempiterna ingratitud humana, como igualmente de la envidia, el rencor y la antipatía ajena, a lo cual debió tanta amargura, que muy cerca ya del comienzo de la guerra del 95 le escribe a su fraternal amigo José María Izaguirre: «[...] Yo voy a morir, si es que en mí queda ya mucho de vivo. Me matarán de bala o de maldades [...]» (G-91) Pero estaba hecho a esas debilidades constantes en el hombre, aunque, en lo más íntimo de él mismo —poeta, meditador y «buen samaritano»— debió sentir con mucha frecuencia un estremecimiento de desolación causado por la radical incongruencia de su eminente condición de *persona* con ese multitudinario espécimen individual hecho sólo de impulsos y apetitos. «Yo sé de un gamo aterrado — que vuelve al redil y expira, — y de un corazón cansado — que muere oscuro y sin ira.» (G-89), exclama en una ocasión, pues debe haberse sentido ambas cosas, tímidas, mansas y ansiosas de confortadora acogida.

En fin de cuentas, Martí estuvo siempre muy percatado de la indiscutible importancia de la muerte en lo referente a distintos aspectos de la misma: como aleccionadora advertencia de la brevedad de la vida terrenal; en lo que ella tiene de posibilidad de acceso a la otra vida, concebida por el *Apóstol* como infinitamente superior a la de acá; también en calidad de perpetuación de quien sea capaz de ponerse al servicio de las necesidades de su época. «No hay más que un medio de vivir después de haber muerto: haber sido un hombre de todos los tiempos — o un hombre de su tiempo.» (G-93); y quizás, por lo mismo, añade: «es un crimen no oponer a la muerte todos los obstáculos posibles.» (G-93), pues, ciertamente, el hombre de bien debe procurar vivir todo cuanto sea posible, pero al servicio de los demás. Pues el mundo humano es su historia, y de ésta lo que la constituye en su avance paulatino es la suma de bienes en ella acumulada por quienes han opuesto la luz a la tiniebla, el bien al mal, el amor al odio. Pues —como lo expresa Martí—, «[...] ningún mártir muere en vano, ni ninguna idea se pierde en el ondular y revolverse de los vientos [...]» (G-13)

Otro de los grandes temas de la cultura occidental es el del *alma*, palabra utilizada millones de veces en una escala que recorre desde el hombre más simple e ignorante hasta el de más conspicua inteligencia. El alma, como algo opuesto al cuerpo, de algún modo diferente de éste, tiene una dilatadísima historia que, en el ámbito de la vida de Occidente, se subdivide en dos grandes sectores, uno de los cuales corresponde a la pagana antigüedad, mientras el otro incluye la totalidad del Cristianismo desde sus orígenes hasta el presente. No es, pues, tarea fácil presentar en forma breve el proceso de lo que es, a un tiempo, creencia y pensamiento, o —si se prefiere— fe y razón, porque ambas han intervenido constantemente en el vasto intento de llegar a saber *qué* es el alma así como su verdadero acontecer, o, tal vez, su *esencia* y su *existencia*. Aquí, desde luego, sólo podemos llevar a cabo un breve y esquemático recuento de ambos capitales problemas suscitados al acometer el examen de la cuestión del alma, por lo que hemos de ceñirnos a aquello que puede considerarse como lo más granado de la multiplicidad de ensayos de adivinación del enigma del alma.

En la aurora de la historia humana tuvo que llamar poderosamente la atención el contraste entre vivos y muertos, pues éstos son aquéllos menos algo que ya no les acontece: el difunto no habla, no se mueve, no come ni bebe, etc., por lo que todo parece resultarle indiferente. ¿Qué otra clase o forma de vida es ésta, si acaso es alguna? Así debe habérselo preguntado el hombre primitivo. Además, el muerto carece de «sombra», o sea esa silueta de sí mismo que produce el vivo al andar. Esta sombra, ¿será lo que lo animaba en vida y que ahora, en el muerto, desaparece? Pero hay más, es decir, que el primitivo debe haber captado la diferencia, con respecto a lo que solemos llamar *alma*, entre ésta como fundamento del ser viviente en cuanto es esto mismo, y el desdoblamiento del individuo, en vida (catalepsia, trances), o después: esa «sombra» que ya no acompaña al muerto. Diferencia, desde luego, que es un paso adelante en la percatación de algo capaz de *no ser* el cuerpo. Por lo mismo, en una cultura como la griega ya desde antiguo se establece la distinción entre Ψυχη (o sea el ser individualizado, singular e irreducible a ningún otro) y θυμος (el impulso indiferenciado propio de todo ser viviente y con máxima fuerza en el hombre). Ahora bien, si lo que se busca, con respecto al alma, es su carácter individual, el término para diferenciarlo se refiere (igual que el impulso o principio de lo viviente) a algo indiferenciado, común, general. Mas debe tenerse en cuenta que así como el impulso y principio de lo viviente es de carácter «natural» (corporal), el *alma*, en cambio, es de naturaleza espiritual, o, al menos, contrapuesta a lo natural. Finalmente, el concepto filosófico del alma como entidad realmente contrapuesta al cuerpo, se da cuando, en lugar de concebirla como «sombra» o semivida, se le ve como entidad «desterrada», pues se admite que preexiste al cuerpo y subsiste tras su muerte, y si puede entrar y salir de éste es porque jamás se identifica con él.

A los griegos le debemos una buena copia de grandes especulaciones sobre la distinción entre el cuerpo y el alma, así como sobre su esencia y existencia. Por lo mismo, desde los remotos orígenes de la Hélade vemos aparecer la constante preocupación por el alma. Así, Homero nos presenta la idea de una doble existencia en el caso del hombre, «[...] la de su corporeidad perceptible y la de su imagen visible, que cobra vida propia y libre solamente después de la muerte. Esta imagen invisible, y solamente ella, es la *psique*.»[142] Y de esta manera hallamos múltiples referencias a dicha alma, como sucede al encontrarse Aquiles con la sombra de Patroclo,[143] o Ulises con su compañero Elpénor, o con su madre, Anticlea;[144] como a Antígona dispuesta a todo con tal de evitar que el cadáver de su hermano quede insepulto,[145] al hablar de la muerte de los hijos de Edipo. Mas hay un momento en que la cuestión del alma adquiere otra dimensión, y es a partir del inicio del pensamiento filosófico, especialmente con el fundador de la Metafísica, Parménides de Elea. Sin duda alguna, es el primero en establecer una neta separación entre el cuerpo y el alma, al distinguir —como lo hace— el νους

---

142. E. Rohde: *Psique*, I, 1.
143. Homero: *Ilíada*, XXIII.
144. Homero: *Odisea*, XI.
145. Sófocles: *Antígona*, 467; Esquilo: *Los siete contra Tebas*, 1013.

(*nous*) —*mens*, alma, pensamiento, espíritu— del *soma* (σόμα) o sea el cuerpo, es decir, la sensación. Ahora bien, el *nous* se halla esencialmente unido a eso otro que Parménides llama ὄν y que podemos designar *ente*, es decir, esa realidad primigenia que incluye y engloba todo lo demás, que no es sino sus posibles múltiples manifestaciones. Ahora bien, así como las cosas (todo lo material sensible) están siempre, en alguna forma, cerca o lejos de los sentidos, en cambio, como *entes*, se encuentran inmediatas al νῦνς. Vemos aquí la relación del alma con el cuerpo y asimismo la superioridad e independencia de aquélla respecto de éste.

Contemporáneamente con Parménides encontramos a otro gran pensador, Heráclito de Efeso, quien, en elucidaciones sobre el alma, arranca de la idea del τὸ σοϕόν («lo sabio»), uno, siempre, separado de todo lo demás (πάντων χεχωρισμένον), o sea el «alma del sabio», el «alma seca» y, por lo mismo, la más parecida al fuego, la mejor y la más conocida de todas. Y el «alma inferior», o sea el «alma húmeda». Pero lo importante, en este caso, es la distinción entre cuerpo y alma y el superior valor otorgado a esta última. Mientras Pitágoras —a quien se debe la expresión del cuerpo como *tumba del alma* (σονα σημᾶ)—, no sólo considera el alma distinta del cuerpo, sino, aún más, como capaz de superarlo, aun cuando no puede desentenderse completamente de él; parcial liberación obtenible (según Pitágoras) mediante el *entusiasmo* (endiosamiento), en lo que hay una evidente relación respecto del rito órfico, basado a su vez en la «locura de los dioses» (μανία) y asimismo en la *orgía*. Finalmente, tenemos el caso de Demócrito, propugnador del materialismo, quien si bien afirma que el alma está compuesta de *átomos*, parece, sin embargo, algo inmaterial, compuesto de átomos esféricos e impulsado por el más rápido movimiento. Demócrito la reputa «la parte más noble del hombre», pues ella es capaz de proporcionar el necesario equilibrio mediante el saber y la prudencia.

Tal es la idea que del alma tiene el pensamiento presocrático, pero a partir de Sócrates el dualismo cuerpo-alma se agudiza, aunque a veces parece ocultarse. Ahora bien, la cuestión del alma se ofrece de diversas maneras en el pensamiento socrático-platónico, o platónico a solas, según sea el caso. El *Fedón* (decisivamente vinculado a Sócrates) defiende un dualismo del alma (inmortal) y el cuerpo (mortal). Mas, por otra parte, Platón distingue varios órdenes o actividades en el alma, estableciendo así diversos tipos de relación entre alma y cuerpo, lo que explica las divisiones entre las tres partes, de esta manera:

Alma { sensible (apetito)
irascible (valentía)
inteligible (razón)

Ahora bien, el hombre es quien decide el camino a seguir —con respecto a su alma— y, en consecuencia, puede «convertirse enteramente en algo mortal», o hacerse inmortal y contemplativo si «[...] entre todas sus facultades ha ejercido principalmente la capacidad de pensar en las cosas inmortales y divinas [...]».[146] Así, pues, el alma tiene una doble existencia ascendente y descendente, y si bien reside en lo sensible («tumba» o «cárcel»), puede, sin embargo, encaminarse a lo inteligible. Lo cual puede hacer porque, como dice Platón en el *Fedro*, el alma, en una situación originaria, es

---

146. Platón: *Timeo*, 81 B.

como un carro tirado por dos corceles alados, dócil uno y díscolo el otro (instintos sensuales y pasiones), dirigidos por un auriga (la razón) que se esfuerza en conducirlo bien. Mas si el alma es inmortal ello se debe a su doble condición de simple e inmaterial, lo cual no excluye esa triparción de funciones que, en otra ocasión, nuestro filósofo presenta de esta manera:

Funciones
- a) concupiscente o sensual
- b) irascible (impulsos y afectos)
- c) racional (conocimiento y deliberación)

Funciones que están relacionadas entre sí, y dicha buena relación es la *justicia* (δικαιοσυνη). Finalmente, Platón se refiere al «alma del mundo» como el intermediario entre cosas e ideas. En tanto que el alma humana está caída, encarna en el cuerpo y es cambiante y corruptible; pero, por otra parte, puede contemplar las Ideas, es decir, lo eterno e inteligible.

Conforme con el criterio empirista-realista de la filosofía aristotélica, el *Estagirita*, en el comienzo, niega que el alma sea rigurosamente individual y espiritual. El alma es sustancia sólo como principio del cuerpo, o sea «[...] el acto primero del cuerpo físico-orgánico [...]».[147] Y si bien no es el cuerpo, sin embargo, le pertenece y está en él. En consecuencia, el hombre no es solamente *alma pensante*, pero ella le permite distinguirse del resto de los seres. Esa alma pensante (sustancia racional) es parte superior del conjunto y se puede llamar más bien πνευμα (*pneuma*) que ψυχή (*psique*).

El alma (ψυχή) es el principio de la vida: la *forma*, la actualidad de un cuerpo vivo, que informa la materia corporal. En consecuencia, el alma no es algo agregado al cuerpo, sino que éste es viviente porque tiene un alma. «El alma es la actualidad o entelequia primera de un cuerpo natural orgánico».[148] Y refuerza lo dicho con lo siguiente: «[...]»[149] Ahora bien, el alma por lo cual vivimos, sentimos y entendemos [...]»[149] Ahora bien, el alma desempeña distintas funciones, tal como puede verse a continuación:

Funciones
- a) vegetativa (planta, animal, hombre)
- b) sensitiva (animal, hombre)
- c) racional (hombre)

Mas cada viviente sólo posee un alma, que si bien es racional en el hombre, actúa conjuntamente con las restantes funciones elementales.

Según Aristóteles, el alma es *tamquam tabula rasa* (tal como si fuese una superficie lisa) en la cual se graban las impresiones, con lo que el *Estagirita* se opone a las *Ideas* y a la *anámnesis* platónicas. Mas esa *tabula rasa* es la mente «pasiva» (νοῦς παθητικός), en tanto que el entendimiento activo o agente (νοῦς ποιέτικός) es aquel otro que «[...] es tal que se hace todas las cosas, es tal que las hace todas, al modo de un cierto hábito, como la luz; pues, en cierto sentido, también la luz hace ser colores en acto a los que son colores en potencia [...] Este entendimiento es inseparable, impasible y sin mezcla, ya que es por esencia una actividad [...] Sólo una vez separado es lo que es verdaderamente, y sólo esto es inmortal y eterno.»[150]

---

147. Aristóteles: *De Anima*, 412, a 27 b 5.
148. *Ibid.*, II, 1.
149. *Ibid.*, 414 a 12.
150. *Ibid.*, III, 5.

Y concluye el *Estagirita* afirmando la realidad y omnipotencia del alma con las siguientes palabras: «En cierto modo, el alma lo es todo».[151]

Los estoicos, si bien profesan una rigurosa creencia *materialista* o tal vez mejor *corporalista*, admiten la existencia de dos principios, uno activo (la *razón*), otro pasivo (la *materia*), al cual llaman *Dios*. Ahora bien, este último también es corporal e interviene en la materia a la manera de un fluido generador o «razón seminal» (λόγος σπερματικός). La percepción imprime sus huellas en el alma humana para formar las ideas mediante la φαντασια καταληπτική. Como vemos, el estoicismo, aun cuando no niega del todo la existencia del alma, restringe, en cambio, considerablemente su esencial independencia y su espiritualidad, presentando así un agudo contraste con Platón y Aristóteles, como asimismo con Plotino —la última gran figura de la filosofía antigua—, quien continúa, aunque con notorias variantes, la línea de pensamiento platónica. Según él, el alma es un reflejo del νοῦς, o sea el mundo del espíritu, de las ideas. Hay un «alma del mundo» y «almas particulares», que son aquéllas situadas entre el νοῦς y los cuerpos donde se alojan. El alma sufre varias recaídas mediante las correspondientes reencarnaciones y debe libertarse de la materia, lo cual ocurre con el *éxtasis*. Mas debe tenerse también en cuenta que Plotino sostiene a la vez la divisibilidad e indivisibilidad del alma en la medida en que ésta se aleja del mundo inteligible y se radica en el cuerpo. En consecuencia, no es algo completamente separado de éste ni tampoco un simple principio suyo. Por lo mismo, por su origen divino, el alma es una esencia inmortal e incorporal llamada a contemplar lo inteligible; y, por su situación en el mundo, vive en el cuerpo, desde su propio nivel, una vida inteligible. Vemos así que el alma ocupa un lugar intermedio entre la esencia indivisible y las esencias divisibles, lo que, desde otro punto de vista, defienden también San Agustín y Santo Tomás.

Como decíamos líneas atrás, Plotino es la última gran figura del pensamiento antiguo, y, además, vive y actúa en el ambiente del Cristianismo. Ahora bien, en esa fase final de una cultura que tramonta, lo esencial con respecto a la cuestión del *alma* es el esfuerzo para determinar su posición tanto en el cuerpo como con respecto al mundo: es decir, la composición y el equilibrio mutuo de las diversas partes que la constituyen. Pero esto es justamente el avance hacia la «inmaterialización» y la «personalización» del alma, que culmina con el Cristianismo, sobre todo, con San Agustín. De ahí que mientras, para el neoplatonismo, el alma es —cuando más— un intermediario entre lo sensible y lo inteligible, en el Cristianismo es una *persona* que mantiene una relación filial con Dios.

El Cristianismo, en consecuencia, hace cambiar rigurosamente la idea del alma, que ahora es nada menos que el «problema de la persona», y, por lo mismo, no se va a ver *desde* el mundo, sino, al revés, éste *desde* aquélla. Y las notas que la caracterizan son las siguientes: subjetividad, autoconciencia, conciencia de la propia espontaneidad y trascendencia. Lo cual, por supuesto, significa que el alma deja de ser «cosa», es decir, que ahora se la concibe como un «puro y radical intimismo» opuesto a ese «principio y forma edificante» de la filosofía antigua.

Decisivo cometido le cabe en todo esto a San Agustín, tal como podemos verlo en las *Confesiones*, ese magnífico torso dramático en que consiste el examen de su propia alma. Ya antes, en los *Soliloquios*, nos dice de modo breve y claro cuál es el propósito fundamental de su actividad pensante:

---

151. Aristóteles: *De Anima*, 431 b, 8.

«*Deum et animam scire supio. — Nihilne plus? — Nihil omnino.*» (Quiero saber de Dios y el alma. ¿Ninguna otra cosa? Nada más.) [152] Alma que es, para él, espiritual a causa de su inmaterialidad y que, además, lleva consigo la capacidad de entrar en sí misma: «*Noli foras ire, in te ipsum redi: in interiori hominis habitat veritas*» (No salgas de ti, mas en ti permanece, pues en el hombre interior reside la verdad),[153] expresa el Santo. El alma, por su *ratio inferior*, (razón natural), es capaz de conocer las cosas, a sí misma y a Dios indirectamente. En tanto que puede ser iluminada por Dios sobrenaturalmente (*ratio superior*) y alcanzar el conocimiento de las cosas eternas. Finalmente, en la disyuntiva entre el *generacionismo* o *traducianismo* (que afirma que el alma procede de los progenitores, como sucede con el cuerpo) y el *creacionismo* (que Dios crea cada alma), San Agustín se decide por este último.

Santo Tomás de Aquino —con referencia al problema aquí propuesto— intenta algo así como tender un puente sobre aquello que él considera un «abismo», es decir, entre la idea del alma como pura e íntima subjetividad y la del alma como *entelequia*. Pues la rigurosa separación y completa independencia acordadas al alma en el agustinismo, deja subsistente, sin embargo —a juicio de Santo Tomás— la cuestión de la necesidad de ese principio unificante, no ya sólo del alma, sino, además, de la vida, que el discípulo de Alberto el Magno descubre en la filosofía aristotélica. Pues no se descuide el detalle de que mientras San Agustín es un idealista de puro corazón, Santo Tomás es un convencido realista, que se halla —*mutatis mutandis*— frente al Obispo de Hipona en la misma actitud de Aristóteles con respecto a Platón. En consecuencia, Santo Tomás acentúa la *unidad sustancial* del hombre a base de considerar el alma como forma unificante con las siguientes consecuencias: una, que ella es el principio del ser vivo; otra, que es el principio del ser racional en el hombre. Lo cual plantea dos cuestiones, una de ellas referida al *ser* del alma, la otra a su *individualidad*. Ahora bien, Santo Tomás se sabe en una difícil situación en cuanto al alma se refiere, dado su conflicto con el agustinismo y su vuelta hacia ciertos supuestos aristotélicos. Por eso mismo quiere dejar incólume la intimidad, la relación corporal, la racionalidad y la individualidad del alma. Todo, desde luego, a partir de su idea de ésta como *forma sustancial* del cuerpo humano, capaz de dotarlo de vida y corporeidad. En consecuencia, se trata de la *unión sustancial* (alma-cuerpo) que, unidos, forman la «sustancia completa y única» en que consiste el hombre. Por tanto, el alma humana es *forma subsistente*, dotada de su propia operación sin intervención del cuerpo. Es, pues, *incorpórea* (ni materia ni forma) y *espiritual* (dotada de razón), incorruptible e inmortal.

Damos inmediatamente un salto hasta el Renacimiento para encarar la prodigiosa personalidad de Juan Luis Vives, uno de los grandes humanistas de esta época. Mucho le atrajo la cuestión que venimos abordando sobre la que escribió en diferentes ocasiones, especialmente en su extenso y minucioso *Tratado del alma*, que se presenta, en cierto modo, como el pórtico de la Psicología moderna. Tanto le preocupa dicha magna cuestión —muy acorde con la actitud subjetivista-individualista del Renacimiento—, que en la mencionada obra se expresa así:

---

152. San Agustín: *Soliloquios*, II, 4.
153. San Agustín: *De vera religione*, XXXIX, 72.

No existe conocimiento de cosa alguna, ni más excelsa, ni más sabrosa, ni que mayor maravilla ocasione, ni acarree más utilidad a las más generosas empresas, que el conocimiento del alma [...] [154]

Véase aquí el gozo del intimismo renacentista, ese retorno al individuo, al yo, tan bien personificado en Petrarca. Y, como buen humanista de esa época, a Vives le atrae la cuestión del alma porque ésta representa la máxima interioridad y el individualismo más acendrado, pero esto no obsta para reconocer —como, en efecto, lo hace— que el alma es tal vez lo más difícil de conocer que pueda haber, «[...] oscura e ignorada de todos [...]» [155] Ella, agrega, «[...] es un principio activo, esencial, que mora en un cuerpo apto para la vida [...];[156] y ningún elemento agregado al cuerpo es capaz de hacer lo que hace el alma; esto, lo hace sólo ella, «[...] la cosa más extremada y tenue de toda la Naturaleza; una cosa tan próxima a la Nada que casi es la Nada misma y que hasta veces es la Nada escueta, que existe no más que en el conocimiento de nuestra mente».[157] Alma que es capaz de tres funciones, o sea como a) mente o inteligencia; b) voluntad; c) memoria. Además, según dice Vives, «[...] alma humana es el espíritu, por el cual vive el cuerpo a que está unido, apto para conocer y amar a Dios y unirse, por lo mismo, a Él para la eterna bien aventuranza [...]» [158] Finalmente, asevera Vives, el alma es inmortal, pues, si no fuese así, esto iría en contra de su propia naturaleza. En consecuencia, la muerte corporal deja intacto el espíritu; y así como la vida intrauterina es preparación para la terrenal, ésta a su vez, prepara para la inmortalidad.

La Edad Moderna prosigue con la misma cuestión planteada por Santo Tomás y después, en el Renacimiento, por Vives, es decir, la del «intimismo» vs. «el principio y la forma unificantes». Mas, al mismo tiempo, vemos que se introduce la dualidad de materia y forma en el alma (llamada *forma corporeitas* por los escolásticos, a diferencia de la forma propia de lo anímico). Se retoma el hilo de la meditación agustiniana, elaborada por la Escolástica posterior, recogida por Descartes y que culmina en Malebranche. Y se atribuye espontaneidad e intimidad radical al alma, lo cual altera sus relaciones con el mundo. Por esto mismo, de la idea de Santo Tomás de que alma y cuerpo son sustancias incompletas que se reúnen en el hombre para formar una sustancia completa, se pasa (Descartes) a la idea de dos sustancias completas y absolutamente independientes entre sí. Como tradicionalmente la palabra *alma* ha designado siempre algo profundo que está en el origen de las actividades del ser vivo, y, por otra parte, el pensamiento es la forma fundamental por excelencia de la vida, conclúyese de todo esto que las expresiones *alma* y *yo pensante* son intercambiables (Descartes), quien, en una ocasión, habla de «[...] ese yo, es decir, el alma [...]».[159]

Según el autor del *Discurso del método*, el yo o el alma es aquello por lo cual *se es* hombre, y se distingue completamente del cuerpo y se le conoce mejor que a éste. Pues aunque no hubiese cuerpo, el alma sería lo que es. En consecuencia, «[...] la naturaleza inteligente es distinta de la corpo-

---

154. J. L. Vives: *Obras Completas*, ed. "Aguilar", Madrid, 1948, tomo II, pág. 1147 ("Tratado del alma").
155. *Ibid.*, pág. 1.148.
156. *Ibid.*, pág. 1.177.
157. *Ibid.*, pág. 1.173.
158. *Ibid.*, pág. 1.219.
159. R. Descartes: *Discurso del método*, Parte IV.

ral [...]¹⁶⁰ Las sustancias son dos: una pensante (*res cogitans*), o sea el alma; otra extensa (*res extensa*), o sea el cuerpo. Además, el alma —siguiendo en esto la consabida distinción aristotélica— es racional, sensitiva y vegetativa. En cuanto al lugar de asiento del alma, éste es la *glándula pineal* y a ella confluyen las imágenes de todas las impresiones sensibles. Finalmente, dícenos Descartes que las ideas de Dios y el alma no pueden estar en los sentidos; que ella no interviene para nada en las funciones corporales, aun cuando el cuerpo afecta a veces el alma. Pero el alma *racional* no surge de la materia, sino que ha sido expresamente creada. Por último, se refiere a la *inmortalidad* del alma en estos términos: es «[...] de naturaleza enteramente independiente del cuerpo [...], por consiguiente, no está sujeta a morir con él; y puesto que no vemos otras causas que la destruyan, nos inclinamos naturalmente a juzgar que es inmortal».¹⁶¹

Contemporáneamente con Descartes (en realidad, es así), tenemos los casos de Spinoza y Leibnitz, porque ambos insisten en las tres decisivas cuestiones del cartesianismo, a saber: el origen, la naturaleza y la comunicación de las sustancias. Oponiéndose al dualismo sustancialista de Descartes, el filósofo Spinoza postula sólo una sustancia dotada de infinitos atributos, de los cuales el intelecto conoce solamente dos: el pensamiento (*cogitatio*) y la extensión (*extensio*). En cuanto al hombre, es un modo de la sustancia (o simple modificación de Dios), en los atributos del pensamiento y la extensión. Tiene, pues, *alma y cuerpo* —he ahí su peculiaridad; y el alma es la idea del cuerpo. Mientras Leibnitz, por su parte, funda su concepto o su idea del alma en esa entidad llamada mónada (del griego μονος = uno), que es la estructura metafísica del mundo. La mónada —dice Leibnitz— es una sustancia simple, carente de partes, y es el *elemento* constitutivo de las cosas. Además, es inmaterial, indivisible e inextensa. Ahora bien, el hombre es también *mónada*, dotada, eso, sí, de conciencia y memoria, con plena capacidad de percepción y *apercepción* (darse uno cuenta de que tiene conciencia). Finalmente, Leibnitz nos dice que Dios es el autor de todo esto: «[...] Es menester, pues, decir que Dios ha creado primero el alma, o cualquier otra unidad real, de manera que todo le nazca de su propio fondo, por una perfecta espontaneidad, respecto a sí misma, y, sin embargo, con una perfecta conformidad con las cosas de afuera [...]»¹⁶² A esto le llama Leibnitz la *armonia preestabilitas* (o sea el acuerdo que ya, de antemano, hay entre las cosas).

La filosofía inglesa del XVII al XVIII ofrece los nombres de John Locke, George Berkeley y David Hume. El primero admite la existencia de la sustancia y del alma como fundamento de la responsabilidad moral, pero afirma que esta última es inconocible. Hume, por su parte, se expresa en estos términos con respecto al alma:

> Nosotros imaginamos la existencia continua de percepciones de nuestros sentidos, para eliminar su interrupción, y nos adherimos a las nociones de *alma*, de *sí*; de sustancia, para disimular la variación [...]¹⁶³

La subjetivación cada vez más rigurosa en el proceso de la filosofía moderna, conduce a un desplazamiento desde el problema del alma hasta

---

160. *Ibid.*
161. *Ibid.*, Parte V.
162. G. G. F. Leibnitz: *Systéme nouveau*, 14.
163. D. Hume: *A Treatise of Human Nature*, ed. "University of Texas Press", 1953, Parte IV, sec. 5.ª, pág. 230.

el de la conciencia. A partir de Descartes comienza dicha sustitución, que se efectúa paulatinamente, mas en forma inexorable. Pues téngase presente que la preocupación predominante, en la filosofía moderna, es el *conocimiento*, para el cual la noción de *conciencia* se adecúa más que la de alma. De ahí la tendencia a separar el aspecto metafísico del aspecto psicológico de dicha cuestión. Porque, además, la conciencia es temporal, por lo que es, en definitiva, tiempo; mientras el alma es eternidad o al menos a ella aspira. Así se explica la decisión kantiana de negar toda posibilidad de la existencia del alma en el ámbito de la experiencia, considerándola, a lo sumo, como un postulado de la *razón práctica* o como *idea regulativa*. Mientras la conciencia —en el caso de la filosofía de Kant— es el dispositivo que permite el acceso al conocimiento trascendental.

Como sabemos, en la *dialéctica trascendental* Kant hace una rigurosa y minuciosa crítica de la posibilidad del saber metafísico entendido como aquello que se obtiene en la especulación racional. La matemática y la física son posibles por desarrollarse dentro del campo de la experiencia; pero la metafísica pretende que la razón pura le proporcione el saber de algo que trasciende la experiencia, algo que rebasa los límites del mundo sensible y quiere llegar al *noúmeno* del mundo inteligible. Kant identifica el *alma* con el *yo pensante*, y a este respecto nos dice lo siguiente:

> [...] Yo, como ser pensante, soy un objeto del sentido interno y me llamo alma. Lo que es objeto del sentido externo, se denomina cuerpo. Así, pues, la palabra yo, en tanto que ser pensante, indica ya el objeto de la psicología, denominable ciencia racional del alma cuando no se pretende saber nada más del alma que lo que puede extraerse de ese concepto *yo*, cuando se ofrece en todo pensamiento e independientemente de toda experiencia [...] [164]

Sin embargo, el alma no es el principio formal de los vivientes que nos rodean; por lo que la identidad de la persona, en consecuencia, la permanencia del alma, requiere probarse. Pero los principios en que descansa su teoría del conocimiento se oponen, desde el comienzo, a la aprehensión de toda determinación exterior del sujeto, por lo que Kant se dispone a aclararlo de esta manera:

> [...] La unidad de la conciencia, que sirve de fundamento a las categorías, está puesta aquí como intuición del sujeto en tanto que objeto al cual se aplica la categoría de sustancia. Pero ella es sólo la *unidad* en el *pensamiento*, de modo que con ella no se da ningún objeto, y, entonces, la categoría de sustancia, que supone siempre una intuición dada, al no aplicarse a dicha unidad, impide conocer al sujeto [...] [165]

Con todo lo cual, al restablecer la unidad del yo, la noción de *alma* se reduce a algo marginal acorde con la tradición cartesiana. Pues el *objeto metafísico* es el resultado de hipostasiar el concepto sin tener en cuenta a la experiencia; y de este funcionar en el vacío nacen las *ideas*, síntesis de que se vale la razón para construir concepciones totales sobre el alma, el mundo y Dios. Para demostrar la imposibilidad de tales demostraciones, producto, según él, de una infundada especulación, Kant nos habla de esas tres ideas (alma, mundo, Dios) en las secciones de la *Crítica de la razón pura* destinadas a tratar, respectivamente, de la psicología, la cosmo-

---

164. E. Kant: *Kritik der reinen Vernunft*, I, 2.ª división, libro 2.º, cap. I, pág. 279.
165. *Ibid.*, págs. 308-309.

logía y la teología racionales. Ahora bien, el alma como tal no es un objeto de la experiencia, pero ella, (lo mismo que la libertad y la inmortalidad) tiene un *carácter regulativo*, es decir, sirve como punto de referencia, y, en consecuencia, sólo puede admitirse en calidad de *postulados*. Así, pues, según Kant, el alma es el punto de referencia para abordar la peliaguda cuestión de la religión.

El largo camino de la filosofía moderna, desde Descartes hasta Hegel, es el esfuerzo continuo por convertirse en *ciencia*. Tan es así, que este gran pensador alemán lo ha expresado categóricamente con las siguientes palabras:

> [...] La verdadera figura en la cual existe la verdad no puede ser sino el sistema científico de la misma. *Colaborar a que la filosofía se aproxime a la forma de ciencia* —a que pueda despojarse de su nombre de amor al saber y sea saber efectivo— tal es lo que me he propuesto [...] [166]

Tendencia que llega hasta nuestros días, con Husserl y su idea de la filosofía como «ciencia rigurosa» (*strenge Wissenschaft*), pero que choca, sin embargo, con las opuestas concepciones de Max Scheler y Heidegger entre otras. Todo lo cual explica perfectamente el tránsito desde la noción de *alma* hasta la de *conciencia* y, finalmente, al *yo*, en que consiste el llamado por Hegel *espíritu subjetivo*, y quien concibe el *Espíritu* (en general) como el *ser para mí*. Ahora bien, en un sentido un tanto vago, Hegel admite que es *alma* que, a través de todos los grados de la *conciencia* (¡he ahí la cuestión!) llega hasta el *saber absoluto*. (Prescindo, ahora, por supuesto, de referencias a esas otras dos formas de espíritu —*objetivo, absoluto*—, porque no vienen al caso.)

El movimiento *espiritualista* iniciado en Francia a mediados del siglo XVIII, para contrarrestar el creciente materialismo a que conducía la filosofía moderna, tiene como figura más destacada a Maine de Biran, quien niega que la *sensación* sea el hecho primitivo de donde es preciso arrancar. La conciencia supone una dualidad de términos, es decir, el *yo* y *lo resistente* (o sea todo lo demás), ambos envueltos en esa «realidad activa» que es la resistencia del objeto frente al sujeto. En consecuencia, el hombre no es *cosa* ni pensante ni extensa, ni tampoco en sí. Y nos dice:

> [...] cuando este yo reflexiona sobre sí mismo, cuando el sujeto no puede identificarse con el objeto en el mismo acto de reflexión, el yo, objeto de este acto, no puede ser más que el ser absoluto o el alma concebida como *fuerza* sustancial; el nóumeno es concebido o creado aquí como en toda percepción, fuera de la conciencia [...] [167]

Sin embargo, aunque Maine de Biran admite la existencia del alma, no se siente igualmente animado a conceder que es posible conocerla:

> [...] Al suponer el pensamiento más profundo, la más concentrada reflexión sobre los modos íntimos, repetidos y variados de todas las maneras de que se compondría una vida intelectual indefinidamente prolongada, este pensamiento jamás sería el fondo mismo de la sustancia del alma. No podría revelársela a sí misma, como Dios la conoce, todo entera [...] [168]

---

166. J. G. F. Hegel: *Phänomenologie des Geistes*, *Sämtliche Werke*, ed. "Félix Meiner", Hamburg, 1955, parág. 64.
167. M. de Biran: *Oeuvres*, ed. de Paul Tisserand, tomo VII (1942), págs. 372-373.
168. *Ibid.*, tomo XIV (1949), 2.ª parte.

En la línea descendente del espiritualismo francés, a partir de Maine de Biran, se halla la gran figura filosófica de Henri Bergson, cuyo pensamiento, opuesto al mecanicismo cientificista, es de sobra conocido. Entiende este pensador que se debe aceptar el testimonio de la experiencia mientras no se reduzca a una simple ilusión. Mas la experiencia demuestra que el alma o la conciencia están vinculadas al cuerpo, aunque la vida del espíritu no se reduce a la pura actividad cerebral; porque, por el contrario, se vale del cuerpo como del cerebro, pero sobrepasándolos. En consecuencia, la vida espiritual no depende necesariamente de su unión con el cuerpo, pues «[...] no tenemos el derecho a suponer que el cuerpo y el espíritu están inseparablemente unidos entre sí.»[169] Porque —prosigue Bergson— «[...] el cerebro no determina al pensamiento y, en consecuencia, el pensamiento, en gran parte al menos, es independiente del cerebro.»[170] Y de aquí que, en otra ocasión, nos diga así: «Hay, al menos, una realidad aprehensible desde adentro, por completo, mediante la intuición y no por un simple análisis. Ésta es nuestra propia persona en su fluir a través del tiempo. Es nuestro yo que dura.»[171]

Vamos a cerrar esta lata enumeración de los avatares del problema del alma, en la cultura occidental, acudiendo a otro gran pensador francés, Louis Lavelle, quien ha profundizado notablemente esta cuestión. Y, a este respecto, dice lo siguiente:

> El espíritu no es un objeto visible, ni siquiera mediante una operación intelectual; *es un acto aprehensible solamente en su propia realización.* Ahora bien, considerado como *acto*, jamás puede ser un objeto, por sutil que fuese; él es el poder que permite captar lo demás, y como *acto espiritual* produce, [...] indivisiblemente, mi conciencia de las cosas y la conciencia de mí mismo [...] Pero la conciencia de mí mismo no es más que *la conciencia que tengo de tener conciencia de las cosas.*[172]

Mas el espíritu es la *conciencia del tiempo*, pues el mundo se da todo en él en un instante; pasado y futuro tienen realidad sólo en el espíritu: son puros pensamientos. La conciencia individual es la que puede participar de la vida del espíritu, el cual es el acceso común que aclara y une a todas las conciencias, pues es eterno e universal. Y remata Lavelle diciendo:

> [...] El espíritu en la medida en que se desprende del mundo material y, sin embargo, sigue adherido a él, se halla completamente en el dominio de la posibilidad y en el del futuro, porque es el tránsito del uno al otro, o, tal vez más, la conversión de uno en otro: el lugar de tránsito, el camino de esa conversión es el mundo.[173]

Así como la vida eterna fue una constante preocupación del *Apóstol*, en cuya creencia encontró siempre apoyo y esperanza en medio de las tribulaciones de que estuvo hecha primordialmente su vida, de igual manera le acontecía con el *alma*, razón de ser de toda humana calidad ética. El cuerpo —lo sabía muy bien por sí mismo— es constante fragilidad y flaqueza, tal

---

169. H. Bergson: *L'Énergie spirituelle,* ed. du Centenaire, "Presses Universitaires de France", París, 1959, pág. 847.
170. *Ibid.*
171. H. Bergson: *Introduction a la Métaphysique,* ed. du Centenaire, *op. cit.,* pág. 1.396.
172. L. Lavelle: "La relation de l'esprit et du monde", Actas del Primer Congreso de Filosofía, Universidad Nacional de Cuyo, 1949, tomo II, págs. 825-829.
173. *Ibid.*

cual el hambre, la sed, el sexo, la enfermedad, etc. Y no es que el alma quede a cubierto por completo de tan graves asechanzas, si no más que las corporales. Pero ella puede superarlas, elevándose sobre sí mismas para dotar a la vida de la dignidad que, en el caso del hombre, es la única justificación posible. Es difícil admitir, piensa Martí, que la vida humana consista pura y simplemente en ese vasto, sutil y complicadísimo repertorio de estímulos y respuestas, acciones y reacciones que es nuestro cuerpo. Pues si tenemos conciencia no sólo de lo que hacemos, sino, además, de por qué lo hacemos, y somos asimismo capaces de juzgar lo hecho en términos de verdad o falsedad unas veces, o de justicia o injusticia otras, como también de bien o mal, y así por el estilo, todo esto se debe necesariamente a algo distinto de los mecánicos procesos de la digestión, o el oír, etc. Pues no se puede ver exactamente del mismo modo a alguien acariciando a un niño que maltratándolo ferozmente, aun cuando el proceso óptico correspondiente sea idéntico. Según Martí, la vida humana es dual, es decir, una del cuerpo y otra del alma. Bien lo supo él a lo largo de tantas de esas experiencias por las que debió pasar. Arrastrando una existencia física casi mísera, con un cuerpo cada vez más consumido por el trabajo inagotable, la falta de adecuado reposo y comido de dolencias corporales sin cuento, nuestro *Apóstol* supo siempre sacar fuerzas de flaqueza mediante esa alma o ese espíritu jamás doblegable ante ningún inconveniente por grave que fuese éste. ¿Cómo, entonces, no iba a hablar del *alma* tan profundamente como lo hizo? De ahí que, espigando entre esas múltiples manifestaciones, sea posible establecer la siguiente clasificación:

Alma
{
Alma y cuerpo
Alma y espíritu
Intimidad del alma
Antinomia del alma
Alma y trascendencia
Alma y amor
Alma y arte
Símil de la «blancura»
Miscelánea
}

En la páginas dedicadas a exponer sumariamente la historia de lo pensado y lo creído sobre el alma, vemos cómo se mantiene, en forma constante, la distinción entre el alma y el cuerpo, lo que hace de la vida humana una dualidad. Martí comparte esta creencia y la defiende en diferentes ocasiones, oponiéndose con firmeza a toda idea, teoría, creencia o lo que sea dispuesta a sostener la sola existencia del cuerpo, y, en consecuencia, la negación del alma, tal como sucede con el «materialismo-dialéctico» del marxismo. No sabemos, pues, qué habrá pensado este último acerca de tan delicada cuestión, y dudamos mucho que en los países sometidos a la tiranía comunista circule la obra completa del *Apóstol* sin el severo expurgo al que debe haber sido sometida para despojarla de resabios «idealista-burgueses» tales como, por ejemplo, Dios, el alma, la vida eterna, la libertad, el derecho a disentir públicamente, y así por el estilo. La obra de José Martí, en tierras comunistas, debe ser la más «incompleta» de las *Obras completas* de autor ya desaparecido, porque casi no hay parte de ella, no importa cuán mínima sea, donde la fuerza majestuosa del espíritu —del alma— no se manifieste vigorosamente. En forma alguna podría admitir la censura marxista esta afirmación tajante sobre el alma como entidad existente e independiente del cuerpo:

[...] Si la religión no está en el alma, ¿cómo ha de estar la unción religiosa en el pincel [...] (G-9)

El *Apóstol* establece una adecuada relación del cuerpo con el alma, porque, en efecto, uno y otra se influyen; mas esto no supone una total subordinación recíproca. ¡Cómo, pues, negarse a admitir que ambos poseen sus propias leyes, dadas precisamente para obrar uno en otro! Si bien es cierto que con dichas leyes el cuerpo aposenta, mueve y esclaviza al alma, no lo es menos, por otra parte, que esta última dota al hombre de la claridad requerida para superar las limitaciones somáticas. Correlación destinada a establecer un adecuado equilibrio de ambas entidades, preservándolas de todo menoscabo entre sí. Y tan es de la manera como lo reputa Martí, que en una ocasión se expresa del modo siguiente: «[...] Mientras hubo cuerpo que defender, y aposento en que estar, el enfermo lo defendió y el alma estuvo [...]» (G-31) Mas, al finalizar la vida terrenal, ocurre entonces que «[...] el alma se iba majestuosa y serena de aquel cuerpo [...]» (G-32) También, en otra ocasión, exclama poéticamente:

> *No es la dulce, la plácida, la pía*
> *redentora de tristes, que del cuerpo,*
> *como de huerto abandonado toma*
> *el alma adolorida, y en el más alto jardín*
> *la deja* [...] (G-57)

A veces Martí, en lugar de hablar del alma, se refiere al espíritu, y lo cierto es que lo hace con admirable precisión, en lo que a distinguir una del otro se refiere. Considerado por los griegos como soplo, aliento o hálito (πνευμα) el espíritu, o sea el «principio vital», se fue separando del alma progresivamente, para representar el principio superior de ésta. Por eso, Aristóteles dice que el espíritu (νους) es la parte superior del alma (ψυχη) y contiene la razón y el pensamiento, mientras el alma lleva consigo lo emocional o afectivo. De un modo muy general, el espíritu se concibe como la fuerza que se opone a la pasividad de la materia, al mal y al no-ser. Durante el siglo XIX dicha creencia se manifiesta tanto en el espiritualismo francés como en las respectivas concepciones filosóficas de Hegel y Dilthey, y, luego, en el siglo XX, con Eucken, Scheler, Hartmann, Marcel, Lavelle y otros. El *Apóstol* se halla justamente en esa línea de pensamiento con respecto al papel que el espíritu desempeña en la vida humana, individual y socialmente considerada la cuestión. Sobre todo, cuando se trata de la relación de subordinante a subordinado en que se hallan el espíritu y el alma. «[...] El alma es espíritu, y se escapa de las redes de la carne [...]» (G-96), nos dice Martí para hacer ver que advierte perfectamente la superioridad del espíritu respecto del alma, en la que reside su fuerza creadora. Valiéndose de una de esas magníficas intuiciones con que solía penetrar en lo más profundo de una cuestión y, al mismo tiempo, describirla claramente, agrega esto otro:

> El que sabe más de la naturaleza del espíritu humano, ése sabe más, aunque en detalle analice y sepa menos, de todo lo que el espíritu humano ha elaborado: religiones, historia, legislación, poesía [...] (G-65)

Acercándose, sobre todo, a Hegel y a Dilthey, con referencia al cometido singular y decisivo del *espíritu*, el *Apóstol* deja ver que lo inicial y básico, en cuanto al conocimiento de las Ciencias del Hombre, es precisamente ese saber profundo del espíritu, tal como aparece en la *Enciclopedia de las ciencias filosóficas* (Hegel) y la *Introducción a las ciencias del espíritu* (Dilthey). Pues, en efecto, sólo recurriendo al espíritu, a su esencia, existencia y modos de obrar, se consigue desvelar el secreto de las diversas manifestaciones de la cultura. Confirmando aún más esto mismo, Martí se expresa así:

> [...] El espíritu presiente, las ciencias ratifican. El espíritu, sumergido en lo abstracto, ve el conjunto; la ciencia, insecteando por lo concreto, no ve más que el detalle. Que el Universo haya sido formado por procedimientos lentos, metódicos y análogos, ni anuncia el fin de la Naturaleza, ni contradice la existencia de los hechos espirituales [...] (G-71)

¡Qué buen revés de mano al ateísmo superficial y tosco de los marxistas! El *hecho espiritual* es para él indiscutible, pues sin éste no se puede explicar nada. Ni el mundo en general ni tampoco la vida son explicables dentro del estrecho molde del materialismo mecanicista impuesto dogmáticamente por el marxismo, porque sólo así podría sostenerse. En consecuencia, «[...] lo real, accidente y efecto: y el espíritu, de indispensable existencia.» (G-98) Porque, además, ¿quién dice que lo real ha de ser siempre visible con los ojos de la cara «[...] Hay eso que no se ve y existe, y está en el aire, y se hace voz en el orador, y brazo en el militar, y genio en el financiero [...]» (G-84) Por lo mismo, se expresa de esta manera, en desacuerdo con los sicofantes materialistas:

> Unos olvidan que en la anotadora armonía universal toda teoría ha de ir comprobada por una correspondiente sobre el espíritu; otros, ensimismados y soberbios, desconocen aquella del alma al cuerpo que no es desemejante de la música sublime con el sentimiento que la expresa, y con cuya cuerda perecedera no se extingue la música! Todo se afirma, purifica y crece. (G-80)

Otro delicado aspecto del alma, comentado por Martí, es el de su *intimidad*. En efecto, en contraste con la inevitable exterioridad del cuerpo se halla la interioridad o reconditez de aquélla. Alma es, en términos generales, refugio, escondite a donde va a parar todo cuanto es ajeno al cuerpo. Pensamientos, sentimientos, deseos, propósitos, todo esto se halla en el alma, o, tal vez mejor, es ella misma. En esto consiste la vida íntima, de meditación y oración. Ella aloja al «hombre interior» de que habla San Agustín; ella es el *ordre du coeur* señalado por Pascal. Pues nuestra hominidad proviene justamente del alma, y, por lo mismo, la calidad de más o menos *persona* que se tiene depende siempre de la «cantidad» de intimidad disponible. Y, según aumenta ésta, así se acrece la persona. En consecuencia, la intimidad del alma, en un hombre como el *Apóstol*, promueve esta estimuladora reflexión, que es casi un confiteor:

> [...] El alma, pudorosa, guarda sus más íntimas y graves, y deleitosas confidencias, para esta hora sabrosa, en que, no temerosa ya de que la vean [en el crepúsculo], se sale desnuda del cuerpo, a resarcirse y fortalecerse con el espectáculo y goce del alma universal, flotante en la onda de aire, palpitante en el éter, benéfica y sonora. (G-22)

Mas el alma está expuesta de continuo a las asechanzas de todo lo que le es ajeno; en términos teológicos, diríamos que a las «del mundo, el demonio y la carne». Su vida depende primordialmente de su ocultamiento y, por lo mismo, la seguridad del alma depende de la *intimidad* donde se repliega con sus más recónditos e inefables modos de ser: pensamientos, sentimientos, deseos. Martí conocía muy bien todo esto, porque de continuo se veía obligado a convivir con esa multitud de seres humanos incapaces de sospechar la compleja delicadeza de su alma, es decir, las distintas formas sutiles en que era capaz de expresarse, tal como a menudo se advierte en sus páginas. Le fue necesario siempre *desdoblarse* en un hombre exterior y otro interior, a fin de hacerse comprensible a la ajena medianía. Y a esto se deben esas maravillosas confidencias emanadas de la interioridad del alma, a la vez profunda y delicada, como es la siguiente:

> El alma, es verdad, va por la vida como en la cacería la cierva acorralada, sin tiempo para despuntar los retoños jugosos, o aspirar el aire vivífico, o aquietar la sed en aquel arroyuelo del bosque que corre entre las riberas verdes, luz derretida, joya líquida, discurso de la Naturaleza que fortifica y alecciona por donde pasa. En cuanto el alma asoma, un escopetazo la echa abajo: para vivir, hay que esconderla donde no nos la sospechen, y en las horas de la soledad, en las horas de lujo, sacarla a la luz tenue, como el relicario que guarda la efigie de la mujer querida, y llorar sobre ella, acariciarle la cabellera pegada a las sienes, aquietarle la mirada ansiosa, y decirle con la voz de los desesperados: «cuándo acabaremos, ¡oh alma!» Todo vivo que debiera ser un aroma, es un cómplice; y la existencia es más feliz, mientras son más numerosas y francas las complicidades. (G-79)

Finalmente, sobre esta misma cuestión, véase la fina nota poética que citamos a continuación:

> Si me pedís un símbolo del mundo
> en estos tiempos, vedlo: un ala rota.
> Se labra mucho el oro. El alma apenas!
> Ved cómo sufro. Vive el alma mía.
> cual cierva en una cueva acorralada.
> Oh, no está bien: me vengaré llorando! (G-58)

Otras veces el *Apóstol* advierte cómo el alma puede llevar consigo su propia contradicción, convirtiéndose en su enemiga. Ésta vendría a ser su antinomia, que tiene lugar cuando ella, dejando de ser esa suave delicadeza en que debe consistir, se manifiesta contrariamente; de manera que se altera en forma brusca la serenidad que le es atribuible. Por ejemplo:

> Hay en el alma como otro ser dormido, fiera cuando lo mueve el espanto o la venganza, llanto cuando lo agita el duelo o el amor. Ora es melancolía insensata: ora es ave oprimida que nos rompe el pecho con el mover inquieto de sus alas. (G-12)

Más tarde, al sobrevenir la madurez y con ésta la ocasión de comprobar la diversidad de lo anímico humano, piensa en la heterogénea composición del alma, constante en cada hombre, a este tenor:

> ¡Oh! El espíritu humano como la tierra, como la atmósfera, tiene capas. Las unas son de arena menudísima que el sol calienta, y movida de vientos extraños, asciende, en revueltas y brillantes columnas, al sol: y son las otras de roca áspera, en que parece quebrarse impotente, como en masa intallable, el cincel divino [...] (G-36)

El alma, por otra parte, es inmortal para Martí, o sea insusceptible de perecer con el cuerpo, según hemos dicho antes. Pero hay otro aspecto del alma, con referencia a su inacabable realidad, que atrae su meditación, es decir, que, en notoria diferencia con el cuerpo, el alma es siempre una *intención*, una especie de designio de algo —en cada caso— que va más allá de todo cuanto es hecho por ella; así, pues, a la mecánica corporal, siempre un puro automatismo, se contrapone una indudable teleología anímica (cierta finalidad) que es precisamente la que dota de sentido —de razón de ser— a los actos corporales del hombre. Así, pues, mientras una víscera —pongamos por caso— tiene una finalidad no propuesta —al menos conscientemente—, la idea, el sentimiento, el deseo, responden a una previa finalidad, la cual, además, trasciende el hecho concreto de su efectiva realización. Se ama a alguien, o algo, porque hay un motivo, un propósito trascendente a la consecuencia causada por el motivo o el deseo. Por lo mismo, dice el *Apóstol* que «[...] el espíritu humano no es nunca fútil, aun en lo que no tiene voluntad o intención de ser trascendental. Es, por esencia, trascendental el espíritu humano [...]» (G-77) De manera que, según Martí, el susodicho *finalismo* del alma se halla presente en todo momento, aun en los casos en los que el alma no se dispone a trascenderse a sí misma. Trascendencia que la hace remontarse a regiones distantes del mundo espacio-temporal donde ella habita; pues en esto consiste su capacidad de liberarse del peso de la materia y las limitaciones propias del espacio y el tiempo. «[...] El alma, con todas sus libertades, va como los astros, con toda su luz, donde los astros la llevan [...]» (G-75), expresa el *Apóstol*, y añade a este respecto: «[...] estuvo cierto [Emerson] de que los astros son la corona del hombre, y que cuando su cráneo se enfriase, su espíritu sereno hendiría el aire [...]» (G-38)

Pasamos ahora a tratar brevemente de las relaciones que descubre Martí entre el alma y el amor. Sobre este último remito al lector a lo ya dicho en el capítulo V de esta obra. Ahora bien, si el alma es la entidad apta para las manifestaciones espirituales del hombre, una de las cuales es el amor, necesariamente entre ambos debe haber una estrecha y sutil relación. Suele pensarse, con no poco acierto, que el corazón es el lugar de asiento del amor, y aun cuando, desde luego, no se trate de la víscera como tal, la expresión se refiere, no obstante, a esas señales físicas provenientes del músculo cordial cuando se experimenta un estado emocional, sea alegría, sea dolor, sea inquietud, sea nostalgia, etc. «El corazón le late apresuradamente», «se le oprimía el pecho», «sintió como si se le hiciera un nudo en el corazón», etc., son frecuentes expresiones alusivas al efecto causado en dicha *víscera* por tal o cual estado emocional. Diríase que hay algo así como un corazón «ideal», es decir, no real; especie de centro anímico que recoge todo cuanto tiene que ver con el alma, sea lo que sea, por tanto, también lo intelectual. «[...] Lo que hoy recibimos ya ornado con sublimes aureolas tuvo a su tiempo que estrecharse y encogerse para pasar por el corazón de un hombre [...]»,[174] con lo cual da a entender Ortega y Gasset que, para él, todo cuanto al hombre le acontece tiene que ver con el corazón. Éste, a su vez, como esa entidad «ideal» a que nos hemos referido ya, viene a ser, pues, algo así como la intermediaria manifestación entre el alma (máxima reconditez) y el mundo (máxima exterioridad). Pues bien, Martí lo dice con esa maravillosa economía de palabras que lo caracteriza: «[...] Sólo lo que brota del alma es oído en el suspenso corazón.» (G-16) Y —como ya hemos expresado— el alma es sólo quien puede intervenir en algo tan íntimamente cordial como es el amor, determinando esas variadas

---

174. J. Ortega y Gasset: *Meditaciones del Quijote*, prólogo.

situaciones de éste en sí mismo, como, por ejemplo, que «[...] el alma humana por el amor se levanta de la desconfianza a la creencia.» (G-14) Porque el amor es decidida entrega al bien de otro o de otros; a una causa noble, a un propósito desinteresado. Así, pues, toda disposición hacia el bien es señal inequívoca de amor.

> Hay en la esencia del alma una voz solemne e imperiosa, que se oye en son de inexplicable alegría cuando bien se ha obrado, y en penetrante palabra acusadora cuando se ha obrado poco cuerdamente. Estas voces secretas serán siempre, a despecho de las utilidades humanas, las únicas razones justas a la larga, y poderosas [...] (G-18)

Y como para reforzar lo anterior, agrega:

> El alma humana es noble —puesto que llega a soportar la vida, en la que suele dejar de hallar totalmente placeres, por la mera conciencia de su deber, de su capacidad para el beneficio de otros. Goza en su martirio, si con prolongar su martirio, otros se aprovechan de él. (G-95)

La compacta fe del *Apóstol* en la existencia del alma se extiende igualmente al delicado reino de la creación artística, y, en consecuencia, asevera que todo cuanto proviene de dicha creación depende a su vez del alma. Por lo mismo, nada de «materialismos», ni de reacciones psico-somáticas, o influencias ambientales decisivas, con la rigurosa exclusión de entidades supracorporales, como el alma y el espíritu, según la consabida e infundada palinodia marxista. También, en este punto, se habrá visto en un grave aprieto la camarilla roja de Cuba al tratar de explicar la «apostasía» martiana, siendo como era —según la desaprensiva versión de ellos— un consumado «materialista dialéctico». Pues el *Apóstol*, igualmente en el caso de las relaciones del alma con el arte, es tan explícito y categórico como siempre, por lo que dice:

> El alma gusta más de la música que de la pintura, y tal vez más de la pintura que de la poesía: ¡triste aquél que delante de un cuadro hermoso no haya sentido en sí como el crecimiento de una fuerza extraña, y en su garganta como amontonadas sin salida las palabras de contento y emoción! Son las leyes de lo eterno, que escapan a los legisladores de lo físico. (G-10)

Resulta, además, interesante a este respecto comprobar que Martí, en lo referente a las artes, adopta un criterio parecido al del gran simbolista francés Paul Verlaine, de quien es muy conocida su idea de que, en orden de importancia creadora, la música ocupa el primer lugar (*De la musique avant tout outre chose*); criterio casi de escuela, como lo vemos, de hecho, también en Mallarmé, Rimbaud y otros simbolistas. Y no se descuide el detalle de que dicho movimiento literario estaba en su apogeo cuando el *Apóstol* escribe ese comentario. De tal manera concede al alma la exclusiva capacidad de la creación artística, que, hasta en el caso de la pintura de asunto religioso, ve la huella de esa alma, al extremo de afirmar: «[...] Si la religión no está en el alma, ¿cómo ha de estar la unción religiosa en el pincel? [...]» (G-9)

También es interesante el detalle de esa relación que Martí establece entre el alma y la *blancura*, habida cuenta de que el color blanco representa o simboliza la pureza, o sea la absoluta carencia de imperfección moral, o, tal vez mejor, espiritual. La tradición religiosa cristiana adoptó este color —procedente de ritos y otras ceremonias griegas— tal como lo vemos en el atuendo de la primera comunión y el traje de boda de la desposada por primera vez. También, en la antigua Roma, debía el aspirante a un cargo público vestir una túnica blanca (*cándida*), de donde procede el nombre de *candidato*, o sea del que se presenta a comicios. Y el *Apóstol* piensa que si algo debe ser blanco, es decir, desprovisto de manchas, eso ha de ser el alma humana, por lo que dice lo siguiente:

> [...] El alma humana tiene una gran necesidad de blancura. Desde que lo blanco se oscurece, la desdicha empieza. La práctica y conciencia de todas las virtudes, la posesión de las mejores cualidades, la arrogancia de los más nobles sacrificios, no bastan a consolar el alma de un solo extravío [...] (G-94)

Como igualmente, a este mismo respecto, nos habla de la necesidad que tiene el hombre de conservar la limpieza de su alma si ha de conquistar el derecho a la vida eterna. Lo cual pone muy bien de manifiesto la profunda religiosidad de Martí, quien, si no solía frecuentar el templo, llevaba consigo, en el fondo de sí mismo, un templo constante donde moraba un alma limpia como pocas. «[...] ¡Ay de las almas si no han podido presentarse a lo Eterno revestidas de igual blancura!» (G-21) Así es como se expresa, con una firme fe conmovedora.

Finalmente, dedicaremos un brevísimo comentario a lo que hemos decidido llamar «miscelánea», o sea aquellos comentarios del *Apóstol* sobre el alma que no podríamos incluir en las clasificaciones precedentes. Así, por ejemplo, cuando dice: «Nada espanta tanto al alma grande como las cosas pequeñas» (G-97) Sin duda alguna, para un hombre de la excelsa calidad de Martí lo «pequeño» si bien tiene, desde luego, su lugar en el mundo, no es para ser considerado con la atención y el interés reservable a las grandes cosas. Y ya se sabe que, por lo regular, la vida contiene más pequeñeces que grandezas, pues el hombre se afana más de lo debido por todo cuanto carece de trascendencia, es decir, de legítima significación espiritual. Un gran carácter, una noble personalidad, a la vez profunda, desdeña lo minúsculo que, bajo la especie de la vanidad, el prejuicio, la envidia, etc., ocupa el alma de tantos. *Lo grande*, en cambio, es lo que se alza sobre las limitaciones materiales. Es el gesto magnífico del filósofo Spinoza al acudir ante los tribunales para reclamar la parte de herencia que le correspondía; mas una vez obtenida, se la cede a su hermana, porque sólo le interesaba salvar el principio moral en que se basaba su apelación, es decir, que se hiciese justicia. El resto, la «pequeñez» de la herencia —aunque materialmente fuese mucho— le tenía sin cuidado. He ahí un alma *grande*. Pues, en fin de cuentas, la aprobación interior de nuestra conducta, la llamada «voz de la conciencia», es, en definitiva, lo realmente valioso, o sea que podamos sentirnos satisfechos de nosotros mismos. Y casi nadie se engaña a este respecto. «[...] Cierto aplauso del alma, y cierto dulce modo interior del morir, valen por todo!» (G-73) El alma, satisfecha de sí misma, puede llegar al término de la vida terrenal, sabiendo que marcha a otra existencia con la tranquila conformidad de quien siente que dicho tránsito ha sido efectuado como cumple hacerlo al alma noble: sin temor ni remordimiento, mas con la certeza de una clara vida.

A nadie se le oculta la gravedad suprema del problema de Dios. La posición del hombre en el universo, el sentido de su vida, de sus afanes y de su historia se hallan internamente afectados por la actitud del hombre ante este problema. Con respecto a él pueden adoptarse actitudes no solamente positivas, sino, también, negativas; pero, en cualquier caso, el hombre viene íntimamente afectado por ellas. Bien es verdad que hoy día es enorme el número de personas que se abstienen de tomar posición ante dicho problema, por considerarlo irresoluble: «qué sé yo, qué sabemos; eso es algo que queda por cuenta de la Naturaleza que nos dio el ser». Pero en el fondo de esta abstracción, si bien se mira, late una callada actitud, tanto más honda cuanto más callada. Nadie podría decir honradamente que la abstención expresada en aquella fórmula tiene el mismo sentido que cuando se trata de un problema complicado de geometría diferencial o de química biológica. En aquel «qué sé yo» se expresa una actitud, una positiva abstención, respecto de un saber sin el cual se puede ciertamente vivir, muy honrada y moralmente —no faltaba más, y conviene subrayarlo—, pero un saber sin el cual la vida tomada en su íntegra totalidad aparecería carente de sentido [...]»[175]

De Dios, en consecuencia, nadie escapa, porque suponiendo que lo intente deliberadamente, es tal la carga abrumadora de ignorancia acumulada en sí mismo, que deja sin fundamento una decisión tomada de espaldas a la realidad. Porque Dios, la Divinidad, es algo de lo que se habla desde los más remotos tiempos. Con la sorna superficial de su pensamiento dice Voltaire que «si Dios no existiese, habría que inventarlo»,[176] y, en efecto, dice bien, pues, sin Él, carecería de sentido el Universo. Porque la conducta humana depende de que creamos o no creamos en su realidad, y, por lo mismo, «si Dios no existiese, todo estaría permitido», según la profunda formulación de Dostoiewsky.[177] Ahora bien, conviene observar que dos grandes culturas universales, es decir, una occidental y la otra oriental, cuentan con Dios desde el comienzo, y lo convierten en problema intelectual, es decir, de conocimiento capaz de justificar al hombre y su vida a partir de la divina realidad. La India arranca de los dioses védicos para elaborar las primeras especulaciones (*Upanishads*) y llega hasta el *vedanta*, que consiste en la salvación del hombre mediante el saber. Mientras Grecia lleva a cabo lo mismo, débilmente, es cierto, con los presocráticos; mas en resuelta ascensión con Sócrates, Platón y Aristóteles.

Pero vamos a ocuparnos aquí solamente de esa especulación acerca de Dios tal como aparece en Occidente a partir de los griegos, en quienes es preciso distinguir la pluralidad de dioses de su mitología de la idea de un Dios único, tal como se puede ver en la filosofía a partir de Jenófanes de Colofón, cuyos escasos testimonios conservados para la posteridad presentan nada menos que la idea monoteísta, y esto en medio del complicado conjunto de los innumerables dioses que plagan la helénica mitología. «Un solo Dios, el mayor entre los dioses, no semejante a los hombres ni por la forma ni por el pensamiento. Ve entero, piensa entero, oye entero. Pero, sin trabajo, gobierna todo por la fuerza de su espíritu. Y habita siempre en el mismo lugar, sin moverse nada, ni le conviene desplazarse de un lugar a otro.»[178] A partir de este pensador, el monoteísmo se abre paso resueltamente en Grecia oponiéndose rigurosamente al politeísmo. Ahora bien, esto supone —como lo expresa Zubiri— la consciente superposición de lo especulativo a lo imaginativo-fantástico. El mismo Jenófanes afirma que si los bueyes o los leones tuvieran dioses, los harían al modo suyo respectivamente.

Parménides de Elea es el paso subsiguiente. Sabido es que la metafísica occidental empieza con él, según lo muestra su famoso poema *Sobre la Naturaleza*, que, en forma breve y terminante presenta la idea de un Ser Supremo

---

175. X. Zubiri: *Naturaleza, Historia, Dios*, "Editora Nacional", Madrid, 1963, pág. 343.
176. Voltaire: Epístola al autor del libro *Los tres impostores*, 1771. ("Si Dieu n'existait pas, il faudrait l'inventer".)
177. F. Dostoiewski: *El idiota*.
178. H. Diels: *Die Fragmente der Vorsokratiker*, 4.ª ed., Berlín, 1922, fragmentos 32-36.

que viene a ser el centro de toda realidad y al mismo tiempo su razón de ser. En forma mítica —tal como acontece generalmente con los griegos—, el filósofo nos dice que una diosa se le ha manifestado de esta manera: «Yo seré quien hable; —pon tú atención en escuchar el mito [...]»[179] Lo esencial a que se refiere la diosa es la realidad decisiva del Ente, descrito de esta manera: «El mismo es, en lo mismo permanece — y por sí mismo el ente se sustenta.»[180] He ahí, pues, a Dios en el pensamiento especulativo de Parménides concebido como *unidad, absolutidad y eternidad*. Características que pasan sucesivamente al resto de los filósofos griegos e influyen decisivamente —por la vía especulativa— en el Cristianismo. Y en cuanto a Heráclito —contrapunto metafísico de Parménides—, ofrece diferentes concepciones de Dios, las cuales presentamos abreviadamente: a) Dios es inherente al mundo: el Dios-fuego es la esencia subyacente a todas las cosas. «Dios es el día y la noche, el invierno y el verano, la paz y la guerra, la saciedad y el hambre; y adopta varias formas, lo mismo que el fuego, que cuando se aplica a las especias, se le llama según el aroma de cada una de ellas.»[181] b) Dios aparece como el poder que rige el orden del mundo.[182] c) El principio divino es esencialmente distinto de todo lo demás: «De todo cuanto yo he aprendido, nada alcanza el punto de reconocimiento que el Sabio [el Ser] es diferente de cualquier otra cosa [o idea].»[183] Así, pues, un único ser, el único verdadero sabio, es, al mismo tiempo, voluntaria o involuntariamente, difícil de ser llamado con el nombre de Zeus.[184]

Pasamos ahora nada menos que a Platón, quien, a diferencia de Aristóteles, no tiene una sistemática especulación acerca de Dios, aun cuando éste aparece en multitud de lugares de su vasta obra escrita, y de modo característico en el diálogo *Timeo*.

> El cielo entero, o el mundo, o cualquier otro nombre más apropiado que pueda recibir [...]; ¿ha existido siempre, sin ningún principio generativo, o bien ha nacido y se ha originado de cierto principio? Ha nacido, porque visiblemente es tangible y tiene un cuerpo: y todo cuanto es sensible y que es aprehendido por la opinión y la sensación, está evidentemente sometido al devenir y al nacimiento. Ahora bien, y según afirmamos nosotros, cuanto ha nacido es forzoso que haya nacido por la acción de una causa determinada. Pero descubrir al Hacedor y Padre de este Universo, es toda una hazaña, y al descubridor le es imposible divulgarlo a todos.[185]

En consecuencia, el mundo es la más bella de las cosas producidas y su autor (*Dios*) será la mejor de las causas. Tocante al Universo, éste ha sido formado sobre el modelo de la razón, la sabiduría y la ciencia inmutable. Atributos que Platón le asigna a la Divinidad, a ese único Ser de quien proviene toda realidad. Pues Él tomó todas las cosas visibles, que se agitaban sin regla ni eficacia y las hizo pasar del desorden al orden. El cuerpo del Universo lo hizo, Dios, primero, de fuego y tierra, entre los que puso el agua y el aire.[186] En conclusión, aquí se presenta la idea de la Divinidad en su incomparable

---

179. Parménides: *Sobre la Naturaleza*, I, 14.
180. *Ibid*.
181. H. Diels: *Die Fragmente der Vorsokratiker*, op. cit., fragmentos 67 y 7.
182. *Ibid*., fragmento 64.
183. *Ibid*., fragmento 108.
184. *Ibid*., fragmento 32.
185. Platón: *Timeo*, 28-b-c.
186. *Ibid*., VI, 29-30.

singularidad, diferencia de todo lo demás y causa eficiente de todo cuanto es y existe.

Con Aristóteles, como se sabe, la especulación sobre Dios alcanza su máxima altura entre los griegos, e influye en cristianos, hebreos y musulmanes con una fuerza no reconocible en ningún otro pensador helénico. Comienza diciendo que Dios es *uno* porque la causa de la multiplicidad y variedad del Ser está en la materia, de la que Él no participa. Es *vida*, porque lo es asimismo el acto de pensamiento, y Dios es ese *acto*; y el acto divino, que sólo de Él depende, es la mejor vida, es decir, la eterna. Además, es *inteligencia* y es *inteligible* a la vez, debido a su total inmaterialidad y libertad. Así, pues, el pensamiento divino es el *pensamiento en sí*, que es lo mejor que hay en sí, y lo que es pensamiento por excelencia es el pensamiento del *bien* por excelencia. El pensamiento divino piensa en sí porque comparte el objeto del pensamiento y se convierte en objeto del pensamiento al entrar en contacto con sus objetos y pensar en ellos; de manera que, en Dios, *el pensamiento y su objeto son idénticos*, porque lo que es *capaz* de recibir el objeto del pensamiento, es decir, la *esencia*, es pensamiento. Es *activo* cuando *posee* dicho objeto; por tanto, el elemento divino que contiene el pensamiento es la posesión, antes que la sensación; y lo más placentero y mejor, entre todo, es el objeto de la contemplación. Dios se halla siempre en ese placentero estado: es el pensamiento del pensamiento, la unidad personal del pensamiento y lo pensado. Para Aristóteles, la metafísica es una ciencia divina, no sólo porque sería la de Dios si acaso éste tuviese alguna; sino, también, porque el objeto de la metafísica es Dios, y por eso ciencia teológica o teología (Θεολογική ἐπιστήμε).[187]

De Aristóteles es preciso pasar a Plotino para encontrar de nuevo la gran especulación sobre Dios. Ahora bien, debe tenerse presente que en este autor confluye, por un lado, el Cristianismo, y, por otro, las doctrinas religioso-filosóficas orientales, todo lo cual determina el agudo misticismo de su pensamiento. Mas es preciso no descuidar el detalle de que su filosofía se inspira en Platón, a lo que debe el nombre de *neoplatonismo*. Y como aquí nos proponemos hablar —con suma brevedad— del Dios de la teología plotiniana, si se quiere entender adecuadamente esta última es preciso partir de lo siguiente: para Plotino no hay distinción alguna entre Dios y el mundo, y de ahí, en consecuencia, su *panteísmo*. El mundo es «emanación» de Dios (el *Uno*); algo así como una poderosa luz que pasa sucesivamente por una serie de grados, desde la plenitud del *Ser* hasta la *Nada* misma. Ahora bien, la diferencia, a este respecto, entre neoplatonismo y cristianismo es que aquél considera el mundo como lo producido por Dios *desde sí mismo*, pero no *desde la Nada*: con lo que se identifica el ser del mundo con el de Dios. Esto último es el cambio decisivo, no sólo teológico sino, además, metafísico, operado con el Cristianismo, que parte de la creación absoluta desde la Nada (*creatio ex nihilo*), según puede verse en el *Génesis*, I, 1: «Al principio creó Dios los cielos y la tierra [...]» El mundo es, en consecuencia, una creación libérrima de la voluntad de Dios, fuera de Él mismo (a diferencia de Plotino) y desde lo absolutamente inexistente (a diferencia del griego, quien creía en la eternidad de la materia, cuya organización, y sólo esto, era obra de Dios). Pero hay más, y es que el Cristianismo va a acentuar algo que si bien no pasó completamente inadvertido para el heleno, tampoco es —como sucede con el Cristianismo— el eje de rotación de su cosmología, su metafísica y su teología, o sea la *interioridad* o *intimidad*, lo cual explica la preeminencia otorgada por el Cristianismo a los dos temas básicos de dicha religión, es decir, Dios y el alma; el

---

187. Aristóteles: *Metafísica*, XI, 7.

primero de los cuales es el centro de toda su especulación filosófica, en torno al cual gira constantemente el segundo o sea el alma.

San Agustín —«el primer hombre moderno», como se ha dicho de él precisamente a causa del énfasis «interiorista» que, a fuer de cristiano, deposita en su filosofía y su teología—, adopta con pasión ambas cuestiones, pero las vincula con otra cosa sin la cual la relación entre ambas sería imposible, en términos de conocimiento, es decir, la decisiva vinculación del hombre con el Creador, y por lo mismo dice en cierta ocasión: «[...] Inclínate, pues, hacia la fuente donde brilla por sí misma la luz de la razón [...]»[188] Luz que, para el Santo, es la posibilidad de llegar al conocimiento del objeto amado (Dios) tanto más cuanto más se le ama. Y, en consecuencia, añade en otro sitio: «[...] Esto debe considerarse como lo propio y, podría decirse, aquello íntimo que es de cada quién [...]; mas es preciso admitir que es asimismo común, o sea público para todos cuantos lo sienten sin alteración ni corrupción.»[189] En Dios se aloja toda la sabiduría y puesto que Él ha creado el mundo desde la Nada, las ideas están alojadas en su mente, por lo cual, lo mismo la razón que la fe, la especulación como el amor, dependen exclusivamente de Él, de quien dice San Agustín —siguiendo en esto a San Pablo— nos viene toda potestad.

Cuatro centurias después estamos ya en el inicio de ese vasto y complejo movimiento intelectual conocido con el nombre genérico de *Escolástica*. Digo «intelectual» porque jamás hasta entonces el Cristianismo había sido absorbido tan poderosamente, en lo que tiene de fe, por la razón discursiva. Piénsese en Escoto Eriúgena, Santo Tomás, San Buenaventura, Abelardo, Duns Escoto, Ockam y Cusano (para citar sólo unos cuantos ahora). Claro es que la Edad Media es esencialmente religiosa y Dios y la fe siguen ocupando el centro del Universo. Pero la razón avanza briosamente y, a veces, incurre en herejías como el panteísmo. Tal es el caso de Juan Escoto Eriúgena, para quien todo lo que existe proviene de un sólo ente verdadero que es Dios. Sin embargo, deseoso de ver las relaciones profundas entre Creador y criatura, bordea peligrosamente el panteísmo. Y así establece la siguiente clasificación de las posibles relaciones entre Dios y el mundo: a) *La Naturaleza creadora y no creada*, o sea Dios en su original y primigenia realidad, que es de todo punto inconocible. b) *La Naturaleza creadora y creada*, es decir, Dios como causa primera de las cosas. c) *La Naturaleza creada y no creadora*, o sea los seres creados en el tiempo. d) *La Naturaleza ni creada ni creadora*, es decir, Dios como término del Universo entero. Dios vuelve a sí mismo y las cosas se hacen divinas.

Durante la Edad Media es fácil y frecuente incurrir en el panteísmo, al menos bordearlo peligrosamente, y se explica que sea así porque la teología desborda sus propios límites y se interna en otros campos tales como el mundo exterior y la razón humana. Sobre todo, el conocimiento al par de Dios y el mundo, que exacerba la especulación. De esta manera, también San Buenaventura nos dice que Dios es la finalidad de todo conocimiento humano, el cual se obtiene en modos y grados distintos, hasta culminar en la *unión mística*. Mas a Dios hay que conocerlo precisamente a través del mundo, y por eso San Buenaventura, en su *Itinerarium mentis in Deum* (o sea el camino mental que conduce hasta Dios), nos dice que a Él se le conoce: a) en la Naturaleza, b) en el alma, c) directamente en su ser mediante la «contemplación extática» (*apex mentis*).

---

188. San Agustín: *De vera religione*, XXXIX, 72.
189. San Agustín: *De Libero Arbitrio*, II, 7.

De Santo Tomás de Aquino, cuya significación en la historia del Cristianismo (teología y filosofía) es, como se sabe, extraordinaria, quizá lo más importante respecto del problema de Dios, son las cinco famosas pruebas o *vías* mediante las cuales el Santo intenta demostrar la existencia de Dios. Éstas, sucintamente, son las siguientes: 1.ª, por el *movimiento*; es decir, que todo cuanto existe se mueve, mas debe haber algo capaz de mover lo demás, sin, a su vez, ser movido; pues, de lo contrario, la sucesión de moviente a movido sería infinita, por lo que debe haber un *primer motor*, y éste es Dios. 2.ª, por la *causa eficiente*, o sea que hay una serie de causas eficientes; luego debe haber una primera causa, o de lo contrario jamás habría un efecto: esa primera causa es Dios. 3.ª, por *lo posible* y *lo necesario*. La generación y la corrupción dejan ver que hay entes que pueden ser o no ser, los cuales alguna vez han sido, de modo que bien puede haber habido un momento en que no hubiera nada; para que lo haya se requiere un ser *necesario por sí mismo*, es decir, Dios. 4.ª, por los *grados de la perfección*. Toda perfección es relativa, las cuales han de provenir de una perfección absoluta, que es Dios. 5.ª, por el *gobierno del mundo*. Pues los entes inteligentes se disponen siempre a un fin y un orden que les viene de la inteligencia directora, o sea Dios. Además, el mundo está creado por Dios, en un acto suyo libre y voluntario, y Él es causa del mundo en tres formas distintas: eficiente, ejemplar y final.

Por último, en la línea de grandes pensadores medievales encontramos a Guillermo de Ockam, cuyo riguroso *nominalismo* es el antepórtico de la filosofía moderna, así como, también, su *voluntarismo*. Según este pensador inglés, Dios es omnipotencia y libre albedrío, ajeno por completo a esa *razón* que Ockam considera algo privativo del hombre y que le señala sus limitaciones. Llega al extremo de afirmar que Dios no quiere las cosas porque sean buenas, sino que éstas son buenas porque Dios las quiere. El Dios de Ockam es, pues, un Dios aún más alejado del hombre, en una infinitud mucho más vasta con respecto a éste, si así puede decirse.

Estamos ahora en el umbral de la Edad Moderna y la figura inicial por derecho propio es Renato Descartes. Ciñéndonos exclusivamente al modo como aborda la cuestión de Dios, diremos, en síntesis, esto: se desentiende de la teología al llegar a la conclusión de que Dios es incomprensible por la mente humana, y se dispone a extraer de sí mismo la absoluta certeza de la verdad de la existencia propia y del mundo exterior, todo lo cual —como sabemos— remata en el *cogito*. Ahora bien, este último consiste en un absoluto *solipsismo*, o sea que se reduce a un *en sí* del que no se sabe si es verdad o engaño. Mas —se pregunta Descartes— ¿quién podría engañarme de ese modo? No sabemos si Dios existe, pero sí fuese así, Él no podría engañarme, pues esto no cabe en el caso de un ser como Él. ¿Será, tal vez, algún «genio maligno» (*malin génie*)? De todas maneras, yo tengo en mi mente la idea de Dios como Ser infinito, perfectísimo, omnipotente, etc. Mas esa idea no puede provenir de la Nada ni tampoco de mí mismo, que soy un ser finito y, como tal, imperfecto, débil y lleno de dudas e ignorancia. Tiene, pues, que haber un Ser superior, capaz de alcanzar la perfección de esa idea, que sólo puede ser Dios mismo, quien la ha puesto en mí. Además, como la *existencia* es una perfección y está incluida en la idea de ese ente, en consecuencia, es necesario que Dios exista. Y añade Descartes lo siguiente:

> Esta idea [de Dios] ha nacido y ha sido producida conmigo desde que he sido creado, así como la idea de mí mismo. Y en verdad no debe extrañar que Dios, al crearme, haya puesto en mí esa idea para que sea como la marca del *artífice impresa en su obra*; y tampoco es necesario que esta

marca sea algo diferente de esa obra misma; sino que, por el solo hecho de que Dios me ha creado, es muy creíble que me ha producido, en cierto modo, *a su imagen y semejanza*, y que yo concibo esa semejanza, en la cual se halla contenida la idea de Dios, mediante la misma facultad con la que me concibo a mí mismo; es decir, que cuando reflexiono sobre mí, no sólo conozco que soy *una cosa imperfecta*, incompleta y dependiente de otra, *que tiende y aspira* sin cesar a algo mejor y más grande que lo que soy yo, sino que conozco también al mismo tiempo que aquél de quien dependo posee en sí todas esas grandes cosas a las que *aspiro*, y *cuyas ideas encuentro en mí*, no indefinidamente, y sólo en potencia, sino que goza de ellas en efecto, *actual* e *indefinidamente*, y, por tanto, que es Dios. Y toda la fuerza del argumento que he usado aquí para probar la existencia de Dios consiste en que reconozco que no sería posible que mi Naturaleza fuera tal como es, es decir, que yo no tuviese en mí la idea de un Dios, si Dios no existiera verdaderamente.[190]

Otra figura francesa del siglo XVII, Nicolás de Malebranche, está muy vinculada a los esfuerzos por hacer de Dios el *intermediario* en las relaciones de conocimiento del hombre con el mundo. «Dios está unido estrechísimamente a nuestras almas por su presencia, de suerte que se puede decir que es el lugar de los espíritus, así como los espacios son, en un sentido, el lugar de los cuerpos. Supuestas estas dos cosas, es cierto que el espíritu puede ver lo que hay en Dios que representa los seres creados, puesto que esto es muy espiritual, muy inteligible y muy presente al espíritu.»[191] Dios nos permite conocer las cosas inaccesibles, pues su espiritualidad lleva en sí las ideas de las cosas corporales, creadas por Él. De esta manera, las cosas extensas y corporales son ajenas al espíritu del hombre, pero como las *ideas* de Dios (modelos de las cosas creadas) son *espirituales*, y están en Dios, cuando el hombre participa de Dios está, por lo mismo, participando de las cosas. Así es como se hace posible el conocimiento, porque «vemos todas las cosas en Dios».[192]

Blas Pascal, tan hombre de ciencia como filósofo y creyente, en función de este último se ocupa extensamente del problema de Dios. En la corriente epistemológica predominante en su época (el siglo XVII), Pascal es una *rara avis*, porque, no obstante sus indiscutibles dotes de pensador científico y filosófico, considera que el conocimiento de Dios jamás puede ser cosa de especulación, y, en consecuencia, afirma lo siguiente:

> Las pruebas metafísicas de Dios están tan alejadas del razonamiento de los hombres, y son tan implicadas, que dan poco convencimiento: y aun cuando para algunos valiesen, sólo sería durante el tiempo en que la demostración estuviese presente; pero, un cuarto de hora más tarde, temerían haberse equivocado [...]
> Por otra parte, estas pruebas no pueden conducirnos sino a un conocimiento especulativo de Dios; y no conocerle sino de esta suerte es no conocerlo.[193]

Entonces, Dios es aquello que satisface las inquietudes del alma y del corazón. No un Dios como pretexto para el deleite intelectual, ni tampoco quien puede satisfacer las materiales exigencias humanas:

---

190. R. Descartes: *Meditaciones metafísicas*, III, *in fine*.
191. N. de Malebranche: *Recherche de la vérité*, libro III, 2.ª parte, cap. VI.
192. *Ibid*.
193. B. Pascal: *Pensées*, 543.

> El Dios de los cristianos no consiste en un Dios simplemente autor de verdades geométricas y del orden de los elementos: esto es propio de paganos y de epicúreos [...] Pero el Dios de Abrahán y de Jacob, el Dios de los cristianos, es un Dios de amor y de consolación; es un Dios que llena el alma y el corazón que posee; es un Dios que hace sentir interiormente la propia miseria y la misericordia infinita, que se une al fondo de las almas [...]
> El Dios de los cristianos es un Dios que hace sentir al alma que Él es su único bien; que todo su reposo está en Él; y que le hace aborrecer al mismo tiempo los obstáculos que lo retienen y le impiden amarlo con todas las fuerzas [...] [194]

Por lo mismo, en vano se buscará a Dios en una teología llena de sutilezas especulativas, o en filosofías que lo utilizan como un objeto para el fin predeterminado que sobreviene al cabo del razonamiento. «Es el corazón el que siente a Dios, y no la razón. La fe es esto: Dios sensible al corazón, no a la razón.»[195] Porque Dios será siempre ese enigma para la razón, que se deshace en el sentimiento del creyente de buena fe, sin soberbia ni interés particular alguno. «Incomprensible que Dios sea, e incomprensible que no sea; que el alma esté con el cuerpo, que tengamos alma, que el mundo sea creado, que no lo sea, etcétera; que el pecado original sea, y que no sea.»[196]

Pascal, sin embargo, es un islote solitario en medio del océano de la embriaguez epistemológica de su siglo. Así, al volvernos ahora a Leibnitz, vemos que, en efecto, su preocupación con respecto a Dios es, igualmente, la del problema de la comunicación de las sustancias (cuerpo y alma), que cree poder resolver mediante un previo acuerdo (dispuesto por la Divinidad) de uno y otra. «Es menester, pues, decir que Dios ha creado primero el alma, o cualquiera otra unidad real, de manera que todo le nazca de su propio fondo, por una perfecta espontaneidad respecto a sí misma, y, sin embargo, con una perfecta conformidad con las cosas de afuera.»[197] Y lo aclara, confirmándolo de paso, al decir lo siguiente:

> En el rigor de la verdad metafísica no hay causa externa que actúe sobre nosotros, excepto Dios solo, y Él solo se comunica a nosotros inmediatamente en virtud de nuestra continua dependencia. De lo que se sigue que no hay otro objeto externo que toque a nuestra alma y que excite inmediatamente nuestra percepción. Así, no tenemos en nuestra alma las ideas de todas las cosas sino en virtud de la acción continua de Dios sobre nosotros [...] [198]

Mas, al fin y al cabo, ocurre esto señalado por Julián Marías:

> [...] La razón no podrá conocer acaso la esencia divina, no podrá hacer teología, pero sí sabe con certeza que existe Dios. La situación del tiempo, insisto en ello, es la de tener a Dios un tanto lejano, un tanto inaccesible e inoperante en la actividad intelectual, pero sin embargo seguro. Se hace pie en él, aunque no sea tema en que se detengan con interés constante las miradas. Deja de ser el *horizonte* siempre visible para convertirse en el suelo intelectual de la mente europea del siglo XVII.[199]

---

194. *Ibid.*, 566, 544.
195. *Ibid.*, 278.
196. *Ibid.*, 230.
197. G. G. F. Leibnitz: *Système nouveau*, 14.
198. G. G. F. Leibnitz: *Discours de métaphysique*, 28.
199. J. Marías: *Historia de la filosofía*, ed. "Revista de Occidente", Madrid, 1958, págs. 241-242.

Otro curioso fenómeno religioso que tiene lugar en la Edad Moderna es el *deísmo* o *religión natural*, que se presenta como oposición al *teísmo*, o sea la creencia en que Dios se conoce por revelación. Para su antagonista (deísmo) sólo hay un medio de conocer a Dios y es por la razón. En esta dirección se mueve nada menos que Kant, quien, como sabemos, rechaza la pretensión de la metafísica especulativa tradicional de alcanzar el conocimiento real, pero *a priori*, del alma, el mundo y Dios. Según Kant, éstos son «síntesis infinitas», y como no es posible tener su intuición, es imposible su conocimiento, conforme con lo prescrito por el idealismo trascendental. En conclusión, dichos tres objetos y sus correspondientes disciplinas carecen de toda validez. Pero, en ese caso, ¿qué son para Kant? Simplemente, *Ideas regulativas*, o sea que el hombre debe actuar como si el alma fuese inmortal, como si él mismo fuese libre, como si Dios existiese. Porque, en definitiva, no son más que «postulados de la razón práctica».

Si de Kant pasamos directamente a Hegel, veremos que, según afirma, la verdadera religión, la que contiene el Espíritu Absoluto exige que sea revelada por Dios. En dicha religión (absoluta) «[...] el Espíritu Absoluto no manifiesta ya más momentos abstractos de sí, sino que se manifiesta a sí mismo.»[200] Porque el hombre no puede saber nada de Dios, de manera que para comprender mentalmente quién es Dios como Espíritu, es preciso valerse de una sólida especulación. «[...] Dios es Dios en cuanto se sabe a sí mismo: su saberse a sí mismo es, además, su autoconciencia en el hombre y el saber que el hombre tiene de Dios que progresa hasta el saberse del hombre en Dios [...]»[201] En consecuencia, hay una identificación de Dios con el Espíritu Absoluto y una reducción a un entendimiento intelectual de Él:

> En el momento de la universalidad —en la esfera del pensamiento puro, o en el elemento abstracto de la esencia—, el Espíritu Absoluto es, pues, primeramente lo que es presupuesto, pero que no permanece cerrado, sino que como potencia social es, en la determinación reflexiva de la causalidad, creador del Cielo y de la Tierra, pero en esta esfera eterna produce más bien solamente a sí mismo como su hijo, con el cual, distinto de él, permanece en identidad originaria; así como la determinación, por la cual es distinto de la esencia universal, se supera eternamente, y, con esta mediación de la mediación que se supera, la primera sustancia es esencialmente individualidad concreta y subjetividad: es el Espíritu.[202]

En el siglo XIX Kierkegaard representa lo que Pascal en el siglo XVII con respecto a una «desintelectualización» de las relaciones entre Dios y el hombre. Opuesto a Hegel —su contemporáneo de quien recibió lecciones— considera a la persona humana como agente primariamente ético y espiritual. Esta *persona* es siempre singular, única, o —como él mismo dice— «lo excepcional». Ahora bien, tal cosa nada tiene que ver con la ética, pues éticamente no hay nada excepcional, dado que esto último es una relación particular del hombre con Dios, según nos dice Kierkegaard.[203] En consecuencia, lo que hace del hombre un *hombre* es la relación con la Divinidad.[204] Porque el ser humano está suspendido siempre de la mano de Dios, o sea de la infinitud. A causa

---

200. J. G. F. Hegel: *Enzyklopädie der philosophischen Wissenschaften*, Hamburgo, 1955, parág. 564.
201. *Ibid.*
202. *Ibid.*, parág. 567.
203. S. Kierkegaard: *Diario*, ed. "Oxford University Press", pág. 20.
204. S. Kierkegaard: *Postscritos no científicos*, ed. "Oxford Universsity Press", pág. 219.

de esta insalvable distancia de Dios al hombre, la existencia humana (soledad y desamparo) no se aniquila en la pura Nada. Mas, con todo, no es la «paradoja suprema». Hay otra, es decir, la del Dios-Hombre, o sea el Dios encarnado en la Historia, en lo cual consiste, según Kierkegaard, «la paradoja absoluta del Cristianismo».

Pasamos ahora a esa otra singular personalidad, Miguel de Unamuno, cuya obra revela magníficamente cuánto pesó siempre en su ánimo la doble cuestión de la existencia de Dios y la fe en Él. Entiende que el *tedium vitae* es el que nos mueve a la compasión de todo, o sea al amor universal, personalizándolo hasta el punto de convertirlo en nosotros mismos. Pues bien, esta es la vía por la cual descubre el hombre a Dios, o sea cuando advierte «[...] que el Universo es también Persona que tiene una Conciencia [...], que a su vez sufre, compadece y ama, es decir, es conciencia [...]»[205] De aquí salen tres cosas muy graves: una, que Dios es la *Conciencia del Universo*, descubierta por el hombre al amarlo todo, de lo cual resulta que, en cierto modo, el hombre descubre o hasta quizá inventa a Dios. Otra, que esa Conciencia que es Dios está dominada, esclavizada por la Materia, de la que intenta liberarse. Finalmente, que el hombre personaliza a Dios para salvarse de la Nada. En consecuencia, el *concepto* de Dios nos viene del *sentimiento* que tenemos de Él; sentimiento que no es sino la vida misma afianzándose frente a la razón. Y agrega:

> En el fondo, lo mismo da decir que Dios está produciendo eternamente las cosas que las cosas están produciendo eternamente a Dios. Y la creencia en un Dios personal y espiritual se basa en la creencia en nuestra propia personalidad y espiritualidad.[206]

En consecuencia:

> Toda concepción racional de Dios es en sí misma contradictoria. La fe en Dios nace del amor a Dios, creemos que existe por querer que exista, y nace acaso también del amor de Dios a nosotros.[207]

Por lo mismo, en vista de lo anterior, como veremos, cabe sólo preguntar: ¿para qué existe Dios? A lo que responde Unamuno de esta manera:

> [...] la fe en Dios no estriba, como veremos, sino en la necesidad vital de dar finalidad a la existencia, de hacer que responda a un propósito. No para comprender el *porqué*, sino para sentir y sustentar el *para qué* último, necesitamos a Dios, para dar sentido al Universo.[208]

Vamos a rematar esta breve presentación de la historia del problema de Dios en la cultura de Occidente con sendas esquemáticas interpretaciones del filósofo francés, Jacques Maritain, y su compatriota, el novelista Georges Bernanos. Para el primero, el hombre es una *persona* y, en tal sentido, está vinculado con Dios. Y justamente, en la dirección hacia Él, es que el hombre puede realizarse. Mediante el *personalismo cristiano* se puede superar el escollo del idealismo moderno.

En sus novelas, Bernanos se ocupa preferentemente de tres cuestiones pro-

---

205. M. de Unamuno: *Del sentimiento trágico de la vida*, op. cit., pág. 855.
206. *Ibid.*, pág. 864.
207. *Ibid.*
208. *Ibid.*, pág. 867.

fundamente relacionadas entre sí, a saber: Dios, la santidad y el mal. Este último está presente en Satanás, elegido por Dios, mas no para ser feliz, ni tampoco para edificar en este mundo. El Santo, por su parte, es un ser catastrófico que actúa entre los pecadores para destruir la falsa personalidad de que están revestidos. Ahora bien, según Bernanos, el Santo no convierte, pues su misión se reduce a vencer a Satán, aunque el hombre queda, entonces, abocado a la Gracia. Pero el sufrimiento de que redime el Santo no basta si no es, al mismo tiempo, un riesgo; sufrimiento que lo deja abandonado por Dios. Pero el que se salva por obra del Santo, ése sí tiene a Dios.[209] Porque el Santo «[...] no representa sino un caso particular en la razón indomable y exigente de los que no se satisfacen del Universo que nos ha sido dado, sino que, lejos de refugiarse en la ilusión, se gastan a sí mismos para expresar hasta el fin su insatisfacción.»[210] Raza que «[...] Dios mismo ha puesto en marcha y que no se detendrá jamás, hasta que todo haya sido consumado [...]»[211]

Para los comunistas será también un grave inconveniente explicar cómo y por qué Martí se declara un resuelto y convencido creyente en un Ser Supremo de quien procede todo lo creado, sea lo vivo y lo inerte, sea la idea y el sentimiento: en fin, todo. Pues una «filosofía» materialista —aunque todo eso de «materia» jamás haya pasado de ser un punto de vista— aun aceptanto su derecho a formar parte del conjunto de las especulaciones humanas, jamás podría hallarle adecuada explicación a tantas manifestaciones *espirituales* como tiene la obra escrita del *Apóstol*. ¿Creyente en Dios? Pues así es, sin lugar a dudas, y, en consecuencia, de ninguna manera es posible encajar dicha obra en la estructura de ese «materialismo dialéctico» (que, dicho sea de paso, es lo mismo que aquello del «cuchillo sin mango ni hoja», propuesto por Husserl en una ocasión). No hay sino materia, predican incansables los «camaradas», mientras Martí insiste en decir que, sin Dios, no se explica la realidad. En consecuencia, como San Pablo, él también está dispuesto siempre a afirmar que «en Dios vivimos, nos movemos y somos».[212] He ahí su *teodicea* —pues de esto justamente se trata—, es decir, de la sempiterna *justicia de Dios en el mundo*. Porque, ávido de lo justo, Martí concibe la acción divina como una constante distribución de premios y castigos: algo así como la continua experiencia de una *equidad* que si bien a veces se cumple y a veces no, deja siempre en la conciencia del hombre el aleccionador sentimiento de lo que cada quien puede advertir en sí mismo por carta de más o de menos. Espigando aquí y allá en la vasta y profusa obra escrita del *Apóstol*, cabe la posibilidad de establecer más o menos algo así como la siguiente clasificación de lo que él piensa y siente acerca de Dios:

Dios
- Dios y la realidad
- Dios como amor y compasión
- El Creador y su criatura
- Dios en Cristo

El más vigoroso revés de mano dado en la faz del «materialismo dialéctico» de los comunistas es este pequeño conjunto de meditaciones martianas que

---

209. Cf. René-Marill Albérès: *La rebelión de los escritores de hoy*, ed. "Emecé", B.A., 1953, pág. 58.
210. *Ibid.*, págs. 70-71.
211. *Ibid.*, pág. 71.
212. S. Pablo: *Hechos de los apóstoles*, XVIII, 25.

damos en denominar *Dios y la realidad*. En ellas se propuso demostrar que, para él, sin Dios no se explica nada ni dentro ni fuera del mundo. Con la sola materia no hay manera de comprender el porqué de esa indudable maravilla en que consiste la intervención del hombre en el mundo. No es posible reducirlo todo a una tediosa y vulgar presencia de la materia en la materia, a un puro automatismo insusceptible de demostrar nada, quedando, por lo mismo, encerrada en los estrechos límites de una *mostración*. *La voila!*, es a cuanto puede llegar el materialismo, y por eso Martí, demasiado sutil como para dejarse convencer por las toscas «explicaciones» de ateos, materialistas y toda esa laya incapaz de admitir que la realidad no es sólo «lo dado», sino, además y sobre todo, «lo puesto», en una ocasión, al hablar del sabio francés Pasteur, se expresa del modo siguiente:

> [...] Pero Pasteur, encorvado sobre los átomos, ha vivido penetrado de asombro de las maravillas de la obra viva; y ha sacado del examen del cerebro, el respeto del Dios que lo crea; y no la negación del que concentra en aquel montón de masa blanca todos los efluvios del Universo, todos los tonos de la luz, todo el obraje de las fuerzas eternas, y todos los presentimientos, suaves como luz de la luna, que calman y fortalecen al magno ser humano [...] (G-44)

En un régimen opresor de la conciencia del hombre, como sucede actualmente en Cuba, en donde el culto a Dios arrastra penosa vida, vale la pena imaginar cómo podrían los comunistas cubanos explicar lo que se acaba de transcribir. De haber vivido Martí en estos sombríos momentos de nuestra Patria, su destino sólo podría haber sido el paredón o el calabozo. Y, en la misma vena, el *Apóstol* se refiere ahora al caso de otro gran pensador, el norteamericano Emerson, quien era asimismo decidido creyente en la Providencia. Con su asombrosa economía de palabras, nos hace ver que el mundo exterior contiene al interior de la misma manera que este último contiene al otro; o sea que no es posible explicar al hombre sin el mundo y recíprocamente. He ahí la idea martiana respecto de la indudable realidad de lo espiritual, que, a la vez, proviene del Creador, origen y meta de cuanto es y existe.

> Y [Emerson] vuelve los ojos a un Padre que no ve, pero de cuya presencia [el hombre] está seguro, y cuyo beso, que llena los ámbitos, y le viene en los aires nocturnos cargados de aroma, deja en su frente lumbre tal que ve a su blanda palidez confusamente revelados el universo interior, donde está en breve todo el exterior, y el exterior, donde está el interior magnificado, y el temido y hermoso universo de la muerte [...] (G-43)

La Providencia, Dios, o como quiera llamársele, es para Martí la suprema expresión de la realidad en conjunto, y lo rige todo, con la omnipotencia que jamás podríamos descubrir en ningún otro ser, animado o inanimado, real o ideal, pues se trata del «[...] Señor sublime — que envuelto en nubes, con sonora planta —sobre cielos y cúspides pasea [...]» (G-56)

Ahora bien, Dios es para el *Apóstol*, ante todo, *amor y compasión*, es decir, el Dios cristiano; en cuyo nombre debemos obrar siempre, con relación al prójimo con benevolencia y cabal disposición de ayuda; por lo mismo, horros de toda idea como de todo deseo de malevolencia para con los demás. «Dios existe [...] en la idea del bien, que vela el nacimiento de cada ser, y deja en el alma que se encarna en él una lágrima pura. El bien es Dios [...]» (G-3) Y como Dios existe, es posible despreciar, pero no odiar; he ahí por qué le dice a sus verdugos del presidio: «[...] dejadme que os compadezca en nombre de mi Dios.» (G-3) Pues el hombre, por el hecho de serlo a imagen y semejanza del Creador, es parte suya, en lo que hay en el hombre de *persona*, donde se aloja todo valor, y de ahí el apóstrofe martiano: «¡Miserables! Olvidaban que en aquel hombre iba Dios.» (G-2) Lo cual explica, asimismo, que él —también hombre—, al recordar con dolorosa indignación aquella recientísima experiencia del ergástulo español en Cuba, se exprese de esta manera: «Presidio, Dios: ideas para mí tan cercanas como el inmenso sufrimiento y el eterno bien [...]» (G-2) Por lo mismo —¿cómo no pensar que ha de ser así?—, añade: «[...] Los hombres del corazón escriben en la primera página de la historia del sufrimiento humano: Jesús [...]» (G-2) Así resume esta catilinaria, salida como un colosal exabrupto de un alma jovencísima (apenas diecisiete años), que ya para entonces había bajado al infierno de la Colonia española en Cuba (ese mismo infierno que otro cubano ha reeditado en nuestra Patria actualmente), con las palabras siguientes:

> Ése, ése es Dios; ése es el Dios que os tritura la conciencia, si la tenéis; que os abrasa el corazón, si no se ha fundido ya al fuego de vuestra infamia. El martirio por la patria es Dios mismo, como el bien, como las ideas de espontánea generosidad universales [...] Yo siento en mí a este Dios, yo tengo en mí a este Dios; este Dios en mí os tiene lástima, más lástima que horror y que desprecio. (G-1)

Martí se complace en el uso frecuente de la palabra *Creador*, como si su espíritu necesitase de la sublime justificación de un primer principio, de una eficientísima causa responsable de todo cuanto es y existe. Pues una personalidad tan delicada como la suya, hecha, en consecuencia, de lo más sutil, y a la vez para esto, no podía conformarse con la tosca presunción de que todo empieza y acaba en la Tierra, por obra de mecánicas causas. Le era imprescindible la existencia de Dios, sin el cual nada se explica, es decir, nada puede desplegar el conjunto de sus articulaciones para mostrar el profundo sentido de aquello que, por no ser obra del azar, responde entonces a un admirable designio. Pues aun si fuese obra del susodicho azar, ¿a qué o a quién le debe este último su existencia? El hombre necesita del Creador, a quien, por supuesto, imita relativamente; y en esa limitada capacidad reside la divina chispa que le permite pasar de la oscuridad a la luz. Por lo mismo, al hablar de Emerson, se expresa en estos términos: «[...] Criatura, se sintió fuerte, y salió en busca del Creador. Y volvió del viaje contento, y diciendo que lo había hallado [...]» (G-42) De esta manera, vamos a encontrar abundantes manifestaciones del *Apóstol* sobre el Creador, tal como, también, puede verse en sus versos, como, por ejemplo: «[...] Tal a la vida echa el Creador los buenos [...]» (G-59), o esta otra, en la cual expresa su desaliento al no poder llevar a cabo, a favor de la libertad de Cuba, aquello que era su más vivo afán:

> ¿Por qué, por qué, para cargar en ellos
> un grano ruin de alpiste mal trojado
> talló el Creador mis colosales hombros? [...] (G-90)

Finalmente, hemos de referirnos a la relación de Dios con Cristo, o sea del Padre con el Hijo, reconocida por Martí en más de una ocasión. Una de ellas con motivo de su visita a una exposición de arte, donde acierta a ver un óleo del pintor húngaro Munkaczi. La figura del Redentor en dicha tela mueve el pensamiento del *Apóstol*, como asimismo su emoción, expresándose de esta manera:

> Él ve [a Jesús] como la encarnación más acabada del poder invencible de la idea. La idea consagra, enciende, adelgaza, sublima, purifica: da una estatura que no se ve y no se siente: limpia el espíritu de escoria, como consume el fuego la maleza; esparce una beldad clara y segura que viene hacia las almas y se siente en ellas [...] (G-78)

El pensador José Martí cree descubrir en el lienzo de Munkaczi que la imagen del Redentor representa «la encarnación más acabada del poder invencible de la idea», es decir, de esa fuerza que no se ve ni se siente y, sin embargo, lleva consigo un poder inencontrable en ningún otro ser. Cristo es, a no dudarlo, la concreción del ideario inigualable por nadie ni por nada, porque el *Nuevo Testamento* contiene, en esencia, la perfecta aspiración del género humano. De ahí que el divino autor de ese Evangelio de paz y de amor es tan eterno como Dios Padre de quien procede, por lo que, pese a todo cuanto hagan los hombres, Jesús y su ideario seguirán en pie. Con arrebatada convicción nos lo dice Martí en el siguiente pasaje demostrador de su fe en el indestructible poder de Dios:

> ¡La mirada es el secreto del singular poder de esa figura! La angustia y la aspiración se ven claramente en ella: y la resurrección y la existencia eterna! Los vientos pueden desnudar los árboles, los hombres pueden derribar los tronos, el fuego de la tierra puede descabezar montañas, pero se siente sin estímulo violento y enfermizo de la fantasía, que esa mirada, por natural poder, continuará encendida. (G-81)

Mas Dios, Cristo, es esencialmente amor, que alcanza todo cuanto cae dentro de las posibilidades humanas: el Redentor cuya sangre se derramó por la salvación de todos los hombres, sin distinción alguna entre ellos; el Cristo que abre sus brazos a la humanidad de ayer, de hoy y de mañana, con el fundamento de los fundamentos: *amar al prójimo*. No el Cristo tantas veces pretexto de la injusticia, la tiranía, el egoísmo, etc. Sino ese otro, perdonador, cautivador:

> [...] Se ama a un Dios que lo penetra y lo persuade todo. Parece profanación dar al Creador de todos los seres y de todo lo que ha de ser, la forma de uno solo de los seres. Como en lo humano todo el progreso consiste acaso en volver al punto de que se partió, se está volviendo al Cristo, al Cristo crucificado, perdonador, cautivador, el de los pies desnudos y los brazos abiertos, no un Cristo nefando y satánico, malevolente, odiador, enconado, fustigante, ajusticiador, impío. (G-51)

Capítulo VIII

IDEA DEL TIEMPO

De gorja son y rapidez los tiempos [...]
Marca un vizconde pintado
el tiempo *en la pandereta* [...]

Entre las grandes cuestiones debatidas desde hace ya milenios por la filosofía y la ciencia se halla la del *tiempo*, del que todos creemos saber algo, porque una cosa es *vivirlo* y otra muy distinta explicarlo, si acaso esto último es posible. El dilatado desfile de tal cuestión en la cultura occidental —desde la Grecia clásica hasta nuestros días— sólo muestra tenaces ensayos de «adivinación» —pues, en definitiva, eso es lo que ha sucedido— del enigma que, como dice agudamente San Agustín, todos saben lo que es mientras no se preguntan en qué consiste. Pues las dificultades aparejadas en su indagación llegan a ser casi innumerables, como, por ejemplo, si es algo en sí mismo o, por el contrario, es una cualidad o un modo de ser de otra cosa; si es acaso uno solo y siempre el mismo; o si es continuo o discontinuo, finito o infinito, absoluto o relativo, divisible o indivisible, etc. Y así, desde Aristóteles,[1] la batallona cuestión del tiempo sigue dando que hacer, sin que, en realidad, haya sido posible hasta ahora descubrir su esencia y su consistencia. Además, casi es constante —vamos a decir así— la tendencia (tal vez determinada por la necesidad) a examinar la cuestión del tiempo relacionándola con el *espacio*, la conciencia, la materia, el instante, la eternidad y la historia, y así sucesivamente. Con lo cual, como puede advertirse con relativa facilidad, el núcleo fenomenológico de dicha cuestión, es decir, el *qué* del tiempo, se convierte en subsidiaria cuestión de esa otra en la que éste deviene término de una relación dual. Pues, como sucede con el espacio, parece no haber manera de atacarlo de frente, a él solo, prescindiendo de lo demás, sea real o posible. Tal vez se deba a la peculiarísima naturaleza de ambas entidades, que por su orgánica y estrechísima vinculación al mundo y al hombre (al sujeto y al objeto), no es posible aislarlos completamente, porque al ser nosotros mismos, de algún modo, tiempo y espacio, no cabe pensar en una absoluta *objetividad* de ambos componentes de toda realidad. De ahí probablemente la tendencia a relacionar el tiempo con la *eternidad*, pues esta última —dicho sea con gran reserva— viene a ser algo así como una especie de «espacialización» del tiempo, al reducirla, como en efecto acontece, a ese «presente infinito» en que la misma consiste. De todos modos, sea como sea, la debatida cuestión del tiempo es parte esencialísima del proceso de pensamiento de la cultura occidental y,

---

1. Aristóteles: *Física*, IV, 10-14.

por esto mismo, en las páginas subsiguientes haremos una breve descripción de los más señalados ensayos de interpretación de esa gran antinomia — el *tiempo*— constructor y disolvente a la vez de toda existencia.

Hemos de advertir antes que nuestra exposición se hace al hilo de la filosofía, y de esta manera debe entenderse, pues la presunta «realidad» del tiempo ha sido indagada y sometida a prueba dentro del campo filosófico en una forma que no admite paralelo alguno con ninguna otra especulación, sea la ciencia, sea la teología o lo que sea. (La ciencia más bien ha contado con el tiempo, en una especie de virtual aceptación del mismo.) Por lo pronto, la Hélade dispuso de dos términos, diferentes en su acepción, a los efectos de nombrar al tiempo. Cuando el griego clásico habla de αἰών quiere dar a entender con esto la «época de la vida», o la «duración de la vida» (en fin, la vida como destino individual). Mas, por otra parte, se valía de la palabra χρονος, cuyo significado era el de «duración del tiempo», o el «tiempo en todo su conjunto», o, en resumen, el «tiempo infinito». Por tanto, mientras αἰών remite al tiempo concreto, limitado y corpóreo de la vida, χρονος expresa el tiempo abstracto, en su infinita totalidad, sea cual sea. Ahora bien, αἰών significa algunas veces *eternidad*, tal como puede verse en Platón,[2] cuando nos dice que «[...] el tiempo [χρονος] es la imagen móvil de la eternidad [αἰών]. Ahora bien, el camino más seguro a seguir en la interpretación platónica del tiempo (esporádica y, por lo mismo, esquemática) es el del *devenir* (γιγνεσθαι), o sea lo acontecible a la *cosa* en contraste con la inmutabilidad de la *idea*. Así, Platón[3] pregunta: «[...] ¿Qué es lo que es siempre y jamás deviene [idea], y qué es lo que deviene y jamás es [cosa]? [...]» Y ello explica que se valga de las ideas de *movimiento* y *reposo* para explicar la intervención del movimiento en el Ser, a los cuales considera como «[...] géneros supremos del Ser [...]»[4] Devenir que a veces califica de «destrucción» (φθορα) contrapuesto, eso sí, a la génesis (γενεσις) o «construcción». Ahora bien, el tiempo, inmerso en esa construcción y destrucción de las cosas, se da en dos formas distintas de devenir o movimiento (κινησις), es decir, que tenemos, por un lado, la «alteración» (αλλοιωσις), y, del otro, la «traslación» (φορα), todo lo cual podemos verlo en dos de los diálogos platónicos.[5] O sea, en fin de cuentas, que el tiempo en la filosofía de Platón es preciso rastrearlo en esas concretas y particularizadas cuestiones del movimiento y el reposo, la generación y la destrucción, todas —como se acaba de exponer— subordinadas a la idea del devenir.

Aristóteles, en cambio, elabora la primera interpretación del tiempo de que se tiene noticia en la cultura occidental.[6] Empieza trasladando el concepto de *edad* al de *edad del cielo entero* (o sea al de *eternidad*) y, en consecuencia, para él αἰών es el tiempo inmortal y divino, sin principio ni fin. Ahora bien, téngase en cuenta que el griego concibe el tiempo en función de la eternidad, porque, en gran parte, está subordinado al Ser. Pues en el tiempo se manifiestan las contradicciones de *lo aparente* que el Ser, en cambio, no posee. Mas debe tenerse en cuenta que la realidad de este último se ve unas veces como supratemporal y otras como intemporal. Por lo mismo, el tiempo, considerado como algo mudable, inconstante y transitorio, se ve desalojado de la filosofía.

2. Platón: Timeo, 37 D.
3. *Ibid.*, 27 E.
4. Platón: *Sofista*, 247 E.
5. Platón: *Teetetos*, 181 D; *Parménides*, 138 B.
6. Aristóteles: *Física*, IV, 10-14.

Mas cuando el pensamiento helénico busca otra orientación (o sea no racionalista), entonces se convierte en esencial motivo filosófico.

Para Aristóteles el tiempo no es copia, imagen o sombra de otra realidad. Lo concibe como la sucesión regular de días y noches, o sea en calidad de expresión del movimiento de la esfera y también como el movimiento de ésta; la cual, con el *lugar en general* (el puro espacio), engendra el *tiempo en general*. Ahora bien, el *movimiento circular* es la *medida de los movimientos*, y su temporalidad es la medida de todos los tiempos. Esto explica perfectamente que el Estagirita defina el tiempo diciendo que es «[...] el número del movimiento respecto a lo anterior y lo posterior [...]» (ὁ χρονος αριθμος ἐστι κινδησεος κατὰ ιὸ προστερον).[7] Finalmente, ve el tiempo de dos maneras distintas, es decir, por una parte, como algo que emerge del movimiento del Universo; y, por otra, como el *ahora* (νύν), o sea que tiempo e instante se implican mutuamente. Y el alma es la que «cuenta» el tiempo.

Cuando acudimos a la filosofía estoica vemos que el tema del tiempo, si se le extrae del estrecho marco del capítulo de la *Física*, a donde quedó relegado por los peripatéticos (salvo el caso de Estratón de Lampsaco), aparece como la clave mediante la cual se revela la coherencia del sistema originado en la *Stoa*. Pues, contra lo que se había pensado, lejos de ser el tiempo total y perennemente incorpóreo (carente de realidad), el atento examen de la doctrina estoica de las categorías permite descubrir algo así como un avance hacia lo concreto, es decir, hacia una determinación creciente. Progreso que también puede darse en lo incorpóreo, según se confirma en el análisis de la relación «vacío-lugar» que mantiene cierta analogía con la pareja «tiempo infinito» (pasado y futuro) — «tiempo limitado» (presente): el *lugar* es la limitación, la indeterminación del vacío absolutamente indeterminado. El presente es la limitación del tiempo infinito como la única instancia temporal legítima. Física, lógica, ética se mueven en un presente temporal que conserva «[...] toda la consistencia que los antiguos [léase Platón y Aristóteles] habían atribuído a la eternidad.»[8] Y este autor acierta al llevar el examen del *tiempo físico* y el *tiempo vivido* al terreno de la compleja relación que, en virtud de la doctrina estoica del destino, se establece entre ambas disciplinas.

Plotino, por su parte, adopta y rechaza a la vez las concepciones aristotélicas del tiempo, así como también la tesis platónica del tiempo entendido como «imagen móvil de la eternidad». En apretada síntesis vemos ahora lo que dice acerca del tiempo: a) No es, para él, una simple medida o número del movimiento, porque es independiente y subsiste frente a éste. b) Tampoco es una simple categoría de lo sensible contrapuesta a lo inteligible eterno, pues, aparte de su espacialización, tiene un carácter íntimo. c) No es medida del movimiento, pues el tiempo «[...] reposaba en el Ser [...]; guardaba su completa inmovilidad en el Ser [...]»[9] El tiempo emerge de la inteligencia, y puesto que es «[...] prolongación progresiva de la vida del alma [...]»,[10] si bien puede admitirse que sea la «imagen móvil de lo eterno», no por esto es una entidad física distinta del alma, sino la imagen que comprende cualquier medida del movimiento.

La tradición judeo-cristiana del tiempo está contenida —como se sabe— en la Biblia, y es interesante anotar que el Libro Sagrado se abre y se cierra

---

7. *Ibid.*, IV, 11, 220 A.
8. V. Goldschmidt: *Le systéme stöicien et l'idée de temps*, ed. "Vrin", París, 1969, pág. 48.
9. Plotino: *Enéadas*, III, vii, 9.
10. *Ibid.*

con sendas referencias a lo temporal. Así, el *Génesis*[11] nos dice: «En el principio creó Dios el cielo y la tierra [...]»; mientras el *Apocalipsis*[12] concluye con estas palabras: «Sí, vengo pronto». Ahora bien, en dicha tradición el tiempo no es una forma vacía, o sea pura sucesión de instantes yuxtapuestos. Por el contrario, él es la medida de la duración terrenal en dos formas distintas: a) *cósmica*, en la que lo central es la aparición del hombre en la Tierra; b) *histórica*, a base de generaciones en que la humanidad camina hacia un fin. Mas debe tenerse presente que Dios trasciende ambas duraciones, pues mientras el hombre vive en el tiempo, Dios mora en la eternidad. La palabra hebrea *ôlam* sirve para designar la duración extrahumana. «Mil años es a tus ojos como el día de ayer, que ya pasó; como una vigilia de la noche».[13] También: «Mis días son como la sombra que declina, pero tú, Yahveh, reinas eternamente».[14]

La experiencia humana reviste dos aspectos: uno, el del tiempo *cósmico*, o sea el que regula los ciclos de la Naturaleza; otro, el tiempo *histórico*, es decir, aquel cuyo desarrollo tiene lugar a lo largo de los acontecimientos. Mas Dios los orienta a ambos a un mismo fin. El tiempo cósmico (medida de todos los tiempos) es la sucesión de los días y las noches, así como el movimiento de los astros y la vuelta de las estaciones. Mientras que el histórico es aquél en el cual ningún acontecimiento se repite, sino que se acumula en la memoria, lo que determina el progreso. En esto se distingue de la manera de concebir el tiempo histórico griegos y orientales, quienes, al asimilarlo al cósmico, hacen del «eterno retorno» la ley fundamental del tiempo. Concepción que influye a veces, en cierto modo, en la Sagrada Escritura, tal como, por ejemplo, aparece en el *Eclesiastés*:[15] «Tiempo de dar a luz y tiempo de morir». Como también: «[...] lo que fue, será; lo que se ha hecho, se volverá a hacer».[16] Finalmente, debemos referirnos a otro punto importante, o sea la *sacralización* del tiempo histórico. En las religiones paganas el tiempo histórico sólo es sacro cuando hay un suceso cualquiera relacionado con el quehacer de los dioses (como sucede con los ciclos de la Naturaleza), mientras que en la Biblia los acontecimientos de la historia sagrada responden siempre a la acción divina. No es, desde luego, la red de los factores históricos, sino la intención de Dios la que los orienta hacia un fin misterioso gracias al cual el tiempo, a la vez que alcanza su consumación, logra su plenitud.

San Agustín inicia una nueva época no sólo filosófica sino, además, entendida como «concepción del mundo», o sea que a la cosmovisión pagana sucede la cristiana, cuyo inicio —para decirlo brevemente— arranca de la clara y aguda distinción entre tiempo y eternidad; pues el cristiano concibe el mundo y el hombre como procedentes de la Nada (*creatio ex nihilo*) por la libre voluntad divina. En consecuencia, Dios, por ser anterior a todo tiempo imaginable, es eterno; mientras que el hombre y el mundo son rigurosamente temporales. Por lo mismo, dícenos San Agustín, antes de que Dios crease los tiempos, no había ninguno de éstos. Él no puede preceder al tiempo con precedencia y duración medibles con tiempo. Dios no sólo hizo todos los tiempos, sino, aun más, es anterior a todos ellos. Como «[...] tampoco es

---

11. *Génesis*, I, 1.
12. *Apocalipsis*, XIII, 20.
13. *Ibid.*, XC, 4.
14. *Ibid.*, CII, 12 ss.
15. *Eclesiastés*, III, 1-8.
16. *Ibid.*, I, 9; III, 15.

imaginable un tiempo en que pueda decirse que no había tiempo [...]»[17]
«Pero, ¿qué cosa es el tiempo? Si nadie me lo pregunta, ya lo sé para entenderlo; pero si quiero explicárselo a quien me lo pregunte, no lo sé para explicarlo [...]»[18]

Ahora bien, sigue diciendo el Santo: «[...] si ninguna cosa pasara no hubiera tiempo pasado; si ninguna sobreviniera de nuevo, no habría tiempo futuro; y si ninguna cosa existiera, no habría tiempo presente».[19] Pero el pasado ya no es y el futuro no existe todavía. En cuanto al presente, de serlo siempre, no sería presente sino *eternidad*. Luego el *ser* del presente consiste en dejar de ser. Mas si el futuro es previsible y el pasado recordable, ambos tienen que ser de algún modo. Hablando en propiedad, debe decirse más bien: presente de las cosas pasadas, presente de las cosas presentes y presente de las cosas futuras, porque

> [...] estas tres cosas presentes tienen algún ser en mi alma, y solamente las veo y percibo en ellas. Lo presente de las cosas pasadas es la actual memoria o recuerdo de ellas; lo presente de las cosas presentes es la actual consideración de alguna cosa presente; y lo presente de las futuras es la actual expectación de ellas.[20]

Mas prosigue San Agustín preguntándose cuál es la medida que permite medir el tiempo, y descubre que no puede ser el «espacio» futuro, puesto que aún no es. Tampoco el presente, pues éste deja de ser continuamente, por lo que carece de espacio; y ni siquiera el pasado, porque éste ya no existe. Entonces, ¿qué puede ser el tiempo? He aquí la respuesta del Santo:

> Oí decir a un hombre docto[21] que el tiempo no era otra cosa que el movimiento del sol, de la luna y de los astros; pero de ningún modo me conformé con su sentir. Porque, a la verdad, por qué no había de ser mejor el afirmar que el tiempo es el movimiento de todos los cuerpos? Acaso si el sol, la luna y las estrellas se pararan y la rueda de un alfarero se moviera, ¿no habría tiempo con que pudiésemos medir las vueltas que daba, y decir que tanto tardaba en una como en otras; o al contrario, si unas veces andaba más aprisa que otras, decir que unas vueltas duraban más y otras menos? [...][22]

O sea que el tiempo mide el movimiento de los cuerpos y no al revés (como pensaban los antiguos); pues el tiempo no es el movimiento de los cuerpos (Aristóteles), porque hay gran diferencia entre el movimiento del cuerpo y aquello con que lo medimos, es decir, el *alma*. Pues si el futuro disminuye o se consume (cuando aún no es); si el pasado es creer en lo que ya no es, esto se debe a que en el alma hay tres operaciones, o sea que ella «espera, atiende y recuerda», a fin de que «[...] aquello que *espera* pase por lo que *atiende*, y vaya a parar en lo que *recuerda* [...]»[23] Y añade:

---

17. San Agustín: *Confesiones*, libro XI, cap. 13.
18. *Ibid.*, cap. XIV.
19. *Ibid.*
20. *Ibid.*, cap. XX.
21. Platón: *Timeo*, 17 E.
22. San Agustín: *Confesiones*, libro XI, cap. 23.
23. *Ibid.*, cap. 28.

¿Quién hay que niegue que los futuros no existen todavía? Y, sin embargo, ya existe en el alma la *expectación* de los futuros. ¿Y quién hay que niegue que lo pasado ya no existe? Pero, no obstante, hay todavía en el alma la *memoria* de lo pasado. ¿Y quién hay que niegue que el tiempo presente carece de extensión o espacio, pues pasa en un punto? Y, no obstante, permanece y dura la *atención* por donde pase a un ser que no será. Luego no es largo el tiempo futuro que todavía no existe; sino que se dice largo el futuro porque es larga la *expectación* del futuro. No es largo el tiempo pasado porque éste ya no es; sino que lo que se llama largo en lo pasado no es otra cosa que una larga *memoria* de lo pasado.[24]

También en la Antigüedad cristiana, más o menos contemporánea de San Agustín, se encuentra Gregorio de Nisa (o Niseno), quien afirma que el desarrollo progresivo, mediante una ley inmanente, válida lo mismo en el caso de la totalidad del cosmos que en el de la constitución del hombre, se da siempre vinculado a la *realidad del tiempo*. La *akolouthía* (sucesión) y con ésta el *cambio* es la ley de creación que distingue a lo creado de su Creador.

La creación comporta una extensión espacial: la sucesión regular de los fenómenos que constituyen el tiempo está contenida en las edades, pero la Naturaleza anterior a las edades escapa a las oposiciones según el antes y el después. Así se expresa Gregorio, y añade lo siguiente:

> [...] Toda la creación, al producirse según una sucesión regular, está medida por la sucesión de las edades [...] Pero la Naturaleza que está por encima de la Creación, en tanto que separada de toda categoría espacial, escapa a toda sucesión temporal, y no conoce ni progresión ni creación a partir de ningún principio hasta ningún término a través de ninguna modificación relativa a un orden [...] La Naturaleza divina no está en el tiempo, pero es de ella que viene el tiempo.[25]

También, con respecto a la Historia, desempeña un papel importante la noción de *akolouthía*, pues, como dice el Niseno, ésta es la sucesión necesaria y progresiva de lo que se da en el tiempo, de modo que se aplica tanto al plano natural como al sobrenatural, siendo así que los distintos momentos o etapas de la Historia de la salvación están unidos entre sí, según un designio ordenado y progresivo.

Durante la Edad Media se advierte una constante relegación del tiempo «exterior» (físico), en contraste con el «interior» (metafísico), que, de alguna manera, subsiste, aunque en forma atenuada, pues, sin lugar a dudas, el *tiempo* no es una cuestión fundamental en el Medievo. Esto se debe quizá al prevalecimiento de la cuestión de la *Eternidad*, cuya implicación religiosa desde el punto de vista de la *salvación* y la vida de transmundo tanto tiene que ver con la especulación filosófico-teológica de la Edad Media. Además, no se olvide la creciente influencia del pensamiento griego en la religión cristiana, sobre todo, su temática ontológico-metafísica que, con respecto al hombre de la Hélade, supone una Eternidad en la cual el tiempo es más bien accidental y, por lo mismo, imperfecto. De ahí que si bien se comienza fluctuando entre las respectivas ideas del tiempo «interior» y «exterior», la cuestión se decide a favor del «interior», o sea como instancia conducente, a través de la meditación y la penitencia, a la salvación. Y, desde el punto de vista del

---

24. *Ibid.*
25. Niseno: *Contra Eunomio*, I, 361-365.

tiempo «exterior», se regresa más o menos a la idea aristotélica del tiempo como el movimiento de los cuerpos (*numerus motus secundum prius et posterius.*)

Como es de esperar, Santo Tomás ve la cuestión del tiempo relacionada con la Eternidad. Así, se pregunta: a) ¿Cuál es la diferencia entre la eternidad y el tiempo? b) ¿Cuál es la diferencia entre *eviternidad* (aquello que, habiendo comenzado en el tiempo, no tendrá fin; como los ángeles, las almas racionales, el cielo empíreo) y el tiempo? c) ¿Solamente hay una eviternidad, así como hay un tiempo y una eternidad? Ahora bien, según Santo Tomás, la eternidad es omnisimultánea porque es necesario eliminar de su definición el tiempo (*ad removendum tempus*), lo cual permite distinguir rigurosamente la eternidad del tiempo, porque mientras la primera es simultánea y mide el ser permanente, el segundo es sucesivo y mide todo movimiento. La eviternidad, por su parte, es algo situado entre los extremos de la eternidad y el tiempo. De esta manera, mientras la eternidad es una completa inmovilidad y el tiempo una movilidad continua, la eviternidad es una inmovilidad esencial unida a una movilidad accidental. En consecuencia, la eternidad carece de *antes* y *después;* el tiempo los tiene; y la eviternidad, si bien no los tiene, puede, en cambio, conjugarlos. Así, mientras la eternidad coexiste con el tiempo, la eviternidad no puede hacerlo.[26]

La Edad Moderna es rigurosamente *antitemporalista*, pues la *razón* (santo y seña de esta Edad) apenas tiene nada que ver con la Historia. Esta, según el hombre moderno, obra siempre caprichosamente, mientras la razón lo hace en forma geométrica. Por eso, al hablar del trazado de las viejas ciudades europeas y de sus caprichosas edificaciones, dice Descartes que «[...] es más bien el azar, y no la voluntad de unos hombres provistos de razón, el que las ha dispuesto así [...]»[27] Tan enérgico es este modo de concebir la realidad (física y espiritual) que en el siglo XVIII, aun cuando reaparece cierto interés por la Historia (Bayle, Vico, Voltaire, Condorcet, Turgot), se sigue pensando en la *razón pura*, es decir, la razón naturalista o físico-matemática como el único instrumento posible para la interpretación histórica. Veamos, a este respecto, lo que dice Cassirer:

> Desde un principio, la filosofía del siglo XVIII trata el problema de la Naturaleza y el problema histórico como una unidad que no permite su fragmentación arbitraria ni su disgregación en partes. Ensaya hacer frente a los dos con los mismos recursos intelectuales; pretende aplicar el mismo modo de plantear el problema y la misma metódica universal de la «razón» a la Naturaleza y a la Historia.[28]

Como vemos, la disposición hacia la Historia y, por lo mismo, al tiempo en la cual se inserta, es aún de franco repudio a todo cuanto, de un modo u otro, tenga que ver con el *azar*, y, por lo mismo, Voltaire quiere conocer la Historia *racionalmente*, o sea como un filósofo, pasando por alto datos y hechos históricos. Por tanto, le escribe a Mme. du Chatelet: «Quisiera usted que los filósofos hubiesen escrito la historia antigua, porque desea leerla como filósofo [...]»[29] Es indispensable, si se desea dar con el principio de explicación histórica, basarse en la Naturaleza (lo físico), pues ésta provee

---

26. T. de Aquino: *Suma Teológica*, I, 10, i-vi.
27. R. Descartes: *Discurso del método*, Parte II.
28. E. Cassirer: *Filosofía de la Ilustración*, ed. "Fondo de Cultura Económica", México, 1950, pág. 193.
29. Voltaire: *Essai sur les moeurs et l'esprit des nations*, Introducción, I.

constante afirmación de su invariabilidad sujeta a inexorables leyes (*Natura non facit saltus*), y así es como se piensa que debe entenderse la Historia. Oigamos de nuevo a Voltaire:

> ¿No vemos, en efecto, que todos los animales, como igualmente el resto de los seres, ejecutan invariablemente la ley dada a su especie por la Naturaleza? El pájaro hace su nido como los astros crean su curso, por un principio que jamás cambia. ¿Cómo sólo el hombre podría cambiarlo? [...] En general, el hombre ha sido siempre lo que es [...] En consecuencia, está probado que sólo la Naturaleza nos inspira ideas útiles que preceden a nuestras reflexiones. Y lo mismo sucede con la moral [...] Dios nos ha dado un principio de razón universal, como le ha dado plumas al pájaro y piel al oso.[30]

Y agrega:

> De todo esto resulta que todo cuanto tiende a la naturaleza humana íntimamente se refleja de un extremo al otro del universo; que todo lo que depende de la costumbre es diferente, y que sólo accidentalmente se le parece [...][31]

En fin de cuentas, que el hombre tiene, también, una naturaleza invariable y, en consecuencia, es preciso descubrirla asimismo en lo histórico, que es lo accidental y desechable. Hay que eliminar lo histórico a fin de hallar, bajo esto, la Naturaleza dotada de leyes inmutables que permiten conocerla sin lugar a error, lo cual no sucede con la Historia. Tal cosa piensan y creen los hombres del XVII y el XVIII, de manera que todo acontecer *temporal*, como el de la Historia, debe reducirse a esquemas lógicos en los cuales encajan las leyes del mundo físico.

El siglo XIX presencia la aparición de nuevos supuestos desde los que se examina la Historia, uno de los cuales (Hegel) prosigue insistiendo en la indudable *racionalidad* de lo histórico, en tanto que otro (Dilthey) proclama la imposibilidad de semejante pretensión y acepta la *irracionalidad* de todo acontecer temporal como sucede con la Historia. Veamos lo que, taxativamente, expone Hegel sobre la «logicidad» de la Historia:

> A la filosofía se le reprocha, en primer lugar, de que va a la historia con ciertos pensamientos y que considera a ésta según esos pensamientos. Pero el único pensamiento que aporta es el simple pensamiento de la *razón*, de que la razón rige el mundo, y de que, por tanto, también la historia universal ha transcurrido racionalmente. Esta convicción y evidencia es un *supuesto* con respecto a la historia como tal. En la filosofía, empero, no es un supuesto.[32]

Y agrega —para demostrar que la Historia universal está regida por una razón universal y divina, del mismo modo que sucede con la Naturaleza—: «[...] La historia universal es el desenvolvimiento de la explicación del espíritu en el tiempo; del mismo modo que la idea se despliega en el espacio como Naturaleza.»[33] La Historia es, pues, para Hegel «evolución» (*Entwicklung*), es decir, que ella no es sino el despliegue de lo ya implícito en la Idea. Mas

---

30. *Ibid.*, VII.
31. *Ibid.*, XCVII.
32. J. G. F. Hegel: *Vorlesungen über die Philosophie der Weltgeschichte*, I, parágs. 6, 7.
33. *Ibid.*, parág. 122.

como se trata de una razón ajena a la historia misma y a la cual se le aplica desde fuera de ella, Hegel, que cree saber ya que la razón es la cosa (el hecho concreto del acontecer histórico), se queda sin las cosas, donde hay que descubrir la razón *interna* (no exterior a ellas) que las rige. Esto último lo hace Dilthey, y si consigue hacerlo es porque, con su filosofía, se restablece la *temporalidad* en el mundo de la conciencia y de la Historia.

Dilthey sitúa la *vida* y con ésta el *tiempo* en el centro mismo de su filosofía. A veces —injustificadamente— se le ha reprochado que no dejó un *sistema*, que es lo mejor que pudo sucederle, pues la «sistematización» en la filosofía nos deja fuera de la realidad. Por eso, cuado dice lo siguiente: «La idea fundamental de mi filosofía es el pensamiento de que hasta el presente no se ha colocado ni una sola vez como fundamento del filosofar a la plena y mutilada experiencia, de que ni una sola vez se ha fundado en la total y plenaria realidad»,[34] está diciendo la verdad, por que, por primera vez, se hace el intento de *ver* la realidad de lo *temporal-histórico* desde dentro de sí mismo. En consecuencia, Dilthey practica una verdadera *fenomenología* a este respecto, y de ahí que diga esto otro:

> Cuando en el lugar de la razón general de Hegel aparece la vida en su totalidad, y en ella la vivencia, el comprender, el nexo histórico de la vida, la potencia de lo irracional, surge el problema de cómo sea posible la ciencia de la Historia. Para Hegel no existía este problema [...] Ahora se trata, al revés, de reconocer como verdadero fundamento del saber histórico el dato de las manifestaciones históricas de la vida y encontrar un método para resolver el problema de cómo sea posible un saber universalmente válido sobre la base de este dato.[35]

Y añade:

> En la comprensión de un producto histórico, como expresión de algo interno, tenemos algo *que no es una identidad lógica*, sino la circunstancia única de una *mismidad* en individuos diferentes. Estos individuos no se entienden por su igualdad, sólo los conceptos son iguales entre sí y pueden, por tanto, intercambiarse [...][36]

Por el camino que recorre Dilthey, instalando el tiempo, como *acontecer* en que consiste la vida humana, en el centro mismo de su filosofía, discurre, cada vez con mayor brío, la idea de la temporalidad entendida como factor de primerísima magnitud para el conocimiento y la acción. Pero antes es necesario recoger algunos cabos sueltos con respecto al pensamiento racionalista de los siglos XVII y XVIII. La tendencia prevaleciente es la del tiempo concebido como algo que existe en sí y absolutamente (v. gr., Newton), o como «una representación necesaria que sirve de base a todas las intuiciones», es decir, una «forma pura de la intuición sensible» (Kant). Y es claro que se advierte la diferencia entre una y otra idea del tiempo, pues el físico inglés lo concibe como realidad sensible, el filósofo alemán lo ve en la forma de una «realidad trascendental». Pero, en ambos casos, hay una *racionalización del tiempo*, con lo que éste adquiere una «objetividad» desconocida hasta entonces, haciéndose apto para una ciencia rigurosa de lo fenoménico, puesto que, entonces, el tiempo se convierte (Kant) en la «condición formal

---

34. W. Dilthey: *Gessammelte Schriften*, "B. G. Teubner-Verlag", Leipzig und Berlin, Band VIII (1924), pág. 175.
35. *Ibid.*, Band V (1929), págs. 151-52.
36. *Ibid.*, Band VII (1927), pág. 259.

a priori de todos los fenómenos en general». De aquí la consecuencia de la inevitable «espacialización» del tiempo, según la ofrece Kant al decir lo siguiente:

> La naturaleza infinita del Tiempo significa que toda cantidad determinada de Tiempo es solamente posible por las limitaciones de un único Tiempo que le sirve de fundamento. Por tanto, la representación primitiva del Tiempo debe ser dada como ilimitada [...] [37]

En síntesis, Kant postula lo siguiente sobre el tiempo: a) Que éste no es autosubsistente, ni tampoco una determinación objetiva de las cosas. b) Que es la «forma del sentido interno», o sea de «la intuición de nosotros mismos y de nuestros estados interiores», y, además, «determina la relación de las representaciones en nuestros estados internos». c) Que él es «la condición formal *a priori* de todos los fenómenos en general». Así, pues, el tiempo (como el espacio) carece de realidad en sí y por sí, quedando reducido a la condición de «forma de la sensibilidad».

En la filosofía de Hegel hay algo que parece decisivo —aunque, en el fondo, no lo sea— y es que el sistema del Universo, entendido rigurosamente como totalidad, es un hecho tan definitivo que sería ocioso tratar de explicarlo. Puesto que lleva consigo todo momento posible, *el tiempo es algo de lo cual se puede prescindir sin escrúpulo alguno*. Pues el carácter dialéctico del devenir dista mucho de suponer una ordenación temporal; por tanto, debe aceptarse que, en su sistema, no cabe la menor conciliación del tiempo con la dialéctica de donde surge y en que descansa todo ese sistema. Sin embargo, a pesar de que, casi con abrumadora evidencia, lo temporal nada tiene que hacer aquí, momentos hay en los cuales el pensador alemán ha de vérselas con dicha cuestión. Lo que pasa es que, con frecuencia, la manera simbólica —a veces cargada de solemnidad— que adopta Hegel para describir las cosas influye decisivamente en la tendencia a creer en el *atemporalismo* de su filosofía, v. gr., al definir la Lógica como «[...] la exposición de Dios antes de la creación de la Naturaleza y de todo espíritu finito [...]» [38]

Vamos a compararlo ahora brevemente con Kant, tocantes a sus respectivas ideas del tiempo. De sobra sabemos que el autor de las *Críticas* niega que el tiempo tenga un origen empírico y una existencia independiente del sujeto, pues no es sino forma pura de la sensibilidad, con el carácter de una intuición pura que posee las notas de unicidad, unidimensionalidad e infinitud. Pero como —según Kant— no hay realidad alguna extratemporal, el tiempo, en consecuencia, tiene realidad empírica e idealidad trascendental. Hegel, en cambio, sitúa el tiempo en el ámbito del Ser y llega al extremo de admitir todas aquellas contradicciones rechazadas por Kant. Pues ocurre lo siguiente: así como a Kant le parece admisible, y por lo tanto, válida la idea de un tiempo vacío, Hegel asevera que «[...] no *es* el tiempo donde nace y muere todo; el tiempo es el *devenir*, el nacer y perecer [...], es Cronos, productor de todo y devorador de sus propios productos».[39]

Mas debe tenerse en cuenta que la idea del tiempo en Hegel aparece formulada de distinta manera, según la época de que se trate. La *Lógica* de

---

37. E. Kant: *Kritik der reinen Vernunft*, fünfte auflage von Karl Vorländer, Leipzig, "Verlag du Dueschen", 1906, 2.ª parte, cap. II, secc. 2.ª, 15.

38. J. G. F. Hegel: *Wissenschaft der Logik*, ed. al cuidado de Lasson, "Felix Meiner-Verlag", Leipzig, 1951, tomo I, pág. 31.

39. J. G. F. Hegel: *Enzyklopädie der philosophischen Wissenschaft*, 6.ª ed., "Felix Meiner-Verlag", Hamburgo, 1959, pág. 210.

Jena (1803) presenta al tiempo como una *totalidad dinámica* desde el punto de vista de sus relaciones con el movimiento y el espacio. Y con esta dialéctica primera de su filosofía (contraposición de finito e infinito) ya está prefigurando esa otra dialéctica de su sistema del *instante* y el *tiempo*. Más tarde, en sus elaboraciones de madurez (*Enciclopedia*, 1817), tanto el tiempo como el espacio son formas abstractas, simples posibilidades. Pero, a diferencia del espacio, el tiempo «[...] es el ser que, mientras es, no es; y mientras no es, es [...]»[40] El tiempo es, pues, el devenir más concreto posible, alfa y omega de todas las cosas. Además, según nuestro filósofo, mientras el espacio es el tiempo negado, el tiempo es el espacio desarrollado, es decir, negado y suspendido.

Finalmente, diremos algo acerca del *tiempo histórico* en el sistema hegeliano. Dicho tiempo es finito y la historia, con su curso temporal, avanza a través de oposiciones, pues el devenir es la esencia del ser:

> El tiempo es el devenir intuido, el concepto puro, lo simple, la armonía basada en lo absolutamente contrapuesto [...] No como si el tiempo *fuese* y *no fuese*, sino en el sentido de que el tiempo es el no-ser inmediatamente en el ser y el ser inmediatamente en el no-ser [...] En el tiempo no es lo pasado ni lo futuro, sino solamente el ahora: esto es, precisamente para no ser como algo pasado; y dicho no-ser se trueca también en ser, en cuanto futuro.[41]

La Historia, llamada por Hegel «exégesis del espíritu en el tiempo», muestra lo eterno como aquello dotado de un desarrollo temporal. En la Historia el Espíritu alcanza su propia plenitud, al liberarse del pasado mediante su reconstrucción a través del pensamiento. Pero la eternidad no es un momento del tiempo, ni tampoco aparece, siguiendo un orden cronológico, después de éste, porque la eternidad no es la suma de los momentos del tiempo, aunque tampoco se desvincula de él, pues ambos lo están por una relación dialéctica: la eternidad sólo puede ser la negación del tiempo, su más definida antítesis.

Pasamos ahora al filósofo francés Henri Bergson, quien concibe el tiempo como *duración*, y ésta, a su vez, en calidad de *vida*. Ahora bien, la susodicha duración es todo lo contrario del tiempo espacializado, siendo este último el resultado de concebirlo del mismo modo que el espacio. Mas el tiempo *real* es heterogéneo y continuo, y constituye la duración, la cual jamás se puede aprehender con la inteligencia, sino con la *intuición*:

> La duración pura es la forma que adopta la sucesión de nuestros estados de conciencia cuando nuestro yo se abandona al vivir, cuando se abstiene de establecer una separación entre el estado presente y los estados anteriores. No hay necesidad para esto de absorberse necesariamente en la sensación o en la idea que pasa, porque, entonces, por el contrario, cesaría de durar. Tampoco hay necesidad de olvidar los estados anteriores: basta que al acordarse de estos estados no se los yuxtaponga al estado actual como un punto a otro punto, sino que los organice con él, como ocurre cuando recordamos fundidas, por decirlo así, las notas de una melodía.[42]

---

40. *Ibid.*, pág. 257.
41. J. G. F. Hegel: *Vorlesungen über Geschichte der Philosophie*, "H. Glockner-Verlag", Sttugart, 1965, Band XVIII, pág. 355.
42. H. Bergson: *Essai sur les données immédiates de la conscience*, ed. "Félix Alcan", París, 1926, pág. 76.

La duración no es, pues, solamente *duración en la conciencia*, sino que pertenece a la realidad, de la cual es su dimensión ontológica fundamental. En consecuencia, el tiempo *real* (el tiempo ontológico en que se desenvuelven las cosas), lejos de ser —como quiere Kant— una pura forma de intuición que pone el sujeto y al cual es relativa, consiste en algo referido a la realidad en sí misma. Por tanto, el tiempo real, que es la duración, es la dimensión ontológica básica de la realidad.

> A quien fuere incapaz de darse a sí mismo la intuición de su ser, prolongándose en la duración, nadie ni nada podría dársela, ni los conceptos ni las imágenes. La única función del filósofo debe ser la de provocar un cierto trabajo, que los hábitos intelectuales, útiles para la vida, tienden a perturbar en la mayor parte de los hombres. La imagen tiene, al menos, esta ventaja, que nos mantiene en lo concreto. Ninguna imagen podrá sustituir la intuición [...] [43]

El pasado coexiste con el presente, pues ambos son lo mismo, porque *ser* no es, sin más, ser actual. Como dice Deleuze, el pasado es en sí porque «[...] la idea de la contemporaneidad del presente y del pasado tiene una última consecuencia. No solamente el pasado coexiste con el presente, sino que como *pasado* se conserva en sí mientras que el presente pasa, resulta que es el pasado entero, *todo* nuestro pasado, el que coexiste con cada presente.» [44]

Con referencia al tiempo, otro gran filósofo francés, Gabriel Marcel, considera que no hay un pasado inmutable, porque éste convertiría la sucesión vivida en simultaneidad; mas esto último destruiría el carácter y peculiar sentido de la sucesión. En la experiencia concreta se desvanece gran parte de lo vivido. Disipación pura que permite construir realmente al ser humano. Y, en verdad —prosigue nuestro filósofo—, se recuerda tan solo aquello que no se recuerda, es decir, lo que se ofrece de modo fulgurante, pues el pasado carece rigurosamente de una forma precisa de exposición: hacerlo, sería *cosificar* lo recordado. Y puntualiza de este modo:

> Cuanto más *in concreto* se piensa el pasado, tanto menos sentido tiene declararlo inmutable. Independientemente del acto presente y de la interpretación recreadora existe un cierto esquema de acontecimientos que no es más que una simple abstracción. Profundización del pasado, lectura del pasado. Interpretación del mundo en función de las técnicas, a la luz de las técnicas. El mundo legible, descifrable. [45]

Desde que somos en el mundo ya no es posible evadirse de la temporalidad y de su más seguro porvenir: la muerte. Mas nuestra idea de *finitud* viene de que nos aplicamos a nosotros mismos los esquemas temporales, corrientes, adecuados a las cosas. Pero el hombre pertenece a otra dimensión denominable supratemporal. «[...] El inmenso servicio que debiera ofrecernos la filosofía sería despertarnos, desde este lado de la muerte, a esa realidad que nos envuelve seguramente por todas partes, pero ante la cual, por nuestra condición de seres libres, tenemos el tremendo poder de rehusarnos sistemáticamente [...]» [46] Y agrega Marcel a este respecto:

---

43. H. Bergson: *La pensée et le mouvant, Introduction a la métaphysique, op. cit.*, pág. 615.
44. G. Deleuze: *Le Bergsonnisme*, ed. "P.F.U.", París, 1966, pág. 44.
45. G. Marcel: *Etre et avoir*, ed. "Gallimard", París, 1935, págs. 186-187.
46. G. Marcel: *El misterio del Ser*, trad. de E. M. Valentié, ed. "Sudamericana", B. A., 1953, pág. 128.

El tiempo —tal como ocurre en toda improvisación— es la forma en que estamos sometidos a prueba en cuanto existencias. Desde este punto de vista, la única manera de trascender el tiempo no consiste en elevarse a la idea vacía de un *totum simul* —vacía justamente porque es exterior a mí—; sino, por el contrario, en participar, de un modo cada vez más efectivo, en la intención creadora que anima el conjunto. En otros términos, trascender el tiempo significa elevarse a planos en que la sucesión aparece como cada vez menos dada, en los cuales deviene cada vez más inadecuada e inaplicable la representación cinematográfica de los acontecimientos.[47]

La vida humana es, en cierto modo, una posibilidad de imposibilidades, y contra esto nos propone Marcel una extraña fórmula: «el tiempo como forma de nuestra prueba». Si se deja llevar por el tiempo, el hombre es efímero pasar entre dos Nadas; mas puede recobrarse a sí mismo, en sí mismo, cual el *homo viator* (el hombre transeúnte) que alcanza a defenderse de la continua erosión de lo temporal. Pues la muerte es la prueba decisiva a que nos somete el tiempo, porque «[...] el problema de la muerte coincide con el problema del tiempo en lo más agudo, en los más paradójico de sí mismo».[48] Muerte que pone a prueba la presencia del *tú*, el cual no es jamás, para *mí*, un dato de conocimiento, sino una comunicación, que sólo puede evocarse o invocarse. Claro es que el tú es dable como objeto (cosa), pero en ese caso, es la desnaturalización y la negación del otro. *Tú* al cual estamos ligados auténticamente (cuando tal cosa ocurre) por la *fidelidad*, y, en consecuencia, concluye Marcel: «Reflexioné esta tarde [...] que la única victoria posible sobre el tiempo participa [...] de la fidelidad (frase de Nietzsche tan profunda): el hombre es el único ser que hace promesas.»[49]

Fidelidad que —si es de veras— es *testimonio*, o sea la inalterable conservación de aquello que se da en la presencia-comunicación, y que se mueve por sobre lo que Marcel denomina «tiempo-abismo», porque pone siempre en peligro mi porvenir. El acto del testimonio —prosigue diciendo— «[...] es un modo de trascender el tiempo en razón misma de lo que hay para nosotros de absolutamente real».[50]

Ahora bien, ¿en qué consiste la *esencia* del hombre, dentro del contexto del tiempo que salva o aniquila, según la circunstancia? Marcel cree —sólo ésto— que en la esencia de lo ontológico se halla el *no-poder ser*, a menos que se le aprehenda atestiguándolo.[51] Porque el hombre es más que nada *esperanza*, o sea la condición de posibilidad tanto del testimonio como de la fidelidad. Según él, *esperar* es resuelta negación a hacer una «lista» de probabilidades, porque la realidad es inagotable. Con lo que el tiempo se despoja de esa condición limitadora y fatal, capaz de proveer un *tiempo abierto* opuesto a ese otro *tiempo cerrado* del alma contraída.[52]

Tócale el turno ahora a otra gran figura de la filosofía francesa contemporánea, o sea a Maurice Merleau-Ponty, quien se ocupa también extensa y minuciosamente de la cuestión del tiempo. «El problema [nos dice] es ahora explicitar este tiempo en estados nacientes y en vías de aparecer, siempre sobrentendido por la noción de tiempo, y que no es un objeto de nuestro

---

47. G. Marcel: *Etre et avoir, op. cit.,* págs. 21-22.
48. G. Marcel: *Présence et Inmortalité,* ed. "Gallimard", París, 1959, pág. 58.
49. G. Marcel: *Etre et avoir, op. cit.,* pág. 16.
50. *Ibid.,* pág. 65.
51. *Ibid.,* pág. 143.
52. G. Marcel: *El misterio del Ser, op. cit.,* pág. 336.

saber, sino una dimensión de nuestro ser.»[53] Es indiscutible, al leer lo precedente, que el autor ha conseguido establecer una breve y precisa diferencia entre la «idea» del tiempo y la «realidad» del mismo. Ahora bien, ¿dónde podemos localizar dicha realidad? Según Merleau-Ponty, el tiempo surge en un «campo de presencia» abierto al mundo que contiene al hombre, como tampoco es sustento del ser en el mundo. No está *en* en las cosas, ni tampoco en los estados de conciencia o en las relaciones ideales propias del yo puro: es «[...] la experiencia originaria en que el tiempo y sus dimensiones aparecen en persona, sin distancia interpuesta, y en una evidencia última [...]»[54] Siguiendo más o menos a Husserl nos dice Merleau-Ponty que toda percepción contiene un campo de presencias constituídas por un doble horizonte de pasado y futuro; mas no se trata de tres perspectivas captadas en actos separados: lo ya sucedido obra sobre la percepción actual y ésta anticipa, *intencionalmente*, la manera de ser del futuro. «El tiempo no transcurre en forma lineal pasando por momentos sucesivos, sino que consiste en una red de intencionalidades por la que el advenimiento de un momento nuevo transforma todos los demás momentos [...]»[55] Y añade:

> El presente tiene en sus manos el pasado inmediato, sin ponerlo como objeto, y como éste retiene de la misma manera el pasado inmediato que lo ha precedido, el tiempo transcurrido es retomado y aprehendido en su totalidad en el presente. Lo mismo sucede con el porvenir inminente que también tiene su horizonte de inminencia.[56]

Ahora bien, Merleau-Ponty entiende —conforme con Husserl— que el presente es la *dimensión privilegiada* debido a que es «el punto de vista sobre el tiempo».[57] Y como éste tiene un carácter *extático* (como ya había dicho Heidegger), cada instante es la suma total del tiempo. Debido a que es *éxtasis*, el presente hace que el tiempo no sea ni «interior» ni «exterior», sino que nosotros mismos somos «el surgimiento del tiempo».[58]

La auténtica experiencia del tiempo no requiere que se denuncie su *espacialización*, siempre que por espacio no se entienda un «espacio objetivo» (al cual se opone el tiempo), sino esa «primordial espacialidad» a la que se abre nuestro cuerpo como ser en el mundo. Por otra parte, al reflexionar sobre las relaciones del tiempo con el cuerpo y el mundo, se advierte que si bien el cuerpo es sostén del tiempo, éste, por su parte, permite la comprensión del cuerpo, al facilitar la unión de cuerpo y alma, es decir, la transformación de la capa biológica del hombre y de la existencia en *existencia personal*. Además, con la ayuda del tiempo se puede resolver la grave cuestión de la *intersubjetividad*, indicando el modo de alcanzar el conocimiento del *otro* haciendo ver cómo el presente contrae el tiempo transcurrido y el tiempo futuro, no obstante poseerlos sólo en «intención» y no en sí mismos.[59]

Con referencia al tiempo y a la *eternidad* Merleau-Ponty cree que ésta es incapaz de contener a aquél, porque la eternidad, concebida como «presente de todas las existencias», alude sólo a la existencia humana temporal. Para que se pueda hablar de *eternidad* es menester que lo sucedido haya sido en el

---

53. M. Merleau-Ponty: *Phénomenologie de la Perception*, ed. "Gallimard", París, 1945, pág. 475.
54. *Ibid.*, pág. 476.
55. *Ibid.*
56. *Ibid.*, pág. 83.
57. *Ibid.*, pág. 85.
58. *Ibid.*, pág. 489.
59. *Ibid.*, pág. 84.

tiempo. La temporalidad [60] es un «espesor» simultáneamente reunido y disperso que: a) se ofrece como un «ser de la latencia»; b) es un «ser de profundidades»; c) es la «presencia de cierta ausencia».[61] Al apropiarse de *todo* el tiempo, el presente establece lo que Merleau-Ponty llama «identidad sin superposición» entre el polo de lo envolvente (tiempo) y el polo de lo envuelto (cuerpo).[62] De ahí se sigue que jamás —como esquema filosófico— puede captarse totalmente el tiempo, intelectualizándolo, porque, en rigor de verdad, es sólo la «[...] experiencia simultánea de lo captante y lo captado en todos los órdenes [...]»[63]

Según Merleau-Ponty, la filosofía no es un examen de hechos consumados; su misión es instalarse en el presente del fluir temporal, y, lejos de ser conocimiento de tal o cual sector del saber en general, es empresa que consiste en descubrir las fuentes del saber. La filosofía —prosigue diciendo— se esfuma allí donde comienza el mundo de lo constituido y su tema de la *espontaneidad*, que halla su «fundamento y medida» en el tiempo. Y, por tanto:

> En el plan del ser jamás se comprenderá que el sujeto sea a la vez naturante y naturado, infinito y finito. Pero si reencontramos el tiempo bajo el sujeto y si la paradoja del tiempo se relaciona con las del cuerpo, el mundo, la cosa y el otro, comprendemos que, más allá, no hay nada que comprender.[64]

Para entender la interpretación hecha por Sartre del problema del *tiempo* es necesario tener en cuenta todo el proceso de esa *subjetividad* que arranca de Descartes y llega hasta nuestros días. Hume, por ejemplo, es un caso destacado: según este pensador, la estructura del espíritu está dada por el tiempo; pues lejos de tener una organización, el espíritu es mero fluir de impresiones e imágenes sensibles; sucesión que, gracias al *hábito*, construye el sujeto cognoscente. Kant, por su parte, considera el tiempo como forma intuitiva de la subjetividad trascendental. Para Hegel el espíritu es sustancia vuelta sujeto y el tiempo su manifestación exterior. O sea que éste es el camino que ha de recorrer la razón a fin de crearse a sí misma a través de la apropiación del mundo. En cuanto a Husserl, el tiempo es la forma en que se unifica la corriente de las vivencias en torno a una sucesión siempre renovada de «ahoras» alojados en el pasado y tendientes al futuro. ¿Y en Sartre? Pues bien, su ontología condiciona tanto el sentido como la significación del tiempo, cuya elucidación debe efectuarse mediante sus conceptos de *Ser* y *Nada*. Ahora bien, según Sartre, la nada es la más pura forma de la conciencia, y esto es así porque la conciencia, en sí misma, carece de contenido pues éste viene dado en cada caso por el objeto trascendente hacia el que la misma tiende. Y como fuera del acto de «poner el mundo» frente a sí, su ser se agota en esta pura posición del mundo, la única conciencia que tiene de sí es la de su objeto en tanto que lo pone, tal «conciencia de conciencia» está muy lejos de ser una «conciencia reflexiva». Sartre dice que «[...] el ser de la conciencia es el *cogito* pre-reflexivo anterior a todo conocimiento que la conciencia pueda alcanzar de sí misma por reflexión [...]»[65] En consecuencia, el acto de conciencia sólo es dable como «conciencia inmediata» —es decir, no reflexiva— de sí misma. El ser de la conciencia no coincide consigo mismo

---

60. M. Merleau-Ponty: *Le Visible et l'Invisible*, ed. "Gallimard", París, 1964, pág. 176.
61. *Ibid.*, págs. 178-179.
62. *Ibid.*
63. *Ibid.*, pág. 319.
64. *Ibid.*, pág. 419.
65. J.-P. Sartre: *L'être et le néant*, ed. "NRF", París, 1943, pág. 19.

(como sucede con el ser de un objeto material), sino que es una *dualidad*, pero evanescente tan pronto como se trata de captarla. Por eso, la conciencia de algo es conciencia de sí, de manera que ella, que lo es siempre de otra cosa, conserva, empero, en la unidad de dicha relación, una relación consigo misma. He ahí por qué —según Sartre— el *para sí* es el modo de ser peculiar de la conciencia; mientras el ente —carente de esa dualidad— al ser absolutamente idéntico consigo mismo, es *en sí*.

Ahora bien, aun cuando la conciencia se muestra como *nada* (negación del ser), desde esta negación originaria determina la positividad del ser. Por eso, *L'être et le néant* es precisamente un profundo y dilatado estudio sobre la *Nada*, es decir, (conforme con Sartre), sobre la conciencia. Y el tiempo es una de las formas en que se efectúa el no-ser de la conciencia, porque en él, al escapar a la identidad consigo misma, se aleja de sí, trascendiendo hacia el pasado y hacia el futuro. La crítica sartriana de la idea del tiempo como sucesión de «ahoras», independientes entre sí, deja ver que las dimensiones temporales no son aislables una de otra y, sin embargo, son susceptibles de una vinculación exterior a las mismas. Dicha relación, dice, es interna y originaria; y para que suceda esto es imprescindible negarle al presente, pasado y futuro los caracteres del *en-sí*, admitiéndolos, en cambio, como modalidades del *para-sí*. En tal caso —asevera Sartre— yo no tengo un pasado, sino que *soy mi pasado*. Mas cabe preguntar cómo son mis vivencias pasadas, y lo cierto es que toda vivencia presente es el resultado de una continua reflexión recíproca de la conciencia en la vivencia. Mientras que el pasado es una de las formas en que la conciencia trasciende de sí misma debido a su constitutiva inadecuación. El presente y el futuro son modos de distancia de la conciencia respecto de sí misma.

Considerada como estructura orgánica la dialéctica del tiempo no permite imaginar una separación de sus distintos momentos. Contemplado desde un punto de vista estático, el tiempo es continuidad irreversible cuyos términos finales son el *antes* y el *después*, temporalmente unificados, y al temporalizar su propio ser, completa cada uno su ser fuera de sí en el otro, introduciendo el no-ser. Mas debe tenerse presente que el tiempo no es independiente de la conciencia y anterior a ella: el tiempo es la manera de ser propia de ésta. En consecuencia, el tiempo es forma de la conciencia, porque ésta sólo existe en forma temporal. El fundamento de donde proviene el tiempo es la subjetividad y de ella sale el tiempo del mundo, tiempo objetivo e universal. Por eso, la realidad del tiempo es una y la misma con la realidad y la conciencia; de manera que el tiempo de ésta es la forma fundamental del tiempo en general.

Nos resta por ver a otro gran filósofo francés, Louis Lavelle, cuyas especulaciones sobre el tiempo están decisivamente relacionadas con la *eternidad*. Según afirma, una y otro cobran sentido en función del hombre, pues son copartícipes entre sí. Ahora bien, la realización a que aspira el hombre supone un camino y, en consecuencia, una distancia, que es precisamente el tiempo. Este tránsito es la existencia (temporal) y debe rematar en la esencia (eterna). Conquistar dicha esencia es participar libremente en el Ser, en el cual alcanzamos «nuestro puesto eterno».[66]

Comparemos al hombre con Dios: éste sólo tiene esencia, que en Él es «[...] la existencia de la esencia, o la esencia tomada en su actualidad y no ya en su posibilidad [...]»[67] Pero Dios pone en el hombre la posibilidad de

---

66. L. Lavelle: *De l'acte*, ed. "Aubier", París, 1946, pág. 95.
67. *Ibid.*, pág. 92.

buscar la coincidencia consigo mismo, y en esto consiste su esencia. Ahora bien, el *acto de participación* supone un intervalo entre la nada y la esencia que le es propia, porque se trata de una nada relativa, que permite pasar de una forma de existencia a otra (de la esencia posible a la esencia efectuada). El tiempo es el intervalo entre el Ser Absoluto (Dios) y el ser humano que puede participar de Él, y, «[...] entonces, se puede decir que el tiempo es el intervalo que separa esta finitud de esta infinitud y que los une [...]»[68] El tiempo es quien separa al hombre de aquello que ha sido, de modo que el pasado es siempre la distancia entre lo sido y lo que llegamos a ser. Y es justamente el pensamiento de este intervalo el que descubre el *sentimiento del tiempo* y, en consecuencia, «[...] el tiempo nace de una no-coincidencia de mí con el presente de un objeto, es decir, con un aspecto del ser del que estoy separado [...] Cuando se realiza esta coincidencia, cuando tiene lugar la percepción, no hay más tiempo [...]»[69]

Tres son las formas de existencia, según Lavelle: pasado, porvenir, instante. El *pasado* constituye nuestro presente espiritual; el *porvenir*, siendo como es pura posibilidad, no es distinto del presente eterno dable en todo momento al hombre como participación; el *instante* (del acto) o sea la participación en el instante de Dios. La vida temporal es el medio de obtener la vida eterna, y, desde luego, es una opción dada al hombre, quien puede escoger entre una y otra. Mas tiempo y eternidad no se contradicen el uno al otro, sino que el lugar de su convergencia es el hombre. La vida humana es una propuesta hecha a la libertad, y la respuesta es la actualización de una esencia posible. Pero si se olvida que el tiempo es el que facilita la conversión de la posibilidad en actualidad, entonces se le reduce al orden de sucesión fenoménica, o sea al *tiempo del devenir sensible*, cuya esencia es perecedera.

En conclusión, no es posible separar los aspectos del tiempo unos de otros, porque constituyen el acceso desde el devenir hasta la eternidad. El tiempo —dice Lavelle— es un instrumento creado por el acto mismo mediante el cual me creo, que es, en sí, una apertura a la eternidad que, mediante la libertad, le confiere inmortalidad al hombre, la cual —prosigue diciendo— «[...] testimonia la presencia de un acto espiritual que, para ser, necesita encarnarse en el devenir, pero de modo tal que domine a todo el devenir, sin que este devenir mismo jamás sea capaz de someterlo o hacerlo sucumbir [...]»[70] De manera que el tiempo, al ser la vía de acceso a la eternidad, se halla presente en ésta, porque «[...] somos una libertad que eternamente quiere la vida que se hizo y que jamás ha acabado de agotar [...]»[71]

La elaboración más profunda del tiempo, hecha hasta el presente en la cultura occidental, es, sin lugar a dudas, la llevada a cabo por Martín Heidegger en *Ser y Tiempo*. Pues «[...] aquello desde lo cual el "ser ahí" en general comprende e interpreta, aunque no expresamente, lo que se dice "ser" es el *tiempo*. Este tiene que sacarse a la luz y concebirse como el genuino horizonte de toda comprensión y toda interpretación del ser [...]»[72] Como puede advertirse desde el comienzo, el gran metafísico alemán considera indispensable, a los efectos de la exégesis del *Ser*, relacionarlo con el *Tiempo*, porque, según dice, la Existencia humana depende de la temporalidad, de manera que el *existir* supone una unidad basada en dicha temporalidad, la

---

68. L. Lavelle: *Du temps et de l'éternité*, ed. "Aubier", París, 1953, pág. 19.
69. *Ibid.*, pág. 22.
70. L. Lavelle: *De l'âme humaine*, ed. "Aubier", París, 1951, pág. 503.
71. L. Lavelle: *Du temps et de l'éternité, op. cit.*, pág. 437.
72. M. Heidegger: *Sein und Zeit, op. cit.*, Introducción, cap. II, parág. 5.

cual fundamenta igualmente la «facticidad» (por que, al fin y al cabo, el hombre es un *hecho*), como también así la «caída» (estamos yacentes o «tirados» en el mundo). Vese, pues, que para Heidegger tanto el *Ser* como la *Existencia* se refieren primordialmente al hombre. Tampoco la temporalidad, alojada en el tiempo, va creando el pasado, el presente y el futuro. Pues la temporalidad no es un ente. Y si no lo es, entonces, ¿qué es? Heidegger responde de esta manera: «[...] La temporalidad es el original "fuera de sí y en para sí mismo". Llamamos, por ende, a los caracterizados fenómenos del advenir, el sido y el presente, los "éxtasis" de la personalidad [...]»[73] Según Heidegger, el futuro es la manifestación por excelencia de la temporalidad original y propia. Ahora bien, no debe preguntarse por el modo en que se convierte el tiempo infinito en eso otro llamado por Heidegger «temporalidad finita, original», sino, al contrario, «[...] cómo surge de la temporalidad propia y finita la impropia [...]»[74] Y cómo es posible que ésta convierta el tiempo finito en otro infinito.

Ahora bien, el *Dasein* (el «ser ahí» o existencia humana) es, esencial y primordialmente, *temporalidad*, y este *Dasein* se revela a sí mismo como cotidianidad, historicidad e intratemporalidad. Cuando se expone dicha temporalidad se hacen patentes las complicaciones de una ontología original del «ser ahí». Pues dicha temporalidad —en cuanto lo es esencialmente—, constituye el fundamento de la historicidad de la Existencia (humana), que, al ser Existencia temporal, es *histórica*, o sea el único modo de existencia para ella. Cuando se considera la historicidad de la Existencia (humana), ésta nos revela no sólo el ser de la Existencia como «cuidado» (*Sorge*), sino también el ser de este último como «temporalidad». «El análisis de la historicidad del "ser ahí" trata de mostrar que este ente no es temporal por "estar dentro de la historia" sino que, a la inversa, sólo existe y puede existir históricamente por ser temporal en el fondo de su ser.»[75] Como la Existencia es indudablemente un «estar a la muerte», ella se integra paulatinamente en lo que ha sido realmente en un futuro hacia el cual se proyecta y desde el que retorna. La temporalidad agota la totalidad del ser de la Existencia, y, en cuanto fundamento de su ser, el descubrimiento del «ser hacia», el cual, a la vez, constituye un regreso resignado. La temporalidad se da sólo en sus *éxtasis* (presente, pasado, futuro). Ahora bien, ni siquiera la temporalidad originaria es infinita y absoluta, por lo que, en conclusión, al descubrir la temporalidad originaria es posible, entonces, y sólo entonces, interpretar la Existencia desde el horizonte de esa temporalidad como paso previo para una exégesis del *Ser* en cuanto tal.

En resumen, debe decirse que la filosofía de Heidegger es la culminación del *temporalismo* en el mundo contemporáneo, al hacer de la temporalidad el sentido de la preocupación en que consiste la Existencia, pues dicha temporalidad es la «unidad originaria de la estructura del cuidado». Además, la temporalidad de la Existencia es esencialmente finita por estar, en sí y por sí, abocada a la muerte. En consecuencia, el Existencialismo heideggeriano remata en un absolutismo de la Existencia que llega al extremo de negar la esencia trascendente **del tiempo.**

La relación encontrable entre la *vida* de Martí y el *tiempo* es, por supuesto, larga y complicada tarea; pues la misma supone, de una parte, la temporalidad implícita en dicha vida, capaz —como sucede con todo ser humano— de sus-

---

73. *Ibid.*, Primera parte, Segunda sección, cap. III, parág. 65.
74. *Ibid.*
75. *Ibid.*, parág. 72.

tituirla en la forma en que hemos de presentarla más adelante. Por otra, el modo en que el *Apóstol* concibió el tiempo y, en consecuencia, la aplicación que hizo de él. En resumen, se trata de dos distintos tiempos, uno de los cuales es el «interior», el metafísico, en el que consiste toda humana existencia; mientras que el otro es el «exterior», o sea el tiempo material o físico —si se prefiere llamarlo así—, con el cual opera Martí, dándole la aplicación congruente con el fin propuesto. Pero, de todos modos, uno y otro se relacionan profundamente, pues el tiempo «exterior» depende decisivamente del «interior», o sea que este último predetermina la manera *sui-generis* de concebir y, por lo mismo, de utilizar aquél.

Comencemos, pues, diciendo que la existencia humana individual «siente» fluir el tiempo de modo distinto en cada caso. Somos esencialmente temporales: en consecuencia, nos deslizamos en el tiempo, o, si se prefiere, somos el tiempo que adopta esa curiosa forma ontológica de un ente en quien aquél se hace consciente. Porque, a no dudarlo, vivimos a la espera de un cambio continuo, incesante en su multiplicidad, pero, eso sí, homogéneo con respecto a su sustancia, o sea el tiempo como tal. Pero, además buscamos el cambio, tal vez para que no nos anonade la homogeneidad, y en esto bien pudiera consistir la «temporalidad» del tiempo al pasar de su originaria «generalidad» a la «individualidad» de cada ente humano, o de cada *Existencia* (como dice Heidegger). No es posible, por lo mismo, vivir en la inalterable lisura de un devenir que vendría a ser algo así como el tiempo «absoluto» en el cual se creyó hasta hace poco. Onticamente —vamos a decir así— el ser humano es siempre un «frenesí» más o menos intenso (tal como lo vio Calderón, acertando en esto de modo admirable). Pues la vida es quizá el más violento de todos los impulsos, y sólo así se concibe que la continua desintegración del vivir pueda contrarrestarse con esa *integración* provista por la vigorosa unidad del impulso vital, capaz de trascender la muerte alojada en cada instante de una vida, sea la que sea.

La *temporalidad*, en consecuencia, es la serie casi inacabable (en cada vida humana) de «rizos» o arrugas hechas en la piel del tiempo. Además, es oportuno señalarlo desde ahora mismo, *temporal* lo es sólo el hombre, porque ningún otro ente puede saber: a) que *él es tiempo*; b) que éste, a su vez, es la posibilidad de esa *conciencia* de sí mismo; c) que, en consecuencia, el «frenesí» en el cual la vida consiste es la necesidad que tiene el tiempo de procurarse una inteligibilidad (un sentido o un significado del mismo). En fin de cuentas, que si hay una conciencia del tiempo es porque éste, inevitablemente, requiere ser esa conciencia a fin de ser algo y no nada. Pues supongamos la total inexistencia de toda conciencia del tiempo. Entonces, ¿existiría éste de veras? El tiempo es la sustancia de todo acontecer, mas véase que, fuera de la percatación humana de ese acontecer, no hay nada más. Si no hubiera ni un solo hombre, no habría tiempo alguno, pues aun cuando lo hubiese, ¿para quién o para qué sería? Dios hizo al mundo y también al hombre, y a partir de la aparición de éste es que comienza a haber realmente una *Creación*. Sin duda alguna, «el sábado fue hecho a causa del hombre».[76]

Decíamos líneas arriba que el frenesí de la vida humana tiene sus grados, tantos, que son incontables. O sea, como ya dijimos también, que cada quién «siente» fluir el tiempo de manera diferente. Pues, en definitiva, se siente más o menos su invariable «rapidez», pero que, en esos «rizos» del tiempo que determinan la temporalidad, la susodicha «rapidez» (siempre la máxima, en cuanto al tiempo se refiere), puede sentirse, por parte del existente de

---

76. San Mateo: II, 27.

que se trate, como algo dotado de mayor o menor intensidad. O sea que el frenesí no es siempre el mismo. Hay, pues, unas vidas más «frenéticas» que otras, aquéllas en las cuales los «rizos» producidos en la lisura del tiempo son mucho más enérgicos, tanto por su número como asimismo por la porción de lisura encogida en cada uno de esos rizos que constituyen —como ya se dijo— la temporalidad. Así, pues, se es tanto más *temporal* cuando más se «arruga» la susodicha lisura. Todo lo contrario sucede en el caso de aquellas vidas incapaces de rizarla siquiera apreciablemente. Ahora bien, al decir *temporal* se quiere decir con esto que si una Existencia (humana) está hecha de incontables «rizos», la temporalidad a que éstos dan lugar se trasunta en una vida ansiosa de vivirse a sí misma, es decir, de contar con todos y cada uno de esos repliegues en los que el tiempo pasa a ser temporalidad. Y ésta es, de un modo u otro, *inquietud*, tácita o expresa, según el espacio liso que del tiempo hay entre uno y otro «rizo».

En esta situación, puesto que fue una *Existencia* (humana), se encuentra el *Apóstol*, y su vida se nos revela como el frenesí que lleva hasta el máximo de su realización esos *éxtasis* en que consisten —para Heidegger— el pasado, el presente y el futuro. Martí lo vio claramente desde muy joven, percatándose de su peculiar condición existencial, al punto de llamarse a sí mismo «átomo encendido» e «incendio vivísimo». Pues el susodicho frenesí se encuentra profundamente vinculado a esos *éxtasis* en los que se descompone la temporalidad, o sea en esos tres momentos (tal vez sea más adecuado llamarlos «instantes»), de los que depende ella. Todos sabemos que hay lo que no es, lo que será y lo que es. Pero lo que ya no es tan perceptible es la distancia, sumamente sutil, que separa los éxtasis entre sí. ¿Acaso no es ya pasado lo presente? Pues tan pronto es, se ha consumido como lo que es. ¿Acaso no se halla en el presente todo lo esperable? Pues bien, hay un *sentimiento* que acompaña siempre a la conciencia de esos éxtasis; sentimiento que es como la angustia de la inexorable *pérdida* de la temporalidad, porque los éxtasis aludidos van a parar indefectiblemente al pasado: el presente, en una cierta virtualidad «pasadista» que siempre lo acompaña; el futuro, se diría, en una virtualidad de segundo grado que lo amenaza constantemente con *no llegar a ser*. Y el presente, por tanto, indeciso, casi imposibilitado de existir, cuasi virtualidad encadenada a otras dos: el pasado y el futuro.

Fácil es ahora comprender el *temple de ánimo* de un hombre como el *Apóstol*, al saber, mediante una profunda intuición, cuán aleatoria es la existencia humana y en consecuencia la Historia. Y ésta es la única justificación posible para el hombre en su existencia terrenal. Historia que Martí se propone hacer precisamente a costa de su propia temporalidad, es decir, «rizando» copiosamente la indiferente lisura del tiempo hasta el punto de efectuar en sí mismo esa finalidad última y esencial en que se resuelve la Existencia (humana). La temporalidad en que él mismo consiste inevitablemente, esa insoslayable condena de los *éxtasis*, lo impulsa sin descanso a encontrar una solución al conflicto entre el pasado, de una parte, y el futuro y el presente, de otra. Mas téngase también en cuenta que «rizar» más o menos la lisura del tiempo no depende de la voluntad de cualquiera; por el contrario, la mayor o menor intensidad con que se hace esa rizadura depende del *temple de ánimo* de cada quién.

El *Apóstol*, en consecuencia, es un hombre angustiado por el tiempo. Mas esto no quiere decir que el tiempo lo angustie, pues si vive temiendo siempre que se le escape de las manos, es justamente porque *su* temporalidad encoge o arruga de modo tan violento, que la instantaneidad de cada *éxtasis* es un momento de frenesí al máximo de su intensidad. Nuestro *Apóstol* vive en tal tesitura que, por lo mismo, hay una cabal concordancia, en su caso, entre *instante* y *éxtasis*. Vida relampagueante, desde sus más juveniles años, en el sentido de la intensidad y variedad de sucesos engranados en ella y dotados sin excepción de una vertiginosidad *in crescendo* continuo que se apaga en un final tumultuoso que viene a ser como el resumen de lo acontecido hasta entonces: algo así como el «rizo» que recoge la copiosa multitud de los anteriores.

Angustia: he ahí la palabra que mejor resume y describe la vida entera de Martí. Pero al relacionarla ahora con ese estado de ánimo debemos distinguir lo que en él hay de auténtica angustia metafísica de esa otra referida concretamente a la vida inmediata. En el *Apóstol* «[...] la angustia es la realidad de la libertad como posibilidad antes de la posibilidad [...]»[77] Exactamente así es lo que sucede con el *Apóstol*: la libertad se siente como algo posible aun antes de que ésta lo sea. Libertad que debe entenderse en el sentido ontológico-metafísico, es decir, como lo único capaz de asegurarle al hombre una continua opción de realizar su temporalidad. Según Heidegger, la angustia es ese peculiar temple de ánimo mediante el cual se revela la *Nada* y se descubre la Existencia como un estar sosteniéndose en ella. Si ahora se relaciona todo esto con la ya mencionada conflictividad típica de los «éxtasis», se verá que la angustia martiana es, en sí misma, la descrita por Kierkegaard y Heidegger respectivamente. Angustia que condiciona la temporalidad de la Existencia y late en lo más profundo de ella siempre que ésta no se halle «distraída» entre las cosas. Mas, por otra parte, el hombre lleva consigo otra raíz fundamental de su Existencia, o sea la *esperanza*, es decir, el estado de expectación que se dirige siempre a la plenitud que puede colmar el vacío constitutivo de la vida. Ambas, es decir, angustia y esperanza, se interpenetran y modifican una a la otra. Pues mientras la angustia nos advierte de la futilidad de lo cotidiano y del engaño de la satisfacción proveniente de aquello, la esperanza impide que nos dejemos anonadar por la angustia. Este es el contrapunto en que se encuentra siempre el *Apóstol* y, por lo mismo, jamás se advierte en él ni el pesimismo neutralizador de la acción ni tampoco el optimismo característico del alma vulgar. Martí, pudiera decirse, es siempre, ante el desconcertante misterio de vivir, ese «temor y temblor» de que nos habla San Pablo.[78]

El *Apóstol* concibe el tiempo como la sustitución de éste por efectivos resultados que *deben* obtenerse continuamente, a fin de convertirlo en algo *no vacío*, pues, esencialmente, el tiempo se caracteriza por su falta total de contenido, y el hombre necesita justificarse llenando la lisura del tiempo con esas contracciones o «rizos» que lo transforman en temporalidad. Pues a diferencia del animal, para quien jamás la hay, como no sea la automática y primitiva de su vida orgánica, el hombre, en cambio, lucha con el tiempo, porque de esa lucha constante depende su realización ontológica. El animal, por el contrario, es una escueta temporalidad contenida entre los límites del comienzo y el final de su vida. Mas el hombre, a medida que avanza su Existencia, enriqueciéndose, ha de «temporalizar» el tiempo todo lo más posible, creando así otra realidad que es a manera de *contrapunto* entre el Ser y la Nada. Y según se va haciendo más y más consciente esa angustiosa consecuencia del contrapunto (la Existencia), la riqueza ontológica humana

---

77. S. Kierkegaard: *El concepto de la angustia*, I, 5.
78. San Pablo: I Corintios, II, 3. ("Y me presenté a vosotros en debilidad, temor y mucho temblor." Kierkegaard se refiere a lo mismo en *Estadios del camino de la vida* y en *Temor y temblor*.)

sube de grado consecutivamente. Ahora bien, el obrar contrapuntístico es precisamente aquello llamado *Historia*.

Como contrapunto ontológico de Ser y Nada, es decir, en cuanto *temporalización* del tiempo, Martí es un caso excepcional, porque hace avanzar el proceso histórico en varias formas, de las cuales, como sabemos perfectamente, la mayor es la independencia de Cuba. El tiempo «espontáneo» de nuestra vida colonial, apenas «temporalizado», al punto de que la rutina y el atraso son las notas predominantes, de pronto se contrae casi convulsivamente, al apresurarse vertiginoso el proceso de rizamiento capaz de temporalizarlo. Se comprueba todo esto al reflexionar sobre la expresión *atraso*, porque ésta describe perfectamente lo que entonces sucedía en nuestra patria, es decir, la sensible falta de una oportuna «temporalización» del tiempo, que continuaba siendo más o menos igualmente liso; y, en consecuencia —como la cuestión del *atraso* es comparativa—, el contraste con lo que entonces sucedía en otras partes del mundo demostraba que, en efecto, Cuba era un país sensiblemente atrasado. En consecuencia, la aguda e intensa sensibilidad martiana con respecto al tiempo y a su «temporalización» determina, dibujándola en él, esa inquietud, exteriormente manifestada como *impaciencia*, mediante la cual lleva a cabo, vertiginosamente, la campaña que concluye con la liberación de Cuba del funesto y despreciado despotismo español. Como todos los grandes hombres, la temporalización en que consiste su existencia es intensísima y, además, se transmite con desusada energía al tiempo de otros, determinando con esto una amplísima «temporalización» colectiva que es, precisamente, la *Historia*.

Tal es, pues, el proceso del tiempo «interior» en el *Apóstol*. Proceso, repetimos, que no falta en ningún ser humano (Existencia), aunque —como ya se ha visto— tiene diferentes grados de efectuación. El de Martí es excepcional, pues siente el tiempo como si fuese el más poderoso enemigo del hombre, porque la mayor destrucción que opera en él es precisamente la de impedirle su construcción, o sea el máximo desarrollo de sus ontológicas posibilidades para ser la Existencia de que carece todo otro Ente. Mas, a la vez, el tiempo es la única posibilidad de ser que tiene el hombre. Y aquí aparece claramente manifestado ese contrapunto ya aludido de angustia y nada. Pues el hombre siente que puede *no ser*, o ser en tan escasa medida, que equivalga prácticamente a un no-ser. Sin contar con que jamás hay un límite prescrito a las posibilidades realizativas del hombre. Por lo mismo, Martí se angustia y espera, en grado superlativo. Ahora bien, cuando se habla de *esperanza* es preciso ponerse antes en claro con dicha cuestión, porque no se trata de la vulgar espera de tal o cual cosa concreta y mostrenca. En el caso del hombre como nuestro *Apóstol* esperar es prever, anticiparse a lo que, desde luego, se quiere adelantar para que apresure su llegada. Y eso que se espera sólo puede ser la victoria sobre el tiempo, conseguida por su temporalización. La *indiferencia* del tiempo se transforma así en esas «diferencias» que constituyen el contenido concreto de lo que se espera. De inútil el tiempo se vuelve útil al hacerlo nuestro y de otros y dotándolo de una consciente finalidad. Pero, eso sí, a condición de que, al «temporalizarlo», se convierta en la Existencia (humana) que lo redime de su gratuita inercia. No en balde dice la consabida conseja: «El tiempo y yo a otros dos».

En realidad, el hombre es el único ser que *espera*, pues el animal lo hace relativamente y sólo cuando aguarda su presa. Por lo demás, el mundo que lo rodea le es del todo indiferente. Esperar es algo que puede hacer un ente dotado de la conciencia de que, en efecto, hay un «todavía», un «ahora» y un «después», o sea esos «éxtasis» del tiempo denominados, respectivamente, futuro, presente y pasado. Esperar es saber que algo puede suceder, aun más, que debe suceder, pues no se espera aquello de lo cual no se tiene ni la más remota idea. La espera supone, entonces, un *estado expectante*, posible como tal únicamente cuando hay una conciencia de la Nada como algo posible, o sea llena de una contingencia que modifica la absoluta necesidad de esa Nada por lo cual jamás devendría en algo distinto de ella, pero sin que esto último carezca de la negativa posibilidad que la lleva, en ciertos momentos, a *no ser*, o sea el pasado. El presente, por tanto, se mueve entre dos Nadas y es la única posibilidad de que dispone el hombre para no anonadarse. Esperar es, pues, esperar a ser; aguardarse uno a sí mismo como la única posibilidad de ser, al menos temporalmente. Pues si el hombre fuese *siempre*, entonces no habría espera, porque tendría que aguardar por algo capaz de continuar integrándolo y en lo cual consiste toda su justificación ontológica.

Ahora bien, en cierto modo la espera es la *esencia* de lo humano, o sea que su Existencia (humana) se va integrando paulatinamente a lo largo de ese trayecto en el tiempo, en esa *temporalidad* que proviene justamente de la «temporalización» del tiempo cuya lisura es la Nada. Hegel tiene razón al identificarla con el Ser, pero, según creemos, siempre que aquella sea el tiempo sin el cual no hay existencia posible, incluida, por supuesto, la Existencia (humana). Mas el tiempo obra de muy distinto modo según el existente de que se trate. Así, la existencia organizada (o vida orgánica, si se admite esta asimilación) sufre la erosión del tiempo de modo mucho más intenso que la inorgánica, lo mismo natural que artificial. Erosión, adviértase bien, que es el contrario efecto de la «temporalización», por lo que vendría a ser la «des-temporalización». Pero ya se sabe cuán cierto es aquello de que «para ser, es preciso dejar de ser; pues, sólo dejando de ser, es que se es». Ahora bien, el hombre sufre también el embate del tiempo, pero, a diferencia de los demás existentes, puede multiplicar las posibilidades de defensa contra las asechanzas de Cronos, debido a su conciencia de las posibilidades implícitas en el tiempo, y por eso lo «temporaliza», es decir, lo transforma en oportunidades de reiterar su total y definitiva «longitud», en el caso de cada Existencia (humana), distendiéndolo a fuerza de comprimirlo, de efectuar en su ontológica lisura original el mayor número posible de «pliegues». Claro está que, a su vez, esa «total y definitiva longitud del tiempo» es la faena de multiplicar los repliegues efectuables en él, y a lo cual ya hemos designado con el nombre de «destemporalización».

Mas el hombre sería incapaz de «temporalizar» el tiempo, convirtiéndolo así en Existencia (humana), si no le fuese dable *esperar*, es decir, vivir mentalmente la posibilidad de una necesaria efectuación de sí mismo. Pues nadie se hace «fuera del tiempo», por lo que, hasta cierto punto, el hombre es la autoconciencia que de sí mismo tiene aquél. «Dar tiempo al tiempo» es una de esas profundas intuiciones convertidas en expresión popular. En efecto, el tiempo se da tiempo a sí mismo para ser algo, y la percatación del tiempo autodemorado es precisamente la *espera*. Así, pues, aunque el esperar pueda parecer algo pasivo, en el fondo no lo es, porque tal vez no haya dinamismo como el de esperar. Dinamia manifiesta, en la Existencia (humana), como *inquietud* (íntima) y que es soportable a causa de la *esperanza* en que se apoya dicha inquietud. No es posible esperar sin esperanza, aun cuando la mayor parte de las veces ésta sea apenas perceptible. Ella no es lo mismo en quien espera la respuesta de una carta proveedora de cierta información banal, que esa otra donde la respuesta supone algo susceptible de afectar decisivamente nuestra vida. Se diría que hay, en efecto, esperanzas y esperanzas..., y de esa segunda especie es la esperanza puesta por Martí en todas sus esperas, habida cuenta de lo que se jugaba en ellas. Sin embargo, la espera de esta naturaleza es algo que se construye a fin de alcanzar lo ya presupuesto en ella. No es la esperanza de quien fía al azar el contenido de su espera, sino, por el contrario, de aquél cuya esperanza en una espera posee, diríamos, cierto formato lógico como de antecedente a consecuente, en una especie de «causalidad» obligada, sin que, claro está, sea esto último de una inmodificable necesidad, pues, tratándose del tiempo, todo es más o menos aleatorio, tal vez por ser fenoménico. Y el *Apóstol* se mueve siempre en el ámbito de esa esperanza de una espera más o menos calculada, si se tiene en cuenta que esta última responde a un propósito que la conforma y le da su contenido. *Fernandina*, por ejemplo, fue el fracaso de una esperanza, no obstante todas las precauciones que rodeaban a la espera; mas lo imprevisto, el azar, en nada disminuye la sólida contextura de aquello sometido a espera y aguardado a través de la esperanza.

Hemos hablado hasta ahora del tiempo «interior» de Martí, pero debemos a continuación examinar lo que sucede con el tiempo «exterior». Mas, ante todo, ¿en qué consiste este último? ¿Hay acaso alguna apreciable diferencia con respecto al otro, es decir, al «interior»? En sus mismos orígenes ambos son uno solo, pero mientras el tiempo «interior» es absolutamente individual y, en consecuencia, adopta distintas formas en cada quién, el tiempo «exterior» tiene un carácter comunitario, desde el punto de vista social, y, por lo mismo, constituye eso llamado *Historia*. Con la «exterioridad» del tiempo nos encontramos ya al nacer y tropezamos constantemente con ella. Es ese vasto y profundo entramado de cosas y sucesos donde surge el hombre a la vida y con el que es preciso contar. Así, el *Apóstol* nace en el pésimo medio colonial cubano y en uno de los peores momentos de su historia. Un tiempo «exterior» incongruente con el tiempo «interior», no sólo de Martí sino también de algunos predecesores y coetáneos suyos. Y como siente el tiempo «interior» con la máxima urgencia de «temporalizarlo» todo lo más posible, convirtiéndolo de inútil en útil, la Existencia (humana) en que consiste la vida del *Apóstol* se despliega en dos grandes direcciones (dos finalidades) que son, respectivamente, una, la lucha por lo mejor del hombre en general; la otra, la lucha por la liberación de su Patria en particular. Ambas, como vemos, encaminadas, en lo más profundo de ellas, a la «temporalización» del tiempo para conseguir la más cabal efectuación de la Existencia (humana). Porque el punto de partida debe ser el hombre, quien, mírese como se quiera, es siempre *uno*, o sea el hombre individual. Mas el tiempo «exterior» supone una mayor heterogeneidad que la del tiempo «interior», pues no sólo está en cada individuo sino que, además, se halla determinado por la inmensa variedad de los resultados de los quehaceres individuales, sin dejar de contar con la tradición y las creencias. Grande ha de ser, pues, la fuerza indispensable para «temporalizar» ese tiempo «exterior» que, por lo general, neutraliza la capacidad «temporalizante» de cada Existencia (humana).

Ahora bien, como en los capítulos anteriores nos hemos referido ampliamente a la preocupación martiana por el hombre individual, cabe ocuparse solamente aquí del esfuerzo realizado por el *Apóstol* para la independencia de la Patria, con tal vez alguna referencia a algo ajeno a dicha magna tarea. A estos efectos —tal como se ha hecho en los capítulos precedentes—, quizá no sea del todo inútil este breve ensayo de clasificación *ad hoc*:

Idea del tiempo { Precisión en el tiempo
La demora justificada
Decisión inexorable
La moralidad de la decisión
Antigüedad y valor

El gran preocupado con la más eficaz «temporalización» del tiempo, o sea Martí, demuestra en todo instante su agudo sentido de la precisión con respecto a la actitud a tomar ante la magna cuestión de la independencia de Cuba, y así nos dice: «[...] Ya no se empleará el tiempo en ensayar: se empleará en vencer [...]» (H-2), o sea hacer lo que el momento aconseja, sin anticipaciones ni aplazamientos innecesarios. Saber llegar a tiempo, estar allí donde debe encontrarse uno en el momento indicado. Contra los desconocedores de la *precisión* (por carta de más o de menos) hubo de luchar incansablemente padeciendo las asechanzas de la duda, la maledicencia y a veces la calumnia. Pero Martí es el caso excepcional de la precisión, como puede esperarse de quien, como él, vivía atento al tiempo como tal, «temporalizándolo» cuanto le era posible. Pues en su caso el aplazamiento era aparente, ya que, como pudo confirmarse luego, las demoras en la ejecución del plan revolucionario obedecían a un cabal conocimiento de la situación en que se debatía el caso. «[...] Si el reposo, que es también necesario en la historia, favorece el desarrollo del juicio, no maldigamos del reposo [...]» (H-9) Así responde a los que lo acusan de demorar innecesariamente el comienzo de las hostilidades. Pero el *Apóstol* sabe muy bien de la diferencia entre la simple aventura y la empresa responsable. De ahí que al llegar el momento oportuno, en que la demora no es necesaria, diga lo siguiente:

No tenemos, no, tiempo de errar, ni es posible, en las matemáticas invisibles e implacables por que se rigen los pueblos, tomar más tiempo entre los cubanos de afuera, para ordenar su nación [...] (H-15)

Pues hay que crear el momento, la oportunidad provechosa, para lo cual es preciso saber descubrir esta última; cosa que sólo es dable hacer a quien como Martí vive atado a esa tarea de la «temporalización» del tiempo; pues, contra todo cuanto pueda creerse, nada es gratuito en el acontecer histórico, sino que el hombre busca, encuentra y decide. Así lo dijo a aquella escéptica multitud de cubanos que llenaba los salones del *Steck Hall* en la memorable fecha del 24 de marzo de 1880: «A despecho de los tímidos, que gustan de achacar a una inexorable fatalidad los sucesos que en gran parte de su timidez dependen, — sin lograr, ni de los que los oyen, ni de sí mismos, ser creídos [...]» (H-1); pese a todo esto la lucha por la independencia de Cuba continuaría, renovándose a partir de ese instante, cada vez con mayor brío. Pues el *Apóstol* sabía que la vida es constante aprendizaje y que la indiferencia del tiempo donde sedimentara el fracaso del 68 era menester «temporalizarla» hasta convertirla en nueva acción. Por eso, advirtió también a aquella multitud: «[...] Ya fructifican nuestras miserias, que los errores son una utilísima semilla [...]» (H-1)

Por lo mismo, la nueva gestión debería contar con el tiempo, mas no en su inercia, sino, al contrario, con la dinamia de su «temporalización». De Gracián había aprendido Martí aquello de la conveniencia de «[...] conocer las cosas en su punto, en su sazón, y saberlas lograr [...]»[79] Y lo elabora,

79. B. Gracián: *Obras Completas*, ed. "Aguilar", Madrid, 1960, págs. 161-162.

por su parte, de manera precisa: «[...] A veces, esperar es morir. A veces, esperar es vencer [...]» (H-14) En efecto, ahí tenemos la cabal formulación, breve hasta hacerse admirar, de la diferencia entre el preocupado y el despreocupado con referencia al tiempo; y no se olvide que éste es siempre concreta alusión al hombre. Y como la experiencia nos viene más bien de errar que de acertar, hace el *Apóstol* esta interesante reflexión:

> Ésta es hora de decir como no han sido inútiles para la emigración cubana veinte años de experiencias, de manifestación y roce francos, de choques y ambiciones y noblezas, de prueba y quilate de los caracteres, de lucha entre la pasión desconsiderada y el juicio que desea someterla al desinterés de la virtud [...] (H-7)

La demora en la ejecución debe justificarse por su evidente necesidad. Sólo así es admisible en buena ley. Porque la «temporalización» del tiempo «exterior» está sujeta a lo que dicho tiempo *ya* es, en sí mismo, justamente por ser «exterior», o sea que es tiempo desde un determinado modo de ser —el de la concreta manifestación de su exterioridad. En consecuencia, es preciso «contar con» él, no como si fuese algo absolutamente «puro» —digamos así—, sino en las *situaciones* en las que se da. Claramente lo vio Martí y, por lo mismo, en la delicada gestión de la independencia, con su secuela de la lucha armada inevitable en este caso, advierte lo siguiente:

> [...] ¿Será que sometiendo como vulgares ambiciosos el amor patrio al interés personal o a la pasión de partido, estemos tramando con saña enfermiza el modo de echar inoportunamente sobre nuestras tierras una barcada de héroes inútiles, impotentes acaso para acelerar la agregación inevitable de las fuerzas patrias, aun cuando llevasen, con la gloria de su intrepidez, el conocimiento político y la cordial grandeza que ha de sustentarla? (H-6)

Oportunidad o sazón de ese tiempo «exterior» que el hombre de la fina intuición del *Apóstol* es capaz de adivinar, tal como —muy próximo el comienzo de la nueva contienda—, lo vemos en estas palabras suyas:

> Precede a las grandes épocas de ejecución, como la sazón a la madurez, un movimiento espontáneo de almas por donde conoce el observador la realidad oculta a los que sólo la quisieran ver coronada de flores, y en cuanto ven espinas, ya niegan que sea realidad [...] (H-13)

Ahora bien, por lo mismo que no caben premuras innecesarias, tampoco se admite el aplazamiento igualmente innecesario y hasta contraproducente. «Debe hacerse en cada momento lo que en cada momento es necesario [...] Aplazar no es nunca decidir [...]» (H-16) Martí nos habla de la *necesidad*, es decir, esa apodíctica realidad que debe contener siempre la voluntad operante en el instante *ad hoc*. De nuevo aquí la «temporalización» del tiempo «exterior», concurrente, desde luego, con el tiempo «interior» de la Existencia (humana) capaz de sincronizarlos. En consecuencia, el *Apóstol* se interroga a sí mismo e interroga a la vez a otros de esta manera: «[...] Y cuando todo se viene hacia nosotros, ¿por qué hemos de alejar nuestro triunfo por falta de oportunidad y sabiduría?» (H-10) Nótense, sobre todo, las últimas palabras: *oportunidad y sabiduría*. Ambas conforman la auténtica capacidad de la Existencia (humana) que, como la de Martí, sabe dar siempre en la diana de esa *oportunidad* del momento justo para el cambio. Y aún se llegaría hasta el sacrificio de esa oportunidad, con todas sus lamentables consecuencias, si, en última instancia, fuese inevitable. Es decir, que el *Apóstol* estaría dispuesto a adoptar una desesperada decisión aunque esto último fuese el desafío del tiempo:

> ¡Aun cuando la tuviéramos en nuestras manos, aun cuando aguardamos sólo la señal de partir, para el viaje santo y ligero, corazón a corazón iríamos llamando, afrontándolo todo en la angustiosa súplica, para que no diesen rienda al valor impaciente hasta que ya no hubiera modo de salvar sin esa desventura a la patria! (H-8)

Porque en sus afanosas empresas jamás falta esa *moralidad* que dota a toda su obra de la grandeza sin la cual no hubiese sido posible mantener en la posteridad el indeclinable valor que la sostiene. Y con respecto a esa empresa en la cual primarían la muerte y la desolación, es decir, la guerra de independencia, el profundo sentido ético del pensamiento, la palabra y la acción martianos se hacen aún más éticos. «Es un crimen valerse de la aspiración gloriosa de un pueblo para adelantar intereses o satisfacer odios personales [...]» (H-11) Así se lo dice a su gran amigo, José Dolores Poyo, reiterando su atinadísimo criterio de que la guerra tendría *su* momento, que no era ése de que le habla a su corresponsal en 1887, y en forma todavía más impresionante, dados los conceptos que en él se vierten, habla así en memorable discurso en conmemoración del Diez de Octubre. Porque no se debe anteponer el interés particular o el odio de nadie a la gravísima determinación de esa empresa en la cual se juega nada menos que el destino cubano. He aquí lo dicho entonces:

> [...] la determinación de que una política incompleta y parcial, floja con los enemigos y despótica con los propios, no nos arrebate las conquistas obtenidas por la grandiosa unión con la muerte, por la precipitación de tiempos, con que la guerra, necesaria ayer, justa hoy como ayer, probable en todo instante, restableció en Cuba, con divino calor, el equilibrio interrumpido por la violación de todas las leyes esenciales a la paz estable en las sociedades humanas [...] (H-12)

No faltan, sin embargo, en la obra escrita de Martí, otras apreciaciones del tiempo, como son las relativas, en alguna forma, a los «éxtasis» del tiempo (pasado, presente, futuro). La presencia del pasado en el presente parece ser evidente para el *Apóstol*, pues cree que hay una *esencia* o modo de ser invariable en la Historia, o sea que el hombre es siempre la misma suma de *afanes*, por lo cual lo cambiante es sólo el aspecto exterior o la vestimenta con que se presentan dichos afanes. El pasado permite ver esa *esencia* en lo que ella es justamente, porque, diríamos, por no afectarse ya en nada, puede ofrecerse a nuestros ojos completamente «objetivada». Veamos cómo lo expone Martí:

> [...] No desdeñemos lo antiguo, porque acontece que lo antiguo refleja de modo perfecto lo presente, puesto que la vida, varia en formas, es perpetua en su esencia, y en lo pasado se la ve sin esa «bruma de familiaridad» o de preocupación que la anubla para los que vamos existiendo en ella [...] (H-3)

Por eso mismo, lo antiguo cobra un indudable prestigio debido a que expresa el tiempo. Fina observación martiana que trae un poco a la memoria lo que dice Heidegger en términos que es mejor transcribir aquí para ver con mayor claridad cierta coincidencia con Martí:

Las antigüedades conservadas en el Museo, enseres domésticos, por ejemplo, pertenecen a un «tiempo pasado» y, sin embargo, no son aún «ante los ojos» en el «presente» [...] Pero ¿qué es entonces lo que hay de pasado en el útil? ¿Qué eran las cosas que ya no lo son? Siguen siendo el mismo útil, pero fuera de uso [...] ¿Qué es lo pasado? No otra cosa que el *mundo* dentro del cual, pertenecientes a un plexo de útiles, hacían frente como «algo a la mano» y resultaban usadas por un «ser ahí» que «era el mundo», «curándose de». El *mundo* es lo que ya no es [...] [80]

Ese mundo al cual alude Heidegger es, sin lugar a dudas, el conjunto de instancias fundamentales o la *esencia* a que se refiere Martí. ¿Por qué hay *útiles*? Pues sencillamente porque hay *afanes*, es decir, todo eso capaz de impulsar al hombre a realizar cualquier útil. En consecuencia, el *mundo* (Heidegger) y la *esencia* de la vida (Martí) son más o menos coincidentes.

---

80. M. Heidegger: *Sein und Zeit, op. cit.*, Primera parte, Segunda Sección, cap. V, parág. 73.

Capítulo IX

PREVISION Y ORGANIZACION

El porvenir de mi nación preveo [...]

Es curioso constatar que sólo hay un ser en el mundo a quien le *urge* vivir, pues los demás seres (animados o no) carecen completamente de esa continua «presión» que el medio ejerce sobre el hombre, sin duda alguna porque no es «medio» precisamente lo que tiene, sino *mundo*. Y, en realidad, tampoco lo tiene, sino que *él* es el mundo, o sea la extensa y compleja red de significaciones que van tanto de aquél al hombre como de éste a aquél. Estar *en* el mundo es, pues, sentir de continuo que no se puede *ser* sin esas *relaciones* de las cuales depende la vida humana. Ésta, por lo mismo, jamás podría consistir en algo totalmente ajeno a las mencionadas relaciones. Lo cual no sucede con el resto de los vivientes, porque el animal, por ser prolongación del medio, «se deja» vivir, con la decisiva *pasividad* proveniente de la absoluta imposibilidad de aislarse del contorno, como puede hacer el hombre. Así, lo inerte (el mineral, pongamos por caso) es riguroso medio, al carecer de funciones motoras e instintivas (para no hablar de las metabólicas); y en cuanto al animal, bien lo sabemos, es casi completamente instinto y reflejo; mientras el hombre, además de todo esto, es, sin embargo, mucho más, o sea una especialísima capacidad de *resistencia* que supera la del animal y el vegetal. Este último, como sabemos, se reduce esencialmente a la fijación del carbono atmosférico, mientras el animal lo completa con los recursos de la instintividad y la locomoción, sin rebasar jamás tan estrecho círculo. El hombre, en cambio, supera considerablemente dicha limitación instintivo-motora para desplegar ante el medio —convertido en *mundo* con cada presencia humana en él— las múltiples manifestaciones de la ya aludida *resistencia* y que, en conjunto, constituyen la *conciencia*, a la cual se debe que el hombre sea el ser «incansable» en su proyección sobre el medio, y de ahí la metamorfosis de éste en *mundo*. Inagotable proyectarse que, como se verá más adelante, se hace, en cada caso, *proyecto*, desde el más simple hasta el más complicado. Pues nótese que el animal se «cansa» muy pronto de todo cuanto no es él, y, en consecuencia, actúa fuera de sí cuando se ve obligado a hacerlo por adiestramientos tales como el reflejo acondicionado.

Tenemos, pues, que el hombre está *en* el mundo tal como le pasa y no le pasa al resto de los seres, porque por mundo debe entenderse la automática conversión del medio en eso otro (*kosmos noetós* = lugar inteligible) a lo que se llama precisamente *mundo*. Ahora bien, el inicio de estar en él es a un tiempo subitáneo e impropuesto, pues ¿desde cuándo estamos ya en él? Sin lugar a dudas, tan pronto como nacemos, pero este «tan pronto» es, de algún modo, relativo. Pero, sea como sea, es indudable que, a partir de cierto instante, hacemos nuestra aparición en él con todas las características y consecuencias del «de pronto» que señala nuestro comienzo vital. Mas así como no hacemos ni podemos hacer nada para estar en el mundo, es preciso, en cambio, a partir de ese instante, hacer algo para *seguir estando* en él. En consecuencia, tal como señalan algunos filósofos, la vida, al menos en lo esencial de sí misma, es, por una parte, un *proyecto*, y, por otra, las posibilidades de ese proyecto. Ahora bien, todo cuanto encontramos al comenzar a vivir es lo que suele llamarse *lo dado*, y con esto hay que contar si hemos de construirnos algo así como el esquema de nuestra vida. Mas nótese que lo decisivo es aquello propuesto como fin en cada caso, el cual lleva consigo algo denominable *urgencias vitales*. Pero antes de proseguir con éstas debe tenerse en cuenta los dos tipos de pretensiones que el hombre lleva consigo: uno de los cuales es justamente el vivir; otro, aquellas pretensiones que son «internas» al vivir. Porque debe tenerse presente que el hombre es el único ser carente de un repertorio de *requisitos fijos*, como, en cambio, sucede con el animal y la planta, dado que las condiciones para vivir son numéricamente fijas. En consecuencia, si faltan, total o parcialmente, les lleva a perecer irremisiblemente, por la incapacidad de inventar adecuados sustitutos. El hombre, en cambio, dispone —como expresión de su casi ilimitada capacidad de resistencia— de la *técnica*, porque a veces las cosas, en vez de estar *ahí*, se encuentran *allí*, o sea en el ámbito posibilitario de una conciencia que, por ser *mundo*, suple mediatamente la inmediata carencia descubierta en el medio. Entonces es cuando surge la *comprensión*, es decir, la decisión de averiguar por qué lo que debió ser dado de inmediato no lo es, o lo es en forma deficiente. Mas el hombre no se inmoviliza frente al obstáculo ni renuncia fácilmente a salvarlo, lo cual explica que, de inmediato, se pregunte: ¿qué es esto?, con lo que va a parar directamente al *conocimiento*. Ahora bien, nótese que el animal y la planta jamás preguntan por nada: para ambos, las cosas sirven o no sirven a las elementales gestiones para sobrevivir, siendo, por tanto, asimilables o no. Como demuestran los experimentos de Koehler, el vertebrado superior salva el obstáculo mediante el adiestramiento al cual se somete urgido por una necesidad vital en la cual interviene el hombre.[1] Carece de curiosidad y por eso no tiene *allí*, sino sólo un precario repertorio de *aquí* (lo inmediato y presente), que jamás intenta comprender. El hombre, en cambio, además de lo presente lleva consigo lo *latente*, es decir, todo eso oculto con lo cual se cuenta, pero sin tenerlo todavía. Y el ámbito de lo latente es la franja más ancha de la humana existencia. Nada es lo dado en comparación con lo posible, de manera que nuestra vida es, peculiarmente, muchísima más latencia que presencia, aun cuando, por lo general, esta última nos lleva a la otra, mediante las innumerables sugerencias que la realidad a la mano proporciona de continuo. Por lo mismo, la actitud humana con respecto a lo latente es de veras *radical*, o sea que emana de lo más profundo de nuestro ser, y de ahí que el pensamiento *integral, radical* o *último* es el que se emplea para esta latencia.

Todo esto de antiguo se sabe, más o menos, como lo prueba, por ejemplo, la siguiente cita de Cicerón: «Dios hizo a los hombres levantados de la tierra, elevados y erectos, para que, contemplando el cielo, fuesen capaces

---

1. El caso del *reflejo acondicionado*.

de aprehender el conocimiento de los dioses.»² En efecto, el hombre es curiosamente el único ser que mira «hacia arriba», dada la posición erecta, no tanto externa como *interna*, de su cuerpo. Mirar «hacia arriba» quiere decir que el hombre sobrepasa la realidad concreta en que se halla sumido y busca otra realidad trascendente a la anterior, que si bien no sabemos con toda certeza «dónde está», tampoco puede decirse que se aloja en las cosas. Por el contrario, gracias a la distancia a que de ellas se encuentra, esa otra realidad permite conocerlas, pues los sentidos solos jamás me dirán qué es esta o aquella cosa.

Sin embargo, según asevera Juan Bautista Vico, la erecta posición del hombre, no es don sobrenatural, como tampoco un hecho natural, sino —en sentido viquiano— un *factum*, es decir, un hecho histórico. En consecuencia, si esto es realmente así, el hombre tuvo que aprender a erguirse lo mismo que a hablar. Mas, al erguirse, el hombre se emancipa de su contorno animal (determinado por sus funciones vitales inmediatas) y crea un mundo humano, es decir, un *orden de relaciones significativas*. De aquí que diga Vico: «Lo cierto comienza por el cuerpo.»³ *Lo cierto*, es decir, aquello que adquiere naturaleza de realidad verdadera y no presunta en el caso del hombre. Contemporáneamente, esa afirmación se acoge con entusiasmo dada la preeminencia acordada hoy día a la inextricable relación de alma-cuerpo, o de hombre-mundo. Así, pues —siguiendo a Vico—, en ese ademán absoluto de la *incorporación*, para el primitivo «[...] el mundo y la Naturaleza toda es un cuerpo inteligente [...]»,⁴ y, de admitirlo así, resulta entonces que el hombre se produce a sí mismo, tal como lo implica la frase de Tácito: «*fingunt simul creduntque*».⁵ Civilización quiere decir, pues, autodomesticación, y la Historia es la gradual emancipación de la Naturaleza, en el caso del hombre. Mas véase que ese *ademán absoluto* ya mencionado hace del hombre un ser teórico y práctico. No en balde dice Hegel en cierta ocasión que la esencia del trabajo, mediante el cual el hombre transforma la Naturaleza, consiste en obligarla a negarse a sí misma, instrumentalizándola para servir a los fines humanos.

Ahora bien, nótese que la capacidad de descubrir relaciones —o sea términos medios—, de trascender la situación dada hacia lo no dado inmediatamente, es, precisamente, el ingenio o la imaginación práctica. La *fantasía*, fuente de la teoría, hace posible la *praxis* humana como transformación de la Naturaleza. Y por eso la imaginación es mediadora entre el cuerpo y la mente. De ahí que el hombre aloje en sí mismo (o más bien sea) esta «trinidad»: el acto (*factum*), la institución (*certum*) y la idea (*rerum*). «En suma, el hombre es nada más que mente, cuerpo y lenguaje, estando este último como puesto entre la mente y el cuerpo [...]»⁶

La capacidad de *comprender* es, en consecuencia, esencial y a la vez decisiva con respecto al papel del hombre como existente. En su complicada y *sui-generis* terminología Heidegger considera dicho *comprender* nada menos que como el ser del «ahí», y, de esta manera, un «ser ahí» (el hombre), al basarse en el comprender, desarrolla, en tanto que existe, las distintas posibilidades que son «ver», «ver en torno suyo», «sólo dirigir la vista». En consecuencia, por *comprender* debe entenderse lo siguiente: «[...] ser, pro-

---

2. Cicerón: *De natura deorum*, II, cap. 56.
3. Cf. *Tute le opere di Giambattista Vico, Scienza nuova*, ed. "Mondadori", 1957.
4. *Ibid.*, II, pág. 396.
5. Tácito: *Annales*, V, 10.
6. Cf. *Tute le opere di Giambattista Vico*, op. cit., II, pág. 159.

yectado, relativamente, a un "poder ser" en razón del cual existe en cada caso el "ser ahí".⁷ Comprender es «poder ser», y de esta suerte el «ser ahí» (hombre) sabe, en cada caso, dónde *es* consigo mismo. Mas sigue diciendo Heidegger que ese *saber* es solamente una posibilidad existencial. La existencia, por tanto, es cuestionable: Y añade:

> [...] El comprenderse, proyectado, en una posibilidad existencial tiene por base el advenir como «advenir sobre sí» desde la posibilidad bajo la forma de la cual existe el «ser ahí» en el caso. El advenir hace posible ontológicamente un ente que es de tal manera que, comprendiendo, existe en su «poder ser».⁸

Para referirse al advenir (futuro) propio Heidegger se vale de la palabra «precursar». Ahora bien, prosigue diciendo, el advenir ha de conquistarse antes a sí mismo y no desde el presente, o sea desde un advenir que no es, en realidad, apropiado. Éste tiene el carácter de «estar a la expectativa», que, a su vez, debe procurar el horizonte desde el cual algo puede convertirse en *esperado*. «[...] El esperado es un modo, fundado en el estar de la expectativa, del advenir, que se temporacía propiamente como "precursar" [...]»⁹

Heidegger, como vemos, parte del *comprender* como el fundamento de las posibilidades del hombre en el mundo (*In-der-Welt-Sein*), y no vacila en denominarlo, como hemos dicho, el *ser-ahí*, o sea la existencia humana en cuanto tal. Pero el hombre se «proyecta» constantemente en el mundo; por lo mismo, es puro e inacabable *proyecto*; de donde concluimos que para poder ser es imprescindible comprender, aun cuando la posibilidad existencial no consiste en esto solamente. En síntesis, que sólo el hombre puede *comprender*, porque necesita de este último para consumar su *proyecto existencial*, pues no es sino esto, como asimismo nada menos. «Proyecto de proyectos», pudiera decirse, dado que toda obra humana es medio para un fin inacabablemente.

Sobre la misma cuestión ha escrito Ortega y Gasset páginas incomparables. El ser del hombre, según nos dice, lejos de ser una dada totalidad, agotada en sí misma (como sucede con el resto de los seres), es, en principio, una «pura posibilidad imaginaria». Porque el hombre es *inestable* y *variable* como jamás podrían serlo el animal, el vegetal y el mineral. Lo cual, de paso, permite comprobar que la *inercia* aumenta de grado según se pasa del animal al vegetal al mineral. Más allá de sus contadas funciones vitales el animal es pura inercia y a ella tiende desde la restringida dinamia de sus manifestaciones senso-motrices. No digamos el vegetal y, por supuesto, el mineral. Y por ser el hombre constante variabilidad e inestabilidad se ve constreñido desde muy temprano a fabricarse su vida, porque ésta, como dice Ortega, es «esencialmente un problema». Y agrega:

> [...] A diferencia, pues, de todo lo demás, el hombre, al existir, tiene que hacerse su existencia, tiene que resolver el problema práctico de realizar el programa en que, por lo pronto, consiste. De ahí que nuestra vida sea pura tarea e inexorable quehacer. La vida de cada uno de nosotros es algo que no nos es dado hecho, regalado, sino que hay que hacer. La vida da mucho quehacer; pero además no es sino ese quehacer que da a cada cual,

---

7. M. Heidegger: *Sein und Zeit, op. cit.*, Primera parte, Sección segunda, cap. IV, parág. 68.
8. *Ibid.*
9. *Ibid.*

y un quehacer, repito, no es una cosa, sino algo activo, en un sentido que trasciende todos los demás [...] [10]

Por eso mismo, el hombre —según dice Ortega— tiene que autofabricarse (y recuérdese, a este respecto, la parecida idea de Vico). Lo cual deja ver claramente que, en esencia, el hombre es un *técnico*, pero, eso sí, en la más amplia acepción del término. Y lo es porque está siempre obligado a conseguir lo que *aún* no es. De aquí que para Ortega, lejos de ser la vida «contemplación», pensamiento o teoría, es antes «fabricación». Y puesto que el mundo (o la circunstancia) es la materia prima para el quehacer del hombre, éste ha de descubrir en el mundo ese oculto mecanismo del cual ha de servirse. Y concluye Ortega diciendo lo siguiente: «[...] La historia del pensamiento humano se reduce a la serie de observaciones que el hombre ha hecho para sacar a la luz, para descubrir esa posibilidad de máquina que el mundo lleva latente en su materia [...]» [11] Mas no se piense que el don de la técnica es en el hombre algo casual. «[...] La verdad es lo contrario, porque el hombre tiene una tarea muy distinta que la del animal, una tarea extranatural, no puede dedicar sus energías como aquél a satisfacer sus necesidades elementales, sino que, desde luego, tiene que ahorrarlas en ese orden para poder vacar con ellas a la improbable faena de realizar su ser en el mundo.» [12] Y esto último es sumamente importante, porque la finalidad de la humana existencia es siempre trascendente a la materialidad cósmica en la cual se asienta y se levanta el hombre. Martí lo expresa de modo sencillo y claro en muchas ocasiones a lo largo de toda su vida y obra. Se trata —como dijimos líneas atrás— de ese continuo hilar de medio a fin, en que éste se trueca en aquél y recíprocamente, en una sucesividad sin final posible.

Ahora bien, el hombre —según ha podido verse— consiste en un inextricable conjunto de *relaciones*, y, por lo mismo, cabe preguntar ahora si es el ser que se relaciona, o si su mero ser consiste en estar relacionado. O dicho de otra manera: ¿Es un ser que entra en relación o es una relación que se convierte en ser? Pero a poco que se observe la conducta del hombre, su modo de ser existencial, advertiremos que es, en sí, una estructura de la cual emergen las relaciones en que él mismo consiste. Relaciones con lo orgánico, con el otro (sociedad), con el Ser absoluto (espíritu), etc. Mas si el hombre se relaciona, si acaso esa relación es capaz de convertirse en ser, ello se debe a que —como dijimos al comienzo de estas páginas— el mundo es lo que es debido a las innumerables significaciones que tiene para el hombre, como, recíprocamente, éste las tiene para aquél. Y esas significaciones *relativas* al hombre (desde el mundo) tanto como al mundo (desde el hombre), ¿qué pueden ser, *stricto sensu*, sino *relaciones*? Pues ni el animal, ni el vegetal ni el mineral se relacionan con su medio, dado que forman parte intrínseca del mismo y sus respectivas reacciones. En este orden de cosas (nutrición, reproducción, sensibilidad), el hombre no difiere de ellos. Pero, a fin de citar sólo un caso diferencial, tomemos el del sexo. Para el animal es puro instinto reproductor, vinculado rigurosamente a la época del celo. Para el hombre, en cambio, es deleite previamente pensado, con todo el aditamento provisto por la imaginación.

En consecuencia, según puede verse, el hombre es el ser abierto al mundo

---

10. J. Ortega y Gasset: *Meditación de la técnica*, Colec. "El Arquero", ed. "Revista de Occidente", Madrid, 1957, págs. 43-44.
11. *Ibid.*, pág. 44.
12. *Ibid.*, pág. 45.

en todos sus aspectos. Y, por lo mismo, consuma el planeamiento de su vida mediante esa red de referencias relacionales en que ella consiste, para lo cual dispone de dos ámbitos: uno, el mundo de la Naturaleza; otro, el espacio cósmico interior (*Weltinneraum*, según Rilke). Dicha *interioridad* (invisible, por supuesto) aloja el entender, valorar, sentir, amar y obrar. Lo cual lo distingue esencialmente del animal y es el *centro* que refleja los actos del hombre y le permite sentirse capaz de sí mismo, y, por tanto, responsable de sus propios actos. La esencia del hombre, inteligente y libre, crea el deseo de *trascender*, o sea el modo de efectuar todas las exigencias que brotan de su naturaleza. Y como busca salvarse, vive en función del fin. Por lo que, desde una perspectiva interior, a la vez subjetiva e intencional, se constituye en *receptor* de otros seres (exclusiva facultad suya), por lo que deviene la realidad *capax universi*.

Mas, al mismo tiempo, esta disposición que acabamos de describir supone, en la correspondiente *experiencia* del vivir, por una parte, la afirmación de un Yo; mas, por otra, su *alienación* en las cosas. Pues no se olvide que el dominio de estas últimas conlleva siempre el riesgo de perderse entre ellas, tal como le sucede al animal, quien jamás pasa de ser una más entre dichas cosas. Pero si el hombre no se disuelve en las cosas y se incorpora a ellas, pasando a ser una más, se debe a que el modo de realizarse en *lo otro* tiene lugar mediante algo mencionado en estas páginas, o sea a través del *conocer* y el *hacer*, convirtiéndose en un complejo de referencias que va de las cosas al yo. Pues el hombre, incuestionablemente, vive fuera de sí, *buscándose a sí mismo* en la forma que Hegel considera como la progresiva toma de conciencia del espíritu por sí mismo, a través de la razón.

Ahora bien, ¿es la *alienación* un estado inmodificable del vivir, o es constitutivamente el vivir como tal? La respuesta es posible siempre que éste se entienda en sus condiciones concretas capaces de constituirlo en lo que es. Entonces es cuando aparece como algo temporal e irreductiblemente subjetivo. Pero parece que el vivir es, además, «otra cosa», o sea que al ser, primordialmente, un hecho subjetivo dotado de estructura temporal, ha de apoyarse en el porvenir (en el futuro), de donde le viene su menesterosa y preocupante condición. Porque vivir es hacer posible el futuro, creándolo en cada instante. Mas, bien vista la cuestión, si el hombre ha de relacionarse con lo demás que no es él, su ser, como *ser con otros*, es la más radical alienación imaginable. Pues al no poder vivir la propia vida sin contar con las otras, el hombre se reduce a una subjetividad de la estructura del vivir efectuable mediante *el otro*.

Sin embargo, la perenne relación del hombre con las cosas supone una indefectible *acción recíproca* constante, y aunque —como dice Hegel— todavía no ha hecho acto de presencia la verdadera determinación causal, «[...] la progresión de causas y efectos hasta lo infinito es verdaderamente superada como progresión, puesto que el proceder en línea recta de causa a efecto y de efecto a causa, se repliega y entra en sí [...]»[13] Repliegue de un progreso que es infinito con referencia a una relación que se cierra en sí, por lo que resulta ser (dondequiera que ocurra) la simple reflexión de que «[...] en aquella repetición vacía de pensamiento hay una sola y misma cosa; esto es, una causa y otra, y su relación recíproca [...]»[14] Y concluye Hegel diciendo lo siguiente:

---

13. J. G. F. Hegel: *Enzyklopädie der philosophischen Wissenschaft, Sämtliche Werke*, ed. "F. Meiner", Hamburgo, 1955, parág. 154.
14. *Ibid*.

[...] El desarrollo de esta relación, la acción recíproca es, sin embargo, ella misma la alternación de distinguir; pero no ya de la causa, sino de los momentos; en ninguno de los cuales es puesto por sí también el otro momento, según la identidad que la causa en el efecto es causa y viceversa, según esta inseparabilidad de ambos.[15]

Ahora bien, téngase presente que si la alienación impide subsumir al hombre en la ciega indeterminación de las cosas (de la Naturaleza), esto se debe a la *condición pensante* del ser humano, capaz de acercarlo o alejarlo de ellas. Tal vez por esto mismo Hegel tenga razón al decir que la idea inmediata es la vida, y el concepto, concebido como alma, alcanza su efectuación en el cuerpo, «[...] de cuya exterioridad el alma es la universalidad inmediata que se refiere a sí misma [...]»[16] Como a la vez resulta ser la «particularización» si se tiene en cuenta que las determinaciones corporales son las mismas del concepto. En consecuencia, según dicho filósofo, ocurre que

[...] la individualidad es, como negación infinita, la dialéctica de su objetividad desparramada, que de la apariencia de la subsistencia independiente es reconducida a la subjetividad [...] Así, la vida es, esencialmente, lo que vive, y, por su inmediatividad, este individual viviente [...][17]

De lo cual se deriva necesariamente lo que Hegel llama *espíritu práctico*, con el que se efectúa la mutación de medio en *mundo* a través de las innumerables formas diversas de la técnica. La *praxis* es, pues, el descubrimiento y la subsecuente realización de cambios en la Naturaleza, de lo que está *ahí* mediante aquello otro que se encuentra *allí*, o sea —como dice Ortega —lo «latente». «El espíritu práctico tiene su autodeterminación en sí mismo, primariamente de modo inmediato y, por tanto, formalmente; de modo que se encuentra como individualidad determinada en la naturaleza. Es así sentimiento práctico [...]»[18]

El hombre es el ser que convive con la Naturaleza, extrayéndole multitud de significaciones, a cada una de las cuales le da una específica finalidad. Pero sin el hombre, completamente distinto de ella en sentido radical (el del Espíritu), la realidad restante carecería de todas esas innumerables posibilidades que salen precisamente del conocimiento y la acción humanos. Como dice muy bien Del Vecchio, la realidad tiene dos caras o aspectos, bien diferentes entre sí, pues mientras, de una parte, sigue rigurosamente las leyes causales que relacionan entre sí a todos los fenómenos; de otra, se muestra poseída de un espontáneo e inagotable poder que dirige y guía todos sus procesos, elevándola paulatinamente a formas cada vez más altas y nuevas. Y añade lo siguiente el tratadista italiano:

[...] La Naturaleza, en este sentido, ya no es la unidad mecánica de los fenómenos, la ley de reductibilidad de los consiguientes a los antecedentes, la fórmula rígida y ciega que Hegel llamó «el cadáver del intelecto», sino que es el propio viviente que agita la mole del universo y se manifiesta en la infinita variedad de su desenvolvimiento; es la sustancia que vemos ya inmune de la angustia de la causalidad; es la razón interior que da norma a todas las cosas y señala sus propias tendencias y fines. Tal concepción de la Naturaleza, si se la considera correctamente, no contradice, antes bien,

---

15. *Ibid.*
16. *Ibid.*, parág. 216.
17. *Ibid.*
18. *Ibid.*, parág. 471.

integra y completa la consideración causal [...] La interpretación teleológica del universo es [...] no sólo legítima, sino indeclinable.¹⁹

Como puede verse claramente, tras todo lo dicho hasta aquí, el hombre es el único ser que *prevé*, o sea que se adelanta a lo que puede suceder. Mas veamos, ¿qué es lo *posible* de algún modo? Justamente todo cuanto, en multitud de formas distintas, adquiere categoría de realidad merced a la imaginación humana, controlada siempre de algún modo, a fin de distinguirla del ensueño, el desvarío y la divagación. Pero si el hombre prevé es porque su vida depende de esa *praevisio* por la cual se gesta incesantemente el universo o mundo inteligible (*kosmos noetós*), que, separando al hombre de la Naturaleza, encadena ésta al mundo, poniéndola a disposición de lo humano.

La previsión crea, pues, la realidad en que el hombre se va integrando paulatinamente a sí mismo, en procura de la *libertad*, sin la cual la vida humana carece de sentido. Pues el hombre es el único ser esencialmente libre, a tal punto, que siempre lo es de alguna manera, sea como sea. Dicha libertad se manifiesta, desde el comienzo, en esa curiosa oposición —vamos a decirlo así— de relaciones y alienación. Sin ésta no hay hombre, pero tampoco sin aquéllas, y todo porque, si bien se mira, alienado en su propia esencia, el ser humano establece las relaciones que surgen de sí mismo, pues al referirse a la Naturaleza lo hace completamente al revés de lo que le ocurre al animal, quien está causalmente *referido* a ella, dado que es su prolongación; mientras el hombre se *refiere* a ella desde la autonomía que le confiere el Espíritu. Por hallarse referido a la Naturaleza en la forma descrita, el animal jamás podría separarse ni mucho menos distinguirse del medio que lo aloja; pero, por lo mismo, no necesita distinguirse de éste, pues su total falta de libertad es consecuencia de la plenitud de la Naturaleza que lo posee íntegramente. Mas el hombre, en su desemejanza de aquélla, no la ve como un fin en sí mismo, sino sólo como un medio. Al rebasar los estrechos límites del instinto la *conciencia* crea en el hombre la idea y el sentimiento de la plenitud y el vacío, de la necesidad y la libertad, del ser y la nada. Contra este fondo ontológico se proyecta toda la realidad, ofreciéndose siempre a la mirada humana como continua oposición de lo posible y lo imposible, referidos al futuro donde actúa siempre el proyecto en que consiste la vida del hombre. Y aun la misma imposibilidad es virtual, porque de ella arranca siempre la disposición humana capaz de transformar en posible lo imposible, ya que, para el hombre, en un comienzo la realidad es pura imposibilidad.

Ahora bien, la previsión supone la *organización*. Y organizar es, ante todo, articular las diferentes partes de un conjunto, a fin de dotarlas de sentido, que, a su vez, responde a una finalidad. Como es fácil de ver, aquello que se organiza es siempre la realidad en la cual se imprime una dirección, y ésta, casi no es necesario decirlo, supone el consabido proyecto. Pues lo requerible de organización es algo así como una seudo-realidad conforme con el criterio de *quien* (el hombre) piensa y siente que dicha inauténtica realidad debe adoptar la forma que convierte lo defectuoso en correcto, lo inadecuado en adecuado, etc. Pensemos ahora en el caso de aquella Cuba colonial, grotesca caricatura de la verdadera organización social, con una mayoritaria población nativa sometida a la tiránica voluntad —por lo mismo, arbitraria e injusta— del despotismo peninsular, con toda la se-

---

19. G. del Vecchio: *Il Concetto della Natura e il Principio del Diritto*, 2.ª ed., Bologna, 1922.

cuela del atraso, la indolencia, el vicio y el crimen organizado (v. gr., la esclavitud). En forma alguna es posible admitir que la sociedad colonial cubana era, ni siquiera aproximadamente, un *organismo*. Era, a lo sumo, el germen de éste, pero en estado latente y, por lo mismo, necesitado del cambio vigoroso que convirtiese el *aquí* en *allí*. Ahora bien, toda organización supone el *proyecto* del cual emerge, y éste, a la vez, exige el conocimiento de las características de lo que se pretende organizar.

Sobre la realidad dada se proyecta esa otra realidad presunta que si bien proviene del estímulo (negativo o positivo, según sea el caso) de la duda, ha de constituirse en algo diferente, aunque, desde luego, fundado en las significaciones que el Espíritu impone a lo dado que, en sí y por sí, no las tiene, al menos a los efectos de lo propuesto en el proyecto. Mas organizar no es nunca mero capricho o aleve pasatiempo, sino todo lo contrario. Pues hay, primero, el que organiza, y, después, el proceso organizador. Y quien organiza ha de tener serios motivos para llevar adelante lo que se propone hacer, es decir, el esquema configurativo de la realidad propuesta como sustituto de lo dado. Motivos que varían, según la índole del proyecto, porque puede tratarse de algo puramente material (v. gr., una vía férrea o una central hidroeléctrica), o de algo cuyas implicaciones sean de índole social y hasta moral, como es el caso de la independencia de Cuba. De ser esto último, el organizador ha de reunir en su persona ciertas disposiciones sin las cuales jamás alcanzaría el fin propuesto. En primer lugar, hay que disponer del más profundo conocimiento de tamaña cuestión, cruzada por tantas y tan disímiles características. Conocimiento teórico, práctico y moral a la vez, porque de todo esto hay en el caso propuesto. Un conocimiento teórico o saber reflexivo que permite sustituir —en un principio con el pensamiento— lo real con lo posible, visto esto último en una configuración conceptual aceptada tras el examen exhaustivo del contenido eidético. No se trata de improvisar, tras superficial devaneo con presuntos elementos teóricos que acaban convirtiéndose, lamentablemente, en insostenibles y apresuradas soluciones. Se trata, con todo rigor, de encontrar el orden ideal apto como sustituto de esa realidad defectuosa y urgida de cambio. Aquí es donde se revela el aspecto práctico de la susodicha *organización*, porque a veces la construcción puede resolverse en utopías como la *República* de Platón o la *Ciudad del Sol* de Campanella, es decir, de una admirable coherencia teórica, pero insusceptibles de aplicación práctica. Entonces, ese aspecto pragmático de la cuestión propuesta ha de consistir en una especie de «compromiso» entre la realidad dada y la presunta, algo así como un *parti pris*.

Como es fácil de ver, la previsión supone la organización, y ésta, a su vez, es la forma concreta que adopta aquélla. Porque no se puede prever nada si no es con vista a cierto desarrollo de lo latente, para lo cual es imprescindible conseguir la armónica disposición de las partes del conjunto concretamente constitutivas de la respuesta al interrogante que es toda previsión. Comte lo expresa en una ocasión en su filosofía *positiva*, diciendo: «[...] El hombre propiamente dicho, considerado en su realidad fundamental, y no según los sueños materialistas o espiritualistas, no puede comprenderse sin el previo conocimiento de la humanidad, de la cual depende necesariamente.»[20] O sea que es preciso el conocimiento de la sociedad.

La obra inmensa de Martí, la independencia de Cuba, librándola de la funesta y repugnante tiranía española, es toda ella, de punta a cabo, el

---

20. A. Comte: *Système de politique positive*, II.

resultado de una sabia labor conjunta de previsión y organización. Para esta empresa vivió, si es que puede considerarse así a quien consagró casi la totalidad de los cuarentidós años de su preciosa existencia a la *agonía* de un prever y un hacer capaces de convertir en realidad el sueño cubano de la independencia. Sí, en efecto, pues su vida es ese ζγόν, esa lucha o competencia a que se sometía el atleta griego en la palestra, en cautelosa actitud, tenso el cuerpo y ágil la mente, a fin de obtener el trofeo en disputa. Y Martí —con atlética disposición de ánimo— se entregó a la lucha de disputarle su presa a la ignominia del feroz despotismo que llevaba años derramando sangre cubana, en despreciable respuesta al afán de nuestros compatriotas de vivir con la dignidad y el decoro al que jamás hubiesen tenido acceso bajo la tiranía española. Mas lo de Cuba, en aquel entonces, no era cuestión de mayor o menor arresto, de intrepidez y cabal espíritu de sacrificio. Todo esto se había ensayado ya gloriosamente desde comienzos del siglo XIX hasta culminar en la contienda armada de 1868. Pero donde sobró espíritu de sacrificio faltó, en cambio, el examen sereno y prolongado de las condiciones presentes (el *ahí*), de donde tendría que salir el *allí* capaz de sustituirlo, o sea el reemplazo de lo dado por lo latente. La Guerra de los Diez Años permitió ver, desoladoramente, habida cuenta de sus trágicas consecuencias, que era menester retomar la cuestión cubana y pensarla hasta el fondo, teniendo en cuenta, sobre todo, sus internas posibilidades (la Isla) como asimismo las externas (la población cubana desterrada, la codicia norteamericana, los recelos de las potencias europeas, etc.). Por lo mismo, el *Apóstol* le dice a sus compatriotas en la histórica reunión de *Steck Hall* el 24 de enero de 1880, que lo sometido allí a debate, o sea la nueva campaña militar en suelo cubano, «[...] no es la revolución de la cólera. Es la revolución de la reflexión [...]» (I-1) Así, desde el comienzo de su labor independentista en New York, apenas arribado a dicha ciudad, adopta la previsora actitud sin la cual no sería posible organizar un nuevo movimiento armado para obtener el fin propuesto. Y emplea sus largos años de destierro observando todo cuanto acontece dentro y fuera de Cuba, aconsejando, evitando innecesarios y a la postre lamentables desaciertos; todo lo cual constituye esa etapa de *previsión* y *organización* indispensable en el caso de la nueva guerra.

Todo esto lo vemos claramente expuesto en su obra escrita, de donde es posible extraer un regular número de reflexiones unas veces, de comentarios otras, en torno siempre a lo mismo, es decir, cómo preparar el nuevo y cruento sacrificio que ocasionaría innumerables víctimas, llevando a la tierra amada la desolación y el dolor. Preciosa parte de su obra en la que se manifiesta Martí como el hombre de sabia cautela y dotado de un espíritu organizador como pocos: pasión serena y lúcida, por un lado, y de otro un dinamismo impresionante. Pues bien, tocante a estos testimonios que tienen que ver nada menos que con la gigantesca empresa del 95, hemos creído conveniente agruparlos, un tanto metódicamente, de la manera en que los presentamos a continuación, con la salvedad de que dicha arbitraria disposición responde sólo al deseo de claridad que inspira estas páginas.

Labor preparatoria del 95 { a) Previsión
b) Organización
c) Comentarios colaterales

El fracaso de *Fernandina* descubrió algo muy interesante y que despertó aún más la admiración de los cubanos hacia el *Apóstol*, y ello fue comprobar cómo éste había venido organizando el plan insurreccional metódicamente, contando con sus distintas facetas, tanto moral como materialmente. Pues la incesante prédica, basada en la honestidad, el respeto a la verdad y la concordia entre los cubanos, fue levantando paulatinamente el ánimo de los desterrados y fomentando un entusiasmo regido, eso sí, por la cauta discreción, a fin de no dar paso alguno en falso, que no sólo podría comprometer la gestión en marcha, sino, además, crear el consecuente desaliento en sus seguidores, cada vez mayores en número. Así se explica que el enorme fracaso de *Fernandina*, donde quedaron casi enterrados los ahorros de la emigración, no lo fuese al mismo tiempo en el orden *moral*, pues los cubanos comprendieron perfectamente, como de golpe, que sólo mediante una extraordinaria capacidad previsiva y su consecuente despliegue organizativo podía haberse alcanzado tan asombroso resultado. La revolución que se avecinaba y a la cual no pudo vencer el infame poderío peninsular, iba a ser, en efecto, tal como lo vaticinara Martí catorce años atrás, la revolución de la *reflexión*, en vez de aislados conatos o intentos más o menos individuales, porque lo propuesto en el proyecto martiano contaba con el «dentro» y el «fuera» de Cuba, es decir, con esas circunstancias que, por una parte, la ceguera del despotismo español, y, por otra, la madurez cubana, crearon como basamento de la nueva campaña libertadora.

Catorce años de incansable reflexión, de esmerados análisis de todo cuanto se refería a Cuba *aterrada* (la Isla) y a Cuba *desterrada* (que, en número creciente, invadía diversos lugares del mundo, tal como sucede ahora mismo y por muy semejantes motivos). ¡Cuán fácilmente se dice eso de *catorce años*! Mas no lo son precisamente tomados en bloque, sino los días, horas y minutos de un febricitante quehacer, en callada y contenida agonía, temiendo unas veces, esperanzado otras, y dispuesto siempre a sopesar, escuchar y tratar de descubrir, entre la maraña de los cotidianos sucesos dentro y fuera de Cuba, aquello merecedor de crédito, ya fuese por su importancia política, o económica, y, sin lugar a dudas, también moral, pues el *Apóstol* sabía muy bien que no hay palabra ni hecho capaz de sustentarse en la inmoralidad. Así, en una ocasión en que habla a su pueblo desde la tribuna del *Hardman Hall*, se expresa en estos términos:

> Los que vivimos aquí sabemos lo que se ha de *querer*, sabemos todo lo que se ha de *temer*, sabemos cómo se ha de *poner* el pecho a cuanto nos parezca amenazar, de fuera o de adentro, la reconstrucción cordial y la independencia próspera de nuestra patria [...] (I-23)

Subrayamos esas palabras porque denotan claramente la actitud asumida por Martí con respecto al grave problema a cuya eficaz solución se aplica sin descanso. Tan convencido está de todo eso, que, en otra ocasión, dice: «[...] Prever es la cualidad esencial en la constitución y gobierno de los pueblos [...]» (I-29) Lo cual trasciende en el *Apóstol* la categoría de lo teórico y meditativo para adquirir toda la fuerza de lo que, con decisiva convicción, deviene acto de *fe*. Pues, en efecto, aun la más teórica y objetiva actividad humana requiere del convencimiento pleno de que vale la pena aplicarse a ella. «Con esta fe vivimos [la fe en la continua tarea que culminaría en la independencia de Cuba]; con este cuidado prevemos; con esas miras preparamos; así adelantamos, atrayendo y fundiendo [...] (I-24) ¿Puede dudarse, entonces, de la escrupulosa previsión martiana? Bastaría con lo dicho ya, si no hubiese mucho más que presentar a este respecto a los ojos del lector interesado en la obra martiana: «[...] Los peligros no se han de ver cuando se los tiene encima, sino cuando se les puede evitar. Lo primero, en política, es aclarar y prever [...]» (I-16)

La nota decisiva de la previsión es continua e indeclinable en el *Apóstol*, el hombre —por otra parte— capaz de esa ensoñación en que a veces se sume, ora en la poesía, ora en sus íntimas confidencias epistolares. Mas, téngase presente, esa ensoñación es siempre lúcida, transparente y dominada por la serena conciencia de esa realidad tan deficiente que jamás podemos evadir del todo. Por lo mismo, debe considerársele —como, en efecto, a veces sucede— un *ensoñador* y no un soñador. Pues el ensueño es como un ver con los ojos entrecerrados, en vigilia tenuemente velada por deseos y afanes que atenúan la áspera realidad cotidiana, permitiendo así una fugaz evasión del choque con la realidad de *lá bas*, precisamente por tener «[...] fe en el mejoramiento humano, en la vida futura, en la utilidad de la virtud [...]» (I-3) El prólogo a los *Versos libres* (áurea página) describe esos momentos de arrobo y ensoñación en esta forma: «[...] De la extrañeza, singularidad, prisa, amontonamiento, arrebato de mis visiones, yo mismo tuve la culpa, que las he hecho surgir ante mí como las copio [...]» (I-26) Instante en que el poeta necesita sobrepasar la tosca arcilla de este pobre mundo en procura angustiosa de imágenes que contrarresten la incurable fealdad de acá abajo. Y, con todo, la poesía martiana se proyecta contra ese fondo de sórdida realidad, en admirable gesto de admisión de su defectuosidad y el férvido deseo de remontarla decisivamente.

Las reflexiones sobre la previsión se acumulan a la vista del lector atónito ante tal despliegue de sabias precauciones. «[...] Gobernar no es más que prever [...]» (I-27). Y también: «[...] Azuzar es el oficio del demagogo y el del patriota es precaver [...]» (I-6) Como asimismo: «El rencor mezquino no nos es tan útil como la atención sensata.» (I-22) Reflexiones que, como hemos visto ya, en muchas ocasiones se alargan con el fin de dejar eficazmente elaborado el parecer que se emite y el cual, en el caso de Martí, equivale siempre a una saludable advertencia:

> Agitar lo pueden todos: recordar glorias es fácil y bello: poner el pecho al deber inglorioso, ya es algo más difícil: prever es el deber de los verdaderos estadistas: dejar de prever es un delito público: y un delito mayor no obrar, por incapacidad o por miedo, en acuerdo con lo que se prevé [...] (I-7)

Todo lo cual —contenido en lo dicho hasta aquí con referencia a la previsión martiana— se condensa en esas palabras que son de los inicios de su apostolado patriótico en el destierro:

> Ésta no es la revolución de la cólera. Es la revolución de la reflexión. Es la única forma, es la única vía por la que podemos llegar tan pronto como nuestras necesidades imperiosas quieran, a la realización de nuestros enérgicos destinos. Que en esto de lo porvenir, la meditación serena y el frío juicio desvanecen los fantasmas que forjan o el interés tímido, o la ignorancia pretenciosa, o el tembloroso miedo. (I-1)

Consecuentemente, la previsión del *Apóstol* con respecto a la nueva campaña militar en Cuba se acompaña, gradualmente, de la organización en que esta última va consistiendo, según adelanta el tiempo, a tal extremo, que a un año del inicio de la misma le escribe a su fraternal amigo Fermín

Valdés Domínguez, para decirle: «[...] no puedo mover los brazos, de tanto como hay que atar, y mover y sujetar [...]» (I-35) Pero si esto último es alentadora realidad, se debe a la previsión desenvuelta consecuentemente en la eficaz organización que la materializa y encamina al fin propuesto. Pues el enemigo de la oportunidad, no fortuita sino creada de sabia manera, es la precipitación. Porque la guerra que se avecinaba no era empresa de nadie en particular, como tampoco podría hacerse sin el concurso de los de dentro y fuera de Cuba. Tan clara y fundada era esta apreciación de Martí, que en cierta ocasión se lo hace saber a uno de esos intrépidos soldados del 68 ansiosos de nuevas glorias, mas sin contar con los medios y la ocasión favorable:

> Para mí es claro que servimos mejor a la patria, y que hasta un buen soldado impaciente se serviría mejor a sí mismo, contribuyendo a crear, y a permitir que naturalmente se cree, la situación necesaria para sus fines, que lanzándose, fiado a la buena estrella, a precipitarla [...] (I-8)

Pues se trata de «combatir sin odio» y «fundar sin prisa» (I-2), si lo real tiene un momento, y en vano se intentará adelantar la hora ya prevista. «[...] ¿A qué verter sangre preciosa para ganar las batallas preliminares que se van ganando sin ellas? [...]» (I-5) He ahí, una vez más, cómo el devanar de la madeja de la previsión crea automáticamente la organización *ad hoc*. Porque sólo a base de esa fórmula se podría llevar a cabo lo que ha venido siendo constante afán. De esta manera, cuando muchos dudaban de que, en efecto, se estuviese haciendo algo efectivo, al extremo de considerar al *Apóstol* un inofensivo visionario, la obra en continuo desarrollo se encaminaba, lenta pero seguramente, al punto donde la previsora organización de su creador la llevaba con la sutileza necesaria como para no revelarla al enemigo. «[...] El esperar, que es en política, cuando no se le debilita por la exageración, el mayor de los talentos, nos ha dado la razón a los que parecía que no la teníamos [...]» (I-9) Así ocurrió en realidad, pues o la causa a que se había entregado Martí era una y completa en todos sus detalles (la causa de los cubanos), o no pasaría de ser otro cualquiera de esos variados intentos de rebelión en la Isla, condenado de antemano al fracaso por no haber tenido en cuenta las indispensables realidades. «[...] Para verdades trabajamos y no para sueños [...]» (I-31), dijo en memorable discurso de 1891. Y de esta manera, en carta al Generalísimo Máximo Gómez, se expresa así con respecto a la inevitable necesidad de coordinar a todos los cubanos en el proyecto de libertar a Cuba de la feroz satrapía española:

> El valor, el prestigio, la intención pura, el martirio ejemplar de los revolucionarios del extranjero son inútiles, mientras no trabajen todos unidos, con la majestad y sensatez que la magnitud del problema les impone, en una obra juiciosa y heroica a la vez [...] (I-10)

Gracias al tesón organizador, consecuencia —como hemos dicho antes— de una lúcida previsión, en fecha ya cercana al comienzo de la gloriosa campaña del 95, pudo el *Apóstol* afirmar lo siguiente:

> La revolución se salva. Le faltaba tesis y orden, y ya tiene una y otro. Se conoce, y obra. Lo primero es conocerse, porque sin fin fijo y viable, y sin medios correspondientes a él, sólo se echan y andan los ambiciosos, esos grandes criminales, —y los locos [...] (I-34)

¡Claro está!, el *conocimiento*, esa congénita disposición en el hombre a la cual hemos dedicado algunas páginas de este mismo capítulo. Sólo así podía disponer la revolución —como dice Martí— de *tesis*, es decir, de la idea en la cual se apoyaba. Y, al mismo tiempo, por consecuencia de dicha tesis, del *orden* u organización correspondiente. Pero hay dos aspectos más que considerar en lo tocante al caso que nos ocupa. Uno de ellos se refiere al papel desempeñado por los Estados Unidos de Norteamérica en el proceso de la independencia de Cuba, de la cual fueron, son y serán conspicuos opositores, pues, como sabemos, han aspirado siempre a incorporarla como posesión suya. Larga es la triste historia de las relaciones de Cuba con ese *vecino codicioso* —como acertadamente lo llama Martí— pues remonta a los comienzos del siglo XIX, cuando el Presidente Thomas Jefferson trató de convencer al marqués de Someruelos (a la sazón Gobernador de Cuba) y al General Folch (a cargo del Gobierno de la Florida) que abandonaran a España y se pasaran, con Isla y todo, del lado de los Estados Unidos, para lo que despachó a Cuba al General Wilkinson, sin conseguir su propósito. Unos años más tarde se opusieron vigorosamente al proyecto de Bolívar de independizar a las Antillas. John Quincy Adams decía que así como hay leyes de gravitación física, las hay igualmente de gravitación política, y, en consecuencia, si Cuba se separaba de España caería en manos de los Estados Unidos. Apoyada a veces por Inglaterra y a veces por Francia, la Unión se las arregló siempre, de algún modo, para frustrar todo intento cubano de independencia. A mediados del siglo comienza a abrirse paso la idea *anexionista*, en momentos en que el imperialismo yankee se hace sentir con el programa expansionista del Presidente James K. Polk, quien pretendía incorporar al territorio de la Unión una parte de Oregón, Nuevo México y California, además de ratificar la conquista de Texas. En 1845 el senador Levy, de la Florida, abogaba por la compra de Cuba a España; hacía su aparición el periódico anexionista *La Aurora* en Washington; y en un discurso el 4 de julio de ese mismo año el Vicepresidente George Dallas pedía calurosamente la anexión de Cuba a los Estados Unidos. A partir de ese momento y a lo largo de una década (1845-1855), el *anexionismo* libra sus mayores batallas y luego declina paulatinamente tras los fallidos esfuerzos de José Luis Alfonso, Gaspar Betancourt Cisneros (el *Lugareño*) y Narciso López. Una nueva propuesta de compra de Cuba tuvo lugar en 1848, durante el mandato presidencial de Polk, y es entonces cuando el diplomático norteamericano O'Sullivan se refiere al *destino manifiesto*, es decir, la inevitable gravitación política de Cuba hacia los Estados Unidos de Norteamérica.[21] Finalmente, en 1854, el Presidente Pierce hizo otra tentativa de compra de Cuba a España por la suma de 130 millones de dólares.

Al iniciarse la Guerra de los Diez Años los cubanos trataron vanamente de conseguir el reconocimiento de su beligerancia por parte de Norteamérica. El General Ulises S. Grant, a la sazón Presidente de los Estados Unidos, llegó al extremo de perseguir sañudamente a los emigrados cubanos y se dio el triste caso de que José Manuel Mestre, Miguel Aldama y Antonio Echeverría fuesen detenidos por la policía de New York. Y a este mismo tenor prosiguió la actitud del *Coloso del Norte* con respecto a Cuba, hasta culminar, como se sabe, en la ominosa *Enmienda Platt*, tras la intervención

---

21. J. L. O'Sullivan, editor del periódico que favorecía el *expansionismo* norteamericano, es decir, *The United States and Democratic Review*, declara en un artículo publicado en 1845: "[...] La realización de nuestro *destino manifiesto* de extenderse por el Continente, que nos ha asignado la Providencia, para el libre desarrollo de nuestros millones que se multiplican anualmente." Lo que está en cursiva es mío.

a última hora (la hora precisa de los Estados Unidos), que nos obligó a semejante humillación so pena de malograr la independencia casi consumada ya por el glorioso Ejército Libertador.

Bien sabía Martí con la clase de obstáculo que tenía que habérselas, interpuesto aviesamente a las cubanas aspiraciones independentistas. «[...] Viví en el monstruo, y le conozco las entrañas: — y mi honda es la de David [...]» (I-36), dice en una ocasión, y, en efecto, muy bien percatado estaba de con quién tenía que vérselas, solo, con su fina sagacidad y el sutil despliegue de los medios adecuados para contrarrestar los injustos deseos del «[...] Norte revuelto y brutal [...]» (I-37), menospreciador del resto del Continente. En consecuencia, la guerra ya comenzada, gracias a su previsión y organización, se hacía, también para «[...] impedir a tiempo con la independencia de Cuba que se extiendan por las Antillas los Estados Unidos y caigan, con esa fuerza más, sobre nuestras tierras de América [...]» (I-38)

La inquietud que despierta en el *Apóstol*, con fundadas razones, la decidida actitud de los Estados Unidos con vista a la posesión de Cuba, se ve claramente en su carta a Gonzalo de Quesada, de donde extraemos estos comentarios que no deben pasar inadvertidos para el lector, porque dejan ver cuán precisas eran las aprensiones de Martí sobre tan delicada cuestión. La misma que se agita ahora en la sombra:

> [...] Lo que del Congreso se habría de obtener era, pues, una recomendación que llevase aparejado *el reconocimiento de nuestro derecho a la independencia y de nuestra capacidad para ella,*[22] de parte del gobierno norteamericano, que, en toda probabilidad, ni esto querrá hacer, ni decir cosa que en lo menor ponga en duda para lo futuro o comprometa por respetos expresos anteriores, su título al dominio de la Isla [...] (I-14)

Y añade:

> [...] De quien necesitamos saber es de los Estados Unidos; que está a nuestra puerta como un enigma, por lo menos. Y un pueblo en la angustia del nuestro necesita despejar el enigma; arrancar de quien pudiera desconocerlos, la promesa de respetar los derechos que supiéramos adquirir con nuestro empuje [...] (I-13)
>
> [...] Del Congreso, pues, me prometía yo sacar este resultado: la imposibilidad de que, en una nueva guerra de Cuba, volviesen a ser los Estados Unidos, por su propio interés, los aliados de España. Nada, en realidad, espero, porque, en cuestión abierta como ésta, *que tiene la anexión de la Isla como uno de sus términos,*[23] no es probable que los Estados Unidos den voto que en algún término contraríe el término que más les favorece [...] (I-15)

Pues demasiado bien conocía el *Apóstol* a un pueblo que, desde sus comienzos, mucho más desde el final de la Guerra de Secesión, iba siendo, con ritmo vertiginoso, ese *melting-pot* en que ha venido a consistir definitivamente. Donde la libertad, más que sentimiento, es frío cálculo; de donde, claro está, proviene la estabilidad de que disfruta. Pero jamás se ha hallado, ni podrá hallarse nunca, en condiciones de entender nada que se aparte de esa peculiar manera de manejar la cuestión social. De semejante composición multitudinaria y variadísima no se puede esperar que salga una *nación*, sino solamente un mosaico de nacionalidades cuyos integrantes viven,

---

22. Lo que está en cursiva es mío.
23. Idem.

por lo general, obsedidos por el afán de una redención económica. Todo esto y mucho más lo vio claramente Martí y de ello es harta prueba el siguiente comentario sobre el contraste entre Norteamérica e Hispanoamérica:

> De raíz hay que ver a los pueblos, que llevan sus raíces donde no se las ve, para no tener a maravilla estas mudanzas en apariencia súbitas, y esta cohabitación de las virtudes eminentes y las dotes rapaces. No fue nunca la de Norteamérica, ni aun en los descuidos generosos de la juventud, aquella libertad humana y comunicativa que echa a los pueblos, por sobre montes de nieve, a redimir a un pueblo hermano, o los induce a morir en haces, sonriendo bajo la cuchilla, hasta que la especie se pueda guiar por los caminos de la redención con la luz de la hecatombe. Del holandés mercader, del alemán egoísta, y del inglés dominador se amasó con la levadura del ayuntamiento señorial, el pueblo que no vio crimen en dejar a una masa de hombres, so pretexto de la ignorancia en que la mantenían, bajo la esclavitud de los que se resistían a ser esclavos. (I-20)

Y añade este otro certero comentario:

> Ni el que sabe y ve puede decir honradamente —porque eso sólo lo dice quien sabe y no ve, o no quiere por su provecho ver ni saber, que en los Estados Unidos prepondere hoy, siquiera, aquel elemento más humano y viril, aunque siempre egoísta y conquistador, de los colonos rebeldes, ya segundones de la nobleza, ya burguesía puritana; sino que este factor, que consumió la raza nativa, fomentó y vivió de la esclavitud de otra raza y redujo o robó a los países vecinos, se ha acendrado, en vez de suavizarse, con el injerto continuo de la muchedumbre europea, cría tiránica del despotismo político y religioso, cuya única cualidad común es el apetito acumulado de ejercer sobre los demás la autoridad que se ejerció sobre ellos. Creen en la necesidad, en el derecho bárbaro, como único derecho: «esto será nuestro, porque lo necesitamos» [...] (I-19)

Pero la esencial incapacidad del pueblo norteamericano para entender a Hispanoamérica se ve claramente en nuestros días, porque lo mira todo desde el estrecho ángulo de una «justicia» que sigue siendo, en el fondo, pragmática. De esta manera, Trujillo y Batista eran dictadores y, por lo mismo, enemigos de la libertad que fomentaban el desorden en sus respectivos países. Pero Fidel Castro, en cambio, es el estadista modelo porque, desde su arribo al Poder, Cuba disfruta de un «orden» perfecto. Mas debemos preguntar: ¿en qué consiste ese «orden»? No importa que más de cincuenta mil cubanos se consuman penosamente en cárceles y campos de concentración y que, durante estos tenebrosos diecinueve últimos años, el paredón de fusilamiento haya funcionado sin descanso. ¿Para qué hablar de estas «menudencias» —se dice a sí mismo el norteamericano, casi la totalilidad de la población—, si, mírese como se quiera, Castro representa la ley y el orden?, aunque, como se sabe, todo esto sea al precio de la total supresión de las más elementales libertades y de mantener al país en un feroz terror jamás conocido antes en América. Pues los millares —en realidad, muy pocos— que apoyan al sanguinario régimen cubano lo hacen solamente porque no tienen todo cuanto desean. Una vez satisfechas sus demandas, dejarían de ocuparse de Cuba. Y, a lo sumo, en no contados casos se trata del abúlico irresponsable que ama la destrucción que empieza practicando en sí mismo. Mas el rapaz egoísmo de este pueblo, ajeno a los valores del espíritu, es el mismo o probablemente mayor que el descubierto por Martí hace casi un siglo.

En consecuencia, se requería del conocimiento constante de la situación política internacional y, también, de los desaciertos de la política española, lo mismo en la Metrópoli que en Cuba, a fin de saber cuál sería el momento oportuno para desencadenar la rebelión en la Isla. Esto, por una parte; mas, por otra, era menester vigilar sin descanso las intenciones del «Coloso del Norte», y por eso, le dice igualmente a su discípulo Gonzalo de Quesada con motivo de celebrarse en Washington la Conferencia Internacional de países de América, algo que expresa su profunda preocupación ante lo que de la misma pudiera derivarse de perjuicio para Cuba, o sea que es necesario

> [...] saber cuál es la posición de este vecino codicioso, que confesamente nos desea, antes de lanzarnos a una guerra que parece inevitable, y pudiera ser inútil, por la determinación callada del vecino de oponerse a ella otra vez, como medio de dejar la Isla en estado de traerla más tarde a sus manos, ya que sin un crimen político, a que sólo con la intriga se atrevería, no podría echarse sobre ella cuando viviera ya ordenada y libre [...] (I-12)

Dos años después, en 1891, al figurar como delegado del Uruguay a la Conferencia Monetaria de las Repúblicas de América, en un extenso y documentado estudio sobre el riesgo de las alianzas precipitadas, expresa lo siguiente:

> [...] Cuando un pueblo es invitado a unión por otro, podrá hacerlo con prisa el estadista ignorante y deslumbrado, podrá celebrarlo sin juicio la juventud prendada de las bellas ideas, podrá recibirlo como una merced el político venal o demente, y glorificarlo con palabras serviles; pero el que siente en su corazón la angustia de la patria, el que vigila y prevé, ha de inquirir y ha de decir qué elementos componen el carácter del pueblo que convida y el del convidado, y si están predispuestos a la obra común por antecedentes y hábitos comunes, y si es probable o no que los elementos temibles del pueblo invitante se desarrollen en la unión que pretende, con peligro del invitado; ha de inquirir cuáles son las fuerzas políticas del país que le convida, y los intereses de sus partidos, y los intereses de sus hombres, en el momento de la invitación [...] (I-25)

Pues en ese peligroso juego de alianzas el que está llamado a perder es siempre el más débil, como de sólito ocurre. En las relaciones mercantiles de los pueblos hispanoamericanos con Norteamérica el *comprador* sería —como, en efecto, ha venido sucediendo de un siglo acá—, Estados Unidos (de materia prima, por supuesto), y, por tanto, quien impondría sus condiciones tanto más onerosas cuanto más débil sea el *vendedor*. Pues se trataba de surtir a la creciente y cada vez más poderosa industria norteamericana, la cual no sólo explotaría a los débiles países del resto de América, sino, además, les vendería lo ya manufacturado por ella a elevado precio y leoninas condiciones. «[...] El pueblo que compra, manda. El pueblo que vende, sirve [...] El pueblo que quiere morir, vende a un solo pueblo, y el que quiere salvarse, vende a más de uno [...]» (I-8) He ahí una sabia profecía que deja ver lo que ha sido y aún es el resto de América para los Estados Unidos. En consecuencia, Cuba podía ser, sobre todo entonces, fácil presa de los desaforados afanes expansionistas de Norteamérica, y es tan claro el inquieto cavilar del *Apóstol*, en ese momento, que dice así: «[...] Para que la Isla sea norteamericana no necesitamos hacer ningún esfuerzo, porque, si no aprovechamos el poco tiempo que nos queda para impedir que lo sea, por su propia descomposición vendría a serlo [...]» (I-11) Y a mayor abundamiento véanse estos otros comentarios:

> A lo que se ha de estar no es a la forma de las cosas, sino a su espíritu. Lo real es lo que importa, no lo aparente. En la política, lo real es lo que no se ve. La política es el arte de combinar, para el bienestar creciente interior, los factores diversos u opuestos de un país, y de salvar al país de la enemistad abierta o la amistad codiciosa de los demás pueblos [...] (I-21)
>
> Ni es sólo necesario averiguar si los pueblos son tan grandes como parecen y si la misma acumulación de poder que deslumbra a los impacientes y a los incapaces no se ha producido a costa de cualidades superiores, y en virtud de las que amenazan a quienes lo admiran; sino que, aun cuando la grandeza sea genuina y de raíz, sea durable, sea justa, sea útil, sea cordial, cabe que sea de otra índole y de otros métodos que la grandeza a que puede aspirar por sí y llegar por sí, con métodos propios —que son los únicos viables—, un pueblo que concibe la vida y vive en diverso ambiente, de un modo diverso [...] (I-18)

Queda por ver, finalmente, ese otro aspecto del futuro de Cuba, pues la guerra sería solamente un paso previo a la instauración de un régimen democrático de gobierno, basado en el acuerdo y la colaboración de todo el pueblo cubano. No la guerra por sí misma, como alocada aventura que no se sabe a dónde irá a parar ni cómo habrá de resultar en definitiva. Era preciso ir aleccionando, antes de iniciar la contienda, haciendo ver qué era lo más conveniente para el país, una vez expulsada la feroz tiranía española, en punto a organización colectiva estable y progresista. De lo contrario, no valía la pena tan cruento esfuerzo si las cosas iban a quedar tal como estaban. Bien percatado se hallaba Martí de la incapacidad hispánica en eso de forjar convivencias estables, porque el triste espectáculo de la sociedad peninsular se repetía, con multitud de grotescas deformaciones, en las que habían sido sus colonias americanas tanto como en las que, por desdicha, aún lo eran. Necesario era, pues, inculcarle al cubano los justos principios de un sistema de gobierno basado en el respeto al hombre mediante el acatamiento a la ley y a las instituciones. Meditada advertencia a este respecto es la que citamos a continuación:

> Los partidos políticos que han de durar; los partidos que arrancan de la conciencia pública; los partidos que vienen a ser el molde visible del alma de un pueblo, y su brazo y su voz; los partidos que no tienen por objeto el beneficio de un hombre interesado, o de un grupo de hombres, no se han de organizar con la prisa indigna y artificiosa del interés personal [...] (I-33)

De cómo se gobierne depende, sin duda alguna, el destino de una sociedad. Es, pues, necesario conseguir tan delicada gestión del modo más posible, mas para lograrlo es indispensable alcanzar antes una tan armónica conjunción de gobernantes y gobernados, que esta última acabe siendo nada menos que una *identidad*. Y para ello se requiere, de parte del gobernante, esa nobleza que, según reza el apotegma francés, *obliga*, es decir, algo implícito en el privilegio nobiliario por excelencia, o sea la nobleza de espíritu. De ahí que el *Apóstol* diga: «[...] Los gobiernos perfectos nacen de la identidad del país y del hombre que los rige con cariño y fin noble, puesto que la misma identidad es insuficiente, por ser en todo pueblo innata la nobleza, si falta al gobernante el fin noble [...] (I-32) Todas estas sabias, generosas y patrióticas preocupaciones de quien hizo de su vida y su obra el pedestal en que quería ver siempre colocada a Cuba; esas prudentes, oportunas y previsoras reflexiones, encaminadas a obtener lo que, entonces, era sólo sueño, se condensan y revisten imponente relieve en las conocidas palabras de aquel discurso de Tampa en 1891:

[...] O la república tiene por base el carácter entero de cada uno de sus hijos, el hábito de trabajar con sus manos y pensar por sí propio, el ejercicio íntegro de sí y el respeto, como de honor de familia, al ejercicio íntegro de los demás; la pasión, en fin, por el decoro del hombre, o la república no vale una lágrima de nuestras mujeres ni una sola gota de sangre de nuestros bravos [...] (I-30)

Capítulo X

SENTIMIENTO Y DOLOR DEL DESTIERRO

[...] ¿*Casa dije? No hay casa en* tierra ajena [...]
[...] *¡ay! mas el* proscripto
de sus entrañas propias se alimenta!
[...] *no quiero
ni en tierra esclava reposar* ni en esta
tierra en que no nací [...]

Es curiosa la diferencia apreciable entre el ser vivo y la tierra, cuando se trata, por una parte, de animales y plantas, y, por otra, del hombre. En cualquier caso, la diferencia alude al modo de la *mismidad* en unos y otros, pues mientras el animal y el vegetal son, *en sí mismos*, de una absoluta homogeneidad con el ser que sustentan, esto jamás podría sucederle al hombre, quien no sólo es distinto de la Naturaleza, en la que surge y que lo contiene, sino, también, distinto con respecto a sí mismo. En consecuencia, animales y plantas jamás podrían sentirse *desterrados* como, en efecto, sucede con el hombre. La «terricidad» de cualquier viviente, menos el hombre, se encuentra rigurosamente predeterminada, por ser puros organismos, o sea la estricta constitución de una estructura donde se dan cita lo inerte (la composición físico-química del cuerpo) y lo vital, que, tal vez en lo más remoto de sí propio, es la *irritabilidad* típica de la célula e infaltable en ella. Irritabilidad que muy bien podría ser lo vital mismo entendido como la capacidad reactiva de donde, en un orden ascendente que incluye lo psíquico, sale esa misteriosa complejidad que solemos llamar *vida*. Animal y planta vendrían a ser, pues, una especie de compendio o síntesis de la Naturaleza sin posible *heterogeneidad* en cuanto a ésta se refiere, de manera que ni uno ni otra «difieren» jamás, ni mucho menos «disienten» del medio en que surgen. No hay, por tanto, extrañeza, azoro o cosa por el estilo al no poder verse confrontados con dicho medio, sobreponiéndosele. De ahí el *instinto* y el *reflejo*, ambos modificaciones, a lo sumo orgánicas, del medio que se prolonga en ellos. Por lo mismo, mientras animal y planta van siempre desde la Naturaleza hasta ellos mismos, el hombre obra en sentido contrario, es decir, que va (porque así debe ser) desde sí propio como tal hasta el mundo, aumentando con esta conducta la distancia que lo separa inevitablemente de la Naturaleza. Exclusiva reacción que se concreta en la *objetivación* de la inmediata realidad natural (físico-químico-biológica y con bastante promedio también psicológica), para *verla* y *sentirla* del modo como, en forma alguna, podría hacerlo ningún otro ser vivo.

En consecuencia, el hombre está, al mismo tiempo, *en, con* y *contra* el medio, o sea la Naturaleza. Por eso, el existencialismo está en lo cierto al insistir en que el hombre, además de vivir, *existe*. Pues lo primero, o sea vivir, lo hace tanto el animal como la planta y el hombre. Mas sólo éste puede —como, en efecto, sucede— adoptar esa peculiarísima forma de vida consistente en sentirse a sí mismo «fuera de» la Naturaleza, y, aún más, «tirado» en ella, yacente, en la patética forma descrita per Heidegger como *derelicción*. Por lo mismo, ser hombre es saberse, desde el comienzo, *desterrado*, extraño con referencia a la Naturaleza y a sí mismo, al carecer de esa identidad que poseen el animal y la planta. De todo lo cual resulta que el hombre, lejos de estar *en* la Naturaleza y *con* ésta, pertenece a otra realidad que lo aleja de sí mismo, es decir, el *mundo*. Ahora bien, este último contiene a la Naturaleza —en lugar de hallarse contenido en ella—, en la relación, cabe decir, de dos círculos concéntricos, de los cuales el mayor sería el mundo. El hombre, por tanto, es el ser extranatural e intramundano, a lo que debe probablemente su *metafísica* condición, que le permite formular la pregunta de las preguntas, es decir, la pregunta que interroga por el Ser. De esta manera, nos vemos, entonces, en presencia del único ser desterrado, pues, como ya dijimos, ningún otro puede *padecer* y *disfrutar* al mismo tiempo de semejante rara condición. Lo cual supone la más complicada relación con la Naturaleza, porque el hombre la requiere —no tanto biológica como metafísicamente— con la urgidora necesidad ausente en animales y plantas, debido a que al sublimarla, convirtiéndola en mundo, experimenta de continuo su lejanía y, en consecuencia, se ve obligado constantemente a recurrir a ella «representándosela» en la infinita variedad de sus manifestaciones, con la tantálica fatiga de aquello a la vez próximo y distante.

Extraño ser el que necesita de la tierra, y, al mismo tiempo, la rechaza, porque la dualidad de su mundano asiento así lo exige. Dicho ser —el hombre— convierte su natural plenitud en menesterosa trascendencia mediante la conciencia que permite que advenga al hombre la condición metafísica en que él mismo consiste; especie de tensión en la cual estriba siempre su mundana presencia. El *homo sapiens* —pues, en efecto, lo es— se ofrece de continuo bajo la forma de una ambivalencia de adhesión y rechazo de la Naturaleza. La tierra (*pulvis eris* humano) constituye su punto de partida, porque sin cuerpo no hay alma o psique, o, si se prefiere, posible trascendencia (lo metafísico). Precisamente es nuestro tiempo quien ha insistido profusamente en la relación de *soma* y *psique*, tal como, entre otros, lo expresa admirablemente Merleau-Ponty:

> [...] Al ser las relaciones entre el sistema físico y las fuerzas que sobre él actúan, entre el ser viviente y su medio, no las relaciones exteriores y ciegas de realidades yuxtapuestas, sino relaciones dialécticas donde el efecto de cada acción parcial está determinado por su significación para el conjunto, el orden humano de la conciencia no aparece como un tercer orden superpuesto a los otros dos, sino como su condición de posibilidad y su fundamento.[1]

Como vemos, la necesidad de *tierra* que tiene el hombre (entendida ésta como todo cuanto pertenece a lo físico-químico-biológico), lo convierte en el ser que la *apetece*, puesto que depende de ella en una gran proporción de su ser total; y esto no sólo con referencia a lo inmediato —implícito en la mencionada estructura físico-químico-biológica—, sino, además, respecto

---

1. M. Merleau-Ponty: *La estructura del comportamiento*, op. cit., pág. 280.

de la trascendencia en donde la Naturaleza queda *objetivada* mediante las funciones específicas de la psique y el espíritu. Pues la *conciencia* separa abruptamente al hombre del resto de esa heterogénea composición a la cual pertenece como cualquier otro ser viviente. Y no solamente lo distancia sino que, además, lo mantiene *junto a ella*; pero una y otra cosa se dan en el hombre, no estáticamente —como ocurre con los demás seres vivos—, sino mediante el dinamismo por el cual la Naturaleza se trueca en mundo, es decir, en lo inteligible. La conciencia es, pues, el único nexo efectivo del hombre con la Naturaleza, puesto que, al no ser aquél una simple prolongación del medio, tal como sucede con el resto de los vivientes, la independencia de que goza con respecto al medio hace de él otra entidad, diversa de aquél, y de ahí, en consecuencia, el indudable carácter vinculador de la conciencia. Poco importa, a este respecto, si ella está «dentro» o «fuera» del cuerpo; o si es éste, como pretende el materialismo; o incluso si no lo es, pero actúa desde él. Sea como sea, tiene que haber una conciencia, o no habría conocimiento, que supone: a) la objetividad de lo que hay, además del hombre, en virtud de éste; b) la transformación de la inmediatez de la Naturaleza en la mediatez del *conocimiento*; c) el *sentido* o la *significación* que adquiere la Naturaleza al pasar a ser mundo, sólo respecto del hombre. Pero conocer no es sólo la toma de contacto con la realidad de segundo grado (o mundo) constituida como tal a causa precisamente del conocer, sino algo mucho más profundo y decisivo, es decir, la realidad en que se constituye el hombre mediante la conciencia y por la cual el acto de conocimiento conlleva la *revelación a sí mismo* del ser cognoscente, implícito siempre en lo conocido, mas no en la simple relación de continente a contenido, sino, aún más, en la síntesis por la cual lo aprehendido se hace una y la misma realidad con su aprehensor. Pues el conocer nunca es mera operación perceptual que informa sobre algo. Si conocemos es porque, inevitablemente, hemos de efectuar esa operación, y de ahí que cuando se considera al hombre como *sapiens* («sabedor») se dice una indiscutible verdad, aunque, desde luego, *saber* sea muchas cosas diferentes.

Aquí reside la cuestión más importante, pues el hombre quiere, ante todo, *saber*, tal como lo postula Aristóteles,[2] aun cuando, eso sí, se trata de «un saber a qué atenerse».[3] Mas, como quiera que sea, saber y más saber, pues, por elemental que éste sea, nada puede sustituirlo. El hombre debe «enterarse» de *eso otro* ajeno a sí mismo, pero por causa de él mismo; porque solamente enajenándose la realidad natural e inmediata es que *sabe* y *advierte que sabe* algo distinto y separado de él, aunque no deje de pertenecerle en alguna forma. La *enajenación* es, pues, el inmediato resultado de la conciencia: un convertir en ajeno aquello que, en un comienzo, era uno mismo con el hombre, para, en la extrañeza ante lo enajenado, hacerlo entonces susceptible de conocimiento. El *in, alienare* latino lo demuestra perfectamente: es pasar o entregar a otro el dominio de una cosa; y, en el caso que nos ocupa, el traslado que se efectúa es el del hombre *al* hombre mismo de esa realidad suya (la Naturaleza) que, en virtud del traslado, se trueca en mundo. El hombre es, pues, el ser enajenado con respecto a sí mismo, fluctuando sin cesar del *ensimismamiento* a la *alteración*, aunque, con respecto al primero, es preciso hacer la debida aclaración, pues se ensimisma al carecer de esa prieta «mismidad» típica del animal y la planta,

---

2. Aristóteles: *Metafísica*, libro A, 1.
3. Tal como lo ha señalado acertadamente Ortega y Gasset, al establecer el contraste con la afirmación de Aristóteles en la *Metafísica* acerca de que el hombre es el ser que tiende por naturaleza a saber.

que les permite morar inalterablemente en lo que son; mientras la mismidad humana es el resultado de la enajenación por la cual, al estar en sí sin estarlo, se ve sometido a una continua inestabilidad que tira de él en dos opuestas direcciones, una que lo lleva «fuera de sí» (alteración) y otra que lo atrae hacia él mismo (ensimismamiento). Mas el hombre vive continuamente en una proyección *hacia fuera de sí* que le impone sin cesar la vuelta al propio ser, aunque, claro está, advirtiendo siempre que, aun en el ensimismamiento, hay un afuera», un «diferente» de sí mismo que lo condena sin remedio posible a ser una realidad extraña a sí misma, es decir, el *alienus* o ajeno a su propia realidad.

El hombre, pues, padece una radical enajenación o sea que es el desterrado *a nativitate* de su originaria y primigenia condición. Creamos o no en el *Génesis*, éste posee toda la razón al hacer del hombre un ser «terrígeno», el montón de polvo en que se convierte siempre de algún modo.[4] O sea que, por lo mismo, le pertenece la tierra (el elemento cósmico) tanto al inicio como al final de su existencia (en el mundo de aquí y ahora); surge de ella y a ella vuelve, y, en consecuencia, como se verá más adelante, muestra siempre el afán de sentirse junto a ella. Mas esto último a causa de la enajenación ya mencionada, que lo separa de la tierra con la peor de las separaciones, es decir, la que tiene conciencia de su inevitabilidad, dado que *lo humano* se hace a expensas de *lo natural*, pues la mediatez de aquello excluye la inmediatez de esto. Mas hablábamos de la *conciencia*, y ahora es menester referirse a las distintas maneras de ofrecerse ésta, según las diversas realidades accesibles al hombre desde ella. Y aun cuando no se diga nada nuevo al hablar de la conciencia teórica y la conciencia moral, no obstante que lo más antiguo es casi siempre lo novísimo, es cierto que el hombre se abre ante la realidad mediante ambas formas de conciencia. Por lo pronto, ésta nos muestra una realidad de segundo orden, mediata, constituida, de un modo u otro, por *representaciones*. Mundo es, en consecuencia, lo representable, o sea lo que vuelve a presentarse ante nosotros, por lo que, de antemano, había hecho ya su inicial aparición. Pero si, como ya se dijo, el hombre sólo tiene conocimiento del *mundo*, es decir, de lo representable y jamás de lo «presentable», ¿cómo es posible, entonces, que conozca lo inmediato, lo presentable, o sea la Naturaleza, en su prístina realidad original? Aquí es donde interviene la metafísica naturaleza humana, y, a propósito de esto, ¿se ha meditado bastante en el indudable acierto de Andrónico de Rodas al interpretar el contenido significativo de la Filosofía Primera de Aristóteles en términos de lo que está más allá de lo físico (*metá* = más allá; *fisiká* = lo inmediato y primigenio, la *protocosa*)?[5] No hay que darle más vueltas: el hombre es la única realidad *metafísica*, es decir, el único ser «más allá» de lo físico, de manera rigurosa en sentido ontológico. Y la conciencia es lo metafísico del hombre, aquello por lo cual se convierte la proto-cosa en otra realidad que hace del *homo sapiens*, simultáneamente, un ser extraño a sí mismo e identificado con él. Conciencia —como ya dijimos— teórica y moral, distinción nada ociosa precisamente por ser tópica. Y si ahora insistimos en dicha dualidad es porque tiene que ver con la constante relación del hombre con el mundo, pues si por *teórico*

---

4. *Génesis*, III, 19: "*Memento o homo, quod cines est in cinerem rivertaris*" (Recuerda, ¡oh, hombre!, que eres polvo y en polvo te convertirás). Palabras que pronuncia el sacerdote católico al imponer la cruz de ceniza en la frente de los fieles al comenzar la Cuaresma.

5. Andrónico de Rodas debe haber vivido allá por el 70 a. de C. Es el compilador y ordenador de la obra de Aristóteles y de Teofrasto. A él se le debe el nombre de *Metafísica* dado a la Filosofía Primera del *Estagirita*.

se entiende aquí lo susceptible del esquema lógico, y por conciencia toda representación teñida de conocimiento, si bien simplificamos excesivamente, ahora lo hacemos con toda deliberación a fin de concluir donde queremos, o sea que, en el fondo, la conciencia es una sola e idéntica a sí misma, pues nada puede haber de conciencia *lógica* sin algún matiz emocional, ni tampoco hay nada emocional carente de la indispensable articulación lógica. El mundo se piensa y se siente a la vez, en cada caso, pues, según dice Ortega y Gasset: «[...] Lo que hoy recibimos ya ornado con sublimes aureolas tuvo a su tiempo que estrecharse y encogerse para pasar por el corazón de un hombre [...]»[6] Y Unamuno, por su parte, se expresa de este modo: «[...] Los grandes pensamientos vienen del corazón, se ha dicho, y esto es sin duda verdadero hasta para aquellos pensamientos que nos parecen más ajenos y más lejanos de las necesidades y los anhelos del corazón [...]»[7] Sólo así es posible que este último sienta algo a sabiendas de que lo siente, o sea mediante su *representación*. El ser humano padece el mundo a través de «los impulsos» y las «resistencias» de que nos habla Dilthey. Mundo consistente en atracciones y repulsiones, pero ¿de qué? Sin duda alguna, de esa realidad *ajena* al hombre y, sin embargo, tan *suya*, de la cual huye a la vez que busca su compañía. Diríase, entonces, que debe haber una especie de *pre-conocimiento*, de pre-asunción de lo que luego es el mundo, o sea el orden más o menos inteligible construido por la conciencia en un inagotable juego de tensiones. Pensar y sentir es la doble actividad a que vive sometido el hombre, ansioso por des-enajenarse, aunque sin conseguirlo jamás, porque entonces dejaría de ser quien es. Y si no, veamos lo que sucede con el demente dotado de ciertos momentos de lucidez en los cuales su enajenación es completa y compacta con respecto a la realidad primigenia; mientras la enajenación ha logrado «des-enajenarse» y regresar a la indiferencia de lo primigenio, en una mismidad al menos casi idéntica a la del resto de los seres vivos.

El mundo, por tanto, es lo pensado y sentido, y el hombre es y no es, al mismo tiempo, en función del mundo que es construcción suya, del que está separado tanto como unido, o, de lo contrario, uno y otro carecerían de realidad. Por lo mismo, Heidegger está en lo cierto al referirse al *In-der-Welt-Sein*, al ser contenido en el mundo, pero —añadimos— contenido a su vez en el hombre. Relación esencial, pudiera decirse, porque sólo así se verifica el carácter propio y, además, exclusivo del existente que es el hombre. «[...] El "ser ahí" existe. El "ser ahí" es, además, un ente que en cada caso soy yo mismo [...]»[8] Y con referencia a la situación del hombre («ser ahí») en el mundo, añade Heidegger lo siguiente: «La forma misma de la expresión "ser-en-el-mundo" indica ya que con ella se mienta, a pesar de ser una expresión compuesta, un fenómeno dotado de unidad [...]»[9] Pues del «[...] *en el mundo* [...] relativamente a este elemento brota el cometido de preguntar por la estructura ontológica del "mundo" y de definir la idea de la "mundanidad" como tal [...]»[10] Aun cuando —como dice Heidegger— el «ser en el mundo» «[...] es, sin duda, una estructura necesaria *a priori* del "ser ahí", pero que dista mucho de determinar plenamente el

---

6. J. Ortega y Gasset: *Meditaciones del Quijote*, ed. "Espasa-Calpe, S. A.", Madrid, 1964, pág. 28.
7. M. de Unamuno: *Obras Completas*, ed. "Afrodisio Aguado", Madrid, 1958, tomo III, pág. 1.034.
8. M. Heidegger: *Sein und Zeit, op. cit.*, Primera parte, Primera sección, cap. II, parág. 12.
9. *Ibid.*
10. *Ibid.*

ser de este último [...]»¹¹ Mas, no obstante, el gran metafísico alemán parece inclinarse bastante a una admisión del «ser en el mundo» indicativa de la condición *sui-generis* del hombre («ser ahí»): «[...] "Ser en" es, según esto, la expresión existenciaria formal del ser del "ser ahí", que tiene la esencial estructura del "ser en el mundo".»¹²

La *situación* del hombre *en* el mundo es tan decisiva como para llegar al extremo de conferirle la exclusiva naturaleza o el modo de ser que le es peculiar. Mundo que el hombre mismo crea al enajenarse la Naturaleza dotándola de un significado que, en cuanto tal, no posee. Hecho incontrovertible —como lo son todos— en el cual está implícita la realidad humana. «[...] El "ser en" no es, con arreglo a lo dicho, una peculiaridad que a veces se tenga y otras no, o *sin* la cual se pudiera *ser* tan perfecto como con ella. No es que el hombre "sea" y encima tenga un óntico habérselas relativamente al "mundo", el cual se agregaría el hombre a sí mismo ocasionalmente [...]»¹³ Y yendo ahora a la cuestión de la Naturaleza transformada en mundo, como el *objeto de conocimiento* para el hombre, a partir del acto constante de enajenársela, dice Heidegger lo siguiente:

> Aunque fuese dado definir ontológicamente el "ser en" partiendo del "ser en el mundo" *cognoscitivo*, se tendría como primer problema imperioso el de caracterizar fenoménicamente el conocimiento como un ser en el mundo y relativamente a éste. Cuando se reflexiona sobre esta "relación de ser", se da ante todo un ente, llamado Naturaleza, como aquello que se conoce. *En este ente no cabe tropezar con el conocimiento mismo.* Si éste "es" en alguna medida, es únicamente en el ente que conoce [...]¹⁴

Claro está que no queda resuelto el descomunal problema epistemológico del mundo como ente inteligible (*kosmos noetós*), a partir de la presencia del hombre en él; problema que Heidegger acota en estos términos:

> [...] cómo salga este sujeto cognoscente de su "esfera" interior para entrar en otra "ajena y externa", cómo pueda el conocimiento tener un objeto, cómo habrá que concebir el objeto a fin de que, a la postre, lo conozca el sujeto sin necesidad de correr el riesgo de saltar a otra esfera. Pero en medio de todas estas variaciones sobre el mismo punto de partida, falta totalmente la cuestión de la forma de ser de este sujeto cognoscente, cuyo modo de ser es, sin embargo, el tema tácito, pero constante, siempre que se trata del conocimiento de que es el sujeto [...]¹⁵

La *creación* del mundo como Naturaleza inteligible, dotada de significación, es, en sí misma, el surgir del *conocimiento* como la esencial tarea humana. Por eso aseverábamos líneas arriba que para nosotros el hombre es *sapiens*, aunque eso sí, no en una sola dirección o conforme a una aptitud exclusiva (digamos, la *razón*), sino que, al contrario, conocer es actividad pluralísima, pues hasta el más simple *actuar* es ya, de por sí, un modo de *saber*; porque el hombre dista mucho de ser —como le ocurre al animal— un ser predominantemente *instintivo* y, en ese caso, toda manifestación de su quehacer lleva implícita la sombra de una teórica disposición. Así, aunque

---

11. *Ibid.*
12. *Ibid.*
13. *Ibid.*, parág. 13.
14. *Ibid.*
15. *Ibid.*

Heidegger en forma que parece negar la importancia fundamental del conocimiento en la fundación del «ser ahí» (el hombre), diciéndonos:

> [...] el conocimiento es un modo de ser del «ser ahí» como «ser en el mundo», que tiene su fundamento óntico en esta «estructura de ser». A este remitir al fenómeno —*el conocimiento es una forma de ser del «ser en el mundo»*— pudiera oponerse esto: con semejante exégesis del conocimiento se aniquila el problema del conocimiento; ¿qué puede seguir siendo cuestión, una vez que se empieza *dando por supuesto* que el conocimiento es ya cabe su mundo, cabe el mundo que debe alcanzar en el trascender del sujeto y únicamente en él [...] [16]

No obstante todo esto, acaba diciendo unas líneas más abajo: «[...] ¿qué otra instancia que el fenómeno mismo del conocimiento y la forma de ser del cognoscente decidirá *si* hay y en *qué sentido* haya un problema del conocimiento?» [17] Y, a mayor abundamiento: «[...] El conocimiento es un modo del "ser ahí", fundado en el "ser en el mundo". De ahí que el "ser en el mundo" pida como estructura fundamental una exégesis previa.» [18]

Pues sin mundo no puede haber hombre y recíprocamente. «[...] El mundo inmediato del "ser ahí" cotidiano es el mundo circundante [...]» [19] Basta revisar lo escrito por Heidegger acerca de las relaciones hombre-mundo para darse cuenta de la importancia asignada por él a dicha cuestión. Prosigue, pues, con la misma pregunta: «[...] Pero, ¿cómo "hay" mundo? Si el "ser ahí" está constituido ónticamente por el "ser en el mundo", y a su ser es inherente con igual esencialidad una comprensión del ser de su "sí mismo", por indeterminada que sea, ¿no tiene, entonces, una comprensión del mundo, una comprensión pre-ontológica, que, sin duda, puede carecer y carece de ideas ontológicas explícitas? [...]» [20] Y redondea tal vez lo sostenido hasta aquí sobre la esencial relación hombre-mundo con estas palabras:

> «Ser en el mundo» quiere decir, según la exégesis hecha hasta aquí: el absorberse, no temáticamente, sino «viendo en torno», en las «referencias» cuantitativas del «ser a la mano» del todo de útiles. El «curarse de» es en cada caso ya como es, sobre la base de una familiaridad con el mundo. En esta familiaridad puede el «ser ahí» perderse en lo que hace frente dentro del mundo y ser captado por ello. ¿Qué es aquello con lo que es familiarizado el «ser ahí», por lo que puede destellar la «mundiformidad» de lo intramundano? ¿Cómo comprender más detalladamente la totalidad de «referencias» en que se «mueve» el «ver en torno», y cuyas posibles rupturas empujan hacia el primer término el «ser a la mano» de los entes? [21]

En nuestros días se habla profusamente de la «alienación» o enajenación del hombre con respecto al mundo, en el sentido de que éste atrapa y aísla al hombre de sí mismo. A mi modo de ver, tal como se ha dicho un poco antes, el hombre enajena el mundo, se lo extraña, debido a la necesidad metafísica de su propio ser y, además, en la medida en que efectúa esto, se realiza consecutivamente más y más como hombre. La pretensa «aliena-

---

16. *Ibid.*, Cap. III, parág. 14.
17. *Ibid.*, parág. 16.
18. *Ibid.*
19. *Ibid.*, parág. 14.
20. *Ibid.*, parág. 16.
21. *Ibid.*

ción» propuestas por tan toscas doctrinas como el marxismo (los casos respectivos del «psicólogo» Erich Fromm y del «filósofo» Herbert Marcusse), toma la cuestión exactamente al revés, puesto que es el hombre quien ha de enajenarse el mundo, o de lo contrario no sería el ser que es y debe ser. En su raíz ontológica el hombre es más bien Naturaleza, pues ¿cómo vamos a suponerlo ajeno completamente a la realidad primigenia entre todas las posibles, es decir, el Ser? En este sentido, el hombre no es *más* Ser que la piedra, el ave o la planta. Porque está unido a dicha realidad, que engloba la totalidad de los seres, sin excepción alguna. Mas «ser Naturaleza» en la raíz de su ser no quiere decir que no pueda diferenciarse del resto de lo albergable en esa común raíz ontológica, y tal posibilidad de diferenciación se da precisamente en lo metafísico, pues mientras por el *qué* se mantiene unido al resto de lo ontológico, su *quién* lo separa rigurosamente del qué, al enajenarle el mundo. Lo cual no puede, en forma alguna, ocurrir al revés, es decir, que lo ontológico (la Naturaleza) enajene al hombre, o sea que lo haga «extraño» a ella. Porque el hombre —como dice muy bien Pascal— «es una caña pensante», y es cierto que la Naturaleza puede destruirlo, pero lo ignora siempre, mientras el hombre sabe que muere. En consecuencia, éste dispone al menos de tres preguntas fundamentales, exclusiva prerrogativa suya, o sea: a) ¿qué? b) ¿por qué? c) ¿para qué? Así es como la enajenación de la Naturaleza, que la convierte en *mundo* para el hombre y sólo para éste, motiva la consecuente *extrañeza* que se concreta en las tres mencionadas cuestiones, o sea el mundo creado por el ser metafísico del hombre, es decir: a) ¿*qué*? (la consistencia o el modo de ser); b) ¿*por qué*? (la justificación, una indudable *apologia pro domo sua*); c) ¿*para qué*? (la finalidad o el sentido teleológico del mundo, aunque, eso sí, impuesto por el hombre).

Ahora bien, el ¿*qué*? está referido siempre a una necesidad humana de asirse a la realidad de algo distinto de sí mismo, metafísicamente, mas no ontológicamente. La pregunta supone partir de la conciencia de algo más bien que de nada con respecto a su enajenación de la Naturaleza de donde surge el mundo. Si el hombre es el ser que *pregunta* ello se debe a la extrañeza suscitada a su vez por la enajenación de la cual brota el mundo. Pudiera pensarse que si ya está ahí puede bastar con eso. Mas no hay tal cosa, pues la «presencia» del mundo es, en el comienzo, sólo pura posibilidad de tenerlo, y para *comprehenderlo* es menester *comprenderlo*. Es el *cum prehendere* (agarrar por medio de algo) lo que permite su apropiación por parte del hombre. Curiosamente, sin embargo, la comprensión del mundo es su *puesta*, y recíprocamente. Pues bien, esta simultánea reciprocidad nos entrega al hombre y al mundo, consecuencia —dicho sea de paso— a la que llega Heidegger en *Ser y Tiempo* tras larga disquisición no tan clara como sería de desear. Mas a continuación (claro está, al describirlo, como lo hacemos ahora) viene la pregunta del ¿*por qué*?, o sea la necesidad de encontrarle justificación al mundo, es decir, su razón de ser. ¿Debe haber *necesariamente* mundo? Si hay hombre, entonces debe haberlo, pues si no éste sería imposible. En consecuencia, el mundo es la razón de ser del hombre, quien surge porque se trasciende en el mundo y es trascendido por éste. Uno, pues, justifica al otro, y recíprocamente. Mas no se trata de ninguna justificación moral, sino, única y exclusivamente, del *hecho* en que ambos consisten respectivamente. En el proceso ontológico-metafísico englobante de la Naturaleza, el hombre y el mundo, la justificación de los dos últimos es la puesta en marcha de una posibilidad de donde surge toda comprensión, pues la realidad, en definitiva, es esto último, ya que sin ella no habría hombre ni tampoco mundo. Y pasamos, finalmente, a la tercera pregunta, o sea el *¿para qué?* Exteriormente, vivimos en un universo de medios para fines, de antecedentes y consecuentes. Universo cerrado en el cual, para encontrar un medio o una causa no referida a otro u otra, se requiere trascender del campo de la razón al de la fe. Ahora bien, el mundo se abre ante la mirada humana en la forma de un innumerable despliegue de relaciones de medio a fin, hasta el extremo de que la actividad pensante, en general, está rigurosamente ceñida por esa dualidad. Sin embargo, la cuestión propuesta desborda los límites de tal dualidad e incluso de los de ser una pregunta dirigida a particularidades, para remontarse hasta el plano de una absoluta *totalidad*, en el cual se interroga por lo que —con las consiguientes reservas— podría ser la indagación de si de veras hay algo tal como una global *finalidad* con respecto al mundo. Algo parecido a lo que buscaba Unamuno impenitentemente al decir: «Y todo esto, ¿para qué?»

Ahora bien, dichas tres preguntas se interrelacionan, pues cada una de ellas es, en cierto modo, las otras dos. El *¿qué?* aparece en cada una de ellas, y es precisamente la referencia esencial al mundo, pues las dos últimas podrían formularse también de esta manera: «¿Por qué hay un *qué*?» «¿Para qué un *qué*?» Este último es el eje sobre el cual gira la relación hombre-mundo, pues la *consistencia* implícita en el *qué* supone la aprehensión, por parte del hombre, de «algo» en vez de «nada». Heidegger tiene razón al decir que «[...] la angustia es la patencia del ente y la potencia del existir»,[22] pues el ente, el hombre, se siente a sí mismo en la posibilidad incuestionable de la existencia advenible en la enajenación de la Naturaleza, de donde —como ya se ha dicho— surge el mundo justificador del existente o «ser ahí», es decir, el hombre. Lo cual deja ver claramente la pertinencia del interrogar sobre la justificación y la finalidad del *qué* entendido como continente del hombre, o sea el mundo. Porque la inteligibilidad de este último depende de la posibilidad de ser interrogado, pues lejos de ser (como tal *qué* o mundo) algo tácito, debe manifestarse ya desde el *qué* del preguntar en ese otro *qué* de cuyo estímulo nace la necesidad de preguntar. El mundo es inteligible porque es preguntable, y, recíprocamente, esto último se debe a la esencial inteligibilidad del mundo. Se diría que el hombre interroga porque sabe de antemano que hay respuesta a su pregunta. La enajenación de la Naturaleza crea el mundo, pero esa enajenación es justamente el *qué* implícito (como pregunta) en el *qué* tácito (lo presente), de donde emergen las interrogaciones correspondientes del «¿por qué?» y el «¿para qué?».

La *tierra* (Naturaleza) se le da al hombre en la forma de un desistimiento de ella, que, sin embargo, supone el mayor acercamiento posible, si se tiene en cuenta que mientras ningún otro ser viviente la *conoce* y carece del significado de cercanía y lejanía, el hombre la vive, la experimenta de distintos modos: la lleva consigo en su propio cuerpo y, en consecuencia, tiene de ella un saber inmediato mediante todos los procesos inherentes al cuerpo, así como por la *gravedad* y el esfuerzo consiguiente para vencerla hasta cierto punto. Pues mientras los demás seres vivos sufren el efecto de la gravedad, ninguno de ellos *sabe* de la existencia de dicha presión orgánica. Mas también el hombre sabe de la Naturaleza en ese modo indirecto de su conversión en *mundo*, según hemos dicho antes. Mundo pensado, sentido y querido por el hombre, ya que sólo así le llega a él esa realidad de lo natural. Pues como el ser humano es un ser «mediato», es

22. M. Heidegger: *Was ist Metaphysik*, I.

decir, que no puede residir así sin más en nada, incluso en sí mismo, la realidad primigenia, o sea la protocosa en que consiste la Naturaleza, requiere un desdoblamiento capaz de proponerla al hombre como segunda instancia de sí misma. Ahora bien, la tensión producida en el «cerca-lejos» de ella con respecto al hombre determina en él esas «afecciones» mediante las cuales se la apropia y puede llegar a sentirla como algo entrañable para sí mismo. Mas ya no como lo inmediato, sino, al contrario, en ese vasto y profuso repertorio de lo psíquico y lo espiritual en que se resuelven la *historia* y la *tradición*. Pues el mundo es colaboración humana en la Naturaleza, convertida en cultura —no importa cuál sea su grado— que no es sino el conjunto de significaciones de las cuales emergen la historia y la tradición. A éstas dedicaremos ahora las imprescindibles reflexiones.

No es lo mismo ser cubano que francés o de cualquiera otra nacionalidad, y aun cuando esto es algo de suyo inmediatamente comprensible, no resulta del mismo modo saber por qué. Sin embargo, el único posible es el contenido en la experiencia particular e inmediata de cada quién; en consecuencia, no se le puede explicar a nadie en qué consiste ser de esta o aquella nacionalidad en lo esencial e íntimo de sí misma, pues con decir que por haber nacido en tal o cual país (o haber adquirido la consiguiente carta de naturalización) que permite disfrutar de los consiguientes derechos civiles y políticos, con esto, no se resuelve la cuestión. Ser *cubano* es haber nacido en Cuba, educado en sus tradiciones y en su historia, las cuales forman una sutil y complejísima estructura donde se dan cita lo psicológico, sociológico, ético y religioso propio del país que es Cuba. Y es porque la tierra, con todos sus atributos materiales e inmateriales, está presente desde el reducido ámbito del hogar y, sucesivamente, en el del barrio, la ciudad o el pueblo en que se nace, hasta la totalidad del territorio de la nación. El nexo con el *suelo* en que se apoya cada uno de esos ámbitos mencionados es, por supuesto, tanto más íntimo cuanto más retrocedemos desde la nación en su totalidad hasta ese pedacito que es el hogar. Pues el significado profundo de *Patria* responde, sin lugar a dudas, al constante refuerzo de esas distintas localizaciones (hogar, barrio, pueblo, nación) que es la suma (y aun más todavía) de las mismas, porque el conjunto final, o sea la Patria, debe ser siempre mucho más que el mero agregado de tales localizaciones. Pues, curiosamente, no hay *abstracción más concreta* que la de la Patria, porque no está precisamente en sólo el hogar, o el pueblo, etc., y, no obstante, ella es la espiritual configuración de todo eso y aun mucho más, es decir, el resto de los hogares, barrios, pueblos y provincias cubanos. Si bien nuestra reducida y particular afección se refiere, por ejemplo, a la «Patria chica», nuestro sentimiento cubano llena el ámbito de la nación, por lo que, al tratarse de Cuba, la tenemos presente en pensamiento y corazón, como la totalidad que nos hace sentirnos solidarios con cualquier cubano.

Ahora bien, ¿por qué es así como lo describimos? Téngase en cuenta que la vinculación del hombre al suelo, a la tierra, es esencialísima, según hemos tenido ocasión de verlo en las páginas precedentes. El hombre nace sobre la tierra (aunque puede hacerlo en el agua o en el aire, al fin y al cabo ha de asentarse en aquélla) y muere en ella, y ésta se le muestra constantemente como vital centro de referencia a lo más entrañable de su ser que ya, en un orden espiritual, constituye la historia y la tradición. Pues nacer es algo que se hace entre otros, desde otros y para otros seres humanos. En consecuencia, nuestra vida está de antemano determinada por un regular conjunto de condicionamientos en los cuales quedamos insertos apenas nacemos. Luego, aquello que vamos *siendo* según decursa nuestra existencia es, tácitamente, préstamo del cual dependemos más o menos, según sea el caso. Nadie es absolutamente *él mismo* con plena y cabal independencia respecto de los demás. El modo como se piensa, como se cree, como se actúa, depende siempre de lo dado, contra lo cual, claro está, se reacciona con más o menos decisión, pero nunca podríamos descontarlo del todo. Pues bien, historia y tradición constituyen *lo dado* y nos envuelve y oprime como el aire que se respira, es decir, con la misma sutileza e imponderación; y, sin embargo, de ello depende la vida espiritual. De ahí la estupidez del marxismo, obstinado en destruir hasta el más leve matiz de historia y tradición; y, no obstante, constantemente le sale al paso esa respondona criada que es la fuerza con la cual se imponen historia y tradición (*lo dado*) y sobreviven, tanto más cuanto mayor sea el empeño de anularlas.

La historia en sí es un conjunto de lo ya efectuado y de aquello otro que va teniendo lugar según discurre el tiempo. Así, la historia de Cuba es el vasto repertorio de todo cuanto ha sucedido en ella desde su descubrimiento por Colón en 1492, incluso, desde luego, lo referente a sus originarios moradores. La Historia está, pues, dotada del carácter dinámico ausente, casi por completo, en la tradición; pues esta última es más estática, ya que sus contenidos se repiten a lo largo del tiempo. Ahora bien, aun lo ya consumado y, por lo mismo, estático en la Historia, goza de cierta vitalidad de presente: por ejemplo, las enseñanzas de Varela y de Luz y Caballero siguen siendo eficaces, no sólo en ciertas circunstancias críticas —cual la del momento presente—, sino en todo instante, como materia de estudio, de comparación, en los órdenes intelectual y patriótico. Mas, como ya dijimos, a lo consumado se añade de continuo el acontecer de lo nuevo, o sea el de un presente llamado a ser pasado y a configurar el futuro. Por eso se dice que por Historia debe entenderse la descripción interpretativa del pasado tanto como la continua secuencia del acontecer cotidiano *sine die*. En la Historia se advierte el dinamismo ausente en la tradición, y, no obstante, esta última no sólo es explicable sino, también, justificable. No se puede prescindir de la tradición, ni tampoco se debe, porque buena parte de lo esencial de nuestra vida descansa en ella. La tradición constituye un fondo remoto oculto por la Historia, pero que ayuda a conservar la propia identidad, tanto individual como colectiva. Pues la Historia, a causa de su inherente dinamismo, es hasta cierto punto volátil, ya que lo histórico deviene necesariamente a fin de hacer sitio a lo que subsigue y que, a su vez, devendrá también, *et sic de coeteris*. Pues, como dice Ortega y Gasset, «la vida es prisa» y, en consecuencia, del amanecer al anochecer se suscitan cambios y más cambios. Y aun la Historia, al pasar del presente (activo) al pasado (estático) deja transparentar en esto último cierto poso de tradición, pues los hombres, autores de la Historia, están ellos mismos saturados de tradición. Y si ésta, en general, no envejece, pues de hecho se mantiene intacta en una especie de eterno presente, se debe a que contribuye a mantener incólume la identidad de un determinado grupo social.

Además, debe tenerse en cuenta que la Historia es, inevitablemente, pura *exterioridad*, o sea que todo cuanto llamamos Historia ha de comparecer en el escenario de «fuera del hombre». Pues ¿cómo vamos a llamar *íntimo* a la condena de Sócrates, al martirio de Cristo o a las guerras de nuestra independencia? Se dice *Historia* y ya se está hablando de algo de puertas afuera del ser humano. Mas la tradición es lo íntimo, no sólo porque algo suyo se aloja en el corazón del hombre, aun cuando deje ver cierta exterioridad, sino, además, porque lo que de ella perdura es precisamente la nota íntima de sensibilidad causada por el significado trascendente de la tradición. La Nochebuena no es el consabido festejo, con sus copiosos manjares y bebidas, sino ese efluvio que mana de lo más profundo del hombre asociándolo con el singular suceso de la Natividad del Salvador. La tradición, pues, subsiste en nosotros gracias a esa intimidad perdurable del yo. Pues se trata de un ayer, de un anteayer, etc., que jamás declina. Ortega y Gasset lo describe bellamente de esta forma:

> Pero ¿muere, en efecto, ese íntimo ayer? Cuando llegamos a la madurez nuestro yo juvenil no ha expirado todavía; nada muere en el hombre mientras no muere el hombre entero. El yo pasado, lo que ayer sentimos y pensamos vivo perdura en una existencia subterránea del espíritu [...] [23]

Y con pocas palabras nos describe la esencia misma de la tradición:

> Mas he aquí que una palabra, una imagen certera hiere esas capas [las del yo profundo] y las despierta y hace entrar en actividad. Con asombro percibimos que todas aquellas cosas pasadas no han pasado en rigor, que son nuestro *yo*, este mismo *yo* de ahora.[24]

Tradición es, pues, aquello pasado que sigue gravitando en nosotros con intensa fuerza que despierta, en el cúmulo de complicaciones del momento que se vive, una extraña y dulce sensación de algo distinto a lo cotidiano que modifica de continuo nuestro pasado y se deshace de él en buena parte, porque así ha de ser necesariamente. Pero mientras el hábito contribuye decisivamente a conservar la identidad personal, la tradición —ese poso que oscila y gravita entre la multitud de nuestros cotidianos quehaceres— nos mantiene alertas y conscientes de que no es posible empezar de nuevo cada día, sino que nuestra vida es continuidad gracias a la cual jamás perdemos el contacto con la realidad exterior e interior. «[...] Nuestro hoy es la reiteración de nuestro ayer, y el presente, el cauce nuevo donde se perpetúa la fluencia del pretérito [...]».[25] Así confirma Ortega una vez más lo que venimos diciendo.

Pero la Historia, como decíamos líneas atrás, es en sí misma pura e inevitable *exterioridad*. Ella ha de manifestarse siempre en el escenario de la vida cotidiana, como parte de ésta (sea *in maximus*, sea *in minimis*), pues no consiste en nada más. Y no es que la tradición no sea histórica, pues ¿qué podría ser entonces? En consecuencia, la tradición es Historia, pero, eso sí, aquélla que ha tenido la virtud de convertirse en otra cosa, o sea en permanente estímulo. Así, por ejemplo, la vida de Julio César no tiene más interés actual que servir de tema cultural para historiadores, filósofos y políticos, o sea que se halla encerrada en libros, de los que emerge sólo a instancia de determinada curiosidad. En cambio, la *tradición* reobra continuamente en nosotros como un trozo de Historia viva dotado de la misma actualidad eficaz del presente que se vive. Mas si lo hace es porque ella afecta decisivamente lo substante y, por lo mismo, constante en nosotros. Pues la mayor parte de nuestra vida es intrascendente cotidianidad, es decir, carente de significación no importa como se le vea. Las cosas destacadas son realmente pocas, y esto explica el carácter peculiar y llamativo de todo cuanto se conoce con el nombre de *suceso histórico*.

---

23. J. Ortega y Gasset: "Azorín, o primores de lo vulgar", *El Espectador*, ed. "Biblioteca Nueva", Madrid, 1950, pág. 223.
24. *Ibid.*, pág. 265.
25. *Ibid.*, pág. 266.

Que lo es cuando puede alterar, arrugándola, la lisura de la vida de todos los días. Ahora bien, no vivimos lo que, en nuestro momento, alcanza esa categoría de *suceso* sino en forma muy distinta a lo que habrá de ser después, al insertarse en la Historia. Y son algunos de estos sucesos los que consiguen convertirse en tradición, lo cual nos obliga ahora a distinguir entre el suceso histórico y el suceso-tradición.

Debemos partir de lo siguiente: lo histórico es tan reiterable como pueda serlo la tradición, en el sentido de que, como recuerdo del pasado, vuelve a nosotros a veces con entrañable significación; aunque, desde luego, no en todos los casos. Así, por ejemplo, en nuestra Historia tiene mayor peso la obra independentista de Céspedes y Martí, o la muerte del *Titán de bronce*, o el fusilamiento de los ocho estudiantes de Medicina en 1871, que el Descubrimiento o la toma de La Habana por los ingleses en 1763. En este sentido, la Historia posee el mismo valor recurrente de la tradición y, en ciertos casos, se impone todavía con más fuerza. Pero lo tradicional mueve el espíritu del hombre de otra manera que le es peculiar, o sea aludiendo a realidades que proceden del origen más remoto de cada persona en particular. Así, en este caso, ocurre con esas formas de oración religiosa tales como el *Padre Nuestro*, el *Ave María* o el *Credo*, que oímos recitar desde tan temprana edad como para entenderlos vagamente, pero que se adueñan de la mente y el corazón. Y así igualmente con festividades como las de Semana Santa, el día de Todos los Santos, el de los Fieles Difuntos, la Navidad, etc. Como asimismo con otras no religiosas cual son los Carnavales, el cumpleaños y el santo de cada quién, y así sucesivamente. Ahora bien, estas tradiciones vinculan a las personas con el hogar, la familia, las amistades y aun con quienes no lo son, pero pertenecen a la pequeña comunidad de la «Patria chica». Aunque, claro está, también desde el comienzo se van grabando en nuestra persona los sucesos relevantes de la Historia patria, que también recurren en el momento indicado (aniversarios) y son parte entrañable de la vida. Todo lo cual pertenece a la esencia de la persona y dispone de su conducta con referencia al mundo exterior. Conducta de carácter *sui-generis* (desde el punto de vista colectivo, o sea del grupo social en conjunto) y que es rigurosamente no intercambiable con ninguna otra cultura, ni siquiera con sociedades nacidas de un mismo tronco como es, por ejemplo, el caso de España y Cuba. Y debe ser así porque, a pesar de lo común de ambas, tales como lengua, fe, costumbres, etc., quedan multitud de detalles que apartan al cubano del peninsular. Por algo (y ¡qué algo!) tuvimos que conquistar sangrientamente nuestra independencia. Así, lo que para el peninsular representa el Dos de Mayo, o las guerras carlistas, o la guerra civil de 1936, para nosotros no tiene más significado que el de la Revolución Francesa o cualquier otro suceso de la Historia en general. Historia y tradición tienen, pues, marcado carácter de exclusividad aún más acentuable si se les compara con las respectivas de pueblos a los cuales no les une ningún vínculo.

Como vemos, tanto una como otra se interpenetran, por lo que no deja de haber cierta interpenetración de ambas; pero mientras la tradición pertenece al repertorio de las costumbres, la Historia no, porque —como ya se dijo— mientras ésta se hace paulatinamente pasado de un presente fugaz siempre, la tradición —en alguna forma, histórica— es permanente presencia, lo cual no significa que no pueda desaparecer en algún momento, bien sea por consecuencia de una profunda conmoción social, bien sea al abolirse tal vez por cansancio o aburrimiento, que decreta su extinción o la sustituye por alguna otra. Y, sin embargo, la tradición puede llegar a tener tal fuerza que, no obstante desaparecer toda una realidad social, como es el caso de la antigua cultura romana, muchas de sus costumbres religiosas, deportivas, del trato social, etc., se han incorporado a la sociedad occidental; y así sucede también con algunas costumbres de los pueblos germánicos, como, por ejemplo, los godos. Esa permanencia de la tradición contrasta llamativamente, según se ha dicho ya, con la volatilidad del acontecer histórico, pues este último, aun cuando deba convertirse en pasado, es siempre, como tal acontecer, un puro presente. La tradición no puede ser Historia porque es el pasado que retorna y se actualiza momentáneamente según el instante y la situación en que surge. Pero, de todos modos, el conjunto de las tradiciones de un pueblo late de continuo en sus habitantes y crea en éstos cierta curiosa configuración espiritual que, en apreciable cuantía, contribuye a la existencia de la «concepción del mundo».

Forma asimismo parte importante del acervo de la tradición el habitual régimen de alimentos de que se vale la sociedad. No es casualidad ni mucho menos que el esquimal consuma grandes cantidades de grasa de ballena y carne de foca, pues dichos alimentos son de los que se hallan más o menos a su alcance. Se explica también que los países fríos hagan mayor uso del alcohol que los países cálidos, porque la temperatura promedio lo exige así. Vemos que los países nórdicos de Europa poseen una cocina que contrasta fuertemente con la mediterránea. Grecia, Italia, Francia, España y Portugal tienen una alimentación cuyo aroma y sabor es un enérgico desafío sensual, en tanto que la de países como Inglaterra, Alemania, toda Escandinavia, Bélgica y Holanda se caracteriza por su marcada austeridad culinaria, por lo cual puede decirse que mientras ellos comen para vivir, los mediterráneos hacen todo lo contrario, o sea que viven para comer, y, en consecuencia, la «buena mesa» (que siempre lo es) consiste en el deleite de los sentidos. Comer es, pues, para el mediterráneo, la más cabal expresión de la *joie de vivre*.

Pero ¿se quiere algo más próximo al *suelo* que la comida y la bebida? Ninguna otra relación puede darse más estrecha y decisiva, porque, en términos generales, la física presencia del suelo con sus concomitantes orgánicos (animal y vegetal), se dilata y asciende hasta el hombre, estableciendo, de este modo, una sutil continuidad que une completamente a ambos hasta volver a hacer de ellos una sola realidad. Mas, como se sabe, el hombre no sólo come por alimentarse, pues sobre todo a medida que se civiliza va cambiando esa necesidad en deleite, creando, de este modo, una realidad superpuesta a la más lisa y rudimentaria de aquella otra que provee directamente la Naturaleza. Así, para referirnos ahora solamente a lo cubano, algunos de nuestros platos tales como, por ejemplo, el *ajiaco*, el *arroz con pollo*, el *picadillo* «*a la criolla*» con su aditamento de huevos fritos y plátanos verdes, la *yuca con* «*mojo*», etc., forman parte de tan variada combinación de aromas y sabores que el decurso del tiempo ha adaptado el criollo paladar a ciertas comidas por las cuales suspira cuando de ellas carece y que procura recrear en cuanto puede. Así me ha ocurrido saborear en pleno París unos sabrosos frijoles «colorados» con arroz blanco y masas de cerdo que olían y sabían a gloria. Y a lo mismo se debe que en ciudades como Miami, New York y Los Ángeles es posible saborear todo aquello de la cocina cubana que el hambre y la miseria del pueblo de Cuba —sometido al despojo del tirano—, desterraron también de nuestra Patria. Y quien dice comida puede decir igualmente bebidas, como esos deliciosos refrescos (a los que llamamos «batidos»), hecho con exquisita pulpa de fruta (mamey, mango, fruta-bomba, piña y otras), o el dulcísimo guarapo, etc. Ahora bien, todo esto forma también indisoluble parte de la estrecha relación con el suelo (con la Naturaleza y con el mundo), de manera que la vinculación a la tierra en que se nace está tejida con todos esos lazos de Historia, tradición, alimentos, costumbres, relaciones interindividuales y muchos más, que nos colocan en la situación de afectiva dependencia del suelo donde nacimos y cuya presencia sentimos casi sin obstáculo mientras se disfruta de la dicha de vivir en él; pero una vez alejados involuntariamente, la nostalgia consiguiente crea un a modo de constante presencia fundada en todos esos lazos que, transterrados, seguimos conservando en una emotiva disposición simbólica que mantiene nuestra fidelidad al bien perdido. Y de ahí esa otra tristeza típica del desterrado que sabe que no podrá descansar definitivamente en suelo patrio. Pues el continuo contacto con este último, en lo que tiene de *suelo* (de tierra) culmina, en la muerte, con el *entierro*, o sea la vuelta a la tierra. Regreso a lo que fue nuestro inicio, al punto de partida, de aquello mortal y, por lo mismo, destinado a ser síntesis de comienzo y fin, es decir, la tierra. A lo cual se debe que el *Apóstol* pregunte en una ocasión: «¿Habrá tristeza como la muerte en el destierro? [...]» (J-29) Claro está que no puede haber nada comparable a la profunda decepción de una forzada ausencia de la tierra nativa. He ahí, entonces, que nacer y morir forman parte esencialísima del suelo donde comienza nuestra existencia.

La pena de destierro es práctica de venerable antigüedad, que remonta a civilizaciones tan remotas como las de Grecia, Roma y el primitivo pueblo hebreo. En los tiempos homéricos el destierro (φυγη), si bien a veces era el castigo infligido por los crímenes que afectaban el interés personal, se aplicaba más bien en casos de homicidio. Pues a menos que los familiares del muerto aceptaran una indemnización en metálico, como medio de compensación (ποινη), el único modo de escapar al castigo era desterrarse, lo cual a veces, comprobado que el delito cometido era suficientemente explicable, se recomendaba por las propias autoridades. A este respecto es ilustrativo lo que dice Homero: [26] «[...] La gente se había congregado en la plaza del mercado, — donde una disputa — habíase entablado, y dos hombres discutían acerca del precio de la sangre — de otro que había sido asesinado [...]» Por otra parte, el destierro de por vida y la confiscación de bienes se imponía a quien atentase contra los olivos sagrados de Atenas así como a los que fuesen *neutrales* en una sedición que pusiese en peligro la seguridad del Estado, y, también, el que diese asilo a un condenado. Asimismo, ciertos crímenes políticos como la traición, el «laconismo», la sicofancia y cualquier intento de subvertir la ley.

Más tarde, al advenir en Atenas la democracia, aparece el procedimiento legal del *ostracismo*, instituido probablemente por Clístenes en 508 a. de C., como salvaguardia constitucional de la democracia ateniense. Dicho procedimiento consistía en desterrar de la Ciudad-Estado, por el término de diez años, a quien pusiese en peligro la paz y la armonía del cuerpo político, y algo semejante se llevó a cabo también en Argos, Mileto, Siracusa y Megara bajo la influencia ateniense. En la sexta *pritanía* de cada año, en Atenas, los representantes de la *Boulé* (βουλη) o Consejo Asesor de la Ciudad-Estado preguntaban a la Ecclesia (εκκλησια), o sea la Asamblea general de hombres libres, si debía mantenerse el *ostracismo*, para bien del Estado. Si la respuesta era afirmativa se fijaba un día para la votación en la octava *pritanía* (jefatura del Estado) y aunque no se mencionaban nombres se sabía, de todos modos, que habría al menos dos o tres casos a con-

---

26. Homero: *Ilíada*, XVIII, 497.

siderar. El pueblo acudía entonces, no al *Pny* sino al *Agora*, y allí, en presencia de los *arcontes*, valiéndose de pequeños fragmentos de recipientes de loza (*ostracos*) que, en la Antigüedad, servían de depósitos de basura, votaba asentando en el fragmento el nombre de quien se deseaba desterrar. Ahora bien, como en el caso de otros privilegios, se necesitaban seis mil votos para la condena a destierro, pero Plutarco[27] lo contradice. El condenado dejaba Atenas por un período de diez años, aunque sin ser considerado traidor o criminal y sin la pérdida de la ciudadanía o de los bienes propios. En realidad se trataba de proteger la Constitución y la seguridad del Estado.

Sin duda alguna, Clístenes se propuso, sobre todo, deshacerse de la facción enemiga de los Pisistrátidas sin recurrir a las armas.[28] En su *Constitución de Atenas*[29] Aristóteles da una relación de personas que padecieron el ostracismo, y, según parece, el primero fue un tal Hiparco, de la familia de los Pisistrátidas (488 a. de C.). Pero debe tenerse presente que si el ostracismo se introdujo en 508 a. de C., con el propósito de detener a Hiparco, la condena impuesta se hizo efectiva veinte años más tarde. El ostracismo, desde luego, condujo al abuso.[30] Ostracismo lo padecieron, entre otros, Hiparco (488), Megacles (487), Xantipo (485), Arístides (483), Temístocles (417?), Cimón (461?), Tucídides, hijo de Melenias (444), Damón e Hipérbolo (417), y tal vez el mismo Clístenes.

Si pasamos ahora a Roma vemos que en los primeros tiempos el destierro o *exilio* (del latín *ex-silium*; de *exsul* o *exul*, derivado de *ex*, cortar o suprimir; y la voz *sal*, salir), era solamente el modo de escapar al castigo, pues, por ejemplo, previo a la sentencia de muerte estaba el derecho al destierro voluntario (*solum vertere exsili causa*). Se le prohibía al condenado el uso del agua y el fuego (*aquae et ignis*) y en ocasiones el techo o morada (*tecti*). No hay acuerdo acerca de si esto implicaba la pérdida de los derechos civiles (*civitas*), a menos que el desterrado adoptase otra ciudadanía. Y no fue sino hasta el reinado de Tiberio (a. D. 23) que la *capitis diminutio media* se convirtió en la consecuencia directa del juicio y la condena. Más tarde, en el Imperio, la *interdictio* (prohibición del uso de agua y fuego) fue gradualmente reemplazada por la *deportatio in insulam*, o sea, por lo general, el traslado del condenado a una isla o, en ocasiones, a un lugar aislado fuera de la Italia continental. Sobre todo, la isla de Gyarus, un oasis en el desierto (*quasi in insulam*) de Libia, aunque Creta, Chipre y Rodas se tenían por más tolerables. Tiberio, por ejemplo, deportó cuatro mil personas libres a Cerdeña, por sus prácticas hebreas o egipcias consideradas supersticiosas. Para revocar la pena de destierro o la prohibición de usar agua y fuego y —como se ha dicho— a veces el techo, se creó la *lex centuriata* que establecía que el condenado podía residir a cierta distancia de Roma, tal como ocurrió con Cicerón, quien fue autorizado a vivir a una distancia de no menos de cuatrocientas millas de la capital. El Imperio introdujo una modificación consistente en que el destierro podría ser, o bien la deportación a una isla, o bien la relegación a un paraje señalado en la sentencia. La deportación la introdujo Augusto y consistía en confinar perpetuamente al penado a una isla (*deportatio in insulam*), utilizándose preferentemente, a este respecto, las islas pequeñas de Italia y el

---

27. Aristóteles: *Política*, cap. VII.
28. Cf. Androtion: *Ath. Pol.*, 22; Euforos: *Theopompus*; Aristóteles: *Política*, III, 13, 1284 a 17 y 36; VIII, 3, 1302 b 15.
29. Aristóteles: *Política*, 38, 1284 b 22.
30. *Ibid.*

mar Egeo. El reo perdía sus derechos civiles y sus bienes, aunque Teodosio y Valentiniano dispusieron que los hijos podrían percibir la mitad de los bienes del padre. Dicha pena era prerrogativa imperial o, en su defecto, del prefecto de la ciudad, y su quebrantamiento se castigaba con la muerte. En cuanto a la *relegatio*, era más benigna, pues permitía escoger el sitio de destierro, y aunque podía ser permanente o temporal, no acarreaba consigo la pérdida de la ciudadanía o de los bienes, ni tampoco el «relegado» estaba sometido a vigilancia militar, como sucedía con el deportado. Ovidio, condenado a destierro (*relegatio*) en Tomi, dice así: «[...] él [el Emperador] no me ha privado de la vida, ni de la salud, ni de mis derechos ciudadanos [...] Simplemente, me ha ordenado que abandone mi hogar [...]»[31] Y se llama a sí mismo *relegatus*, no *exsul*.

Entre los grandes desterrados romanos se cuenta, en primer lugar, a Marco Tulio Cicerón (106 a. de C.), quien sufrió la pena de destierro entre los años 58 y 57 a. de C., a causa de su enemistad con César. Marchó desde Roma hasta Tesalónica y de aquí a Durazzo, donde aguardó el momento del regreso. En segundo término, tenemos al poeta Publio Ovidio Nasón (43-17 a. de C.), cuyo destierro se debió a dos causas concurrentes, una de las cuales fue la aparición del *Ars amatoria*; y la segunda una carta enviada a un amigo recomendándole que no intimase con la alta sociedad, debido a su desenfadada inmoralidad, con lo que incluía en tan severo juicio a la familia del emperador Augusto. A esto último se agregó la intriga de Julia (nieta del Emperador) con Domicio Silanus.[32] Ovidio fue desterrado a la semibárbara y semigriega aldea de Tomi, enclavada cerca de la desembocadura del Danubio, sin siquiera la compañía de su mujer.[33] Finalmente, tenemos el caso de Lucio Anneo Séneca (c. 3 a. de C. - 65 a. de C.), quien fue desterrado por el emperador Claudio a la isla de Córcega desde el 41 hasta el 53 a. de C. Y trató en vano de granjearse el perdón del Emperador con adulaciones como las contenidas en *Ad Polybium de Consolatione* y en el panegírico de Mesalina, que después suprimió.

También el pueblo hebreo ha sido protagonista de uno de los más prolongados destierros registrados por la Historia, tal vez el más dilatado de todos. Este proceso presenta su primera etapa en el reinado de Ramsés II (1301-1234) y ya había sido decretado por Dios, según puede verse en el *Génesis*:[34] «[...] Yahveh dijo a Abraham: "Has de saber que tus descendientes serán forasteros en tierra extraña. Los esclavizarán y oprimirán durante cuatrocientos años. Pero yo a mi vez juzgaré a la nación a quien sirvan; y luego saldrán con gran hacienda [...]» Y si, para más comprobación, acudimos al libro del *Éxodo*,[35] hallaremos lo siguiente: «Éstos son los nombres de los hijos de Israel que entraron con Jacob en Egipto, cada uno con su familia [...]» Y más adelante:[36] «Dijo Yahveh: Bien vista tengo la aflicción de mi pueblo en Egipto, y he escuchado el clamor que le arrancaron sus capataces; pues ya conozco sus sufrimientos. He bajado para librarlo de la mano de los egipcios y para subirle de esta tierra a una tierra buena y espaciosa [...]» Así es como envió a Moisés a sacarlos del cautiverio.

El segundo destierro tuvo lugar entre 597 y 586 a. de C. La primera

---

31. P. Ovidio Nasón: *Tristitia*, V, 2.
32. Tácito: *Annales*, III, 24.
33. Tácito: *Historia*, 3.
34. *Génesis*, XV, 13.
35. *Exodo*, I, 1.
36. *Ibid.*, III, 7-8.

etapa de deportación se efectúa en tiempos del rey Nabucodonosor; mientras la segunda cuando el rey Nebuzaradán destruye el templo y la ciudad de Jerusalén. En *Reyes* [37] se cuenta que Nabucodonosor «[...] deportó a todo Jerusalén, todos los jefes notables, diez mil deportados; a todos los herreros y cerrajeros; no dejó más que a la gente pobre del país. Deportó a Babilonia a Joaquín, a la madre del rey y a sus mujeres, a sus eunucos y a los notables del país. Los hizo partir al destierro, de Jerusalén a Babilonia. Todos los hombres de valor, en número de siete mil [...] el rey de Babilonia los llevó deportados a Babilonia.» De dicho cautiverio nos habla el profeta Jeremías: [38] «[...] Ahora yo he puesto todos estos países en manos de mi siervo Nabucodonosor, rey de Babilonia [...] Así que las naciones que no sirvan a Nabucodonosor, rey de Babilonia, con la espada, con el hambre y con la peste los visitaré [...]»,[39] «[...] porque precisamente por la ciudad que lleva mi nombre empezaré a castigar [...]» [40] Destierro que finalizó al conquistar el rey persa, Ciro, a Babilonia y, mediante un *Edicto* suyo de 538, regresaron los hebreos del destierro, aunque muchos de ellos tardaron cien años en hacerlo.

El éxodo o *diáspora* tuvo lugar en 69 a. D., cuando el emperador Vespasiano confió a Tito la conquista de Jerusalén, y en la Pascua del 70 Tito sitia la ciudad con cuatro legiones, y ya en el 71 queda sometida la tierra judía completamente al poder romano. Aunque más tarde regresó una parte de los judeo-cristianos, la mayoría, como es de suponer, tomó de nuevo el camino del exilio. No obstante, en 117 ocurre otro levantamiento judío en todo el Oriente y una nueva rebelión en provincias. Poco después, entre 132 y 135, tiene lugar la segunda rebelión judía que obliga al emperador Adriano, en agosto de ese año, a personarse en Jerusalén con un poderoso ejército a las órdenes del legado de Bretaña, Julio Severo, quien se apodera de la ciudad y, entonces, Jerusalén, convertida en provincia romana, se declara zona prohibida para los hebreos, los cuales tardan siglos en volver a ella.

A partir de ese momento el pueblo judío se dispersa por todo el mundo, estableciéndose en diferentes lugares, sobre todo, en España, Portugal y las márgenes del Bósforo. Y un nuevo momento de gran diáspora tuvo lugar cuando, al concluir la reconquista española de 1492, el *Edicto* de expulsión de los Reyes Católicos obligó a salir de España a ciento veinte mil judíos que fueron a establecerse en los Países Bajos, Inglaterra, África del Norte y el Cercano Oriente. Estos últimos grupos constituyen los llamados *sefarditas* porque el nombre que daban los hebreos a la península ibérica era *Sefarad*. Dichos grupos conservan su tradición hispánica y, hasta cierto punto, la lengua, porque ha sido contaminada por el contacto con otras. Finalmente, debemos hacer mención de la enorme diáspora sobrevenida con el *nazismo*, que sacó de Europa a millones de hebreos y los diseminó por diversos lugares del mundo. Como se sabe, desde 1948 existe el Estado judío asentado en la tierra de sus antepasados, donde, con el talento y laboriosidad que les son característicos, han levantado un verdadero país altamente civilizado.

El flagelo del destierro no ha cesado jamás de azotar a la humanidad. Y aunque es cierto que a veces ha servido como alternativa de situaciones

---

37. *Reyes*, XXIV, 14-16.
38. *Jeremías*, XXXVII, 6.
39. *Ibid.*, XXVII, 8.
40. *Ibid.*, XXV, 29.

aún más deplorables, por ejemplo, la muerte, la prisión, el trabajo forzado, una vida macilenta desprovista de alentadoras esperanzas —como es ahora el tristísimo caso de Cuba—, no obstante todo esto, ¿qué duda cabe de que el destierro es uno de los mayores males susceptibles de pasarle al hombre? Pues quien se destierra, debido a la imposibilidad de vivir en su Patria con la dignidad indispensable a la condición humana, realiza un doloroso sacrificio, sobre todo, en el caso del intelectual y el artista, pues no sólo queda privado de la oportunidad de desarrollar sus privilegiadas cualidades en el suelo natal, favoreciéndolo de este modo, sino que, aun cuando la fortuna le sonría en ajena tierra, jamás podría sentirse satisfecho y convencido de que, ausente de la propia, va a realizarse plenamente, sin reserva alguna. «Arbusto solitario es el alma del hijo de la patria que lejos de su amada sufre sin consuelo: manera de morirse es ésta de vivir alejado de la patria [...]» (J-3)

La historia de la cultura occidental recoge una considerable y, por lo mismo, impresionante nómina de pensadores y artistas obligados al destierro por distintos motivos. De ella extraemos algunos casos, el primero de los cuales remonta al siglo XII de nuestra Era y el personaje es Pedro Abelardo, gran filósofo, polemista y, además, el amante de Eloísa, cuyos amores fueron el pretexto de que se valieron sus mediocres detractores envidiosos de su talento, quien sufrió varios destierros (confinamientos) en Saint Médard, Provina y Mount Sainte Geneviève debido a sus controversias filosófico-teológicas, y en pro de la reforma de las costumbres monacales. Apenas dos siglos después vemos al monje franciscano y filósofo inglés William Ockam, el *Venerabilis Inceptor*, acusado de herejía en 1323 por el canciller de Oxford, lo que determinó que el Papa Juan XXII ordenara la revisión de varias obras de Ockam, aunque no se llegó a ninguna condena. Mas los conflictos con una rama de su Orden, los *Espirituales*, le acarrearon nuevos conflictos teológicos con el Sumo Pontífice, viéndose entonces obligado a desterrarse en Baviera, a la sazón en pugna con Roma. Suya es la famosa frase dirigida al rey de ese país: «Tu me defendas gladio, ego te defendam calamo.» [41]

Más o menos por la misma época tiene lugar el destierro de Dante Alighieri, a causa de una conflictiva situación que pasamos a describir brevemente. La constante lucha entre *güelfos* y *gibelinos* tiene este antecedente: en 1265, debido a la enemistad ya antigua entre los Buondelmonte y los Uberti, treinta y nueve familias florentinas tomaron el partido de los Buondelmonte, bajo la jefatura de éste y con el apelativo de *güelfos*; mientras otras treinta y tres se acogieron al pabellón de los Uberti, y la lucha prosiguió durante largos años. Así, en 1300, asistimos a otra contienda, esta vez entre los *Donati* (*Negros*) y los *Cerchi* (*Blancos*). Estos últimos fueron denunciados como *gibelinos* (enemigos del Papa) y los *Negros* tramaron una venganza. Tras la victoria de estos últimos, en 1302, Dante fue condenado a destierro y junto con otras personas marchó a la ciudad de Siena, permaneciendo desterrado hasta su muerte, si bien con promisorias alternativas de regreso a Florencia. En una ocasión (1316) le fue propuesto el perdón mediante pago de una multa y desfilar, vestido con ropa humillante, ante la Iglesia de San Juan, a lo que respondió que sólo aceptaría ser recibido con honores y la seguridad de una vida tranquila. Permaneció desde 1316 hasta 1318 en Verona y el resto de sus días (hasta 1321) en Rávena.

En pleno Renacimiento contemplamos el caso de Giordano Bruno, nota-

---

41. "Tú me defiendes con la espada, y yo te defenderé con la pluma."

ble pensador italiano cuyo agresivo estilo polémico le enajenó muchas simpatías entre sus colegas. Amante del progreso, arremetió contra las supersticiones y la pedantería prevalecientes a la sazón tanto en Oxford como en Ginebra. Se explica que lo hiciese así si se atiende, por ejemplo, a esta muestra de la intelectual pobreza de ambos lugares: «Maestros y bachilleres que no sigan fielmente a Aristóteles serán multados con cinco chelines en cada punto de discrepancia, y por cada falta concebida contra la lógica del *Organon*». Así era como se coartaba la libertad de pensamiento y, por lo mismo, el impetuoso talento de Bruno arremetía, a veces brutalmente, contra sus retrógrados colegas. En 1585 regresó a París, de donde tuvo que marcharse casi en seguida por las mismas causas de intolerancia intelectual, trasladándose a Marburgo y luego a Wittemberg, el cuartel general del luteranismo, sólo para descubrir que el ambiente estaba allí igualmente enrarecido. Tras vagar varios años de Praga a Francfort, a Zurich y a Viena, se establece en Roma (1593), donde esperaba por él la Inquisición, y después de siete años de confinamiento y excomunión, fue quemado vivo el nueve de febrero de 1600.

En el siglo XVIII Silvio Pellico, autor de *Mis prisiones*, en lucha continua y ardorosa contra la opresión austriaca en Italia, es confinado a destierro y cárcel en la fortaleza de Brunn (Brno) durante ocho años. Y en el siglo XIX tenemos el caso notorio del gran poeta y escritor francés, Víctor Hugo, cuyo destierro duró diecinueve años, debido a la oposición que le hizo a Luis Napoleón por el Golpe de Estado que lo convirtió de Presidente de la República en Emperador, el 2 de diciembre de 1851. Como se negó a acogerse a la amnistía dictada por el improvisado soberano, marchó a Bruselas, y expulsado más tarde de Saint Héleir, se trasladó a la isla de Guernsey, donde escribió *El pequeño Napoleón*, *Historia de un crimen* y *Los castigos*. Sin embargo, vivió lo suficiente como para presenciar la caída de su enemigo y la restauración del orden democrático en Francia.

Más o menos por la misma fecha se produce el destierro del gran patriota y liberador de Italia, José Garibaldi, quien padeció también largo destierro, primero en la América del Sur y luego en New York. Y ya dentro de la vigésima centuria la lista resulta tan copiosa que sólo mencionaremos nombres tales como los del famoso novelista Thomas Mann, el genial físico Albert Einstein, los filósofos alemanes Karl Jaspers y Ernest Cassirer, los franceses Jean Wahl y Jacques Maritain, etc. Pues, repetimos, la relación completa es impresionante por el número y la calidad de sus integrantes.

Ningún país de América ha padecido el exilio en la forma que le ha sido acordada por la Historia al pueblo cubano. En menos de dos siglos ha habido tres grandes destierros cubanos, dos de ellos en la centuria anterior y otro en la presente, cada uno de los cuales supone el éxodo multitudinario, y, siempre, por la misma causa, es decir, la defensa de la libertad. Las guerras del 68 y el 95 obligaron a centenares de miles de cubanos a acogerse al destierro no sólo en los Estados Unidos (donde radicó la mayor parte), sino, también, en distintos lugares de Hispanoamérica y Europa). Ahora, en estos últimos veinte años, la *diáspora* del presente se hace ascender, con bastante probabilidad, a un millón de cubanos ausentes de su Patria. Pero como dato curioso puede consignarse que en el siglo XVI ya hubo un cubano desterrado, el canónigo Cristóbal Llerena, quien en 1588 compuso un auto para el día de *Corpus* que no fue del agrado de las autoridades y, en consecuencia, se le deportó a Santo Domingo. Más tarde, en el siglo XVIII, el obispo Morell de Santa Cruz fue desterrado a la Florida por su enérgica oposición a los invasores ingleses.

El éxodo casi ininterrumpido se inicia en los comienzos del siglo XIX, tan pronto como los cubanos empiezan a enfrentarse al colonial despotismo peninsular. En el quinto lustro de ese siglo vemos al gran poeta José María Heredia y al gran pensador Félix Varela desterrados por defender la libertad, al oponerse a la reacción absolutista de Fernando VII. Ambos constituyen el punto de partida del esfuerzo por la independencia que se alcanzó en 1902, cuando se inaugura la República. Un año después del extrañamiento de Heredia y Varela ya estaban fuera de Cuba, en trajines independentistas, Gaspar Betancourt Cisneros (el *Lugareño*) y José Aniceto Iznaga, quienes pasaron largos años en el exilio. Asimismo, José Antonio Saco, expulsado de Cuba por Tacón en 1834; e igualmente sucedió con Cirilo Villaverde, Miguel Teurbe Tolón y algunos más. Lista que aumenta de modo impresionante al estallar la Guerra de los Diez Años. A partir de ese momento y hasta 1898, o sea durante treinta años, una apreciable parte de la población cubana sufrió los rigores del destierro. Pues si bien en el comienzo la ausencia de la tierra natal se debía a la necesidad de escapar a la pena de muerte o —en el mejor de los casos— a la prisión o la deportación impuesta por la feroz tiranía española, al iniciarse la campaña de *La Demajagua* el 10 de octubre de 1868 otras razones no menos perentorias obligaron al destierro a los cubanos, como, por ejemplo, huir de la vigilancia y la persecución sistemáticas de las autoridades peninsulares, o la pérdida de bienes y hasta empleos, ya fuese por la no disimulada simpatía con la causa insurrecta, ya se debiese a tener familiares comprometidos con la gloriosa contienda.

Como sucede siempre en estos casos, el masivo éxodo del 68 se componía de una heterogénea población cubana en la cual alternaban distintas clases sociales, las razas blanca y negra, y personas de muy disímil cultura. Puesto que, generalmente, se suele citar a las figuras descollantes por sus méritos intelectuales o militares, nos parece de estricta justicia dejar constancia en estas páginas de esa gente, a veces humildísima, pero que fue capaz de demostrar su integridad moral y el indeclinable amor a Cuba a lo largo de esa amarga etapa en la que dejaron sus huesos en el destierro muchos miles de compatriotas.

Del mismo modo que en el caso de los desterrados de otros países, el cubano se vio obligado a buscar refugio en suelo extraño, privándose así del disfrute material y espiritual que sólo Cuba podía proporcionarle, porque no es posible tener dos Patrias, a menos que se extrañe uno a tan corta edad que sea incapaz de tener una imborrable vivencia del sitio donde se ha nacido. Tan cierto es esto último que, con verdadero regocijo, se puede comprobar muchas veces cómo miles de jóvenes cubanos llegados al exilio siendo niños, siguen conservando el amoroso recuerdo de su tierra natal y por lo común son más constantes y entusiastas defensores de Cuba de lo que, aparentemente, podría esperarse. El destierro por motivos políticos, tal como sucedió en el pasado siglo y tiene lugar ahora mismo, viene impuesto por muy sólidas razones morales, pues nadie deja el entrañable albergue del suelo natal a menos que una intolerable situación de violencia física y espiritual reine allí. A partir de Heredia y Varela, en interminable sucesión, nuestros compatriotas de aquel entonces querían para Cuba lo mismo que nosotros deseamos ahora: *libertad*. El siglo XIX es la etapa final del desgobierno, la injusticia y el atraso que degrada y explota inicuamente a la sociedad cubana. Para ese entonces ya existe (y se agranda paulatinamente) la diferencia entre el criollo y el peninsular, pues este último ve a Cuba como tierra de conquista, buena sólo para enriquecerse a la sombra de toda imaginable ilicitud, con la esperanza de regresar un día a la Península a disfrutar del capital amasado con la esclava sangre de blancos y negros. Tierra llena de epidémicas enfermedades, constante azote de sus habitantes (fiebre amarilla, paludismo, cólera, tifus negro, etc.); con una población analfabeta que representa el sesenta por ciento de la misma; desprovista de adecuadas comunicaciones. Pero desde fines del siglo XVIII la minoría ilustrada piensa y siente como cubana, y a esto se debe la patriótica actitud de Heredia, Varela, Saco, el *Lugareño*, y de tantos y tantos dispuestos a acabar, sea como sea, con semejante estado de cosas. Por lo mismo, Varela se enfrenta al absolutismo de Fernando VII; Heredia y Saco al abominable déspota Miguel Tacón; Céspedes, Aguilera, Maceo, Martí y muchos más cubanos a otros déspotas peninsulares. Porque se estaba ya harto de ser únicamente *factoría* de azúcar, tabaco y ron, de donde era menester sacar la suma exhorbitante que alimentaba a una enorme y voraz burocracia que empezaba precisamente en el Capitán General. Con libertad, dignidad y bienestar Cuba sería lo que, en el noble sueño de sus mejores hijos, estaba llamada a ser. Por lo mismo, Varela muere pobre, enfermo y casi olvidado en San Agustín de la Florida; Heredia en la fría altiplanicie mexicana, víctima de penosa enfermedad que le arranca la vida a los treinta y seis años; Saco acaba sus días, vencido por el reuma y el asma, en Barcelona; a Francisco Vicente Aguilera (uno de los hombres más ricos de Cuba) lo entierra de «pobre de solemnidad» el Ayuntamiento de New York; en este mismo lugar muere en 1871 José Morales Lemus, enfermo y carente de recursos; Cirilo Villaverde, nuestro primer novelista, ve llegar la muerte entre las brumas invernales de la ribera del Hudson; Antonio Maceo siembra caña y añil en Costa Rica, mientras el destierro de Máximo Gómez es de los que requiere conocerse bien, para poder apreciar como es debido su sacrificio por la tierra que había hecho suya con tenaz abnegación. Y José Martí, el *Apóstol* de nuestra independencia, sobrelleva un larguísimo peregrinaje que cubre las dos terceras partes de su vida, en afanosa busca de la libertad de su Patria.

Gracias a tan prolongado sacrificio de casi un siglo de duración, los cubanos alcanzaron al fin el ideal por el que lo arrostraron todo: vida, hacienda y la felicidad de vivir y morir en la tierra natal. Es así como un buen día, el 20 de mayo de 1902, pese a cuantas asechanzas salieron al paso del ideal, la bandera de la estrella solitaria subió al mástil con toda la gallardía con que podía hacerlo a partir de ese momento. El sueño de todos los que, de un modo u otro, contribuyeron con sangre, dolor y vida a la realidad al fin conseguida, no fue en vano. Vale la pena imaginar la desbordante emoción de aquellos compatriotas que, tras dilatado destierro, volvían a Cuba, a la tierra motivo de inmensa nostalgia, soñada y ensoñada en el poema, la música, la narración y hasta en íntimos momentos de desolada soledad. Ellos pudieron experimentar entonces la profunda satisfacción de saber que ya no había nada que temer del déspota ibero; que el nombre de *Cuba* podía ser pronunciado sin temor ni sobresalto, pues había desaparecido para siempre el odioso régimen colonial español; ido definitivamente con su asesina cohorte de Capitanes Generales, fiscales implacables, verdugos complacidos en la matanza de cubanos patriotas; cárceles y destierros pasaban a ser un triste recuerdo. Sobre Cuba se cernía en ese momento la luz transparente de una nueva etapa de su Historia. Apenas medio siglo después, de manera increíble, comenzaron las cárceles a abarrotarse de sospechosos de infidelidad a una bárbara doctrina de odio interhumano; los cubanos se agruparon en dos bandos, uno a favor de ese odio desconocido hasta entonces en Cuba, el otro dispuesto a no dejarse arrebatar el derecho a la libertad, y los de este bando nutrieron cárceles y campos de concentración (desagradable novedad en nuestra tierra); las paredes se cubrieron con pasquines de demagógicas expresiones; aparecieron por doquier espías y delatores; el paredón de fusilamiento dio inicio a una enorme cosecha trágica de vidas humanas; se organizó el despojo de toda propiedad privada y se desató una histérica campaña de odio de clases dispuesta con el fin de demoler completamente la sociedad. Los tribunales de justicia se sustituyeron con «tribunales populares» compuestos en su mayoría, como era de esperar, por la hez de la población, con lo que ni la vida física ni tampoco la vida moral quedaron salvaguardadas, sino, al contrario, a merced del capricho de cualquier degenerado. Todo esto comenzó la trágica madrugada del primer día de enero de 1959. Y lo iniciado en forma de simulación restauradora del orden democrático pronto pasó a ser, sin recato alguno, la inmensa pesadilla que ha hecho de un país, otrora feliz y confiado, el presidio de América, en manos de un histrión insaciable en su egocentrismo, de un paranoico que no ha vacilado en asesinar a no menos de cien mil compatriotas (si es que merece serlo de ellos) y para asegurarse la definitiva permanencia de su tiranía (que deja pequeña a la de España en tiempos coloniales, y ¡ya es decir!), no ha vacilado, fingiendo el rechazo del imperialismo norteamericano, en echar sobre la desventurada Patria otro imperialismo aún más feroz y despiadado, es decir, el de Rusia soviética. De esta manera, el tercer gran destierro del pueblo cubano, desconocido prácticamente para el resto de América, ha hecho ya su entrada en la Historia como nuevo testimonio de la decisión de un pueblo de no dejarse vencer jamás por ninguna forma de tiranía, mucho menos por ésa nacida de un traidor salido del propio suelo cubano.

En la imposibilidad de mencionar siquiera el nombre de todos los que, en los destierros del pasado siglo, deben figurar en el cuadro de honor de esta desdicha sobrellevada con entereza por amor a Cuba, damos a continuación una reducida nómina de esos compatriotas nuestros, más o menos conocidos según el caso de que se trate.

    Francisco Vicente Aguilera
    Miguel Aldama
    Juan Arnao
    Nicolás Azcárate
    Antonio Bachiller y Morales
    Gaspar Betancourt Cisneros
    Eligio Carbonell
    Gerardo Castellanos
    Salvador Cisneros Betancourt
    Flor Crombet
    Tomás Estrada Palma
    Fernando Figueredo
    Calixto García
    Vicente García
    Domingo Goicuría
    Juan Gualberto Gómez
    Máximo Gómez
    José María Heredia
    José Aniceto Iznaga
    Antonio Maceo
    JOSÉ MARTÍ

> Rafael María Mendive
> Domingo del Monte
> José Morales Lemus
> Vidal Morales
> Emilio Núñez
> Enrique Piñeyro
> José Dolores Poyo
> José María Rodríguez
> Carlos Roloff
> José Antonio Saco
> José María Sánchez Iznaga
> Serafín Sánchez
> Miguel Teurbe Tolón
> Fermín Valdés Domínguez
> Félix Varela
> Enrique José Varona
> Cirilo Villaverde
> Antonio Zambrana
> Alfredo Zayas
> Gabriel de Zéndegui
> Juan Clemente Zenea

Pero, como decíamos, el destierro estuvo compuesto asimismo por cubanos, humildes o no, que también supieron mostrar una cabal devoción a la causa de la libertad de Cuba. Entre éstos se cuentan:

> Antonia Alfonso de Peoli
> Juan Manuel Arteaga
> Manuel Barranco
> José Manuel Betancourt
> Jesús María Castillo
> Francisco Díaz Quintero
> Sotero Figueroa
> José Inés García
> Diego Jugo Ramírez
> Ángela López de Betancourt
> Juan Manuel Macías
> Emilio Maresma
> Eulalia Menéndez
> Angel Peláez
> José Portuondo
> Juan Miguel Portuondo
> Caridad Quesada
> Ramón del Valle
> Piedad Zenea

Decir que Martí padeció el destierro con la intensidad de ningún otro cubano, sería incurrir probablemente en una inexactitud. Pues sin duda alguna ese dolor profundo, que consume lentamente cuerpo y alma, debió ser padecido igualmente por otros cubanos, como, por ejemplo, Varela, Heredia y Saco, para no extendernos ahora en la cita. Porque hay demasiados testimonios, en prosa como en verso, del estado de ánimo de nuestros compatriotas del siglo pasado a quienes la feroz intransigencia española obligó a asilarse en tierra ajena y llorar desde allí la desdicha de su pérdida. «[...] Patria [...] ¡Nombre cual triste delicioso —al peregrino mísero, que vaga — lejos del suelo que nacer le viera! [...]»,⁴² exclama Heredia en una ocasión entre otras muchas en que recuerda pesaroso a su amada tierra. «Ayer huí de mi país querido — y al suspender el ancla el marinero, — se despertó mi corazón dormido— con el grito de leva lastimero [...],⁴³ dice José Joaquín Quintero al alejarse de Cuba en 1868, perseguido por las autoridades españolas. «¡Partir es preciso! — con voz iracunda — que parta me ordena destino feroz, — el llanto por eso mis ojos inunda — que es triste a la patria mandar un ¡adiós! [...]»,⁴⁴ es el treno conmovido de Pedro Santacilia, al salir desterrado para México en 1852. «[...] Mas, ¡ay!, el gemido ahogado — de la patria en agonía — viene a herir día tras día — el alma del desterrado [...]»,⁴⁵ es la voz trémula y el desahogo desesperado de Miguel Teurbe Tolón. «[...] El pálido fantasma del invierno — tiende implacable su nevado manto [...] — Yo evoco a Cuba, ante ella me prosterno, — y dejo que en silencio corra el llanto [...]»,⁴⁶ es la voz dolorida de Alfredo Zayas. «[...] Yo huérfano y extranjero, — al signo de adversa suerte, — busco en tierra hospitalaria — lo que nadie darme puede.»⁴⁷ Así se expresa de Cuba, en el dolor de su ausencia, el poeta Juan Clemente Zenea, vilmente asesinado por la ferocidad española en Cuba colonial. «[...] ¡Infeliz! No halla en el mundo — lo que en su patria ha dejado [...]»⁴⁸ exclama conmovido Anacleto Bermúdez, desterrado en Madrid. Es, pues, la voz cubana condenada a permanecer lejos de la Patria, en ocasiones para siempre, mas fiel a la tierra donde abrió sus ojos por primera vez. Éste dolor, aumentado sin cesar por la inacabable persistencia, es el que encontramos abundantemente en los escritos de Martí. Pues no debe descuidarse el detalle de la constante preocupación que lo dominaba, hasta absorberlo por completo, respecto del destino cubano. Se diría que tenía que vérselas con la urgencia de una misión a la cual no podía concederle demasiado tiempo, por dos razones: una, que su preciosa vida de ningún modo iba a ser muy dilatada, pues su temperamento nervioso y su delicada constitución orgánica consumirían su existencia en contados años. Porque de no haber muerto en Dos Ríos es muy probable que no hubiese podido finalizar la campaña. La hernia, las úlceras (que habían llagado el intestino hasta perforarlo), el macilento estado de su sistema respiratorio y las pústulas de la pierna (jamás cicatrizadas del todo) a causa del grillete que llevó en ella por algún tiempo, todo esto lo había convertido (para 1895) en un cadáver galvanizado por el inmenso amor a Cuba y el indeclinable propósito de librarla de la tiranía española. La otra razón es ésta: Martí sabía muy bien que un esfuerzo tal como el que llevaba a cabo para alcanzar la independencia cubana no podría extenderse indefinidamente, porque los hombres se cansan y desaniman si, en plazo más o menos breve, no ven palpables resultados en aquello que se les propone; lo cual explica la creciente febrilidad de su quehacer con referencia a la organización de la guerra. En consecuencia, el *dolor del destierro* era en él una combinación de diversos factores tales

---

42. "Placeres de la melancolía", VI.
43. "Evocación de Cuba".
44. "Adiós".
45. "El pobre desterrado".
46. "Al caer la nieve".
47. "Tristeza".
48. "El hijo de Alquízar en Madrid".

como el apremio del tiempo, el temor a otro fracaso capaz de desmoralizar de nuevo a Cuba, dejándola a merced de la sevicia peninsular, y, además, el inevitable y permanente conflicto con tanta encontrada opinión, de buena o mala fe, actuando constantemente de lastre. Eran, pues, muchas las cosas que le dolían, todo lo cual se unía y agitaba en sorda lucha en el ámbito de ese *dolor* de desterrado a que venía sujeto desde hacía largos años. Y de ahí que, en lo escrito como en lo hablado, recurriese con frecuencia la pena del destierro. De su obra hemos entresacado y dispuesto, en forma conveniente, cincuentidós testimonios de su irrecusable amor a Cuba.

Sentimiento y dolor del destierro
{
Sentimiento profundo
Sus efectos negativos
Dignidad del destierro
Afán de la propia tierra
Contraste con Norteamérica
El motivo de la *nieve*
New York y el destierro
Educación foránea
}

Con razón se preguntará el lector por la redundancia de *sentimiento* y *dolor* con respecto al destierro, pues ¿qué puede ser el dolor sino un sentimiento? Sin embargo, aun cuando sea así, cabe, no obstante, la posibilidad de distinguirlos entre sí atendiendo, tal vez, a tan curioso detalle como es el siguiente: hay el *sentimiento* de esa peculiar situación que es la de estar alejado forzosamente del nativo suelo. Sentimos que no es lo mismo residir en él que recordarlo con el carácter de obligada *ausencia*. De esta manera, aun cuando esta última sea temporal y hasta muy leve, siempre gravitará en nosotros esa indefinida sensación de algo irreemplazable que nos falta. Pero si la ausencia es obligada —como sucede con el desterrado político— y, además, sabe que no será fácil el regreso, la pena por lo dejado tras de nosotros se convierte necesariamente en *dolor*; pena profunda que, en el orden moral, sobreviene al sentimiento severamente afectado en una injusta *diminutio capitis* de nuestro propio ser. Tal es precisamente la situación en la que se encontraba el *Apóstol*, sabiendo y diciéndose a sí mismo —como, en efecto, así lo hizo—: «[...] Quien tenga patria, que la honre; y quien no tenga patria, que la conquiste [...]» (L-103), de manera que el dolor del destierro se extinguiría volviendo a Cuba, pero, eso sí, con la frente alta, tras el triunfo que rescatase a Cuba de la ignominia colonial. En consecuencia, aquellas expresiones suyas en las que, como le es sólito, amonesta, advierte o aconseja, llevan en ciertos casos la impronta del dolor que, no por comprimirlo en lo más hondo de sí mismo, dejaba de torturarlo constantemente. «[...] No son bellas las playas del destierro hasta que se les dice adiós [...]» (J-2), es una experiencia que todo exiliado ha podido tener más o menos. Así, en una ocasión, contemplando el bello paisaje costero de la isla de Mallorca, me decía a mí mismo que, en efecto, lo es, pero entre él y mi mirada se interponía el recuerdo de Cuba, en este caso, concretamente, el encanto indiscutible de su naturaleza, por ejemplo, Varadero. Entonces, ¿cuándo, en verdad, podría uno considerar bello el foráneo paisaje? Sin lugar a dudas, en ese momento de grata satisfacción en que, dominado por la dicha del retorno a la Patria, sin interposición alguna estaría dispuesto a admitir que, fuera de Cuba, hay también, digamos, bellas playas. Pues la tristeza del desterrado le hace ver todo cuanto se refiere a lo *no suyo* con inevitable tristeza, y de ahí que —como dice Martí en una ocasión—, «[...] otros se levantan sin sol en el agrio domingo extranjero [...]» (J-1), porque, además, ¡cuántas veces nos ha tocado el pesar adicional de un día nebuloso en ajeno suelo!

La estancia en tierra extraña es mortificante motivo de insatisfacción para el desterrado, pues esa abrupta ruptura con lo propio y, por lo mismo, entrañable, llena el espíritu de una congoja de la cual jamás se escapa. Pues el destierro es, entonces, algo así como la réplica de ese otro que hace de todo hombre un desterrado, según propone el *Antiguo Testamento*, y, apoyado en dicha similitud, nos dice Martí a este respecto: «[...] los desterrados saben que la tristeza que inunda el alma en la tierra, es el dolor mismo del destierro [...]» (J-15) Pues, fuera del suelo propio, ¿qué se puede ser sino mera sombra de sí mismo? «[...] Así vamos todos en esta pobre tierra nuestra, partidos en dos, con nuestras energías regadas por el mundo, viviendo sin persona en los pueblos ajenos! [...]» (J-39) Porque si algo caracteriza la vida del desterrado que no antepone jamás nada al amor a su Patria, es lo que citamos a continuación:

> Hay algo de buque en toda casa en tierra extranjera. Dura aquella sensación de indefinible disgusto. Se siente oscilar la tierra, y vacilar sobre ella nuestros pies. A veces, se sujeta uno de las paredes, —y por donde otros van firmes, camina uno tambaleando. El espíritu está fuera de equilibrio. (J-48)

Y ¿qué decir de la muerte en suelo extraño, sin lugar a dudas en el momento excepcional en que deseamos estar allí donde comenzó nuestra vida? Tras breve visita a la casa de un humilde cubano desterrado, modelo de acabada dignidad patriótica, el *Apóstol* medita de este modo:

> ¿Habrá tristeza como la muerte en el destierro? La casa sin raíces, parece asolada por viento enemigo: los retratos de otros tiempos dichosos, miran, como más extraños, desde la pared: la madre: infeliz, como en tormenta de nieve, está acurrucada a la cabecera: los hermanos, pegados a ella, se beben el llanto: el padre, el elocuente Manuel Hernández, vuelve de su trabajo afanoso, a su casa de Ibor que se le ha llenado de amistad, y halla cadáver a su hijo. (J-29)

Dolor intenso del destierro, que parece concentrarse mucho más en el *Apóstol*, precisamente porque ha nacido para recoger en sí la suma de individuales dolores, haciendo que todos resuenen en él, como el elegido de la fortuna para dotar a su pueblo exiliado del entusiasmo indispensable en la tarea a que se consagra:

> *Todos quieren vivir: ¡mas se ha notado*
> *que hay uno allí que ve de más la vida;*
> *uno en el pueblo entero! —un desterrado*
> *que a anonadar su cuerpo quebrantado*
> *a las torres y pórticos convida.* (J-53)

Mas el hombre consciente de hasta dónde alcanza la obligación sagrada con la Patria, no vacila en acogerse al destierro si la circunstancia lo exige así. Nadie, bien lo sabemos, decide, sin motivo, abandonar aquello que le es más entrañable para radicarse allí donde todo cuanto lo rodea ha, por fuerza, de hacer sentir el rudo contraste con lo propio e inalienable en el orden espiritual. Incomparable sacrificio que, sólo acometiéndolo, es posible saber lo que representa. Y de ahí esta dolida confesión de Martí a un corresponsal suyo: «[...] Entre la frivolidad satisfecha y el destierro austero, hubo que elegir, y me costó la ventura de mi vida [...]» (J-25) Lo cual se reafirma todavía más al hablar de ese mismo sacrificio, en el caso de don Tomás Estrada Palma, quien —dice el *Apóstol*—, «[...] salió sin volver el rostro, a la miseria de la expatriación [...]; el movible destierro [...] (J-45)

Pues la Patria está siempre en primer plano, del cual jamás debe uno apartarse, gracias a esa constante visión de lo que, en su lejanía, se nos acerca, por estar inserta en la mente y en el corazón. «[...] Los desterrados vuelven con desesperación los ojos a la Patria [...]» (J-12) Tristeza que, poeta como pocos, aparece en sus versos con suma frecuencia, como puede apreciarse en este caso:

Llevo un dolor que el verso compasivo mira,
un rebelde dolor que el verso rompe
y es ¡oh mar! la gaviota pasajera
que rumbo a Cuba va sobre tus olas!
Cáscara soy de mí, que en tierra ajena
gira a la voluntad del viento huraño,
vacía, sin fruta, desgarrada, rota [...]
Ni un gusano
es ya más infeliz: suyo es el aire
y el lodo en que muere es suyo [...]
Palpo: ya no soy vivo, ni lo era
cuando el barco fatal levó las anclas
que me arrancaron de la tierra mía! (J-55)

Probablemente jamás expresó el dolor de la Patria ausente con la tremenda fuerza con que lo hace en estos versos. El destierro lo ha vaciado de sí mismo, dejándolo en la condición de algo seco, deshecho, que rueda de aquí para allá a impulsos del viento. Es decir, carente de propósitos, desprovisto de voluntad, cual si fuese un autómata y, por lo mismo, sin vida alguna. Mas hay que callar y callar, frente al infortunio: «En estas pálidas tierras, — ¡oh niña! en silencio muero. — Como la queja deshonra, — yo no me quejo [...]» (J-51) Y para concluir con otro trémolo que sacude el ánimo de quien lee, mucho más si es también un desterrado:

De este junio lluvioso al dulce frío
quisiera yo morir [...]
En noches solas y febriles días,
cual ardilla ladrona a ocultas mimo
el pensamiento de morir [...]
[...] no quiero
ni en tierra esclava reposar, ni en esta
tierra en que no nací: la lluvia misma
azote me parece, y extranjeros
sus árboles me son: Sí, me conmueve
mi horror al frío: ¡oh patria así
como mi corazón, mi cuerpo es tuyo! (J-49)

Finalmente, sobre este aspecto del sentimiento dolido del destierro, Martí reflexiona acerca de lo que pesa el tiempo en el obligado alejamiento de la tierra nativa. Aguda observación, pues, en efecto, el decursar del tiempo no se siente igualmente en todos los momentos de nuestra vida. Bien sabemos que la «prisa» tiene mucho que ver en cómo sentimos el paso del tiempo. Y, de esta manera, al estar apurados nos parece que éste avanza con más rapidez de lo acostumbrado, por lo que nos va a faltar al menos el indispensable para acudir allí donde se nos espera. Todo lo contrario, claro está, de cuando no sabemos hasta dónde llegará la duración del lapso que nos separa de algo que, como el retorno a la Patria, se desea con cada intervalo que transcurre, y, en consecuencia, dícenos el *Apóstol* que «[...] los años que se pasan lejos del suelo nativo son años muy largos [...]» (J-23) En consecuencia: «[...] Vivimos unas cuantas horas, que ya es mucho decir, en estos destierros [...]» (J-27) Pues si algo desazona y encoge el ánimo es esa *espera* que sirve de constante antesala a la *esperanza* del regreso. La demora, carente de toda posibilidad de predicción en lo referente a la vuelta a la tierra amada, nos hace sentir, como tal vez ninguna otra cosa, el desagrado de todo cuanto es objeto de contacto con el amado suelo; he ahí por qué «[...] cada día entendemos mejor que, hoy como cuando el Dante, es salobre el pan extranjero, y áspera de subir la escalera extraña [...]» (J-28) Destierro que, pese a todo, enseña a ser comprensivo y accesible a los demás, aunque nos resulten del todo extraños. Mas no deja de ser tarea singular ablandar en nosotros mismos la dureza que paulatinamente va adquiriendo el ser del desterrado, como explicable consecuencia del continuo roce, casi siempre áspero, con lo doblemente ajeno, a causa de hallarse fuera de lo natural propio, o sea la Patria. He ahí por qué Martí nos cuenta lo que le sucedió en una ocasión: «Acabo de verlos [a los católicos irlandeses], de sentarme a su lado, de desarrugar para ellos esta alma ceñuda que piedra a piedra y púa a púa elabora el destierro [...]» (J-19) Pues, sin duda alguna, «[...] en cambio de los cabellos que se pierden [...] ¡qué soberano espíritu [...]» (J-56)

Ahora bien, el destierro tiene asimismo un efecto contraproducente, sin duda alguna, negativo; por cuanto la falta de raíces en la tradición y la Historia nos hace vulnerables a las influencias extrañas que, por buenas que sean, poseen ya, inevitablemente, el inconveniente de apartarnos de lo original y propio; a menos que el fervor patriótico sea todo cuanto debe ser en el destierro; y en el caso de quien, lejos de olvidar, recuerda siempre con idéntica emoción, el trasplante efectuado en su persona sirve para hacer aún más agudo el doloroso contraste. «Arbusto solitario es el alma del hijo enamorado de la patria que lejos de su amada sufre sin consuelo: manera de morirse es ésta de vivir alejado de la patria [...]» (J-3) Así se expresa el *Apóstol* hablando, por supuesto de sí mismo; pero, como ya dijimos, es posible que se produzca el caso contrario:

> [...] un pueblo que ha vivido largos años en el espectáculo incesante de su excepcional grandeza, y en el ejercicio, a menudo organizado de su libertad, puede venir de súbito, sin provecho alguno para la hacienda, sin garantía alguna para la vida, olvidando de una vez sus fieros hábitos, a vivir en voluntaria servidumbre, para complacencia de los tibios, y para la gloria y el provecho de un enemigo cruel e incorregible [...] (J-4)

Pues Martí tenía presente siempre ante sus ojos el peligro de la absorción de Cuba por los Estados Unidos, y el tiempo se encargó de darle la razón. Tan temprano lo vio, que apenas llegado a Norteamérica dijo en memorable ocasión, al referirse a los cubanos desterrados: «[...] por este pueblo de amor que han levantado cara a cara del dueño codicioso que nos acecha y nos divide...» (J-6) Sin embargo, tan seria cuestión supone un contrapunto, porque si bien es cierto que el peligro de perder la identidad de raza, lengua y espíritu acecha de continuo al emigrado, Martí parece concederle mucha más fuerza al otro extremo del contrapunto, es decir, a la capacidad de salvaguardar la originaria personalidad. A su modo de ver, una vez consumada en el hombre esa obra de amor y de fidelidad al sitio de origen, difícil sería que la venciese y sustituyese otra que jamás podría nacer y crecer tardíamente en todo aquél que, al desterrarse, lleva consigo el mundo donde nació. Por lo mismo, nos dice a este respecto:

> [...] mas es fama que una melancólica tristeza se apodera de los hombres en nuestros pueblos hipanoamericanos que allá viven [Estados Unidos] que se buscan en vano y no se hallan; que por mucho que las primeras impresiones hayan halagado sus sentidos, enamorado sus ojos, deslumbrado y ofuscado su razón, la angustia de la soledad los posee al fin, la nostalgia de un mundo espiritual superior los invade y aflige; se sienten como corderos sin madre y sin pastor, extraviados de su manada; y, salgan o no a los ojos, rompe el espíritu espantado en raudal amarguísimo de lágrimas, porque aquella gran tierra está vacía de espíritu. (J-11)

Pues, abundando en lo dicho, se afirma aún más en la creencia de la invulnerabilidad de esa fortaleza de lo autóctono, donde se dan cita aquellas múltiples experiencias de cuyo sutil entrevero sale justamente el patriotismo:

> [...] Y no es en todos los casos que nos falten hábitos, porque en los personales vamos ya mucho más adelante que en los políticos, y no hemos menester lección alguna en cuanto a honradez, actividad e inteligencia en el empleo de nuestras personas; sino que los hábitos prolongados crían en los hombres, y en los pueblos, tal modificación en la expresión y funciones de la Naturaleza, que, sin mudarla en lo esencial, llegan a hacer imposible al hombre de una región, con cierto concepto de la vida y ciertas prácticas, la dicha del contento y el éxito del trabajo en otra región de prácticas y concepto de la vida diferentes [...] (J-34)

Mas hemos hablado del contrapunto entre «absorción» y «preservación» de la original personalidad, cuando se trata del destierro. Martí se vio muchas veces asediado por la virtualidad de dicho contrapunto, y temía que fuese el extremo negativo (absorción) y no el positivo (preservación) el que prevaleciese. Así, nos dice:

> [...] De lo que se ha de hablar es de la ineficacia e inestabilidad del esfuerzo por la vida en tierra extranjera, y de la urgencia de tener país nuestro antes de que el hábito de la existencia meramente material en pueblos ajenos prive al carácter criollo de las dotes de desinterés y hermandad con el hombre que hace firme y amable la vida. (J-36)

Sea como sea, lo cierto es que el destierro, bien porque cedamos a las influencias del medio, asimilándonoslo; bien porque vivamos *en* él, mas no *con* él, o sea en desconfiada actitud frente a sus asechanzas; en cualquiera de ambos casos el alma del desterrado sufre considerable mengua, pues la tierra *ajena* lo es inevitablemente en todas y cada una de sus manifestaciones materiales y espirituales. Éste es el caso del poeta Heredia, de quien el *Apóstol* expresa lo siguiente: «[...] Tal fue su genio, contristado por la zozobra inevitable en quien tiene que vivir de los frutos de su espíritu en tierras extrañas.» (J-21)

El cubano destierro del 68 y el 95 tuvo, como sucede también ahora, por causa fundamental la dignidad de la libertad. Pues el tirano de entonces, como el tirano de ahora, pretendía algo tan insensato como que viviésemos contentos y satisfechos bajo el látigo y el silencio obligado. ¡Casi nada! Resignarse a no ser libre de por vida, poniendo en manos de un solo hombre la suma de derechos en que consiste la libertad, de manera que hubiera una sola voluntad altanera y caprichosa, que, de este modo, en un país de muertos, se diese a la infantil tarea de creer que mandaba a vivos. Pues si bien es cierto que no ha faltado en el destierro el oportunista desalmado o el indiferente casi patológico, lo alentador es esa inmensa mayoría que, para mantener intacta la dignidad que ya no se podía conservar en Cuba, decidió, como en aquel glorioso ayer del 68 y el 95, acogerse a extraño suelo. A los de entonces les dijo Martí lo mismo que podría decirse a los de ahora:

> [...] que habéis preferido la labor modesta, llena de fuerza digna, el placer de levantar casa sobre los cadáveres calientes, sin más cimiento que la palabra movediza de un adversario inepto y alevoso; vosotros que no creéis en la prosperidad de una tierra donde sobre la generación presente han caído desatadas las culpas de las generaciones anteriores [...] (J-5)

Y en la misma ocasión agregaba:

> [...] Sois un pueblo real e inolvidable, hecho al dolor y a la fatiga; que vive bajo la nieve, enamorado siempre de su sol; —que tiene ya la frente demasiado alta, por el ejercicio de sí propio, para entrar en la patria violada por puertas estrechas! (J-8)

Pues si duro es, en verdad, el destierro, no menos duro y menos sostenible es el esfuerzo impuesto sobre quienes decidiesen vivir en la tiranía. Entre las diversas experiencias del exilio una de las más aleccionadoras es escuchar a esos compatriotas nuestros que, tal vez con demasiada candidez, confiaron durante mucho tiempo en el restablecimiento de la democracia en Cuba, para acabar, asqueados de todo aquello, desterrándose ellos también, con el ánimo deshecho a fuerza de comprobar que la tiranía jamás deja de ser lo que es. El *Apóstol* lo expresa en forma admirable con estas palabras:

> [...] ¡cruel como es esta vida, aquélla es más cruel. Nos trajo aquí la guerra, y aquí nos mantiene el aborrecimiento a la tiranía, tan arraigado en nosotros, tan esencial a nuestra naturaleza, que no podríamos arrancárnoslo sino con la carne viva! ¿A qué hemos de ir allá, cuando no es posible vivir con decoro, ni parece aún llegada la hora de volver a morir? [...] (J-20)

Él, por supuesto, se cuenta entre los que adoptan la sublime decisión de irse al destierro, mas no para quedarse allí en estática actitud ante el drama de la Patria esclava, sino todo lo contrario, con el resuelto propósito de luchar incansablemente por su rescate para la dignidad de la libertad:

> [...] A unos nos ha echado aquí la tormenta; a otros, la leyenda; a otros, el comercio; a otros, la determinación de escribir, en una tierra que no es libre todavía, la última estrofa del poema de 1810 [...] (J-22)

Pero la primordial preocupación del desterrado, que comienza con ese dolor, implícito en el constante recuerdo de la Patria ausente, ha de ser el modo eficaz de regresar a ella, pues una cabal justificación de sí mismo sólo es dable cuando se vive allí donde se nace. Porque un espíritu dotado de la adecuada sensibilidad capaz, por lo mismo, de mostrar continuamente el profundo *sentido* del contacto constante con la tierra de origen, nunca podría sentirse satisfecho residiendo en lugar distinto de ella, no empece cuán provechoso le resulte ese extrañamiento. Patriota es quien, sin limitación alguna, ama a su Patria hasta el punto de sentirse inútil fuera de ella, porque, al fin y al cabo, será siempre el *extranjero*, es decir, extraño y ajeno, no sólo con respecto al sitio de destierro, sino, sobre todo, en aquello que tiene que ver consigo mismo. De esta manera, es como si, incesantemente, tuviese frente a él otro yo, en este caso el auténtico, que mudo le reprocha su falseamiento: ese trocar lo íntimo y sustancial de la única personalidad de que se puede disponer por esa otra que es la negación de sí mismo. He ahí, pues, por qué dice Martí:

[...] La tierra propia es lo que nos hace falta. Con ella, ¿qué hambre y qué sed? Con el gusto de hacerla buena y mejor, ¿qué pena que no se atenúe y cure? Porque no la tenemos, padecemos. Lo que nos espanta es que no la tenemos [...] (J-38)

Sí, en efecto, nos espanta no tener patria; pues se alza siempre ante nosotros ese auténtico yo que se enfrenta amonestador y suplicante a la triste réplica en que consistimos como desterrados. Varela, Heredia y muchos más vivieron su desarraigo con la perpetua pena de sentirse *otro* que el que debían ser, y, en consecuencia, procuraron, en todo momento, ser fieles al yo auténtico, desentendidos todo lo más posible del otro aparente. Se impone, pues, la obligación de conseguir, con la dignidad del caso, el reintegro a la tierra de origen. «Nosotros no queremos resignarnos a tener siempre el corazón henchido con las lágrimas, y el nudoso bordón siempre en la mano, y llenos los pies siempre del polvo del camino [...]» (J-7), dícenos el *Apóstol*. Y añade: «¡Oh! qué tremendo júbilo, después de esos rastreos de las miradas y del alma en el extranjero, para los ojos, las manos, el ser entero, como un manto s/ [¿sobre?] la tierra propia, y decir aquí todo es mío, es mío.» (J-46) Por lo mismo, la Patria perdida no se merece sino cuando se reconquista, porque, de lo contrario, si es ajena, ¿puede haber algo más triste? Martí expresa, a este respecto, lo siguiente: «[...] Ni ¿qué derecho tiene a la seguridad de la patria quien no tiene patria? Quien desee patria segura, que la conquiste [...] No hay suelo más firme que aquél en que se nació [...]» (J-40)

Suelo no hay más que uno, como repetidas veces lo señala Martí, y el lector recordará ahora todo cuanto hemos dicho acerca de las relaciones del hombre con la tierra, en este mismo capítulo. De él dimana todo el sentimiento que atesoramos, lo mismo con respecto a la familia, que al semejante, al paisaje, a la Historia, a la tradición, y, en fin de cuentas, a todo cuanto, en nuestro caso, enmarca el nombre de Cuba. En consecuencia, fuera de ésta, el auténtico cubano, aquél que vive y alienta en ella, y por ella, sabe perfectamente que el suelo ajeno es siempre incómodo, aunque sea posible disfrutar en él de toda clase de *confort*. «[...] No hay más patria, cubanos, que aquélla que se conquista con el propio esfuerzo. Es de sangre la mar extranjera. Nadie ama ni perdona sino nuestro país. El único suelo firme en el Universo es el suelo en que se nació [...]» (J-41) Dolorosa y amarga verdad de la cual no podemos desasirnos, siempre que Cuba esté, antes que todo lo demás, en nuestro corazón. No importa que haya quienes consideren estas palabras como mero desahogo lírico de menor cuantía. El patriota real, para quien lo grande del destierro jamás alcanzará a tener la *grandeza* de lo íntimo propio, las leerá con el convencimiento de que, en efecto, así es como debe ser. Y el *Apóstol*, inmenso enamorado siempre de la Naturaleza en la cual veía el antídoto del veneno de la ciudad, vuelve los ojos del espíritu al suelo natal y rememora, en nostálgica actitud, ese bien perdido de una Naturaleza inencontrable fuera de la Patria. Oigamos lo que, a este respecto, dice:

> *No trinan como allá los pajarillos,*
> *ni aroman como allá las frescas flores,*
> *ni escucho aquel cantar de los sencillos*
> *cubanos y felices labradores.*
> *Ni hay aquel cielo azul que se enamora,*
> *ni verdor en los árboles, ni brisa,*
> *ni nada del edén que mi alma llora*
> *y que quiero arrancar de tu sonrisa.*
> *Aquí no hay más que pavoroso duelo*
> *en todo aquello que en mi patria ríe,*
> *negruzcas nubes en el pardo cielo,*
> *y en todas partes el eterno hielo,*
> *sin un rayo de sol con que te envíe*
> *la expresión inefable de mi anhelo!* (J-52)

¿Quién que sea cubano no ha de estremecerse al meditar en lo que encierran estos versos? Pues no era Martí, desde luego, un espíritu superficial y sensiblero, sino todo lo contrario: el hombre de asombrosa profundidad, porque no hay pensamiento suyo que de aquélla no haya sido extraído. Así, por ejemplo, su literatura infantil, contenida en *La Edad de Oro*, atrae igualmente a los mayores, porque, por debajo del inefable encanto de la sencillez se encuentra el profundo venero de donde surge toda su obra escrita. Y, de este modo, la lírica expresión de su amor a Cuba nos da esta otra dolida confirmación de su clara conciencia del destierro como seudo-albergue:

> *¡Es morir, es temblar, es desgarrarse*
> *sin comprensión el pecho! Si no vivo*
> *donde como una flor al aire puro*
> *abre su cáliz verde la palmera,*
> *si del día penoso a casa vuelvo* [...]
> *¿Casa dije? No hay casa en tierra ajena!* [...] (J-16)

«¡No hay casa en tierra ajena!» Certísimo en todo respecto, pues vivimos en ella como de paso, perennes trashumantes para quienes hay sólo una meta final y decisiva, o sea la Patria. Mientras esto no se consigue, se es sólo el *proscripto* (¡terrible palabra!), es decir, el que no tiene derecho a lo más íntimo y propio. Los griegos y romanos de la Antigüedad creían que el alma del cadáver insepulto vagaba impenitente de un sitio a otro, sin encontrar el eterno descanso. Era, pues, la más terrible maldición que podía recaer sobre alguien. Pues bien, el proscripto es, de cierto modo, aquél cuya alma vaga pesarosa y desanimada, carente del descanso que sólo el propio suelo podría proporcionarle. Acudamos una vez más a las palabras martianas:

> *¡Sólo las flores del paterno prado*
> *tienen olor! ¡Sólo las ceibas patrias*
> *del dolor amparan! Como en vaga nube*
> *por suelo extraño se anda; las miradas*
> *injurias nos parecen, y el sol mismo*
> *más que un grato calor, enciende en ira* [...]
> *¡Ay! mas el proscripto*
> *de sus entrañas propias se alimenta!* [...]
> *Grato es morir; horrible vivir muerto* [...]
> (J-17)

Otra delicada cuestión que en el presente destierro cubano es de las más graves, por lo que afecta —como viene sucediendo— a nuestras familias, es el abrupto contraste de sentimientos entre cubanos y norteamericanos. De sobra se sabe que estos últimos carecen de «sentimentalidad», o sea la base en que se asienta el sentimiento entre nosotros. Típica hipersensibilidad del modo de ser hispánico que si, por una parte, no deja de ser algo negativo, por otra nos impide tener esa abrupta y áspera concepción de la realidad muy propia del sajón y, particularmente, del norteamericano, pueblo hecho a fuerza de iniciativa individual, dominado por la puritana idea de la obligación de triunfar a toda costa; pues sólo quien vence acá en la tierra puede considerarse elegido de Dios. Claro es que sería muy difícil establecer una precisa distinción entre hispanoamericanos y norteamericanos tocante al sentimiento, pero una dilatada permanencia en esta tierra le permite al observador inteligente concluir en que, sin lugar a dudas, mientras somos nosotros ante todo sentimiento (desde luego, en variadas formas), ellos son más bien cálculo, en el que late siempre una actitud pragmática. Las mismas relaciones sexuales, tan prematuras en estas latitudes, ponen de manifiesto, si no la escasez de sentimiento, se diría que al menos una forma *sui-generis* de ser este último. Martí comprendió todo esto en corto tiempo, a su llegada a los Estados Unidos, a lo cual se debe que dijese lo siguiente:

> [...] ese original amor de los norteamericanos, en que no entra casi ninguno de los elementos que constituyen el pudoroso, tierno y elevado amor de nuestras tierras [...] (J-10)

Nótese la sutileza de ese calificativo empleado como señal de que no es posible describirlo de otro modo, pues es cosa de pura intuición, accesible, en consecuencia, sólo en el trato constante con el rubio vecino. *Original*, dice el *Apóstol*, y la palabra va cargada de fina ironía determinada por el abrupto contraste con el alma hispánica. Si el «amor» de ellos no contiene el pudor, la ternura y la altitud que caracteriza, en cambio, al nuestro, ¿qué queda, entonces, de espiritual en el amor a la *yankee*? Ahora bien, recuérdese que nos hemos referido asimismo a la primacía del individuo sobre todo lo demás, de donde sale el típico *self-made-man* (el *pioneer*, el *outlaw* o forajido, el *vaquero*, el hombre de empresa), siempre e irrecusablemente alguien que piensa, ante todo, en sí mismo. Donde la virtud es sólo medio eficaz para impresionar a la sociedad donde se vive, en la cual el miedo a la sanción legal sustituye a la voz de la conciencia moral, y, por eso, hasta las mayores atrocidades son posibles si se consigue dar de sí mismas una impresión de legalidad (*v. gr.*, las grandes corporaciones que explotan al ciudadano, como sucede con esos «pulpos» telefónico, de electricidad, petroleros, de transportes, etc.). Martí penetró en los entresijos de una sociedad diabólicamente organizada para el culto primordial al dinero y, en consecuencia, a la fuerza; por lo mismo, temeroso como estuvo siempre de una posible desnaturalización de la masa cubana desterrada en los Estados Unidos, se refiere en una ocasión a

> [...] los hogares donde la virtud doméstica lucha penosa, entre los hijos sin patria, contra la sordidez y animalidad ambientes, contra el mayor de todos los peligros para el hombre, que es el culto ciego y exclusivo de sí mismo [...] (J-37)

La identificación con el suelo nativo contiene, por supuesto, la predilección por el clima habitual y el aspecto del paisaje. Un habitante del Trópico —el caso del cubano— jamás podría adaptarse plenamente al rigor invernal ni, en consecuencia, aceptarlo con el gozo o al menos, si se prefiere, con la indiferencia con que lo ve el hombre de un país frío. Esto lo sabe muy bien el desterrado cubano obligado a permanecer largo tiempo en regiones donde prevalece la nieve durante muchos meses de crudo invierno. Sin duda alguna, hay algo geopsíquico en todo ser humano, por lo que reacciona tanto más favorablemente cuanto mayor es el parecido del *habitat* donde se encuentra al de su suelo natal. Por lo mismo, el cubano —con raras excepciones—, si no se trata de un *poser*, prefiere el clima cálido con el aparejo del sol radiante y la constante luminosidad. Pues decididamente hay algo así como una *proyección sentimental* del hombre en el paisaje, de tal manera que el ánimo de éste reacciona según sean las condiciones climáticas del sitio donde mora. La nieve, aunque bella, es triste, como todo lo frío: tal cual sucede con el cadáver, o la acogida nada cálida hecha a alguien, o el taciturno aspecto de una persona, etc. Para nosotros, los cubanos, el discurrir entre la nieve, con el fastidio del aire glacial y el aspecto de cosa muerta del exterior, donde se camina con rápido paso, siempre en busca, cuanto antes, del confortador abrigo del hogar tibio; semejante experiencia apenas tiene nada de agradable y mucho menos de estimulante. Por eso, quien como el *Apóstol* debió padecer durante quince años el desalentador contraste del invierno neoyorquino, nos habla de dicha experiencia en estos términos:

> [...] ¡ay!, dicen que la nieve es necesaria en estas tierras invernosas, para amparar del frío las semillas y las raíces de las plantas; mas el ánimo azorado suele verla con aquel espanto con que ve la gacela al cazador, y como ella de él, huye el alma de la nieve al bosque: ¡al bosque de sí misma! (J-13)

Y, por lo mismo, agrega en otra ocasión:

> Con más dificultad se abre paso el espíritu por entre las brumas húmedas de este mes de marzo, que lo espantan y contristan y lo invitan a no salir de sí, sino a reentrar en sí [...] (J-14)

En efecto, se trata de escapar al rigor de la Naturaleza refugiándose en sí mismo. Ahora bien, para el hombre del Trópico, de suyo comunicativo y de ánimo expansivo, tal reclusión, en sí misma dista de ser esa otra en que consiste el *ensimismamiento* con que se «desaltera» el hombre, con el cual vuelve a su centro natural, que es el del ánimo pensante y sosegado, donde puede ordenar su existencia con vista a determinada finalidad. Mas, repetimos, no se trata de esta valiosa forma de conducta humana, sino

—conforme con lo expresado por Martí— de una fuga no sólo del exterior, sino, además, de uno mismo, determinado todo esto por una explicable reacción nihilista, que nos deja anonadados. Así se explica que el *Apóstol*, dotado de una asombrosa capacidad de *interiorización*, se sintiese a veces presa de tal anonadamiento hasta inhibirse de todo. Pues parece que quedásemos tan desprovistos de la *exterioridad* indispensable como contrapeso de la interioridad, que, por lo mismo, de pronto parece como si ya no fuésemos nada, salvo pura abstracción, y en esa aislada soledad cabe sólo la posibilidad de un recuerdo capaz de justificarnos haciéndonos sentir que aún vivimos.

[...] Ya van las golondrinas rumbo al Sur, y la ciudad de New York se viste de negro otra vez, y la luz empieza a tardar y a velarse: ¡ay del que no tiene un recuerdo de desinterés con qué calentarse en el invierno, la dichosa memoria de una hora pura de servicio humano, de amistad o de libertad, de cariño o de justicia, de compasión o de limosna: ¡ay del que no tiene un poco de luz en su alma! (J-42)

El espectáculo de la nieve debe haber sido impresionante para el *Apóstol*, pues lo aprovecha de muchas maneras diferentes, como en la ocasión en que se vale de él para enaltecer la conducta de uno de tantos anónimos compatriotas que arrostraron la miseria física y moral del destierro, y, de esta manera, al referirse a uno de ellos, nos dice que

[...] pisó esta nieve y demostró su fortaleza con el aborrecimiento de la fea comodidad de la limosna. No se puso de cesante a gruñir, y a pedir; ni creyó que el padecer por la patria excluyera al hombre del deber de honrarla por el mundo con el ejercicio constante de su virtud [...] (J-26)

De esta manera, podemos seguir menudeando citas de Martí donde el *ritornello* es la nieve. Así lo hace igualmente al hablar de la muerte del compatriota Francisco Sánchez, anotando en *Patria*: «[...] ni cuando vuelto de su viaje de desolación a la nieve yankee [...]» (J-43) O este otro lamento, que lo mismo puede ser de él que referido a otro cualquiera: «[...] en estos días turbios, en que se ama con más desesperación el suelo, hoy perdido, donde se podría vivir con tanta dicha y honor [...]» (J-44) Dolor que recurre con frecuencia en su poesía, como en este caso:

En un dulce estupor soñando estaba
con las bellezas de la tierra mía:
fuera el invierno lívido gemía,
y en mi cuarto sin luz el sol gemía [...] (J-50)

Como sabemos de sobra, el *Apóstol* vivió largos años en New York, la urbe colosal, fría y despiadada, a la que más de una vez llamó «la copa de veneno». Y si bien es lugar inhóspito en cualquier estación del año, la del invierno es particularmente aborrecible. Todo el que ha vivido o, mejor dicho, padecido la invernal crudeza de dicha ciudad, está perfectamente advertido y convencido de lo que ahora decimos. Días y días de una penumbra que sólo cesa, al llegar la noche, para darle paso a una intimidante oscuridad. La nieve lo cubre todo, el viento aúlla desesperado en calles y plazas, a veces con tan intensa velocidad que, de trecho en trecho, es preciso guarecerse bajo techo so pena de congelarse. Clima ingrato al que se añade la enormidad de la ciudad poblada por gente de tan mecánicos hábitos que más bien parecen *robots*. Frío fuera y dentro, en el ánimo, en la voluntad y hasta en las menguadas esperanzas de sus moradores. Si el infierno fuese de hielo habría que admitir que New York es su sucursal aquí abajo. Esto explica por qué dice Martí en una ocasión: «Si no fuera este New York tan inhumano y triste [...]» (J-24), en el momento en que, desde dicha ciudad, escribe a su gran amigo Eligio Carbonell una gélida mañana del mes de enero. Impresión negativa despertada en su ánimo desde mucho tiempo atrás, pues ya en 1883 decía lo siguiente: «Parece en esta ciudad grande, donde viven las gentes tan solas, como que se aprovechan las almas con ansia de toda ocasión de averiguar que no viven olvidadas [...]» (J-18) Y también su verso maravilloso revela en ocasiones el pésimo efecto de la vida neoyorquina, trasuntado claramente en la siguiente generalización de la gran urbe:

> *Envilece, devora, enferma, embriaga*
> *la vida de ciudad: se come el ruido,*
> *como un corcel la hierba, la poesía.*
> *Estréchase en las casas la apretada*
> *gente, como un cadáver en su nicho:*
> *y con penoso paso por las calles*
> *pardas, se arrastran hombres y mujeres*
> *tal como sobre el fango los insectos,*
> *secos, airados, pálidos, canijos.* (J-54)

No podía faltar en la multitud de testimonios acerca del destierro la referencia al choque inevitable de dos lenguas y, en consecuencia, de dos culturas: oposición de Historia y tradición, con todo lo que esto supone. Ahora, con motivo de esta nueva *diáspora*, los cubanos desterrados en los Estados Unidos se ven sujetos a los peligros e inconvenientes de dicho trato continuo. La lengua nativa experimenta cambios siempre lamentables, porque cierta pereza que proviene de no contar, en la mayoría de los casos, con la adecuada cultura, hace que nuestra hermosa lengua española se vicie de abominables sustituciones analógicas y sintácticas. La radiodifusión, la prensa y la televisión ofrecen diariamente lamentables ejemplos de una absorción que, por no ser completa, determina una especie de tercer lengua (eso llamado humorísticamente «*Spanglish*») que lejos de mejorar la condición cultural de quien sea, la rebaja considerablemente. Pues bien, Martí, que llegó a dominar admirablemente la lengua inglesa, tanto hablada como escrita, jamás condescendió hasta el punto de sentirse cómodamente instalado en otra lengua que no fuese la propia. Orfebre de la misma, al extremo de considerársele ya como uno de sus grandes innovadores, su fina sensibilidad artística, originada en el vasto caudal de la lengua española, con la inimaginable riqueza de sus innumerables formas de expresión, tal como se puede apreciar lo mismo en la lengua culta como en la vulgar, le hacía sentirse desconfiado a la vez que, de cierto modo, incómodo cuando se trataba de otra lengua. Suelo decir que se puede *tener* varias lenguas, pero *se está* en una sola, ya que, en efecto, a esta última no la poseemos, sino que nos posee a nosotros, en tal forma, que todo cuanto somos, en el orden del espíritu, procede de ella. Si es cierto que el lenguaje es el ser del hombre, entonces nuestro ser está inequívocamente dado en el acervo que encuentra su forma comunicativa en la lengua. Prueba decisiva es que, salvo contadísimas excepciones —como que apenas existen—, el escritor prefiere siempre la lengua nativa, pues sólo ella le permite decir aquello que desea expresar y que resulta inefable en cualquier otra lengua. Pues bien, apenas llegado a tierras norteamericanas el *Apóstol* debió sentir, en la más profunda sensibilidad de su ser, el brusco contraste con un idioma al que no vaciló en calificar de «preciso y áspero» (J-42). Todo lo cual se revela en estas palabras suyas, dichas en Caracas en 1881:

> Cuando huésped de extraño bajel —en que espantado de tanta alma sola y pequeñez vestida de grandeza como en la República del Norte había yo observado— no oía yo hablar más que esas descarnadas lenguas frías, viscosas e inflexibles [...] (J-9)

Y tan preocupado estaba con el peligro asimilista de la lengua foránea, que adquirida defectuosamente podría ser inicio del abandono de la lengua nativa, conducente, como es de suponer, a la creciente despreocupación de lo propio, o sea la Patria lejana, que llega al extremo de asentar lo siguiente:

> [...] ¿A qué adquirir una lengua, si ha de perturbar la mente y quitarle la raíz al corazón? ¿Aprender inglés, para volver como un pedante a su pueblo, y como un extraño a su casa, o como enemigo de su pueblo y de su casa? [...] (J-30)

Muy relacionado con esto último se halla el problema de la educación en suelo extranjero. Pues, como ya hemos dicho, difícil es adaptarse completamente a una realidad que contrasta demasiado con la original y propia; mas, también, esa total adaptación, caso de efectuarse, no deja de ser una absurda suplantación donde predomina lo accesorio a expensas de lo fundamental, sobre todo, si ha de volverse al país de origen. Claro está que no estorba el conocimiento de lenguas ajenas ni tampoco aquellos recursos de los cuales se carece en el país donde se ha nacido. Martí advierte esta contradicción y se manifiesta, a ese respecto, con las palabras siguientes:

> El peligro de educar a los niños fuera de su patria es casi tan grande como la necesidad, en los pueblos incompletos e infelices, de educarlos donde adquieran los conocimientos necesarios para ensanchar su país naciente, o donde no se les envenene el carácter con la rutina de la enseñanza y la moral turbia en que caen, por la desgana y ocio de la servidumbre, los pueblos que padecen esclavitud [...] (J-35)

Y añade:

> Y este peligro de la educación de afuera, sobre todo en la edad tierna, es mayor para el niño de nuestros pueblos en los Estados Unidos, por haber éstos creado, sin esencia alguna preferible a la de nuestros países, un carácter nacional inquieto y afanoso, consagrado con exceso inevitable al adelanto y seguridad de la persona, y necesitado del estímulo violento de los sentidos y de la fortuna para equilibrar la tensión y vehemencia constantes de la vida [...] (J-31)

Claro está que el *Apóstol* veía en el pueblo norteamericano algo que, sin duda alguna, constituye la esencia de su nacionalidad: el éxito a toda costa; éxito, mírese como se quiera, *material*, pues, al fin y al cabo, en esto se traduce. Porque, además, este pueblo sigue aún prefiriendo el exterior al interior; y tras la ostentación de esas materiales manifestaciones de protección a lo espiritual —suntuosos edificios destinados a albergar centros de enseñanza, museos, bibliotecas, salas de música, etc.—, ¿no late, quizá, el sentimiento de *mea culpa* de la feroz adhesión a lo material y externo? Pues, en efecto, el norteamericano necesita «del estímulo violento de los sentidos y de la fortuna» para que su vida tenga adecuado equilibrio. Y si destinan sumas cuantiosas a la protección y el desarrollo de las más nobles actividades del espíritu, ello se debe en buena parte al afán de poder que los domina y guía. ¿Qué vio Martí de esencialmente negativo en el espíritu norteamericano, capaz de constituir una insoluble contradicción para el extranjero, probablemente, sobre todo, para el hispanoamericano? Las palabras que se transcriben a continuación siguen teniendo un enigmático significado. Veamos:

> [...] El fin de la educación no es hacer al hombre desdichado, por el empleo difícil y confuso de su alma extranjera en el país en que vive, y de que vive, sino hacerlo feliz, sin quitarle, como su desemejanza del país le quitaría, las condiciones de igualdad en la lucha diaria con las que conservan el alma del país. Es espectáculo lamentable el del hombre errante e inútil que no llega jamás a asimilarse el espíritu y métodos del país extranjero en grado suficiente para competir en él con los naturales que lo miran siempre como extraño, pero que se ha asimilado ya bastante de ellos para hacerle imposible o ingrata la vida en un país del que se reconoce diferente, o en el que todo le ofende la naturaleza inflada y superior. Son hombres sin brújula, partidos por mitad, nulos para los demás y para sí, que no benefician al país en que han de vivir, y que no saben beneficiarse de él [...] (J-32)

Quizá, por lo mismo, agrega que «[...] al árbol deportado se le ha de conservar el jugo nativo, para que a la vuelta a su rincón pueda echar raíces.» (J-33)

Capítulo XI

LA LIBERTAD

La libertad *adoro y el derecho* [...]
Ni el amor, si no es libre, *da ventura* [...]

Nos enfrentamos ahora con otra de esas descomunales cuestiones jamás resueltas, también una *situación límite* (Jaspers), porque su importancia teórica se basa en la necesidad práctica, ya que el hombre, en su esencial condición de *persona*, no puede prescindir de ella. Mas si bien a veces puede disfrutarla, al encontrarse en el nivel supremo de su realidad existencial, el hecho de poseerla le impone la necesidad de *conocerla*, para lo cual ha de situarse «fuera de» ella, a fin de considerarla en su misma *objetividad*, pues el hombre culto no puede disfrutar de nada si, además de esto último, no lo *piensa*, y, claro está, tan pronto lo intenta comprende que la *libertad*, en su condición noética, es sempiterna cuestión abierta, tantálico deleite indispensable para trascender los estrechos límites de esa realidad espacio-temporal que lo apresa y mantiene más o menos próximo y sujeto (según sea el caso) a la Naturaleza. Pues mientras la planta carece de libertad y el animal la tiene muy condicionada, el hombre, en cambio, es el *ser itinerante* de dos maneras completamente opuestas: una de ellas, *espacial* (sujeta al tiempo) consiste en moverse corporalmente de un punto a otro, dentro de un tiempo agotable de una sola vez. En tanto que la otra es aquella «locomoción» realizable con el pensamiento, si bien hasta cierto punto temporal, no en forma tan rigurosa, con total prescindencia de la espacialidad. Por lo mismo, la mente es libre (al menos hasta ahora) y su itinerancia sólo puede estar condicionada por las leyes lógicas del pensamiento. Pues aun mi propio cuerpo es relativamente libre, ya que obedece a la ley de gravedad (el peso), a la resistencia atmosférica, a los procesos respiratorio, circulatorio, digestivo y sensorial. En consecuencia, jamás podría disponer de él a plenitud de mi voluntad, porque, tal vez, esta última depende, hasta cierto punto, del cuerpo. Sólo soy, entonces, libre con respecto a mi mente, a lo que pienso, recuerdo, imagino y deseo. Por lo mismo, si siento y comprendo que disfruto de libertad es con relación a mi «interior», a ese *chez soi* en que consiste la porción más auténtica de mi existencial realidad como hombre; a esa *capacidad de decisión* que me sitúa por encima de todo automatismo y me libera del «mecanicismo» de reflejos e instintos, los cuales me atan a la realidad primitiva (Naturaleza) de donde emergen, como rudimentaria prolongación, el vegetal y el animal. Por eso mismo la «conciencia desgarrada»[1] de que habla Hegel es precisamente la señal de la liberación, es decir, que el hombre, para ser libre, debe estar separado (mentalmente) de todo otro ser, incluso su semejante. Según Hegel, la conciencia es tanto la conciencia de algo como la conciencia de sí mismo.[2] Por tanto, esta doble percatación, inencontrable en ningún otro ser, basta para probar la *libertad* de que disfruta el hombre, y, por lo mismo, lo es necesariamente, pues aun cuando se vea privado de ella, como esto último sólo podría ocurrirle con respecto al exterior, su intimidad sigue siendo libre. Porque, *sensu stricto*, no puede haber total desaparición o anulación de esa interioridad si ha de persistir el hombre, pues, de lo contrario, quedaría reducido a la condición de mera cosa.

Con admirable perspicacia advierte Hegel que lo inconsciente sólo puede ser la «inconsciencia de la conciencia», o sea que esta última jamás desaparece, pues ser *hombre* es, inequívocamente, ser una *interioridad* cuya autonomía es justamente la *libertad*. En consecuencia, como dice Heidegger, el hombre lleva consigo, en esa intimidad en que consiste el impenitente *cuidado* o preocupación de sí mismo (*Sorge*) sus fundamentales posibilidades, las cuales puede modificar de una manera básica. De ahí la admirable distinción suya entre «autenticidad» (*Eigentlichkeit*) e «inautenticidad» (*Uneigentlichkeit*). Y un hombre carente por completo de libertad es tan inconcebible como un cuerpo carente de gravedad (en nuestro planeta). Ahora bien, quizá Heidegger está en lo cierto al hablar de una «libertad finita» (limitada) en el caso del hombre, porque su esencia reside precisamente en su existencia, o sea que ha de moverse siempre entre un cúmulo de posibilidades (positivas y negativas) en las que necesariamente se enreda su libertad. El hombre, pues, si bien es auténticamente libre, en esa inicial instancia de su «interioridad», no carece de limitaciones y, por lo mismo, debe preguntarse no sólo si él, en efecto, es libre, sino que, caso de que así sea, cómo es o puede serlo. Y como la libertad del hombre —según ya hemos dicho— consiste en pensar en ella, porque, a diferencia de otros seres, no puede limitarse al disfrute de tal o cual cosa, sino que ha de preguntar *qué es*, la cuestionabilidad teórica de la libertad es insoslayable. Porque, en el caso humano, no hay *praxis* sin la correspondiente teoría —sin el despliegue de notas que crean todo cuanto ha de utilizarse (el *útil*): de ahí que Hegel está en lo cierto al afirmar que, con relación a la realidad, todo es *Idea*. Cuestionabilidad de la libertad que viene manifestándose en la cultura occidental desde los tiempos de la Grecia clásica, en diferentes formas, tales como las respectivas del libre albedrío, el determinismo, el fatalismo, la predestinación, etc. Vamos entonces a ensayar una sumaria descripción de tales cuestiones nacidas de la pregunta acerca de la libertad, así como de las necesarias y explicables relaciones de unas con otras.

Ahora bien, ¿de dónde procede nuestro conflicto con la libertad? Ya hemos visto que, según dice Heidegger, ésta es siempre, de un modo u otro, *finita* y, en consecuencia, la posibilidad de hacer cuanto nos venga en gana, o de no hacerlo, o también, de evadir todo lo que puede afectarnos negativamente, no es absoluta. Pues lo posible se comprende por la existencia de lo imposible. En consecuencia, las cosas pueden ser o no ser, como, asimismo, ser buenas o malas. Y puesto que deseamos siempre la posibilidad de algo, e igualmente su bondad o positividad, hablamos de la libertad

---

1. J. G. F. Hegel: *Phänomenologie des Geistes*, "Felix Meiner-Verlag", Hamburgo, 1948, IV, B. 3 ("in sich, entzweites, gedoppeltes Bewusstsein").
2. *Ibid.*, pág. 72.

con referencia a esto último, es decir, a todo aquello que, además de ser, es bueno, o sea a la falta de obstáculos en su consecución. Pero sabemos muy bien que la vida ofrece innumerables posibilidades de dificultad, de variadísima índole y, en consecuencia, la posibilidad en que consiste siempre la libertad la conocemos mediante la imposibilidad que la neutraliza o anula. Entonces, ¿quién o qué nos cerca impidiéndonos efectuar el ejercicio de la libertad? ¿Acaso la Naturaleza o un poder sobrenatural? (Lo cual, en este caso, depende, claro está, de la admisión de un mundo sobrepuesto al mundo físico.) También —como es frecuente— se admite que hay ambos mundos, los cualen entran continuamente en conflicto, afectando así al hombre; y ésta es la forma prevaleciente entre las diversas interpretaciones propuestas para el caso de la libertad. De esta manera, la cuestión de la misma se subdivide en múltiples subcuestiones referidas, por una parte, a la solución ensayada en ese caso; y de otra a las inevitables relaciones de unas con otras. Así, por ejemplo, cuando se plantea la cuestión de la libertad desde el punto de vista de lo que se llama *libre albedrío*, es preciso relacionarlo con su opuesto, el *determinismo*; como también la del *fatalismo* presupone inevitablemente la de la *predestinación*, y así sucesivamente. Sin contar, por supuesto, con la descomunal cuestión de si la libertad depende de la *voluntad*, o, por el contrario, esta última se encuentra condicionada por aquélla, hasta el punto de ser algo así como su manifestación externa. Todo lo cual supone que cualquier pretensión de «explicar» la libertad queda ya constituida ya desde el comienzo y para siempre en *argumentum ad probandum* sin solución de continuidad. He ahí por qué en nuestra época la cuestión de lo que es realmente la libertad *stricte sic dicta* (rigurosamente dicho) sigue siendo tan inaccesible a una respuesta, unívoca y decisiva, como fue en tiempos de Sócrates. A las teorías siguen las teorías, y hay donde escoger, por lo que sólo cabe aquí la actitud asumida por Lessing con respecto a la verdad: «*Vater, gieb! die reine Warheit ist ja doch nur für dich allein*» (Padre, ¡dame tu don!; pues la pura verdad es para ti solo).[3]

Examinemos ahora, en primer lugar, esa polaridad formada por el *libre albedrío* y el *determinismo*. Pues bien, cuando uno se pregunta a qué deben su origen los sucesos, especialmente en el caso del hombre, en tanto que el determinista piensa en su necesidad o inevitabilidad, ya sea por alguna causa interna o externa, o, tal vez, debido a la influencia de un principio abstracto; en tanto que así piensa, el defensor del libre arbitrio cree, por el contrario, en la autonomía de las decisiones humanas. Ahora bien, al penetrar en la enorme masa del pensamiento oriental, así como de la Grecia clásica y hasta de la teología de Occidente, descubrimos que en todos hay una *Necesidad* rectora del Universo en general, que unas veces se llama *Destino* y otras *Divina Voluntad*. Por tanto, el hombre jamás podría comprender, mucho menos dominar, el mundo. Claramente se ve aquí la idea del *fatalismo*, estrechamente relacionada con la de *predestinación*. Semejante determinismo (pues, en efecto, lo es) ofrece a su vez dos variantes: una es el determinismo *intrínseco* que, por su parte, se bifurca en: a) el determinismo «lógico», creación de la filosofía estoica, y basado en esta consideración: «todo cuanto debe ser, será», ya que la Divinidad jamás ignora lo que hace; pues, de lo contrario, tendría que contradecirse. b) El llamado *argumento ontológico* de la existencia de Dios, tal como aparece en San Anselmo, Descartes, Leibnitz y Spinoza. Su tesis central es la siguiente: no hay más *Ser Necesario* que Dios (o sea la *causa sui*, pero en un modo

---

3. G. E. Lessing: *Werke*, vol. X, pág. 53.

muy peculiar); y como no se puede imaginar imperfección alguna en el ser *perfecto* que es la Divinidad, de atribuirle *existencia* la haríamos imperfecta, pues ésta lo es sin lugar a dudas.

Veamos ahora el determinismo *extrínseco*, que proviene del sentido común, para quien todo tiene una causa distinta de sí misma. Ahora bien, si en ocasiones la filosofía admite que hay algo así como una causa «final» o «teleológica» responsable de la existencia de algo, el determinismo causal sólo acepta que haya causas «eficientes», es decir, las que preceden a un determinado efecto, y pretende explicar la realidad mediante el esquema de la combinación de elementos regidos invariablemente por leyes. De aquí sale precisamente el *mecanicismo*, especie de mezcla —por decir así— de determinismo causal y materialismo. Tal es la posición adoptada por Demócrito, Hobbes y Lamettrie. Mas no es fácil admitir que una «cadena causal» carezca de la causa inicial responsable de las demás. Aquí es donde se complican las cosas, pues es indispensable conocer el origen de esta última, y, por lo mismo, según Kant, la cuestión se vuelve insoluble debido a que, en el fondo, se trata de pedir y rechazar a la vez la causa primera, cayendo así inexorablemente en una antinomia. A esto trató de salirle Hume al paso diciendo que por *causa* no debe entenderse necesariamente *efecto*, lo cual condujo a Kant a una tan sutil generalización tal como lo vemos en su conocida *ley general de causalidad*, o sea que todo tiene su causa (razón suficiente), que es una verdad necesaria de la lógica trascendental, ya que sin una regularidad tan perfecta, jamás habría *cosas*. Ahora bien, en rigor de verdad, dicha ley general no va más allá de ser una desmesurada ampliación de la inducción a que puede someterse la experiencia. Contemporáneamente, la «indeterminación» en la física nos advierte que, incluso en los casos más fundamentales, lejos de darse una perfecta regularidad, sólo se cuenta con ciertas aproximaciones estadísticas. Claro es que estas últimas se refieren más bien a la observación del *fenómeno* que a este mismo; empero, no deja de ponernos en guardia acerca de la controlabilidad total de la realidad.

En cuanto al *librearbitrismo*, éste debe su origen a varios factores, como sucede en el caso de la fe judeo-cristiana, según la cual Dios creó al hombre «libre para querer como Dios quiere», de donde procede ese deseo de culpar al hombre más que a la Naturaleza. Y aquí precisamente comenzamos a hacer un breve contraste entre el librearbitrismo y el determinismo. Con respecto a este último se puede decir que su idea de la libertad se ofrece como algo susceptible de limitarse total o parcialmente. En ambos casos estamos en presencia de una posibilidad absoluta (la libertad) reprimida de algún modo por cierta resistencia (determinismo). Mas no falta quien asevera que la libertad es algo capaz de operar fuera de todo determinismo. Ahora bien, supóngase que sucede lo primero: en este caso, estaríamos en presencia de una total libertad (de manera que la posibilidad carecería de límites); mientras que si ocurre lo segundo estamos ante el caso de una predeterminación absoluta, con una relativa posibilidad.

La cuestión de la antinomia *libertad vs. determinismo* es de una venerable antigüedad en la cultura de Occidente. Dada la irrecusable predisposición teórica del hombre griego, vemos relacionar constantemente libertad y conocimiento. Así, la Necesidad en que creía el griego dejaba de serlo estrictamente en el caso del sabio (σοφος), quien, por lo mismo, adquiría una autonomía basada en su propia subjetividad. Cínicos, cirenaicos y estoicos confirman dicha actitud. Séneca, por ejemplo, habla de «las cosas que están en nosotros»;[4] mientras Epicteto[5] y Marco Aurelio[6] se refieren a lo mismo. Con respecto a los platónicos y neoplatónicos, vemos que, según ellos, la «ascensión» del alma hasta la región del mundo inteligible es sinónimo de «libertad de contemplación». Mas no es posible plantear la cuestión de la antinomia libertad *vs.* determinismo a menos que se haga teniendo en cuenta la voluntad, pues en ésta radica siempre la posibilidad y la imposibilidad. Claro está que la mente helénica jamás debatió dicha cuestión como suele hacerlo el hombre moderno. Sócrates entiende que la conducta racional e inteligente es la que posee significación moral y se opone siempre a cualquier arbitrariedad. Su discípulo Platón nos habla de la voluntad de una libre decisión del alma[7] y asevera que el alma humana es responsable del destino al cual está encomendada porque lleva consigo el poder de decidir. En cuanto al *Estagirita*, vemos que prosigue dicha vía epistemológica y se interesa por saber hasta qué punto puede la ignorancia anular la responsabilidad; y aun cuando, a lo que parece, se refiere a la conciencia inmediata de la libertad humana, no va más allá del análisis de las necesarias condiciones requeridas para que la conducta del hombre pueda o no ser una acción voluntaria, como tampoco si los actos voluntarios del hombre dependen de su libertad de decisión, con lo cual no penetra en la cuestión, de suyo delicada, de si la acción humana es diferente de la causalidad natural y necesaria tanto como de lo arbitrario e inesperado. Aristóteles se inclina más bien a creer que el conocimiento y la manera de ser del hombre subordinan su voluntad (entendida como cualidad de su conducta); sin embargo, acaba transfiriendo a las acciones dimanantes de una libre decisión la responsabilidad de toda conducta humana (προαιρεσις). En fin de cuentas, no lo vemos nunca decidir entre una última decisión con respecto a varios propósitos morales y la que consistiría en escoger los medios con vista a un fin predeterminado.

Los estoicos, por su parte, son fieles a la creencia en la responsabilidad apoyada en la libertad de decisión; aun cuando no se ve cómo esto último podría conciliarse con esa otra creencia estoica de un *Anima Mundi* que dirige y domina toda acción humana. En tanto que el epicureísmo, si bien rechaza la existencia de la libertad humana, no elude el error de considerar que el azar es una causa real y que la contingencia universal es la explicación del devenir. Tal vez por esto mismo Crisipo se afana en probar que la responsabilidad se concilia con el determinismo, y ha de valerse para ello de una curiosa y llamativa distinción entre las «causas principales» (αιτιον, *causae principales*) y las «causas secundarias» (ξυναιτιον), *causae adjuvantes*), que hace posible concebir el carácter —o causa principal— como el elemento del que depende la moral. En tanto que el escéptico Carnéades se empeña en mantener la identificación de voluntad y azar, probando de paso la racionalidad de la decisión que, en forma alguna —según él— puede ser determinada por ninguna causa externa.

Con el Cristianismo —como sabemos— comienza una nueva «navegación» en lo referente a la religión y la filosofía, aunque su estrecha vinculación al pensamiento helénico lo subordina a éste en más de un respecto. Pero, sin lugar a dudas, se opone rigurosamente al panteísmo de la Hélade y defiende el criterio de que la voluntad es una causa real. San Agustín es el

---

4. Séneca: Cartas a Lucilio, libro VIII, carta 81.ª
5. Epicteto: *Diatribas*, II, 1.º, 22, 105.
6. Marco Aurelio: *Soliloquios*, XI, 36.
7. Platón: *República*, X, 617 ss.

primero que se enfrenta a la verdadera dificultad moral y teológica, en el pensamiento cristiano, aunque deja sin resolver la cuestión. Y es sumamente curioso que en él se dan cita dos modos de pensamiento rigurosamente opuestos entre sí, o sea que, de un lado, está su convicción en que hay incuestionablemente una real responsabilidad de la voluntad humana, por tanto, una libertad. La voluntad es anterior al acto de conocer, en tanto que la conciencia depende siempre de la atención puesta en lo exterior. Además, si el hombre es capaz de recibir la luz divina es porque parte de un acto de fe espontáneo. En esta línea de pensamiento San Agustín no considera que la *presciencia divina* puede impedir, o al menos, determinar el acto humano de voluntad. Y concluye, a este respecto, aseverando que la intemporal presciencia de Dios, si bien prevé la contingencia del humano obrar, en cambio, no la determina necesariamente. Pero, por otro lado, llega el momento en que el Santo se ve obligado a armonizar esa voluntad individual con su necesidad de redención y, todavía más, con la Gracia Divina (absolutamente voluntaria) y es entonces cuando no tiene más remedio que negar casi todos sus postulados del libre albedrío, para lo cual limita la posesión de la libertad al primer hombre (Adán), quien —como sabemos— corrompió la raza humana al abusar de sus prerrogativas. Dado que era imprescindible castigar a Adán, de ello se sigue que a veces la Gracia Divina no puede otorgarse. De aquí sale la doctrina agustiniana de la *predestinación*, es decir, que todo ser humano está predestinado por su nacimiento natural al mal, y, por la Gracia Divina, al bien. Además, la presciencia y la omnipotencia divinas imposibilitan toda iniciativa humana capaz de modificar la intemporal decisión de Dios.

La Escolástica prosigue, más o menos, tanto la tradición aristotélica como la agustiniana en lo tocante a la gracia y a la predestinación, pero con distintas conclusiones. Vemos que, por ejemplo, Santo Tomás de Aquino desarrolla el argumento platónico de la dependencia de la voluntad respecto del intelecto, hasta identificar moral y conocimiento. En consecuencia, por libertad debe sólo entenderse el poder de escoger aquello ya dispuesto en el intelecto para ser presentado a la voluntad. Si bien, hasta cierto punto, es compatible la presciencia divina con el criterio tomista de la libertad humana, ésta se halla determinada por Dios, o sea que el hombre está predeterminado a actuar libremente, y la presciencia divina prevé las acciones humanas en cuanto contingentes. Mientras que el inglés Duns Escoto defiende el *indeterminismo* de la libertad, pues el intelecto está subordinado siempre a la voluntad y ésta lleva consigo el poder de autodecisión. Por *moral* debe entenderse la arbitraria creación de la voluntad divina y, de ninguna manera, depende de principios racionales ni es, tampoco, una forma de conocimiento.

En el ámbito de la cultura clásica (Grecia, Roma) y medieval se dan cita el *fatalismo* y la *predestinación*, ambos entendidos como variantes del problema de la libertad. Del primero cabe decir que es una actitud práctica consistente en la sumisión a los sucesos sin queja ni interferencia alguna. Teóricamente se describe como aquello regido por un poder inescrutable e inexorable que nada tiene que ver con el orden causal. Descontado está, por supuesto, que el fatalismo no reconoce ninguna iniciativa individual, como tampoco la sucesión racional de los acontecimientos. Homero, por ejemplo, habla de un destino individual (Μοιρα), o sea el poder impersonal que lo fía todo a los dioses, aunque no alcanza a estos últimos, pues a veces vemos a Zeus decidiendo el destino de los hombres.[8] Según Hesíodo, tres son los destinos (Μοιραι) o hijos de la Noche (Clotho, Laquesis, Athropos). Para Esquilo el Destino es superior a los dioses; para los estoicos es aquello que sujeta todo a una ley racional, y para los epicúreos es el azar.

La *predestinación* (del latín *praedestinare*) es la inmutable decisión de la Divinidad que, desde la Eternidad, prevé y dispone todo cuanto ha de suceder. Es similar, en cierto modo, a la idea de fatalidad, pues ésta adopta el carácter moral de *Némesis* o pena impuesta al transgresor. Sófocles, por ejemplo, representa la vida humana entretejida con la «lanzadera de lo inexorable».[9] El estoicismo formula la doctrina de la Providencia o la Necesidad; en tanto que Epicuro niega la supervisión divina de los asuntos humanos. Según la doctrina brahmánica del *Karma*, se requiere renacer en un nivel más alto o más bajo, según sea el mérito o la culpa. Entre los judíos [10] vemos a los saduceos negar la fatalidad, dejando el bien y el mal en manos del hombre; en tanto que los fariseos admiten la libertad humana, mas insisten en la fatalidad; y los esenios proclaman la absoluta fatalidad.

Ya en el Cristianismo la cuestión predestinista se centra, sobre todo, en San Agustín y Pelagio. Según aquél, el hombre es el pecador culpable, arruinado e incapaz de bien alguno, a quien sólo Dios puede salvar. Ahora bien, el Ser Supremo hace lo que eternamente ha querido hacer, y la gracia supone la predestinación. Desde la Eternidad Dios ha escogido a los que quiere salvar («elección») y, en consecuencia, abandona a los demás a su suerte («praeteritio»). Como todo merece ser castigado, no hay injusticia en dejarlos abandonados. La «reprobación» del malo no es la causa de su pecado, pues la divina presciencia no hace necesario el pecado. Ahora bien, Agustín no nos aclara cómo es que se relacionan presciencia y reprobación. Y frente a San Agustín se encuentra Pelagio, quien asevera que el hombre es libre y, por tanto, su carácter, conducta y destino le pertenecen. La gracia alcanza a todos, pero es menester ganársela. En cuanto a Santo Tomás de Aquino, si bien sigue a San Agustín en un comienzo, lo adapta a su idea aristotélica del «primer motor inmóvil» y su original contribución es la de la «divina concurrencia». Distingue entre las causas secundarias como lo natural y necesario, de una parte, y lo voluntario y contingente de la otra, aunque es Dios quien pone a ambas en movimiento. De esta manera, mientras la natural sigue siendo natural, la voluntaria sigue siendo voluntaria. Pero se trata, en este caso, de una solución verbal. Finalmente, del lado protestante, vemos que mientras Lutero y Calvino aceptan las ideas agustinianas, Melanchthon las modifica diciendo que se trata de un *sinergismo*, o sea de la cooperación de la Gracia Divina con la voluntad humana.

Al arribar a la Edad Moderna, la cuestión de la libertad se bifurca en múltiples direcciones de interpretación. Así, vemos a Descartes (padre del moderno idealismo) aseverar que la libertad consiste, aparentemente, tanto en el determinismo como en el indeterminismo. El error depende de ese *liberum arbitrio indifferentiae* que la mente posee, y que puede, en cualquier caso, rechazar la afirmación de una verdad extraída de premisas no evidentes en sí mismas. Aun cuando las «presentaciones» ante la mente sean tan claras como para imposibilitar la negación de su verdad, la posibilidad de la afirmación se aloja en la voluntad, que puede oponerse a cualquier «presentación», o refutar su aserción con el único motivo de probar su libertad.

---

8. Homero: *Ilíada*, XX, 209; VIII, 69.
9. Sófocles: *Antígona*, 622, 624.
10. Josefo: *Antiquitate*, I, viii, 3, 4; xiii, 5, 9.

Mientras así piensa Descartes acerca de la libertad, un determinista convencido, o sea Spinoza, considera que ésta se halla determinada por las ideas. Y, en el orden moral, es sólo el dominio de las pasiones mediante el ejercicio de la razón.

Leibnitz, por su parte, si bien acepta el criterio de Spinoza, lo combina con la creencia en la espontaneidad de los agentes morales en cuanto éstos son capaces de actuar, y no requieren más principio actuante que el de las leyes de su propia naturaleza. Pero puesto que la concordancia entre los actos de las *mónadas* de Leibnitz proviene de la divina armonía preestablecida, y la contingencia teórica que en lo abstracto, como lógicamente posible, se puede predicar de sus actos, Leibnitz, en la práctica, es determinista. En tanto que, según el inglés Locke, la libertad reside en el hombre y no es la voluntad. Pues, si queremos, se puede ser completamente libre, y nuestras acciones reflejan nuestros propósitos. Si, por otra parte, apuramos la objeción leibnitziana de que semejante argumento no responde a la cuestión de si el acto de voluntad puede ser libre, entendiendo por esto último el que no esté determinado por razones fundadas en el intelecto, Locke dice que, en efecto, la voluntad se encuentra determinada por la inquietud del deseo, como puede ser, por ejemplo, el deseo de evitar el dolor. Y en cuanto a Hume, vemos que su doctrina de la causalidad lleva en sí la de la libertad. Pues si la creencia en la conexión necesaria en el mundo físico es realmente una ilusión, síguese de ello que la oposición entre libertad y necesidad es asimismo ilusoria. Además, si la costumbre genera la creencia en la necesidad de la conexión causal, ella asimismo será la responsable de esa otra creencia en una necesidad rectora de las acciones humanas, tal como puede verse en el conjunto de opiniones y actos propios del hombre en general. En contraste con esa creencia en la necesidad, el supuesto de la libertad no pasa de ser una ilusión, lindante con lo inmoral, cuando se llega hasta el punto de creer que los actos humanos no provienen del carácter o de las habituales disposiciones humanas.

Kant, por su parte, como se sabe, le atribuye determinismo al fenómeno y reserva el libre albedrío para el nóumeno, y, de esta manera, el conflicto entre libertad y determinismo de la cosmogonía racional (tal como aparece expuesto en la tercera antinomia) es sólo aparente. La libertad concebida como postulado de la razón práctica ha de desenvolverse en el terreno noumenal, mas tampoco esto último elimina la determinación del mundo fenoménico. Por eso mismo, en la *Fundamentación de la metafísica de las costumbres* nos dice Kant lo siguiente: «*Voluntad* es una especie de causalidad de los seres vivos, en cuanto que son racionales, y *libertad* sería la propiedad de esta causalidad, por la cual puede ser eficiente, independientemente de extrañas causas que la determinan [...]»[11] Ahora bien, la libertad no es algo inherente a la voluntad, de acuerdo con las leyes naturales, sino que dicha libertad de la voluntad es la «[...] propiedad de la voluntad de ser una ley para sí misma [...]»[12] Mas, eso sí, tal libertad de la voluntad debe encontrarse igualmente en cualquier ser humano, y en consecuencia, «[...] todo ser que no puede obrar de otra suerte que *bajo la idea de la libertad*, es, por eso mismo, verdaderamente libre en sentido práctico [...]»,[13] por lo que —concluye Kant a este respecto— «[...] a todo ser racional que tiene una voluntad debemos atribuirle necesariamente también la idea de la liber-

---

11. E. Kant: *Grundlegung zur Metaphysik der Sitten*, ed. "Gratz", Frankfurt-Leipzig, 1976, cap. III.
12. *Ibid.*
13. *Ibid.*

tad, bajo la cual obra [...]»[14] Y agrega: «Pues si la razón emprendiera la tarea de *explicar cómo* puede la razón pura ser práctica, lo cual sería lo mismo que explicar *cómo* la libertad sea posible, entonces sí que la razón traspasaría todos los límites».[15]

Pues la libertad no es sino una *idea* y, en consecuencia, no cabe explicarla acudiendo a las leyes de la Naturaleza, tal como sucede en las cosas del mundo empírico; que da sólo el recurso de admitirla como «mera suposición de la razón»,[16] cuando (*alas!*) el ser *cree* tener conciencia de una voluntad, que es algo distinto del simple desear, o sea el obrar conforme al intelecto, según leyes racionales. Y concluye Kant con estas palabras que más bien indican que la *libertad* se puede «sentir», pero no «razonar».

> [...] Suponer esa libertad de la voluntad, no sólo es muy *posible*, como demuestra la filosofía especulativa (sin caer en contradicción con el principio de la necesidad natural en el enlace de los fenómenos del mundo sensible), sino que, también, para un ser racional que tiene conciencia de su causalidad por razón y, por ende, de una voluntad (que se distingue de los apetitos), es *necesario*, sin más condición, establecida prácticamente, esto es, en la idea como condición de todas sus acciones voluntarias. Pero la razón humana es totalmente impotente para explicar cómo es que ella, sin otros resortes, vengan de donde vinieren, pueda ser por sí misma práctica.[17]

En la *Crítica de la razón práctica* vuelve Kant sobre el espinoso problema de la *libertad* y esta vez nos habla de unas «categorías de la susodicha libertad», diciendo que estas últimas, lejor de ser «[...] formas del pensamiento que designan sólo indeterminadamente, por medio de conceptos universales, objetos en general para toda intuición posible para nosotros [...]»,[18] como carecen de la *intuición* del *libre albedrío* al cual se encaminan, se fundan en «conceptos elementales prácticos», de todo esto resulta que los conceptos prácticos *a priori*, desde el punto de vista del principio supremo de la libertad, «[...] pueden llegar enseguida a ser conocimientos y no esperar intuiciones para adquirir significación, y ello por este notable motivo que ellos mismos producen la realidad de aquello a que se refieren (la intuición de la voluntad), la cual no es cosa de conceptos teóricos [...]»[19]

Fichte sigue a Kant e identifica libertad con actividad, y, en consecuencia, la libertad sólo se da en el ser aún no realizado del todo. Pero más tarde concibe lo libre como aquello ya realmente cumplido, es decir, lo que vence toda resistencia y alcanza el bien como perfecta moralidad. El *imperativo moral* en Fichte consiste en decir: «llega a ser el que eres» (*werde, der du bist*). Pues este pensador hace del yo el punto de partida de su metafísica y, en consecuencia, la realidad es, toda ella, pura *actividad* (*Tathandlung*), fundada en un acto del *yo*, y por eso dice Fichte que «el yo se pone; y, al ponerse, pone el no-yo»; de donde resulta que el yo es decisivo a los efectos de la realidad en la cual se desenvuelve el hombre. Además, conforme con la idea fichteana de la *libertad*, como completa realización humana, vemos que la libertad es una y la misma cosa con el yo.

---

14. *Ibid.*
15. *Ibid.*
16. *Ibid.*
17. *Ibid.*
18. E. Kant: *Kritik der praktischen Vernunft, Werke*, ed. al cuidado de E. Cassirer, Berlín, 1914, tomo V, cap. II.
19. *Ibid.*

En cuanto a Schelling, la libertad es la posibilidad del bien y del mal, anulable según dos clases de determinación, una de las cuales es la de la *libertad misma* (Fichte) y la otra la de la *Idea* (Hegel). Y agrega que el que halla la moralidad perfecta —o sea su destino— no se libera porque no necesita serlo. Por esto mismo, en su tercer sistema nos dice que la realidad evoluciona consecutivamente de un nivel a otro más elevado hasta culminar en la forma suprema que es la libertad humana, pues hay todo un proceso que va desde la Naturaleza hasta la libertad.

No es difícil dar con lo que entiende Hegel por *libertad*, pues la concibe como aquello que se halla en la individualidad misma, o sea en eso capaz de crear, mediante la conciencia, toda la realidad de la cual puede disponer el hombre; y, en consecuencia, la fusión del espíritu teórico con el espíritu *práctico* se resuelve en la constitución del espíritu libre. En consecuencia, «[...] el querer libre es la individualidad inmediata puesta mediante sí misma, la cual, además, se ha purificado, haciéndose determinación universal, la libertad misma [...]»[20] Y por ser real ese espíritu libre, nada puede comparársele en su capacidad de realización (sea lo que sea), «[...] porque la libertad es la esencia propia del espíritu y es su realidad misma [...]»;[21] y, en suma, «[...] el hombre está en sí destinado a la suma libertad [...]»[22] La libertad *crea*, pues, la estructura individual y social que alberga al hombre y lo justifica mediante el trabajo consecutivo de la cultura. Así lo estatuye Hegel al decir lo siguiente:

> Si el *saber* que la idea, esto es, el hecho de que los hombres saben que su esencia, su fin y su objeto es la libertad, es saber especulativo, esta idea misma, como tal, es la realidad de los hombres, no porque éstos tengan esta idea, sino porque son idea [...] Pero esta libertad, que tiene el contenido y el fin de la libertad, es ella misma, primero, sólo concepto, principio del espíritu y del corazón, y está destinada a desarrollarse como objetividad, como realidad jurídica, moral y religiosa, y como realidad científica.[23]

Ahora bien, Hegel está siempre convencido y dispuesto a convencer a los demás del esencial cometido de la conciencia, como el eje sobre el cual gira toda su filosofía. Por lo tanto, sólo cuando ésta es capaz de una libérrima y profunda percatación de sí misma, aparece la libertad como lo que es insusceptible de sumisión alguna. Es, pues, la «conciencia del amo», en contraste con la del esclavo, y, por lo mismo, nos dice esto otro:

> [...] El amo es la conciencia que existe para sí misma; pero no simplemente la noción general de existencia para el yo; sino que es, más bien, la conciencia que, al existir por sí misma, es mediada en sí misma a través de otra conciencia, es decir, como una existencia independiente o cosas en general. El amo entra él mismo en relación con ambos momentos, como una cosa dada, el objeto del deseo y la conciencia cuyo esencial carácter es la caridad, y puesto que el amo, *qua* noción de conciencia, es una inmediata relación de autoexistencia, pero ahora es mucho más al mismo tiempo, mediación, o su ser-para-sí que es por sí mismo sólo mediante otro, él (el amo) permanece en relación: a) inmediatamente a ambos, b) mediata-

---

20. J. G. F. Hegel: *Enzyklopädie der philosophischen Wissenschaften, Sämtliche Werke,* "Felix Meiner-Verlag", Hamburgo, 1955, tomo V, pág. 481.
21. *Ibid.,* parág. 482.
22. *Ibid.*
23. *Ibid.*

mente a cada uno a través de otro. El amo se relaciona con el esclavo inmediatamente a través de la existencia independiente, porque esto es precisamente lo que mantiene encadenado al esclavo [...] El amo es, por tanto, el poder que controla el estado de existencia, pues, en la lucha, ha demostrado que la existencia es algo meramente negativo [...][24]

Schopenhauer, por su parte, postula un riguroso *determinismo* que si bien excluye a la voluntad por ser ésta metafísica y, en consecuencia, ajena al mundo espacio-temporal, convierte, en cambio, toda acción humana en el resultado de una predeterminación que equipara el quehacer del hombre en estricta manifestación fenoménica. Todo esto se comprende claramente si tenemos en cuenta que el autor de *Parerga y Paralipómena* (de donde extraemos lo que se cita a continuación), defiende la más rigurosa distinción entre *noúmeno* (la realidad espacio-temporal) y *cosa en sí* (lo esencialmente metafísico). Por eso mismo, el querer algo concluye siempre en el dolor, porque la *cosa en sí* de la voluntad choca constantemente con la «fenomenicidad» de lo espacio-temporal en que se sume la voluntad para manifestarse individualmente. Y nos dice lo siguiente:

> Para el hombre sensato es indudable que la *libertad* se encuentra fuera de la Naturaleza, pues no hay otra más que la de carácter metafísico, y, por lo mismo, jamás podría descubrírsele en el mundo físico. En consecuencia, si bien la acción humana carece de libertad, el **carácter individual** de todo ser humano debe considerarse como acto libre. Porque la voluntad, en sí y por sí, como también en la medida en que se revela en la persona —estableciendo así, consecuentemente, los deseos originales y básicos de la misma—, es independiente de cualquier conocimiento, pues siempre antecede a ésta. Y por hallarse fuera del tiempo la voluntad no cambia jamás. Así, pues, al ser el hombre lo que es y sometido al influjo de ciertas circunstancias, que obran según una estricta necesidad, jamás podría actuar en forma distinta a como lo hace en un momento determinado. Por tanto, todo el curso de la vida humana, no importa lo que pueda ocurrirle, si grande o pequeño, se encuentra tan necesariamente predeterminado como el curso de un reloj [...][25]

Y agrega con indudable ironía:

> [...] *Liberum arbitrium indifferentiae*, disfrazado con el nombre de *libertad moral*, es un juego encantador para los profesores de filosofía, que dejaremos a tan inteligentes, honorables y rectos señores.[26]

Kierkegaard, por su parte, reduce la libertad al *instante*, es decir, a algo de lo cual el hombre pende continuamente y, no obstante, jamás podría asir. Tal dramático acondicionamiento, que hace del hombre el ser «suspendido en el vacío», ni siquiera permite *concebirla*, con lo cual, dicho sea de paso, vemos la radical oposición de Kierkegaard a la pretensión hegeliana de que la libertad, al fin y al cabo, es una *idea*. Pues cualquier decisión que se adopte va derechamente a disolverse en otra, suprema, que es «indecible» —digamos así— y por lo cual vivimos en la angustia que, a su vez, se concreta en perpetuo «temor y temblor». He ahí por qué nos dice Kierkegaard lo siguiente:

---

24. J. G. F. Hegel: *Werke, op. cit.*, tomo II, *Phänomenologie des Geistes*, 3, a.
25. A. Schopenhauer: *Parerga und Paralipomena*, ed. "George Allen and Unwin, Ltd.", Londres, 1957, págs. 66 ss.
26. *Ibíd.*

> [...] La libertad sólo *existe* realmente porque el mismo instante en que existe (la libertad de decidir), se precipita con infinita velocidad a ser vinculada incondicionalmente a una resignada decisión, cuya selección sin duda no plantea la cuestión de decidir [...] [27]

Y por lo mismo:

> La cosa más tremenda concedida al hombre es la decisión, la libertad. Y si se desea salvarla y preservarla, no hay más que un camino: en el próximo segundo devolvérsela a Dios y uno mismo con ella. Si la visión de lo dado lo tienta a uno y se cede a la tentación y se atiende con egoísta deseo a la libertad de decisión, entonces se pierde la libertad [...] [28]

Esto último constituye el drama íntimo de la filosofía existencial: es Regina Olsen, amada hasta la desesperación, mas rechazada en virtud de esa *indecisión* en que consiste la libertad, según Kierkegaard; en suma, ese «*idem velle, idem nolle, ea demum firma amicitia*».[29] Pues «[...] el amor existe en la libertad; sólo ella da el goce y el placer permanente [...]»[30] Porque, en definitiva, según se ensancha el ámbito de la posible decisión, así aumenta nuestra responsabilidad. La esencia humana está precisamente en esa *existencia* que jamás es posible superar:

> Mientras mayor es la libertad, mayor es la culpa. El sacro misterio de la suprema clase de libertad es admitir la culpabilidad hereditaria, y quien no sea capaz de admitirlo es, si no cobarde, al menos pusilánime; y aunque tal vez no sea de baja condición, tampoco demuestra gran entereza.[31]

Bergson ha planteado en términos precisos —dentro de los límites de su sistema— la cuestión de la libertad. Como sabemos, la realidad psíquica, una y la misma siempre, sabe salvar las limitaciones que le tiende a su paso el intelecto, y se muestra, en lo más profundo de sí, como un continuo flujo; insusceptible de toda fragmentación, que si bien, en uno de sus extremos, pende del cerebro, en cambio, no *depende* de él. Dicha duración es el alma o el espíritu, que rebosa y rechaza toda mecanización. Ahora bien, debe atenderse al acto humano en su *hacer* y no —como sucede— cuando ya es un *hecho*. Mas ocurre que tanto el determinista como el libre-arbitrista incurren en parecido error con respecto al espíritu y, en consecuencia, a la libertad. El determinista, por basarse en un «causalismo» que supone el previo acondicionamiento de un estado de conciencia a otro, lo cual niega o impide toda libertad al quehacer humano. Pero su contrario (el libre-arbitrista) si bien admite que hay un proceso causal, niega las consecuencias, al afirmar —o, más bien, suponer— que hay algo así como una deliberación. Y, por lo mismo, en ambos casos, tenemos curiosamente la coincidencia de dos problemas complementarios: a) la contingencia del acto realizado; b) la previsión del acto futuro. Con respecto al primero, uno y otro razonan de esta manera: si la conciencia titubea frente a dos soluciones simultáneamente presentes, ello significa que cualquiera de ellas es igualmente posible (libre-arbitrismo); la conciencia escoge y decide entre ambas, luego debe haber una causa que la impulsó a obrar como lo hizo (determi-

---

27. S. Kierkegaard: *Diarios*, 1850-1854.
28. *Ibid.*
29. S. Kierkegaard: *O lo uno o lo otro*, Introducción.
30. *Ibid.*
31. *Ibid.*, Parte II.

nismo). En un caso y el otro el error consiste en considerar el acto como ya *hecho* y no como *haciéndose*. Ahora bien, no es posible conocer las condiciones de la acción futura de nadie a menos que, en lugar de atenerse a las manifestaciones externas de su conducta, se confunda completamente con quien es el sujeto de esa conducta. Todo lo cual sucede porque se parte (en un caso como en el otro) de la previa materialización de la conciencia. Sólo intuyéndola (único modo de aprehenderla, y, para esto, es necesario colocarse en ella misma), se *siente* la libertad como la esencia de la conciencia. Mas no es posible, en modo alguno, definir la *libertad*, pues entonces se opera sobre el pasado y no sobre lo que está siendo. Porque en lo más profundo de nosotros mismos se alberga el acto relativamente libre, es decir, la libertad. Y agrega Bergson:

> En resumen, somos libres cuando nuestros actos emanan de nuestra personalidad entera, cuando la expresan, cuando tienen con ella ese indefinible parecido de la obra con el artista. Nuestro carácter es aún nuestro y cuando se separa la persona en dos partes para examinarlas una a una en un esfuerzo de abstracción, el yo que piensa o siente y el yo que actúa, resulta infantil concluir que uno de ambos *yoes* pesa sobre el otro. El mismo reproche cabe hacer a quienes preguntan si somos libres para modificar nuestro carácter. Es cierto que se modifica insensiblemente con cada día que pasa, y su libertad sufriría si esas nuevas adquisiciones se grabasen en el yo, en vez de incorporárseles [...] En una palabra, si convenimos en llamar libre al acto emanado del yo, y sólo de éste, el acto que lleva la marca de otra persona es verdaderamente libre, pues sólo nuestro yo reclamaría su paternidad [...] [32]

En una línea relativamente parecida a la de Bergson se encuentra su compatriota Emil Boutroux, quien ha insistido en la *contingencia* como el fundamento de la libertad; y, en consecuencia, que la máxima contingencia es la máxima libertad, y, al ser ésta, es, también, inevitablemente, la máxima conciencia y la máxima realidad. No puede haber realidad a menos que exista algo nuevo que no esté contenido en la posibilidad y que, por ser nuevo, rompe la monotonía de la serie causal, esa forma de «esclavitud» en que consiste el universo cerrado del tiempo y el espacio. Pues «[...] la necesidad absoluta excluye toda multiplicidad sintética, toda posibilidad de cosas o de leyes [...]» [33] En consecuencia, la pura necesidad es pura nada; empero la libertad y la realidad máximas distan mucho de ser una completa arbitrariedad. La libertad coincide con la necesidad en ese caso en que «[...] el ser está libre en lo absoluto y el orden de sus manifestaciones es necesario [...]» [34] En fin de cuentas, que la pura contingencia es pura forma de ser que, completamente libre, crea su propia ley, realizándose a sí mismo en toda su plenitud, con lo cual, de este modo, alcanza la «necesidad» que es la forma en la que se efectúa el ser en sí mismo en sus diversas manifestaciones.

Pasamos ahora a Karl Jaspers, quien ha discurrido largamente sobre el problema de la libertad, y a este respecto nos dice que dicha cuestión está referida, de un modo u otro, a la *conciencia*, pues, en efecto, tal como lo hemos repetido ya en este trabajo, el hombre es el único ser *que lo es* gracias a su conciencia, porque ella le permite saber de sí mismo y de lo

---

32. H. Bergson: *Les données inmédiates de la conscience*, ed. "Presses Universitaires de France", París, 1948, págs. 129-30.
33. E. Boutroux: *De la contingence des lois de la nature*, 1874, 10.ª ed. 1929, pág. 7.
34. *Ibid.*, págs. 146-147.

demás. De sobra sabemos que el problema de la conciencia es el eje sobre el cual gira la filosofía europea desde Descartes hasta nuestros días, y aún prosigue siéndolo. En su admirable *Philosophie* [35] expresa que la conciencia es *trascendencia*, pero, no obstante, no puedo oirla ni como lo que ella es en sí misma, ni tampoco como si fuese un llamado del Más Allá. Mi conciencia me desplaza hacia la trascendencia, mas no por eso dejo de ser quien soy. Esto supone la consiguiente responsabilidad, sin la cual no hay libertad posible; pero la libertad es un riesgo en sí misma, porque deja al hombre en disposición de elegir el camino a seguir, de la manera siguiente:

> [...] El contenido de la propia libertad impulsa hacia la aprobación de la autoridad o a su oposición; probarse uno mismo en esta última es señal de la posible verdad de estos contenidos, sin la cual no podrían distinguirse de cualquier impulso fortuito. La autoridad o bien confirma la fortaleza, o, al contrario, proporciona forma y guía y nos previene de una decisión no razonada (*Beliebigkeit*). Precisamente quien puede sostenerse por sí mismo desea que haya autoridad en el mundo [...] [36]

Ahora bien, existir es a un tiempo creer y desesperar, en agudo contraste con el anhelo de esa paz eterna que anula toda posible desesperación y nos permite la completa presencia de una verdad íntegra.[37] Ahora bien, si falta la trascendencia es preciso indagar por qué se puede querer algo, pues, en tal caso, la voluntad no se corporizaría. Pero, por otra parte, si la trascendencia fuese lo único existente, nuestro querer se reduciría a un simple automatismo; mientras que siendo libre experimento la trascendencia en la *libertad* y por ella. Justamente en el punto de partida de mi propia existencia, donde estoy al abrigo de toda necesidad (Naturaleza y Sociedad), es cuando soy capaz de percatarme de que no soy el autor de mi *yo*. Y concluye Jaspers diciendo que sólo entonces

> [...] soy plenamente yo mismo, y no soy yo solo [...] Dondequiera me halle, en queriendo soy yo mismo verdaderamente, y a la vez me encuentro dado a mí mismo en mi libertad [...] Lo que soy en mí mismo no puedo serlo sólo a través de mí mismo. Puesto que soy eso dentro de mí mismo, soy culpable, y desde que no soy únicamente mediante yo mismo, soy lo que he querido en el sentido de algo que se me confiere; y tan pronto aparto mi yo de la libertad me aparto de la trascendencia cuyo fenómeno evanescente soy *yo mismo en mi libertad*. Decidir respecto de la libertad y la independencia —en contra de toda forma mundanal de realidad, en contra de mi autoridad, no supone que uno vaya en contra de la trascendencia [...] [38]

En fin de cuentas, «[...] la pregunta acerca de si existe la libertad tiene su *origen* en mí mismo, que quiero que la haya [...]»[39] Y, por supuesto, se trata de la libertad existencial; por lo mismo, no es posible adoptar una actitud *objetiva* cuando se interroga acerca de la libertad, pues, en ese caso, sería negativa la respuesta al prescindir del sujeto. Debemos descontar como no reales, en la elección existencial, tanto el resultado de un puro conflicto de motivos como asimismo la ciega sumisión a un imperativo objetivamente

---

35. K. Jaspers: *Philosophie*, "G. Huber-Verlag", Basel und Sttugart, 1960, pág. 272.
36. K. Jaspers: *Vom der Warheit*, "G. Huber-Verlag", Basel und Sttugart, 1961, pág. 799.
37. *Ibid.*, pág. 666.
38. K. Jaspers: "Der philosophische Glaube angesichts der Christlichen Offenbarung", en *Philosophie und Christliche Existenz*, Fetschrift fur Heinrich Barth, "G. Huber-Verlag", Basel und Sttugart, 1960.
39. K. Jaspers: *Philosophie*, op. cit., II, pág. 175.

formulado, porque sólo cuenta (en la elección) el hecho de que yo elijo."
Y por eso Jaspers distingue entre la libertad formal y la trascendental autocertidumbre en la obediencia a una ley evidente. «[...] Sólo en la libertad existencial, que es sencillamente inaprehensible, o sea aquella desprovista de todo *concepto, se lleva a cabo* la conciencia de la libertad [...]» [41] En consecuencia, la libertad absoluta no existe, en tanto que el hombre *se hace* en la libertad.

Para Sartre, la libertad es condición de la acción; por lo que sólo la decisión lleva consigo la libertad. El hombre ha de obrar necesariamente, o sea que ha de elegir entre las infinitas posibilidades en que consiste su vida. En consecuencia, como la elección es libre, el hombre disfruta de una absoluta libertad. Mas la existencia humana es puro *factum*, y, por lo mismo, existe sin razón pero consciente de sí misma. Y como no es posible apelar a ninguna entidad o norma alguna, toda la responsabilidad reside en el hombre. De ahí que nos diga:

> Yo me encuentro solo y en la angustia frente al proyecto único y primero que constituye mi ser; todas las barreras, todos los obstáculos se rompen viabilizados por la conciencia de mi libertad; yo no tengo ni puedo tener recurso a valor alguno, ante el hecho de que soy yo quien mantiene los valores en el ser. Estoy desligado del mundo y de mi esencia, por esta nada que yo soy, y debo realizar, en el sentido del mundo y de mi esencia [...] [42]

Y va mucho más allá al decir esto otro:

> [...] Así enteramente libre [...] Yo debo existir sin remordimiento ni arrepentimiento, como soy, sin excusa; desde el instante en que comienzo a existir, llevo el peso del mundo yo solo, sin que nada ni nadie pueda discutirme [...] [43]

La cuestión subyacente en el tema de la libertad (Sartre) es la de su moral. En *Las moscas* nos presenta al pueblo de Argos sometido a la doble presión religiosa (Júpiter) y político-social (Egisto y Clitemnestra), y a Orestes —quien mata a ambos, sin conciencia del pecado—, burlándose cínicamente de Júpiter, con lo cual cree ser un hombre libre (de acuerdo, desde luego, con la simplista idea de que basta quererlo para ser *completamente libre*). Pero lo que sucede es que Sartre considera que la existencia humana *pone* en el mundo la nada y la aniquilación; pues en tanto que los demás seres no necesitan de nadie para ser, al hombre apenas le basta con todo cuanto lo rodea —tanta es su necesidad. El hombre va haciéndose según vive, o sea que es la suma de sus actos, o lo que es lo mismo, su libertad. El hombre anhela solamente una cosa y ésta es perdurar, en sí y por sí, o sea sin ayuda de nadie, y en esto consiste su definitiva libertad, es decir, su ser. Por lo mismo, estoy condenado a ser libre, es decir, «[...] estoy condenado a existir para siempre, más allá de mi esencia, más allá de los móviles y de los motivos de mis actos: estoy condenado a ser libre. Esto significa que no se le podrían encontrar otros límites a mi libertad que ella

---

40. *Ibid.*, pág. 181.
41. *Ibid.*
42. J.-P. Sartre: *L'être et le néant*, ed. "NRF", París, 1943, págs. 77 ss.
43. *Ibid.*, pág. 641.

misma, o, si se prefiere, que nosotros no somos libres de dejar de ser libres.» [44]

Muy próximo a Sartre, en lo atinente a la cuestión de la libertad, se encuentra su compatriota Albert Camús, para quien la libertad es el *absurdo*. *El mito de Sísifo* lo deja ver claramente, pues para este autor el único sentido que puede encontrar uno en la vida es la *rebeldía*, y añade:

> Antes se trataba de saber si la vida debía tener un sentido para vivirla. Ahora parece, por el contrario, que se la vivirá tanto mejor si no tiene sentido. Ahora bien, no se vivirá ese destino, sabiendo que es absurdo, si no se hace todo por mantener ante uno mismo ese absurdo, puesto de manifiesto por la conveniencia. Negar uno de los términos de la oposición de que se vive es eludirlo. Abatir la rebelión consecuente es eludir el problema. El tema de la revolución permanente se traslada a la experiencia individual. Vivir es hacer que viva lo absurdo. Hacerlo vivir es ante todo contemplarlo. Al contrario de Eurídice, lo absurdo no muere sino cuando se le da la espalda. Una de las únicas posiciones filosóficas coherentes es, por lo tanto, la rebelión. Es una confrontación perpetua del hombre con su propia oscuridad. Es la exigencia de una transparencia imposible [...] [45]

Como Sartre, la libertad no es para Camús un don, ni mucho menos si es Dios quien la da, y dice a este respecto: «[...] No puedo comprender lo que sería una libertad que me fuera dada por un ser superior [...]» [46] Y arriba así a la alternativa difícil de admitir: «O bien no somos libres y Dios Todopoderoso es responsable del mal. O bien somos libres y responsables pero Dios no es Todopoderoso [...]» [47] Pero Camús es sutilmente patético: no hay más salida que aceptar la vida tal cual es, negándola y obstinándose uno en vivirla sin posible consuelo; pues ella es solamente indiferencia y su único horizonte es el *absurdo*. Y concluye con estas desoladoras reflexiones:

> [...] Aquí saco de lo absurdo tres consecuencias, que son: mi rebelión, mi libertad y mi pasión [...] Con el solo juego de la conciencia transformo en regla de vida lo que era invitación a la muerte, y rechazo el suicidio [...] Nuestro destino está frente a nosotros y lo desafiamos, menos por orgullo que por la conciencia que tenemos de nuestra condición intrascendente [...] [48]

Así es toda la concepción de la libertad según Camús, igualmente en *El malentendido*, *Calígula* y, sobre todo, *El extranjero*. Pero, en buena parte, ese pesimismo a ultranza proviene, hasta cierto punto, de una guerra como la de 1938-1945, que puso al desnudo toda la mentira y la inanidad de un mundo que se hunde cada vez más en su propia destrucción. ¿Cómo no esperar, entonces, que Sartre, Camús y muchos más reaccionen en la forma en que lo hacen?

También el ruso Nicolás Berdiaev basa en el existencialismo su idea de la *libertad*. En su libro *Esclavitud y libertad* nos dice lo siguiente: «[...] La personalidad es una categoría axiológica, una categoría del valor [...] El mundo entero no es nada en comparación con la personalidad humana, con la persona única del hombre [...]» [49] Es decir, que, en cuanto persona, el

---

44. *Ibid.*
45. A. Camús: *El mito de Sísifo*, ed. "Losada", B.A., 1950, pág. 49.
46. *Ibid.*, pág. 51.
47. *Ibid.*
48. *Ibid.*, pág. 74.
49. N. Berdiaev: *Slavery and Freedom*, New York, 1944, II.

hombre es incomparablemente valioso si se le compara con el resto de la realidad. «[...] Si el hombre no fuera una persona [...] entonces sería igual que otras cosas en el mundo y no tendría nada de extraordinario. Pero la personalidad en el hombre es evidencia de esto: de que el mundo no es autosuficiente, de que puede ser superado y aventajado [...]»[50] Pues en tanto que la *personalidad* constituye el valor intrínseco, el *individuo* es el valor extrínseco. «[...] Sólo una filosofía existencial, no sociológica o biológica, puede construir la verdadera doctrina del hombre como personalidad [...]»[51] Ahora bien, mientras, por un lado, la personalidad mantiene relaciones externas con otras personas, y esto es siempre *objetivación*; por otro, las relaciones con otras personas pueden ser internas, y esto es *comunión*, la cual es rigurosamente existencial. Ahora bien, las relaciones externas no liberan al hombre, sino, al contrario, lo determinan. En tanto que la comunión, al darse en el mundo existencial, sin conocimiento de objetos, pertenece a la esfera de la libertad.

El filósofo inglés Whitehead nos ofrece una versión suya de la libertad concebida dentro del marco de su idea de que lo real es puro dinamismo. De ahí que el hombre jamás podrá reflexionar acerca de todo cuanto lo rodea sin tener en cuenta, aun cuando se trate de una especulación —no importa cuán simple sea ésta— los esenciales elementos de la *creatividad*, la *novedad* y la *libertad*. Pues el mundo temporal y sus elementos formativos son el todo del universo. Y acerca de esto asevera que: 1) la creatividad es aquello por lo cual el mundo real revela su carácter de acceso temporal a la novedad. 2) El reino de los entes ideales (o las formas) en sí mismo carece de realidad, pero es de tal manera que se ofrece de módulo para todo cuanto sea real, conforme con alguna proporción significativa. 3) La entidad real, pero no temporal, es aquello por lo cual la indeterminación pasa de ser mera creatividad a determinada libertad. Dicha entidad, no temporal pero sí real, es lo que el hombre llama Dios, el supremo Dios de la religión racionalizada.[52]

En cuanto a la relación de la creatividad con la libertad, Whitehead entiende que si la libertad supone la autodeterminación, entonces cada entidad real es instancia de libertad en tanto que ella es *causa sui* o autocreación. «La libertad inherente al universo está constituida por este elemento auto-creador [...]»[53] Por eso mismo, dice nuestro autor que la vida «[...] es desafío a la libertad: permanente entidad que unce cualquier otra de sus ocasiones a la línea de su ancestro [...]»[54] La libertad, pues, está ahí, en forma pre-condicionada, en el más riguroso avance de la libertad creadora. «La cuestión —para decirlo en pocas palabras— es ésta: ¿qué hace la real ocasión subsiguiente con sus oportunidades? Si se limita a reproducir, en forma limitada, el modelo espacio-temporal del pasado inmediato, incluso los objetos eternos hechos por sus antepasados, en su propio modo, entonces la reproducción es casi completamente física, y apenas merece consideración, reduciendo el propio derecho al nacimiento desde la novedad en una unicidad espacio-temporal.»[55]

La libertad, sigue diciendo Whitehead, tiene dos caras: a) libertad *desde*,

---

50. *Ibid.*
51. *Ibid.*
52. A. N. Whitehead: *Religión in the Making*, ed. "McMillan, Co.", New York, 1926, pág. 51.
53. A. N. Whitehead: *Process and Reality*, "McMillan, Co.", New York, 1929, pág. 135.
54. *Ibid.*
55. *Ibid.*, pág. 159.

que, por lo general, mira al pasado, y es negativa; b) aquélla cuya condición es la creatividad que, en su «avance» incesante, sobrepasa sus propias criaturas y aparece en el desarrollo y la concreción de otras. Si la sentimos, la denominamos «temporalidad»; pero, si se le piensa más allá de sus aspectos cualitativos, puede concebirse como «tiempo» o tal vez como el «paso del tiempo».[56] Finalmente, la libertad no es carencia de determinación, sino, al contrario, autodeterminación. Pues una completa falta de determinación es, en todo caso, pura posibilidad. Porque no hay existencia que, en última instancia, no esté determinada. La tendencia habitual es considerar esto como predeterminación; mas sólo el pasado tiene un poder original, y el pasado es únicamente el resultado inmediato.

Veamos ahora lo que nos dice Heidegger con respecto a tan debatida cuestión. En estricta consecuencia con su filosofía *existencial*, el autor de *Ser y Tiempo* ve la libertad como el original desenvolvimiento de la existencia, y, de modo muy llamativo, en la *comprensión* de la propia existencia, como lo primario para lo que él mismo llama la «cura de» o el cuidado que de sí mismo lleva a cabo el hombre, desde el punto de vista ontológico-metafísico. La existencia es, pues, el modo *libre* de ser, porque alberga en sí la posibilidad de varias modificaciones, y, en consecuencia, «[...] cada hombre es su posibilidad, la cual no pone simplemente como si fuese una propiedad, es decir, una cosa cualquiera [...]»[57] De esta manera, la esencia del hombre no es definible atendiendo a lo que él es, mediante los atributos y las cualidades de un animal racional, sino porque el hombre es *finitamente libre*. Puesto que jamás es un *qué*, su esencia radica en su existencia, y esta constitución existencial lo hace libre para ser él mismo de distintas maneras.[58]

Heidegger se vale de dos expresiones: «dejarse» (*Seinslassen*) y «encontrarse» (*Begegnenlassen*) para significar que la mundana existencia finita del hombre (*Dasein*) no es la creación de una existencia infinita, capaz de hacer real y concreta la existencia; ni tampoco, por otra parte, la pura pasividad de lo hecho. Es el espontáneo y activo recibir de lo que está ya ahí, en el curso del cual las cosas se liberan (*Freigeben*) de su existencia,[59] y por eso dice:

> *Aquello que se teme*, lo «temible», es en todos los casos algo que hace frente dentro del mundo, algo de la «forma de ser» o de lo «a la mano», de lo «ante los ojos» o del «ser ahí con». No se trata de señalar ónticamente los seres que pueden ser más o menos veces o todas «temibles», sino de definir fenoménicamente lo temible en cuanto tal [...][60]

Lo antedicho es de fundamental importancia en la indagación del modo «apropiado» del existir, según se ofrece en la Sección Segunda de *Ser y Tiempo*. Pues el miedo como «miedo para [...]» (tal como apunta Heidegger) es el que hace presente al hombre su *libertad para ser su propio yo como posibilidad*.

Otro pensador contemporáneo, el alemán Martín Buber, profundamente preocupado con el problema de la libertad, ha escrito en varias ocasiones

---

56. A. N. Whitehead: *Science and the Modern World*, ed. "McMillan, Co", New York, 1925, pág. 253.
57. M. Heidegger: *Sein und Zeit*, "Max Niemeyer-Verlag", Halle/Saale, 1927, pág. 42.
58. *Ibid.*, pág. 132.
59. *Ibid.*, pág. 30.
60. M. Heidegger: *Sein und Zeit*, "Neomarius-Verlag", Tubingen, 1949, Primera parte, Primera sección, cap. V, parág. 30.

sobre tan delicada cuestión, y es precisamente de uno de sus libros de donde extraemos los comentarios que a continuación se inscriben aquí:

> Libertad. Yo amo su faz iluminadora, que alumbra desde la oscuridad y se extingue, pero hace invulnerable el corazón. Vivo consagrado a ella y dispuesto a defenderla, aunque sólo sea por ese resplandor que dura sólo el tiempo que invierte el ojo en percibirlo. Tiendo mi siniestra al rebelde y mi diestra al herético: ¡adelante! Mas no me fío de ellos, porque saben morir, pero no basta con eso. Amo la libertad, pero no creo en ella, porque no es posible esto último una vez que se le ha visto. Resplandor que supone todo significado, el de una posibilidad grávida de cualquier potencialidad. Desde tiempo inmemorial se viene luchando por ella, y todo en vano [...] Nuestro destino es quebrar las limitaciones, lo cual se lleva como una cruz, y no al modo de una escarapela. Al comprobar el verdadero significado de un ser libre advertimos que toda la responsabilidad personal es la misma que llevaron consigo muchas otras generaciones. Pues la vida libre es una responsabilidad personal, o es una farsa patética.[61]

Mas no sería justo cerrar esta breve exposición de la historia del problema de la *libertad* sin mencionar a un ilustre pensador, el italiano Benedetto Croce, quien fue durante toda su vida un sereno pero incansable defensor de tan precioso elemento humano. De su libro titulado significativamente *Historia como historia de la libertad*, extraemos estas significativas palabras:

> [...] Y en cuanto a lo ideal, se verían en un gran aprieto si se les preguntase por el ideal que ha sustituido, o puede sustituir, al de la libertad. Verían, entonces, que no hay ningún otro capaz de hacer latir el corazón del hombre en su cualidad humana; ningún otro que mejor responda a la misma ley de la vida que es la historia, y que clama por un ideal que acepta y respeta la libertad y está llamada a producir mayores acontecimientos.[62]

Otra cuestión que merece tratarse antes de internarnos en las concretas referencias de Martí a la libertad, es precisamente la del proceso histórico de la *libertad política* en el mundo occidental, pues al *Apóstol* le interesó muchísimo esta cuestión, ya que su vida y su obra estuvieron dedicadas mayormente a la defensa de esa forma de libertad. Mas debe advertirse desde ahora mismo que el uso y disfrute de la libertad política es algo *relativo*, sea cual sea el lugar y la época en que haya podido efectuarse; porque, en efecto, ella se encuentra vinculada siempre, en forma profunda, a la *democracia*, sin la cual no podría expresarse. Ahora bien, por esta última es preciso entender —sin innecesarias sutilezas— la posibilidad de que los componentes de una sociedad puedan intervenir activamente en su gobierno e imponer el criterio que la mayoría considere mejor. En este sentido, cabe decir que son muy contadas las ocasiones en que el poder mayoritario de una sociedad ha conseguido disponer de sí mismo con la máxima libertad que sus propias fuerzas le conceden, y esto es precisamente lo que vamos a descubrir, de modo sumario, en las páginas que siguen.

Una de las expresiones retóricas de mayor fortuna es la que dice que «Grecia ha sido la cuna de la libertad», y, desde luego, así es. Pues hasta el mismo término, democracia (δημοκρατια — δημος, pueblo; κεατος, poder o gobierno) se le debe a ella. Mas es interesante advertir que Aristóteles

---

61. M. Buber: *Between man and man*, ed. "The McMillan, Co.", New York, 1965, págs. 91-92.
62. B. Croce: *History as story of liberty*, ed. "W. W. Norton and Co.", New York, 1941, págs. 59-60.

considera la democracia como perversión de la tercera forma de gobierno llamada por él *politeía* (πολιτεία), es decir, el gobierno compuesto de la mayoría de los ciudadanos libres e iguales, opuesto a las otras dos, que son, respectivamente, la monarquía y la aristocracia. Y llega al extremo de reducir el concepto de democracia al de un *mal* gobierno popular, donde manda la plebe u *oclocracia* (ὄχλος), habida cuenta de la paulatina degeneración de la democracia ateniense, cuya culminación se alcanzó con Pericles. A esta estructura social se le denominó *Ciudad-Estado*, que contempló la periódica reunión de las ciudades, en Atenas en la *Ecclesia*, en Esparta en la *Appella*. Ahora bien, dicha democracia tenía naturalmente sus limitaciones, pues, por ejemplo, Atenas consideraba ciudadano sólo al nacido de padre y madre de dicha Ciudad-Estado y en ella (εξ αυφοῖν ἀστοῖν). Por lo mismo, ni extranjeros, ni esclavos, ni tampoco atenienses que no cumpliesen con los requisitos exigidos (τω γενέιν με καθαροί).

Sin embargo, debe tenerse en cuenta que la democracia ateniense es anterior al gobierno de Pericles, pues aparece al ser derrocado Hipias (el último tirano) en 510 a. de C., debido a que las disensiones entre las familias ricas hizo que una de ellas (los Alcmeónidas), enemiga de la tiranía, aparejase la solución conducente a la democracia. Heródoto[63] dice que el Alcmeónida Clístenes «hizo entrar al pueblo en el consorcio», porque se trataba de la gente pobre, peor mirada por los ricos de lo que lo había sido por la tiranía. La hazaña de Clístenes consistió en derrocar al rey espartano Cleomenes (quien había ido en ayuda de los ricos atenienses) con el apoyo del pueblo. Clístenes aumentó hasta diez el número de tribus (cuatro hasta entonces), reformó el antiguo *Consejo* (obra de Solón) y lo aumentó en cien miembros, con lo cual constaba entonces de quinientos. Con todo esto consiguió imponer una estable unidad interna. Ahora, en dicho *Consejo*, tenían representación todos los ciudadanos atenienses libres, instaurándose así una verdadera democracia. Atenas se lanzó entonces a una política expansionista que la convirtió en la más temida potencia de entonces. Y cuando a Clístenes le sucede Temístocles, a éste Cimón, y, finalmente, Arístides, antes de llegar a la fase más destacada de la democracia ateniense, es decir, bajo la dirección de Pericles, ya aquélla había logrado consolidarse como forma de gobierno.

Este último era un aristócrata, hijo de un héroe ateniense vencedor de los persas en la batalla naval de Micale y conquistador de los Dardanelos. Su madre, Agariste, pertenecía al poderoso clan de los Alcmeónidas y era sobrina de Clístenes. Pericles continuó la carrera de su padre, unas veces al lado de Temístocles, otras de Efialte, y en la lucha contra Esparta consiguió ser designado *General*, cargo que ejerció durante catorce años, hasta su muerte en 429 a. de C. En su formación intervinieron hombres de la talla del músico Damón y el filósofo Zenón de Elea, y a su círculo pertenecían Protágoras y Anaxágoras, y hasta Sófocles había sido su compañero de armas en la guerra contra Samos (441-439). Como gobernante es indiscutible que supo conservar la democracia ateniense llevándola a su posible perfección máxima. Complacía al pueblo, pero imponiéndole sus propias ideas y educándolo políticamente. El historiador Tucídides lo reconoce así, diciendo:

> En tiempo de paz, mientras Pericles estuvo a la cabeza del Estado, lo gobernó sabiamente, vigilándolo de manera segura, y fue bajo su mandato que conoció su mayor apogeo [...]

63. Heródoto: 5.66.2.

Gracias a su autoridad, a su inteligencia y a su conocida integridad, pudo respetar la libertad del pueblo a la par que lo refrenaba. En vez de dejarse dirigir por el pueblo, él lo dirigía; puesto que nunca había buscado el Poder por medios ilegítimos, no necesitaba halagarlo; de hecho gozaba de un respeto tal que podía hablarles duramente y contradecirlos. Siempre que los veía ir demasiado lejos en una actitud de insolente confianza, les hacía tomar conciencia de sus peligros; y cuando estaban desalentados sin motivo importante les devolvía la confianza. De este modo, bajo el nombre de democracia, el Poder estaba realmente en manos del primer ciudadano.[64]

Supo darle al pueblo lo que éste realmente merecía, admitiéndolo en las actividades del Gobierno y en numerosos cargos públicos, que se remuneraban, y la designación mediante sorteo de ciertos cargos hizo que las clases más pobres tuviesen mayor participación en la cosa pública. Regía una absoluta libertad de opinión con respecto a lo que fuese, y esta igualdad era aún mayor al compartir todos los atenienses algunos cargos públicos. Y aunque es cierto que lleva consigo la fea mancha de la esclavitud, no cabe duda de la amplísima libertad que disfrutó el pueblo de Atenas durante sus años de gobierno. Ya sabemos que no puede haber democracia perfecta, pues tal cosa pertenece al reino de lo ideal, pero la ateniense consigue acercársele llamativamente.

Si de Grecia pasamos a Roma vemos que la organización y el desarrollo de la democracia es todavía mayor, al extremo de ocurrir, al cabo de los siglos, algo semejante a lo sucedido en Grecia, pero de mayores proporciones, es decir, que la creciente complejidad de la democracia, debido a su continuo perfeccionamiento, acaba dando al traste con ella. En Roma aparecen inicialmente tres organizaciones destinadas a asegurar el derecho de la mayoría a intervenir en esa *res publica* que acaba siendo la *república*. La primera de ellas es la *comitia* (plural de *comitium*, o sea el primitivo lugar de reunión; del latín *cum*, juntos; *ire*, ir), o sea la asamblea de todo el pueblo, y, por lo mismo, Aulius Gellius[65] dice: «*Ia qui non universum populum, sed partem aliquam adesse jubet, non comitia, sed concilium edicere debet*» (Aquél que ordene la reunión de una parte del pueblo, pero no todo él, debe convocar a un Consejo y no a una Asamblea). En segundo lugar, tenemos el *concilium*, que era el de mayor significación en el caso de cualquier clase de reunión, como al convocar a una determinada parte de la población, por ejemplo, la *plebe*. Y para mencionar la idea de magistrados de cualquier clase, como la de presidente de asamblea, escribíase: «*Magistratus queiquomque comitia comciliumse habebit*».[66] Finalmente, tenemos el caso del *contio* o sea la asamblea convocada por un magistrado (como sucedía con la *comitia*), pero en esta última se trataba solamente de proponerle algo al pueblo y solicitar su parecer, mientras el *contio* servía para informar o para votar, tal como lo dice Aulus Gellius:[67] «[...] *contionem habere est verba facere ad populum sine ulla rogatione*» (*contionem* es hablarle al pueblo sin proponerle ninguna medida a tomar).

La *comitia* original estaba organizada en forma de *parroquia* (*curiae*) y fue denominada después *comitia curiata*. La curia votaba en bloque, de donde surgió el sistema de votación en grupo que se mantuvo hasta el final de las asambleas populares, y estuvo formada probablemente en sus inicios

---

64. Tucídides: 2.65.5.
65. Aulius Gellius: *Noches áticas*, XV, 27, 1-4.
66. *Lex Latina, tabulae Bartinae*, 1.5.
67. Aulius Gellius: *Noches áticas*, XIII, 26.

por los *patricios*, aunque tal vez, al comienzo de la República, incluyese a los plebeyos. Ella originó tanto las *centurias* (*centuriae*) como el ejército (*exercitus*). Ahora bien, esta organización tenía un carácter aristocrático y, en consecuencia, no podía canalizar las aspiraciones de la plebe, la cual logra imponerse para elegir sus propios magistrados, dictaminar en caso de discriminación de la autoridad de éstos y para hacer peticiones a la *comitia curiata* mediante los cónsules y en representación de la plebe. En suma, que la voluntad del pueblo romano se expresaba mediante las distintas asambleas ya mencionadas. Sin embargo, debe tenerse presente que, al final de la República, la *comitia centuriata* acaba siendo pura formalidad, cuya misión fundamental era la de aprobar la *lex curiata* indispensable para ratificar tanto el poder (*imperium*) de los altos magistrados de la plebe como asimismo la potestad (*potestas*) de los de rango inferior. Dicha *comitia centuriata* se convocaba y presidía por los magistrados investidos de poder (*imperium*) y los *censores*, y tenía como atribuciones declarar la guerra y dictaminar en caso de sentencia capital.[68] Todo esto en una población que contaba con 35 tribus y 350 centurias (o sea diez *per capita*), a lo que había que añadir otras dieciocho centurias de caballeros (*equites*), cuatro de *fabri* (jornaleros), una de *proletarii* (proletarios), lo cual arroja un total de ciento noventitrés votos en la *comitia*. Mas queda por mencionar la *comitia tributa* u organismo encargado de poner en vigor las leyes aprobadas por todo el pueblo y que imponía penas pecuniarias. Y el *concilium plebis*, convocado y presidido sólo por magistrados de la plebe, cuyas decisiones o «plebiscitos» (*plebiscita*) eran de forzoso cumplimiento.

Todo lo dicho hasta aquí permite ver hasta qué punto la democracia logró desenvolverse en Roma, cuyo esplendor se alcanza en la dilatada etapa de la República, cuya fase inicial se extiende desde 509 hasta 265 a. de C. La República surge justamente como resultado del creciente predominio de la población mayoritaria sobre la minoría privilegiada, al punto de que la primitiva monarquía queda sólo con el cargo de *rey* en calidad de funcionario eclesiástico (*rex sacrorum*), y los dos cónsules electos anualmente (*praetores*) pasaron a ser depositarios de las antiguas prerrogativas reales, designados por la *comitia centuriata*, aunque por algún tiempo subsistió el organismo de la *lex curiata* (compuesto de treinta miembros) y la suprema autoridad recaía en los magistrados electos por los terratenientes, y tanto esa elección como las leyes acordadas debían sancionarlas los senadores patricios (*patrum auctoritas*). Pero muy pronto comenzó la lucha entre patricios y plebeyos, que iba a durar más de dos siglos. Ahora bien, tanto unos como otros eran *ciudadanos*, pero en tanto que los primeros podían tomar parte en el Consejo de los *patres* y de ellos era exclusivamente el culto oficial, la plebe o multitud (πληθος) no procedía del patriciado, por lo cual, si bien eran ciudadanos con derechos civiles y voto en las asambleas de la curia, estaban excluidos de los altos honores y no podían contraer matrimonio con los patricios. La plebe luchaba, sobre todo, por su vida y por su libertad, combatiendo la despótica autoridad de los magistrados patricios. Sin embargo, consiguieron mediante la ley *Valeria*, que no se pudiese dictar sentencia de muerte contra ningún ciudadano romano sin previa apelación ante la asamblea de las centurias. En un esfuerzo posterior la plebe obtuvo el derecho de elegir sus propios magistrados (*tribuni plebis*), que fueron, sucesivamente, dos, cinco y, finalmente, diez. Tales magistrados tenían como única autoridad proteger al plebeyo; institución que llegó a ser formidable

---

68. Cicerón: *De Legibus*, III, 4, 11.

en Roma, aunque más tarde se alcanzó el compromiso que establecía la igualdad —con respecto a las leyes— entre patricios y plebeyos, lo que acabó dando al traste con los *decenviros*, aumentando considerablemente el poder de la plebe.

Las leyes valerio-horacianas mejoraron la posición de las asambleas cuando se creó el *plebiscito*, que, dicho sea de paso, aumentó el poder de los tribunos. A esto siguió el *plebiscitum* de 445 a. de C., legalizando el matrimonio entre patricios y plebeyos y poniendo fin de este modo al exclusivismo del patriciado. También se consiguió que el oficio de *cónsul* quedase abierto a los plebeyos. Mas como se estaba ya en el proceso ininterrumpible de una apertura cada vez más democrática, en 377 a. de C. Cayo Licinio Stolo y Licinio Sexto propusieron estas otras medidas que fueron, por supuesto, aprobadas: a) elección de tribunos consulares en lugar de cónsules; b) que hubiese al menos un cónsul plebeyo; c) que se aumentase hasta diez el número de miembros del *Sacro Colegio* y que la mitad de éstos fuesen plebeyos; d) que nadie pudiese poseer más de quinientos acres de tierra; e) que se empleasen tantos hombres libres como esclavos en las faenas agrícolas. De esta manera, de un triunfo en otro, en 356 a. de C. apareció el primer plebeyo *dictador*, y en 350 a. de C. llega la plebe a los cargos de *pretor* y *censor*. Finalmente, en 300 a. de C., la ley *Ogulmia* abrió a la plebe el Sacro Colegio de los pontífices y augures, alcanzándose, por parte de la plebe, la completa independencia legislativa en 287 a. de C.

Vino luego esa etapa de conquistas (hacia el este y el oeste) que se extendió desde 265 a. de C. hasta 146 a. de C. A lo que subsigue el «período de la revolución» (146-4 a. de C.), caracterizado por el establecimiento de una democracia moderada, que señala la extinción del patriciado como clase privilegiada y sin orden nobiliario admitido constitucionalmente. El Senado y otros cargos estatales quedaron abiertos a todos los ciudadanos. Sin embargo, la Constitución se había convertido en oligarquía, pues el Senado y no la Asamblea era quien gobernaba, al extremo de que Senado y nobleza desafían la ley y se arrogan los títulos y privilegios de la antigua nobleza, y casi siempre se decidía acudiendo a un *senatus consultum* y no al pueblo. Pero ya para entonces Roma había dejado de ser una Ciudad-Estado y se convertía más y más en el enorme imperio que llegó a ser en definitiva. Por otra parte, la influencia griega aparejada por la conquista de la Hélade se tradujo en un cambio negativo en las austeras costumbres prevalecientes hasta entonces en la República, como, por ejemplo, el lujo exagerado, las fabulosas fortunas y, también, las escandalosas quiebras. Al generalizarse la corrupción aparejó la doble crisis económica y moral que condujo, directa e inmediatamente, al *absolutismo* político que puso fin a la democracia romana, sustituyéndola por el despotismo imperial.

A la caída del imperio romano desaparecen los últimos restos de la democracia republicana, y si decimos así es porque, en parte por necesidad y en parte por la fuerza indiscutible de la tradición, el absolutismo cesarista de los Emperadores no pudo extirpar completamente sus instituciones. El feudalismo, que se apodera de Europa durante un milenio aproximadamente, hizo imposible hasta la más débil manifestación del espíritu democrático. Luego, en las llamadas *repúblicas italianas*, particularmente en el caso de Florencia y Venecia, si bien se alcanza algún desarrollo virtualmente democrático en las siempre tensas relaciones del noble y el burgués, prevalece un clima de tiranía basado en la corrupción política y la ambición de las familias prominentes de ambas ciudades, que se denominan pomposamente a sí mismas *República*, mas sin ninguna de las características de dicha institución política. No obstante, tal como lo expresa el historiador Burckhardt, hubo cierta preocupación por el bienestar general. «[...] El cuidado de la gente, tanto en la paz como en la guerra, fue característico de ese Gobierno [Venecia] [...] Las instituciones públicas de todo género hallaron en Venecia su modelo; se efectuaba sistemáticamente el pago de pensiones a los sirvientes ya retirados, así como a viudas y huérfanos [...]»[69] Sin embargo, la cuestión política les era totalmente indiferente, como apunta el historiador italiano Sabellico: «[...] Cuando les preguntaba a los caballeros venecianos que acudían a sus clases del Tívoli qué pensaba la gente, decía y esperaba respecto de tal o cual movimiento político en Italia, a un mismo tiempo respondían que nada sabían acerca de ese asunto [...]»[70] Florencia, por su parte, muestra entonces un desarrollo mucho mayor que el de Venecia con referencia a la democracia. «[...] En la historia política de Florencia, que en este sentido merece el nombre del primer Estado moderno en el mundo, se dan cita el pensamiento político más elevado y las más variadas formas del desarrollo humano. Aquí todo el pueblo tiene que ver con lo que, en las ciudades regidas despóticamente, es cosa de una sola familia [...]»[71] Mas acudamos a esos contemporáneos de Maquiavelo como son Jacobo Pitti, Guiciardini, Segni, Varchi y Vettori, y se verá que ya Florencia había dejado de ser ese lugar ideal de la democracia. Maquiavelo mismo es testigo de excepción, lo mismo que Savonarola.

En el resto de Europa nada hay remotamente parecido a la democracia hasta el advenimiento de la Revolución Francesa, con la excepción de Inglaterra, aunque debe mencionarse también la República patricia establecida en Holanda en 1576, después del sitio del duque de Alba y bajo el liderazgo de la Casa de Orange, con unos Estados Generales mucho menos representativos de lo que fue el Parlamento británico. La tradición inglesa respecto de la democracia comienza con la *Carta Magna* que la rebelión de los barones obtuvo del rey Juan en 1215. Mas la lucha abierta en defensa de la democracia se inicia en tiempos de Enrique VII y Enrique VIII, así como de sus sucesores Eduardo VI, María e Isabel, porque éstos pretendían convertir a Inglaterra en monarquía absoluta. Y alcanza su culminación en 1625, tras la muerte de Jaime I y la ascensión al trono del heredero Carlos I, cuyos continuos y lamentables desaciertos concluyeron en su decapitación en Londres, condenado por tirano, traidor, asesino y enemigo de su patria. Fue Oliver Cromwell, oscuro personaje emergido del pueblo, quien condujo victoriosas las tropas enemigas del rey hasta lograr el establecimiento de una *República* que proclamó que el pueblo, bajo Dios, es el poder original y justo, y la Cámara de Diputados de Inglaterra el poder supremo de la nación, lo cual, aunque casi enseguida el país regresó a la monarquía, se ha mantenido intocado.

La Revolución Francesa es el acontecimiento de mayor significado por sus repercusiones en Europa y América, así como, por supuesto, por el cambio que aparejó en Francia. Tras el colapso económico de 1787 sobrevino la convocatoria de los llamados *Estados Generales*, que se componían de la nobleza, el clero y el pueblo llano; asamblea que en el Juramento solemne del «Juego de Pelota» acordó darle una Constitución democrática al pueblo francés. A lo cual siguió la toma de la Bastilla en 1789 y la abolición, por

---

69. J. Burckhardt: *The Civilization of the Renaissance in Italy*, "Harper and Row", New York, 1965, pág. 85.
70. Sabellico: *Epístola*, libro V, folio 28.
71. J. Burckhardt: *The Civilization of the Renaissance in Italy*, op. cit., pág. 85.

acuerdo de la Asamblea, de toda servidumbre y todo privilegio, la exención de impuestos, diezmos y juicios feudales, y que culminó en la famosa *Declaración de los derechos del hombre y del ciudadano*, que aparejó, entre otras considerables mejoras, la supresión de la tortura, el encarcelamiento arbitrario y la persecución por herejía. También se confiscó la fabulosa riqueza de la Iglesia y se puso a disposición del Estado, amén de hacer electiva la designación de obispos y sacerdotes. Pero entonces las cosas comenzaron a presentarse en forma que tendía a amenazar cada vez más a la Revolución, a partir del conflicto entre las Asambleas Nacional y Legislativa, que debía sustituir a la primera. Ambas acabaron vencidas por la feroz *Comuna jacobina*, instalada en el *Hôtel de Ville*, compuesta casi toda de intransigentes asesinos, enemigos de la libertad, como, por ejemplo, Marat y Robespierre. Así dio comienzo el reinado del *Terror*, que sólo en los primeros quince meses envió a la guillotina a dos mil seiscientos franceses, desde los reyes y muchos nobles, pasando por hombres de la talla de Lavoisier, Condorcet, Dantón, Saint-Just y Hébert, hasta humildes obreros y campesinos, en cuyo nombre se hacía la «revolución». Felizmente, en 1794, el asesino Robespierre cayó también bajo la infame cuchilla, poniéndose fin así al *Terror*. Pero la democracia había sido severamente dañada, pues más allá de la letra no existía ni garantía ni seguridad para la vida de nadie. De traspiés en traspiés Francia republicana acabó en el *Directorio* (1795) que abrió las puertas de la Historia a la etapa napoleónica. Basta con una ojeada a los sucesos de esta época para concluir que de las grandes conquistas democráticas quedó muy poco. Designado Primer Cónsul, Napoleón Bonaparte podría ser reelecto o reemplazado al cabo de diez años. En su gestión gubernativa lo ayudaría un *Consejo de Estado* (designado por él mismo), que iniciaría la legislación enviando sus propuestas a otros dos organismos, el *Cuerpo Legislativo* y el *Tribunado* (con voz pero sin voto), y cuyos miembros serían escogidos por un Senado surgido de una clase especial (los «notables» de Francia), electos a su vez por «notabilidades» de los Departamentos, y éstos por los «notables» de la Comuna, que, en definitiva, lo serían por los electores comunes; sufragio, este último, universal. Y que era lo único subsistente de la democracia. Francia tendría que aguardar un largo rato (hasta 1848) para ver restaurada la democracia en la forma que, con sus altibajos, ha subsistido hasta ahora.

Por lo que hace al resto de Europa, mientras los Países Bajos, Suiza y las naciones escandinavas iniciaron ya en el siglo XIX el camino seguro y estable de la democracia, España (donde la libertad ha sido siempre accidental), Italia (hasta su total liberación en 1861), Alemania, Austria y Hungría, los Balkanes y Rusia (tierra de toda barbarie y madre nutricia de todo despotismo), carecían de democracia. La primera guerra mundial aparejó la democratización de Austria, Polonia y Alemania, las cuales regresaron poco después al despotismo bajo los nazis. Al finalizar la segunda guerra mundial, como sabemos, Alemania quedó dividida en dos (una democrática, la otra no) y la tiranía soviético-marxista ha creado ese artificial conjunto de «Estados» vasallos carentes también de libertad y, por lo mismo, de democracia. Mientras España y Portugal quedaban sometidas a sendas dictaduras de derecha (Franco y Salazar) durante más de tres décadas, y aunque de poco tiempo a esta parte han visto restaurada la democracia, sólo el tiempo dirá cuál será el ulterior destino de la democracia en ambos países.

En Hispanoamérica, si bien desde comienzos del siglo XIX la mayoría de los países obtuvo su independencia del nefasto e inútil régimen colonial de España, la democracia ha sido suprimida unas veces, otras gravemente alterada en su esencia, a causa de ese *individualismo hispánico*, inepto en todo cuanto se refiere a la convivencia dentro del *status* jurídico digno de llamarse democrático. En este momento (1978) y desde hace ya veinte años, el pueblo cubano padece una de las más horrendas tiranías jamás vista en América. Y mientras países como Panamá, Jamaica, Guayana, etc., son ya la presa del comunismo; otros, como Argentina, Chile, Uruguay y Paraguay se han visto obligados a suprimir temporalmente algunos derechos civiles y políticos (eso sí, en la menor cuantía posible), a fin de evitar que se produzca su caída en manos de la hez montonera y otras del mismo cuño.

La fundamental preocupación de Martí con respecto a la libertad es *política*, porque, indudablemente, si esta última existe y opera con la eficacia con que debe hacerlo, las demás libertades lo harán igualmente, ya que de estar regida una sociedad por normas del más estricto derecho, el ciudadano se ve respaldado en todo cuanto le corresponde como *persona*. El *Apóstol* contemplaba con gran aprensión la falta de libertad dondequiera que fuese, y, claro está, en el continente americano de modo muy especial. Sabía además —de ello estuvo muy percatado siempre— que hay también esa manera «virtual» (oblicua) de atentar contra la libertad mediante la opresión que lleva a cabo el poder económico, sobre todo, en Estados Unidos, donde vemos a las grandes corporaciones contra el pueblo, el blanco adinerado y prejuicioso contra el negro, el político falaz adueñándose del elector necesitado o desesperanzado hasta la degradación moral, y así sucesivamente, todo lo cual es una ostensible merma plural de la libertad. Además —también en el caso de los Estados Unidos—, la esclavitud, debelada en apariencia, seguía sometiendo al negro a la forzosa tutela blanca. Y en cuanto a Hispanoamérica basta con citar palabras de Martí como las siguientes: «[...] Las repúblicas han purgado en las tiranías su incapacidad para conocer los elementos verdaderos del país, derivar de ellos las formas de gobierno y gobernar con ellos [...]» (K-88) Es la preocupación constante del *Apóstol* la que vamos a sorprender en esa multitud de citas a punto ya de aparecer a continuación.

La *libertad de Cuba* condensa y expresa toda la obra de pensamiento y acción de Martí: en consecuencia, dos cuestiones le son primordiales, es decir, la *libertad* y la *Patria*. Por ambas, para ambas, vivió y murió, al coronar, como se sabe, su breve y dramática existencia con la entrega total y decisiva a la más sacrosanta de las causas: el amor a la tierra donde se nace; pues de ella brotan esos otros amores de padres, hijos, hermanos, cónyuges, semejantes, etc. Pagó por ella el precio más alto, volviendo a la tierra de donde había salido, envuelto en la sangre que bullera largos años en la espera y la esperanza de verla libre. Pero, además, la libertad es para él algo así como la esencia de la humana personalidad, porque, sin duda alguna, no se es cabalmente *hombre* si se carece de libertad o ésta es mermada considerablemente. Libertad, para el *Apóstol*, es como decir *dignidad*, y tan es así que quien priva de ella al semejante se convierte en un ser indigno, pues la ausencia de libertad es la muerte moral del hombre. De ahí la enorme batalla librada por el tesonero luchador que es Martí en nombre de la libertad, es decir, en defensa de todo cuanto debe ser libre, sin excusa alguna. Libertad individual y libertad colectiva, es decir, del hombre y el pueblo; del pensamiento, el sentimiento y la voluntad. Libertad, en fin, de esa expresión conjunta que es el espíritu del hombre. Y todo esto lo descubrimos constantemente en la preciosa cantera de su obra pensada. Tantas veces, que hemos debido escoger sólo unas ciento dieciocho de ellas como incitante motivo de meditación, habida cuenta del momento actual, cuando la libertad se encuentra amenazada en todas partes, y ¡especialmente! cuando falta por completo en nuestra tierra. A los efectos de dar mayor claridad a estas meditaciones, tal como se ha hecho en los capítulos anteriores, nos ha parecido conveniente descomponer esa masa de pensamientos sobre la libertad en la forma que se presenta a continuación. Pues, de esta manera, el enfoque de lo dicho por el *Apóstol* sobre ella tendrá mucho mayor resalte ante los ojos del lector, porque cada una de esas cuestiones aquí propuestas aparece referida a algo concreto, sea el hombre, sea la sociedad.

La *libertad*
1) El «ente» de la libertad
2) Hombre y libertad
3) Pueblo y libertad
4) Urgencia de la libertad
5) Tiranía y libertad
6) Libertad como religión
7) Cuba, Norteamérica y la libertad

Martí concibe la libertad desde el punto de vista de una significación general, o sea abstractamente, como *ente*, o sea en la forma de aquello que, sin dejar de ser ideal, opera, no obstante, en la realidad concreta, tanto individual como social. Entitatividad que, sin dejar de hallarse presente en el individuo y en la sociedad, jamás se confunde con nada particular de uno y otra, sino, por el contrario, mantiene siempre su autónoma condición de símbolo, en la misma relación del *valor* con lo valioso, en quien se aloja mas no se disuelve ni se deja sustituir. En consecuencia, Martí habla de la *libertad* en diversas ocasiones suponiéndola como algo susceptible de absoluta generalización (de ahí su indudable significado «óntico», o sea lo que tiene de *ente*), al modo como puede hablarse igualmente de *la* moral, o *del* derecho, o de *la* belleza, etc. A ella nos referimos constantemente, cual si fuese una realidad *sui-generis* que nos enfrenta y, por lo mismo, es común patrimonio referencial. Su «personificación», diríamos, se ofrece en ese aludido carácter «entitativo» de la misma, tal como se ve en esta descripción que hace de ella el *Apóstol*:

> No hay cosa más escurridiza y viscosa que la Libertad. Dama de gran valer, se enoja de que un solo momento la descuiden. Quiere plática que la entretenga, celo que la estimule, culto que la halague [...] (K-42)

Como igualmente esta otra:

> [...] la libertad, a cuya colosal estatua la mano pertenece, quisiera, vuelta a su cuna, mostrar a los moradores de lo alto, que lleva luz que guía, y no acero que mata, en sus potentes manos [...] (K-22)

De esta manera, la susodicha «personificación» prosigue su curso, entre las reflexiones martianas, pero variando de motivo según se interna el escritor en tal o cual preocupación. Unas veces es el pensamiento de la perseverancia con que se mantiene viva esa seguridad en ella misma: «[...] la libertad, que tiene fe en sí, aguarda [...]» (K-26), o sea que ella jamás deja de ser exactamente lo que es; o aquel otro destinado a poner de relieve la infaltable presencia de dicha entidad en hombres y pueblos: «Todos los reyes pierden sus ejércitos: la libertad jamás perderá el suyo [...]» (K-30), pues, en efecto, ella seguirá siendo el afán fundamental del ser humano. Mas, por lo mismo, es indispensable mantener el empeño de contar con ella, siempre y en todo momento, porque su «presencia» requiere nuestra inagotable apelación. En consecuencia, dice Martí: «La libertad ha de ser una práctica constante para que no degenere en una fórmula banal [...]» (K-43); así, «[...] a pesar de todos los gusanos que le nacen en sus llagas, la libertad tiene poder vivificante, que lo refresca, sana e ilumina todo [...]» (K-62), por lo que «[...] la dicha no es más que la libertad bien administrada [...]» (K-98) En efecto, un poco a la sombra del estoicismo puede pensarse que el dominio de nuestras pasiones, graduando la voluntad con que ellas actúan, conduce al aminoramiento del error, fuente casi siempre de nuestras desdichas.

Por otra parte, el *Apóstol* vio siempre a la libertad como lo opuesto al egoísmo y el aprovechamiento de unos hombres sobre otros. Su cometido es juntarlos, en equitativo consenso, donde si prevalece algo ha de ser el desinterés y jamás la codicia o la ambición; pues ¿cómo podría darse la libertad allí donde unos hombres recortan, en su beneficio, el derecho de otros? «La libertad, siempre apetecible, lo es más cuando por el amor y el ejercicio de ella se juntan los hombres que en la libertad misma suelen criar razones para su discordia [...]» (K-97) Sí, es cierto; es la seguridad de la libertad disfrutada lo que tal vez lleva a creer en su imposible extinción. Y la triste experiencia de estos años lo comprueba cabalmente. En consecuencia, como los hombres tienden —dice Martí— a ir en el bando de los que aman y construyen, o en el opuesto de quienes odian y destruyen, la libertad se ve constantemente sometida a una experiencia tanto como a la otra; de cuyo conflicto sobreviene esa continua y azarosa contienda en su defensa, es decir, la del amor y la edificación:

> [...] Unos hombres piensan en sí más que en sus semejantes, y aborrecen los procedimientos de justicia de que les pueden venir incomodidades o riesgos. Otros hombres aman a sus semejantes más que a sí propios, a sus hijos más que a la misma vida, al bien seguro de la libertad más que al bien siempre dudoso de una tiranía incorregible, y se exponen a la muerte por dar vida a la patria [...] (K-93)

De todo esto se infiere que la libertad está ahí, en el mundo, sólo para una cosa: para hacer de ella el único uso legítimo, es decir, su conservación mediante la simple pero difícil tarea de no convertirla jamás en exclusivo usufructo y, por lo mismo, «[...] se puede defender la libertad, pero de la defensa de ella no se ha de sacar pretexto para vivir de tábano o de turiferario [...]» (K-114), es decir, de parásito o de adulón. Mas si, como se ha dicho antes, la libertad es una *entidad*, tal fundamental característica choca inevitablemente con su posesión, a título de exclusividad, por parte de quien sea. Y en el caso de una pluralidad de hombres detentadores de la libertad en nombre de ella, la cosa es aún peor. «[...] Siempre es desgracia para la libertad que la libertad sea un partido [...]» (K-12) Sí, en efecto, porque un partido es un conjunto de seres humanos que, desdichadamente, tiende a incluir a los demás en su grupo imponiéndoseles, de buen grado unas veces, por la fuerza otras, tal como, sobre todo en nuestros tiempos, suele ocurrir. El «partidismo» choca siempre con la libertad individual, pues, hasta en sus más leves consecuencias, tiende a coartar dicha forma de libertad. De ahí, también, ese constante riesgo de la relación vencedor-vencido, de antiguo lastrada con los vicios más nefandos (muerte, despotismo, esclavitud, subestimación y otros). En consecuencia, dícenos el *Apóstol*:

[...] La libertad no es una bandera a cuya sombra los vencedores devoran a los vencidos y los abruman con su incurable rencor: la libertad es una robusta loca que tiene un padre, el más dulce de los padres —el amor, y una madre, la más rica de las madres— la paz [...] (K-28)

La libertad, por tanto, sólo puede y debe ser *amor* y *paz*, porque únicamente de ese modo es, en todo instante, la autónoma determinación individual que decide sólo por sí misma ateniéndose a lo que dispone su voluntad. «[...] No: no hay perdón para los actos de odio. El puñal que se clava en nombre de la libertad, se clava en el pecho de la libertad.» (K-34); así nos lo dice Martí; y de ahí que si bien hay guerras justas y necesarias (él mismo llevó a cabo una de ellas), hay que desconfiar siempre de la violencia, aun cuando sea imprescindible, y, en consecuencia, el *Apóstol* se refiere a «[...] la espada de la libertad —que no debiera, por cierto, llevar jamás espada [...]» (K-39) Pues Martí cree profundamente en la inigualable positividad de la paz como único modo de obtener la felicidad del hombre. Siguiendo en esto a Vives, el *Apóstol* deplora la discordia y aplaude la concordia, y exclama: «[...] La libertad es un premio que la historia da al trabajo. No puede ser que se entre en el goce útil de una recompensa, sin haberla antes merecido por una labor sólida y útil [...]» (K-)

El hombre que habla de este modo viene siendo, en todo momento, un perseguido político, errante de un sitio a otro del planeta. Desterrado de su Patria, tampoco halló comprensión a sus afanes libertarios en España (el sitio menos adecuado para descubrirla), y al emigrar a México, como más tarde a Guatemala, y después, por breve tiempo, a Cuba, comprobó que tampoco en ninguno de esos lugares podría encontrarla, por lo que hubo de marchar a los Estados Unidos donde la relativa indiferencia de las autoridades permitía conspirar siempre que tan patriótico y moral quehacer no interfiriese los planes expansionistas norteamericanos. Así es posible explicarse el desolador estado de ánimo de Martí al presenciar en New York los festejos inaugurales de la *Estatua de la libertad* situada a la entrada de la bahía de esa ciudad en 1887. Monumento, como se sabe, donado por el pueblo de Francia, entonces en pleno disfrute, si no de toda su soberanía (las segregadas provincias de Alsacia y Lorena), al menos de los derechos civiles y políticos de los ciudadanos. Obsequio hecho a otro pueblo (Estados Unidos) donde —no obstante sus notorios defectos— también existía el máximo estado de derecho, sobre todo, si se le compara con el lamentable espectáculo que ofrecía gran parte del mundo de esa época, como era el caso de Cuba, ignominiosamente sometida a la tiránica y corrompida explotación colonial ejercida allí por España. Todo esto explica que el proscrito José Martí, ausente de su Patria amada en momentos en que no brillaba ni el más leve rayo de esperanza de una independencia capaz de poner fin a tanto mal, dejase escapar, de lo más profundo de su agobiada intimidad, este trémolo:

Terrible es, libertad, hablar de ti para el que no te tiene. Una fiera vencida por el domador no dobla la rodilla con más ira. Se conoce la hondura del infierno, y se mira desde ella, en su arrogancia de sol, al hombre vivo. Se muerde el aire, como muerde una hiena el hierro de su jaula. Se retuerce el espíritu en el cuerpo como un envenenado.
Del fango de las calles quisiera hacerse el miserable que vive sin libertad la vestidura que le asienta. Los que te tienen, ¡oh, Libertad! no te conocen. Los que no te tienen, no deben hablar de ti, sino conquistarte. (K-67)

Pues muy percatado estaba el *Apóstol* de que la libertad es *hacer* y no hecho, proceso y no resultado. Que por mucho que se manifieste no lo hará jamás en toda su plenitud ni en tiempo ni en espacio. Bien es cierto que en los Estados Unidos había libertad, pero no toda cuanto debe ser: ahí estaba el negro, libre en apariencias; el pobre, sometido al poder del rico, y así sucesivamente, de modo que aún quedaba mucho por hacer en este sentido. Y, además, se corría siempre el riesgo de que los vencedores —fuese la justa que fuese— debilitaran o encogieran el alcance de la libertad. Por eso mismo, Martí exclama: «¡Tienes razón, Libertad, en revelarte al mundo en un día oscuro, porque aún no puedes estar satisfecha de ti misma!» (K-68) Mas ella es soberana, y si acaso se le niega o desacata (no importa cómo se haga), tal cosa es siempre pasajera, porque el hombre, esencialmente el ser libre, jamás renuncia definitivamente a su posesión; pues el simple hecho de buscarla confirma su atinencia con respecto al hombre. Así lo ve claramente el *Apóstol*, al decir: «¡Tu sombra, pues, oh libertad, convence: y los que te odian o se sirven de ti, se postran al mandato de tu brazo!» (K-69)

Pasemos ahora a examinar la cuestión de las relaciones del hombre con la libertad; mas no sin antes insistir en lo ya dicho acerca de que aquél es el depositario de la libertad, y, por lo mismo, al serlo con absoluta exclusividad, todo cuanto ella supone lo afecta a él decisivamente. Tan así es que Martí asevera lo siguiente: «La libertad es una fuerza espontánea: se la desarrolla, no se la comprime.» (K-2) En consecuencia: «[...] La libertad y la inteligencia son la natural atmósfera del hombre.» (K-15) Ambas locuciones muestran que él reconoce la naturaleza congénita de la libertad en el ser humano, o sea que nace en ella, con ella y, claro está, para ella. Triple disposición que no es ocioso destacar y hasta comentar, pues, en efecto, si algún ser surge a la vida y a la existencia en el ámbito funcional de la libertad, ése es el hombre; pues únicamente surgiendo en ella, como concreta expresión de la misma, es que se puede ser libre de veras. De ahí que, al hacerlo, lo hace al mismo tiempo *con* ella, en el sentido de que no se trata de un «salir de», apartándose de aquello de donde se nace. Muy por el contrario, es peculiarísima condición de la libertad ser a la vez madre y compañera de quien de ella surge, es decir, de todo hombre; esto, desde luego, aunque después, por diversas causas, pueda llegar a carecerse de libertad, que será «exterior» y jamás «interior», porque de esta última nunca se carece. Tan percatados están de esto último los malvados totalitarios que han llegado al extremo de utilizar ciertas drogas capaces de aniquilar la mente humana, destruyendo de este modo la libertad «interior», mas también de paso al ser humano, a quien reducen a la condición de autómata. He ahí por qué el hombre, además, *nace* para ella, pues sólo dejando de ser hombre, es decir, si pasa a la condición de cosa, es que desiste de vivir *para* la libertad. En consecuencia:

> [...] La independencia es condición de esencia de la vida: todo sea libre, sin más esclavitud que la de la lógica en la vida literaria y en la vida real la del deber. (K-10)

Mas, como acabamos de decir, hay una íntima y eficaz relación de la libertad con la inteligencia. Pues tal como se acaba de decir, sólo matando la inteligencia es posible anular la libertad, porque, mientras subsiste la conciencia, el hombre se percata de la necesidad de una autonomía mediante la cual su vida posee una finalidad, o sea que no está atrapado, sin solución de continuidad, en una cadena causal dueña y señora de sus actos. Martí lo resume admirablemente, diciendo: «[...] El ejercicio de la libertad fortifica: el cultivo de la inteligencia ennoblece [...]» (K-6) Pero bien sabemos que muchas veces el hombre hace de lobo de su hermano, porque proyecta su inteligencia hacia el mal, dando rienda suelta a las peores pasiones como son la codicia, la envidia, el rencor, la vanidad, y así por el estilo. «[...] ¿Quiénes son los soberbios que se arrogan el derecho de enfrenar cosa que nace libre, de sofocar la llama que enciende la Naturaleza, de privar del ejercicio natural de sus facultades a criatura tan augusta como es el ser humano? [...]» (K-36) Así habla el *Apóstol* refiriéndose a quienes cometen ese crimen de lesa humanidad. Y agrega:

> [...] ¡Reo es de traición a la Naturaleza el que impide, en una vía u otra, y en cualquiera vía, el libre uso, la aplicación directa, y el espontáneo empleo de las facultades magníficas del hombre! (K-37)

Confortador resulta en nuestro tiempo, cuando pulula la vocación a la tiranía y al despotismo, leer —como si se escuchasen todavía de viva voz— esas palabras que son la cálida defensa de la libertad del hombre. Se siente como si hubiese aún en el mundo una sana decisión de defenderla contra todo intento de dañarla. Sobre todo, la tarea, hoy urgente, de exhortar a esa defensa que en buena parte consiste en una constante precaución, a fin de no dejarse sorprender por la perfidia que acumula sin descanso todo el fango posible a fin de sepultar en él a la libertad. «Ni de las riendas de su caballo debe desasirse el buen jinete; ni de sus derechos el hombre libre. Es cierto que es más cómodo ser dirigido que dirigirse, pero es también más peligroso. Y es muy brillante, muy animado, muy vigorizador, muy ennoblecedor el ejercicio de sí propio [...]» (K-25) La espontaneidad de la libertad no es nada gratuito o accesorio, sino, por el contrario, la razón de ser de nuestra existencia. Pues mientras los seres inorgánicos, las plantas y los animales están sometidos siempre a una total «dirección» y no requieren de la libertad (es más, ésta los aniquilaría), el hombre, por el contrario, no podría subsistir sin ella. He ahí por qué dice el *Apóstol* lo que se expresa a continuación:

> [...] Sin libertad, como de aire propio y esencial, nada vive. El pensamiento mismo, tan infatigable y expansivo, sin libertad se recoge afligido [...] Como el hueso al cuerpo humano, y el eje a una rueda, y el ala a un pájaro, y el aire al ala, así es la Libertad la esencia de la vida. Cuanto sin ella se hace es imperfecto, mientras en mayor grado se la goce, con más flor y más fruto se la vive. Es la condición ineludible de toda obra útil. (K-46)

Vida y *libertad* son, pues, términos sinónimos en cuanto están referidos al ser humano; de ahí la importancia atribuida, con toda legitimidad, a dicha relación; lo cual se comprueba en el ininterrumpido examen de la misma, a lo largo del tiempo. No es, en consecuencia, cuestión ociosa, sino que la misma supone nada menos que la posibilidad de nuestro vivir. Tan claro lo ve Martí que, en especialísima ocasión, exclama: «[...] Sólo con la vida cesará entre nosotros la batalla por la libertad [...]» (K-81) Aunque se refiere al caso concreto de la lucha por la libertad de Cuba, esto podría aplicarse igualmente a lo que venimos comentando, pues el hombre ha de luchar constantemente (debido a plurales causas) en defensa de su libertad, que es como decir de su vida. Pero, eso sí, continuo quehacer únicamente justificable cuando la libertad propia es señal inequívoca de respeto y adhesión a la ajena. Porque, además, la libertad individual es, bien mirada la cuestión, la libertad de otros; pues ser libre para uno mismo exclusivamente carece de sentido, porque nadie puede vivir aislado de los demás. «[...] Se es libre, pero no para ser vil; para ser indiferente a los dolores humanos [...]» (K-105) Porque hay una *solidaridad* profunda entre los seres humanos, que viene precisamente de la común fuente de la vida, por lo cual la conducta humana ha, por fuerza, de ser la misma para todos en multitud de detalles inherentes al riguroso carácter convivencial de las sociedades; mas esto no impide la *espontaneidad* que determina en cada quien ciertas peculiares formas de manifestación. Martí advierte dicho contraste y lo expresa de este modo:

> No hay contradicción entre reconocer las leyes generales que se deducen de la observación de los actos de los hombres, y la hermosa majestad, originalidad fructífera y fuerza propia y personal que hace interesante, novadora y sorprendente la persona humana. (K-55)

La libertad, pues, cuando se la mira desde el ángulo de las relaciones interhumanas, sólo puede ser *bondad*, o no es nada. En forma alguna se podría pensar que el hombre es libre si usa de su libertad para negarla a otro. Mas tal cosa ocurrirá si el hombre no corre el sublime riesgo de ser libre, y, en consecuencia, obra con vista al bien y no al mal. Además, sin predeterminación alguna; pues en ese caso no sería libre, al estar obligado de antemano a hacer lo que hace. Hablando acerca de tan delicada cuestión, dícenos el *Apóstol*: «[...] con fe absoluta aguardamos, por la esencial bondad del hombre, que de éste mismo, en su ejercicio libre, surgirán todos los medios de poner coto a los errores en que le haga caer lo que aún tiene de feroz y avara su naturaleza.» (K-49) Y, por lo mismo, en su sentir, hay una tarea que jamás debe desatenderse, y ésta es la de propender a la difusión de la libertad todo lo más posible. «La libertad no es placer propio; es deber extenderla a los demás [...]» (K-5), dice Martí, con toda razón, porque —conforme con lo dicho— ¿cómo se puede ser libre si los demás no lo son? Y puesto que, en su misma raíz, la libertad es el espíritu del hombre, agrega: «Se abren campañas por la libertad política; debieran abrirse con mayor rigor por la libertad espiritual [...]» (K-117)

Réstanos ver lo que él pensaba sobre la *libertad de expresión*, y, como *genio creador*, considera siempre la libertad como la condición indispensable para el espíritu creador. «[...] Ni escribe el escritor, ni habla el orador, ni medita el legislador, sin libertad. De obrar con libertad viene obrar con grandeza [...]» (K-2) ¿Se quiere mayor claridad a este respecto? Y agrega, por si quedase duda en este sentido: «[...] Ni la originalidad literaria cabe, ni la libertad política subsiste mientras no se asegure la libertad espiritual [...]» (K-38) Palabras escritas en momentos en que Venezuela se debatía en las garras del tirano Guzmán Blanco, y algunas de las mejores cabezas de aquel país padecían destierro o languidecían en prisión. Porque si hay alguien capaz de odiar la restricción de la libertad, éste es precisamente el hombre de creación espiritual, especialmente el pensador. Sin libertad el genio languidece o muere, pues no disponer de ella equivale a tener que pensar y decir lo que otro dispone e impone, en cuyo caso, ¿a dónde va a parar la *originalidad*, fuente de toda creación? El *Apóstol* dice a este respecto lo siguiente: «El genio no es una personalidad, es una fuerza. Odia toda opresión, y la de la razón primera que todas [...]» (K-11) Lo dice en el momento en que se agita fuertemente en México la posibilidad de una dictadura, en este caso, la de Porfirio Díaz. En consecuencia:

> [...] La libertad es como el genio, una fuerza que brota de lo incógnito; pero el genio como la libertad se pierden sin la dirección del buen juicio; sin las lecciones de la experiencia, sin el pacífico ejercicio del criterio [...] (K-8)

Pues el hombre se opone al gregarismo, sobre todo, el hombre culto y de creadora disposición. Pensar es expresión de libertad, por cuanto supone una actitud diferenciativa respecto del conjunto; de manera que si se discrepa es porque se ven las cosas en alguna de sus innumerables posibilidades diferentes, mientras el animal las ve siempre de la misma manera, identificándolas una y otra vez como *lo mismo*, a no ser que el previo adiestramiento lo haga variar; mas, en tal caso, ahí se ve la intervención de la inteligencia humana que distingue, impenitentemente, no sólo una cosa de las demás, sino la misma de ella misma. «[...] El animal anda en manadas: el hombre con su pensamiento libre [...]» (K-101) De ahí, sobre todo para el caso del hombre de talento, la obligación de luchar por el mantenimiento de la libertad, o de lo contrario —como se ve frecuentemente hoy en día— se anula su dignidad al ir en contra de la libertad imprescindible para crear. Así lo ve Martí, y dice: «Y quien crea, se respeta y se ve como una fuerza de la Naturaleza, a la que atentar o privar de su albedrío fuera ilícito.» (K-57) Pues, en definitiva: «Ser culto es el único modo de ser libre.» (K-54)

No hay pueblo sin hombres ni hombre sin pueblo. Sin incurrir ahora en las ingenuas disquisiciones del realismo y el nominalismo sociológico sobre quién es primero, si el hombre o la sociedad, diremos ahora que son correlativos, es decir, que uno supone al otro, tal como, de hecho, se advierte que ocurre. En efecto, el hombre ha de vivir siempre en sociedad, o de lo contrario —como dice Aristóteles— tendría que ser bestia o semidiós. Su «lugar natural» es el conjunto de sus convivientes, exactamente como asevera el *Estagirita* respecto de los cuerpos con referencia al espacio. Mas si el hombre requiere indefectiblemente del pueblo (sociedad) es porque sólo se realiza efectivamente a sí mismo integrándose en la sociedad a la cual pertenece. Ahora bien, tal cosa no supone la pérdida de su individual autonomía, pues precisamente el hombre experimenta la responsabilidad y el riesgo consiguiente de la libertad cuando está entre sus semejantes. La capacidad de acción libre depende, en consecuencia, de la posibilidad de proyectarse en otro u otros, siempre en recíproco beneficio, pues la libertad de los demás opera en mí del mismo modo, si ha de ser libertad y no alevoso sucedáneo. Por eso Martí, devoto creyente en la realidad de lo popular, lo ve siempre como esa *raíz* de la cual brota toda individualidad, tanto más valiosa y más digna cuanto mayor es la calidad del conjunto a que pertenece. No es preciso decirle a nadie que nuestro *Apóstol*, el creador de la cubana independencia, vivió y murió asido siempre a su pueblo, que ha hecho de él, sin reserva alguna, la más grande personalidad de nuestra tierra. La raíz de lo popular la encuentra él en el impropuesto concierto de una voluntad de *dignidad* que arrastraba al destierro al acaudalado patricio tanto como al humilde campesino, lo mismo que al patíbulo o al presidio. Por tanto, nos dice: «Un pueblo no es una masa de criaturas miserables y regidas: no tiene el derecho de ser respetado hasta que no tenga la conciencia de ser regente [...]» (K-3) Mas si los pueblos aspiran a ser libres, han de empezar por respetar ese mismo afán en otros pueblos, y es lástima grande que, tras haber conquistado su independencia política, los haya que, dominados por afrentoso apetito imperialista, traten de impedir que otros pueblos sean libres. «[...] Bello es que los pueblos combatan por su libertad: mas sólo tienen derecho de combatir por su libertad los que no oprimen la de otros [...]» (K-33), dícenos Martí en ostensible referencia a los Estados Unidos, ya por entonces (1882) desatando sus pretensiones de dominio sobre Hispanoamérica. Y agrega, como estimulante reflexión:

> No hay nada que embellezca como el ejercicio de sí propio. Ni nada que afee como el desdén o la pereza; o el miedo de poner nuestras fuerzas en ejercicio. No hay tirano que afronte a un pueblo en pie. Los pueblos dormidos, invitan a sentarse sobre su lomo, y a probar el látigo y la espuela en sus hijares [...] (K-44)

«Sólo la libertad trae consigo la paz y la riqueza» (K-47), y nada puede ser más cierto, pues sin libertad carece el hombre de iniciativas, al ver miserablemente recortadas sus razonables apetencias de material bienestar y no poder sentir la satisfacción de saber que, dentro de justos límites, dispone de su libre arbitrio. Prueba concluyente la ofrece el notorio contraste contemporáneo, digamos, entre la Alemania Occidental y la Alemania Oriental en Europa, lo mismo que entre China y Japón en Asia. Las dos sometidas a la barbarie comunista arrastran macilenta vida, sometidas por el terror y el fanatismo oscurantista impuesto por anticultural criterio en nada inferior al de la «noche» medieval. Mientras que las otras dos naciones, abiertas a la libre competencia, de países destruidos por la segunda guerra mundial han pasado a ser los más prósperos del universo. «Los hombres han de vivir en el goce pacífico, natural e inevitable de la Libertad, como viven en el goce del aire y de la luz.» (K-53) Así lo reconoce Martí una vez más, y agrega: «La felicidad general de un pueblo descansa en la libertad individual de sus habitantes [...] Una nación libre es el resultado de sus pobladores libres [...] De hombres que no pueden vivir por sí, sino apegados a un caudillo que los favorece [léase Fidel Castro o Mao-Tse-Tung], usa y mal usa, no se hacen pueblos respetables y duraderos.» (K-48) Y en formidable alegato contra la infamia de la supresión de la libertad y la dignidad humanas en el totalitarismo marxista-comunista, dice el *Apóstol* lo siguiente:

> [...] De ser siervo de sí mismo, pasaría el hombre a ser siervo del Estado. De ser esclavo de los capitalistas, como se llama ahora, se iría a ser esclavo de los funcionarios. Esclavo es todo aquél que trabaja para otro que tiene dominio sobre él; y en ese sistema socialista dominaría la comunidad al hombre, que a la comunidad entregaría todo su trabajo [...] (K-51)

Y agrega esto otro:

> Por su cerrada lógica, por su espaciosa construcción, por su lenguaje nítido, por su brillantez, trascendencia y peso, sobresale entre esos varios tratados aquél en que Herbert Spencer quiere enseñar cómo se va, por la excesiva protección a los pobres, a un estado socialista que sería a poco un estado corrompido, y luego un estado tiránico [...] Preocupar a los pueblos exclusivamente en su ventura y fin terrestre, es corromperlos con su mejor intención de sanarlos. Los pueblos que no creen en la perpetuación y universal sentido, en el sacerdocio y glorioso ascenso de la vida humana, se desmigajan como un mendrugo roído de ratones. (K-52)

No creo que pueda caber duda alguna acerca de la actitud asumida por el *Apóstol* con respecto al comunismo. No en balde una prominente figura del totalitarismo soviético en Cuba, Juan Marinello, calificó a Martí de «gran fracaso», invitando al pueblo cubano a «volver las espaldas de una vez por todas» a las doctrinas del *Maestro*, pues éste «[...] inconsciente o involuntariamente había sido el abogado de los ricos [...]», y, en consecuencia, su pensamiento «[...] podría servir sólo para promover el oportunismo [...]»; y añade que todo cuanto predicó Martí «[...] se opone, directa o indirectamente, a los principios básicos de Karl Marx [...]»[72] ¿Se requiere mayor prueba del *anticomunismo* del *Apóstol*? Absolutamente, no, pues celosísimo como era de la defensa de la libertad individual, jamás podría haber admitido la desvergonzada violación que de la misma hace continuamente dicha funesta doctrina. Todo lo cual aparece claramente manifiesto en las palabras siguientes:

> Ni el miedo a las justicias sociales, ni la simpatía ciega por los que las intentan, debe guiar a los pueblos en sus crisis, ni al que las narra. Sólo sirve dignamente a la libertad el que, a riesgo de ser tomado por su enemigo, la preserva sin temblar de los que la comprometen con sus errores. No merece el dictado de defensor de la libertad quien excusa sus vicios y crímenes por el temor mujeril de parecer tibio en su defensa [...] (K-78)

¿Se quiere mayor equilibrio y más mesurada ecuanimidad al referirse a la cuestión de la libertad social? Martí estuvo siempre del lado de la verdad, cualesquiera fuesen las consecuencias derivables de ésta, pues no puede pretender equidad y justicia en su juicio o en su conducta quien se parcializa por esta o aquella doctrina social, religiosa o lo que sea. «[...] En plegar y moldear está el arte político. Sólo en las ideas esenciales de dignidad y libertad se debe ser espinudo como un erizo y recto como un pino.» (K-64) Lo cual supone que los hombres del temple moral del *Apóstol* jamás tuercen el camino honrado de la verdad en obsequio del logro de un propósito, sea el que sea. En fin de cuentas, que la finalidad propuesta no justifica los medios si éstos se oponen a la rectitud demandada por la dignidad. Lo que sucede es que se requiere, eso sí, la adecuada correlación entre el pueblo y su conductor en la hora decisiva. Cuba fue afortunada al encontrar el suyo en la persona de Martí, quien, por lo mismo, llevó a cabo la anhelada independencia. Véase cómo lo expresa el *Apóstol*:

> [...] No es que los hombres hacen los pueblos, sino que los pueblos, con su hora de génesis, suelen ponerse, vibrantes y triunfantes, en un hombre. A veces está el hombre listo y no lo está su pueblo. A veces está listo el pueblo y no aparece el hombre [...] (K-108)

No podía faltar en estas consideraciones sobre *pueblo* y *libertad* la referencia concreta y directa al caso de Cuba, nuestra amada tierra, por cuya independencia se venía luchando desde casi un siglo atrás. La determinación a ser libres a toda costa se encuentra magníficamente recogida en el *Himno Nacional*, y Martí lo confirma diciendo: «[...] El cubano, antes que la libertad, se arranca la vida.» (K-104) Pues el insensato empeñamiento español retardó la solución insoslayable definitivamente, y debido a la falta de experiencia de la libertad —jamás presente en España y que, probablemente, nunca se consiga—, no acertó a concedérsela siquiera paulatinamente a

---

72. J. Marinello: "Martí y Lenin", *Repertorio Americano*, San José, Costa Rica, 26 de enero de 1935, pág. 57.

Cuba; antes por el contrario, se obstinó en reducirla cada vez más. «[...] Cuba, así como sus naturales, vive oscura, o a medio vivir, cuando sólo necesita de la libertad para poner en la labor y a la luz el mérito errante de sus hijos [...]» (K-113) Y como el destierro fue la sociedad cubana en la cual, día a día e incansablemente, actuó el *Apóstol*, a dicha población cubana obligada a vivir más o menos con el sentimiento de lo provisional, le dedicó distintos comentarios elogiosos, indiscutiblemente merecidos, porque supo, en medio de penosos afanes de subsistencia, recaudar fondos, organizar núcleos de futuros combatientes y luchar en el campo de batalla. Veamos algunos de estos comentarios:

> En el silencio y donde los pedantes no los ven, practican los cubanos, en roce y creación, todas las virtudes necesarias para el goce pacífico de la libertad [...], en codeo mutuo y constante, limándose la vanidad o ayudándose de ella para la virtud, han de vivir los hijos de un pueblo que quiera ser dichoso [...] (K-95)

> [...] Por las puertas que abramos los desterrados, por más libres mucho menos meritorios, entrarán con el alma radical de la patria nueva los cubanos que con la prolongada servidumbre sentirán más vivamente la necesidad de sustituir a un gobierno de preocupación y señorío, otro por donde corran, francas y generosas, todas las fuerzas del país [...] (K-94)

> El mérito y la viabilidad de un pueblo se miden por el entusiasmo de la libertad en las horas en que por paga única se recibe de ella la angustia y el martirio —el destierro, que es sangre y ceniza—, la pena de la casa, que va donde van las olas, —y la vergüenza de la vida inútil, sin sosiego ni base para poner su parte de faena y cimiento en la humanidad. La lucha racional y sincera por una patria decorosa y libre, redime un tanto al menos, a los hombres honrados de esa creciente amargura [...] (K-112)

El pueblo al cual se alude posee una fiera dignidad y, en consecuencia, no se someterá mansamente a ninguna servidumbre como no sea la del deber consciente. De ahí que «[...] dígase déspota, ¡y ya no hay más que un corazón entre todos los cubanos! [...]» (K-103) Por eso mismo le habla a Gómez y a Maceo en 1884 (cuando aquel desagradable incidente que los separó de Martí por algún tiempo), de esta manera: «[...] ¿pretender sofocar el pensamiento, aun antes de verse como se verán ustedes mañana, frente a un pueblo entusiasmado y agradecido, con todos los arreos de la victoria? [...]» (K-62) Como asimismo hace ver claramente que la dignidad cubana no tolera mendicidades en punto a la libertad, y así exclama: «[...] Ni hemos de ir de barateros por el mundo, cobrando el tanto del comercio universal, porque tenemos el lazo más fuerte; ni es menos sagrada la libertad política en un enano que en un gigante [...]» (K-82) Pueblo desterrado que se opuso con firmeza a la anexión a los Estados Unidos, porque «[...] cambiar de dueño, no es ser libre [...]» (K-84), y el destierro, lo mismo que el pueblo de la Isla, en su inmensa mayoría respaldó el intento independentista hasta conseguir su noble propósito. Tan convencido estaba el *Apóstol* de la indeclinable decisión cubana de no someterse pasivamente a ningún déspota, que al hablar de sí mismo —una de las contadísimas veces que lo hizo— deja sentado con toda claridad que el pueblo cubano es refractario a la sumisión ni aun en el caso de que ésta venga por el cauce persuasivo de la palabra. Lo vemos ahora en todo el esplendor de una verdad que brilla por sí misma:

[...] No era el acatamiento bochornoso a un hombre en quien sólo se aplaudía el levísimo anuncio de aquella fuerza tenaz del amor, y aquella vigilancia e indulgencia por donde se podía salvar definitivamente un país que aspira a la libertad con una población educada sin ella; ni la escena amarga de un pueblo que se fía a un voceador espasmódico, o a un dueño disimulado; ¡porque cosas tristes puedo yo concebir, pero no he podido concebir todavía a un cubano abyecto!: ¿los hay? ¡no los puede haber! Y no sé si vale la pena de vivir, después de que el país donde se nació decida darse un amo. (K-92)

Nada puede ser más urgente que la libertad, pues si la poseemos es menester cuidar que no amengüe ni mucho menos desaparezca; y si nos falta, entonces se requiere obtenerla o recuperarla (como sucede hoy con Cuba), y, en cualquier caso, su apremio es decisivo y constante. Porque hay dos maneras o formas de luchar por ella: una consiste —cuando se le tiene— en adoptar una inquieta preocupación en cuanto a su mantenimiento, mediante la constante mejora de aquellas condiciones que favorecen su conservación. La otra —si no se la posee— es la de conquistarla, para lo cual es preciso vivir la vital *urgencia* de su obtención. Con respecto al caso positivo de la posesión de la libertad, dícenos el *Apóstol* lo siguiente: «[...] Buena sombra da a la tierra el árbol vigoroso de la libertad: mas no la da para que sus hijos duerman descuidadamente bajo las ramas protectoras [...]» (K-7) Esto, en el caso de que sea halagadora realidad, porque, en caso contrario, el desvelo por su ausencia no deja lugar a nada tan apremiante como el deber de conquistarla o reconquistarla. La experiencia de la misma nos deja preparados para no poder prescindir de sus inmensos beneficios, y así lo asevera Martí: «[...] ¡Ni había de dejar de ser cierto, por la primera vez sobre la tierra, que, una vez gozada la libertad, no se puede ya vivir sin ella! [...]» (K-19), por lo que, como lo dice él mismo: «[...] La libertad cuesta muy cara, y es necesario, o resignarse a vivir sin ella, o decidirse a comprarla por su precio [...]» (K-18) La urgencia de su establecimiento o restablecimiento (según sea el caso) se hace patente en ese momento en que debemos sufrir las consecuencias de su inexistencia. Aquellos desterrados cubanos que, en el siglo pasado, volvían desde Cayo Hueso sus ojos nostálgicos a la isla relativamente cercana, sabían muy bien lo que suponía no poder estar allí, en Cuba, porque no había libertad. Exactamente como sucede hoy con los cubanos de este nuevo y doloroso exilio. Así lo ve el *Apóstol* al decir: «[...] El hombre ama la libertad, aunque no sepa que la ama, y viene empujado de ella y huyendo de donde no la hay, cuando aquí viene [...]» (K-31)

Hay, pues, que luchar por la libertad si de veras se desea tenerla, y, por lo mismo, a los autonomistas del siglo pasado (los del *Partido Liberal*) que ingenua y erróneamente creían en la posibilidad de un cambio de la deplorable situación cubana por medios pacíficos, les hace ver Martí que «[...] estiman inoportunamente que basta pedir la libertad para conseguirla, y que la alcanzarán por llanos medios, sin pagarla al gran precio que cuesta [...]» (K-24) El error de esta cándida gente consistió en haber confiado al proceso natural y cotidiano del vulgar acontecer lo que, sólo mediante la excepcionalidad de otros sucesos creados por una decisiva voluntad, acabaría realizándose. «[...] El corcel de la libertad nació con bridas [...]» (K-61), es la imagen perfecta que nos da el *Apóstol* para dejar claramente expuesta la dinamia sin la cual no es posible la libertad. Por lo mismo, ella supone la solidez de la personalidad humana, pues, en efecto, «[...] dondequiera que el hombre se afirma, el sol brilla [...]» (K-8) Y tan urgidora es su presencia, que aun el sufrir por ella es parte de esa felicidad deparable a quien jamás la eluda ni mucho menos la olvide. Y por lo mismo dice Martí: «[...] Los padecimientos por el logro de la libertad encariñan más con ella [...]» (K-56)

Figura abominable de la historia es el *tirano*, o sea el hombre despreciable que pretende hacer de sus semejantes una pasiva réplica suya, por cuanto los desposee del derecho a pensar y decidir por su cuenta. La tiranía es casi tan antigua como el mundo y no hay rincón de la Tierra sin reiterados recuerdos de los fatales momentos en que una de esas personalidades sombrías ha dejado tras sí un largo reguero de sangre. Nuestra época es próvida en semejantes degenerados mentales y morales, como, por ejemplo, Hitler, Mussolini, Lenin, Stalin, Mao Tse-Tung y Fidel Castro. Característica fundamental del tirano es su egocentrismo y su megalomanía, pues el desaforado afán de sobrepasar a los demás hácele girar todo cuanto cae dentro de su jurisdicción en torno a sí mismo, celoso de su autoridad y renuente a que nadie más pueda alcanzar algo de esa fama cuya posesión considera exclusiva. Con el tirano es imposible convivir, salvo si uno deja de ser lo que es, so pena de incurrir en su cólera. Piénsese en Hitler, grotesco personaje histérico, quien impuso como condición que nadie podía pasar por alto, no ya en su presencia, sino hasta cuando se mencionaba su nombre, el ser saludado con la expresión de «¡salve, Hitler!» (*Heil, Hitler!*) O yendo atrás en la Historia el caso de Robespierre, a quien era preciso referirse con la grotesca coletilla de «Incorruptible», o ese mamarracho de Mao-Tse-Tung, cuya detestable «poesía» forma parte (como ensalmo) de la terapia en hospitales de China. Y así sucesivamente. Bajo la tiranía sólo puede haber sombras y nunca reales seres vivos, que se reemplazan con *zombies*, porque nadie se atreve a disentir de las inapelables decisiones del tirano. Pero, además, éste es siempre un pobre diablo, tragicómico —eso sí—, envanecido con el poder que espontáneamente nadie le concedería. Tal siniestra personificación del mal fue largamente padecida en Cuba durante la negra etapa colonial, y entre otros —pues apenas hay excepción tocante a cuantos lo fueron en nuestra Patria— se debe mencionar a Tacón, O'Donnell, Valmaseda y Weyler. ¡Cuánta sangre y cuánta lágrima aparejó cada uno de estos despreciables nombres que empañan la historia de España! Martí lo vio claramente desde su más tierna juventud y, por lo mismo, lo dejó dicho en sus *Versos sencillos*, en aquellas estrofas que no es posible leer sin estremecerse, porque sintetizan todo lo que de horror, desprecio y condena merece el tirano:

> *¿Del tirano? Del tirano*
> *di todo, ¡di más!; y clava*
> *con furia de mano esclava*
> *sobre su oprobio al tirano.*
>
> *¿Del error? Pues del error*
> *di el antro, di las veredas*
> *oscuras: di cuanto puedas*
> *del tirano y del error.* (K-90)

Nada mejor podría decirse con referencia a tan siniestro ser humano. Pero, con todo, la penosísima situación creada por la tiranía (si es que no puede evitarse, al menos por un tiempo) conlleva su parte positiva. «[...] No hay para odiar la tiranía como vivir bajo ella [...]» (K-35); pues [...] donde fue más cruel la tiranía es luego más amada y eficaz la libertad [...]» (K-29) Porque, en definitiva, como él mismo lo dice, «[...] la tiranía no corrompe, sino prepara [...]» (K-77) Y si hay tiranía es debido al escaso cuidado puesto en la dirección de los negocios públicos, porque el cuerpo social tiene que consistir en constantes ajustes y reajustes de las relaciones interindividuales si se quiere evitar el predominio de un solo individuo o de un grupo sobre el resto. «[...] Los pueblos no tienen más que un tirano: y es la falta de sus libertades [...]» (K-116) Pero ya consumado el crimen de la tiranía, o sea su establecimiento, no es posible mantenerse indiferente al mismo, o quedaremos automáticamente degradados en nuestra personalidad, pues ésta supone —esencialmente ella como tal— una amplia disponibilidad de su derecho a disentir lo mismo que a asentir, aunque siempre conforme a razón, es decir, si la decisión adoptada proviene del libre análisis de todo cuanto se nos propone como participantes del conglomerado en el cual se vive. En consecuencia: «[...] La tiranía no se derriba con los que la sirven con su miedo, o su indecisión, o su egoísmo, o el odio a la verdadera libertad [...]» (K-109) Y refuerza esto último con la tan conocida declaración hecha en Cuba en 1879:

> [...] Porque el hombre que clama vale más que el que suplica: el que insiste hace pensar al que otorga. Y los derechos se toman, no se piden; se arrancan, no se mendigan [...] (K-17)

La libertad es, pues, sinónimo de dignidad, mientras la tiranía no sólo hace indigno a quien carece de la decisión de enfrentársele, sino que, además, es ella misma indigna. En consecuencia, ningún hombre inteligente, mucho menos si es culto, puede contemplar en silencio el crimen contra Natura que es la tiranía; porque su capacidad de percatación de lo circunstante y el respaldo que aporta la experiencia del saber, que permite distinguir con más acuidad el bien del mal, impone una decisión acerca de la intolerabilidad de la tiranía. «[...] Con un poco de luz en la frente no se puede vivir donde mandan tiranos [...]» (K-16), dice el *Apóstol*, y así redondea con su característico don lo que venimos comentando. Es indispensable, entonces, disponerse a luchar contra la tiranía, sea cual sea, y cualesquiera pretextos tenga ella para justificar lo injustificable. Rechazo que puede llegar hasta esa forma exacerbada de pasión contraria a algo, como es el odio. Martí, ser angélico, no vacila, sin embargo, en manifestarlo, extendiéndolo a veces hasta aquello que, incidentalmente, es coadyuvante del tirano y su tiranía. «Odio el mar, que sin cólera soporta — sobre su lomo complaciente el buque — que entre música y flor trae a un tirano.» (K-40) Ahora bien, cuidémonos mucho de caer en la tentación de imitar al tirano y su nefasta obra, porque sería la disolución de nuestra propia persona. Lo cual sucede a menudo cuando vemos a una tiranía sustituida por otra peor. He ahí un mal frecuente en Hispanoamérica, cuya Historia es prácticamente, con muy contadas excepciones, largo y cruento desfile de tiranías como, por ejemplo, Rosas en la Argentina, Francia en el Paraguay, García Moreno en Ecuador, Juan Vicente Gómez en Venezuela, Rafael Leónidas Trujillo en Santo Domingo y Fidel Castro en Cuba.

¡Tenebroso mural de torvas figuras podría componerse con tales infrahombres, canijos de espíritu, a quienes un llamativo complejo de inferioridad convirtió en más que fieras, porque éstas matan para comer y sólo si el hambre las acosa; mientras el tirano no vacila en sacrificar cuanta vida puede ser segada, como el medio eficaz, según él, de someter por el miedo. Y, en efecto, de una tiranía sale a veces otra, como Juan Vicente Gómez viene directamente de Guzmán Blanco. En consecuencia, el hombre honrado jamás se prestará a semejante absurda «solución», por lo que el *Apóstol*, pleno de honestidad, exclama: «[...] ¿Ni a qué echar abajo la tiranía ajena, para poner en su lugar, con todos los prestigios del triunfo, la propia?» (K-65) Claro es que al hablar así Martí se refiere al peligro de que un triunfo militar en Cuba, al desatarse la guerra de independencia, transformara a los militares victoriosos en tiranos, y, por lo mismo, debeladores de la libertad conseguida con sangre. Fundada aprensión, pues la República hubo de sufrir más de una vez el militarismo enquistado en nuestra vida nacional, tal como, sobre todo, puede verse en el caso de los *generales* Menocal y Machado, y más larvado anteriormente durante la gestión presidencial de don Tomás Estrada Palma, cuyo desastroso final tuvo mucho que ver con el *general* Rafael Montalvo. Pero hay que disponerse en todo momento a combatir la tiranía, con cualquier medio disponible, pacífico o no, pues ella no respeta a nadie en su descomunal afán absorbente de dominio. No importa si se trata del anciano, del hombre maduro, del joven o del niño, todos sufren la acometida de semejante fiera, y en todos debe haber el mismo propósito de aniquilarla cuanto antes. Conmovedor es para los cubanos de la presente diáspora ver que —como sucede ahora— en el siglo pasado era frecuentísimo el triste espectáculo de lo que el *Apóstol* describe así:

> [...] Es un niño recién llegado de Cuba. Lleva en la frente pensativa la tristeza de quien vive entre esclavos, la determinación de quien decide dejar de serlo. ¡La tiranía no corrompe, sino prepara! ¡Qué cólera la de un pueblo forzado a acorralar su alma! (K-77)

Otra cuestión muy relacionada con la tiranía es la de la esclavitud, pues ¿cómo no ha de sentirse esclavo quien está tiranizado? Martí relaciona ambas cosas multitud de veces, mucho más teniendo en cuenta que a esta forma de esclavitud era preciso añadirle, entonces, esa otra del infame poder absoluto de una raza sobre otra, aunque ya para fines del siglo XIX había desaparecido, al menos legalmente, en nuestra Patria. Pero así como el negro aún no había alcanzado completa libertad, pues dependía casi completamente del blanco, éste era también víctima de la esclavitud política a que estaba sometido en el ergástulo colonial de Cuba, a merced de la intransigencia, el menosprecio y la rapacidad peninsular. Esclavitud mencionada por el *Apóstol* multitud de veces, como al decir en los *Versos sencillos*, para expresar esa degradante sujeción del cubano al español insolente: «Yo sé de un pesar profundo — entre las penas sin nombres: — ¡la esclavitud de los hombres — es la gran pena del mundo!» (K-91) Mas el hombre busca siempre la libertad, de manera que el más oprimido de los seres humanos puede, sin embargo, retener su señorío interior, que a él solo le pertenece, porque nadie podría impedirle aborrecer la esclavitud, a menos que deje de ser hombre para solazarse en semejante ignominia o ser indiferente a la misma. «[...] Allí donde se es más esclavo, se es también más libre: allí donde se tiene encadenado el cuerpo brota sin cadenas el corazón [...]» (K-111), y, por lo mismo, agrega: «[...] El hombre no tiene la libertad de ver impasible la esclavitud y deshonra del hombre, ni los esfuerzos que los hombres hacen por su libertad y honor [...]» (K-106) Por lo mismo:

> [...] Más bella es la Naturaleza cuando la luz del mundo crece con la de la libertad; y va como empañada y turbia, sin el sol elocuente de la tierra redimida, ni el júbilo del campo, ni la salud del aire, allí donde los hombres, al despertar cada mañana, ponen la frente al yugo, lo mismo que los bueyes [...] (K-5)

Si se examina la cuestión con cuidado, se ve que la libertad es como una inacabable lucha, como una especie de continua rebelión contra las mil formas de opresión que acechan sin descanso al hombre; en consecuencia, sin la empresa en que consiste la libertad no cabe otra alternativa que la esclavitud. «No puede quejarse de la esclavitud quien no tiende la mano para romper sus hierros: si los sufre, es porque es digno de sufrirlos.» (K-4) Y quizá por lo que de errónea acción tiene la inacción frente a la tiranía, dice Martí esto otro:

> *¡Alza, oh pueblo, el escudo, porque es grave*
> *cosa esta vida, y cada acción es culpa*
> *que como aro servil se lleva luego*
> *cerrado al cuello, o premio generoso*
> *que del futuro mal próvido libra! (K-41)*

«La libertad adoro y el derecho [...]» (K-118), asevera en otra ocasión el *Apóstol*, como cumple decir al que, cual es su caso, estuvo siempre convencido de que sólo en el ejercicio y disfrute de la libertad es posible levantar una estructura jurídica en la cual, recíprocamente, se da la libertad en forma normal. Hay, pues, una orgánica interrelación de libertad y derecho, cada uno de los cuales es causa eficiente del otro. Ahora bien, en esa armónica disposición de *ius* y *libertas* es donde puede y debe encontrarse la justicia; pues ¿cómo descubrirla en el omnímodo poder del amo sobre el esclavo, cuando éste es para aquél cosa mostrenca? Como tampoco podía darse en los irritantes privilegios del peninsular respecto del criollo, o en el abuso de autoridad del espadón de turno situado en Cuba para usufructo de un mando inmoral a todas luces. Con dolorida expresión dícenos Martí, hablando de todo esto, lo que pensaba y sentía acerca de la inexcusable obligación —entonces como ahora— con respecto a la libertad de su Patria:

¡La justicia primero, y el arte después! ¡Hembra es el que en tiempos sin decoro se entretiene en las finezas de la imaginación, y en las elegancias de la mente! Cuando no se disfruta de la libertad, la única excusa del arte y su único derecho para existir es ponerse al servicio de ella [...] (K-80)

Y ahora, en rápida sucesión, vamos a presentar un conjunto de breves y conmovidas expresiones de esa continua queja de su noble espíritu en el caso de la tiranía como desprecio de la libertad:

La libertad no puede ser fecunda para los pueblos que tienen la frente manchada de sangre [...] (K-1)
[...] La libertad no muere jamás de las heridas que recibe. El puñal que la hiere lleva a sus venas nueva sangre [...] (K-21)
[...] ¿Qué es la mayor libertad, sino el deber de emplearla en bien de los que tienen menos libertad que nosotros? [...] (K-89)
[...] Amamos la libertad porque en ella vemos la verdad. Moriremos por la libertad verdadera; no por la libertad que sirve de pretexto para mantener a unos hombres en el goce excesivo, y a otros en el dolor innecesario [...] (K-107)
[...] La libertad debiera tener ya su arquitectura. Padece por no tenerla. (K-75)
[...] ¡Sólo perdura, y es para bien, la riqueza que se crea, y la libertad que se conquista con las propias manos! [...] (K-85)
[...] De hombres de sacrificio necesita la libertad: no de hombres que deshonren o mermen o abandonen a los que están prontos al sacrificio

racional y útil, al sacrificio de los de hoy para la ventura de los de mañana [...] (K-110)

[...] El lacayo muda de amo, y se alquila al señor de más lujo y poder. El hombre de pecho libre niega su corazón a la libertad egoísta y conquistadora, y adivina que el triunfo del mundo, más que en los edificios babilónicos caedizos, reside en la abundancia de la generosidad, en aquella pasión plena del derecho que lleva a respetar tanto el derecho ajeno como el propio [...] (K-99)

¡Por supuesto que no pierde nada la libertad con vestirse en lo de un buen sastre y unir al mérito de la virtud el de la buena crianza! No basta saber llevar la levita para ser cómplice nato de los tiranos. La levita no es un pecado, ni la casaca tampoco [...] (K-79)

[...] Una indefinida necesidad de libertad domina y engaña a esos países nuevos [Hispanoamérica] que no ven el bienestar público, esa gran fuerza política que se llama el bienestar general, como un medio de asegurar la libertad, sino creen —en lo cual se equivocan— que sólo puede asegurarles su bienestar [...] No quieren creer en las virtudes eficaces de la evolución progresiva: para ellos, no hay más salvación que la violenta revolución. Pero para un país son malos cimientos las pasiones que la guerra crea. (K-27)

[...] ¿para qué quisiera yo ver a mi patria libre, sino para que, como navecilla elegante y mensajera de nuestras glorias, saliese por esos mares fúlgidos al paso de los fatigados europeos, a decirles que para sus venerandas conquistas, nosotros tenemos colosal cima fragante? [...] (K-20)

No podía faltar, entre las multitudinarias meditaciones de Martí sobre cuestión de tanto alcance como es la libertad, alguna en la cual ésta mostrase ora un carácter religioso, ora tal o cual relación con la religión. No olvidemos que el *Apóstol* era un espíritu hondamente religioso, no sólo por su manifiesta vinculación, tan ostensiblemente ansiada, con el Absoluto, sino, además, por ese afán suyo de eternidad. Ambas cosas bastan para reputarlo de espíritu religioso, en términos generales; para no hablar ahora, dentro del Cristianismo, de su inagotable amor al semejante, de su humildad y mansedumbre, de su solidaridad con los que sufren, y así sucesivamente. Entonces, siendo de este modo, nada tiene de extraño que llegase a decir: «[...] La libertad es la religión definitiva [...]» (K-73) Sibilina frase que, por serlo, requiere las más sutiles y, por supuesto, aventuradas suposiciones. Sí, en efecto, debemos rendir culto a la libertad tan religiosamente como al más sagrado objeto, pues ¿acaso no es Dios el *ser libre* por excelencia? Y de su absoluta libertad dimana toda posible libertad en nosotros. En consecuencia, quien como el *Apóstol* rinde culto a la libertad está, implícitamente, rindiéndolo a Dios, pues ella se cuenta entre las entidades sacras tales como la fe, el amor, la misericordia, la justicia, etc. Crimen de lesa divinidad comete quien atenta contra la libertad, porque Dios hizo libre al hombre, ente individual y único en su esencial identidad; de modo que al despojarlo de ambas características estamos implícitamente ofendiendo a Dios. Libertad que el *Apóstol* describe con palabras tan impresionantes como éstas:

> La libertad debe ser, fuera de otras razones, bendecida, porque su goce inspira al hombre moderno —privado a su aparición de la calma, estímulo y poesía de la existencia—, aquella paz suprema y bienestar religioso que produce el orden del mundo en los que viven en él con la arrogancia y serenidad de su albedrío [...] (K-72)

Tan convencido está Martí del carácter sacrosanto de la libertad y de su disponibilidad hacia lo religioso, que llega a decir lo siguiente: «[...] La salud de la libertad prepara a la dicha de la muerte. Cuando se ha vivido para el hombre, ¿quién nos podrá hacer mal, ni querer mal? La vida se ha de llevar con bravura, y a la muerte se le ha de esperar con un beso.» (K-74) Y añade como para completar lo anterior: «[...] Parece que la libertad, dicha del mundo, puede transformar la misma muerte. El hombre, turbado antes en la presencia de lo invisible, lo mira ahora sereno, como si la tumba no tuviese espantos para quien ha pasado con decoro por la vida [...]» (K-71) En consecuencia, «[...] se debe llorar en la última hora, de dolor por los amados que se dejan, de inmenso regocijo por la libertad que tal vez se entra a disfrutar.» (K-14)

Y ahora finalizaremos estas páginas con algunos comentarios del *Apóstol* acerca de las relaciones de la libertad, buscada por los cubanos para su Patria, con el coloso de Norteamérica. Sabemos de sobra que Martí supo distinguir siempre muy bien entre lo bueno y lo malo de los Estados Unidos. Y que precisamente de lo malo, en exceso sobre lo bueno, habría que esperar siempre la asechanza de una limitación de nuestra libertad, fuese por anexión, fuese en calidad de vecino pequeño. Y como temió siempre esto último, jamás escatimó la advertencia del constante peligro, como cuando dice: «La simpatía por los pueblos libres dura hasta que hacen traición a la libertad; o ponen en riesgo la de nuestra patria.» (K-83) Así sucedió con todos los proyectos anexionistas, con la *Enmienda Platt*, y, recientemente: a) con la sucia traición de Bahía de Cochinos, b) con la crisis de los cohetes de 1962, c) con el gradual y descarado restablecimiento de las relaciones diplomáticas y económicas con la tiranía de Castro, mientras se tiene la impudicia de hablar de la falta de derechos humanos en otras tierras. Porque Martí estaba muy percatado de lo que es la libertad para el norteamericano, en el caso de ellos y en el caso ajeno. Sabía perfectamente que este pueblo frío, ambicioso y egoísta, sin más ideal que la materia, siente un total desprecio hacia los demás pueblos y que las protestas de adhesión a las frecuentes subversiones extranjeras responden, solamente, al resentimiento de quienes, en este país, no han podido llegar hasta donde el apetito de poder y de riqueza los impulsa, exactamente el mismo de los que han tenido la fortuna de encontrarlos. De ahí que diga el *Apóstol*: «[...] La libertad propia se ha hecho sangre en estos hijos de casta puritana; pero, ingleses al fin, sólo para violarla les parece bien la libertad ajena [...]» (K-70) En consecuencia, añade: «[...] Ni mayordomos de raza ajena, ni mayordomos de nuestra raza [...]» (K-86) He ahí por qué Martí, al avecinarse el estallido de la guerra de independencia en Cuba, consciente como estaba de la necesidad de sortear el difícil escollo de la codicia norteamericana, comprende muy bien que debe hacerse lo siguiente:

> [...] Que no procuramos, por pelear innecesariamente contra el anexionismo imposible, captarnos la antipatía del Norte; sino que tenemos la firme decisión de merecer, y solicitar, y obtener su simpatía, sin la cual la independencia sería muy difícil de lograr, y muy difícil de mantener [...] (K-102)

Capítulo XII

LA PATRIA

> *Dolor de* patria *este dolor se nombra* [...]
> *¡Otra vez en mi vida el importuno*
> *suspiro del amor, cual si cupiese*
> *triste la* patria, *pensamiento alguno!* [...]

Pasamos ahora a ocuparnos del tema de la *Patria*, esencialísimo en la vida y la obra del *Apóstol*. Desde el punto de vista de su vida, esta actitud presenta tres dimensiones inextricablemente unidas entre sí, es decir, como pensamiento, como sentimiento y como acción, tendiente a liberar a Cuba del sanguinario despotismo español. Y las tres aparecen, desde luego, en su copiosa producción escrita, sea directamente, sea en forma indirecta. Pues bien que supo expresarlo con ese poder de síntesis de que estaba dotado. Patria no es otra cosa que *agonía* y *deber*, ambos unidos indisolublemente, en orgánica correlación, pues era el deber continuo el determinante de esa lucha, esa agonía (del griego αγον, combate) en la cual consistió la totalidad de su paso por la tierra. Porque el deber es siempre, inevitablemente, el llamado a la acción, dado que supone el consiguiente esfuerzo (físico y mental), sin el que nada de cuanto debe hacerse se hace. La vida humana es cuantiosa suma de deberes, cuyo dramático significado le viene justamente del carácter optativo que posee el deber, y de ahí su contraste con el resto de las operaciones más o menos mecánicas. Respirar, deglutir, dormir, lagrimear o pestañear ante una luz intensa, sentir el vértigo de la altura, etc., jamás es algo preconcebido ni previamente ordenado. En cambio, amar la Patria, la familia, ser veraz, honrado, compasivo, y otras muchas cosas, es algo que supone una doble faz: la primera es la *indicación* de que así debe ser, y, por lo mismo, es de riguroso carácter ético, pues tiene que ver con ese fondo último y profundo donde descansa la *persona*. En cuanto a la segunda, consiste en poner en práctica la susodicha indicación, para lo cual somos libres de hacerlo o no hacerlo; porque, claro está, sin libertad no hay responsabilidad. Para Martí jamás hubo deber comparable al de *amar la Patria*, y a ella le sacrificó mujer, hijo, padres y hermanas, comodidades, salud y hasta la vida misma, en dos formas distintas aunque concurrentes entre sí: una, de un modo paulatino; otra, abruptamente, aquel fatídico 19 de mayo de 1895. Ahora bien, amarla significaba entregársele plenamente con todas las fuerzas físicas y espirituales de que disponía. De ahí que fuese para él, sobre todo, *sentimiento*, tal como se revela en los más lúcidos y ordenados pasajes de sus escritos, pues ni siquiera en este caso falta la consiguiente vibración *ex abundantia cordis*. Amor, pues, como entrega incondicional a la causa de las causas, a la libertad de esa misteriosa entidad que suele llamarse *Patria*. Más adelante veremos cuán variadas maneras usó nuestro *Apóstol* al tratar de describir («escribir de») esa realidad más trasuntada que percibida, mucho más irreal que real y, sin embargo, carne y espíritu del hombre bien nacido.

Y ¿qué puede ser la *Patria*? Decíamos hace un momento que es, debe ser, ante todo, *sentimiento*. De niño me extasiaba leyendo unos modestos versos que dicen así: «La patria se siente, — no tiene palabras — que claro lo expliquen — las lenguas humanas.» El vate humilde a quien se deben esos cuasi ripios, supo, no obstante, expresar algo de axiomática consistencia, porque, en efecto, cualquier *definición* de la Patria sólo podría darnos una palidísima impresión de lo que ella es. Empero es necesario que toda la riqueza ínsita en el susodicho sentimiento se condense y organice, al menos esquemáticamente, en forma de *concepto*. Y como la Patria es siempre la tierra, el hombre y la Historia, ya por aquí tal vez se pueda salir al claro de una definición más o menos aceptable. La *nación*, como bien sabemos, es el territorio habitado generalmente por un conjunto racial —o más de uno— que acaba siendo una especie de síntesis, y el vínculo que los mantiene unidos es la defensa de sus comunes intereses, de variada índole, es decir, materiales y espirituales. Ahora bien, la prolongada convivencia da lugar a que se vaya creando paulatinamente un *patrimonio nacional* compuesto de lengua, costumbres, propiedades, relaciones contractuales, etc. La Patria es la *tierra de los padres* y, en consecuencia, un aspecto esencial en la experiencia de los pueblos. En consecuencia, es suceso o acontecimiento irreiterable, es decir, que es tan fatalmente único cual lo son los padres de alguien. De ahí que el exiliado es siempre el hombre fuera de *su* tierra, «des-terrado» (sin tierra, aunque habite otra cualquiera). Por lo mismo, es inadmisible aquello dicho por Cicerón:[1] «*Patria est ubicumque est bene*», o sea que por Patria debe entenderse el sitio donde se está bien. También Publio Sirio nos dice que «*Patria tua est, ubicumque vixerit bene*», es decir, el lugar donde, simplemente, se vive bien. Aseveraciones insostenibles, desde luego, como es el caso de Cicerón, quien, desterrado, ansió en todo momento el regreso a Roma, *su* Patria. Pues el amor que se le tiene no es, en suma, otra cosa sino la extensión del amor a la familia.

Si observamos lo que sucede con la idea o con el sentimiento de Patria en la Antigüedad, veremos que, no obstante la vigorosa asimilación del individuo a la Ciudad-Estado (los casos de Atenas, Esparta, Roma), al extremo de hacer de aquélla, virtualmente, un *medio* y no un *fin*, no deja nunca de manifestarse el sentimiento de amor a la Patria, como lo prueba, por ejemplo, esta divisa del pueblo ateniense: «El oráculo más cierto es el que ordena defender a la patria.» ¿O es acaso que la conducta de Leónidas y sus trescientos hombres, en el desfiladero de las Termópilas, no es clara expresión de ese sentimiento? Asimismo, el «*dulcis et decorum est pro patria mori*» (es dulce y honroso morir por la Patria) del romano. Luego, al advenir la Edad Media, el individualismo feudal hizo que se atenuase, mas sin desaparecer del todo, el sentimiento de amor a la Patria, pues las múltiples y continuas guerras, con el consiguiente sitio de ciudades, revelan un denodado heroísmo, un sacrificio y una lealtad a la tierra que, con todo derecho, se tenía por propia. ¿Acaso Juana de Arco no se enfrenta a los ingleses en defensa del patrimonio nacional francés? Y Francia se opone dos veces, hasta vencerla, a Alemania. Los soldados que defienden palmo a palmo a

---

1. Cicerón: *Cuestiones tusculanas*.

Stalingrado luchan y mueren por su Patria, no obstante el llevado y traído «internacionalismo» comunista. Polonia, Hungría, Alemania Oriental y Checoeslovaquia se rebelan contra el invasor moscovita por amor a su Patria, por encima de ideologías y luchas de clases. Por eso mismo, según Le Bon, por patriotismo es preciso entender un conjunto de fuerzas ancestrales condensadas en nosotros mismos y del cual se ignora el valor hasta los momentos de intensidad trágica. Mas tengamos en cuenta que hay una idea de Patria referida siempre, sea como sea, al *Estado*, no por ser ambos iguales, sino por formar este último el *ser jurídico* encarnado en aquélla. Y es que en ambos hay idéntica evolución histórica. De ahí que, según Romagnosi,[2] la Patria, elemento del poder político, consiste en «[...] la resuelta y perfecta voluntad de ayudar, con todas las fuerzas apropiadas, a la sociedad política, de la cual se es miembro, con el primordial propósito de servir a la misma [...]» También Elorrieta ha dicho lo siguiente:

> La humanidad es algo lejano, vago, ante cuya inmensidad nos perdemos. La patria es algo que nos envuelve, que vemos, sentimos y tocamos. Y la mejor manera de demostrar nuestro amor a la humanidad no será la de diluir nuestras fuerzas ineficazmente en una vasta esfera en la que se pierda nuestra acción, sino, por el contrario, la de conservarlas y emplearlas útilmente sobre el rincón de la tierra en que hemos de vivir.[3]

El sentimiento de Patria aparece tal vez por primera vez en Cuba a mediados del siglo XVI, y es un humilde canónigo cubano, descendiente de español e india, quien lo expresa de este modo: «¡Triste tierra, como tierra tiranizada y de señorío!» Así dice en carta al obispo Sarmiento, de 18 de febrero de 1547. Singular desahogo que sólo podía provenir de alguien ligado a la tierra cubana por el vínculo de la sangre materna. Mucho debe haber dolido a Miguel Velázquez el espectáculo de un suelo ya despotizado, donde el conquistador hizo tabla rasa de la libertad de los hombres que allí habitaban y del honor de las mujeres, sometidos unos y otros a sangre y fuego. Sí, en efecto, sólo sintiéndose *cubano* —aun sin saberlo— podía alguien expresar su sentimiento de pesar ante el vergonzoso espectáculo del genocidio en que consistió la conquista y colonización de Cuba. Poco más de un siglo después reaparece el mismo sentimiento en otro cubano, el primer historiador de nuestra Patria, José Martín Félix de Arrate. Claro está que al hablar de *patriotismo* cubano en el siglo XVIII expresamos algo probablemente inseguro, porque, ostensiblemente, ese sentimiento, y su correspondiente noción, no aparecen con toda claridad hasta el siguiente siglo, o sea el XIX. En general, el hijo de español, nacido en Cuba, se tenía más bien como un súbdito de la Península, tanto de derecho como de hecho; pero nótese que hemos dicho «más bien», ya que no faltan excepciones como la de Arrate. Pues su obra es de rancio sabor *criollo* y, sin lugar a dudas, donde aparece lo de «habanero» sería menester poner «insular», porque en ella advertimos ya la vigorosa exaltación de lo cubano. Esto se prueba al ver cómo, en 1830, cuando la Comisión de Historia de la *Sociedad Económica de Amigos del País* quiso reeditarla, no sólo tuvo que suprimir ciertos pasajes desbordantes de admiración hacia Cuba, sino que, además, fue preciso sustituir más de veinte veces el término *criollo* por la frase «naturales del país» o algo simi-

---

2. J. D. Romagnosi: *Della vita degli Stati*, 1820. Cf. también *Principii della scienza del diritto naturale*, 1823, del mismo autor.

3. T. Elorrieta: *Derecho público*, 1920. Asimismo su otra obra titulada *El derecho público y las Cortes de Cádiz*, 1923.

lar. De ahí que, incontestablemente, cuando Arrate habla de *Patria* se refiere a Cuba y no a España. Lo cual explica que la tiranía metropolitana viese bastante de subversivo en el texto de su Historia, como al decir lo siguiente en el soneto que la acompaña:

> *Si a delinearte*, patria *venerada,*
> *me alentó de mi pulso mal regida,*
> *poco hace en retirarse ya corrida,*
> *cuando es tanta dejarte mal copiada* [...]

Arrate siente el orgullo de ser cubano, lo cual explica el esmero con que describe todo cuanto se refiere a La Habana, que es como decir Cuba, y que en otra ocasión lo lleva hasta el extremo de decir: «El único objeto que se le ha propuesto a mi gratitud para este empeño [...] ha sido solamente aquella generosa emulación de que no le falte a mi *patria* lo que gozan otras ciudades de menor bulto y nombre.»[5] Y añade: «Así como la virtud y excelencias de los hijos hace gloriosos a sus padres, así colma de gloria y fama a la *patria* la bondad y mérito de sus naturales [...]»[6] Asimismo, en unas pocas páginas después, al referirse a la disputa entre el Sargento Mayor Lorenzo Prados y don Luis Chacón, dice Arrate: «[...] pues deben advertir los noticiosos de lo pasado que no llegó esta controversia a los términos en que parece estuvo la suscitada muerte de don Francisco Gelder, en cuyo tiempo no eran *criollos* los *competidores* [...]»[7]

En el siglo siguiente, o sea el XIX, desde sus inicios se advierte ya una fuerte tendencia a la *autonomía*, según es posible verlo en Arango y Parreño, el Ayuntamiento habanero, el *Real Consulado* y la *Sociedad Económica de Amigos del País.* Tal cosa se comprueba perfectamente al leer los estudios sobre diversos aspectos de la sociedad cubana, que eran una «[...] acerba y destructiva crítica del régimen colonial [...]».[8] Lo cual se explica teniendo en cuenta la influencia que en las cabezas ilustradas, como es el caso de Arango y Parreño, ejercía el *principio de la soberanía popular,* propalado por las revoluciones norteamericana y francesa. De aquí que al producirse en la Península la invasión napoleónica se estableciese en Cuba una clara distinción entre criollos y peninsulares. Éstos se opusieron a la Junta Superior de Gobierno propuesta como entidad rectora de la Isla al faltar el monarca en España, porque iba a ser dominada por los hacendados criollos; y, por lo mismo, para el burócrata y el mercader peninsular era el medio de independizar a Cuba tal como, del mismo modo, acabó sucediendo en casi toda Hispanoamérica. Un larvado ideal independentista despuntaba ya, pues se pensaba que sólo un gobierno liberal e igualitario podría poner en práctica los derechos del hombre y del ciudadano. En 1808 ya existía el clima adecuado para esto, pues imperaban en Cuba el absolutismo político y la esclavitud civil. Sin contar con ciertas causas externas de la agitación que llevaban a cabo, más o menos encubiertamente, Inglaterra, Francia y los Estados Unidos. Recuérdese que en 1790 el Primer Ministro inglés, Pitti, aceptó el plan de Miranda para revolucionar América, así como la guerra

---

4. J. M. F. de Arrate: *Llave del Nuevo Mundo, antemural de las Indias Occidentales,* ed. "Empresa consolidada de artes gráficas", La Habana, 1964, pág. 258.

5. *Ibid.,* pág. 4.

6. *Ibid.,* pág. 237.

7. *Ibid.,* pág. 242.

8. R. Guerra: *Manual de Historia de Cuba,* ed. "Instituto Cubano del libro", La Habana, 1971, pág. 217. (Edición robada a sus legítimos poseedores.)

franco-española de 1793 a 1795. De ahí que el Presidente Jefferson dijese que Bonaparte estaba dispuesto a ceder la Florida y Cuba si los Estados Unidos no alentaban la revolución en las restantes colonias españolas, ni ayudaban a los ingleses. Mientras tanto, el Real Decreto de 14 de febrero de 1810 establecía que mientras los diputados en la Península serían electos a base de uno por cada cincuenta mil habitantes, los de Cuba y Puerto Rico lo serían en proporción de uno por cada capital cabeza de partido de las provincias coloniales, lo que daría un total de veintiocho, mientras la Península contaría con mayor número. Pero hay más todavía: «[...] Los poderes de los diputados peninsulares debían ser, según la instrucción dictada para elegirlos, "ilimitados para acordar y resolver cuanto se proponga en las Cortes, así en razón de los puntos indicados en la real convocatoria, como en otros cualesquiera".»[9] Como es natural, todas estas medidas tendientes a favorecer a los peninsulares, en detrimento de los cubanos, a quienes se tenía por gente inferior, iba creando, lenta pero seguramente, ese estado de insatisfacción que acabaría en la rebeldía, germen de las luchas armadas por la independencia.

Larvada oposición manifiesta ya, por ejemplo, en la actitud de Arango y Parreño, pese a haber sido siempre fiel súbdito de la Corona. Por lo mismo, eleva una representación al Gobierno metropolitano donde dice que la desigualdad establecida en la representación de América ante las Cortes y el no haber suprimido la esclavitud política en las provincias de Ultramar las incapacitaba para resolver las cuestiones fundamentales de las colonias y, en consecuencia, debía pensarse antes en la esclavitud política que en la esclavitud civil. De esta manera, en escrito redactado por él y enviado a España el 26 de marzo de 1811, dice entre otras cosas:

> Vemos crecer, no a palmos, sino a toesas en el Septentrión de este mundo un coloso que se ha hecho de todas castas y lenguas, y que amenaza tragarse, si no nuestra América entera, al menos la parte del norte; y en vez de darle a Cuba las fuerzas morales y físicas y la voluntad que son precisas para resistir tal combate; en vez de adoptar el único medio que tenemos de escapar, que es el de crecer a la par de este gigante tomando su mismo alimento, seguimos con la idolatría de los errados principios que causa nuestra languidez [...][10]

Fácil es ver en las palabras de Arango la posición de cubano, de criollo, no obstante su inveterada fidelidad a la Corona. Pues algo mucho más profundo le hacía sentir que, sin remedio alguno, la Metrópoli jamás dejaría de considerar a Cuba como colonia de cómoda y fácil explotación. Por tanto, pese a falsas protestas de igualdad con respecto a los dominios de Ultramar, España se proponía seguir siendo la Metrópoli, lo cual aparejó el cubano deseo de poner fin a esa situación, ya fuese por la vía del anexionismo, ya por la del separatismo, y así se explica que desde muy temprano apareciesen en Cuba la sedición y la rebeldía. Pues el estado moral de la Isla no podía ser más lamentable, debido, sobre todo, a la libre compraventa de esclavos, que hizo de ella un inmenso y horrendo presidio. En consecuencia, el afán de obtener para Cuba la igualdad de derechos con España, así como un gobierno más o menos autónomo y la libertad civil del esclavo, hizo del anexionismo y el separatismo dos modos de expresar la inconformidad criolla con el régimen colonial opresor. Como es de suponer, con la lucha inde-

---

9. *Ibid.*, pág. 225.
10. *Ibid.*, pág. 231.

pendentista en Hispanoamérica el peninsular de Cuba se afianzó aún más en la convicción de que no había otro español legítimo que aquél nacido en la Península, lo cual, después de todo, era absolutamente cierto. De esta manera, al decretarse por las Cortes el 11 de noviembre de 1810 la libertad de prensa, se hizo aún más ostensible la rivalidad entre criollos y peninsulares.

Cuba, pues, sólo necesitaba la oportunidad de manifestar su inconformidad con el despotismo español, lo cual era clara señal de amor a la Patria, cuya ofensa constante por parte de los no nativos y la pésima política ultramarina, se sentía en lo más profundo del corazón criollo. En consecuencia, el decreto de las Cortes de 11 de noviembre de 1810, sobre la libertad de prensa, se prestó para poner de relieve la rivalidad aludida entre criollos y peninsulares. Por ejemplo, al amparo de la misma, un tal Gómez Rumbau (director de la Factoría) y un insolente curilla llamado Gutiérrez de Piñeres atacaron a Arango y Parreño. El Capitán General de la Isla, Ruiz de Apodaca, puso en vigor la Constitución de 1812, recibida en Cuba el 13 de julio de ese mismo año, que contemplaba los siguientes aspectos: a) serían electores todos los españoles y sus descendientes desde los veinticinco años de edad; b) se reconocía la libertad de imprenta; c) también la del Poder Judicial; se suprimían los antiguos regidores; e) se reconocía la representación a las Colonias ante las Cortes. Sin embargo, todo esto era más bien ficción, porque, tras la aparente y transitoria mejora en el orden político, se escondía la verdadera y vergonzosa realidad del peculado que, con el auge de la riqueza cubana, dio pábulo al contrabando y al fraude fiscal, hasta alcanzar escandalosas proporciones. Humboldt, por ejemplo, dice que el veinticinco por ciento del azúcar se vendía sin el control de las aduanas, y con el café sucedía algo peor. Además, el comerciante peninsular disfrutaba de la irregular concesión del «impuesto aplazado», casi nunca satisfecho. Pero, en medio de tanta metropolitana desvergüenza, calcada rigurosamente de la Península, hubo alguna reacción eficaz, si bien sólo por parte de algunos funcionarios como Alejandro Ramírez y Arango y Parreño. El primero, si bien no era cubano, actuó siempre como si lo fuese, acabando con el monopolio de la Factoría, venciendo al mercantilismo opuesto al comercio con el extranjero y saneando la Aduana. Como las sumas que iban ahora al Fisco eran antes para los comerciantes peninsulares, éstos pusieron el grito en el cielo. Y, claro está, la tensión, lejos de atenuarse, fue en aumento, por lo que en 1820 el Capitán General Mahy se sintió alarmado tanto por la intransigencia peninsular como por lo que se tenía por extremado liberalismo de la clase media criolla. Se explica que fuese así, porque la destrucción del poderío español en América creaba una indudable satisfacción en los criollos, dominados ya por un comprensible sentimiento de distancia y reserva hacia España, pues, entre otras causas, se contaba la de una agresiva actitud antiamericana de los vencidos y desalojados de Hispanoamérica. Antiespañolismo criollo que, por contagio, se extendía a casi todos los peninsulares. El sentimiento patrio cobraba cada vez mayor fuerza en el criollo, y de ahí la admiración de Bolívar, San Martí, Sucre, Páez y otros héroes de la independencia, así como el deseo de emularlos. «[...] Estas emociones del alma popular preparaban el terreno al ideal de la independencia, aspiración que muy pronto, revestidas de las espléndidas galas de la poesía y el arte, iba a encontrar expresión en los inspirados versos de José María Heredia.» [11]

11. *Ibid.*, pág. 272.

Su obra poética, en efecto, vibra continuamente con la dulce obsesión de la Patria oprimida y vejada por el déspota español:

> *Mas ¿qué en ti busca mi anhelante vista*
> *con inútil afán? ¿Por qué no miro*
> *alrededor de tu caverna inmensa*
> *las palmas ¡ay! las palmas deliciosas*
> *que en las llanuras de mi ardiente* patria
> *nacen del sol a la sonrisa, y crecen,*
> *y al soplo de las brisas del océano*
> *bajo un cielo purísimo se mecen?* [12]

Como, también:

> *¡Patria! [...] Noble cuál triste deliciosos*
> *al peregrino mísero que vaga [...]* [13]

O este otro:

> *[...] Ahora*
> *sólo gemir podrá la triste ausencia*
> *de todos los que amó, y enfurecido*
> *trocar contra los viles y tiranos*
> *que ajan de nuestra* patria *desolada*
> *el seno virginal [...]* [14]

Finalmente:

> *Al brillar mi razón, su amor primero*
> *fue la sublime dignidad del hombre,*
> *y al murmurar de* Patria *el dulce nombre,*
> *me llenaba de horror el extranjero [...]* [15]

Hablando del *patriotismo*, fuente en él de constante inspiración y, podría decirse, el eje alrededor del cual giró su vida breve, el gran poeta se expresa en los términos siguientes:

> Esta virtud divina, creadora de tantos hechos ruidosos y acciones prodigiosas, que honran a la humanidad desde los más remotos siglos [...]
> No titubeamos al pronunciar que el carácter distintivo del verdadero *patriotismo* es el desinterés [...] [16]

Pero el régimen constitucional era detestado por los peninsulares, que ansiaban volver al absolutismo colonial, a fin de garantizar la supremacía de comerciantes y burócratas procedentes de España. En semejante tesitura tuvo lugar un suceso que vino a probar cuán sólido y arraigado era el sentimiento antipeninsular en Cuba. En diciembre de 1822 la convocatoria de

---

12. J. M. Heredia: *Poesías, discursos y cartas*, ed. "Cultural, S. A.", La Habana, 1939, pág. 68 ("Niágara").
13. *Ibid.*, pág. 44 ("Placeres de la melancolía").
14. *Ibid.*, pág. 103 ("A Emilia").
15. *Ibid.*
16. *Ibid.*, pág. 172.

elección a diputados a Cortes dio un sonado triunfo a los criollos con la designación de dos de éstos, Félix Varela y Leonardo Santos Suárez, y de uno de esos contados españoles que se sentían profundamente cubanos, es decir, Tomás Gener. En dichos comicios fueron derrotados decisivamente los «piñeristas», o sea el elemento peninsular. Hacia España partieron los flamantes diputados en gestión que resultó infructuosa y a punto estuvo de costarles la vida. Como genuinos defensores de la libertad civil y política, los tres fueron víctimas de la ira de Fernando VII, ese «rey felón» que hizo honor a tan justificado apelativo; ira despertada porque nuestros compatriotas se adhirieron a los enemigos del absolutismo y llegaron hasta proponer la autonomía para Cuba, con potestad incluso para deponer al Capitán General en caso de extralimitación de funciones, lo cual era cosa corriente. Condenados a muerte, lograron los tres diputados cubanos refugiarse en Gibraltar y de allí pasaron a Estados Unidos.

Que Varela fue un gran patriota, ¿quién podría dudarlo? Su vida y su obra están consagradas a la causa cubana, a costa de los mayores sacrificios, entre los que se cuenta el largo destierro que le impidió acabar sus días en la tierra amada. En una ocasión escribe: «[...] Cada prisión [de un conspirador] vale por mil proclamas; lejos de extinguir el fuego de la insurrección lo que hace es excitarlo [...]»[17] Hablando de la inquietud producida en Cuba por el grandioso espectáculo de la liberación hispanoamericana de la feroz tiranía española, dícenos Varela: «[...] Debo a mi *patria* la manifestación de estas verdades, y acaso no es el menor sacrificio que puedo hacer por ella el hablar cuando todos callan, unos por temor, y otros porque creen que el silencio puede, si no curar los males, al menos disimularlos [...]»[18] Y en otra ocasión añade: «[...] Jamás he dado a nadie el trabajo de adivinar mis opiniones; siempre he hablado con franqueza, y mucho más debo usarla cuando interesa el bien de mi *patria*. Yo opino que la revolución, o mejor dicho: el cambio político de la isla de Cuba es inevitable [...]»[19] Como igualmente: «Compatriotas: salvad una *patria* cuya suerte está en nuestras manos [...]»[20] Finalmente, cuando llega a saber que el Gobierno español ha armado la mano destinada a asesinarlo alevosamente, para silenciar así la vigorosa prédica de *El Habanero*, exclama: Es el medio de salvar la *Patria* pagar malvados que quiten la vida al que ha cometido el crimen de decir la verdad [...]»[21]

Varela sabía que en Cuba, en ese entonces, había un gran fermento revolucionario debido a causas internas (los abusos del Poder) y externas (la independencia de Hispanoamérica), lo cual se comprobó con la conspiración de 1823 llamada de los *Soles y rayos de Bolívar*, dirigida por Lemus, Tanco, Miralla, Peoli, Teurbe Tolón, Heredia y algunos más. La conspiración se extendió a muchos lugares de la Isla, como lo prueba el número de sus encausados, ascendente a seiscientos dos. Entre ellos había profesionales, alcaldes, jueces, oficiales de la milicia, labradores, etc. Al mismo tiempo, tenía lugar otro intento de sublevación organizado por los camagüeyanos Francisco Agüero y Andrés Manuel Sánchez. El primero ya se había hecho notar en ciertas agitaciones de 1822 y 1823 en Puerto Príncipe y Nuevitas. El segundo formaba parte de los «cadenarios». Ambos consiguieron huir a Fila-

---

17. F. Varela: *El Habanero*, ed. "Revista Ideal", Miami, 1974, pág. 21.
18. *Ibid.*, pág. 48.
19. *Ibid.*, pág. 59.
20. *Ibid.*, pág. 60.
21. *Ibid.*, pág. 138.

delfia y de allí marcharon a Colombia, para volver a Camagüey en 1826, siendo detenidos poco después, condenados a muerte y agarrotados en la Plaza Mayor de la ciudad de Camagüey el 16 de marzo de 1826. También de entonces es la conspiración del *Águila Negra*, con apoyo mexicano. José Julián Solís fue detenido junto con otros y figuró entre los seis condenados a muerte, aunque les fue conmutada la pena por la de cadena perpetua.

El sentimiento patriótico se manifiesta sin interrupción a lo largo del siglo XIX, ya sea en el caso del conspirador (¡gloria y honra de Cuba!), o el hombre de pensamiento (Varela, Luz, Saco, Delmonte), como igualmente en muchos otros casos —artistas, poetas, campesinos, etc. Éste es igualmente el de Gertrudis Gómez de Avellaneda, que no obstante su aparente «españolismo», deja ver en lo íntimo de sí la rica veta del amor patrio. Por lo mismo, al abandonar por vez primera las costas cubanas, se expresa de este modo: «¡Adiós, *patria* feliz, edén querido! — ¡Doquier que el hado en su furor me impela, — tu dulce nombre halagará mi oído!»[22] ¿Cómo pensar que estos versos no expresan la más sincera emoción de pesar ocasionado por el alejamiento de la tierra natal? *Tula* siente que se desprende de algo insustituible y, en consecuencia, vuelve sus ojos a donde queda aquello sin lo cual, de veras, no se puede ser feliz. Como sabemos, la vida la arrastró por diferentes geografías y le hizo, además, vivir una vida dramática como tal vez pocas. Pero la *Patria* está presente en sus recuerdos. Así, al saber que ha muerto Heredia, exclama con acento de treno: «¡Voz pavorosa en funeral lamento, — desde los mares de mi *patria* vuela! [...]»[23] Y añade: «¡*Patria*! ¡numen feliz! ¡nombre divino!»[24] Y al regresar a Cuba, tras dilatada ausencia, dice esto: «¡Salud, salud, nobles hijos — de aquesta mi dulce *patria*!»[25]

También el poeta Fornaris exclama en una ocasión en que vuelve a pisar el suelo materno: «[...] ¡Oh, *Cuba*!, — y como tú, infeliz [...]»[26] Pues ha pasado en Europa los años de la guerra del 68 y el dolor del destierro obligado no ha dejado de acosarlo sin descanso. «Dulces memorias de la *patria mía* [...]»,[27] nos dice otro poeta, Francisco de Paula Orgaz. Así igualmente José Fernando Hernández Echarri, fusilado por la espalda (por «traidor» a España: ¡qué honor!) el 18 de agosto de 1851, al fracasar el intento revolucionario encabezado por Isidoro Armenteros: «Dulce tierra de amor, *Cuba* inocente, — que me viste nacer bajo tu cielo [...]»[28] En la misma vena, Ignacio María Acosta: «¿Quién no te ama, *Cuba* hermosa, tierna virgen inocente? [...]»[29] Como tampoco podría faltar el nombre de Luisa Pérez de Zambrana, cuyo sentimiento del suelo nativo le hace exclamar: «[...] pues quien no ama a la *patria*, ¡Oh, Cuba mía! no tiene corazón.»[30]

Mientras tanto, la situación moral de la Isla se hacía cada vez más deplorable, pues el despotismo colonial sólo aspiraba a satisfacer el deseo de lucro de la odiosa clase comerciante y burocrática procedente de la Penín-

---

22. G. Gómez de Avellaneda: *Antología.*, ed. "Espasa-Calpe Argentina, S. A.", B.A., 1948, pág. 61 ("Al partir").
23. *Ibid.*, pág. 97 ("A la muerte del célebre poeta cubano don José María Heredia").
24. *Ibid.*, pág. 98.
25. *Ibid.*, pág. 77.
26. J. Fornaris: Cf. *Naturaleza y alma de Cuba* (Antología poética cubana a cargo de C. Ripoll), ed. "Anaya-Las Américas", New York, 1974, pág. 72 ("Mi vuelta a Cuba").
27. F. de Paula Orgaz: *Ibid* de edición, pág. 146 ("Un recuerdo de mi patria").
28. J. F. Hernández Echarri: *Ibid.* de edición, pág. 101 ("A Cuba").
29. I. Acosta: *Ibid.* de edición, págg. 18 ("A Cuba").
30. L. Pérez de Zambrana: *Ibid.* de edición, pág. 155 ("A Cuba").

sula. El infame tráfico de esclavos, por su parte, aumentaba sin cesar, lo cual trajo como consecuencia que el Censo de población efectuado entre 1825 y 1827 dejase ver que mientras el número de blancos ascendía al cuarenta y cuatro por ciento, el de negros llegaba al cincuentiséis. Tal cosa preocupaba muchísimo a la gente sensata, pues de continuar semejante desproporción acabaría convirtiendo a Cuba en un país como Haití. Y no porque el negro no sea tan ser humano como cualquier otra raza, sino por tratarse de una clase social carente de toda suerte de conocimientos, y, lo que es todavía peor, sometida a la más bárbara represión; de manera que en cualquier momento en que desbordase numéricamente, en forma arrolladora, a la blanca, el destino cubano tendría que ser trágico para esta última. Así se explica que la cuestión de la esclavitud fuese la más llevada y traída durante la primera mitad del siglo XIX.

En este momento irrumpe en la vida pública de Cuba el grupo de grandes cabezas a quienes se debe, en considerable medida, el estímulo independentista, particularmente, Saco, Luz y Delmonte. Ya hemos visto que Arango y Parreño, aun cuando obró siempre como «vasallo», con absoluta devoción al trono y al rey, no dejó por eso de abogar por la mejora del sistema establecido y el progreso en todos los órdenes. Pero José Antonio Saco, por temperamento, educación y, desde luego, la época, no se tenía por «vasallo», y, en consecuencia, jamás cesó de proclamar su cubanía e insistir en que se debía a Cuba ante todo. Para él era una indudable realidad la nacionalidad cubana, de manera que criollos y españoles formaban dos *Patrias* distintas, lo cual contituía un separatismo convicto y confeso, que irritaba el sentimiento peninsular. Como agitador político era terrible. «[...] Exaltaba y ponía en vibración el sentimiento cubano, para colocarlo en actitud polémica y combativa frente al sentimiento español, aparte de defender intereses económicos y políticos opuestos a las pretensiones de los peninsulares que se jactaban de defender la causa de España en la Isla.»[31] Por eso mismo, cuando el mediocre y pedante peninsular Ramón de la Sagra censura severamente, con notoria inepcia, la poesía de Heredia, el *Mensajero Semanal* de Saco responde en la forma merecida a dicho personajillo. Éste reacciona entonces insultando a Varela y a Saco, dejando traslucir el motivo político escondido en la polémica. Volvió a contestar Saco (*Mensajero Semanal*, 26 de agosto de 1829), y como la Sagra se apease con un folleto, Saco publicó entonces una *Impugnación* todavía más severa, a causa de lo cual Martínez de Pinillos (Intendente de Hacienda) que protegía a la Sagra ordenó la incautación de los escritos de Saco, debido, sobre todo, a que éste consiguió demostrar que la Sagra, como «científico», era un *bluff*. Dispuesto a servir siempre a Cuba, Saco no vaciló en desmentir la cínica afirmación de que la plutocracia y la burocracia peninsulares eran las responsables de la riqueza cubana, lo cual le costó que se le tuviese por un peligroso enemigo de la Corona. Basta con ojear la *Memoria sobre la vagancia en Cuba* (1832) para comprender cuánta razón tenía Saco al decir lo que decía. También intervino en el sonado incidente de la *Academia o Instituto Habanero de Literatura*, aceptada por la Reina Regente el 25 de diciembre de 1833, y constituida más tarde con el nombre de *Academia Cubana de Literatura* el 6 de marzo de 1834. La susodicha *Academia* fue combatida por los peninsulares, porque, según ellos, se debía «[...] pesar y calcular la influencia que pudiera tener dicho negocio, directa o indirectamente, en el orden político [...]»[32] Saco salió inmediata-

---

31. R. Guerra: *Manual de Historia de Cuba*, op. cit., pág. 237.
32. *Ibid.*, pág. 334.

mente en defensa de la *Academia*, diciendo: «[...] Se habla de la influencia que la Academia puede tener, directa o indirectamente, en el orden político; y en realidad que la tiene de ambos modos, pues procediendo los males que afligen a la nación del largo reinado de la ignorancia, claro es que todas las instituciones que contribuyan a disipar las tinieblas y a esparcir la ilustración, deben ser de alta trascendencia política [...]»[33] Mas Saco se enfrentaba al despotismo colonial y éste no podía permitir que se expresase así tan grave y documentado censor; por lo mismo, el tirano Tacón lo destierra primero a Trinidad y poco después a Europa. Mas al hacerlo estaba reconociendo tácitamente la enorme trascendencia política del pensamiento de Saco, pues él era «[...] el campeón y el vocero de aspiraciones profundas y generales de la parte más ilustrada y de espíritu liberal en la sociedad criolla, grupo en el que era más vivo el sentimiento local cubano y más honda y militante la aspiración a un régimen de mayor autonomía y justicia para Cuba [...]»[34] Que nuestro gran publicista tuvo siempre como meta de todos sus nobles esfuerzos a la Patria, se prueba con este breve comentario suyo:

> Lejos de haber medrado a la sombra de Cuba, siempre le he sacrificado mis intereses. Por ella perdí la corta fortuna que de mis padres heredé [...] Por ella renuncié a mi brillante carrera de abogado [...] Por ella concité contra mí el odio de individuos, clases y corporaciones. Por ella me persiguieron y desterraron [...] Por ella, en fin, he consumido en una larga y dura expatriación los mejores años de mi vida. Y todo esto, llámese como se quiera, porque no me toca darle nombre, helo hecho con tanta lealtad y desinterés, que hoy no tengo más patrimonio que una honrosa pobreza, ni más esperanza que un sepulcro que me aguarda; y al decir esto, nunca permita Dios que mi ejemplo y mi martirio retraigan jamás a cubano alguno de prestar a su *patria* los servicios que todo buen hijo le debe.»[35]

Como también, igualmente, hablando de la esclavitud:

> [...] Tratemos con todas nuestras fuerzas de extirpar el infame contrabando de negros; disminuyamos sin violencia ni injusticia el número de éstos; hagamos lo posible por aumentar los blancos; derramemos las luces; construyamos muchas vías de comunicación; hagamos en fin todo lo que tú has hecho, dando tan glorioso ejemplo a nuestros compatriotas, y *Cuba*, nuestra *Cuba* adorada, será *Cuba* algún día [...][36]

Finalmente:

> Amar la patria y gozar de sus delicias, es una felicidad. Amarla, y no poder vivir en ella es una desgracia. Verla esclavizada, y tener la esperanza de redimirla, es un consuelo; pero oírla gemir entre cadenas, y no ser dado romperlas, es el más cruel de los tormentos.[37]

La extraordinaria perspicacia de Saco con respecto al destino de Cuba, habida cuenta de la terrible situación que, endémicamente, atravesaba, sólo podía conducir —como lo expresa muy bien Ramiro Guerra—, al mayor de-

---

33. *Ibid.* (Palabras del folleto de José A. Saco titulado *Justa defensa de la Academia Cubana de Literatura*, impreso secretamente en Matanzas con pie de imprenta de New Orléans.)
34. *Ibid.*, pág. 335.
35. J. A. Saco: *Colección póstuma de papeles*, ed. de Vidal Morales, 1881, pág. 30.
36. J. A. Saco: *Colección de papeles sobre la Isla de Cuba*, tomo III ("Contra la anexión").
37. J. A. Saco: *Colección de papeles científicos, históricos, políticos y de otros ramos sobre la Isla de Cuba, ya publicados, ya inéditos*, París, 1858-59, tres volúmenes.

sastre, que acabaría, eso sí, con el sanguinario y rapaz despotismo español en nuestra Patria y, aun a costa del sacrificio cubano, traería consigo la independencia. Pues aunque al exclamar: «¡independencia o muerte!» nuestros predecesores daban a entender que valía más desaparecer físicamente que seguir atado a la Península, también podía entenderse en el sentido de muerte continua para una tierra, la nuestra, que vivía muriendo bajo la bota española; tal como, desdichadamente, ocurre también ahora, en que Cuba se desangra en el suplicio a que la somete el marxismo-comunismo soviético, con el aplauso entusiasta de España. «Con Saco fueron también Cuba y España durante todo el resto del siglo a un destino terriblemente trágico. Cuba quedó despojada de su condición de provincia española para ser sometida a oprobioso vasallaje. España tuvo que imponer su ley por la violencia, entre ruinas, revoluciones y desastres [...]»[38]

Frente a España, en defensa de Saco, se alzó otra de esas profundas voces morales de que dispuso Cuba en el siglo XIX. Me refiero a José de la Luz y Caballero, «[...] el padre, el silencioso fundador [...]» (L-103), como lo designara nada menos que José Martí, quien sintió por él esa profunda y merecida devoción que, infalible en esto, sabía profesar a quien lo merece de veras. Como Saco, el austero Maestro del *Salvador* estuvo siempre al lado de Cuba, de distintas maneras, y es así como escribió un formidable alegato contra el destierro de Saco, dirigido al déspota de turno, el insolente Miguel Tacón. Dicho alegato defiende, justificándola, la *Academia Cubana de Literatura*, causa aparente e inmediata de la deportación de Saco; también la posición política de éste, al paso que pone de manifiesto las verdaderas causas de la animadversión de sus enemigos. Además, previno a Tacón de las graves consecuencias de la política de represión y arbitrariedad en que se basaba la orden de destierro. Con todo esto, decía Luz, Saco resultaba aún más firme en su convicción de hombre independiente, pues al cubano de su fibra moral «[...] no había nada que lo arredrase cuando gritaba la voz de la *patria* [...]»[39] Y así lo vemos, según Luz, «[...] desafiando al mundo entero a que hiciesen a José Antonio Saco y a sus escritos cuantos cargos e interpretaciones pudieran vomitar el miedo, la prevención, la envidia y la calumnia aunados, para aplastarlos a todos a fuerza de razones, haciendo de este modo uno de los más importantes servicios a la *patria* [...]»[40] Éste es el hombre que puso fortuna personal, salud, prestigio social y calidad moral al servicio de Cuba, pues vivió y murió por ella. Tan claro lo vio siempre de ese modo, que dice en una ocasión: «¿Qué se necesita más para el país? ¿Qué para la Humanidad? A veces se llenará mejor el interés de ésta empezando por satisfacer el de la *patria*, sin que en ello reine egoísmo, antes amor universal.»[41]

Como es de suponer, el abismo entre criollos y peninsulares se ensanchaba cada vez más y, por lo mismo, Tacón calificaba a los «naturales» (despectiva manera de llamar a los criollos) de mayoritariamente desleales a España (¡espléndida verdad!), dirigidos por un partido de «jóvenes ambiciosos» (Saco, sobre todo) con peligrosas ideas emancipadoras. También, según el espadón, la *Sociedad Económica* y su sección de Literatura, la *Junta de Fomento* y el Ayuntamiento de La Habana eran instituciones dominadas por los criollos, a quienes les cerró las puertas de Palacio y trató de

---

38. R. Guerra: *Manual de Historia de Cuba*, op. cit., pág. 339.
39. *Ibid.*, pág. 356.
40. *Ibid.*, pág. 370.
41. J. de La Luz y Caballero: *Aforismos y apuntaciones*, ed. Universidad de La Habana, 1945, Aforismo XIV.

que se les hiciese lo mismo en los Ministerios y en la Corte. Se esmeró en demostrar que sentía por ellos, sin distinción de clases, idéntica desconfianza y el mismo odio y menosprecio, lo que dio como resultado una actitud mucho más hostil por parte de los criollos. Pues «[...] La clase patricia y semiaristocrática se sentía herida y humillada por haber sido antepuesta a una "turba advenediza y oscura", que encarecía los méritos del Capitán General con el estilo enfático e hinchado que acostumbra a usar la canalla en semejantes casos con sus odios.»[42] Tras el destierro de Saco, en La Habana, tácitamente aceptado por todos, Luz se convirtió en el jefe de la oposición al despotismo taconiano. Como es de suponer, la reacción no se hizo esperar, pues cuando los criollos patrocinaron la candidatura Arango-Luz para la dirección y vice-dirección de la *Sociedad Económica* y triunfaron en este empeño, Tacón vetó dicha elección diciendo que se trataba de una añagaza para llevar a Luz a la dirección del susodicho Establecimiento. Mientras tanto, Saco proseguía en Madrid, con el apoyo del diputado Montalvo, la campaña contra la tiranía de Cuba, publicando el folleto *Clamor de los cubanos*. «[...] El despotismo había sido siempre profundo corruptor de los pueblos, al destruir el concepto de la dignidad personal, privar al hombre del uso del entendimiento y de la voluntad, y reducirlo a la condición de un bruto irracional [...]»[43] Así proseguía incansable la apasionada defensa de Cuba por sus mejores hijos, tal como también sucedió al llevarse a cabo las elecciones para un Estamento en la Península, en las cuales triunfaron decisivamente los cubanos, Saco entre ellos, electo por la provincia de Oriente. Lleno de gozo escribió Luz estas palabras:

[...] ¡O, *patria* mía! es cierto, ciertísimo: tú acabas de dar el mejor testimonio de tu justicia, el más seguro garante de que para contigo vale también la fuerza de la opinión; tú has puesto en la cumbre al primero de tus hijos, el mismo hombre a quien la mano impura del despotismo trató de avasallar y pisotear. Confesamos que este rasgo es digno de la soberbia Albión [...][44]

Y agregaba:

[...] Sagarra, Sagarra, mi discípulo predilecto, es quien ha obtenido la victoria, quien ha enderezado la opinión, acallando las hablillas de los malos y los temores de los ilusos o cobardes; quien empeñó toda su fuerza por que se hiciese justicia al mérito y honor eterno a su país [...][45]

Descontado estaba, por supuesto, que ninguno de los diputados cubanos tomaría posesión de su cargo en el llevado y traído asunto del Estamento, porque el ministro Estúriz, que ocupó el Poder el 15 de mayo, disolvió las Cortes y convocó a nuevas elecciones. Todavía más, al restablecerse la Constitución en la Península, no obstante la gallarda actitud del General Lorenzo en Santiago de Cuba, quien la puso en vigor allí, Tacón, apoyado en una Real Orden, se negó a jurarla, dejando en pie la alternativa de Cuba, *provincia española*, con todas las garantías de la Constitución; o Cuba, *colonia*, sometida a un régimen especial. Pues bien, se decidió que las provincias españolas de América y Asia se rigiesen y administrasen por leyes especiales y que

---

42. R. Guerra: *Manual de Historia de Cuba*, op. cit., pág. 359.
43. *Ibid.*, pág. 363.
44. *Ibid.*, pág. 370.
45. *Ibid.*

sus diputados no tomasen asiento en las Cortes, lo que motivó otro escrito de Saco, protestando ante dicho organismo, con lo cual volvía a defender a su *Patria*. La crónica estupidez política española hacía que hombres supuestamente inteligentes y cultos, como era el caso del «divino» Argüelles, dijesen cosas como éstas: «[...] el prestigio de las autoridades de Ultramar sería insostenible ante los ataques apasionados o injustos de un diputado vehemente, y más insostenible todavía la tranquilidad pública, excitada por pretensiones interesadas, teniendo a su disposición la prensa libre [...]»[46] O sea que se aplicaba al blanco nacido en Cuba el mismo bárbaro tratamiento deparado a los infelices esclavos negros, el más completo amordazamiento, de manera que la Isla fuese sólo, en su muda sumisión, el centro productor para enriquecer a la Metrópoli. Blanca esclavitud determinada, en lo más profundo de sí misma, por el desafuero de la otra, la negra. Lúcidamente lo expone Saco en estas palabras suyas:

> La libertad, como todos saben, es *civil* o *política*. La primera, que es la que verdaderamente constituye la felicidad de los pueblos, consiste en el respeto sagrado a la propiedad, en la inviolable seguridad de las personas, y en la pacífica posesión de los derechos individuales. Y ¿será posible que por tener esclavos, esclavos que el mismo Gobierno nos introdujo y nos forzó a comprar, puesto que dejó perecer la raza inocente que poblaba aquella isla, y nunca ha procurado fomentar la importación de hombres libres, será posible que por eso nuestros bienes queden entregados al capricho o a la rapacidad de cualquier mandarín que no quiera respetarlos; se envenene a nuestra tierra con el contagio que derraman espías y delatores; se nos hunda sin motivo ni sospechas en lóbregos calabozos; se nos condene sin fórmulas ni trámites judiciales; y se nos arranque de los brazos de la *patria* sin acusarnos ni oírnos? Pues tal es la desesperada situación a que nos ha echado un Gobierno que se llama paternal, y que parece que en Europa no invoca la libertad sino para hacer más amarga y dolorosa la muerte de los americanos.[47]

Domingo del Monte y Aponte forma con Saco y Luz la más interesante trilogía de la primera mitad del siglo XIX. Vasta cultura, en la que entraban en juego varias lenguas modernas y una fina sensibilidad como crítico literario, define su personalidad. Casado con Rosa Aldama (hermana de Miguel), la tertulia literaria celebrada semanalmente en su casa congregaba allí a lo más selecto de la intelectualidad criolla y se pasaba revista a los más recientes acontecimientos políticos y culturales de Europa. Con respecto a su probado patriotismo nada puede decirse en contra, pues siempre estuvo presto a censurar los males del colonialismo. En uno de sus *Romances cubanos* («La patria») la censura peninsular suprimió ocho versos que dicen así:

> *Que nunca escuchar yo pude*
> *sin que hirviese en ira el alma*
> *el bárbaro, atroz chasquido*
> *del látigo en carne esclava.*
>
> *Y más preferí orgulloso*
> *pobre vivir, mas sin mancha,*

---

46. *Ibid.*, pág. 387.
47. J. A. Saco: *Colección de papeles científicos, históricos, políticos y de otros ramos sobre la Isla de Cuba, ya publicados, ya inéditos*, op. cit., volumen III, pág. 128.

> *que no en opulencia infame*
> *a infame precio comprada.*

Como Saco, también Delmonte combatió la esclavitud y la idea anexionista, y sus apreciaciones sobre el despotismo de Tacón (el «bajalato de La Habana») son a este tenor: «Este arráez sigue abusando escandalosamente de la dictadura con que lo ha revestido el estúpido gobierno de Madrid. Las prisiones no cesan [...] En las cárceles hay más de 900 presos, y ya S.E. ha mandado prevenir nuevos calabozos en La Cabaña. Yo no sé en lo que parará todo esto. Mayor tiranía no se ha sufrido aquí jamás.»[48] «La exasperación pública está ya rebosando, y hubiese estallado si no pagáramos el delito de tener esclavos con la pena de serlo nosotros a nuestra vez.»[49]

Desterrado desde 1843, viajó continuamente por Estados Unidos, Inglaterra, Francia y España, donde falleció en 1853, encontrándose a la sazón en Madrid. De entonces son aquellos versos suyos (*La patria*), donde, nostálgico de Cuba, dice: «¿Do el diáfano, puro ambiente — está de mi *patria* amada?» Fue nada menos que José Martí quien lo describió como «[...] el más real y útil de los cubanos de su tiempo [...]» (L-91)

La penosa situación por la que atravesaba Cuba inclinaba a muchos de sus hijos hacia los Estados Unidos, lo cual se explica, habida cuenta del divorcio político entre nuestra Patria y España desde 1837. Además del aumento de las cargas fiscales, que se llevaban a la Metrópoli hasta el treinta por ciento de la renta bruta cubana (unos cincuenta millones de pesos) y el cese gradual de la libertad de comercio. Mas el corrompido sistema político-social de la Península no daba trazas de mejorar ni siquiera ante reacciones como la de Lord Palmerston, Primer Ministro inglés, en el Parlamento, en 1849: «[...] Mientras el Gobierno español no extirpara las causas justificadas de descontento, la hostilidad de los naturales cubanos continuaría. Los tratados de garantía, sobre ser ineficaces, constituirían, en tales circunstancias, un injustificado apoyo a un régimen de gobierno repugnante a la opinión pública inglesa [...]»[50] He ahí el porqué de la justeza de estas palabras de Saco: «España concede derechos políticos a Cuba, o Cuba se pierde para España [...]»[51] Por eso dice Ramiro Guerra: «[...] La palabra y la razón nada podían contra el coloniaje. La conclusión implícita era que Cuba se hallaba frente a este dilema: sumisión perpetua al despotismo, o apelación a la protesta armada. Así lo entendieron todos en la Isla [...]»[52] Y esta última siguió manifestándose de cuando en cuando, sin importar nada sus resultados adversos. Así ocurrió con el intento llevado a cabo en Pinar del Río, cuyo centro conspirativo y organizador era La Habana, donde tomaron parte destacadas personalidades como Anacleto Bermúdez, el Conde de Pozos Dulces, Paula Valiente, Bellido de Luna, Luis Eduardo del Cristo, Porfirio Valiente, Francisco Estrampes y otros. Ahora bien, en esta ocasión algunos vecinos de la Vuelta Abajo, como Juan Gómez Álvarez (premiados poco antes por su contribución a la captura de Narciso López), se adhirieron a este nuevo intento revolucionario, lo que demuestra cuán honda era ya la diferencia entre criollos y peninsulares, es decir, cuánto pesaba la *Patria*

---

48. D. del Monte: Colección de manuscritos de la Biblioteca Nacional, "Cartas de Domingo del Monte", *Revista de la Biblioteca Nacional*, 1909-10.
49. *Ibid.*
50. *Ibid.*
51. J. A. Saco: *Colección de papeles científicos, históricos, políticos y de otros ramos sobre la Isla de Cuba, ya publicados, ya inéditos*, op. cit., vol. II.
52. R. Guerra: *Manual de Historia de Cuba*, op. cit., pág. 512.

cubana en el corazón de sus hijos. Valiente y Luna pudieron escapar a los Estados Unidos, en tanto que, según parece, Bermúdez se suicidó. El patriota inmaculado que llevó a sus versos la emoción de la tierra amada: «¡Infeliz! no halla en el mundo — lo que en su *patria* ha dejado!»⁵³ Asimismo, Eduardo Facciolo, impresor de *La Voz del Pueblo Cubano* (dirigido por Bellido de Luna), quien le escribe de este modo a su madre, momentos antes de ser ajusticiado en el garrote vil el 28 de septiembre de 1852 por el feroz y sanguinario Concha:

> *Madre del corazón, tu puro acento*
> *no demande favor de los tiranos.*
> *A mí me inspira el noble sentimiento*
> *de morir por mi patria y mis hermanos.*

Mientras tanto, siguen los poetas cantando a Cuba, como es el caso de Francisco Pobeda: «¡Isla de Cuba! amada *patria* mía!»,⁵⁴ y también el de Francisco Javier Blanche, quien exclama conmovido: «¡Cuba! ¡tierra de amor! Bajo tu cielo — todo es vida y placer! [...]»⁵⁵ Del mismo modo, Leopoldo Turla Denis, expedicionario de Narciso López y desterrado en New Orleans, donde falleció:

> *Sé firme corazón. Sostén constante*
> *de tu valor el indomable temple;*
> *del Gólgota el martirio no te espante.*
> *Que la patria entre espinas te contemple*
> *llevar la cruz con ánimo gigante.*⁵⁶

Miguel Teurbe Tolón, otro desterrado, secretario de la Junta Cubana Anexionista de New York, también dirige su inspiración poética a Cuba, como puede verse en estos versos:

> *¡Ah! si una vez no más, si un solo día*
> *a ver volviera tu esplendente cielo*
> *i a respirar tus brisas,* Cuba *mía* [...]
>
> [...] *Patria y Libertad espera*
> *a que, queriendo ser hombre,*
> *corre a que inscriban su nombre*
> *en la cubana bandera* [...]⁵⁷

Pedro Santacilia, conspirador a las órdenes de Narciso López, detenido y deportado a España, de donde logró escapar por Gibraltar, se fue a los Estados Unidos donde formó parte de la Junta Revolucionaria. Pasó luego a México y se casó con una hija de Benito Juárez y en 1879 fue nombrado representante de la Revolución Cubana en México. En una ocasión, recordando a su tierra natal, canta así:

---

53. A. Bermúdez: Cf. *Naturaleza y alma de Cuba,* op. cit., pág. 30. ("El hijo de Alquízar en Madrid").
54. F. Pobeda: *Ibid.* de edición, pág. 171 ("A Cuba").
55. F. J. Blanche: *Ibid.* de edición, pág. 35 ("A las cubanas").
56. L. Turla Denis: *El laúd del desterrado,* New York, 1858, "Perseverancia".
57. M. Teurbe Tolón: *Flores y espinas,* Matanzas, Cuba, 1857, "¡Volver a Cuba!"

> [...] *¡Cómo se agita*
> *llena de emoción el alma*
> *al evocar en la ausencia*
> *los recuerdos de la* Patria [...] [58]

Finalmente, por ahora, veamos cómo se expresa otro gran cubano, Luis Victoriano Betancourt, quien, desde su campamento mambí en Camagüey, dice lo siguiente:

> [...] *Yo, como tú,* patria *tengo;*
> *como tú la vida doy*
> *por este amor que sostengo* [...] [59]

Saco, mientras tanto, seguía estimulando vigorosamente a los cubanos con sus escritos y el sentimiento nacional ganaba fuerza. El intento de compra de Cuba por el Presidente Polk humillaba a los criollos, lo mismo que las sucesivas políticas de Taylor, Fillmore y Pierce, por lo que tanto el *Club de La Habana* como otros grupos emigrados creyeron que se debía proceder independientemente. Por otra parte, empeoraban las condiciones internas de la Isla. En 1853 el Capitán General Pezuela (en un bando de tres de mayo de ese mismo año) rechazaba los rumores de un inminente decreto de abolición de la esclavitud, idea que calificaba de «[...] falsa de todo punto, ofensiva para el honor y la gloria de España, la más opuesta a los sentimientos de la reina [...]»[60] O sea que, para la Península, era honor y gloria la esclavitud africana en Cuba.

La agitación del partido anexionista hizo que los peninsulares en Cuba (los «integristas») repitiesen aquello dicho en las Cortes españolas en 1837, o sea que Cuba tendría que ser o *africana* o *española.* Lo cual, según ellos, ocurriría de advenir la independencia, como digno castigo a los desleales criollos. También los Estados Unidos se oponían a los planes de invasión y revolución de la *Junta Cubana,* pues podrían concluir en la independencia. Y una posible anexión era algo que no entraba en los planes del Gobierno norteamericano. Apenas unos meses después, en 1854, tuvo lugar en España uno de esos «cuartelazos» de que está plagada la historia peninsular (y hay que ver cómo nos enrostran constantemente a los hispanoamericanos las multitudinarias «revoluciones» habidas por acá). Revuelta debida a un personajillo llamado Antonio Cánovas del Castillo (el mismo que años más tarde mandara a Cuba, en calidad de testaferro suyo, al siniestro Weyler). Subió el General Espartero al Poder (siempre, por supuesto, un General) y mandó de nuevo a Cuba al sanguinario Gutiérrez de la Concha. Mientras tanto, proseguían los afanes libertarios con vistas a desprendernos de ese presidio colonial de la Cuba de entonces (como lo es actualmente, con el beneplácito y el apoyo de los Weyler y los Cánovas de ahora). Octubre de 1854 es la fecha del desembarco de armas por Baracoa, llevado a cabo por Félix y Estrampes, al mismo tiempo que el certero disparo de un patriota cubano tendía por el suelo, sin vida, al repugnante delator de Narciso López (un tal José A. Castañeda). Según Concha, acorde con los informes recibidos, no era «[...] una conspiración más o menos vasta, de una reproducción de

---

58. P. Santacilia: *El arpa del proscripto,* Imprenta de J. Durand, New York, 1864, "El desterrado".
59. L. V. Betancourt: *Los poetas de la guerra,* Imprenta "América", New York, 1893, págs. 88-89, "Simpatías del destino".
60. R. Guerra: *Manual de Historia de Cuba, op. cit.,* pág. 531.

planes anteriormente desbaratados, *sino de una liga general del país, de largo tiempo formada,* con inviolable secreto extendida, con armas y dinero asegurada, por un peninsular por primera vez dirigida, Ramón Pintó [¡al fin, alguien de allá sacaba la cara por la dignidad de España!], y por algunos peninsulares aceptada [...]»⁶¹ Como es de suponer, todo esto aparejó centenares de detenciones, dos ajusticiados (Pintó, el 22 de marzo de 1855, y Estrampes, el 31 del mismo mes y año), deportaciones a presidio (Ceuta y Chafarinas) y confiscación cuantiosa de bienes.

Pero el movimiento anexionista no pudo sobrevivir entre los revolucionarios cubanos debido a la desilusión ocasionada por la política del Presidente Pierce y la ruptura de ellos con el General norteamericano Quitman, designado para la invasión de Cuba. Ambos grupos (anexionistas y separatistas) coincidieron en: a) la renuncia a la anexión; b) la independencia a toda costa; c) la emancipación de los esclavos. De esta manera, el *Manifiesto* de Domingo Goicuría a sus compatriotas (10 de junio de 1855), en New York, decía, entre otras cosas, que el cubano revolucionario debía reconocer y declarar su error. ¿Cuál? Confiar, como había venido haciéndolo hasta entonces, en la sincera cooperación norteamericana a base de anexión y esclavitud. Por el contrario, todo el esfuerzo debía orientarse en el sentido de la independencia. Así lo declaraba igualmente la *Exposición de la Junta Cubana al Pueblo de Cuba,* de 1.° de agosto de 1855: «[...] El mayor adversario que tuvo la revolución cubana [...] lo encontrará siempre en la Administración de este país [Estados Unidos], sea cual fuese el color político de su elevación al Poder [...]»⁶² Y agregaba que los Estados Unidos, «[...] pueblo gigante en el desarrollo de sus fuerzas y sus recursos internos [...] no tenían fijeza y resolución en la marcha de su política exterior [...]»⁶³ «[...] La política timorata y vacilante del Gobierno norteamericano, su oposición a los planes revolucionarios, el aplazamiento indefinido en que las agitaciones de la Unión colocaban la causa de Cuba, no podían convenir ya a la honra y dignidad de la revolución cubana ni satisfacían los males que aquejaban a la Isla [...]»⁶⁴ Y añade este autor:

> [...] Cuba había podido, «en momentos críticos», ofrecer el sacrificio de su individualidad y de su independencia política y comercial», al creer fundadas sus esperanzas y no ver en todo el horizonte otra estrella que alumbrara su camino, ni otro puerto donde ponerse al abrigo de las tempestades presentes y las bonanzas del porvenir, pero las cosas habían cambiado. La revolución estaba encarnada inesperadamente en los pechos cubanos; la Metrópoli, convulsa, se hallaba en vísperas de hundirse en Europa [...]⁶⁵

Otro *Manifiesto* de la *Junta Revolucionaria de New York* decía así: «La Junta ha demostrado ya en otro trabajo que también los principios fueron solidarios de nuestras desgracias. Nuestra bandera, plantada en el terreno particular de los intereses del pueblo americano, ha sido impotente para la libertad a que aspiramos. Desconocida y supeditada nuestra revolución ante la familia europea por razón de esa conexidad, fuera hoy acaso locura persistir en ella, cuanto por otra parte, sólo indiferencia y hostilidad ha sido el

---

61. *Ibid.*
62. V. Morales: *Iniciadores y primeros mártires,* 1901, tomo III, págs. 457-58.
63. *Ibid.,* pág. 461.
64. R. Guerra: *Manual de Historia de Cuba, op. cit.,* pág. 557.
65. *Ibid.,* pág. 558.

precio recibido hasta ahora en cambio de nuestra ofrenda a la gran república [...]»[66] Sin duda alguna, son palabras transidas de la gran melancolía de una *Patria* ausente y por cuyo bien es preciso alejarse de ella, sin perderla de vista con los ojos del espíritu. Mas el ideal de independencia, conjuntamente con el deseo ferviente de obtenerla y el justo orgullo de su posesión, implicaba también, en un orden de realidades indiscutible, que Cuba no fuese de nadie, sino única y exclusivamente de sí misma. «[...] En América, el equilibrio de las fuerzas políticas rivales de los grandes poderes y la seguridad de inmensos intereses de las repúblicas españolas y de la civilización en las Antillas, exigía también una Isla de Cuba independiente y neutral, campo abierto a la libre concurrencia mercantil de todos los pueblos [...]»[67] Por esto mismo, el susodicho *Manifiesto* añade lo siguiente:

> Toda la antigua América española sabe por instinto que el baluarte de sus libertades y de la persistencia de su individualidad nacional se encuentra vaciado por el Eterno en el elemento macizo que separa el mar Caspio de las aguas del golfo mexicano. Cuba la llave principal de esa posición, al paso que vigila las rutas interoceánicas del futuro comercio de los pueblos, sirve también por su importancia y magnitud de antemural, que tendrá a raya los desmanes y la ambición de una raza enemiga de la blanca, a la que profetas políticos disciernen ya el señorío sobre todo el grupo de las Antillas.[68]

Desde el lado peninsular el infortunio cubano iba a ser perenne debido al odio, a los intereses creados y a la incapacidad del español. En tanto que, desde el lado cubano, decía el *Manifiesto*, «[...] para darle solución en su oportunidad, en armonía con los derechos adquiridos, y bajo la protección y el amparo exteriores a que podía aspirar con certeza, acaso bastaría para que pudiese reconquistarse en fecha muy próxima, sin grandes riesgos ni sacrificios, *el bien deseado de la independencia política* [...]»[69] Entretanto, el espadón Concha, fiel a sus ideas reaccionarias, pedía «reformas» administrativas y nada de derechos políticos a los cubanos. Pues a lo más que debería accederse era a designarlos empleados de cierto sueldo (lo que hace suponer que aún no lo eran), etc. Pero, eso sí, «[...] con excepción de los derechos políticos [...]»[70] La solución anexionista, inservible ya como urgente remedio y superada por el auge del independentismo, puso de manifiesto el complejo de inferioridad y el descarnado egoísmo esclavista, en tanto que el ideal *separatista* aumentaba continuamente en el alma popular. «[...] Acariciábalo el espíritu criollo como la suprema y más noble aspiración del hombre en el orden político, la única merecedora de un pequeño culto de abnegación, de heroísmo y de sacrificio [...]»[71] Sin embargo, de modo realmente inusitado, se designó Capitán General de la Isla a don Francisco Serrano, más tarde Duque de la Torre, quien inauguró una política de acercamiento y cordialidad hacia los cubanos, con el consiguiente y nada disimulado desagrado de los peninsulares. Restableció la libertad de prensa y abrió las puertas de Palacio a los criollos, deseoso de informarse debidamente de sus aspiraciones. O'Farril, Aldama, Morales Lemus, Mestre, Al-

---

66. V. Morales: *Iniciadores y primeros mártires*, op. cit., pág. 498.
67. R. Guerra: *Manual de Historia de Cuba*, op. cit., págs. 558-59.
68. V. Morales: *Iniciadores y primeros mártires*, op. cit., pág. 498.
69. Ibid.
70.
71. R. Guerra: *Manual de Historia de Cuba*, op. cit., pág. 571.

fonso, Jorrín, Azcárate, Echeverría, Valdés Fauli y otros más acudieron a entrevistarse con Serrano, quien demostró sincera disposición para un eficaz entendimiento con la clase criolla. Hasta Saco, desterrado tantos años, se sintió atraído por la nueva situación y regresó a La Habana, y fue homenajeado con un banquete en el Palacio de Aldama que presidió el propio Serrano. Así fue como renacieron momentáneamente las cubanas esperanzas de un cambio efectivo y éste fue el inicio del que más tarde pasó a llamarse el movimiento *reformista*. Pero el peninsular, en Cuba como en España, comenzó a combatir el noble gesto, inteligente y previsor, del Capitán General. Por otra parte, quizá ya era un poco tarde para el «borrón y cuenta nueva», pues el viejo rencor era casi ineliminable a la altura de ese tiempo, o sea en 1862.

Vino a colmar la copa de ese rencor, del lado peninsular, la muerte de Luz y Caballero. Al enterarse el Capitán General Serrano de quién era Luz y de su enorme significación para la conciencia cubana, dispuso que el día de su sepelio (23 de junio de 1862) fuese de duelo público. Puesto que Luz había mantenido una postura vertical frente al absolutismo colonial de Tacón, O'Donell y Gutiérrez de la Concha, los peninsulares no lo habían olvidado y, en consecuencia, consideraron el duelo oficial como expresión de un sentimiento antiespañol. De contener siquiera un adarme de sensatez las broncas testas españolas de allende y aquende el océano, gestos generosos como el de Serrano habrían sido respaldados firmemente, pero era pedir demasiado. Claro está que también, del lado cubano, no faltó algún gesto imprudente, como el del poeta Fornaris, al publicar en un diario de Guanabacoa una oda a Serrano donde ponía a Luz junto a Heredia y Varela como gran patriota. Molesto, el Capitán General impuso una multa al periódico, lo suspendió indefinidamente y prohibió la velada en el Liceo de Guanabacoa. Ahora bien, el detalle particular de la oda de Fornaris revelaba, en el fondo, un latente y creciente sentimiento de rebeldía contra el régimen colonial que el liberal *interregnum* de Serrano contribuyó a exacerbar. La cuestión de la *Patria* proseguía su curso indetenible: Cuba era el «o todo o nada» que bullía en la mente y el corazón del criollo. Así las cosas, el dilema no podía ser sino el de «asimilación» o «autonomía», es decir, dos fórmulas políticas opuestas: una españolizante, otra cubana. Y, en realidad, tal como lo temía el peninsular, la autonomía era sólo la máscara de la independencia.

En esta situación, los *reformistas* creyeron conveniente publicar un periódico para exponer su ideario. En un comienzo se vaciló entre La Habana y Madrid, pero pronto se llegó a la conclusión de que debía radicar en La Habana, con lo cual «[...] se satisfacía el sentimiento separatista de Morales Lemus, Pozos Dulces y sus amigos. El periódico, fundado en España, significaba la aceptación implícita de la unión permanente de Cuba y la Metrópoli; establecido en Cuba, era de hecho la afirmación de la autonomía y la personalidad propia [...]»[72] Por otra parte, los Comisionados electos para concurrir a la propuesta del Gobierno metropolitano titubeaban entre asistir o no, pero al fin se llegó a la conclusión de que debía agotarse toda gestión encaminada a procurar alguna salida al *impasse* de la política cubana. Claro es que ya se había cometido la desvergüenza —por parte del Gobierno peninsular— de añadir dieciséis Comisionados «de dedo» a los otros dieciséis electos en la Isla. «[...] Y si en lo porvenir había que tomar otros rumbos,

---

72. E. Piñeyro: *Morales Lemus y la Revolución de Cuba*, Imprenta de M. M. Zarzamendi, New York, 1871, págs. 25-27.

y España, por su ciega obstinación, tenía que enfrentarse con la desesperada rebeldía del pueblo cubano, cerrados todos los caminos de la conciliación y la ley, suya exclusivamente sería la gravísima responsabilidad histórica [...]»'³ El *reformismo* sería, en consecuencia, el postrer ensayo de conseguir para Cuba el progreso y la libertad, sin llegar al extremo de la lucha armada contra España. Era, pues, *mutatis mutandis*, lo que infructuosamente habían estado aconsejando Arango y Parreño, Saco, Luz, Delmonte y muchos más. Muy pronto se desvanecieron las ansiosas esperanzas *reformistas*, pues todo cuanto se obtuvo fue el aumento considerable de las tasas directas sobre el capital, y se llegó al extremo de consultarle al Capitán General en Cuba sobre la posibilidad de un empréstito concertado con los Estados Unidos con la garantía de las rentas y propiedades del Estado en la Isla. O sea la canallada de hipotecar a Cuba.

Como se ve, no quedaba más salida que la rebelión armada y ésta hallaba casi a la vista. De la región oriental iba a brotar, incontenible, y, como sabemos, duró diez años en los cuales los cubanos demostraron hasta dónde llegaba su amor a la *Patria*. En el *Manifiesto* al pueblo cubano leído por Céspedes en la madrugada del Diez de Octubre, se dice:

> Cuando un pueblo llega al extremo de degradación y miseria en que nosotros nos vemos, nadie puede reprocharle que eche mano a las armas para salir de un estado tan lleno de oprobio. El ejemplo de las más grandes naciones autoriza ese último recurso. La isla de Cuba no puede estar privada de los derechos que gozan otros pueblos, y no puede consentir que se diga que no sabe más que sufrir [...]⁷⁴

Los hombres que se lanzaron a la guerra eran, en apreciable mayoría, terratenientes, es decir, acaudalados propietarios de ingenios azucareros y de haciendas ganaderas. Sin embargo, lo sacrificaron todo a la causa de la libertad de Cuba. Uno de ellos, millonario, Francisco Vicente Aguilera, exclamó en una ocasión: «Nada tengo mientras no tenga *patria*.» Morales Lemus, en carta a Nicolás Azcárate de 15 de mayo de 1869, dice: «La generación actual, y principalmente los ancianos, como yo, sufrirán sin esperanza de gozar el resultado de sus sacrificios; pero morirán con la satisfacción de haber llenado sus deberes hacia la *Patria* y las generaciones venideras.» Bartolomé Masó, otro de los grandes de las tres guerras, canta de este modo:

> Cuba *libre es la frase sonora*
> *que resuena en los campos doquier.*
> Cuba *libre será desde ahora,*
> Cuba *libre por siempre ha de ser.*

Y prosigue así la relación de quienes, a veces con el fusil al hombro, cantan a la *Patria* amada:

> [...] *La guerra que hoy principia será una guerra de muerte:*
> *Ya en juez inexorable la* patria *se convierte,*
> *y el fallo que pronuncia será de maldición* [...]⁷⁵

---

73. R. Guerra: *Manual de Historia de Cuba*, op. cit., pág. 608.
74. C. M. de Céspedes: *El Manifiesto del Diez de Octubre de 1868*.
75. L. García Pérez: *Los poetas de la guerra*, op. cit., págs. 194-96, "El grito de Yara".

¡Timbre de la patria mía!
¡Su nombre limpio y brillante
Cuba lo guarda arrogante
en páginas de hidalguía! [76]

[...] En el centro de aquel valle,
sobre flores recortada,
mi ciudad gentil y bella
indolente se ostentaba,
pero el deber de sus hijos
y los gritos de la patria
la condenaron al fuego
antes de dejarla esclava [...] [77]

Hallarás también grabado
con el cincel del dolor
un cuadro todo de amor
de rudo pesar sombreado.
Y allí a la luz del pasado,
verás entre ángeles bellos,
una mujer, sus cabellos
dando al aire, y allí un hombre
que pugna, de patria al nombre,
para desprenderse de ella [...] [78]

Es mi patria un extenso paraíso
habitado por castos serafines,
circundado de fuentes y jardines
formados por la mano del Creador. [79]

¡Oh Cuba! Yo bendigo entusiasmado
la cuna en que nací bajo tu cielo [...] [80]

[...] El recuerdo de Cuba y de sus flores
y el adiós de sus palmas y su cielo [...] [81]

Al combate corred bayameses,
que la patria os contempla orgullosa,
no temáis una muerte gloriosa
que morir por la patria es vivir [...] [82]

¿Que importa que en tus campiñas
pan dé el plátano al viajero,
su agua fresca el cocotero,

---

76. J. J. Palma: *Poesías de José Joaquín Palma*, ed. "Tipografía Nacional", Guatemala, 1962, pág. 136, "Carlos Manuel de Céspedes".
77. J. J. Palma: *Los poetas de la guerra*, op. cit., págs. 68-71, "Al poeta Miguel Jerónimo Gutiérrez".
78. M. J. Gutiérrez: *Los poetas de la guerra*, op. cit., págs. 55-56, "Mi corazón".
79. C. de Agüero: *Florilegio de escritoras cubanas*, ed. "El Siglo XX", La Habana, 1913, vol. II, págs. 293-295, "Lo más grande después de Dios".
80. R. M. Mendive: *Poesías*, 1883, "La música de las palmas".
81. *Ibid*: "Ausencias y recuerdos".
82. P. Figueredo: Himno Nacional de Cuba.

> su miel las fragantes piñas?
> ¿Qué importa que eterna ciñas
> una espléndida guirnalda
> de azahares y esmeraldas,
> si a cada instante resuena
> el rumor de una cadena
> o el látigo en una espalda? [...] [83]
>
> Porque buscamos libertad, y vemos
> la fe perdida y la existencia ajada,
> y ya no más sobrellevar podemos
> la esclavitud de nuestra tierra amada [...]
>
> [...] suspiro por mi pueblo en servidumbre
> y el cielo busco de mi Cuba hermosa [...]
>
> Cual desterrado triste, cuando las playas deja
> del suelo en que ha nacido, la vista vuelve atrás,
> y clava las miradas, mientras el bajel se aleja
> de la ribera, a donde no puede volver más. [84]

Ya no necesitamos buscar lejos de nosotros la libertad y la *patria*, que hemos conquistado, ambas cosas, bajo la enseña republicana, en una lucha sin ejemplo [...]

Éste es su puesto. Mas si prefieren a la libertad sus coyundas ensangrentadas y al honor su humillación, la *República* —fuerte para resistir y con aliento sobrado para vencer— les dará ella sola —en días no lejanos— *patria*, libertad, gloria y dignidad [...] [85]

Toda la vida del *Apóstol* de nuestra independencia estuvo dominada por un sentimiento al cual se subordinan todos los demás, es decir, la Patria. Sin la pretensión de agotar sus comentarios al respecto, hemos podido reunir más de un centenar de ellos, suficientes para probar el decisivo cometido de dicha cuestión en la obra escrita de Martí. Pues la *Patria* es comienzo y fin, meditación y fantasía, voluntad e inspiración, placer y dolor, nostalgia y acción continua, y mucho más, hasta agotar las posibles manifestaciones de una personalidad tan proteica como la suya. Nadie, entre nosotros, podría padecer una angustia semejante a la que lo poseyó a él, con respeto a Cuba, la Patria idolatrada, esa εἰδωλατρεια cuya raíz, ειδως, es la imagen de una entidad sobrenatural, suprasensible, que obra como ejemplo, modelo o guía supremo. Por supuesto, con todo lo que de religiosa adoración conlleva la idolatría. El de la *Patria* es, pues, sentimiento religioso, y para él es *ara* (altar) y no pedestal, es decir, el sitio para caer de rodillas y no para levantarse. Altar ante el cual es menester hincar continuamente la rodilla, en una entrega sin reservas, disuelto en ella hasta confundirse con su augusta realidad. Pues la *Patria*, según el *Apóstol*, está más allá de toda condición, requisito, prejuicio o titubeo. Quede todo eso, si acaso, para lo que por debajo de ella se encuentra. Porque es entidad totalmente distinta de cualquiera de las que forman parte de nuestra realidad como seres humanos, pues si

---

83. F. Sellén: Cf. *Naturaleza y alma de Cuba, op. cit.,* pág. 198, "A Cuba en días de humillación".

84. J. C. Zenea: *Nueva colección de poesías completas de Juan Clemente Zenea,* ed. "La Moderna Poesía", La Habana, 1909", "En días de esclavitud", "En Greenwood", "Adiós a la juventud".

85. M. Sanguily: *La Estrella Solitaria,* Cuba Libre, 10-IV-75.

bien es posible concebirla, o sea tenerla en forma de *idea*, ella es todavía más: sin lugar a dudas, la suprema *vivencia* de cuantas (¡ y cuántas!) integran el existir del hombre. Vivencia, es decir, esa «experiencia» inmediata, sin percepto lógico, porque adviene del remoto fondo del acontecer vital. Y así como no es posible explicarse qué es el *existir*, pues de ello cabe sólo una intuición —como todas, inmediata—, del mismo modo, de la *Patria* lo único dable es la experiencia íntima, inmediata y profunda del consistir de su vivencia. No es, pues, posible comprenderla, porque esto último es *cumprehendere*, o sea «tomar» con la «mano» de la mente algo asible. Pero la *Patria* no se «toma», simplemente porque *no está* aquí ni allí, sino que estamos en ella, que es quien ya nos ha tomado de una vez por todas.

Estamos, en consecuencia, en ella; pero, eso sí, con variable nivel implicativo, porque un hombre como el *Apóstol* llegó a estarlo de tal manera, tan completamente, que entre una y otro se produjo la más cabal identificación, la síntesis en la que ya no se puede discernir ninguno de ambos componentes. Identificación que varía según el individuo de que se trate, porque hasta se da el caso de muchos que apenas rozan la superficie de la *Patria*, como sucede con los indiferentes, tibios y remisos; para no hablar ahora de sus enemigos, lamentables engendros para quienes ella es, en el mejor de los casos, pedestal. De ahí la importancia que reviste la reflexión frecuente ante ese «libro de horas» que es la *Patria*, a fin de penetrarla en su profundo significado, todo lo más posible. Ella, en efecto, tal como lo propone Martí, es a un tiempo *agonía* y *dolor*. Sí, en efecto, ambas cosas: lo uno, porque agonía (del griego αγων, lucha) es el combate continuo, en impenitente desvelo, pues la *Patria* requiere vivir al acecho. De ahí que el *agonista* (αγωνιοτης) es el combatiente, el gladiador jurado de por vida a la causa más noble. Por eso ella es, también, *dolor*, es decir, el sufrimiento aparejado por esa *cura*, ese cuidado que exige el sentimiento patriótico, aun en momentos de gran felicidad; no digamos cuando la vemos escarnecida, humillada y, por lo mismo, atribulada, como sucedió en el siglo pasado en Cuba y es, desdichadamente, ahora. ¿Acaso fue feliz Heredia? ¿Lo fue Varela, o Luz, o Saco, o del Monte, y, en sucesivas experiencias, todos los cubanos, blancos y negros, ricos y pobres, cultos e ilíteros, que durante el pasado siglo hicieron todo cuanto estuvo a su alcance para conseguir esa felicidad de que carecía entonces la *Patria*? ¿Acaso es posible serlo hoy ante el lastimoso espectáculo de una tierra sometida de nuevo a bárbara tiranía? Pues bien, sólo si se medita sobre todo esto y, como es natural, se siente con la intensidad del caso la realidad de la *Patria*, es posible situarse en la entraña misma de esa *agonía* martiana a la que puso fin su propia vida, y comprender, transidos de admiración, lo que fue capital vivencia de su propio existir, es decir, la *Patria*. Pues si alguien de veras realizó el portento de vivir muriendo ése es José Martí. Porque es claro que no hay vivir que no sea paulatino proceso de disolución, la consabida clépsidra cuyo pausado gotear lleva inexorablemente a la última; pero, por lo común, el hombre como que se deja «llevar» de la mano de la vida hasta esa pared final que detiene definitivamente nuestro paso. Sin embargo, a pocos les es acordado el privilegio de deshacerse con plena conciencia de lo que ocurre, o sea percatados del poderoso motivo por el que es preciso sentir que lo demuelen a uno para, sólo así, levantar otra cosa en cuya edificación se va dejando inexorablemente la vida, siempre breve, cuya suma de muertes es, justamente, la posibilidad de otro vivir en el cual uno se trasciende, es decir, la *Patria*.

Martí, sin lugar a dudas, es plena conciencia, lúcida percatación de esa realidad suprema cuya inefabilidad accede sólo a expresarse en una palabra de suyo breve: *Patria*, la tierra de los padres, de nuestros progenitores, allí donde fuimos engendrados y concebidos; y la tierra es el fondo concreto donde se levanta todo cuanto de trascendente hay en él, o sea aquello que dota de significado al *humus* antecedente de nuestra propia arcilla vital. De él salimos y a él queremos volver, es decir, al mismo suelo, y no a ningún otro, pues si bien este último, por serlo, puede sostenernos, no nos creó y, en consecuencia, es irremediablemente ajeno. Éste es el terrible drama del desterrado como Heredia, Varela, Saco, Delmonte, Villaverde, Mendive, Aguilera y tantísimos otros en el pasado siglo. Es también el nuestro, acosados sin descanso por la nostalgia de la *Patria* lejana, en cuyo suelo queremos permanecer siempre. No es preciso decir que es el inmenso drama del *Apóstol* prácticamente desterrado durante veinticinco años. Por eso, hombre de letras en grado eminente, se acoge al poder del pensamiento y la palabra, trasuntando en nerviosa prosa o dolido verso la experiencia de la *vivencia* de la *Patria*, raíz de la vida humana y símbolo de la misma. A lo que dijo acerca de ella se consagran las páginas subsiguientes, para que se vea con toda claridad el destilado producto de su *agonía* de la *Patria*. Ahora bien, esta exposición requiere ser sistematizada y, por lo mismo, nos atrevemos a presentarla del modo siguiente:

La *Patria*
{
1) Mención directa de la *Patria*
2) La experiencia directa de la *Patria*
3) Concepto del *patriotismo*
4) Teorización sobre la *Patria*
5) Pueblo y *Patria*
}

Podrá extrañar al lector lo de «mención directa» de la *Patria*, mas recuérdese que la sistematización adoptada, en este caso, es, como todas, más o menos arbitraria. Pero se verá que el nominativo *Patria* aparece aquí en casi todas las citas y cuando falta específicamente queda, al menos, tácitamente expresada, como se verá en seguida. Examinemos, ante todo, esos momentos vividos por Martí en suelo mexicano, proscrito impenitente, abrumado por desdichas familiares, en la encrucijada del progreso personal y el porvenir de la *Patria*, ansioso del disfrute de las bienandanzas deparables particularmente, a la juventud, y, sin embargo, consciente siempre del deber primero y principal que es la suerte de nuestra tierra. Por eso, en una vívida y sugeridora reflexión al respecto, dice así:

> Arde la patria perennemente en el espíritu de los hombres que ampara y cobija: arde a veces con luz lánguida; pero cuando la encienden desventuras, viva y brilladora y hermosa es la luz [...] (L-2)

Porque de ella es preciso hablar siempre; tan necesario lo es, tan indispensable, que Martí casi llega al arrebato de la expresión al decirnos: «[...] Los mudos recobrarían la palabra, si nadie más que ellos pudiesen cantar las glorias de la patria.» (L-3) Pues ella es posibilidad, realización, conquista de lo inaccesible, causa eficaz de milagros: «[...] Hay una hora en que todo malvado es bueno: el instante en que por primera vez de su vida dice adiós a su patria [...]» (L-6), y, en consecuencia, «[...] parecen buenos los malvados al decir a la tierra amada adiós [...]» (L-7) Y en esta misma vena: «[...] Vale mucho un hombre rudo que ama desde muy lejos a su patria [...]» (L-9); y, por tanto, al rememorar un aniversario más del glorioso Diez de Octubre, con trenódico acento se expresa de esta manera el *Apóstol*:

[...] no haya bendición de madre, cielo de Cuba, ni calma de conciencia, para aquél de nosotros que en este día sagrado no venere, no ame, no se cubra la frente con ceniza, ni gima y no llore! (L-10)

Mas también Martí algunas veces nos describe cómo es la *Patria*. A él nunca le pareció suficiente todo cuanto pudiese decirse acerca de ella, tal vez por la lúcida conciencia que tenía de la *inefabilidad* propia de aquello que es más bien sentimiento que concepto. De ahí la variedad de imágenes e ideas empleadas para mencionarla, como se puede apreciar en las dos citas siguientes:

> Patria es la suma de los amores todos, que sin ella son como flor de aroma, que se va toda al viento; y en ella, como de más gloria y sabor. Patria es la novia por quien se rinde alegre la fortuna del mundo, y la vida, y la ira, y se padece resignado bajo el que nos hiere el mismo honor. Patria es como corona o majestad, que tiene el alma a donde no le llegan las pasiones que salen a morder la luz [...] (L-85)
>
> [...] Es la patria lo que se lleva por sobre la cabeza; es la esperanza de toda la vida; es el clima feliz y el pueblo de generosidad donde el amor de la tierra y la firmeza del suelo nativo, y la abundancia del corazón criollo consuelen y remedien las desigualdades de la fortuna, que en la soledad de la tierra extraña de tal manera afligen y perturban que la casa amenazada, envuelta en la nube sombría, no ve por encima, con su nueva luz invencible, el sol del porvenir [...] (L-92)

Mas, también, «[...] patria no es más que eso —la pasión del decoro y ventura del hombre [...]» (L-104) Y nótese cuán atinadamente enlaza Martí ambas nociones, de las que una (el *decoro*) supone una plena conciencia de la dignidad personal, mientras la otra (la *felicidad*) es la natural y explicable recompensa imposible de obtener si, de alguna manera, se falta al decoro. Por lo mismo, prosigue diciendo: «[...] Patria es eso, equidad, respeto a todas las opiniones y consuelo al triste.» (L-123) Como también es «[...] aquella porción de humanidad que vemos más de cerca, y en que nos tocó nacer [...]» (L-105)

Mas ya hemos dicho que la *Patria* es asimismo *quehacer*, porque ella no surge así, de pronto, como Venus de la espuma del mar. Mucho menos todavía si se trata de crearla o tal vez mejor recrearla, librándola de una esclavitud cual la padecida en Cuba durante la etapa colonial y, sobre todo, en el siglo XIX, habida cuenta de la tensión creciente entre criollos y peninsulares, dado el repugnante empeño de la Metrópoli en mantener allí el estado de factoría de trabajo esclavo. «Ni una hora de descanso en la tarea de fomentar la Patria.» (L-114), anota en cierta ocasión. «La patria necesita sacrificios. Es ara y no pedestal. Se la sirve, pero no se la toma para servirse de ella.» (L-29), así le dice a uno de sus corresponsales. En consecuencia: «Quien tenga patria, que la honre; y quien no tenga patria, que la conquiste [...]» (L-112)

Pero es necesario contar con los hombres, y acerca de esto el *Apóstol* acumuló una vasta experiencia. No siempre aquél a quien acudía en nombre de Cuba era capaz de responder en la forma esperada o, al menos, deseada. El trato constante con toda clase de seres humanos le inspira penetrantes observaciones que acaban en letra impresa, con ese su maravilloso modo indirecto de decir, cuya eficacia es indiscutible. De ahí que aprovechase cuanta ocasión se presentase para estampar las susodichas reflexiones, como, por ejemplo:

Los hombres son como los tiempos en que viven, y se adaptan con flexibilidad maravillosa a su pequeñez o grandeza. Cuando se aprieta el corazón de angustia, porque la patria padece; cuando nos la amenazan, cuando nos la invaden, cuando nos la agotan, cuando nos la torturan, se ve a los hombres resplandecer y sublimarse, la palabra se inflama y centellea, no hay distancia del brazo a las hazañas, y es palpable la identidad del hombre y de los astros [...] (L-36)

[...] Los hombres son productos, expresiones, reflejos: viven en lo que coinciden con su época, o en lo que se diferencian marcadamente de ella; lo que flota les empuja y pervade: no es aire sólo lo que les pesa sobre los hombros, sino pensamiento: éstas son las grandes bodas del hombre; ¡sus bodas con la patria! (L-35)

La *Patria* es, pues, constante motivo de meditación para el *Apóstol*, una especie de idea fija y, como tal, una obsesión, aunque lúcida y atemperada, sin más vibración emocional que la de saberla esclava. Por lo mismo, como la *Patria* se acrece con cuanto bueno y noble se hace en su obsequio, esto también, según Martí, es un modo eficaz de pelear en su defensa. «Honrar a la patria es una manera de pelear por ella, así como hacer algo que la deshonre es pelear contra ella. Ésta ha sido semana de triunfo para un cubano que en su vehemente pasión por el arte no ha hallado modo de olvidar el dolor de su país [...]» (L-73) Así se expresa de un gran artista cubano, Emilio Agramonte, que en New York triunfa y hace triunfar a sus compatriotas. Pues —dícenos en otro lugar— «[...] la patria tiene hoy una gran necesidad y es desertor el que no acuda hoy mismo a ella. Que la libertad de la patria no está en el nombre de la libertad, sino en el trato afectuoso y el ajuste de intereses de todos sus hijos [...]» (L-78) En consecuencia: «[...] Mejor sirve a la patria quien le dice la verdad y le educa el gusto que el que exagera el mérito de sus hombres famosos [...]» (L-45) Pues, en definitiva, cualquier sacrificio en defensa de su libertad y su felicidad, jamás será demasía, sino más bien lo contrario; porque si somos ella y ella es nosotros mismos, entonces, ¿no va implícito en su ser el ser nuestro? De ahí que cueste mucho prescindir de ella, pues, bien vista la cuestión, eso jamás podría conseguirse. Por lo mismo, dice el *Apóstol*: «[...] Que un cubano muera por su patria; que viva como se vive lejos de ella, que es morir, está bien, y a eso estamos todos, sin pestañear y sin cejar [...] (L-83) De ahí la importancia que cobra su noble representación allí donde, vencida la oposición de la materia, queda triunfante el espíritu que ocupa su lugar:

¡Oh! Sí. En las horas de soledad y amargura que son tan frecuentes lejos de la patria, hace mucho bien poder volver los ojos a una imagen que nos la representa libre y nueva. (L-84)

Mas aún tiene qué decir Martí acerca de la *Patria*, en esa forma directa de mención de la cual se viene hablando. Pues hay un modo de referirse a ella, o sea *ex abundantia cordis*; expresivo mentar que supera a todos los demás, porque posee la mayor sinceridad posible. «[...] No se miente cuando se lleva la patria en el corazón [...]» (L-79), dícenos el *Apóstol*, y añade: «[...] Para la patria nos levantamos. Es un crimen levantarse sobre ella.» (L-81) Por lo mismo, «[...] no hay viles mayores que los que miran exclusivamente los intereses de la patria como medios de satisfacer su vanidad o levantar su fortuna.» (L-30) En consecuencia, le dice ufano al glorioso General José Maceo que «[...] quien ha defendido con valor a mi patria, y su libertad de hombre, es como acreedor mío, y me parece mi hermano [...]» (L-101)

Pasamos ahora a enfrentarnos nada menos que con la *experiencia directa* de la *Patria*, o sea con todos esos testimonios escritos del *Apóstol* en los cuales la vivencia de la que ya se ha hablado muestra su dramática interioridad, de manera que es, inevitablemente, una especie de grito, más o menos contenido, según sea el caso, y que sale de esa recóndita profundidad donde *vida* y *Patria* se interpenetran hasta confundirse completamente. Es justo en México, a poco de su arribo allí, en ocasión de asistir a un concierto del gran violinista cubano White, cuando siente Martí desbordarse el sentimiento, sofocado a duras penas una y otra vez, de la *Patria* cuya lejanía le roe constantemente el corazón, en forma de *nostalgia*, es decir, el dolor de lo distante. «¡Patria, alma mía, roa la infamia el instante en que todo mi triste corazón no esté adorando en ti!» (L-4) Así se expresa, y añade:

> ¡Oh, patria de mi alma! en ti las palmeras besan a las brisas, y el aire sabe a las maneras de conmoverse y de llorar: cuentan las cañas amores a las orillas mansas de los ríos: aman las vírgenes cubanas trémulas de castísima pasión; — ¡oh, patria de mi vida! yo sé cómo palpita la armonía en tus campos de oro de maíz; yo sé cómo murmura en tus naranjos el crepúsculo bullicioso y sonriente: yo sé cómo se extiende sobre tus ceibas la tarde meditabunda y quejumbrosa; ¡oh, patria de mi amor! tú eres bendita al través del alejamiento y la amargura; tú me mandas amores y promesas en el alma de uno de tus hijos [White]: tú me mandas un canto de esperanza en una inspirada criatura, engendrada entre tus suspiros y tus lágrimas, calentada al fuego de mi sol! (L-5)

El arte exquisito del compatriota le inspira tan delicadas y deliciosas reflexiones sobre la tierra amada. En ese momento, al hacerse presente Cuba en el arte de uno de sus hijos, el *Apóstol*, errante, triste y desanimado por muy poderosas razones, abre el pecho y deja escapar su trenodia. Y así, de tan dolida manera, sigue adelante por la vida dejando, aquí y allá, en la letra impresa, el testimonio de esa amarga felicidad en que consiste saber que, desde niño, ha tocado tierra en los senos profundos de la *Patria*; que, por lo mismo, será unas veces novia, otras esposa, madre algunas, deber siempre, y, sobre todo, inconmensurable amor. Pues ella es, también, su almohada, su mesa de trabajo, el sueño constante, como asimismo desvelo y agonía. «[...] Vengo a ahogar mi dolor por no estar luchando en los campos de mi patria, en los consuelos de un trabajo honrado, y en las preparaciones para un combate vigoroso.» (L-12) Así nos dice en cierta ocasión, durante su estancia en Guatemala en 1877, y años más tarde: «[...] Cuanto me amenaza a la patria me pone a temblar; y sólo gozo con lo que la honra y asegura [...]» (L-18) Como vemos —y así será siempre en este caso—, Martí habla en primera persona; o sea el hombre de carne y hueso, pero también el espíritu delicado, que se presenta como quien es. A veces, para contar azares de su vida, como en estas palabras suyas de una carta a Fernando Figueredo:

> Todo, Figueredo, se lo he dado a mi patria, hasta la paz de mi casa. Todo va bien en este carro mío, menos el eje, que va roto. Entre la frivolidad satisfecha y el destierro austero, hubo que elegir, y me costó la ventura de mi vida: y aquel brío soberbio que a Ud. le viene de su felicidad, a mí sólo me puede venir del deber triste [...] (L-17)

También el verso es espléndida vía para hablar de sí mismo, pero sólo porque se refiere a la *Patria*, pues contadísimas son las ocasiones en que se vale de su persona para manifestar algo:

> *Mi mal es rudo; la ciudad lo encona;*
> *lo alivia el campo inmenso. ¡Otro más vasto*
> *lo aliviará mejor! Y las oscuras*
> *tardes me atraen, cual si mi patria fuera*
> *la dilatada sombra.* (L-20)

> *¡Zarzal es la memoria; mas la mía*
> *es un cesto de llamas! A su lumbre*
> *el porvenir de mi nación preveo*
> *y lloro* [...] (L-21)

Con la misma intensidad de sentimiento, vehemente, habla Martí de sí mismo, pero, desde luego, por lo que tiene que ver con la *Patria*. Pues, ya lo dijimos, jamás acostumbra a referirse a lo que es o hace si esto último ha de quedar en sí mismo, o sea sin disolverse de inmediato en la justificación implícita de algo de lo cual se considera modesto intermediario. Así, en la ocasión en que dice: «[...] Ella [la *Patria*] es la razón de mi vida. Si pienso, es para defenderla. Si soporto en silencio aparente una ofensa, es porque así la sirvo [...]» (L-25) Porque nada es comparable al fervor que siente por Cuba, pues hasta si vive es debido a ella; en consecuencia —le escribe a Mercado—, «[...] mis dolores patrióticos [...] primer peldaño que bajé del cielo [...]» (L-33) Y a su entrañable Fermín Valdés Domínguez le dice: «De mí no te quiero hablar. ¿Qué ha de ser de mí, puesto que no tengo hoy manera de servir eficazmente a mi patria?» (L-34) En efecto, la pena mayor del *Apóstol*, en los años en que todavía no ha cuajado el vivísimo anhelo de la liberación de Cuba, es precisamente no haber acertado aún con el modo eficaz de conseguirlo. Por lo mismo, en otra carta a Mercado le habla de ese penoso estado de ánimo en que por entonces se encuentra, describiéndolo de este modo:

> [...] a él [a Pablo Macedo] le ha ocurrido espontáneamente la idea de ponerme en camino de empezar una serie de publicaciones útiles americanas, cosa en que pienso desde hace muchos años con la insistencia de quien madura lo que es natural, y objeto único grato de mi vida, perdida como tengo la esperanza de ser por ahora, y por siempre acaso, útil a mi patria [...] (L-28)

Pues la vida humana adquiere tanto mayor significado cuanto más alto es el fin al cual se dedica. Mas sólo si la entrega es absoluta puede, entonces, alcanzar su plena realización ese afán; y esto último depende inexorablemente de la sinceridad con que se actúa. «En mí el amor a la patria sólo tiene un límite; y es el temor de que imagine nadie que por mi interés me valgo de ella, ni siquiera por el interés de ganar fama, que con ser menos innoble que otros, lleva a los hombres muy lejos a veces de aquella pureza absoluta que la patria tiene derecho a exigir de todos los que se ocupan en servirla [...]» (L-42) Palabras que dejan ver claramente lo que Martí siente con respecto a la entrega a una causa preferible a cualquier otra. La *pureza absoluta* es inesquivable condición del que sirve a la *Patria*; condición consistente en despojarse de cualquier preocupación que no sea la de servirla en todo y por todo; pues, como muy bien lo considera Martí, si hay alguna otra finalidad, puesto que, con respecto a la *Patria*, no es posible servir a dos señores a un tiempo, la decisión sólo puede ser ella o nada. Y añade esto otro: «[...] La persona hemos puesto de lado: ¡bendita sea la patria! [...]» (L-86) Por lo mismo, señala que «[...] la imagen de la patria siempre está junto a nosotros, sentada a nuestra mesa de trabajo, a nuestra mesa de comer, a nuestra almohada. Desecharla es en vano; ni ¿quién quiere desecharla? [...]» (L-40) Como brota igualmente de su alma la declaración que reúne en un solo pensamiento el amor a la justicia y el amor a la *Patria*: «[...] Yo amo con pasión la dignidad humana. Yo muero del afán de ver a mi tierra en pie [...]» (L-66) Por eso mismo, cuando le preguntan: «—Y usted, ¿cuántas horas duerme?», contesta: «—Cinco, mientras mi patria no sea libre.» (L-71) A este mismo tenor, en carta a José Dolores Poyo, el alma de la emigración cubana en el Cayo, le dice así:

> [...] Otros duden de mi patria, y la ofendan y la acobarden, y la amarren al yugo: ¡que hay muchos modos de amarrarla!: yo, que la siento vibrar, que la veo perdonar, que la veo fundar, digo, humillada la cabeza: ¡Bendita sea mi patria! (L-111)

Mas, como sabemos, Martí es también el espíritu organizador que no cesa de unir voluntades, concertándolas para el momento decisivo, que llegará, pero nunca antes de estar debidamente creado. Como sueña igualmente, con despiertos ojos, en lo que quiere que sea Cuba. De lo primero, es decir, de la previa tarea organizativa, le escribe al General Emilio Núñez en estos términos:

> [...] Por eso me atrevo a rogar a Ud. que asista el domingo próximo a la casa número 361 Oeste calle 58, para tratar —con los cubanos que, sean cualesquiera sus opiniones, han venido distinguiéndose por su perseverancia—, del mejor modo de cumplir con nuestro deber. Todos tenemos el corazón en su lugar: todos diremos libremente lo que pensamos en esta reunión de amigos; todos, si las tuviésemos, sabríamos moderar nuestras simpatías y acallar nuestras antipatías, en beneficio de la patria [...] (L-47)

Sí, con el firme criterio de respetar todos los criterios, o no valdría la pena la lucha en que viene empeñado; pues la más efectiva cooperación es la nacida al calor de las divergencias susceptibles de ajustarse a un común propósito y luego de haberlas manifestado libremente y sometido al *consensus*. Tal debe ser el fundamento de la Revolución en la que sería necesario derramar abundante sangre cubana, pero, eso sí, justificado siempre por el deseo de obtener una libertad que no podría ya estorbarse aun antes de comenzar la parte cruenta. Así es como se explican estas admirables palabras:

> [...] Porque si en las cosas de mi patria me fuera dado preferir un bien a todos los demás, un bien fundamental que de todos los del país fuera base y principio, y sin el que los demás bienes serían falaces e inseguros, ése sería el bien que yo prefiriera: yo quiero que la ley primera de nuestra república sea el culto de los cubanos a la dignidad plena del hombre. En la mejilla ha de sentir todo hombre verdadero el golpe que reciba cualquier mejilla de hombre [...] (L-54)

Y de aquí aquello otro correspondiente al mismo texto:

> ¡Es el sueño mío, es el sueño de todos; las palmas son novias que esperan: y hemos de poner la justicia tan alta como las palmas! [...] (L-56)

Pues bien sabía Martí lo que se jugaba, no sólo ni principalmente *él* mismo, sino, ante todo, la *Patria*, y se explica perfectamente que así se lo diga a su gran amigo Henríquez y Carvajal: «[...] Yo evoqué la guerra: mi responsabilidad comienza con ella, en vez de acabar. Para mí la patria no será nunca triunfo, sino agonía y deber [...]» (L-106) Porque, en efecto, jamás se acaba de servirla, sino todo lo contrario. Pues el azar del tiempo exige una cauta actitud de precaución: de ahí el *desvelo* a que se refiere frecuentemente el *Apóstol*. Y ¿qué decir de ese inmenso júbilo al verse ya, ¡al fin!, en la tierra por la que tanto suspirase? En carta probable a Carmen Miyares le habla con el regocijo de quien comprueba cómo —tal cual lo dijera un gran poeta cubano—,[86] «todo noble tesón al fin alcanza — vencer las justas leyes del destino»: «[...] envío del cielo libre, un saludo de orgullo por nuestra patria, tan bella en sus hombres como en su Naturaleza [...]» (L-107) Y en otra ocasión, más o menos por la misma fecha: «Adiós les digo, con el júbilo de ver aquí a los negados a España, y enamorados de la revolución [...]» (L-109) En esta forma, con serena alegría, continúa su labor (¡tan cerca ya del final definitivo de su vida!), haciéndole saber esto mismo a ese hermano, más que amigo, Manuel Mercado:

> Por acá hago yo mi deber [...], para evitar, aun contra el empleo franco de todas esas fuerzas, la anexión de Cuba a los Estados Unidos, que jamás la aceptarán de un país en guerra, ni pueden contraer, puesto que la guerra no aceptará la anexión, el compromiso odioso y absurdo de abatir por su cuenta y con sus armas una guerra de independencia americana. (L-110)

Mas no podemos cerrar este acápite de la experiencia directa de la *Patria* sin referirnos a la poesía, pues ella contiene también extraordinarios testimonios de su amor a Cuba. De sus *Versos sencillos* extraemos estos testimonios, marcados para siempre con la mágica brevedad del octosílabo, como, por ejemplo:

> *Yo quiero, cuando me muera,*
> *sin patria, pero sin amo,*
> *tener en mi tumba un ramo*
> *de flores y una bandera!* (L-58)

> *Han hecho bien en quitar*
> *el banderón de la acera;*
> *porque si está la bandera,*
> *no sé, yo no puedo entrar.* (L-59)

Pero, ¿acaso pudo desentenderse jamás el febril pensamiento de Martí de la *idea sentida* de la *Patria*? Ella lo ronda de continuo, lo asedia día y noche, y, sin lugar a dudas, hasta en sueños debe habérsele presentado muchas veces. Tan es así, que las peores horas, desde el punto de vista del sufrimiento

---

86. Enrique Hernández Miyares es el autor del famoso soneto *La más fermosa*, publicado por primera vez el 1.º de abril de 1903 en el periódico *El Mundo*, y la que dio lugar a una sonada polémica iniciada al amparo del *Diario de la Marina*, baluarte entonces (¡todavía!) del colonialismo, por peninsulares enemigos de la recién fundada República de Cuba.

ocasionado por no poder hacer todo cuanto la *Patria* requería, eran las nocturnas; es decir, cuando de vuelta al hogar, tras el cotidiano quehacer que, al fin y al cabo, por fuerza habría de distraerlo, podía entregarse a su recuerdo. Es entonces cuando su imagen, en forma de viuda tocada de negro, se le aparece y, con la elocuencia de su mudo silencio, le recuerda cuál es su deber. Pero cedamos la palabra al *Apóstol*:

> *Dos patrias tengo yo: Cuba y la noche.*
> *¿O son una las dos? No bien retira*
> *su majestad el sol, con largos velos*
> *y un clavel en la mano, silenciosa*
> *Cuba cual viuda triste me aparece* [...]
>
> *Ya es hora*
> *de empezar a morir. La noche es buena*
> *para decir adiós. La luz estorba*
> *y la palabra humana* [...]
>
> *Muda, rompiendo*
> *las hojas del clavel, como una nube*
> *que enturbia el cielo, Cuba, viuda, pasa* [...]
> (L-115)

¿Advertencia? ¿Reproche? Tal vez ambas cosas, como implícita una en otra. De ahí el comienzo de ese *morir* impuesto por el desaliento de una vida que, todavía, no ha descubierto el camino buscado. Mientras otros comen, beben, ríen, Martí siente que un buitre le roe las entrañas. Y, de verdad, así es, pues éstas, ardidas a fuerza de sufrir son las que le quedan, cual miserable despojo orgánico, al desplomarse exánime en Dos Ríos. Y en estrecha relación con todo esto, se encuentra lo siguiente:

> *Bueno es con sueños adornar la vida;*
> *Mas, ¿tienes tú para soñar derecho?*
> *¿Tu tierra acaso está en tu ser dormida?*
> *¿El hambre acaso no te muerde el pecho?*
> (L-119)

Ya anteriormente, al expresar su indignado dolor ante el vil asesinato de ocho inocentes jóvenes, dice desde su destierro madrileño, en ocasión de hallarse postrado en cama a consecuencia de la lesión ocasionada por el grillete arrastrado en presidio por su amor a Cuba:

> *En lecho ajeno y en extraña tierra*
> *la fiebre y el delirio devoraban*
> *mi cuerpo, si vencido, no cansado,*
> *y de la patria gloria enamorado* [...]
>
> *Cuando se muere*
> *en brazos de la patria agradecida,*
> *la muerte acaba, la prisión se rompe;*
> *¡empieza, al fin, con el morir, la vida!*
> (L-118)

Pero es necesario callar, mas ¿qué? Pues el dolor de saberse lejos de la *Patria*, impedido de acudir en su socorro con las fuerzas imprescindibles, es lo que lo hace acudir a su febril inspiración poética. Versos como éstos son los que permiten apreciar, casi que en un fugaz golpe intuitivo, la descomunal empresa levantada sobre la Nada, y que, al fin, llega a convertirse en maravillosa verdad —la independencia de Cuba:

> *Yo callaré: Yo callaré: que nadie*
> *sepa que vivo: que mi patria nunca*
> *sepa que en soledad muero por ella!*
> *Si me llaman, iré: yo sólo vivo*
> *porque espero a servirla: así, muriendo*
> *la sirvo yo mejor que husmeando el modo*
> *de ponerla a los pies del extranjero* [...]
> (L-122)

También asoma en ocasiones el *desterrado*, dejando ver la firme convicción de que, fuera de la *Patria*, nada puede ser firme. Idea, como sabemos, muy recurrente en Martí, y que hemos presentado en otros lugares de esta misma obra. Todo es raíces al aire y provisionalidad, si de veras se ama la tierra natal, de modo que como no hay posible sustitución, salvo que, indignamente, se abjure de su amor, la permanencia en suelo ajeno es siempre paso, tanto más vivo (en pro de la *Patria*, aunque se trate de un itinerario mental), cuanto más intensa y enérgica es la pasión que inspira. ¿Cómo, pues, sentirse feliz al disfrutar tal o cual bienestar en el destierro? Tal felicidad sería —en el sentir del *Apóstol*— una villanía. De ahí que diga en una ocasión: «Si fuera de la patria, en que se crea — la única luz, todo es arena al viento, — ¿dónde, ¡oh dolor!, pondré mi pensamiento — que oscuridad y que aflicción no sea? [...]» (L-121) Ahora bien, el asiento firme, el único realmente cierto y válido para el verdadero patriota, es el que proporciona la cordial unión entre los desterrados, tal como lo vemos en esta estrofa: «Cuba nos une en extranjero suelo. — Auras de Cuba nuestro amor desea: — Cuba es tu corazón, Cuba es mi cielo, — Cuba en tu libro mi palabra sea.» (L-1)

Para concluir con esta cuestión de la experiencia de la *Patria*, veamos cómo el *Apóstol* le habla a una poetisa cubana que fue ¡a España! en busca de lauros:

> *Mas ¿cómo no te dueles,*
> *¡oh poetisa gentil! de que en extraña*
> *tierra enemiga te ornen los laureles*
> *amarillos y pálidos de España,*
> *si en tu patria de amor te esperan fieles*
> *y el odio allí su brillantez no empaña?*
> *¿Cómo, cuando en Madrid te coronaba,*
> *hija sublime de la ardiente zona,*
> *sin Cuba allí, no viste que faltaba*
> *a tu cabeza la mejor corona?* [...]
>
> *No hay gloria, no hay pasión, el mismo cielo*
> *la libertad espléndida es mentira,*
> *si se la goza en extranjero suelo,*
> *y con aire prestado*

> *y llanto avergonzado,*
> *huésped se llora, ¡siervo se respira!*
>
> *¿Qué hacer cuando en el alma se agiganta*
> *la divina ambición? [...] ¡Patria divina!*
> *Y ¿lo pregunto yo? ¡Vida mezquina*
> *la que alienta en la voz de la garganta! [...]*
> *¡Morir! ¡Qué gran valor! Cuando pudiera*
> *robusto el brazo encadenar la gloria*
> *y en la patria bandera*
> *trocar la estrella en sol de la victoria,*
> *escribir lentamente en extranjera*
> *tierra una débil y cobarde historia;*
> *y sentir aquel sol que arrancaría*
> *de la melena del rugiente hispano*
> *por dar con él la brillantez del día*
> *a mi adorado pabellón cubano [...]*
>
> *¿Quién pide gloria al enemigo hispano?*
> *No lleve el que la pida el patrio nombre [...]*
> (L-120)

Si acudimos al diccionario para saber qué es el *patriotismo*, nos dice que es el amor a la *Patria*, y, no obstante su carácter de petición de principio, resulta que es exactamente eso mismo. Mas *amarla* no es cosa tan simple y sencilla como parece colegirse de tan breve respuesta lexicológica. Pues hemos tenido ocasión de ver en páginas precedentes cuán difícil es ser *patriota* en el verdadero sentido de la palabra. Sinceridad en el propósito, desinterés a toda costa, absoluta honradez, inagotable previsión e infinito desvelo son las componentes del patriotismo. Ahora bien, ¿cuántos pueden reclamar para sí el honroso título de *patriota*? Para esto se requiere pasar incólume la prueba que consiste en haber encontrado en uno mismo los antemencionados atributos. Se me dirá que no es posible tal cosa, porque supone ser más que hombre; y, en efecto, son muy pocos los que podrían mostrar semejante excepcionalidad. Pues la asechanza constante del mundo deshace la voluntad carente de férrea firmeza. Mas este espécimen existe, incluso mucho más de lo que pudiera pensarse, y para ello basta con recordar nuestras luchas de un siglo por la independencia de Cuba, cuyo altísimo precio se pagó con patíbulo, presidio, deportación, destierro y la cuantiosa sangre derramada en el campo de batalla, no menos que con el derroche de heroísmo desplegado en dicha noble finalidad. Martí tuvo presente siempre esa brillante y sostenida prueba de amor a la tierra donde se ha nacido, dedicándole diversos comentarios sobrios, como al decir: «[...] El patriota bueno ha de hacer a su patria, en vida al menos, el sacrificio de su mayor gloria [...]» (L-16) El *Apóstol*, en efecto, da a entender que aun a costa de su vida debe el *patriota* dar hasta lo más preciado para él. Pues hay otras maneras de efectuarlo, tales como la miseria material, la enfermedad, el destierro, la prisión y otras. Pero el patriota de veras jamás pierde de vista que se requiere siempre estar bien percatado del paso a dar, a fin de convertirlo en algo eficaz, de modo que «[...] a veces el patriotismo es la locura; otras veces [...] es más aún que la prudencia: es la cautela [...]» (L-22) También, en ocasiones, el patriotismo es aparente o fingido —lo cual es todavía peor—, porque, en tal caso, la *Patria* es sólo el pretexto para el logro de inconfesables ambiciones. «Se disfrazan de patriotismo los celos. Los incapaces se coligan, para cerrar el paso a los afortunados. La patria ¿qué les duele? Lo que les duele es que le saque alguien ventaja [...]» (L-27) Como asimismo puede darse el caso de que, por fácil oficiosidad, lo llamado a ser grande y noble se vuelva algo así como una moda, en contraste con la admiración despertada por el legítimo. «Pasmo es el patriotismo, pero es plaga cuando se hace oficio de él [...]» (L-37) Como tampoco es «[...] el derecho a imponer a nuestros compatriotas una idea desamada o un conflicto loco [...]» (L-72), y, en consecuencia, dice el *Apóstol* lo siguiente:

> [...] El patriotismo es censurable cuando se le invoca para impedir la amistad entre todos los hombres de buena fe del universo, que ven crecer el mal innecesario, y le procuran honradamente alivio. El patriotismo es un deber santo cuando se lucha por poner la patria en condición de que vivan en ella más felices los hombres [...] (L-69)
>
> [...] La primera cualidad del patriotismo es el desistimiento de sí propio; la desaparición de las pasiones o preferencias personales ante la realidad pública, y la necesidad de acomodar a las formas de ellas el ideal de la justicia [...] (L-87)
>
> El patriotismo [el de Eduardo Pochet] no es el de la ira, sino el de la pena [...] (L-98)
>
> [...] Ha muerto tranquilo [...] con el inefable gozo de no hallar en su conciencia, a la hora de la claridad, el remordimiento de haber ayudado con la mentira de la palabra ni el delito del acto, a perpetuar en su país el régimen inextinguible que lo degrada y ahoga. (L-100)

Al hablar del *patriotismo*, donde va inserto quien cultiva el amor a la *Patria*, no desaprovecha Martí la ocasión para insistir en la gravísima responsabilidad moral que supone dicho cometido; y se explica que lo hiciese así, pues conocía bien las humanas debilidades, al acecho siempre de una ocasión en la cual el amor a la *Patria* puede quedar vencido con halagos, promesas u otras incitaciones capaces de mellar el ánimo dispuesto a servirla. Es así como se comprende perfectamente el *ritornello* martiano del cumplimiento del deber fundamental, o sea, amar a la *Patria* sirviéndola; y, de este modo, en su comentario que bien puede entenderse como saludable advertencia a cuantos habían luchado en el campo de batalla por la libertad de Cuba, asevera: «[...] para quien conoció la dicha de pelear por el honor de su país, no hay muerte mayor que estar de pie mientras dura la vergüenza patria [...]» (L-93), o sea, mientras no haya alcanzado su completa libertad. Pues es preciso, con la fuerza que da el sentimiento del honor, «[...] salvar la revolución indudable de lo único que la amenaza: — de la traición de los que la sirvieron una vez, y hoy sirven al gobierno español [...]» (L-89) Mas si bien es cierto que el hombre no puede ser sino el *hombre*, el ser más o menos débil, no debe desesperarse del todo, pues ya se sabe que nadie es perfecto, lo cual se aplica también a nuestra tierra, y, en consecuencia, dice el *Apóstol*: «[...] No por ser cubano se liberta el hombre de las flaquezas propias de la humanidad: ni por ser cubano las agrava [...]» (L-80) En efecto, no somos ni más ni menos perfectos que el resto de los mortales, pues en un amplio sentido la condición humana es siempre igual y constante, o sea que hay un común residuo, no importa la latitud o la época. Al fin y al cabo, el hombre es el difícil y precario equilibrio del bien y el mal, porque la carne es flaca, mas no por completo. En consecuencia, a este hombre, en el caso cubano, se refiere Martí en multitud de ocasiones para estimular su virtud patriótica, pues la hubo y sigue habiéndola en alentadora proporción, y a ella se debe nuestra sempiterna lucha por la libertad. En consecuencia —dice—, «[...] para un cubano de veras que lleva el pecho atormentado de la esperanza y del honor, que oye de la almohada y del mantel la voz de su tierra presa y desvalida, que va juntando virtudes y descabezando traiciones, el reposo es andar, con la espuela al riñón, hasta que su tierra sea libre [...]» (L-90). Este *cubano* es él mismo, y anhela que así sean sus compatriotas. En consecuencia: «[...] Sólo son amigos de la patria los que saben deponer ante ella sus iras y sus tentaciones: sólo sirve a la patria el que la obedece [...]» (L-26) Además: «Ver grandeza es como entrar en deseos de revelarla. Y ver grandezas patrias es sentir como que se la tiene propia. Hacer justicia es hacérnosla [...]» (L-15) Y completa esto último del modo siguiente: «Si hay algo sagrado en cuanto alumbra el Sol, son los intereses de la patria. Es natural y humano que el hombre piense constantemente en sí, aun en sus actos de mayor abnegación y descuido de sí propio, y procure conciliar su adelanto personal y la utilidad pública, y servir a ésta de modo que resulte aquél favorecido, o no muy dañado.» (L-32) Pues el bienestar de la *Patria* exige ponerla por delante de todo lo demás, sea lo que sea, tal como hizo el *Apóstol*. «¿Cuándo, si la asesinamos sus propios hijos, vencerá nuestra patria?» (L-43), pregunta entonces Martí, y sentimos que la misma cuestión debe ser propuesta hoy día a los cubanos desterrados. Porque en el juego de nuestro destino hay sólo una carta a que ponerlo todo, o sea la felicidad de Cuba. Con frase breve de contenido y amplísima de significado lo expresó de una vez por todas, a saber: «[...] El vino de plátano; y si sale agrio, ¡es nuestro vino! [...]» (L-52) Ahora bien, la *Patria* no es de nadie en particular, tal como entonces pretendían algunos y como sucede ahora con los que se atribuyen poderes y prerrogativas que nadie les ha dado jamás ni podrán ser dados. A todos los que así piensan les viene bien ahora, como le vino muy bien a los de entonces, la siguiente advertencia martiana:

> Si pretendiésemos los cubanos de New York, levantar un grupo pedantesco o intrigante de revolucionarios de profesión, o poner una de las emigraciones sobre las demás, o sofocar una opinión determinada, o excluir de propósito alguno de los elementos necesarios para la guerra, o valernos de la angustia patria para adelantar la fama o el interés de nuestras personas, seríamos tan despreciables y dignos de ser desatendidos como respetados seremos, si sin ostentación pueril ni aires de mando, ni exclusiones injustas e impolíticas, intentamos con las fuerzas unidas de todos los hombres honrados, levantar y tener pronta nuestra ala de ejército. (L-48)

Finalmente, tocante a la cuestión del *patriotismo*, vamos a ver algunos de esos momentos en los cuales la ternura del *Apóstol*, al evocar a Cuba, alcanza una gran intensidad: «[...] ¡Oh, flor de la patria, no se puede recordarte sin llorar! [...] (L-46), exclama conmovido al comentar la muerte de don Antonio Bachiller y Morales. También, en la misma vena, este otro desahogo: «[...] ¿Vivir y no servirla a Cuba? ¿Felicidad, mientras no sea feliz ella? [...]» (L-96), lo que aparece nada menos que en un artículo suyo de *Patria*, titulado «¡Para Cuba!». Asimismo, al defender para los cubanos de la Isla el mismo fervor patriótico de los de afuera de ella, exclama: «[...] ¿Quién cuenta desde aquí las almas que allá acarician, con el fervor creciente por la ofensa diaria, los mismos deseos de que sólo los presuntuosos entre nosotros pueden suponerse únicos depositarios? [...]» (L-39) También, asimismo, esta bella muestra de esa ternura puesta por él en todo lo relacionado con Cuba:

¡De todos los cubanos! Yo no sé qué misterio de ternura tiene esta dulcísima palabra, ni qué sabor tan puro sobre el de la palabra misma de hombre, que es ya tan bella, que si se le pronuncia como se debe, parece que es el aire como nimbo de oro, y es trono o cumbre de monte la Naturaleza [...] (L-55)

Y cerraremos dicha cuestión con dos estrofas tomadas de los *Versos sencillos*:

> *Para modelo de un dios*
> *el pintor lo envió a pedir:—*
> *¡Para eso no!, ¡para ir,*
> *Patria, a servirte los dos!*
>
> *Es rubio, es fuerte, es garzón*
> *de nobleza natural:*
> *¡Hijo por la luz natal!*
> *¡Hijo por el pabellón!* (L-57)

En ciertas ocasiones Martí se expresa de la *Patria* desde lo que, relativamente, pudiera considerarse como una actitud objetiva, o sea sin esa pasión, a veces avasalladora, según se ve en lo anteriormente transcrito. Se diría que no es el corazón quien habla ahora, sino la cabeza, pues, en efecto, todo cuanto, a partir de este momento, comentaremos ofrece las características propias de una meditación sobre la *Patria*, pues el pensamiento rige casi completamente el contenido de lo dicho. Así, por ejemplo: «[...] el problema de la independencia no era el cambio de formas, sino el cambio de espíritu.» (L-53) Claramente se ve aquí el examen penetrante de cuestiones en cuyo fondo, o sea en su íntima estructura de la cual depende la eficacia o la ineficacia, reside su explicación. Y es ahora cuando el *Apóstol* actúa en forma crítica buscando con ello una aclaración de lo ya sucedido, pero que, sin lugar a dudas, podría servir de modelo o de advertencia en similares ocasiones. De ahí, por otra parte, que aconseje así: «[...] No ha de asentarse sobre idealidades, en pocos sublimes y en casi todos frívolas, las venturas y progresos de la patria [...]» (L-8) Pues lo ideal debe entenderse al menos en dos sentidos distintos, es decir, o como el mejor fin a alcanzar (v. gr., la libertad de Cuba), o en el sentido de algo no real que hasta puede llegar a ser mera divagación (cuando los cubanos, sin dar tiempo al tiempo, pretendían adelantar el momento de iniciar la guerra de independencia). Este momento llega —como, en efecto, llegó— en el instante en que los continuos desafueros del despotismo peninsular (inicua explotación económica, carencia de libertad, confiscaciones, deportación, destierro, pena capital, etc.) habían creado ya el *estado de ánimo* propicio a un levantamiento armado. «[...] Así, por los empujes del corazón, junta el patriotismo lo que la tiranía no es ya bastante fuerte para desunir: y en momentos sublimes se purifica y eleva para la hora necesaria, el alma de los hombres [...]» (L-68) La tiranía no podía mantener ya la ficción de *unidad de consentimiento* que sólo operaba en el intransigente elemento peninsular establecido en Cuba, que la veía sólo como tierra de botín. En consecuencia:

> [...] Cuando una aspiración es justa; cuando se la ha alimentado en silencio largo tiempo; y cuando sólo se expone una existencia miserable para lograrla —para evitar que triunfe una solución que sólo tendría de

aceptable la razón que la había engendrado, es necesario favorecer y apresurar el logro del propósito justo [...] (L-13)

Porque ya no era posible permanecer indiferente ante el desolador espectáculo de una sociedad dotada de un apreciable número de hijos ilustrados, con el talento y la disposición moral indispensables para transformarla en el lugar donde «las bellezas del físico mundo» —según dice el poeta Heredia— no se conjugasen con «los horrores del mundo moral». El *Apóstol* lo percibe claramente, exponiéndolo así:

> [...] Ni tiene luz el sol, ni hermosura la Naturaleza, ni sabor la vida mientras corran riesgo constante de degradación los hombres que nacieron en la misma tierra en que nacimos; ni el desahogo y regalo de la pluma parecen, con justicia, digna ocupación cuando la sangre toda de las venas arde por derramarse, de abono y semilla, en la tierra donde los hombres no pueden vivir en paz con su honor, ni emplear en su bien y en el del mundo la riqueza oprimida de su pensamiento [...] (L-97)

Ésa era Cuba a fines del siglo XIX, o sea la factoría de donde el corrompido régimen español extraía, a fuerza de látigo, sudor y sangre, todo el caudal con que satisfacer codicias de aquende y allende; porque a la plaga casi inacabable de la Península se agregaba esa otra de la Isla, formada por comerciantes y burócratas españoles, como asimismo por los malos cubanos que lucraban con la misma infamia. En consecuencia,

> [...] quien no esté dispuesto de antemano a postergar al bien del país toda idea de fama o gloria propias; quien no tenga el corazón y la mente tan firmes como la mano, ésta para guerrear, aquélla para precaver, aquél para perdonar a los que yerran; quien confunda con la política necesaria para la fundación de un pueblo una política de tienda de campaña o de antesala, ése no entra en la medida de los salvadores. (L-24)

Cuando un pueblo está en condiciones históricas de ejercitar su indiscutible derecho a la autonomía de sus decisiones, nada ni nadie es capaz de impedírselo. Ése fue el error de España, al insistir en que sus colonias de aquende el Atlántico no disfrutasen siquiera del *status* acordado a las provincias de la Península, y, por lo mismo, Cuba y Puerto Rico fueron degradadas políticamente, hasta el punto de no ser ya provincias españolas sino «plazas sitiadas» a las cuales se les aplicaban *leyes de excepción*. Cuadro verídico de todo esto lo deja ver Martí en las líneas que subsiguen:

> [...] Un pueblo está hecho de hombres que resisten, y hombres que empujan: del acomodo, que acapara, y de la justicia, que se rebela; de la soberbia, que sujeta y deprime, y del decoro que no priva al soberbio de su puesto, ni cede el suyo; de los derechos y opiniones de sus hijos todos está hecho un pueblo, y no de los derechos y opiniones de una sola clase de sus hijos; y el gobierno de un pueblo es el arte de ir encaminando sus realidades, bien sean rebeldías o preocupaciones, por la vía más breve posible, a la condición única de paz, que es aquélla en que no hay un solo derecho mermado [...] (L-99)

¿Se quiere algo más claro? Pues bien, sólo quedaba la solución del cauterio, que separa la parte sana de la enferma, y como esta última era España, de ella era preciso desentenderse, con la razón de la fuerza, ya que su contraria, o sea la fuerza de la razón, en vano la ensayaron los cubanos. Pues

¿cómo iba a ser de otro modo, si España mandaba sucesivamente a Cuba bestias como Tacón, O'Donnell, Concha, Valmaseda y Weyler? Así, pues:

> [...] La guerra no se puede desear por su horror y desdicha; aunque un observador atento no puede desconocer que la guerra fomenta, en vez de mermar, la bondad y la justicia entre los hombres, ya que éstos adquieren en los oficios diarios y sublimes del combate, tal conocimiento de las fuerzas naturales y modo de servirse de ellas, tal práctica de unión, y tal poder de improvisación que, en un pueblo nuevo y heterogéneo sobre todo, los beneficios de la guerra, por el desarrollo y unificación del carácter de país y de los modos de emplearlo son mayores que el desastre parcial, por la destrucción de la riqueza reparable y la viudez de las familias [...] (L-61)

Esa guerra tendría que enfrentar no sólo al peninsular soberbio y rencoroso, sino al *yankee* taimado y codicioso. Bien sabía el *Apóstol* que en dos frentes habría que luchar, y como se daba por descontado la enemiga explicable de España, menester era, al menos, advertir acerca del peligro de ese vecino que jamás nos ha visto con ojos amistosos. He ahí por qué Martí habla de este modo:

> No nos llega la flojedad del ánimo, ni la ignorancia supina, ni el hábito de la servidumbre, hasta declarar de puro olimpo que no podremos gobernarnos el día en que hayamos ganado nuestra libertad, sino que hemos de llamar a nuestra casa, para que nos gobierne, a un vecino que, al día siguiente de su independencia, emplumó en la plaza pública a sus adversarios vencidos, apedreó por las calles a los jueces, creó con sus militares una orden secreta de nobleza, marchó con el ejército armado contra el Congreso nacional, levantó por los celos de aldea y el interés de un Estado sobre otro, se apasionó en sus disputas al extremo de decidir el asesinato de los padres de la República, y firmó sin compasión la carta de su libertad sobre la espalda de sus esclavos! [...] (L-49)

Mucho era preciso hacer a fin de avivar la llama del *patriotismo* entre los cubanos. La dulce amonestación, el aviso precautorio, la réplica oportuna, y así sucesivamente, era tan necesario como el fusil y la pólvora. Sin estos refuerzos morales, la parte práctica, es decir, la cruenta acometida física, sería, si no inútil, probablemente recortada en su alcance. De ahí que suene la voz tenuemente admonitoria: «¿Qué es ponerse a murmurar unos de otros, a recelarse, a odiarse, a disputarse un triunfo que sería efímero si no fuera unánime, de todos, para todos, porque unos han vivido acá y otros allá?» (L-41) Y puede añadirse: «[...] Los que viven de otros, y pasan sobre zancos a través del mundo sin hallarse con hiel y sudor por la fatiga de la realidad, ésos no pueden conocer, y desconfían de sí y de su pueblo: los que viven de sí, los que en la vida verdadera se han graduado de hombres, ésos se conocen y confían [...]» (L-88) Pero es preciso cerrar filas, y esto ha de empezar en el corazón, pues «[...] sólo edifican los que consuelan y aman [...]» (L-19) Y también: «[...] ¡Todos, todos son nuestros hermanos, nuestra carne, nuestra sangre, lo mismo los que piensan con más tibieza que los que han pensado con ineficaz temeridad! [...]» (L-38) Pues bien sabía el *Apóstol* que el hombre es más debilidad que otra cosa; en consecuencia,

> [...] el ala, como se sabe, no entra por mucho en la composición del hombre, que parece tener más de uña y de diente; y si bien es cuerdo conservar siempre la hornilla encendida y los hierros en blanco para marcar a esos traficantes de modo que se vea, e impedir que corrompan y esclavicen la República, cuerdo es también reconocer la ambición impura y disfrazada

como factor inevitable de las funciones humanas, y valerse de ella, ya que no puede suprimírsele, para mejor servir a la virtud. (L-31)

Aquí vuelve a mostrarse, como tantas veces, el alma comprensiva y compasiva de Martí, quien tuvo siempre en más estima la bondad que la fuerza del oro o de la fama. Como dijo en cierta ocasión, sus escritos están redactados con la sangre de sus venas y no con académica tinta. Así lo repite en este pasaje:

> Amigo: ¡Jesús, amigo mío, escribió tan poco! Ganar un alma, consolar un alma, ¿no es mejor que escribir un artículo de oropel, donde se prueba que se ha leído esto o aquello? [...] Un bribón dice que mi literatura es salvaje, porque digo estas cosas, porque me sale de las venas la sangre de los demás: porque mi sangre es la sangre de todos. Y yo le digo: bribón, y sigo mi camino, consolando al triste. Patria es eso, equidad, respeto a todas las opiniones y consuelo al triste. (L-113)

Pasamos ahora a examinar brevemente la relación que explícitamente, desde luego, establece el *Apóstol* entre *Patria* y *pueblo*, porque, implícitamente, la tuvo siempre en su mente y en su corazón. ¿Pues quién en toda América podría rivalizar con él, en la importancia adjudicada a lo popular en el desempeño de la democracia? En esto es impar porque concibió y sintió siempre al pueblo como la médula misma de la gran familia que es la sociedad. *Pueblo*, por supuesto, y no *populacho* (plebe), como desdichadamente sucede ahora, que adultera lo que tiene de radical autenticidad el pueblo, adiestrándolo negativa y malévolamente en sus peores instintos, haciéndolo actuar, primero, cual verdugo de otros, para acabar siendo a su vez víctima; pues, en definitiva, se le reduce a la condición de masa vociferante, de bulto que avanza o retrocede, según el hilo demagógico del que se tira, a fin de que, mediante el ruido de una expresión inconsciente y homogénea, apruebe o condene, no lo que sabe que debe aprobarse o condenarse, sino eso otro dispuesto por quienes manejan la plebe a su antojo, como es, desafortunadamente, el caso del tirano Fidel Castro. ¡Cuán distinto es el concepto de *pueblo* que sostiene y defiende Martí!: «La voluntad de todos pacíficamente expresada: he ahí el germen generador de las repúblicas.» (L-11) En consecuencia, al dirigirse por primera vez públicamente a sus compatriotas en New York, dice esto: «[...] Ni ha de permitir un pueblo que guíen los que desconocen sus verdaderos elementos, ignoran en absoluto el objeto real y la vía útil del país en que nacieron [...]» (L-14) Ahora bien, guiar al pueblo es obrar con rigurosa conciencia de la obligación implícita en la dirección asumida. Mas tal coincidencia supone el conocimiento para gobernar, lo cual exige prescindir por completo de todo interés, vanidad, o simplemente capricho personal, dejando, además, al deponer lo propio y particular de sí mismo, que se manifieste espontáneamente el alma popular, de manera que el papel asignable al gobernante se reduzca, en lo posible, a sugerir y precaver. En cuyo caso, «[...] no hay como consagrarse a su país con desinterés para ser dichoso [...]» (L-74) Sólo así el pueblo siente por sus héroes el respeto y la admiración provenientes de la sabia e inspiradora dirección de sus grandes hombres. En tal caso: [...] Se afirma un pueblo que honra a sus héroes.» (L-23) En caso contrario:

> [...] A quien de su pueblo toma pretexto, y de su desorden e inactividad, para aspirar a una distinción culpable; a quien sirve a su pueblo con mente que no sea la de darle, sonriendo, el último hilo de sus entrañas; a quien,

por no parecer vencido en sus propósitos, esconde la verdad que los daña, en cosas de sangre y riesgo de su pueblo, y le estorba con esperanzas mentidas el juicio claro y la solución verdadera, a ése no cuadra más que un nombre: criminal [...] (L-95)

No creo que pueda darse un retrato más exacto del tirano Fidel Castro: él es, en efecto, el *criminal* con que cierra sus palabras el *Apóstol*, pues comete el mayor de los crímenes, es decir, el de convertir a su tierra en presidio, inundarla de sangre y entregarla al extranjero. ¿Se quiere algo peor? En consecuencia, dice Martí: «[...] Con lenguas de traidores debe escribirse en la historia de un pueblo el nombre de quien anteponga la autoridad de su persona, o de su camarilla, a la concordia y unificación de su país [...]» (L-77) Y preguntamos si acaso no es escarnio aproximar la repulsiva figura, física y moral, del sanguinario *quisling* que hoy asuela a Cuba a esa otra, nimbada de un aura de altísima nobleza, como es la del *Apóstol* de nuestras libertades, ahora barrida de nuestra *Patria* por la hoz y el martillo. Felonía cometida con un pueblo como el nuestro, que admira a Martí, haciéndole concebir justificadas esperanzas con respecto a la guerra de independencia, plenamente cumplidas. De ahí que nos diga que él es de «[...] los que vemos sazonarse dentro y fuera de Cuba, con la viveza y cordura que le viene de lo natural, a ese ingenio cubano nuestro, a la vez templado y ardiente, en que la fuerza de la imaginación no oscurece ni sofoca la del juicio [...]» (L-50). ¿Cómo, entonces, no respetar al *pueblo* con derecho a darse la ley que crea conveniente? El *Apóstol* sabe que pueblo es más que individuo, no importa cuán excelso resulte éste. «[...] En un pueblo hay que tener las manos sobre el corazón del pueblo [...] Es demagogo el que levanta una porción del pueblo contra otra [...]» (L-76) Por lo mismo, la nación que se intentaba fundar en Cuba sobre el ergástulo de la colonia española habría de ser obra común, pues «[...] si la república no abre los brazos a todos y adelanta con todos, muere la república [...]» (L-51) He ahí por qué le pregunta angustiado a Antonio Maceo, poco antes de comenzar la gloriosa aventura del 95: «[...] ¿desmigajaremos lo que con tanto dolor hemos conquistado y se nos ha dado con la última fe? No: lo salvaremos: y Ud. es grande a mis ojos, y no me afligirá, sino me ayudará a salvarlo [...]» (L-102) Porque antes había dicho: «Estamos para vencer. A la mano se nos viene cuanto deseamos. Hemos sido buenos — hemos amado mucho — no hemos odiado; todo sucede como se pudiese desear que sucediera: no hay como consagrarse a una país con desinterés para ser dichoso [...]» (L-75)

En el 92 había visitado Cayo Hueso y sentido allí que, tal vez por la mayor cercanía a Cuba, su pueblo, ese pueblo al cual amaba intensamente, se sentía intensamente cubano, animado de un fervor patriótico que conmovió al *Apóstol*, haciéndole decir:

> El Cayo ¿no es la casa de todos? Allí hay que ver a los peleadores viejos, y a los que de nuestras primeras revueltas libres han sabido ir sacando un pueblo franco, culto y generoso; allí hay que alabar la hermandad con que se miran, como compañeros en la fundación, los héroes de la guerra y los del destierro [...] (L-67)

Sobre el Cayo flotaba ya cierto aroma de guerra, en forma de entusiasmos trasuntados en bélicos deseos, quizá porque la escasa distancia de la Isla amada permitía tener frecuente información del empeoramiento de las cosas allí, y, en consecuencia, era muy explicable un resentimiento hacia todo lo peninsular. Se imponía, pues, la guerra; era ya, a esas alturas, un fatal designio, y, por lo mismo, la única solución. Martí estaba convencido de ello, y, no obstante su habitual mansedumbre, exclama:

> La guerra es, allá en el fondo de los corazones, allá en las horas en que la vida pesa menos que la ignominia en que se arrastra, la forma más bella y respetable del sacrificio humano [...] (L-70)

APÉNDICE

A

LA PALABRA Y EL SILENCIO

1. «Boletines de *Orestes*», *La Revista Universal*, México, 29-VI-75.
2. *Ibidem.*
3. *Ibidem*, 4-IX-75.
4. *Ibidem*, 21-IX-75.
5. *Ibidem.*
6. «Una visita a la Exposición Universal de Bellas Artes», *La Revista Universal*, México, 29-XII-75.
7. *El Federalista*, México, México, 16-XII-76.
8. Carta a Joaquín Mercadal, Ministro de Relaciones Exteriores, Guatemala, 11-IV-77.
9. *Ibidem.*
10. «Conceptos filosóficos», Cátedra de Historia de la Filosofía, Escuela Normal, Guatemala, 27-V-77.
11. «Apuntes», 1877.
12. Carta a José Joaquín Palma, Guatemala, 1878.
13. «Fromentin», *The Hour*, New York, 10-IV-80.
14. Discurso en el *Club de Comercio* de Caracas, 21-III-81.
15. «La Venezoliada», *Revista Venezolana*, Caracas, 1-VII-81.
16. «Don Miguel Peña», *Revista Venezolana*, Caracas, 1-VII-81.
17. «Propósito de la *Revista Venezolana*», *Revista Venezolana*, 1-VII-81.
18. «Cecilio Acosta», *Revista Venezolana*, Caracas, 15-VII-81.
19. «El carácter de la *Revista Venezolana*», *Revista Venezolana*, Caracas, 15-VII-81.
20. «Carta de New York», *La Opinión Nacional*, Caracas, 27-10-81.
21. Carta a Ángel Peláez, New York, I-82.
22. «Carta de New York», *La Opinión Nacional*, Caracas, 4-III-82.
23. *Ibidem*, 22-III-82.
24. «Emerson», *La Opinión Nacional*, Caracas, 19-V-82.
25. *Ibidem.*
26. *Ibidem.*
27. *Ibidem.*
28. *Ibidem.*
29. Carta a Diego Jugo Ramírez, New York, 10-VI-82.
30. Carta a Máximo Gómez, 20-VII-82.
31. Carta a Bartolomé Mitre y Vedia, New York, 19-XII-82.
32. *Ibidem.*
33. «Yugo y estrella», *Versos libres*, 1882.
34. «Libertad, ala de la industria», *La América*, New York, IX-83.
35. *Ibidem.*

36. «*Cuentos de hoy y de mañana*, de Rafael de Castro y Palomino», *La América*, New York, X-83.
37. «Agrupamiento de los pueblos de América», *La América*, New York, XI-83.
38. «*Cuentos de hoy y de mañana*, de Rafael de Castro y Palomino», prólogo, 1883.
39. Santiago Pérez Triana, discurso en la *Sociedad Hispanoamericana* de New York, 1883.
40. *Cuentos de hoy y de mañana*, de Rafael de Castro y Palomino, prólogo, 1883.
41. *Ibidem*.
42. «Autores americanos aborígenes», *La América*, New York, IV-84.
43. Nota de Martí en el número de mayo de 1884, de *La América*.
44. «Libros de hispanoamericanos y ligeras consideraciones», *La América*, New York, VI-84.
45. *La Nación*, Buenos Aires, 11-I-85.
46. «El General Grant», *La Nación*, Buenos Aires, 20-IX-85.
47. *Ibidem*, 27-IX-85.
48. Carta a J. A. Lucena, New York, 9-X-85. (Sobre el Diez de Octubre de 1868.)
49. *Ibidem*.
50. «New York y el arte», *La Nación*, Buenos Aires, 17-VIII-86.
51. «Henry Ward Beecher», *La Nación*, Buenos Aires, 26-V-87.
52. «El poeta Walt Whitman», *El Partido Liberal*, 10-IV-87. *La Nación*, Buenos Aires, 26-VII-87.
53. *Ibidem*.
54. «El monumento a la Prensa», *La Nación*, Buenos Aires, 28-VII-87.
55. «El incidente de las banderas», *La Nación*, 16-VIII-87.
56. Discurso en el *Masonic Temple*, New York, 10-X-87.
57. Carta a Manuel Mercado, New York, 19-II-88.
58. «*Mi tío el empleado*, novela de Ramón Meza», *El Avisador Cubano*, 25-IV-88.
59. *Ibidem*.
60. «Roscoe Conkling», *La Nación*, Buenos Aires, 19-VI-88.
61. *Ibidem*.
62. «Courtland Palmer», *La Nación*, Buenos Aires, 20-X-88.
63. Discurso en el *Masonic Temple*, New York, 10-X-88.
64. «Céspedes y Agramonte», *El Avisador Cubano*, New York, 10-X-88.
65. *La Nación*, Buenos Aires, 2-XI-88.
66. *Ibidem*.
67. *Ibidem*.
68. «Noche de Blaine», *La Nación*, Buenos Aires, 10-XII-88.
69. *Ibidem*.
70. *Ibidem*.
71. Discurso en *Hardman Hall*, New York, 10-X-89.
72. *Ibidem*.
73. *Heredia*, Discurso en *Hardman Hall*, New York, 30-XI-89.
74. «Federico Sellén», *El Partido Liberal*, México, 28-IX-90.
75. *Ibidem*.
76. Discurso en *Hardman Hall*, New York, 10-X-90.
77. *Ibidem*.
78. «Nuestra América», *El Partido Liberal*, México, 30-I-91.
79. *Ibidem*.
80. Discurso en el *Liceo Cubano* de Tampa, 26-XI-91.
81. *Los pinos nuevos*, Discurso en el *Liceo Cubano* de Tampa, 27-XI-91.
82. *Versos sencillos*, New York, 1891, X.
83. «La guerra», *Patria*, New York, 9-I-92.
84. Oración de Tampa y Cayo Hueso, Discurso en *Hardman Hall*, New York, 17-II-92.
85. Carta a Federico Hernández Carvajal, Santo Domingo, 21-IX-92.
86. Carta a Gonzalo de Quesada, New York, 1892.
87. Carta a Pío Víquez, Costa Rica, 8-VII-93.
88. «Antonio Maceo», *Patria*, 6-X-93.

89. Discurso en la *Sociedad Literaria Hispanoamericana*, New York, 28-X-93.
90. Carta a Máximo Gómez, New York, 3-II-94.
91. Carta a su madre, 15-V-94.
92. «Al Diario de la Marina», *Patria*, New York, 10-XI-94.
93. «José de la Luz», *Patria*, 17-XI-94.
94. Carta a Gonzalo de Quesada, Montecristi, Santo Domingo, 1-IV-95.
95. Carta a Gonzalo de Quesada y a Benjamín Guerra, Cabo Haitiano, 10-IV-95.
96. Notas en Cuadernos de trabajo.
97. Notas sobre el orador, Archivo de Gonzalo de Quesada.
98. *Versos varios.*
99. Notas en cuadernos de trabajo.

B

El hombre individual y el hombre colectivo

1. «Crítica teatral», *La Revista Universal*, México, 18-VI-75.
2. «*La esposa del vengador*, de Echegaray», *La Revista Universal*, México, 13-XI-75.
3. *Ibidem.*
4. «Conceptos filosóficos», Cátedra de Historia de la Filosofía, Escuela Normal, Guatemala, 29-V-76.
5. *Ibidem.*
6. *Ibidem.*
7. «Los códigos nuevos», Guatemala, 11-IV-77.
8. «Conceptos filosóficos», Cátedra de Historia de la Filosofía, Escuela Normal, Guatemala, 27-V-77.
9. «Guatemala», XII-77.
10. Brindis en el banquete a Adolfo Márquez Sterling, *El Louvre*, 26-IV-79.
11. *The Hour*, New York, 23-X-80.
12. «Exhibición de arte en New York, para el pedestal de la Estatua de la Libertad», *La América*, New York, I-81.
13. Discurso en el *Club de Comercio* de Caracas, 21-III-81.
14. Carta a Fausto Teodoro Aldrey, *La Opinión Nacional*, Caracas, 24-III-81.
15. «El carácter de la *Revista Venezolana*», *Revista Venezolana*, Caracas, 15-VII-81.
16. «Cecilio Acosta», *Revista Venezolana*, Caracas, 15-VII-81.
17. *Ibidem.*
18. *Ibidem.*
19. «El Presidente Garfield», *La Opinión Nacional*, Caracas, 19-X-81.
20. «Olegario Andrade», *La Opinión Nacional*, Caracas, 1881.
21. Carta a Fernando Figueredo, New York, 15-I-82.
22. «Oscar Wilde», *La Opinión Nacional*, Caracas, 21-I-82.
23. «Carta de New York», *La Opinión Nacional*, Caracas, 22-III-88.
24. *Ibidem.*
25. «Carta de New York», *La Opinión Nacional*, Caracas, 1-IV-82.
26. «Emerson», *La Opinión Nacional*, Caracas, 19-V-82.
27. «Carta de New York», *La Opinión Nacional*, Caracas, 1882.
28. *Ibidem.*
29. *Ibidem.*
30. Carta a Diego Jugo Ramírez, New York, 28-VII-82.
31. Carta a Bartolomé Mitre y Vedia, *La Nación*, Buenos Aires, 19-XII-82.
32. *Ibidem.*
33. *Ismaelillo*, New York, 1882, «Musa traviesa».
34. *La Nación*, Buenos Aires, 18-III-83.
35. *La Nación*, 1-IV-83.
36. *Ibidem.*

37. «Los ingenieros del puente de Brooklyn, padre e hijo Roebling», *La Nación*, Buenos Aires, 18-VIII-83.
38. «*Cuentos de hoy y de mañana*, de Rafael de Castro Palomino», *La América*, New York, X-83.
39. «Santiago Pérez Triana», Discurso en la *Sociedad Literaria Hispanoamericana*, New York, 1883.
40. «Los abanicos en la Exposición Bartholdi», *La América*, New York, I-84.
41. «Wendell Phillips», *La América*, New York, II-84.
42. Discurso en homenaje a Fermín Valdés Domínguez, Salón *Jaegers*, New York, 24-II-84.
43. «Wendell Phillips», *La Nación*, Buenos Aires, 24-III-84.
44. «Juan Carlos Gómez», *La América*, New York, VII-84.
45. *Ibidem*.
46. *Ibidem*.
47. Carta a Máximo Gómez, 15-VII-84.
48. *La Nación*, Buenos Aires, 20-III-85.
49. *Ibidem.*, 22-III-85.
50. *Ibidem.*, 9-V-85.
51. *Ibidem*.
52. «El General Grant», *La Nación*, Buenos Aires, 27-IX-85.
53. *Ibidem*.
54. «Un gran escándalo», *La Nación*, Buenos Aires, 28-III-86.
55. «Fiestas de la Estatua de la Libertad», *La Nación*, Buenos Aires, 1-I-87.
56. «Un drama terrible», *La Nación*, Buenos Aires, 1-I-87.
57. *Ibidem*.
58. *Ibidem*.
59. *Ibidem*.
60. *Ibidem*.
61. *Ibidem*.
62. *Ibidem*.
63. *Ibidem*.
64. *Ibidem*.
65. *Ibidem*.
66. *Ibidem*.
67. *Ibidem*.
68. *Ibidem*.
69. *Ibidem*.
70. *Ibidem*.
71. *Ibidem*.
72. *Ibidem*.
73. *Ibidem*.
74. «El Presidente Arthur Garfield», *La Nación*, Buenos Aires, 4-5-II-87.
75. «Historia de un proceso famoso», *La Nación*, Buenos Aires, 1887.
76. Discurso en el *Masonic Temple*, New York, 10-X-87.
77. Carta a Máximo Gómez, New York, 16-XII-87.
78. *El Economista Americano*, New York, II-88.
79. Carta a Enrique Estrázulas, New York, II-88.
80. *Ibidem*.
81. *Ibidem*.
82. «Roscoe Conckling», *La Nación*, Buenos Aires, 19-VI-88.
83. «Heredia», *El Economista Americano*, New York, VII-88.
84. «El General Sheridan», *La Nación*, Buenos Aires, 3-X-88.
85. Discurso en el *Masonic Temple*, New York, 10-X-88.
86. «Courtland Palmer», *La Nación*, Buenos Aires, 20-X-88.
87. *Ibidem*.
88. *Ibidem*.
89. Carta a Gonzalo de Quesada, New York, 19-X-89.
90. *Ibidem*.
91. *Ibidem*.

92. Carta a Gonzalo de Quesada, New York, 12-XI-89.
93. Carta a Gonzalo de Quesada, New York, 16-XI-89.
94. «Heredia», Discurso, *Hardman Hall*, New York, 30-XI-89.
95. *Ibidem*.
96. *Ibidem*.
97. Carta a Enrique Trujillo, New York, XI-89.
98. Carta a Gonzalo de Quesada, New York, 13-XII-89.
99. «Desde el Hudson», *La Nación*, Buenos Aires, 23-II-90.
100. «Francisco Sellén», *El Partido Liberal*, México, 28-IX-90.
101. «San Martín», *Album de El Porvenir*, New York, 91.
102. *Ibidem*.
103. Carta a Enrique Collazo, New York, 12-I-92.
104. *Ibidem*.
105. Carta a José Dolores Poyo, New York, 20-IV-92.
106. *Ibidem*.
107. «Persona y Patria», *Patria*, 1-IV-93.
108. *Ibidem*.
109. «Juan José Peoli», *Patria*, 22-VII-93.
110. «Simón Bolívar», Discurso en la *Sociedad Literaria Hispanoamericana*, New York, 28-X-93.
111. Discurso en la «Sociedad Literaria Hispanoamericana», New York, 28-X-93.
112. Carta a Máximo Gómez, 3-III-94.
113. «La Revolución», *Patria*, 16-III-94.
114. Carta a Máximo Gómez, 24-III-94.
115. Carta a Manuel Barranco, New York, 27-III-94.
116. Carta a Máximo Gómez, 24-IX-94.
117. Carta a Gonzalo de Quesada, Santiago de los Caballeros, Santo Domingo, 19-II-95.
118. Carta a don Federico Hernández y Carvajal, Montecristi, Santo Domingo, 25-III-95.
119. *Ibidem*.
120. *Ibidem*.
121. Carta a Gonzalo de Quesada y a Benjamín Guerra, Cerca de Baracoa, 15-IV-95.
122. Carta a Manuel Mercado, Dos Ríos, 18-V-95.
123. *Ibidem*.
124. *Ibidem*.
125. *Ibidem*.
126. Notas en Cuadernos de trabajo.
127. *Ibidem*.
128. «Antes de trabajar», *Flores del destierro*, s/a.

C

Madurez y Edad

1. «Mis padres duermen», *La Revista Universal*, México, 7-III-75. (Recogido más tarde en *Flores del destierro*.)
2. *La Revista Universal*, México, 9-III-75. (Recogido en *Versos varios*.)
3. «La vi ayer, la vi hoy», *La Revista Universal*, México, 12-VIII-75.
4. *Ibidem*.
5. «Patria y mujer», *La Revista Universal*, México, 28-XI-75.
6. *Ibidem*.
7. «Sin amores», *La Revista Universal*, 9-III-75.
8. *Ibidem.*, 25-IV-75.
9. «Sus amores», *Ibidem.*, 12-VI-75.
10. «Flor blanca», *Ibidem.*, 27-VI-75.

11. «Guatemala», Apuntes, 1877.
12. «Guatemala», 1877.
13. Carta a Manuel Mercado, La Habana, 22-I-77.
14. *Ibidem.*, 3-II-77.
15. Carta a Manuel Mercado, Guatemala, 19-IV-77.
16. *Ibidem.*
17. Carta a Manuel Mercado, La Habana, 11-VIII-77.
18. *Ibidem.*, 29-IX-77.
19. Carta a Manuel Mercado, Chilpancingo, 1-I-78.
20. *Ibidem*, Guatemala, 8-III-78.
21. *Ibidem.*
22. *Ibidem.*
23. *Ibidem.*, 30-III-78.
24. *Ibidem.*, 20-IV-78.
25. *Ibidem.*
26. *Ibidem.*, 30-IV-78.
27. *Ibidem.*
28. *Ibidem.*
29. *Ibidem.*
30. *Ibidem.*, 6-VII-78.
31. *Ibidem.*
32. *Ibidem.*
33. *Ibidem.*
34. *Ibidem.*
35. *Ibidem.*, La Habana, IX-78.
36. *Ibidem.*
37. *Ibidem.*
38. *Ibidem.*, New York, s/f.
39. *Ibidem.*, La Habana, 17-I-79.
40. Carta a Miguel F. Viondi, New York, 8-I-80.
41. *Ibidem.*
42. «Lectura en la reunión de emigrados cubanos», *Steck Hall*, New York, 24-I-80.
43. Carta a Manuel Mercado, New York, 6-V-80.
44. *Ibidem.*
45. *Ibidem.*
46. Carta a Diego Jugo Ramírez, New York, 23-V-82.
47. Carta a Manuel Mercado, New York, VIII-82.
48. «Musa traviesa», *Ismaelillo*, New York, 1882.
49. *Ismaelillo* (dedicatoria), New York, 1882.
50. Carta a su hermana Amelia, New York, 28-II-83.
51. *Versos libres*, New York, 1882 (prólogo).
52. «Hierro», *Versos libres*, New York, 1882.
53. «Media noche», *Versos libres*, New York, 1882.
54. *Ibidem.*
55. «Águila blanca», *Versos libres*, New York, 1882.
56. «He vivido: me he muerto», *Versos libres*, New York, 1882.
57. «Astro puro», *Versos libres*, New York, 1882.
58. «Odio el mar», *Versos libres*, New York, 1882.
59. «Yo sacaré lo que en el pecho tengo», *Versos libres*, New York, 1882.
60. Carta a su hermana Amelia, New York, 28-II-83.
61. Carta a Manuel Mercado, New York, 13-IX-85.
62. *Ibidem.*, 22-III-86.
63. *Ibidem.*, 1886.
64. *Ibidem.*
65. *Ibidem.*
66. *Ibidem.*
67. *Ibidem.*
68. *Ibidem.*
69. *Ibidem.*

70. *Ibidem.*
71. Carta a Fermín Valdés Domínguez, New York, 28-II-87.
72. Carta a Manuel Mercado, New York, 8-VIII-87.
73. Discurso en el *Masonic Temple*, New York, 10-X-87.
74. Carta a Manuel Mercado, New York, 20-X-87.
75. *Ibidem.*
76. *Ibidem.*, III-89.
77. *Ibidem.*, 3-VIII-89.
78. *Ibidem.*, XII-89.
79. *Versos sencillos*, New York, 1891, VIII.
80. Carta a Fernando Figueredo, New York, 15-I-92.
81. «El 10 de abril en Guáimaro», *Patria*, New York, 10-IV-92.
82. Carta a Ángel Peláez, New York, II-92.
83. Carta a Máximo Gómez, Cayo Hueso, 6-V-93.
84. Carta a su madre, New York, 15-V-94.
85. *Ibidem.*
86. Carta a Máximo Gómez, Central Valley, New York, 8-IX-94.
87. Carta a María y a Carmen Mantilla, desde la cubierta del vapor, 10-IV-95.
88. «Apuntes de un viaje», Montecristi, Cabo Haitiano, 1895.
89. Carta a Tomás Estrada Palma, cerca de Baracoa, 15-IV-95.
90. Carta a Carmen Miyares, Carmen, María, Manuel y Ernesto Mantilla, Jurisdicción de Banes, Oriente, 16-IV-95.
91. «A Serafín Sánchez», *Flores del destierro*, New York, s/a.
92. «¡Dios las maldiga!», *Flores del destierro*, New York, s/a.

D

HUMILDAD Y ABNEGACIÓN, ENTEREZA Y AUSTERIDAD

1. «Boletines de *Orestes*», *La Revista Universal*, México, 2-VI-75.
2. *Ibidem.*, 6-VII-75.
3. *Ibidem.*, 10-VII-75.
4. «Boletines de *Orestes*», *La Revista Universal*, 15-VII-75.
5. *Ibidem.*, 4-VIII-75.
6. *Ibidem.*, 10-IX-75.
7. *Ibidem.*, 21-IX-75.
8. *Ibidem.*
9. *Ibidem.*, 12-X-76.
10. «Manuel Acuña», *El Federalista*, México, 6-XII-76.
11. *Ibidem.*
12. «Extranjero», *El Federalista*, México, 16-XII-76.
13. Carta a Manuel Mercado, Veracruz, 1-I-77.
14. *Ibidem.*, La Habana, 11-II-77.
15. Carta al director de *El Progreso*, Guatemala, 29-IV-77.
16. «Conceptos filosóficos», Cátedra de Historia de la Filosofía, Escuela Normal, Guatemala, 27-V-77.
17. «Guatemala», 1877.
18. «Alfredo Torroella», discurso en el *Liceo de Guanabacoa*, 28-II-79.
19. Lectura en la reunión de emigrados cubanos, *Steck Hall*, New York, 24-I-80.
20. Carta a su hermana Amelia, New York, 1880.
21. «Don Miguel Peña», *Revista Venezolana*, Caracas, 1-VII-81.
22. *Ibidem.*
23. «El carácter de la *Revista Venezolana*», *Revista Venezolana*, Caracas, 15-VII-81.
24. «Cecilio Acosta», *Revista Venezolana*, Caracas, 15-VII-81.

25. *La Opinión Nacional*, Caracas, 17-8-81.
26. «El Presidente Garfield», *La Opinión Nacional*, Caracas, 19-X-81.
27. *Ibidem*.
28. «Carta de New York», *La Opinión Nacional*, Caracas, 10-XII-81.
29. «El Presidente Garfield», *La Opinión Nacional*, Caracas, 26-XII-81.
30. «Oscar Wilde», *El Almendares*, La Habana, I-82; *La Nación*, Buenos Aires, 10-XII-82.
31. «El Presidente Garfield», *La Opinión Nacional*, Caracas, 4-III-82.
32. *La Opinión Nacional*, Caracas, 22-III-82.
33. *Ibidem.*, 82.
34. *Ibidem*.
35. *Ibidem*.
36. Carta a Bartolomé Mitre y Vedia, New York, 19-XII-82.
37. «Estrofa nueva», *Versos libres*, New York, 1882.
38. *Versos libres*, New York, 1882, prólogo.
39. «El poema del Niágara», de Juan A. Pérez Bonalde, prólogo a *Poema del Niágara*, New York, 1882.
40. «La estatua de Bolívar», *La América*, New York, VI-83.
41. «Simón Bolívar», discurso en la *Sociedad Literaria Hispanoamericana*, New York, 28-X-83.
42. *Cuentos de hoy y de mañana*, de Rafael de Castro Palomino, prólogo, 1883.
43. «Santiago Pérez Triana», discurso en la *Sociedad Literaria Hispanoamericana*, New York, 1883.
44. Discurso en homenaje a Fermín Valdés Domínguez, Salón *Jaegers*, 24-II-84.
45. *Ibidem*.
46. «Juárez», *La América*, V-84.
47. «Maestros ambulantes», *La América*, V-84.
48. «Juan Carlos Gómez», *La América*, VII-84.
49. *Ibidem*.
50. «Guerra literaria en Colombia», *La América*, VII-84.
51. «Grover Cleveland», *La América*, New York, VII-84; *La Nación*, 1-X-84.
52. *La Nación*, Buenos Aires, 9-V-85.
53. *Ibidem*.
54. *Ibidem*.
55. *Ibidem*.
56. *Ibidem*.
57. *Ibidem*.
58. «El General Grant», *La Nación*, Buenos Aires, 2-VI-85.
59. *Ibidem.*, 27-IX-85.
60. Carta a J. A. Lucena (sobre el Diez de Octubre de 1868), New York, 9-X-85.
61. «Hendricks», *La Nación*, Buenos Aires, 9-I-86.
62. *Amistad funesta*, 1885.
63. «Hendricks», *La Nación*, Buenos Aires, 9-I-86.
64. «El General Hancock», *La Nación*, Buenos Aires, 26-III-86.
65. *La Nación*, Buenos Aires, 15-VII-86.
66. «Samuel Tilden», *La República*, Honduras, 12-VIII-86.
67. «El Presidente Garfield», *La Nación*, Buenos Aires, 9-I-87.
68. *Ibidem.*, 4-5-II-87.
69. *La Nación*, Buenos Aires, 22-IV-87.
70. «Henry Ward Beecher», *La Nación*, Buenos Aires, 26-V-87.
71. *Ibidem*.
72. «El incidente de las banderas», *La Nación*, Buenos Aires, 16-VIII-87.
73. «Apuntes», 1877.
74. Carta a Manuel Mercado, New York, 19-II-88.
75. «Eloy Escobar», *El Economista Americano*, New York, II-88.
76. «Roscoe Conckling», *La Nación*, Buenos Aires, 19-VI-88.
77. «Por la bahía de New York», *La Nación*, Buenos Aires, 19-IX-88.
78. «Courtland Palmer», *La Nación*, Buenos Aires, 20-X-88.
79. «Elecciones», *La Nación*, Buenos Aires, 11-XII-88.

80. «Antonio Bachiller y Morales», *El Avisador Hispanoamericano*, New York, 24-I-89.
81. «Tres héroes», *La Edad de Oro*, New York, VII-89, vol. I, 1.
82. «Nuestra América», *El Partido Liberal*, México, 27-IX-89.
83. «La Exposición de New York», *La nación*, Buenos Aires, 9-X-89.
84. *Ibidem.*
85. *Discurso en Hardman Hall*, New York, 10-X-89.
86. «Heredia», *Hardman Hall*, New York, 30-XI-89.
87. *Ibidem.*
88. *Ibidem.*
89. *Ibidem.*
90. «Conferencia Internacional Americana», Washington, *La Nación*, Buenos Aires, 19-XII-89.
91. Discurso en la velada de la *Sociedad Literaria Hispanoamericana*, New York, ante los Delegados a la «Conferencia Internacional Americana», New York, 19-XII-89.
92. «Con todos y para el bien de todos», discurso en el *Liceo Cubano* de Tampa, 26-XI-91.
93. *Versos sencillos*, New York 1891, prólogo.
94. *Ibidem*, XXX.
95. Carta a Eligio Carbonell, New York, 10-I-92.
96. Carta a Fernando Figueredo, New York, 9-II-92.
97. «Oración de Tampa y Cayo Hueso», *Hardman Hall*, New York, 17-II-92.
98. *Ibidem.*
99. «Nuestras ideas», *Patria*, New York, 14-III-92, número uno.
100. «La Política», *Patria*, New York, 19-III-92.
101. «Rafael Serra», *Patria*, New York, 26-III-92.
102. *Ibidem.*
103. *Patria*, New York, 10-IV-92.
104. *Patria*, New York, 30-IV-92.
105. Carta a Máximo Gómez, New York, 13-IX-92.
106. «José Cristóbal Morilla», *Patria*, New York, 23-IV-93.
107. «¡Para Cuba!», *Patria*, New York, 4-XI-93.
108. Carta a Antonio Mateo, New York, 15-XII-93.
109. «El Año Nuevo», *Patria*, New York, 6-I-94.
110. «La Revolución», *Patria*, New York, 16-III-94.
111. *Ibidem.*
112. Carta a su madre, New York, 15-V-94.
113. Carta a José Dolores Poyo, New York, 7-VII-94.
114. «Azcárate», *Patria*, New York, 14-VII-94.
115. Carta a José M. Pérez Pascual, Veracruz, 26-VII-94.
116. Carta a Máximo Gómez, New York, 20-X-94.
117. Carta a Eduardo H. Gato, 27-X-94.
118. «*Al Diario de la Marina*», *Patria*, New York, 10-XI-94.
119. «Manuel Barranco», *Patria*, New York, 2-I-95.
120. *Ibidem.*
121. *Patria*, New York, 9-I-95.
122. Carta a don Federico Henríquez y Carvajal, Montecristi, Santo Domingo, 25-III-95.
123. Carta a Gonzalo de Quesada y a Benjamín Guerra, Cabo Haitiano, 10-IV-95.
124. *Ibidem.*
125. «A ...», cerca de Guantánamo, Cuba, 28-IV-95.
126. Notas en Cuadernos de trabajo.
127. *Ibidem.*
128. *Ibidem.*
129. *Ibidem.*
130. *Ibidem.*
131. «Cual incensario roto», *Flores del destierro*, s/a.

132. «A Néstor Ponce de León», *Flores del destierro*, s/a.
133. «Educación popular» (sin lugar ni fecha).
134. *Versos varios* (anteriores a 1888).

E

AMOR, DOLOR, DEBER

1. «Castillo», *La Soberanía Nacional*, Cádiz, 24-III-71.
2. *Ibidem*.
3. *Ibidem*.
4. «Boletines de O'estes», *La Revista Universal*, México, 7-V-75.
5. *Ibidem*.
6. *Ibidem*., 11-V-75.
7. *Ibidem*., 10-VI-75.
8. *Ibidem*., 6-VII-75.
9. *Ibidem*., 8-VII-75.
10. *Ibidem*., 31-VII-75.
11. *Ibidem*.
12. *Ibidem*., 4-VIII-75.
13. *Ibidem*.
14. *Ibidem*., 12-VIII-75.
15. *Ibidem*., 12-XI-75.
16. «*Hasta el cielo*, drama de José Peón y Contreras», *La Revista Universal*, México, 15-I-76.
17. *La Revista Universal*, México, 15-I-76.
18. «*Impulsos del corazón*, drama de José Peón y Contreras», *La Revista Universal*, México, 12-XI-76.
19. Carta a Manuel Mercado, La Habana, 22-I-77.
20. «Los Códigos Nuevos», informe a Joaquín Macal, Ministro de Relaciones Exteriores, Guatemala, 11-IV-77.
21. «Conceptos filosóficos», Cátedra de Historia de la Filosofía, Escuela Normal, Guatemala, 27-V-77.
22. Carta a Manuel Mercado, La Habana, 29-IX-77.
23. «Guatemala», XII-77.
24. «Guatemala», *Apuntes*, 1877.
25. *Ibidem*.
26. Lectura en la reunión de emigrados cubanos, Steck Hall, New York, 24-I-80.
27. *Ibidem*.
28. «Don Miguel Peña», *Revista Venezolana*, Caracas, 1-VII-81.
29. *Ibidem*.
30. «El carácter de la *Revista Venezolana*», *Revista Venezolana*, Caracas, 1-VII-81
31. *La Opinión Nacional*, Caracas, 3-X-81.
32. *Ibidem*., 29-XI-81.
33. Carta a Diego Jugo Ramírez, New York, 9-XII-81.
34. *Ibidem*.
35. Carta a Ángel Peláez, New York, I-82.
36. *La Opinión Nacional*, Caracas, 22-II-82.
37. *Ibidem*., 31-III-82.
38. *Ibidem*., 1-IV-82.
39. *Ibidem*.
40. «Emerson», *La Opinión Nacional*, Caracas, 19-V-82.
41. Carta a Diego Jugo Ramírez, New York, 23-V-82.
42. «El poema del Niágara, de Juan A. Pérez Bonalde», prólogo al *Poema del Niágara*, New York, 1882.
43. *Ibidem*.
44. *Ibidem*.

45. «Canto de otoño», *Versos libres*, New York, 1882.
46. «Canto religioso», *Versos libres*, New York, 1882.
47. «Amor de ciudad grande», *Versos libres*, New York, 1882.
48. «Canto de otoño», *Versos libres*, New York, 1882.
49. *Ibidem.*
50. «Isla famosa», *Versos libres*, New York, 1882.
51. «Odio el mar», *Versos libres*, New York, 1882.
52. «Inmigración italiana», *La América*, New York, X-83.
53. «Rafael Pombo», *La América*, New York, 84.
54. Carta a Heraclio Martín de la Guardia, New York, 10-IV-85.
55. «Fermín Valdés Domínguez», *La Lucha*, La Habana, 9-IV-87.
56. «Seis conferencias, por Enrique José Varona», *El Economista Americano*, New York, I-88.
57. «Juan de Dios Peza», *El Economista Americano*, New York, 1888.
58. Carta a Gonzalo de Quesada, New York, 16-XI-89.
59. *Ibidem.*, 13-XII-89.
60. Discurso en *Hardman Hall*, New York, 10-X-90.
61. *Ibidem.*
62. «Nuestra América», *El Partido Liberal*, México, 30-I-91.
63. Carta a Enrique Collazo, New York, 12-I-92.
64. «Tres notas», *Patria*, 14-III-92.
65. «Oración de Tampa y Cayo Hueso», *Hardman Hall*, New York, 17-II-92.
66. *Ibidem.*
67. «Adelante, juntos», *Patria*, 11-VI-92.
68. «Los cubanos de Jamaica en el *Partido Revolucionario*», *Patria*, New York, 18-VI-92.
69. «Los cubanos de Ocala», *Patria*, 2-VII-92.
70. Carta a don Federico Henríquez y Carvajal, Barahona, Santo Domingo, 21-IX-92.
71. Discurso en *Hardman Hall*, New York, 31-I-93.
72. Carta a Gualterio García, New York, 3-IV-94.
73. Carta a Fermín Valdés Domínguez, 18-IV-94.
74. Carta a Máximo Gómez, 31-V-94.
75. «Azcárate», *Patria*, New York, 14-VII-94.
76. *Ibidem.*
77. «El lenguaje reciente de ciertos autonomistas», *Patria*, New York, 22-IX-94.
78. «Federico Proaño, periodista», *Patria*, New York, 8-IX-94.
79. *Patria*, New York, 24-XI-94.
80. Carta a su madre, 25-III-95.
81. Carta a Bernarda Toro de Gómez, 11-IV-95.
82. Notas en Cuadernos de trabajo.
83. *Ibidem.*
84. «Cual incensario roto», *Flores del destierro*, New York, s/a.
85. Notas en Cuadernos de trabajo.
86. *Ibidem.*
87. *Flores del destierro*, New York, s/a, prólogo.
88. *Adúltera.*
89. «Quieren, ¡Oh mi dolor!», *Flores del destierro*, New York, s/a.
90. «Cual de incensario roto», *Flores del destierro*, New York, s/a.
91. *Flores del destierro*, New York, s/a, prólogo.

F

El soñador y el hombre práctico

1. «Boletines de *Orestes*», *La Revista Universal*, México, 29-VI-75.
2. *Ibidem.*
3. Lectura en la reunión de emigrados cubanos, *Steck Hall*, New York, 24-I-80.
4. *Ibidem.*
5. «Cecilio Acosta», *Revista Venezolana*, Caracas, 15-VII-81.
6. «Emerson», *La Opinión Nacional*, Caracas, 19-V-82.
7. *Ibidem.*
8. «El poema del Niágara, de Juan A. Pérez Bonalde», prólogo a *Poema del Niágara*, New York, 1882.
9. *Ibidem.*
10. *Ibidem.*
11. «Musa traviesa», *Ismaelillo*, New York, 1882.
12. «Grandes motines de obreros», *La Nación*, Buenos Aires, 26-VI-86.
13. «La Conferencia monetaria de las Repúblicas de América», *La Revista Ilustrada*, New York, V-87.
14. Discurso en el *Masonic Temple*, New York, 10-X-87.
15. *Ibidem.*
16. *Ibidem.*
17. *Ibidem.*
18. «Roscoe Conckling», *La Nación*, Buenos Aires, 19-VI-88.
19. «Courtland Palmer», *La Nación*, Buenos Aires, 20-XI-88.
20. Discurso en el *Masonic Temple*, New York, 10-X-88.
21. Discurso en el *Hardman Hall*, New York, 10-X-89.
22. *Ibidem.*
23. Discurso en el *Hardman Hall*, New York, 10-X-90.
24. *Ibidem.*
25. *Ibidem.*
26. «La Universidad de los pobres», *La Nación*, Buenos Aires, 22-XI-90.
27. *Ibidem.*
28. Discurso en el *Hardman Hall*, New York, 10-X-91.
29. Discurso en el *Liceo Cubano* de Tampa, 26-XI-91.
30. Discurso en el *Hardman Hall*, New York, 10-X-91.
31. *Ibidem.*
32. Discurso en el *Hardman Hall*, New York, 10-X-91.
33. Discurso en el *Hardman Hall*, New York, 17-II-92.
34. *Ibidem.*
35. *Ibidem.*
36. Discurso en el *Hardman Hall*, New York, 31-I-93.
37. *Ibidem.*
38. Carta a Gonzalo de Quesada, Santiago de los Caballeros, Santo Domingo, 19-II-95.
39. «Libros nuevos», Borrador de Martí en el Archivo de Gonzalo de Quesada.
40. *Ibidem.*

G

Vida, Muerte, Alma, Dios

1. *El Presidio Político en Cuba*, Imprenta de Ramón Ramírez, Madrid, 1871, VI.
2. *Ibidem.*
3. *Ibidem*, I.

4. «El segundo concierto de White», *La Revista Universal*, México, 1-VI-75.
5. «Boletines de *Orestes*», *La Revista Universal*, México, 2-VII-75.
6. *Ibidem.*, 4-VIII-75.
7. «Francisco de Paula Vigil», *La Revista Universal*, México, 26-VIII-75.
8. «Boletines de *Orestes*», *La Revista Universal*, México, 14-IX-75.
9. «Una visita a la Exposición Universal de Bellas Artes», *La Revista Universal*, México, 28-XII-75.
10. *Ibidem.*
11. «Pilar Belaval», *El Federalista*, México, 5-III-76.
12. *Ibidem.*
13. «La democracia práctica», *La Revista Universal*, México, 7-III-76.
14. «*La hija del rey*, drama de José Peón y Contreras», *La Revista Universal*, México, 29-IV-76.
15. «*La cadena de hierro*, drama de Agustín Cuenca», *La Revista Universal*, México, 27-VIII-76.
16. *Ibidem.*
17. «Manuel Acuña», *El Federalista*, México, 6-XII-76.
18. Carta a Manuel Mercado, La Habana, 11-II-77.
19. «Guatemala», 1877.
20. *Ibidem.*
21. *Apuntes*, 1877.
22. *Ibidem.*
23. «Alfredo Torroella», discurso en el *Liceo de Guanabacoa*, 28-II-79.
24. *Ibidem.*
25. «Lectura en la reunión de emigrados cubanos», *Steck Hall*, New York, 24-I-80.
26. «Impresiones de América (por un español recién llegado)», *The Hour*, New York, 10-VII-80.
27. «Pouchkin», *The Sun*, New York, 28-VIII-80.
28. «Carta de New York», *La Opinión Nacional*, Caracas, 15-XI-81.
29. «El Presidente Garfield», *La Opinión Nacional*, Caracas, 19-XI-81.
30. *Ibidem.*
31. *Ibidem.*
32. *Ibidem.*
33. *Ibidem.*, 10-XI-81.
34. *Ibidem.*, 26-XII-81.
35. Carta a Fernando Figueredo, New York, 15-I-82.
36. «Carta de New York», *La Opinión Nacional*, Caracas, 22-III-82.
37. *Ibidem.*
38. «Emerson», *La Opinión Nacional*, Caracas, 19-V-82.
39. *Ibidem.*
40. *Ibidem.*
41. *Ibidem.*
42. *Ibidem.*
43. *Ibidem.*
44. «Carta de New York», *La Opinión Nacional*, Caracas, 20-V-82.
45. «Darwin ha muerto», *La Opinión Nacional*, Caracas, VII-82.
46. *Ibidem.*
47. *Ibidem.*
48. «El poema del Niágara, de Juan A. Pérez Bonalde», prólogo al *Poema del Niágara*, New York, 1882.
49. *Ibidem.*
50. *Ibidem.*
51. *Ibidem.*
52. «Estrofa nueva», *Versos libres*, New York, 1882.
53. «Pollice verso», *Versos libres*, New York, 1882.
54. «Homagno», *Versos libres*, New York, 1882.
55. «Yugo y estrella», *Versos libres*, New York, 1882.
56. «Flor de hielo», *Versos libres*, New York, 1882.

57. *Ibidem.*
58. «A los espacios», *Versos libres*, New York, 1882.
59. «Yo sacaré lo que en el pecho tengo», *Versos libres*, New York, 1882.
60. «Homagno», *Versos libres*, New York, 1882.
61. «Canto de otoño», *Versos libres*, New York, 1882.
62. *Ibidem.*
63. «Flor de hielo», *Versos libres*, New York, 1882.
64. *Ibidem.*
65. «Conceptos y teorías de la Física moderna», *La América*, New York, I-84.
66. *Ibidem.*
67. «Wendell Phillips», *La Nación*, Buenos Aires, 24-III-84.
68. «La vuelta de los héroes de la *Jeannette*», *La Nación*, Buenos Aires, 17-IV-84.
69. «Conceptos y teorías de la Física moderna», *La América*, New York, IV-84.
70. «El hombre antiguo de América y sus artes primitivas», *La América*, New York, IV-84.
71. «El repertorio de *Harper* del mes de mayo», *La América*, New York, V-84.
72. *Ibidem.*
73. «Juan Carlos Gómez», *La América*, New York, VII-84.
74. «Cartas», *La Nación*, Buenos Aires, 9-V-85.
75. *Ibidem.*, 15-VII-85.
76. «El General Grant», *La Nación*, Buenos Aires, 20-IX-85.
77. «New York y el arte», *La Nación*, Buenos Aires, 17-VIII-86.
78. «Carta sobre arte», *La Nación*, Buenos Aires, 28-I-87.
79. «El arte en New York», *La Nación*, Buenos Aires, 15-IV-87.
80. *La Nación*, Buenos Aires, 6-X-87.
81. «Carta sobre arte», *La Nación*, Buenos Aires, 28-I-87.
82. «Courtland Palmer», *La Nación*, Buenos Aires, 28-VII-88.
83. «Un funeral chino», *La Nación*, Buenos Aires, 16-XII-88.
84. «Desde el Hudson», *La Nación*, Buenos Aires, 23-II-90.
85. «Francisco Sellén», *El Partido Liberal*, México, 28-IX-90.
86. «Los pinos nuevos», discurso en el *Liceo de Tampa*, 27-XI-91.
87. *Ibidem.*
88. *Ibidem.*
89. *Versos sencillos*, New York, 1891, II.
90. «Los lunes de *La Liga*», *Patria*, New York, 26-III-92.
91. Carta a José María Izaguirre, New York, 30-V-94.
92. «El entierro de Francisco Sánchez Betancourt», *Patria*, New York, 15-IX-94.
93. *Amistad funesta*, publicada por entregas en *El Latino Americano*, New York, 1895.
94. *Ibidem.*
95. Notas en Cuadernos de trabajo.
96. *Ibidem.*
97. *Ibidem.*
98. *Ibidem.*
99. *Ibidem.*
100. *Ibidem.*
101. *Ibidem.*
102. *Ibidem.*
103. *Ibidem.*
104. *Ibidem.*
105. *Ibidem.*

H

Idea del Tiempo

1. «Lectura en la reunión de emigrados cubanos», *Steck Hall*, New York, 24-I-80.
2. *Ibidem.*
3. «Oscar Wilde», *La Opinión Nacional*, Caracas, 21-I-82.
4. «El Poema del Niágara, de Juan A. Pérez Bonalde», prólogo al *Poema del Niágara*, New York, 1882.
5. «Los abanicos de la Exposición Bartholdi», *La América*, New York, I-84.
6. Discurso en el *Masonic Temple*, New York, 10-X-87.
7. *Ibidem.*
8. *Ibidem.*
9. *Ibidem.*
10. Carta a Juan Ruz, New York, 20-X-87.
11. Carta a José Dolores Poyo, New York, 29-XI-87.
12. Discurso en el *Masonic Temple*, New York, 10-X-88.
13. «Las Antillas y Baldorioty Castro», *Patria*, New York, 14-V-82.
14. «A la raíz», *Patria*, New York, 26-VIII-93.
15. Borrador en el *Archivo de Gonzalo de Quesada*, 1894.
16. Notas en Cuadernos de trabajo.

I

Previsión y Organización

1. Lectura en la reunión de emigrados cubanos, *Steck Hall*, New York, 24-I-80.
2. *La Opinión Nacional*, Caracas, 29-XI-81.
3. *Ismaelillo*, New York, 1882, prólogo.
4. «Hierro», *Versos libres*, New York, 1882.
5. Carta a Ricardo Rodríguez Otero, New York, 16-V-86.
6. *Ibidem.*
7. Discurso en el *Masonic Temple*, New York, 10-X-87.
8. Carta a Juan Ruz, New York, 20-X-87.
9. *Ibidem.*
10. Carta a Máximo Gómez, New York, 16-XII-87.
11. Carta a Gonzalo de Quesada, New York, 19-X-89.
12. *Ibidem.*
13. *Ibidem.*
14. *Ibidem.*
15. *Ibidem.*
16. «Conferencia Internacional Americana», Washington, *La Nación*, Buenos Aires, 19-XII-89.
17. Carta a Gonzalo de Quesada, New York, 14-XII-89.
18. *Ibidem.*
19. *Ibidem.*
20. Conferencia en la Sociedad Literaria Hispanoamericana, N. Y., 19-XII-89.
21. *Ibidem.*
22. «Los asuntos hispanoamericanos en Washington», *La Nación*, Buenos Aires, 31-VIII-90.
23. Discurso en *Hardman Hall*, New York, 10-X-90.
24. *Ibidem.*
25. «La conferencia monetaria de las Repúblicas de América», *La Revista Ilustrada*, New York, V-91.

26. *Versos sencillos*, New York, 1891, prólogo.
27. «La conferencia monetaria de las Repúblicas de América», *La Revista Ilustrada*, New York, V-91.
28. *Ibidem.*
29. *Ibidem.*
30. «Con todos, para el bien de todos», *Liceo Cubano* de Tampa, 26-XI-91.
31. *Ibidem.*
32. «San Martín», *Album de El Porvenir*, New York, 91.
33. «El Partido», *Patria*, 25-VI-92.
34. «Crece», *Patria*, 5-IV-94.
35. Carta a Fermín Valdés Domínguez, 18-IV-94.
36. Carta a Manuel Mercado, Dos Ríos, Cuba, 18-V-95.
37. *Ibidem.*
38. *Ibidem.*

J

Sentimiento y dolor del destierro

1. «Patria», «Boletines de Orestes», *La Revista Universal*, México, 19-I-75.
2. «Boletines de Orestes», *La Revista Universal*, México, 15-V-75.
3. «Pilar Belaval», *El Federalista*, México, 5-III-76.
4. Lectura en la reunión de emigrados cubanos, *Steck Hall*, New York, 24-I-80.
5. *Ibidem.*
6. *Ibidem.*
7. *Ibidem.*
8. *Ibidem.*
9. Discurso en el *Club de Comercio*, Caracas, 21-III-81.
10. «Coney Island», *La Pluma*, Bogotá, 3-XII-81.
11. *Ibidem.*
12. «Carta de New York», *La Opinión Nacional*, Caracas, 26-XII-81.
13. *Ibidem.*, 20-I-82.
14. *Ibidem.*, 22-III-82.
15. *Ibidem.*, 23-V-82.
16. «No, música tenaz, me hables de cielo», *Versos libres*, New York, 1882.
17. «Hierro», *Versos libres*, New York, 1882.
18. *La Nación*, Buenos Aires, 18-III-83.
19. *Ibidem.*, 14-IV-87.
20. Discurso en *Masonic Temple*, New York, 10-X-87.
21. «Heredia», *El Economista Americano*, New York, VII-88.
22. Discurso en la Velada de la *Sociedad Literaria Hispanoamericana* de New York, 19-XII-89.
23. Conferencia sobre el músico cubano Nicolás Espadero, *Sociedad Literaria Hispanoamericana*, New York, 3-III-91.
24. Carta a Eligio Carbonell, New York, 10-I-92.
25. Carta a Fernando Figueredo, New York, 15-I-92.
26. «Un alma de héroe — Ramón del Valle», *Patria*, 3-IV-92.
27. *Patria*, New York, 2, 9-VII-92.
28. *Ibidem.*, 28-I-93.
29. *Ibidem.*, 24-III-93.
30. «El Colegio de Tomás Estrada Palma en *Central Valley*», *Patria*, New York, 2-VII-93.
31. *Ibidem.*
32. *Ibidem.*
33. *Ibidem.*
34. *Ibidem.*

35. *Ibidem.*
36. «Alaraiz», *Patria*, New York, 26-VIII-93.
37. *Ibidem.*
38. *Ibidem.*
39. «Julián del Casal», *Patria*, New York, 31-X-93.
40. «¡A Cuba!», *Patria*, New York, 27-I-94.
41. *Ibidem.*
42. *Patria*, New York, 9-III-94.
43. *Ibidem.*, 8-IX-94.
44. «El entierro de Francisco Sánchez», *Patria*, New York, 15-IX-94.
45. *Patria*, New York, 10-XI-94.
46. *Ibidem.*, 8-XII-94.
47. «Patria»: Notas en Cuadernos de trabajo.
48. Notas en Cuadernos de trabajo.
49. *Ibidem.*
50. «Lluvia de junio», *Flores del destierro*, s/a.
51. «En un dulce estupor», *Flores del destierro*, s/a.
52. «En estas pálidas tierras», *Flores del destierro*, s/a.
53. «Madre mía», *Flores del destierro*, s/a.
54. «Cruje la tierra, rueda hecha pedazos», *Flores del destierro*, s/a.
55. «Envilece, devora», *Flores del destierro*, s/a.
56. «Domingo triste», *Flores del destierro*, s/a.
57. Notas en Cuadernos de trabajo.

K

La Libertad

1. *La República Española ante la Revolución Cubana*, 1873.
2. «Boletines de *Orestes*», *La Revista Universal*, México, 11-V-75.
3. *Ibidem.*, 25-V-75.
4. *Ibidem.*, 29-VI-75.
5. *Ibidem.*, 10-VII-75.
6. *Ibidem.*
7. *Ibidem.*, 12-VIII-75.
8. «La democracia práctica», *La Revista Universal*, México, 7-III-76.
9. *Ibidem.*
10. «*Juan de Villalpando*, drama de José Peón y Contreras», *La Revista Universal*, México, 23-VIII-76.
11. «*La cadena de hierro*, drama de Agustín Cuenca», *La Revista Universal*, México, 27-VIII-76.
12. Carta a Manuel Mercado, La Habana, 11-II-77.
13. Carta al director de *El Progreso*, Guatemala, 29-IV-77.
14. «Conceptos filosóficos», Cátedra de Historia de la Filosofía, Escuela Normal, Guatemala, 27-V-77.
15. *Guatemala*, XII-77.
16. Carta a Manuel Mercado, Guatemala, 20-IV-78.
17. Brindis en el banquete a Adolfo Márquez Sterling, La Habana, 26-IV-79.
18. Lectura en la reunión de emigrados cubanos, New York, 24-I-80.
19. *Ibidem.*
20. Discurso en el *Club de Comercio*, Caracas, 21-III-81.
21. «Carta de New York», *La Opinión Nacional*, Caracas, 17-IX-81.
22. *Ibidem.*, 17-X-81.
23. *Ibidem.*, 29-X-81.
24. *Ibidem.*, 30-XI-81.
25. *Ibidem.*, 26-XI-81.
26. *Ibidem.*, 28-XII-81.

27. «Un viaje a Venezuela», s/a.
28. *Ibidem.*
29. Carta de New York», *La Opinión Nacional*, Caracas, 14-II-82.
30. *Ibidem.*, 21-I-82.
31. *Ibidem.*
32. *Ibidem.*, 22-II-82.
33. *Ibidem.*, 82
34. *Ibidem.*
35. «Oscar Wilde», *El Almendares*, La Habana, I-82; *La Nación*, Buenos Aires, 10-XII-82.
36. «El poema del Niágara, de Juan A. Pérez Bonalde», prólogo al *Poema del Niágara*, New York, 1882.
37. *Ibidem.*
38. *Ibidem.*
39. *Ibidem.*
40. «Odio el mar», *Versos libres*, New York, 1882.
41. «Pollice verso», *Versos libres*, New York, 1882.
42. «Cartas de New York», *La Nación*, Buenos Aires, 18-III-83.
43. *Ibidem.*
44. *Ibidem.*
45. «El puente de Brooklyn», *La América*, New York, VI-83.
46. «Libertad, ala de la Industria», *La América*, New York, IX-83.
47. *Ibidem.*
48. *La América*, New York, XI-83.
49. *Ibidem.*, XII-83.
50. «Conceptos y teoría de la física moderna», *La América*, New York, IV-84.
51. «Herbert Spencer», *La América*, New York, IV-84.
52. *Ibidem.*
53. *La América*, New York, V-84.
54. *Ibidem.*
55. «Libro nuevo y curioso», *La América*, New York, V-84.
56. *La América*, New York, VI-84.
57. *Ibidem.*
58. «Cartas de New York», *La Nación*, Buenos Aires, 26-X-84.
59. *Ibidem.*
60. *Ibidem.*
61. *Ibidem.*
62. Carta a Máximo Gómez, New York, 20-X-84.
63. «Inauguración de un Presidente en los Estados Unidos», *La Nación*, Buenos Aires, 7-V-85.
64. «Cartas de New York», *La Nación*, Buenos Aires, 15-VII-85.
65. Carta a Manuel Mercado, New York, 13-IX-85.
66. «El terremoto de Charleston», *La Nación*, Buenos Aires, 14, 15-X-86.
67. «Fiestas de la Estatua de la Libertad», *La Nación*, Buenos Aires, 1-I-87.
68. *Ibidem.*
69. *Ibidem.*
70. «George Bancroft», *La Nación*, Buenos Aires, 25-II-87.
71. «Henry Ward Beecher», *La Nación*, Buenos Aires, 26-V-87.
72. «El poeta Walt Whitman», *La Nación*, Buenos Aires, 26-VI-87.
73. *Ibidem.*
74. «Henry Ward Beecher», *La Nación*, Buenos Aires, 26-V-87.
75. «El monumento a la Prensa», *La Nación*, Buenos Aires, 28-VII-87.
76. «Las fiestas de la Constitución en Filadelfia», *La Nación*, Buenos Aires, 13-XI-87.
77. Discurso en el *Masonic Temple*, New York, 10-X-87.
78. «Un drama terrible», *La Nación*, Buenos Aires, 1-I-88.
79. «Courtland Palmer», *La Nación*, Buenos Aires, 20-X-88.
80. «La exhibición de pinturas del ruso Vereschagin», *La Nación*, Buenos Aires, 13-I-89.

81. «Vindicación de Cuba», *The Evening Post*, New York, 25-III-89.
82. «De New York», *La Nación*, 2-VIII-89.
83. «Congreso Internacional Americano», Washington, *La Nación*, Buenos Aires, 19-XII-89.
84. Carta a Gonzalo de Quesada, New York, 12-XI-89.
85. Discurso en la Velada de la *Sociedad Literaria Hispanoamericana* ante los delegados a la «Conferencia Internacional Americana», Washington, en New York, 19-XII-89.
86. «La Conferencia Internacional Americana», Washington, *La Nación*, Buenos Aires, 31-V-90.
87. «Nuestra América», *El Partido Liberal*, México, 30-I-91.
88. *Ibidem*.
89. Discurso en el *Hardman Hall*, New York, 10-X-91.
90. *Versos sencillos*, New York, 1891, XXXVIII.
91. *Ibidem*., XXXIV.
92. «Oración de Tampa y Cayo Hueso», *Hardman Hall*, New York, 17-II-92.
93. «Nuestras ideas», *Patria*, New York, número 1, 14-III-92.
94. *Ibidem*.
95. *Patria*, New York, 3-IV-92.
96. «El Diez de Abril en Guáimaro», *Patria*, New York, 10-IV-92.
97. «Los Clubs», *Patria*, New York, 10-IV-92.
98. *Patria*, New York, 10-IV-92.
99. «Las Antillas y Baldorioty Castro», *Patria*, New York, 14-V-92.
100. *Patria*, New York, 18-VI-92.
101. «El obrero cubano», *Patria*, 2-VII-92.
102. Carta a Gerardo Castellanos, New York, 4-VIII-92.
103. «Persona y Patria», *Patria*, New York, 10-IV-93.
104. *Ibidem*.
105. «El día de la Patria», *Patria*, New York, 10-IV-93.
106. *Ibidem*.
107. «¡Vengo a darte patria!», *Patria*, New York, 14-IV-93.
108. «La fiesta de Bolívar», *Sociedad Literaria Hispanoamericana*, New York, *Patria*, New York, 31-X-93.
109. «El Año Nuevo», *Patria*, New York, 6-I-94.
110. *Ibidem*.
111. «Castillo», *La Soberanía Nacional*, Cádiz, 24-III-94.
112. «Crece», *Patria*, New York, 5-IV-94.
113. «Libro nuevo de José Miguel Macías», *Patria*, New York, 8-IX-94.
114. «Federico Proaño, periodista», *Patria*, New York, 8-IX-94.
115. *Ibidem*.
116. *Patria*, New York, 24-XI-94.
117. «Mente latina», *La América*, New York, XI-94.
118. «Cual incensario roto», *Flores del destierro*, s/a.

L

LA PATRIA

1. «Cuba nos une», *Flores del destierro*, New York, s/a. Cuarteta en el álbum de Carlos Sauvalle, Madrid, 1871.
2. «Boletines de *Orestes*», *La Revista Universal*, México, 31-IV-75.
3. *Ibidem*., 7-V-75.
4. «White», *La Revista Universal*, México, 25-V-75.
5. *Ibidem*.
6. «Boletines de *Orestes*», *La Revista Universal*, México, 15-VII-75.
7. *Ibidem*.
8. *Ibidem*., 12-VIII-75.

9. *Ibidem.*, 14-IX-75.
10. *Ibidem.*, 10-X-75.
11. «Catecismo democrático» (Hostos), *El Federalista*, México, 5-XII-75.
12. «Los códigos nuevos» Guatemala, Guatemala, 11-IV-77.
13. Lectura en la reunión de emigrados cubanos, *Steck Hall*, New York, 24-I-80.
14. *Ibidem.*
15. «Olegario Andrade», *La Opinión Nacional*, Caracas, 1881.
16. *La Opinión Nacional*, Caracas, I-82.
17. Carta a Fernando Figueredo, New York, 15-I-82.
18. *Ibidem.*
19. *La Opinión Nacional*, Caracas, 1882.
20. «Hierro», *Versos libres*, New York, 1882.
21. «Pollice verso», *Versos libres*, New York, 1882.
22. *La América*, New York, III-83.
23. «Juan Carlos Gómez», *La América*, New York, VII-84.
24. Carta al Director de *El Avisador Cubano*, New York, 6-VII-85.
25. *Ibidem.*
26. *Ibidem.*
27. «El General Grant», *La Nación*, Buenos Aires, 27-IX-85.
28. Carta a Manuel Mercado, 22-III-86.
29. Carta a Ricardo Rodríguez Otero, New York, 16-V-86.
30. «El Presidente Garfield», *La Nación*, Buenos Aires, 4, 5-III-87.
31. *Ibidem.*
32. *Ibidem.*
33. Carta a Manuel Mercado, New York, 1886.
34. Carta a Fermín Valdés Domínguez, New York, 28-II-87.
35. «Henry Ward Beecher», *La Nación*, Buenos Aires, 26-V-87.
36. *La Nación*, Buenos Aires, 4-V-87.
37. «El monumento a la Prensa», *La Nación*, Buenos Aires, 28-VII-87.
38. Discurso en el *Masonic Temple*, New York, 10-X-87.
39. *Ibidem.*
40. *Ibidem.*
41. *Ibidem.*
42. Carta a José Dolores Poyo, New York, 29-XI-87.
43. Carta a Máximo Gómez, New York, 16-XII-87.
44. Carta a Manuel Mercado, New York, 19-II-88.
45. «Heredia», *El Economista Americano*, New York, VII-88.
46. «Antonio Bachiller y Morales», *El Avisador Americano*, New York, 24-I-89.
47. Carta a Emilio Núñez, New York, 15-V-90.
48. *Ibidem.*
49. Discurso en el *Hardman Hall*, New York, 10-X-90.
50. *Ibidem.*
51. «Nuestra América», *El Partido Liberal*, México, 30-I-91.
52. *Ibidem.*
53. *Ibidem.*
54. «Con todos, para el bien de todos», *Liceo Cubano*, Tampa, 26-XI-91.
55. *Ibidem.*
56. *Ibidem.*
57. *Versos sencillos*, New York, 1891, XXVI.
58. *Ibidem.*, XXV.
59. *Ibidem.*, X.
60. *Ibidem.*, I.
61. «La Guerra», *Patria*, New York, 9-I-92.
62. Carta a Eligio Carbonell, New York, 10-I-92.
63. Carta a Fernando Figueredo, New York, 15-I-92.
64. Carta a Ángel Peláez, New York, I-92.
65. *Ibidem.*
66. «Oración de Tampa y Cayo Hueso», *Hardman Hall*, New York, 17-II-92.
67. *Patria*, New York, 18-II-92; 24-III-92.

68. «Tres notas», *Patria*, New York, 14-III-92.
69. «Nuestras ideas», *Patria*, New York, número 1, 14-III-92.
70. *Ibidem*.
71. *Patria*, New York, 10-IV-92.
72. «Los Clubs», *Patria*, New York, 20-IV-92.
73. «Emilio Agramonte», *Patria*, New York, 30-IV-92.
74. *Patria*, New York, 7-V-92.
75. *Ibidem*.
76. *Ibidem*., 21-V-92.
77. «Los cubanos de afuera y los cubanos de adentro», «La campaña española», *Patria*, New York, 4-VI-92.
78. «Club José Martí», *Patria*, New York, 11-VI-92.
79. «Adelante, juntos», *Patria*, New York, 11-VI-92.
80. «Los cubanos de Jamaica en el Partido Revolucionario», *Patria*, New York, 18-VI-92.
81. «Las expediciones y la revolución», *Patria*, New York, 6-VIII-92.
82. *Patria*, New York, 27-VIII-92.
83. «Alba de Cuba», *Patria*, New York, 92.
84. *Ibidem*.
85. *Patria*, New York, 28-I-93.
86. «Persona y Patria», *Patria*, New York, 1-IV-93.
87. *Patria*, New York, 14-IV-93.
88. *Ibidem*.
89. Carta a Máximo Gómez, Key West, 6-V-93.
90. «Un cubano en New Orleans», *Patria*, New York, 8-V-93.
91. «Domingo del Monte», *Patria*, New York, 22-VII-93.
92. «La crisis y el Partido Revolucionario Cubano», *Patria*, 19-VIII-93.
93. «Simón Bolívar», Discurso en la *Sociedad Literaria Hispanoamericana*, New York, 28-X-93.
94. «La Fiesta de Bolívar», *Patria*, New York, 31-X-93.
95. «¡Para Cuba!», *Patria*, New York, 4-XI-93.
96. *Ibidem*.
97. «Prólogo al libro *Los poetas de la guerra*», *Patria*, New York, XII-93.
98. *Patria*, New York, 7-VII-94.
99. *Ibidem*., 24-X-94.
100. «Cirilo Villaverde», *Patria*, New York, 30-X-94.
101. Carta a José Maceo, 3-XI-94.
102. Carta a Antonio Maceo, 10-XI-94.
103. «José de la Luz», *Patria*, New York, 17-XI-94.
104. *Patria*, New York, 24-XI-94.
105. *Ibidem*., 26-I-95.
106. Carta a Federico Henríquez y Carvajal, Montecristi, Santo Domingo, 25-II-95.
107. «A ...», cerca de Guantánamo, Cuba, 26-IV-95.
108. *Ibidem*.
109. «A ...», Altagracia, Holguín, Cuba, 9-V-95.
110. Carta a Manuel Mercado, Dos Ríos, 18-V-95.
111. Carta a José Dolores Poyo.
112. ¿En el discurso de la *Sociedad Literaria Hispanoamericana*?
113. Notas en Cuadernos de trabajo.
114. *Ibidem*.
115. «Dos patrias», *Flores del destierro*, s/a.
116. «Al extranjero», *Flores del destierro*, s/a.
117. «Patria en las flores», *Flores del destierro*, s/a.
118. «A mis hermanos muertos el 27 de noviembre», *Flores del destierro*, s/a.
119. «Flor blanca», *Flores del destierro*, s/a.
120. «A Rosario Acuña», *Flores del destierro*, s/a.
121. A María Luisa Ponce de León», *Flores del destierro*, s/a.
122. «Yo callaré», *Flores del destierro*, s/a.
123. Notas en Cuadernos de trabajo.

ÍNDICE ANALÍTICO

Abelardo, Pedro, 273, 349
Abraham, 276, 347
Academia o Instituto Habanero de Literatura, 424
Academia Cubana de Literatura, 424, 425, 426
Acera del Louvre, 68
Acosta, Cecilio, 33, 58, 59, 71, 457, 459, 463, 468
Acosta, Ignacio María, 423
Acuña, Manuel, 90, 463, 469
Acuña, Rosario, 477
Ad Polybium de Consolatione, 347
Adam-Tannery, 212
Adams, John Quincy, 324
Adán, 376
Addison, James T., 236
Adriano, 348
Adúltera, 467
Afer, Publio Terencio, 61
Aforismos, 426
Africano (el), Escipión, 191
Agamenón, 191
Agariste, 390
Agonía del tránsito de la muerte, 239
Agramonte, Emilio, 441, 477
Agramonte y Loynaz, Ignacio, 458
Agüero y Agüero, Concepción de, 436
Agüero, Francisco, 422
Aguila Negra, 422
Aguilera, Francisco Vicente, 352, 353, 435, 439
Agustín (San), 31, 123, 124, 130, 157, 177, 210, 211, 229, 236, 248, 256, 257, 265, 273, 283, 286, 287, 375, 376, 377
Ahumada y Centurión, Ramón, 429
Alba (duque de), 394
Albérés, René M., 61, 279
Album del Porvenir, 472
Alcinoo, 191
Alcmeónidas, 390
Aldama, Miguel, 324, 353, 433
Aldama, Rosa, 428
Aldrey, Fausto Teodoro, 459

Alea jacta est, 101
Alejandro *Magno*, 8, 225
Alfonso, José Luis, 324, 433
Alfonso de Peoli, Antonia, 354
Alighieri, Dante, 237, 349
Al poeta Miguel Gerónimo Gutiérrez, 436
Altamirano, Ignacio M. 42, 90
A mis hermanos muertos, 245
Amistad funesta, 151, 470
Amor con amor se paga, 91
Anaxágoras, 390
Andrade, Olegario V., 459, 476
Andrónico de Rodas, 334
Androtión, 346
Annales, 347
Anselmo (San), 373
Anticlea, 253
Antígona, 253, 377
Antiguo Testamento, 235, 357
Antiquitate, 377
Apocalipsis, 286
Apologético, 123
Appella, 390
Apuntes de una Filosofía, 211
Apuntes sobre el pensamiento, 30
Aquiles, 191, 233, 253
Aquino, Santo Tomás de, 125, 169, 210, 211, 236, 248, 256, 257, 258, 273, 289, 376, 377, 403
Arango y Parreño, Francisco de, 418, 419, 420, 424, 427, 435
Arco, Juana de, 416
Argüelles, Agustín, 428
Arístides, 346, 390
Aristóteles, 12, 14, 26, 39, 124, 172, 194, 197, 210, 238, 255, 256, 257, 270, 271, 272, 283, 284, 285, 287, 333, 334, 346
Armenteros, Isidoro, 423
Arnao, Juan 353
Arquímedes, 40
Ars amatoria, 347
Arteaga, Juan Manuel, 354
Arrate, José Félix Martín de, 417, 418

Asís, Santo de, 23, 181
Athropos, 377
Atomo y cosmos, 14
A Treatise of human Nature, 259
Aulus Gellius, 193, 391
Ayuntamiento de La Habana, 418, 426
Azcárate, Nicolás, 94, 353, 434, 435, 465, 467
Azorín o primores de lo vulgar, 342

Bacon, Francis, 46
Bachiller y Morales, Antonio, 353, 450, 465, 476
Bahía de Cochinos, 413
Baldorioty Castro, Román, 471, 475
Bancroft, George, 474
Banderas, Quintín, 112
Banquete, 156
Baraguá, Mangos de, 118
Barbarrosa, 117
Barranco, Manuel, 354, 461, 465
Barth, Paul, 193
Bastilla (la), 394
Batista, Fulgencio, 326
Baudelaire, Charles, 196, 197
Bayle, Pierre, 289
Beatriz, 237
Bécquer, Gustavo Adolfo, 194, 195, 196
Beecher, Henry Ward, 458, 464, 474, 476
Belaval, Pilar, 469, 472
Bellido de Luna, Juan, 429, 430
Bentham, Jeremías, 135
Berdiaev, Nicolás, 386
Bergson, Heinri, 12, 20, 21, 23, 29, 46, 47, 212, 215, 218, 222, 228, 241, 262, 293, 294, 382, 383
Berkeley, George, 259
Bermúdez, Anacleto, 355, 429
Bernanos, Georges, 278, 279
Bernardo (San), 237
Betancourt, José Manuel, 354
Betancourt, Luis V., 431
Betancourt Cisneros, Gaspar, 324, 351, 353
Between man and man, 389
Birán, Maine de, 21, 23, 212, 261, 262
Blaine, James G., 458
Blanco, Andrés E., 172
Blanco, Ramón, 69
Blanche, Francisco J., 430
Bolívar, Simón, 31, 60, 161, 324, 420, 461, 464, 475, 477
Boecio, Anlio Manlio, 245, 248
Borrell, Edelmira, 94
Bossuet, Jacques-Bénigna, 12
Boulé, 345
Boutroux, Emile, 383

Bréhier, Emile, 9
Broglie, Louis, 21
Bruno, Giordano, 349, 350
Buber, Martín, 388, 389
Buenaventura (San), 273
Buondelmonte, 349
Burckhardt, Jakob, 394
Burell, Julio, 27

Calderón de la Barca, Pedro, 125, 128, 141, 188, 189, 190, 301
Calígula, 386
Calvino, Juan, 377
Campanella, Tomás, 319
Camus, Albert, 386
Cánovas del Castillo, Antonio, 431
Carbonell, Eligio, 353, 367, 465, 472, 476
Carlos I, 394
Carnéades, 375
Carta Magna, 394
Cartago, 191
Cartas a Lucilio, 125, 235, 375
Casal, Julián del, 473
Cassirer, Ernst, 289, 350
Castañeda, José A., 431
Castellanos, Gerardo, 353, 475
Castillo, Jesús María, 354
Castillo, Nicolás, 466
Castro, Fidel, 25, 26, 33, 40, 73, 181, 245, 326, 404, 408, 409, 413, 454, 455
Castro y Palomino, Rafael, 458, 460, 464
Cayo Hueso, 444, 455
Cayo Licinio Stolo, 393
Cellini, Benvenutto, 19
Central Valley, 472
Cerchi, 349
Cervantes, Miguel de, 122, 188
César, Julio, 342, 347
Céspedes, Carlos Manuel, 112, 343, 351, 435, 436, 458
Cicerón, Marco Tulio, 233, 312, 346, 347, 392, 416
Cien años de soledad, 33
Ciro, 348
Cisneros Betancourt, Salvador, 353
Ciudad del sol, 319
Clamor de los cubanos, 427
Claudio, 347
Clemenceau, Georges, 112
Cleomenes, 390
Cleveland, Grover, 464
Clístenes, 345, 346, 390
Clitemnestra, 385
Clotaldo, 188
Clotho, 377
Club de Comercio de Caracas
Club de La Habana, 431

Colección de papeles científicos, etc., 425, 428, 429
Colección póstuma de papeles, 425
Colón Cristóbal, 341
Collazo, Enrique, 53, 115, 116, 119, 127, 147, 461, 467
Collect later poems, 194
College de France, 243
Compiègne, Roscelin de, 21
Complainte du Sage de París, 195
Comte, August, 319
Comuna, 395
Comuna Jacobina, 395
Condorcet, María J. A., 298, 395
Conferencia Internacional Americana, 114, 327, 465, 471, 475
Conferencia Monetaria de las Repúblicas de América, 327, 468
Confesiones, 248, 256, 287
Conkling, Roscoe, 458, 460, 464, 468
Consejo, 390
Consejo de Estado, 395
Constitución de Atenas, 346
Contra Eunomio, 288
Corintios, 15, 157, 186, 236, 303
Corpus, 350
Cotilla, Mariana, 95
Cotilla de Olmedo, Margarita, 95
Crisipo, 375
Crisis y reconstrucción de las ciencias exactas, 193
Cristo Jesús, 39, 126, 127, 181, 281, 282, 341
Cristo, Luis E. del, 429
Crítica de la Razón Práctica, 379
Crítica de la Razón Pura, 260
Croce, Benedetto, 389
Crombet, Flor, 118, 353
Cromwell, Oliver, 394
Cruz, San Juan de la, 28
Cuenca, Agustín, 469, 473
Cuentos de hoy y de mañana, 458, 460, 464
Cuerpo Legislativo, 395
Cuestiones tusculanas, 416
Cusano (el), 60, 273
Chacón, Luis, 418
Charron, Pierre, 238
Chatelet, Mme. du, 289

Dallas, George, 324
Damón, 346, 390
Dantón, Jorge J., 395
Danza de la muerte, 237
Darío, Rubén, 54, 132, 197
Darwin, Charles, 469
Das Problem des geistigen Seins, 243
Dastre, Jules A., 241

De Anima, 210, 255, 256
De brevitate vitae, 41
De civitate Dei, 124
Declaración de los derechos del hombre, 395
De consolatione philosophiae, 245
De docta ignorantia, 60
De inmortalitate anima, 238
De l'acte, 298
De la contingence des lois de la nature, 383
De l'âme humaine, 299
De la musique avant tout chose, 268
De la sabiduría, 238
De Legibus, 392
Deleuze, Gilles, 294
De libero arbitrio, 273
Della vita degli Stati, 417
Del monte, Domingo, 40, 354, 423, 424, 428, 429, 435, 438, 439, 477
Del sentimiento trágico de la vida, 178, 195, 241, 278
Demócrito, 254, 374
De natura deorum, 313
De rerum natura, 235
Der Geist als Widersacher der Seele, 80
Descartes, Renato, 12, 32, 166, 169, 187, 188, 189, 190, 211, 212, 213, 214, 229, 258, 259, 261, 264, 275, 289, 373, 377, 378, 384
De vera religione, 31, 130, 210, 229, 257, 273
De Viris Illustribus, 237
Diana, 91
Diario, 277, 382
Diario de La Marina, 459, 465
Diatribas, 375
Díaz Albertini, Rafael, 69
Díaz, Porfirio, 112, 403
Díaz Quintero, Francisco, 354
Die Fragmente der Vorsokratiker, 270, 271
Diels, Hermann, 270, 271
Die Stellung des Menschen im Kosmos, 141, 224
Die Stoa, 193
Diez de Octubre, 204, 439, 464
Dilthey, Wilhem, 7, 20, 21, 23, 211, 218, 220, 221, 238, 264, 290, 291, 335
Diógenes el Cínico, 123, 225
Directorio, 395
Discours de métaphysique, 276
Discurso del método, 187, 188, 189, 212, 258, 289
Divina Comedia, 237
Domínguez Cowan, Nicolás, 95
Donati, 349
Don Quijote de la Mancha, 122

481

D'Ors, Eugenio, 239
Dos de Mayo, 343
Dos Ríos, 179
Dostoiewski, Fedor, 270
Driesch, Hans, 218
Du temps et de l'éternité, 248, 299
Duns Escoto, John, 273, 376

Ecclesia, 390
Eckhardt, Meister, 130
Eclesiastés, 22, 48, 65, 169, 235, 236, 286
Echegaray, José, 69, 459
Echeverría, José A., 324, 434
Edicto, 338
Edipo, 253
Eduardo VI, 394
Efialte, 390
Egisto, 385
Einstein, Albert, 193, 350
El Almendares, 464, 474
El arpa del proscrito, 431
El Avisador Cubano, 458, 476
El Avisador Hispanoamericano, 465, 476
El concepto de la angustia, 303
El concepto de la vida, 41
El Derecho Público y las Cortes de Cádiz, 417
El desterrado, 355
El Economista Americano, 460, 464, 467, 472, 476
El extranjero, 386
El Federalista, 457, 463, 469, 472, 476
El gallo, 192
El Habanero, 422
El hijo de Alquízar en Madrid, 430
El hombre y la gente, 217
El hombre y la técnica, 137
El idiota, 270
El Jurado, 67
El Latinoamericano, 470
El malentendido, 386
El Manifiesto del Diez de Octubre, 435
El Martí que yo conocí, 108
El misterio del Ser, 294, 295
El mito de Sísifo, 386
El mundo como voluntad y como representación, 239
El mundo histórico, 213, 221
Eloísa, 349
Elorrieta, Tomás, 417
El Partido Liberal, 458, 465, 467, 470, 475, 476
Elpénor, 253
El Presidio Político en Cuba, 75, 468
El progreso, 463, 473
El puesto del hombre en el cosmos, 224

El resentimiento en la moral, 217
El sueño de una noche de verano, 192
El Zarco, 42
Emerson, Ralph Wald, 45, 71, 248, 280, 281, 457, 459, 466, 468, 469
En busca de Marcel Proust, 9
Enciclopedia de las ciencias filosóficas, 265, 293
Encheiridion, 235
En días de esclavitud, 437
Enéadas, 285
Eneida, 42
Engel, 72
Engels, Friedrich,
En Greenwood, 437
Enmienda Platt, 324, 413
Enrique VII, 394
Enrique VIII, 394
Ensayos, 12
Enzyklopädie der philosophischen Wissenschaften, 277, 292, 316, 380
Epicteto, 235, 375
Epicuro, 235, 377
Epístola, 394
Epístola a los romanos, 170
Epístolas, 124, 157
Escipión, 191
Esclavitud y libertad, 386
Escobar, Eloy, 57, 464
Escolástica, 258, 273, 376
Escoto Eriúgena, Juan, 273
Espadero, Nicolás, 472
Espartero, Baldomero, 431
Espirituales, 349
Esquilo, 253, 377
Essais, 130, 238
Essais sur les données inmédiates de la conscience, 293
Essai sur les moeurs et l'esprit des nations, 289
Estados Generales, 314
Estadios en el camino de la vida, 303
Estagirita (el), 14, 255, 256, 334, 375, 403
Estatua de la libertad, 399
Estiú, Emilio, 214
Estrada Palma, Tomás, 118, 121, 353, 358, 410, 463
Estrampes, Francisco, 429, 431, 432
Estratón de Lampsaco, 285
Estrázulas, Enrique, 63, 460
Estúriz, 427
Etica, 178, 241, 249
Etica a Nicómaco, 124, 172
Etre et avoir, 294 295
Eucken, Rudolph, 217, 264
Euforos, 346
Eurídice, 386
Exodo, 347

Exposición de la Junta Cubana al pueblo de Cuba, 432
Eva, 44

Facciolo, Eduardo, 430
Fausto, 149
Fedón, 234, 254
Fedro, 178, 254
Félix, 431
Fenomenología del Espíritu, 83
Fernandina, 119, 306, 321
Fernando VII, 352, 422
Ferrater Mora, José, 244
Fichte, Juan T., 14, 379, 380
Figueredo, Fernando, 115, 117, 353, 442, 459, 463, 465, 469, 472, 476
Figueredo, Perucho, 436
Figueroa, Sotero, 354
Fillmore, Millard, 431
Filosofía del Espíritu, 83
Filosofía de la Ilustración, 289
Filosofía de la Naturaleza, 83
Física, 193, 283, 284, 285
Flores del destierro, 196, 463, 465, 467, 473, 475, 477
Flores, Manuel, 90
Florilegio de escritoras cubanas, 436
Folch, Juan V., 324
Fornaris, José, 423, 434
Fraga, Manuel, 67
Fragmentos, 170, 174
Francia, Gaspar, 409
Franco, Francisco, 395
Fromm, Erich, 338
Fundación de la metafísica de las costumbres, 378

Gaos, José, 217
García, Calixto, 104, 105, 112, 353
García, Gualterio, 467
García, José Inés, 354
García, Vicente, 112, 353
García Granados, María, 91, 98
García Moreno, Gabriel, 409
García Morente, Manuel, 215
García Pérez, Luis, 435
Garfield, Arthur, 36, 231, 459, 460, 464, 469, 476
Garibaldi, Giuseppe, 350
Gato, Eduardo, 465
Gelder, Francisco, 417
Gener, Tomás, 422
Génesis, 86, 209, 235, 286, 334, 347
Geórgicas, 247
Gesammelte Schriften, 213, 291
Goethe, Wolgang, 27, 149, 213
Goicuría, Domingo, 353, 432

Goldschmidt, Victor, 285,
Gómez, Máximo, 45, 64, 66, 76, 104, 108, 111, 112, 113, 114, 116, 117, 118, 119, 127, 179, 323, 352, 353, 406, 457, 459, 460, 461, 463, 465, 467, 471, 474, 476, 477
Gómez Alvares, Juan, 429
Gómez, Juan Carlos, 460, 464, 470, 476
Gómez, Juan Gualberto, 353
Gómez, Juan Vicente, 409
Gómez Rumbau, 420
Gracián, Baltasar, 17, 40, 127, 307
Grant, Ulises S., 324, 458, 460, 464, 470, 476,
Gregorio (San), 124
Grundelung zur Metaphysik der Sitten, 378
Guardia, Heraclio Martín de la, 467
Guasp, Manuel, 102
Guerra, Benjamín, 120, 459, 465
Guerra, Canuto, 160
Guerra de Secesión, 325
Guerra, Ramiro, 418, 424, 425, 426, 427, 429, 431, 432, 433, 435
Guiciardini, Francesco, 3
Guiteau, 231
Gutiérrez de Piñeres, Tomás, 430
Gutiérrez de la Concha, José, 430, 431, 432, 434, 453
Gutiérrez, Miguel G., 436
Guzmán Blanco, Antonio L., 112, 402, 409

Hades, 233
Hancok, Winfield S., 464
Hardman Hall, 321, 458, 465, 467, 468, 471, 475, 476
Harper, 470
Hartmann, Nikolai, 243, 264
Hasta el cielo, 466
Hébert, Jacobo R., 395
Hebreos, 210
Hechos, 159, 279
Hegel, Jorge F. G., 12, 83, 223, 261, 264, 277, 290, 291, 292, 293, 297, 305, 313, 316, 317, 372, 380, 381
Heguesias, 235
Heidegger, Martín, 12, 18, 82, 169, 170, 200, 217, 218, 241, 242, 261, 296, 299, 300, 301, 302, 303, 309, 310, 313, 314, 335, 336, 337, 338, 339, 372, 388
Hendricks, Thomas A. 138, 464
Henríquez Carvajal, Federico, 30, 76, 143, 166, 445, 458, 461, 465, 467, 477
Heredia, José María, 40, 45, 232, 351, 352, 353, 354, 355, 360, 362, 420, 421, 422, 423, 424, 434, 438, 439, 452, 458, 460, 461, 465, 472, 476

Hernández Echarri, José F., 423
Hernández, Manuel, 357
Hernández Miyares, Enrique, 445
Heráclito, 254, 270
Heródoto, 390
Hesíodo, 377
Himno Nacional, 405, 436
Hiparco, 346
Hipérbolo, 346
Hipias, 390
Hipócrates, 41
Hipona, Obispo de, 257
Historia, 347
Historia como historia de la libertad, 389
Historia como sistema, 216
Historia de la filosofía, 276
Historia de un crimen, 350
History as the story of Liberty, 389
History of Europeans morals, 237
Hitler, Adolfo, 408
Hobbes, Tomás, 374
Homero, 233, 253, 345, 376, 377
Hostos, Eugenio María de, 476
Hôtel de Ville, 395
Hoyo, Arturo del,
Hugo, Víctor, 350
Humboldt, Alexander von,
Hume, David, 259, 297, 374
Husserl, Edmund, 261, 279, 296, 297

Il Concetto della Natura e il Principio del Diritto, 318
Ilíada, 191, 233, 253, 345, 377
Imaz, Eugenio, 213
Impugnación, 424
Impulsos del corazón, 466
Iniciadores y primeros mártires, 432, 433
Inquisición, 350
Instituto Theologica, 210
Introdución a las Ciencias del Espíritu, 213, 265
Introduction a la métaphysique, 262
Isabel, 394
Ismaelillo, 196, 459, 462, 468, 471
Itinerarium mentis in Deum, 273
Izaguirre, José María, 252, 470
Iznaga, José María, 351, 353

Jacob, 86, 276, 347
Jacobi, 167
Jaegers (salón), 460, 464
Jaime I, 394
Jaspers, Karl, 8, 214, 350, 371, 383, 384
Jefferson, Thomas, 324, 419
Jenenser Logik, 223

Jenófanes, 270
Jeremías, 348
Joaquín, 348
Jorrín, José S., 434
Josefo, 377
Journal d'un curé de campaigne, 278
Juan (San), 39, 157
Juan XXII, 349
Juan (rey), 394
Juárez Benito, 430, 464
Juego de Pelota, 394
Jugo Ramírez, Diego, 354, 477, 459, 462, 466
Julia, 347
Junta Cubana, 431
Junta de Fomento, 426
Junta de Información, 206
Junta Revolucionaria, 104
Júpiter, 191, 385

Kant, Enmanuel, 141, 146, 179, 260, 261, 291, 292, 294, 297, 374, 378, 379
Karma, 377
Katharsis, 192
Kierkegaard, Sören, 229, 240, 277, 278, 303, 381, 382
Klages, Ludwig, 80, 81
Koehler, Wolfgang, 312
Kritik der praktischen Vernunft, 141, 379
Kritik der reinen Vernunft, 260, 292

La América, 457, 458, 459, 460, 464, 467, 470, 471, 474, 475, 476
La Aurora, 324
L'acte, 298
La Cabaña, 429
La cadena de hierro, 469, 473
La Ciudad de Dios, 236
La Colonia Española, 92, 93
La decadencia de Occidente, 137
La Demajagua, 351
La Edad de Oro, 115, 126, 363, 465
Laercio, Diógenes, 235
La esposa del vengador, 459
La Estrella Solitaria, 437
La estructura del comportamiento, 218, 223, 332
La evolución creadora, 212, 215
La experiencia de la muerte, 234, 243
La filosofía de Henri Bergson, 215
La Física nueva y los cuantos, 21
La Flèche, 211
Laforgue, Paul, 195
La hija del rey, 469
La Iberia, 92
La idea de principo, etc., 33

La ironía, la muerte, la admiración, 244
La Liga, 126
La Lucha, 467
Lamarque, Nydia, 197
La Mejorana, 118, 119, 121
Lamettrie, Julien, 374
La Nación, 458, 459, 460, 461, 464, 465, 468, 470, 471, 472, 474, 475, 476
Landsberg, Pablo L., 234, 242, 243
Laón, Anselmo de, 21
La Opinión Nacional, 457, 459, 464, 466, 468, 469, 470, 471, 472, 473, 474, 476
La pensée et le mouvant, 29, 294
La Pluma, 472
Laquesis, 377
La rebelión de los escritores de hoy, 61, 279
La relation de l'esprit et du monde, 262
La República, 464
La República española ante la Revolución Cubana, 75, 473
La Revista Ilustrada, 468, 471, 472
La Revista Universal, 88, 92, 457, 459, 461, 463, 466, 468, 469, 472, 473, 475
Las flores del mal, 197
Las moscas, 385
La Soberanía Nacional, 466, 475
Lavelle, Louis, 243, 248, 262, 264, 298, 299
La vida es sueño, 128, 188, 189, 190, 192
La vie et la mort, 241
Lavoissier, Antoine L., 395
La Voz del Pueblo Cubano, 430
Le Bergsonnisme, 294
Le Bon, Gustav, 417
Lecciones sobre la filosofía de la Historia Universal, 290
Lecky, W. E. H., 237
Leibnitz, Federico G., 166, 259, 276, 373, 378
Lemus, 422
L'energie spirituelle, 262
Lenin, Wladimir Ilich, 408
León, Luis de, 188
Leónidas, 174
Les données inmediates de la conscience, 383
Les Invalides, 225
Le sistéme stöicien et l'idée de temps, 285
Le être et le néant, 297, 298, 385
Le temps et l'eternité, 243
Le visible et l'invisible, 297
Levy, 324
Lex latina, tabulae bartinae, 391
Liceo Cubano de Tampa, 458, 465, 468, 470, 472, 476

Liceo de Guanabacoa, 68, 69, 434, 463, 469
Licinio Sexto, 393
Life beyond death, 236
Lingg, 72
Lisazo, Félix,
Locke, John, 259, 378
Lógica, 83, 292
López, Narciso, 324, 429, 430, 431
López Coloma, Antonio,
López de Batancourt, Angela, 354
López de Queralta, Fernando, 117
Lorenzo (General), 427
Los castigos, 350
Los Códigos Nuevos, 459, 466
Los pinos nuevos, 458
Los poetas de la guerra, 431, 435, 436, 477
Los raros, 54
Los siete contra Tebas, 253
Los tres impostores, 270
Lucena, José A., 458, 464
Lucilio, 235
Lucrecio, 235
Lugareño (el), 351, 352
Luis Napoleón, 350
Lutero, Martín, 377
Luz y Caballero, José de la, 19, 27, 41, 341, 423, 424, 426, 427, 428, 434, 435, 438, 459, 477

Llanoz, Adolfo, 92
Llave del Nuevo Mundo, etc., 418
Llerena, Cristóbal, 350

Macedo, Pablo, 443
Maceo, Antonio, 104, 111, 112, 113, 114, 118, 119, 352, 353, 406, 455, 458, 465, 467
Maceo, José, 441, 477
Macías, Juan M., 354
Macías, José M., 475
Machado, Antonio, 20, 195
Machado, Gerardo, 410
Magno, Alberto, 257
Mahy, Nicolás, 420
Malebranche, Nicolás de, 258, 275
Mallarmé, Stefan, 28, 268
Manifiesto, 432, 433, 435
Manifiesto de la Junta Cubana al pueblo de Cuba, 432
Mann, Thomas, 350
Manrique, Jorge, 188
Mantilla, Carmen, 118, 463
Mantilla, María, 118, 463
Manual de Historia de Cuba, 418, 424, 426, 427, 429, 431, 432, 433, 435

Mañach, Jorge, 107, 119, 137
Mao-Tse-Tung, 73, 404, 408
Maquiavelo, Nicola, 394
Marat, 395
Marcel, Gabriel, 12, 264, 294, 295
Marco Aurelio, 375
Marcuse, Herbert, 338
Maresma, Emilio, 354
María, 394
Marías, Julián, 276
Marinello, Juan, 405
Maritain, Jacques, 278, 350
Mármol, Donato, 112
Márquez Sterling, Adolfo, 68, 459, 473
Martí, Amelia, 95, 462, 463
Martí el Apóstol, 107, 119, 137
Martí en México, 86, 90, 95
Martínez Campos, Arsenio, 115
Martínez de Pinillos, Claudio, 424
Marx, Karl, 405
Masó, Bartolomé, 435
Masonic Temple, 458, 460, 468, 471, 472, 474, 476
Mateo (San), 76, 122, 301
Maurois, André, 9
Mazzepa, 249
Meditación de la técnica, 315
Meditaciones, 187, 190, 275
Meditaciones del Quijote, 267, 335
Megacles, 346
Melanchthon, Philip, 377
Memoria sobre la vagancia en Cuba, 424
Mendive, Rafael M., 354, 436, 439
Menéndez, Eulalia, 354
Menocal, Mario, 410
Mensajero Semanal, 424
Mercadal, Joaquín, 457
Mercado, Manuel, 42, 85, 86, 87, 95, 97, 99, 101, 102, 106, 110, 114, 115, 443, 445, 458, 461, 462, 463, 464, 466, 469, 472, 473, 474, 476, 477
Merleau-Ponty, Mauricie, 23, 218, 219, 220, 223, 295, 296, 297, 332
Mesalina, 347
Mestre, José Manuel, 40, 324, 433
Metafísica, 272, 333
Meza y Suárez Inclán, Ramón, 458
Minerva, 191
Miralla, José Antonio, 422
Miranda, Francisco de, 418
Mis prisiones, 350
Mi tío el empleado, 458
Mitre, Bartolomé, 38, 457, 459, 464
Miyares, Carmen, 107, 108, 118, 120, 121, 445, 463
Moncada, Guillermo, 112
Montaigne, Miguel de, 12, 130, 238
Montalvo, Juan, 17

Montalvo, Rafael, 17, 410
Moral, 124
Morales Lemus, José, 352, 354, 433, 434, 435
Morales Lemus y la Revolución Cubana, 434
Morales y Morales, Vidal, 354, 432, 433
Morell de Santa Cruz, Pedro, 350
Morilla, José Cristóbal, 465
Munkaczi, 282
Mussolini, Benito, 408

Nabucodonosor, 348
Napoleón, 8, 225, 395, 419
Nasón, Publio Ovidio, 347
Naturaleza, Historia, Dios, 270
Naturaleza y vida, 216
Nausica, 191
Nebuzaradán, 348
Nelson, Horacio, 176
Némesis, 377
Nerón, 181
Newton, Isaac, 291
Niágara (poema del), 232
Nietzsche, Federico, 8, 45, 177, 213, 214, 218, 221, 222, 240
Nietzsche: Introducción a la comprensión de su filosofar, 214
Nisa (o Niceno), Gregorio de, 288
Noches áticas, 193, 391
No vengas a América, 92
Nuestra América, 458
Nueva colección de poesías completas de J. C. Zenea, 437
Numa Pompilio, 91
Numancia, 191
Núñez, Emilio, 354, 444, 476
Núñez y Domínguez, José de J. 86, 90, 95

Obras Completas (José Martí), 94, 95
Ockam, Guillermo de, 273, 274, 349
Odisea, 191, 233, 253
O'Donnell, Leopoldo, 408, 434, 453
Oeuvres, 212, 261
O'Farrill, José R., 433
Ogulmia (ley), 393
O lo uno o lo otro, 382
Olsen, Regina, 382
On human Nature,
Orestes, 197, 385, 457, 463, 466, 468, 469, 472, 473, 475
Organon, 350
Ortega y Gasset, José, 9, 12, 23, 28, 30, 32, 33, 41, 46, 47, 158, 179, 216, 217, 267, 314, 315, 333, 335, 341, 342
O'Sullivan, J. L., 324

Pablo (San), 15, 157, 159, 170, 186, 210, 236, 273, 279, 303
Padilla, Concha, 91, 94, 95, 102
Páez, Josá Antonio, 420
Palma, José, J., 436, 457
Palmer, Courtland, 458, 460, 464, 468, 470
Palmerston (Lord), 429
Parerga y Paralipómena, 381
Parménides, 253, 254, 270, 271, 284
Parson, 72
Partido Liberal, 407
Partido Revolucionario Cubano, 116, 467
Pascal, Blas, 18, 21, 43, 175, 229, 239, 265, 27AAAAAO403 7OO 239, 265, 275, 276, 277
Pasteur, Louis, 280
Patria, 117, 147, 366, 458, 459, 461, 463, 465, 467, 470, 472, 473, 475, 476, 477
Patroclo, 233, 353
Paula Orgaz, Francisco de, 423
Paula Valiente,
Paz, Octavio, 73
Peláez, Angel, 354, 457, 463, 466, 476
Pelagio, 377
Pellico, Silvio, 350
Pensées, 43, 175, 239, 275
Peña, Miguel, 457, 463, 466
Peña, Rosario, 86, 88, 90, 91, 94, 95, 102
Peoli, Juan José, 422, 461
Peón y Contreras, José, 466, 469, 473
Pepito, 119
Pérez Bonalde, Juan A., 464, 466, 468, 469, 471, 474
Pérez, Julián, 92
Pérez de Zambrana, Luisa, 423
Pérez Pascual, José M., 465
Pérez Triana, Santiago, 458, 460, 464
Pericles, 390
Petrarca, 237, 258
Peza, Juan de Dios, 467
Pezuela, Jacobo de la,
Phänomenologie des Geistes, 83, 261, 372, 381
Phénomenòlogie de la perception, 296
Phillips, Wendell, 58, 460, 470
Philosophie, 384
Philosophie der Natur, 243
Philosophie und Christliche Existenz, 384
Pierce, Franklin, 324, 431, 432
Pilatos, Poncio, 39
Píndaro, 234
Pintó, Ramón, 432
Piñera, Humberto, 211
Piñeyro, Enrique, 354, 434
Pisistrátidas, 346
Pitágoras, 254

Píticas, 234
Pitt, William, 418
Pitti, Jacobo, 394
Plasencia (Colegio), 101
Platón, 12, 19, 39, 84, 123, 156, 178, 210, 211, 229, 233, 234, 238, 254, 255, 256, 257, 270, 271, 284, 285, 287, 319, 375
Plochet, Alberto, 113, 114
Plotino, 210, 256, 272, 285
Plutarco, 345
Pny, 346
Poema del Niágara, 464, 466, 468, 469, 471, 474
Poesías, 436
Poesías de José Joaquín Palma, 436
Poética, 194, 197
Política, 346
Polk, James K., 324, 431
Pombo, Rafael, 467
Pomponazzi, Pietro, 238
Ponce de León, María Luisa,
Ponce de León, Néstor, 465
Portilla, Anselmo de la, 92
Portuondo, José, 354
Portuondo, Juan Miguel, 354
Post-escritos no científicos, 277
Positivismo, 212
Pouchkin, Alejandro, 469
Poverello (Il), 19, 159
Poyo, José Dolores, 309, 354, 444, 461, 465, 471, 476, 477
Pozos Dulces (conde de), 429, 434
Prados, Lorenzo, 418
Présence et Inmortalité, 295
Príamo, 233
Principii della scienza del diritto naturale, 417
Principios de la filosofía, 187, 212
Principles of Biology, 212
Pritania, 345
Proaño Federico, 467, 475
Process and Reality, 387
Proclo, 210
Procusto, 21
Protágoras, 390
Proust, Marcel, 9
Psique, 253
Psicología y Teoría del Conocimiento, 213, 221
Publio Sirio, 416
Purgatorio, 237

Quesada, Caridad, 354
Quesada, Gonzalo de, 36, 64, 66, 108, 114, 120, 182, 325, 327, 458, 459, 460, 461, 465, 467, 468, 471, 475
Quevedo, Francisco de, 17

Quijote (el), 33
Quintero, José J., 355
Quitman, John A., 432

Ramírez, Alejandro, 420
Ramsés II, 347
Rawlins, John Aaron, 141
Real Consulado, 418
Recherche de la verité, 275
Reforma, 237
Reichenbach Hans, 14
Reinke, Johannes, 218
Religion in the making, 387
Rembrandt, Harmensz van, 8, 216
Repertorio Americano, 405
República (la), 319, 375
Revista Cubana, 27, 54, 114, 119, 2121
Revista de la Biblioteca Nacional, 429
Revista de Occidente, 33, 41, 46, 276
Revista Venezolana, 457, 459, 463, 466
Revolución francesa, 343
Revue de metaphysique et de moral, 47
Reyes, 348
Rilke, Rainer M., 316
Rimbaud, Arthur, 268
Roa, Ramón, 115, 116
Robespierre, Agustín, 395
Rodríguez, José María, 354
Rodríguez Otero, Ricardo, 471, 476
Rohde, Erwin, 23
Roebling (los), 460
Roloff, Carlos, 117, 354
Romagnosi, J. D., 417
Romances cubanos, 428
Rosas, Juan Manuel, 409
Rousseau, Juan J., 167, 177
Ruiz de Apodaca, Juan, 420
Ruskin, John, 9
Ruz, Juan, 471

Sabellico, Marcantonio C., 394
Saco, José Antonio, 19, 40, 351, 352, 354, 423, 424, 425, 426, 427, 428, 429, 431, 434, 435, 438, 439
Sacro Colegio, 393
Sagarra, Juan Bautista, 427
Sagra, Ramón de la, 424
Sagrada Escritura, 49
Saint-Just, Louis A., 395
Salazar, Antonio de Oliveira, 395
Salmos, 236
Salvador (el), 426
Samosata, Luciano de, 192
Sánchez, Francisco, 473
Sánchez, Manuel Andrés, 422
Sánchez, Serafín, 117, 354, 463

Sánchez Betancourt, Francisco, 366, 470
Sánchez Iznaga, José María, 354
Sanguily, Manuel, 437
San Martín, José de, 420, 461, 472
Santacilia, Pedro, 88, 355, 430, 431
Santos Suárez, Leonardo, 422
Sarmiento (Obispo), 417
Sarmiento, Domingo F., 17
Sartre, Jean-Paul, 158, 297, 298, 385, 386
Sauvalle, Carlos, 67, 475
Savonarola, Jerónimo, 394
Science and the modern World, 388
Scheler, Max, 13, 41, 158, 217, 224, 261, 264
Sellén, Federico, 427, 458, 461, 470
Schelling, Friedrich W. J., 380
Schopenhauer, Arthur, 239, 381
Segni, Bernardo, 394
Sein und Zeit, 200, 241, 299 314, 335, 388
Séneca, Lucio Anneo, 41, 124, 125, 235, 347, 375
Sermón de la Montaña, 21
Sermones, 12
Ser y Tiempo, 218, 241, 338, 388
Serra, Rafael, 465
Serrano, Francisco, 433, 434
Severo, Julio, 348
Shakespeare, William, 192
Sheridan, Philip H., 460
Silanus, Domicio, 347
Simmel, Georg, 8, 216
Simónides, 174
Slavery and Freedom, 386
Sobre la Naturaleza, 270, 271
Sociedad Económica de Amigos del País, 417, 418, 426, 427
Sociedad Literaria Hispanoamericana, 31, 459, 460, 461, 464, 465, 471, 472, 475, 477
Sócrates, 124, 229, 254, 270, 341, 373, 375
Sofista (el), 284
Sófocles, 253, 377, 390
Soles y Rayos de Bolívar, 422
Soliloquios, 256, 257, 375
Solís, José J., 422
Solón, 390
Someruelos (Marqués de), 324
Sous le soleil de Satan, 279
Spencer, Herbert, 212, 474
Spengler, Otsvald, 137
Spies, 72
Spinoza, Baruch de, 13, 19, 23, 169, 178, 226, 229, 241, 249, 259, 269, 373, 378
Stalin, José, 73, 408
Steck Hall, 104, 105 106, 307, 320, 462, 463, 466, 467, 469, 471, 472, 476

Stoa, 285
Sucre, Antonio José de, 420
Suetonio, 101
Suma contra gentiles, 236
Summa Theologica, 125, 211, 236, 289
Système de politique positive, 319
Système nouveau, 259, 276

Tabernig, Elsa, 238
Tacón, Miguel, 40, 351, 352, 408, 424, 426, 427, 429, 434, 453
Tácito, 347
Tammany Hall, 113
Tanco, Félix M., 422
Taylor, Zacharie, 431
Teeteto, 84, 284
Tejera, Diego Vicente, 54
Temístocles, 346, 390
Temor y temblor, 334.
Teodosio, 347
Teofrasto, 334
Teognis, 169
Termópilas, 174
Terror, 395
Tertuliano, 123
Tetis, 191
Teurbe Tolón, Miguel, 351, 354, 355, 422
The Evening Post, 475
The Hour, 457, 459, 469
Theopompus, 346
The civilization of the Renaissance, 394
The Sun, 469
The United States and Democratic Review, 324
Thirring, Ch., 193
Tiberio, 346
Tilden, Samuel, 464
Timeo, 254, 271, 284, 287
Tirado, Modesto A., 119, 120, 121
Tirteo, 234
Tisserand, Paul, 261
Titán de bronce, 343
Tito, 348
Toro de Gómez, Bernarda, 467
Torroella, Alfredo, 62, 247, 463, 469
Trafalgar, 176
Tratado del alma, 257
Tribunado, 395
Tristitia, 347
Troya, 191
Trujillo, Enrique, 119, 120, 121, 461
Trujillo, Rafael L., 326, 409
Tucídides, 346, 390, 391
Turgot
Turla Denis, Leopoldo, 430

Uberti, Bonifacio de, 349
Uexkull, Jakov von, 218
Ulises, 191, 253
Unamuno, Miguel de, 149, 178, 195, 240, 241, 278, 335, 339
Un drama terrible, 70
Upanishad, 270

Vaihinger, Hans, 135
Valdés Domínguez, Fermín, 67, 172, 198, 323, 354, 443, 460, 463, 464, 467, 472, 476
Valdés Fauli, 434
Valentié, Eugenia M., 294
Valentiniano, 347
Valeria (ley), 392
Valéry, Paul, 9, 151
Valiente, Porfirio, 429, 430
Valmaseda (conde de), 408, 453
Valla, Lorenzo, 237
Valle, Ramón del, 354
Varchi, 394
Varela, Félix, 19, 27, 40, 341, 351, 352, 354, 362, 422, 423, 424, 434, 438, 439
Vargas Vila, José María, 54
Varona, Enrique José, 19, 354, 467
Vecchio, Giorgio del, 317, 318
Vega, Garcilaso de la, 188
Velázquez, Miguel, 417
Venegas, Alejo de, 239
Vereschagin, Vasilij, 474
Verlaine, Paul, 268
Versos libres, 232, 322, 457, 462, 464, 467, 469, 470, 471, 472, 474, 476
Versos sencillos, 196, 408, 410, 451, 458, 463, 465, 470, 472, 475, 476
Versos varios, 196, 459
Vespasiano, 348
Vettore, Francesco, 394
Vico, Giambattista, 289, 313
Vidas, opiniones y sentencias, etc., 235
Vigil, Francisco de Paula, 469
Villalpando, Juan de, 473
Villaverde, Cirilo, 40, 351, 352, 354, 439, 477
Viondi, Miguel F., 101, 103, 462
Víquez, Pío, 458
Virgilio, 247
Vives, Luis, 191, 257, 258, 399
Vom der Warheit, 384
Vorlesungen über Geschichte der Philosophie, 290, 293
Voltaire, 270, 289, 290

Wahl, Jean, 350
Was ist Metaphysik?, 82, 339
Werke, 213, 214, 221, 240, 373, 381

Weyler, Valeriano, 181, 408, 431, 453
White, José, 442, 469, 475
Whitehead, Alfred N., 215, 216, 387, 388
Whitman, Walt, 45, 458, 474
Wilde, Oscar, 459, 464, 471, 474
Wilkinson, John, 324
Williams, William Carlos, 194
Wissenschaft der Logik, 292

Xantipo, 346

Yahvéh, 286, 347

Zacharie de Baralt, Blanche, 108
Zambrana, Antonio, 113, 354
Zarathustra, 45
Zayas, Alfredo, 354
Zayas Bazán, Carmen, 87, 88, 91, 92, 94, 95, 96, 97, 98, 102, 107, 108, 119, 120
Zéndegui, Gabriel de, 354
Zenea, Juan Clemente, 354, 355, 437
Zenea, Piedad, 354
Zenón, 390
Zeus, 377
Zubiri, Xavier, 270
Zur Grundlegung der Ontologie, 243

ÍNDICE

Prólogo	7
Introducción	11
Capítulo I: *La palabra y el silencio*	25
Capítulo II: *El hombre individual y el hombre colectivo*	51
Capítulo III: *Madurez y edad*	79
Capítulo IV: *Humildad y abnegación, entereza y austeridad*	123
Capítulo V: *Amor, dolor, deber*	155
Capítulo VI: *El soñador y el hombre práctico*	185
Capítulo VII: *Vida, muerte, alma, Dios*	209
Capítulo VIII: *Idea del tiempo*	283
Capítulo IX: *Previsión y organización*	311
Capítulo X: *Sentimiento y dolor del destierro*	331
Capítulo XI: *La libertad*	371
Capítulo XII: *La Patria*	415
Apéndice	457
Índice analítico	479

Este libro se acabó de imprimir el día
30 de enero de 1982, en el complejo de
Artes Gráficas MEDINACELI, S. A., Pi i
Margall, 53, Barcelona-24 (España)

www.ingramcontent.com/pod-product-compliance
Lightning Source LLC
Chambersburg PA
CBHW031359290426
44110CB00011B/213